北京石景山年鉴(2023)

BEIJING SHIJINGSHAN NIANJIAN

北京市石景山区人民政府 主办
北京市石景山区地方志办公室 承编

中 华 书 局

图书在版编目（CIP）数据

北京石景山年鉴. 2023/北京市石景山区地方志办公室编.—北京：中华书局，2023.12

ISBN 978-7-101-16475-6

Ⅰ.①北… Ⅱ.①北… Ⅲ.①石景山区—2023—年鉴 Ⅳ.①Z521.3

中国版本图书馆 CIP 数据核字（2023）第 242133 号

责任编辑：李晓燕

北京石景山年鉴 2023

北京市石景山区地方志办公室编

*

中 华 书 局 出 版

（北京市丰台区太平桥西里 38 号 100073）

http://www.zhbc.com.cn

E-mail:zhbc@zhbc.com.cn

廊坊市金虹宇印务有限公司印刷

*

889×1194 1/16 28.25 印张 29 插页 1040 千字

2023 年 12 月第 1 版 2023 年 12 月第 1 次印刷

印数：1300 册 定价：260.00 元

ISBN 978-7-101-16475-6

地址

北京市石景山区
八角西街27号

电话

010-68883642

传真

010-68880579

邮编

100043

电子信箱

sjsqzb@126.com

《北京石景山年鉴》编纂委员会

顾　　问	常　卫			
主　　任	李　新			
副 主 任	迟志禹	高洪雁	尹　圆	岳林华
委　　员	刘　红	张　伟	王国强	丁仁猛
	崔向华	李秀兰	石　磊	齐　兵
	曹世辉	岳　赞	唐　铭	吕松涛
	吴智鹏	杨贵宝	韩孟荣	倪斐远
	尹仕朝	贺尔军	张玉起	吴　琨

《北京石景山年鉴》编辑部

主　　编　李　新

副 主 编　迟志禹　尹　圆

执行副主编　吴　琨

责任编辑　姚晓妹　张耀中

编　　辑　杨　旭　宋正鑫　王　丽

　　　　　韩连波

摄影人员　岳　星　杜　雷　赵　昂

编 纂 说 明

一、《北京石景山年鉴》是石景山区人民政府主办、区地方志办公室按年编纂、连续出版的大型综合性、权威性、资料性工具书。自2006年开始逐年编纂并公开出版，本卷为第18卷。

二、年鉴以马克思列宁主义、毛泽东思想、邓小平理论、“三个代表”重要思想、科学发展观和习近平新时代中国特色社会主义思想为指导，遵循实事求是原则，力求科学、客观、全面、系统记录石景山区经济和社会发展的基本情况，体现时代特征、地区特点、行业特色。旨在为社会各界了解、研究石景山区提供基本资料。

三、年鉴收录范围以地域为界，凡在石景山区境域之内的部门单位、各行各业，不论其性质、隶属关系和级别，均在收录之列。本卷以详记区属各系统、各单位情况为主，适当记述辖区内中央、市属单位情况，既突出主题又概括全貌。

四、年鉴所收录资料信息的主要形式为文字（文章和条目）、数据（表格）、图片，采用分级分类编纂法，以条目体为主，用规范的语体文直陈其事，文字力求言简意赅。按栏目、分目、次分目、条目四级结构层次编排。

五、本卷设置32个类目。分为：区情概览、特载、专文、大事记、中共石景山区委员会、石景山区人民代表大会、石景山区人民政府、政协石景山区委员会、纪检 监察、民主党派、人民团体、法治、军事、新首钢高端产业综合服务区与首钢集团、经济管理、商贸 服务业、旅游、城市规划与建设、城市管理、应急管理、生态环境、科技、教育、文化、卫生健康、体育、社会事业、社会生活、人物 荣誉、街道、统计资料、附录。全书总计约104万字。

六、本鉴记述时限均为2022年1月1日至12月31日，本卷中凡未注明年份的事物，均为2022年内所发生。各级负责人任职情况，一律以2022年12月31日在册统计为准。

七、本鉴所用文章和条目，部分由区属各部门和驻区有关单位确定专人撰写或提供，并经撰稿单位主管领导审核。综合性统计资料由区统计局提供，业务部门的统计数字则由各主管部门提供。随文图片由各单位提供为主，编辑部提供为辅。

八、本鉴卷首有“总目”和“分目”，卷尾有“索引”。索引采用主题分析法，按主题词首字汉语拼音字母顺序排列。“总目”采用中英文对照，便于涉外交流。

数字
石景山
区域总面积 85.74 平方千米
常住人口 56.3 万人
地区生产总值 1000.2 亿元
三次产业构成为 0:13.2:86.8
财政收入总计 207.2 亿元
财政支出总计 282.4 亿元
社会消费品零售总额 393.0 亿元
居民人均可支配收入 86994 元
居民人均消费支出 44837 元
全社会固定资产投资增速 7.3%
图书馆藏书 122.5 万册
文物保护单位 36 个
卫生技术人员 9653 人
医疗病床实有床位 5554 张

1 月 4 日，北京 2022 年冬奥会和冬残奥会石景山区誓师动员大会召开

1 月 31 日，首钢滑雪大跳台静等开赛

2 月 2 日，冬奥火炬在北京冬奥公园传递

2 月 2 日，奥运史上首次机器人水下传递火炬活动在冬奥公园举行

2 月 4 日，北京市第九中学金帆舞蹈团参加 2022 年冬奥开幕式

2 月 8 日，谷爱凌（中间）在北京 2022 年冬奥会自由式滑雪女子大跳台决赛中夺冠

2月15日，苏翊鸣在北京2022年冬奥会单板滑雪男子大跳台决赛夺冠

4月24日，北京冬奥会冬残奥会石景山区总结大会召开

12 月 27 日，中共北京市石景山区第十三届委员会第五次全体会议召开

1 月 27 日，2022 年石景山区政府全体会议召开

12 月 29 日，石景山区“以案为鉴、以案促改”警示教育大会召开

11 月 15 日，北京市石景山区第十七届人民代表大会第二次会议召开

10 月 31 日，区政协党组理论学习中心组集体学习贯彻党的二十大精神讨论会召开

8 月，为做好 2022 年中国国际服务贸易交易会服务保障工作，首钢园展馆和园区环境全面提升

年内，地铁 11 号线西段（金安桥至新首钢站）通车

4 月，改造提升后的石龙路匝道

年末，苹果园交通枢纽工程南区完成工程量的 80%

7月，北京市十一学校石景山学校主体结构全部完成

3 月 15 日，石景山区委生态文明建设委员会 2022 年第一次全体会议召开

9 月 19 日，区消防救援支队开展党的二十大安保誓师动员大会

5 月 30 日，石景山区第三届创业创新大赛决赛以全程线上直播方式举行

10 月 26 日，石景山区残疾人康复中心启用

5 月 2 日，石景山区成立抗疫先锋党支部

11 月 2 日，石景山医院晋升“三级医院”揭牌仪式

4 月 3 日，石景山区首都少年先锋岗队员在人民英雄纪念碑前站岗

3月29日，区人大常委会召开关于教育“双减”议案督办调研座谈会

4 月，“秀 · 石景山”文旅资源推介会召开

冬奥会后，游客在首钢园区拍照打卡大跳台

7 月 26 日，西山永定河文化节在首钢园区举办

4 月 5 日，石景山区文化馆举办清明咏怀文艺演出

8 月 21 日，中关村通力、石景山区政府、首钢集团三方签署科幻产业创新项目框架协议

年内，中关村虚拟现实产业园建成

7 月 30 日，2022 全球数字经济大会数字金融论坛在石景山区举行

7 月 30 日，石景山区与亚洲数据集团签订战略合作框架协议

项目签约仪式
Cooperation Signing Ceremony
中国电科智能科技研究院
中国教育电子
有限责任公司
北京昆仑信元私募基金
管理有限公司
融和创新科技（北京）
有限公司

9月2日，中国国际服务贸易交易会上石景山区重点项目签约仪式

总　目

CONTENTS

目　录

区情概览

特　载

专　文

大事记

中共石景山区委员会

政协石景山区委员会

纪检　监察

民 主 党 派

人 民 团 体

法　　治

经济管理

商贸　服务业

旅　游

城市规划与建设

城 市 管 理

应急管理

生态环境

教 育

文 化

卫 生 健 康

体　育

社会事业

社会生活

人物　荣誉

街　　道

统 计 资 料

附　　录

区情概览

基 本 地 情

石景山区位于北京西部西山风景区南麓和永定河冲积扇上，因燕都第一仙山——石景山而得名。地理坐标为北纬39°53′~39°59′，东经116°07′~116°14′，东至玉泉路与海淀区毗连，南抵张仪村与丰台区接壤，北倚克勤峪与海淀区搭界，西濒永定河与门头沟区为邻。辖区东西宽约12.25千米，南北长约13千米，最东端距天安门14千米，总面积85.74平方千米。

石景山区地势北高南低，西北部山地是太行山余脉，约占全区面积的三分之一，40余座山峰比肩而立。西南部横亘着古老的永定河，蜿蜒曲折。中部和东南部是永定河冲积扇形成的夹带残丘的平原，为全区人民生产生活的主要地区。石景山地处暖温带半湿润大陆性季风气候区，全年平均气温13.3℃，接近常年平均值（13.2℃）。年总降水量492.4毫米，较常年降水量（565.9毫米）偏少1成多。

石景山区自古就是京西历史文化重镇，既是西进京城的军事交通要塞，也是北京现代工业的发祥地，历史文化独特鲜明。境内名胜古迹众多，有近现代重要史迹及代表性建筑20余处，以“三山八刹十二景”著称的一代名园八大处、以明代壁画闻名于世的法海寺、石刻造像精美的田义墓、第四纪冰川遗迹陈列馆、八宝山革命公墓等均荟萃于此。

石景山区是北京市继东城、西城之后第三个没有农业户籍人口的城区，下辖八宝山街道、鲁谷街道、老山街道、八角街道、古城街道、苹果园街道、金顶街街道、广宁街道及五里坨街道等9个街道，154个社区居委会。截至年底，全区常住人口为56.3万人，比上年减少0.3万人。

2022年是党的二十大胜利召开之年，是新一届政府开局之年，是极为重要的一年。石景山区坚持以习近平新时代中国特色社会主义思想为指导，认真学习宣传贯彻党的二十大精神，深入贯彻习近平总书记对北京一系列重要讲话精神，牢牢把握“疫情要防住、经济要稳住、发展要安全”的要求，深入实施城市更新和产业转型发展战略，高效统筹疫情防控和经济社会发展，全区各项事业取得长足进步。

重 点 任 务

二十大工作。发动群防群治力量2.8万人，以首善标准服务保障党的二十大胜利召开。开展专题学习和集中宣讲100余场，推动党员干部深刻领悟“两个确立”的决定性意义，增强“四个意识”、坚定“四个自信”、做到“两个维护”。

借势冬奥让城市更美好。完成“百日会战”行动53项重点任务，高标准做好赛时安保、防疫、交通和景观布设等工作，4个集体、2名个人获国家级表彰，21个集体、72名个人获市级表彰。探索冬奥场馆“赛事+活动”利用模式，347家体育企业、600余个品牌参展服贸会、冬博会。建设冰场、雪场8处，开展“快乐冰雪季”等100余场活动，30余万人次参与冰雪运动，老山街道创建全民健身示范街道，石景山区代表队参加市运会再创佳绩，冬奥社区文化健身广场运行模式在全国推广，带动三亿人参与冰雪运动示范区建设成果显著。

统筹疫情防控和经济社会发展。建立“1+23”防控体系，成立8小时应急处置指挥部，建成体育馆、咯能UAC等方舱医院和万商青年公寓健康驿站，核酸检测能力提高到11.8万管/日，扎实做好城市运行、生活服务和保供稳价等工作。出台防疫情稳经济“42条”等系列政策，在全市率先推出“金融惠企九宫格”和融资补贴“免申享”模式，完成留抵退税19.5亿元，减免租金1.8亿元，发放社保补贴1.61亿元。

城市复兴新地标建设。与首钢集团开展5次高层对接，研究解决57项重点难点问题，移交29项市政公共设施，实现厂区、园区向社区、街区转变，石景山区第四次获得国务院老工业基地调整改造真抓实干成效明显表彰。围绕文化复兴，制定首钢工业遗存保护名录和石景山古建群保护修缮方案，打造三高炉等保护利用典范。围绕产业复兴，建成金安科幻广场，建设数字艺术馆、元宇宙乐园、科幻产业创新中心，设立全国首支科幻产业基金，引进航天科工智能院、当红齐天等80余家企业落户。围绕生态复兴，完成绿轴景观提升工程，实施首钢水系与永定河流域连通工程。围绕活力复兴，建设国际人才社区、城市织补创新工场，完成金安桥站交通一体化工程，举办服贸会等59场重大活动，首钢园获评“夜京城”特色消费地标。

西山永定河文化带建设。实施16项文保工程，高水平举办西山永定河文化节。修缮模式口历史文化街区13个重点院落，建成法海寺壁画艺术馆。完成八大处公园周边环境改造，启动园内景观提升，逐步重现“三山八刹十二景”。落地7家实体书店，扶持燕京八绝等非国有博物馆建设，开展文化活动8400余场，街道文化中心效能综合排名全市第一，区文化馆获评国家一级文化馆。

京西转型发展。落实京西地区转型发展行动计划，推进28项重点任务和60个重大项目，石景山区在全国产业转型升级示范区年度评估中包揽三项“优秀”。加快天泰山旅游综合开发，改造并运营五里坨民俗陈列馆，建成净德寺公园。开展地铁1号线高井站和永引渠南路西延等工程前期工作，推进五里坨便民服务中心建设。落地半山花海项目，引入环球嘉年华，建设中交智慧公元，金海洋商业购物中心开业运营。加强与门头沟区合作，联合主办京西地区发展论坛。

经 济 发 展

重点功能区。制定中关村石景山园改革提升方案，加快工业互联网产业园核心区建设，举办工业互联网大赛，中航信等35家企业入驻工业互联网产业园先导区，中关村石景山园实现收入突破3800亿元，连续两年获国家发改委真抓实干成效明显通报表彰。加快推进银保园建设，14家现代金融机构落户，中电科智能科技园一期实现运营。优化长安金轴载体品质，“三卡＋消金”实现税收56亿元，入区库15亿元。文化产业园区增至8家，北重科技文化产业园规划设计园开园，郎园Park再度入选市级文化产业园。

高精尖产业。现代金融产业高质量发展，举办国际金融年度论坛，筹建北交所服务基地，实现产业收入1235亿元。科技服务业稳步发展，出台“石科26条”，建设11个科技应用场景，国高新企业保有量达到794家。数字创意产业集聚亿元以上企业22家，实现产业收入230亿元。新一代信息技术产业创新发展，建成中关村虚拟现实产业展示中心，北航、华为等虚拟现实全国重点实验室和创新中心落户，12家企业荣登“中国VR50强”。商务服务业集聚发展，总部企业达到110家、网零额亿元以上电商企业达到15家，实现产业收入435.8亿元。

“五子”联动。加快国际科技创新中心建设，技术合同成交额达到205.6亿元，同比增长65.8%，石景山区获批国家知识产权强市建设试点。深化“两区”建设，新增入库项目178个，实际利用外资3.2亿美元、同比增长38.1%，服贸会签约重点项目83个、436亿元。加强全球数字经济标杆城市建设，出台互联网3.0产业发展工作方案，举办数字金融论坛。推动国际消费中心城市建设，出台29条专项措施，六工汇、环宇荟开业，113家区域首店落户。落实京津冀协同发展战略，实现99项高频政务服务“跨省通办”。

营商环境。在全市率先实现社区政务服务规范化建设全覆盖，区级事项100%网上可办。修订发布53项支持政策，服务包企业增至365家。出台“专九条”，10家企业获评国家级专精特新“小巨人”企业。鼓励支持民营经济发展壮大，3家民营企业入围全国500强。加强与中电科、航天科工、中储粮、中铁建、中交、光大等央企战略合作，43家央企二三级企业落户。全年引入高精尖企业889家，新增市场主体8861家，增幅居全市第一。拓展“景贤”品牌矩阵，建设企业博士后科研工作站，引育景贤人才178人。

城 市 建 设 与 管 理

规划引领。五里坨、广宁和首钢北区街区控规获得批复，模式口历史文化街区保护规划和特钢等5个街区控规编制有序推进。开展“疏整促”专项行动，完成21项市级任务、50项区级任务，实施留白增绿5.9公顷，新建便民商业功能网点18个，通过基本无违法建设区复评。启动黄庄村棚改项目，完成衙门口棚改项目征收。6个地块入市交易，完成土地供应27.49公顷。

城市更新。开展77个城市更新项目，5个项目获评北京城市更新“最佳实践”项目。推进79个老旧小区综合整治工程，加装电梯43部，改造供水管线46.2千米。制定巴威·北锅更新改造及11个低效园区和楼宇改造提升方案，完成世纪盛达园等6个改造项目。

基础设施。基本完成苹果园综合交通枢纽主体工程，实施地铁1号线福寿岭站改造工程，地铁11号线建成通车。开工建设衙门口六号路等15条道路，建成古城西路等8条道路。实施3项输变电工程，推进鲁谷北重供热厂供热调峰工程，加快石景山水厂配套管网建设，金安桥雨水泵站主体完工。

精细化管理。推进5处密闭式清洁站建设，完成衙门口、南山场站环境整治提升。新增停车位5000个，完成5项道路疏堵工程，推进2个公交场站和2个地下停车库建设。新建62座5G基站，实现重点区域5G网络全覆盖。建设6个智慧城市应用场景，74个政务云平台信息系统上线运行。

生态环境。石景山区持续推进《石景山区创建国家森林城市总体规划》，圆满完成创建期全部任务。被授予国家森林城市称号。全区共新建和改造大型城市公园25座、社区公园、口袋公园与小微绿地54处，新增和改造提升绿地总面积近400公顷，森林覆盖率达到31.49%，实现“森林石景山，生态复兴城”的森林城市建设愿景。深化“一微克”行动，$PM_{2.5}$年均浓度降至30微克/立方米。推进人民渠西延和永定河综合治理，落实建设用地土壤污染风险管控和修复名录制度，20家单位参与碳市场交易。

社会建设与社会治理

社会保障。办好40件民生实事和67项济困工程，救助各类困难群众66.48万人（户）次。实现再就业7520人，登记失业率为3.37%。创建9个一刻钟无障碍便民服务圈，基本建成儿童福利院和救助站，残疾人职业康复中心投入使用。新增1家托育机构，全区托位总数达到1000个。建成7863套政策性住房，配租663套公租房，备案家庭总体保障率提升至56%。

教育现代化。推进金顶街小学、北京市十一学校石景山学校、北大附中石景山学校（新址）建设，引进北京市第一七一中学合作办学。新增2所普惠性幼儿园、510个学位，普惠性幼儿园覆盖率达到87%。11所学校试点党组织领导的校长负责制改革，516名教师完成交流轮岗。落实新时代教育评价改革总体方案，深化德育一体化实践研究示范区建设，双减工作取得新成效，人民群众对教育质量的满意度持续提升。

养老服务。实施“颐养工程”，建成4家社区养老服务驿站、5个养老助餐点位，2个社区获评全国示范性老年友好型社区。长护险参保人数增至46.2万人，家庭照护床位达到500张。推进养老服务指导中心社会化运营，为1.17万个“三失一独一高”老年家庭提供优质服务。

卫生健康。石景山医院被核定为三级综合医院，完成整形外科医院改扩建一期工程，开工建设五里坨精神卫生专科医院、五里坨社区卫生服务中心，新建10间负压病房，“信用+医疗”服务机构达到15家。加强分级分类医疗保障体系建设，深化医保制度改革，打造32个“名中医传承工作室”。开展爱国卫生运动，9个街道全部创建北京市卫生街道。

接诉即办。创新双派双考、平行多派、一码通等工作机制，深化“热线+网格”融合，完成20个主动治理项目，设立1000万元应急处置资金，妥善办理群众诉求15万余件。

社会治理。高标准推进全国文明城区创建，127个社区获评“达标社区”，创城综合考核成绩排名全市第一。深化社区服务改革，实施“优才计划”，拓展石景山“老街坊”品牌，认定“品质社区”45个。持续抓好两个“关键小事”，垃圾分类考核排名中心城区第二，物业管理“三率”超过94%。

平安建设。开展扫黑除恶专项斗争，推进市域社会治理现代化试点，实现智慧平安小区全覆盖，区公安分局蝉联全国公安机关执法示范单位。加强矛盾纠纷排查化解，“石时解纷”品牌受到全国关注。防范化解金融风险，重点企业全部纳入风险预警。完善粮食应急供应保障体系，维护粮食安全。开展城市安全运行百日行动和交通、燃气、自建房等15项安全整治，加强食品药品、特种设备、消防等领域安全监管，社会局面保持和谐稳定。

政府自身建设

压实全面从严治党主体责任，完成第二轮中央环保督察、市委市政府安全生产督察反馈问题整改，开展28个审计项目。自觉接受区人大工作监督、法律监督和区政协民主监督，办复人大建议157件、政协提案225件，办成率81.9%。召开区政府常务会议51次，集体研究重大问题326个。依法履行政府职能，做好政务公开、行政复议、出庭应诉等工作，预付式消费监管“石景山模式”获评全国法治政府建设示范项目。加强财源建设，落实38项财源建设重点任务，压减非必要一般性支出，全面推行财政资金绩效管理。统筹市区资金1.5亿元，实施72个支援协作项目。完成国企改革三年行动，国企运营管理能力不断提高。推进全国双拥模范城创建，举办全国首次社会化拥军服务成果展交会。支持人民团体开展工作，做好统计、史志、档案、人防、保密、外事、对台等工作，民族、宗教、侨务等工作取得新进展。

特　载

在区委十三届四次全会上的报告

区委书记 常 卫

(2022年7月27日)

今年以来非同寻常。在市委坚强领导下，区委常委会坚持以习近平新时代中国特色社会主义思想为指导，深入贯彻习近平总书记对北京一系列重要讲话精神，按照党中央“简约、安全、精彩”办赛和“疫情要防住、经济要稳住、发展要安全”的要求，认真落实市委工作部署，主持召开两次区委全会和25次区委常委会会议，用好服务保障冬奥会举办和新首钢地区城市复兴两个牵引，深入实施城市更新和产业转型发展战略，高效统筹疫情防控和经济社会发展，不断将全面从严治党引向深入，实现了服务保障冬奥举办圆满成功，疫情防控有力有效，经济运行回稳增长，民生保障持续改善，社会大局安定有序，各项事业取得新进展新成效。

今年以来，区委常委会突出抓了以下4项重点任务：

一是认真做好市第十三次党代会服务保障和大会精神的学习宣传落实工作。切实提高政治站位，严把人选政治关、廉洁关、身份关，高质量完成我区出席北京市第十三次党代会代表选举工作。全力做好维稳安保、环境整治等各项保障任务，为大会召开营造了良好社会环境。认真组织党代表参加大会各项会议活动，组织全区各领域党员干部收看市党代会召开盛况。对学习贯彻作出统一部署，制定学习宣传贯彻实施方案，第一时间抓好传达学习，全体党代表深入基层一线开展宣讲，各级党委（党组）理论学习中心组开展专题学习，用党代会精神统一全区上下思想行动。圆满完成出席党的二十大代表推荐提名工作，组织开展“强国复兴有我”群众性主题宣传教育活动，扎实推进二十大服务保障各项任务。把学习贯彻市党代会精神与深入贯彻习近平总书记对北京一系列重要讲话精神、党的十九届六中全会精神紧密结合起来，深入开展调查研究，进一步理清发展思路，细化目标任务，确保市党代会各项决策部署落到实处。

二是圆满完成冬奥举办服务保障任务。深入贯彻习近平总书记对冬奥筹办举办系列重要指示精神，围绕“服务冬奥、参与冬奥、借势冬奥”这一主线，全面完成三个“百日会战”攻坚行动9类、53项重点任务，冬奥场馆及配套设施全部建成投用，M11线西段（模式口站－新首钢站）、锅炉厂南路、北辛安路南段、高井规划一路等交通设施开通运行，冬奥社区、冬奥广场、冬奥公园、冬奥大道、冬奥会徽等地标精彩亮相，赛前实现了“工程建设基本就绪、环境提升全部完成、服务保障全面到位”目标。深化“双进入”机制，坚持“一场（馆）一策”，坚持冬奥防疫与城市防疫一体推进和安保、防疫、交通“三位一体”协同推进，精准服务“1+6+1”冬奥场馆运行，全力保障赛事成功举办和“冬奥大本营”安全运行。在服务保障一线广泛成立冬奥先锋党支部，全面做好1个无症状酒店、15个重点酒店服务保障工作。圆满完成火炬接力、赛时观众组织、志愿服务以及国际奥委会答谢招待会等活动保障任务，实现了赛事安全顺利、城市运行平稳、氛围浓厚热烈。首钢滑雪大跳台惊艳世界，首钢园成为首都城市复兴新地标，首钢场馆群成为新的网红打卡地，北京冬奥公园成为与奥林匹克森林公园相媲美的奥运遗产，“双奥之区”成为石景山的一张全新“金名片”，首都西大门魅力更加彰显。获评“国家级突出贡献集体”3个、“国家级突出贡献个人”2名、“北京市先进集体”21个、“北京市先进个人”72名。科学谋划工业遗存和冬奥遗产可持续利用，提升冬奥公园运营管理水平，建设首钢工业遗址公园，推动冬奥遗产融入城市肌体。巩固“体育＋”产业优势，打造以冰雪为特色的城市时尚新兴体育基地，冰雪体育产业生态圈初步形成。举办“双奥石景山 冰雪向未来”群众冰雪活动，冰雪运动普及发展跃上新台阶。

三是从快从严抓好疫情防控。4月22日以来，面对来势凶猛的奥密克戎变异株疫情和严峻复杂的防控形势，区委常委会坚持人民至上、生命至上，认真贯彻落实中央和市委关于疫情防控工作部署要求，毫不动摇坚持“动态清零”总方针，按照“快、严、准、细、实”要求，迅速成立8小时应急处置指挥部，建立完善“1＋23”整体工作预案，率先研发8小时应急处置工作信息化平台，加强“5＋N”协同联动，坚持“一病例一专班”，成功处置了多起关联疫情，累计处置本土确诊病例26例，实现了社会面快速清零。深挖细排所有风险点位和人员，划定封（管）控区26处，核查摸排38.3万人，落位管控风险人员19.2万人，做实做细流调管控等各项工作，有效阻断传播风险。从严织密社会面防控网络，及时、有序、规范完成19轮大规模区域核酸检测和14次重点街道筛查任务，因时因势发布从严从紧加强疫情防控措施，动员2692名机关企事业单位干部下沉支援社区一线，在防控一线成立184个战疫先锋党支部，实现小区卡口智能化查验，完成首批22个无疫社区创建，保持了首都功能和城市的基本正常运行。加强流调、公共卫生监督能力建设，坚持三公（工）联动、公安打头，配强疾控人员队伍，抓实后备力量培训。抓好集中隔离能力建设，加强集中隔离点储备，建成体育馆隔离方舱和应急储备隔离用房。强化核酸检测能力建设，布设常态化核酸采样点100个，建设方舱实验室，日核酸检测能力达7.2万单管。加强疫苗接种工作，全程接种率达112.09%，60岁及以上老年人接种率不断提升。加强基础工作能力建设，建立健全驻区单位、楼宇企业、重点行业重点人群信息台账，初步建设完成覆盖全区275栋楼宇的商务楼宇信息化系统，压紧压实“四方责任”。加强指导监督检查，落实区领导联系督战制度，加大典型案例曝光力度，确保了各项防疫措施落地见效。

*四是加快推进稳增长政策措施落地见效。*区委常委会坚决扛起稳增长主责，坚持高位统筹、高频调度、专班推进工作机制，成立区产业发展领导小组，锚定稳增长目标，持续强化经济运行调度，稳住经济大盘。发挥有效投资的拉动作用，压茬推进150项重点支撑项目建设，7项全市二季度计划开工的重大项目全部开工。放大消费主引擎作用，制定完善促消费配套政策，组织开展10余项主题促消费活动，着力推动消费回暖，提振消费信心。坚持稳存量与扩增量并重提升财源建设水平，多措并举拓宽招商引资渠道，引进高精尖企业535家。贯彻落实国务院稳经济一揽子政策及北京市实施方案，制定落实包括5方面42项措施的区级方案，加大助企纾困力度，落实“服务管家”“服务包”等制度，累计完成639家区属国有房屋房租减免、328家集体经济组织房租减免、764家企业缓缴社会保险工作，累计为企业办理留抵退税13.25亿元，对接105家企业落地信贷支持资金5.7亿元，为市场注入“强心针”。上半年，地区生产总值同比增长1.4%；固定资产投资完成218.2亿元，同比增长7.3%，完成进度51.3%；建安投资完成85.4亿元，同比增长3.2%；一般公共预算收入完成40.14亿元，同比增长3.6%；居民人均可支配收入同比增长3.3%，登记失业率为3.22%。

在做好重点工作前提下，区委常委会统筹推进全区各方面工作。

*一是新首钢高端产业综合服务区建设成效显著。*强化区企联动，落实京西行动计划，制定2022年工作方案，确定28项重点任务和60个重大项目，协调解决19项重难点事项，推动重大项目实现全面复工。制氧厂、金安桥站交通一体化等一批标志性工程整体完工，六工汇正式营业，新首钢国际人才社区、城市织补创新工场、绿轴景观提升工程等项目加快实施，北区配套道路及东南区次干路开工建设，二高炉南路正式开通。有序接收新首钢北区道路、公园绿地、环卫设施等市政公共设施及石景山古建群，城园融合发展取得新进展。加快“体育+”“科技+”产业集聚，积极筹备服贸会、中国科幻大会等重大活动，大力发展人工智能、云转播、自动驾驶、元宇宙等场景应用，一高炉“So Real”加快建设，料仓改造“瞭仓”项目投入运营。第4次荣获国务院老工业基地调整改造真抓实干成效明显表彰。

*二是城市更新行动有序开展。*认真落实新版北京城市总规及分区规划，编制完成五里坨—广宁、首钢北区街区控规并获得批复，加快推进中交·生态智慧城建设，光芯片产业基地改造、西部地区先行示范区更新等8个项目顺利纳入北京市第二批城市更新示范项目清单，首钢老工业区（北区）更新、模式口历史文化街区保护更新获评“北京城市更新最佳实践”项目。深入实施十大领域77项城市更新项目，开展“京西八大厂”更新改造深化研究，巴威-北锅、北重科技文化产业园一期等试点项目有序推进，永乐西区等14个老旧小区更新改造项目全部复工，六合园北等32个项目加紧办理前期手续，老楼加装电梯新开工31部、完工12部，西黄村、北辛安、衙门口、广宁村等棚改项目土地入市工作加快推进，衙门口棚改项目攻坚收尾“拔钉子”任务全部完成，黄庄村棚改项目正式启动。坚定有序推进“疏整促”专项行动，拆除违法建设5262.9平方米，京门铁路石景山段沿线等4个重点区域提升工程加快推进，新建提升便民商业功能网点12个，“揭网见绿”完成年度任务101.9%，一般制造业疏解等任务保持“动态清零”。深化大气污染防治，$PM_{2.5}$累计浓度31微克/立方米，城六区排名第一，国控市控地表水考核断面稳定达标。全面推进国家森林城市创建，新一轮百万亩造林绿化工程圆满收官，种植率全市排名第一，城市绿化覆盖率、人均公园绿地面积均为中心城区第一。加快重大基础设施建设，33项投资重点支撑项目有序推进，苹果园综合交通枢纽、地铁1号线福寿岭站等重点工程加快建设，城市承载能力进一步增强。

*三是产业转型发展提质增效。*加快“一轴四园”重点产业功能区建设，“长安金轴”新落户17家优质金融企业，现代金融业成为千亿级产业集群；北京·银行保险产业园规划建成率超过80%，新引进机构12家；中关村石景山园实现收入1703亿元，同比增长3%，地均产出率、劳均产出率排名全市前列。统筹推进“五子”联动落地，围绕国际科技创新中心建设，加快中关村工业互联网产业园核心区建设，先导区入驻率超过60%；打造新首钢科幻产业集聚区，成立科幻产业发展平台公司，加快北京科幻国际大奖落地，推动北极星途等33家科幻产业上下游企业入驻中关村科幻产业创新中心；建设北京市电子竞技产业品牌中心，集聚在线途游、麟游互动等10余家收入亿元以上游戏企业。围绕“两区”建设，加快实施90项重点任务，新增入库项目75个、落地34个，其中外资项目9个，利用外资达到2.6亿美元，同比增长120.6%。

围绕全球数字经济标杆城市建设，全力服务中国电科打造智能科技园，中电科下属25家法人单位已入驻园区；以华为、耐德佳等龙头企业为牵引建设虚拟现实产业园，推进华为（北京）虚拟现实创新中心等项目建设，落地中关村数智人工智能产业联盟等平台机构，梦想绽放、凌宇科技等11家VR企业荣登“中国VR50强”榜单。围绕国际消费中心城市建设，加强“一圈一策”研究，金安环宇荟开业，京西大悦城主体结构完工。

*四是民生福祉不断改善。*投入资金1.65亿元，有序推进40项重要民生实事，完成18项济困工程，救助各类困难群众29.19万人（户）次。抓紧抓实“双减”工作，持续优化教育资源布局，深化教育集团化办学改革，北京市十一学校石景山学校主体结构封顶，北大附中石景山学校（新址）基础结构施工进度超六成，金顶街小学地上结构工程完成50%，首钢东南区配套学校加快前期工作。养老服务质量进一步提高，衙门口托老所等养老服务设施加快落地。长护险制度试点实现9个街道政务服务大厅“一窗综办”，参保人员达到44.1万人。“健康石景山”建设取得新进展，石景山医院顺利通过三级综合医院现场审核，首钢医院医技大楼完成总工程量的78%，五里坨精神卫生专科医院加快建设，国家医共体和北京市紧密型医联体试点、“信用+医疗”服务模式稳步实施，卫生健康事业实现高质量发展。不断深化对口支援协作，谋划推动2022年区级支援协作项目59个，圆满完成2021年国家东西部协作考核评价。在2021年度全市支援合作考核中位列第4，等次为“好”。

*五是基层治理水平持续提升。*城市精细化管理水平不断提高，“城市大脑”加快建设，城市运行“一网统管”体系初见雏形。党建引领基层治理体系不断完善，“品质社区”建设稳步推进。持续深化接诉即办改革，办理群众诉求6.9万余件，市级考核通报响应率99.44%、解决率90.6%、满意率92.68%。抓好两件“关键小事”，推进再生资源回收体系建设，深化物业管理体制改革，业委会（物管会）覆盖率、物业管理覆盖率、党组织覆盖率分别达到95.9%、95.1%和99%。平安石景山建设扎实推进，积极做好市域社会治理现代化试点验收准备工作，圆满完成冬奥会冬残奥会、全国“两会”、市第十三次党代会等重大活动服务保障任务，荣获“平安中国建设示范区”称号，被授予“长安杯”。持续推进安全生产专项整治“三年行动”，加快推进韧性城市、海绵城市建设，金安桥雨水泵站工程主体结构完工。扎实推进西山永定河文化带建设，模式口历史文化街区、八大处景区基础设施提升工程加快实施，北京文化论坛线路观摩活动成功举办，西山永定河文化节盛大开幕。国家公共文化服务体系示范区创新发展，区文化馆荣获国家“一级文化馆”，街道文化中心在全市效能排名中实现三连冠。新一轮全国文明城区创建首战告捷，综合成绩在全国直辖市30个提名城区中位列第三，网上材料申报成绩位列第一，取得“开门红”。深入推进背街小巷环境精细化整治提升，持续开展各领域示范点位常态化创建工作，以点带面推动实地点位全域全面达标。

*六是党的建设全面加强。*始终把党的政治建设摆在首位，坚持和捍卫“两个确立”，增强“四个意识”、坚定“四个自信”、做到“两个维护”。全力以赴做好市委巡视“后半篇文章”，整改完成率达98.88%。严格执行重大事项请示报告制度，以区委名义向市委请示报告31件次。坚持用习近平新时代中国特色社会主义思想武装头脑，开展区委理论中心组学习6次，持续巩固拓展党史学习教育成果。建好用好新时代文明实践中心、融媒体中心，培育和践行社会主义核心价值观。全面落实意识形态工作责任制，做好舆论引导和舆情处置。强化组织体系建设，深入实施“品质先锋”工程，推动优秀干部派驻社区任“第一书记”。深入实施干部素质提升工程，着眼抓好后继有人根本大计实施“千帆计划”。开展第二批“景贤人才”认定公示和奖励兑现工作，启动2022“北京·景贤杯”创新创业大赛。深化纪检监察体制改革，完成新一届区委第一轮巡察工作。严格执行中央八项规定精神，加大形式主义、官僚主义问题集中整治力度。保持惩治腐败高压态势，今年以来共受理信访举报56件次，处置问题线索83件，立案14件，给予党纪政务处分12人，采取留置措施5人，移送司法机关3人。坚持区委总揽全局、协调各方，坚持和完善党委决策、政府落实、人大和政协监督的工作机制，充分发挥四套班子作用。加强党对统一战线的领导，全面做好群团、党校、老干部、党管武装、军民融合、改革等各项工作。

在总结成绩的同时，我们也清醒地认识到，工作中还存在一些困难和问题，主要是：新一轮疫情对经济运行造成了较大冲击，自身经济恢复基础还不牢固，经济抗风险能力还不强，稳增长仍然面临较大压力，产业转型步伐亟待加快；城市基础设施存在短板，公共服务供给与人民群众对美好生活的期盼还有差距，城市精细化管理水平有待加强，“四老四少”问题仍然突出，发展的不平衡不充分问题亟待解决，城市更新力度需要持续加大；全面从严治党还存在薄弱环节，纠治“四风”长效机制还需进一步健全，统筹推动党内监督与其他监督有机贯通有差距，等等。对这些问题，我们要在今后的工作中继续推动加以解决。

今年下半年，我们党将要召开二十大，也是完成全年各项目标任务的关键期，原本就有不少硬仗要打，现在还要努力克服疫情影响，任务会更加繁重。干好下半年，迎接二十大，是全市中心任务，全区各方面工作都要向此聚焦，为大局出力。首先要学习好、宣传好、落实好市第十三次党代会精神，切实把广大党员干部群众的思想和行动统一到大会各项决策部署上来，转化为推动新时代首都发展的强大力量。要大力弘扬伟大建党精神，传承北京冬奥精神，坚持稳中求进工作总基调，完整、准确、全面贯彻新发展理念，把服务保障党的二十大胜利召开这条主线贯穿始终，深入实施城市更新和产业转型发展战略，积极融入首都发展新格局，高效统筹疫情防控和经济社会发展，按照今年既定工作思路和目标要求，坚定信心、攻坚克难，埋头苦干、勇毅前行，确保全年各项目标任务顺利完成，打造"一起向未来"的城市复兴新地标，高水平建设好首都西大门。下半年重点抓好8个方面工作：

一、全力以赴迎接和服务保障党的二十大胜利召开

党的二十大是我们党进入全面建设社会主义现代化国家、向第二个百年奋斗目标进军新征程的重要时刻召开的一次十分重要的代表大会，是党和国家政治生活中的一件大事。石景山作为首都中心城区，要带头为党的二十大胜利召开营造平稳健康的经济环境、风清气正的政治环境、国泰民安的社会环境。要牢固树立总体国家安全观，时刻绷紧政治安全这根弦，及时有效防范化解各领域风险隐患，筑牢网络安全防线，坚决维护首都安全稳定。有序推进常态化扫黑除恶工作，坚持和发展新时代"枫桥经验"，全力防范和化解各类社会矛盾纠纷，高质量完成市域社会治理现代化试点评估验收工作，持续开展重点领域安全生产大检查，建设更高水平的平安石景山。严格落实市委各项工作方案、应急工作预案，围绕城市运行保障、环境氛围布置、维护安全稳定等工作，统筹制定好全区工作方案、各专项工作方案、应急工作预案，努力为大会提供优质高效的服务，确保服务保障工作滴水不漏。要以首善标准做好传达学习宣传贯彻党的二十大精神的各项工作，组织收听收看党的二十大盛况，第一时间做好传达学习，抓好学习培训工作，精心组织开展"奋进新征程 建功新时代"重大主题宣传。把学习贯彻党的二十大精神与深入贯彻习近平总书记对北京一系列重要讲话精神结合起来，推动党的二十大精神在石景山落地生根、开花结果，形成生动实践。把学习宣传落实市第十三次党代会精神作为迎接党的二十大胜利召开的具体行动，统筹做好宣传宣讲、专题学习、干部培训、学习研讨、媒体报道等工作，与做好当前各项重点工作紧密结合起来，在全市工作大局中主动谋划和推动工作，全身心投入到新时代首都发展的火热实践中，以钉钉子精神抓好会议各项部署任务落实。

二、高效统筹疫情防控和经济社会发展

疫情防控是做好当前各项工作的重要前提。要坚持疫情防控和稳增长两手抓，把抗疫成果进一步体现在稳增长上，全力助企纾困优化营商环境，最大限度减少疫情对经济社会发展的影响，保持今年经济运行在合理区间。

坚持不懈抓好常态化疫情防控。毫不动摇坚持"外防输入、内防反弹"总策略和"动态清零"总方针，压实"四方责任"，落实"四早"要求，采取快速灵活、科学精准的综合防控措施，打好疫情防控主动仗。按照"快、严、准、细、实"的防控要求，继续完善和保持8小时应急处置机制，慎终如始抓好社会面防控，深入推进无疫社区建设，持续巩固好来之不易的防控成果。全面落实《新型冠状病毒肺炎防控方案（第九版）》各项措施，做好工作培训和宣传解读，抓好疫情处置、风险排查、社区防控、集中隔离等各项工作，加快风险人员排查管控，加大重点行业、重点人群筛查力度，严格执行疫情防控"九不准"要求，织密织牢全区疫情防控网。持续抓好60岁及以上老年人疫苗接种工作。认真复盘总结疫情防控工作，找问题、补漏洞、强弱项，持续强化疾控流调、隔离设施、基础工作以及医疗资源统筹等能力建设，推动实现日核酸检测能力达到11.6万单管，提升信息化工作水平，健全驻区单位、楼宇企业、重点行业重点人群信息台账，全面提升应对大规模疫情处置能力。加强公共卫生应急管理体系建设。

加快推进稳增长政策措施落地见效。贯彻落实国务院稳经济一揽子政策及北京市实施方案，加快推动区级实施方案42项任务落实，开展好重点企业走访和中小企业帮扶，打好助企纾困组合拳，着力巩固经济企稳回升态势。不断强化投资支撑作用，加快96个新开工项目和54个续建项目建设，全力以赴完成年度投资任务目标。深化落实加快推进北京国际消费中心城市培育建设实施方案42项年度重点任务，加快建设京西大悦城、远洋春秋里等现代消费圈，培育首钢六工汇、金安环宇荟两个标志性商业项目，提升当代商城、喜隆多等商业综合体服务品质，充分激发消费市场活力。坚持政府引导、市场主导，完善创新创业综合配套和招商机制，学习借鉴先进招商经验，引进落地一批符合我区发展定位的引领性项目。落实北京市优化营商环境5.0版政策，加快政务服务中心工程建设，做好世界银行及国家优化营商环境评价迎评工作。

三、着力打造"一起向未来"的城市复兴新地标

市党代会报告指出，要推进新首钢地区转型发展，打造"一起向未来"的城市复兴新地标。我们要把新首钢更新作为引领工程、重头项目、动力之源，聚焦"四个复兴"，深入谋划好冬奥遗产后续利用，推进新首钢地区转型发展，做好新首钢地区这篇文章。精心谋划场馆赛后有效利用，加快梳理冬奥遗产保护利用任务清单、项目清单，大力发展体育、会展、旅游等现代服务业，进一步巩固"体育＋"产业优势，培育冰雪消费新业态。提升冬奥公园运营管理水平，加快制定北京冬奥会首钢工业遗存保护名录和再利用方案，建好首钢工业遗址公园。充分挖掘利用冬奥文化资源，继续举办金秋体育盛会、冰雪嘉年华等品牌活动，巩固提升"带动三亿人参与冰雪运动"示范区创建成果。全面推进新首钢整体规划建设，强化与首钢集团沟通对接，打好新首钢十大攻坚工程"收官战"，着力推动北区重大项目规划建设，加快东南区开发进程，提前启动南区市政基础设施规划研究，统筹推动国际人才社区、城市织补工厂等重大项目建设。用好冬奥会、服贸会、新地标三张"金名片"，加速新首钢北区转型升级，推动"科技＋"产业集聚，在虚拟现实、工业互联网等重点行业及其细分领域深耕厚植，办好服贸会、中国科幻大会等重大活动，高标准建设科幻产业集聚区。实施首钢水系与人民渠连通工程，构建滨水绿色生态体系。完善城市功能，加快国际学校前期工作，统筹规划国际人才社区配套设施，做好公共设施移交，推动“厂区”“园区”向“社区”“街区”转变。

四、大力实施城市更新行动

市党代会报告指出，要深入推进城市更新，打造更多高品质活力空间。我们要把实施城市更新作为全区城市工作的战略重点，以连续获得国务院老工业基地调整改造真抓实干成效明显表彰为动力，坚持规划引领、减量发展和深度转型，充分发挥新首钢城市更新的龙头作用，统筹推动老工业厂房、老旧小区、老旧平房区和低效楼宇更新改造，落地实施一大批更新项目，为城市提供更多宜居空间、创新空间、消费空间、活力空间。

坚持规划引领城市工作。深入实施新版北京城市总体规划，推动重点功能区规划、专项规划与街区控规有机融合，实现“多规合一”。全面实施增减挂钩，推进城乡建设用地减量提质。持续开展城市体检评估。深化规划和自然资源领域问题整改，以“零容忍”的态度坚决遏制新增违法行为，坚决维护规划严肃性和权威性。扎实推进西部地区转型发展，深化与中交集团合作，谋划推动永引渠南路西延、高井沟流域生态修复等一批重点项目落地实施，激发西部地区发展活力。

推动“京西八大厂”整体复兴。深入探索城市更新首钢模式，加强老旧厂房保护性利用和创新性改造，加强规划管理、产业导入、产城融合、政策配套，让老工业厂房焕发新活力。有序推进巴威－北锅等城市更新试点项目，加快光芯片产业基地和中关村虚拟现实产业示范园项目建设。进一步完善老旧厂房翻新、补充城市配套等城市更新内容的实施路径。

加快老旧小区更新改造。不断深化“老山模式”“鲁谷模式”，加大与首开集团合作力度，推动10个续建项目实现完工，24个新建项目年内开工，加快完善危旧楼房改建实施路径。坚持“投建管”一体，推动已改造老旧小区后期管理向市场化过渡。深入探索街区更新，用好政府引导作用和市场机制力量，支持鼓励社会资本投入，形成多方积极参与、群众共同治理的工作格局。推进北辛安安置房和周边市政基础设施建设，统筹做好回迁安置房交房工作。加快推动黄庄村棚改项目。

全面加强基础设施建设。加快实施M11线西段、地铁1号线福寿岭站、苹果园综合交通枢纽等轨道交通项目，扎实推进新首钢北区、东南区和衙门口等重点区域周边配套道路建设。抓好苹果园110kV变电站、北辛安110kV变电站、鲁谷北重供热厂及配套热网工程等基础设施建设，加快向阳110kV变电站、2022年老旧小区配网改造项目前期手续办理工作，不断提高城市承载能力。

五、持续推进产业转型升级

市党代会报告指出，要深化京西地区转型发展，统筹产业升级和人口资源环境，建好首都西大门。我们要把推动产业转型作为全区经济工作的战略支撑，牢牢把握高质量发展这个根本要求，主动服务和融入首都发展新格局，紧抓京西行动计划实施的有利契机，举办好京西产业发展论坛，在紧要处落好“五子”，巩固完善高精尖产业格局，全面提升发展质量和效益。

加快“一轴四园”产业功能区建设。突出长安金轴消费金融发展特色，加快高端金融要素集聚，吸引区域性总部、功能性总部及新兴金融机构落户。加快推动银保园创新发展，研究制定三年行动计划，谋划打造金融科技文化交流中心，加快建设中国电科（北京）智能科技园，推动金融科技融合发展。深化与中关村发展集团战略合作，推动中关村工业互联网产业园、虚拟现实产业园等特色园区建设，引导行业综合性国家科学中心和新型研发机构落地。推动新首钢园产业复兴，持续打造“电竞北京2022”、北京国际创新发展大会等特色品牌，加快互联网3.0应用场景建设。推动文创园高端特色发展，推进北重科技文化产业园一期建设。加快重点产业园区管理体制改革，完善要素配置，形成以公共平台、底层技术、龙头企业等为核心的多样化创新生态，着力打造先进产业园区。

巩固完善“1+3+1”高精尖产业格局。用好我区推进国际科技创新中心建设加快创新发展支持办法，聚焦虚拟现实/增强现实、产业互联网、消费数字化三大优势领域布产业、落项目，提升已有的现代金融、工业互联网、科幻、数字创意等优势产业，巩固“体育+”产业优势，促进“科技+”产业集聚，持续扩大产业资源聚集强度。坚持“四个面向”，开展“卡脖子”关键核心技术、颠覆性技术攻关，实现更多“从0到1”突破，培育一批专精特新“小巨人”企业、隐形冠军企业，不断提升高精尖产业发展能级。持续深化国有经济和集体经济改革。

高标准推进“两区”建设。坚持把“两区”建设作为稳增长的重要抓手，积极主动争取国家支持，以制度创新促进项目落地，全面推进产业开放、园区开放、要素供给、制度创新等4方面重点工作和90项任务落实，在元宇宙、人工智能、数字创意等重点领域布局落子，以高水平开放助推高质量发展。充分利用服贸会、科幻大会等重大展会活动主场优势，精心策划主题论坛、招商投洽，推动以展引资、以展促产，加大项目储备力度，推动对外开放再上新台阶。

着力打造全球数字经济标杆城市。深入落实数字经济发展五年规划，加紧布局5G、区块链等新型基础设施，以促进数字技术与各领域各行业深度融合为主线，推进数字产业化和产业数字化发展。统筹做好全区数字政府、智慧城市和数字化社区建设，加快5G通信、千兆网络升级等数字基础设施建设，推动数字技术与传统基础设施深度融合。大力实施数字基础设施巩固工程，加快工业互联网平台工程实训基地、5G+8K超高清产业平台等重点项目建设，推动相关产业示范效应向规模应用转变。

六、努力提升城市治理现代化水平

坚持人民城市人民建、人民城市为人民，在精治共治法治上下足绣花功夫，探索构建有效的超大城市治理体系，努力让城市生活更健康、更便捷、更舒适、更美好。

提升城市精细化治理水平。深化推进疏解整治促提升专项行动，加快一般制造业企业改造提升、地下空间再利用等任务进度。深入推进背街小巷片区环境综合整治，做好公共空间环境建设和城市家具设计，打造更多精品宜居街巷。加快建立区级静态交通智慧管理平台，加强停车综合治理。深入实施交通综合治理计划，优化公交线网和场站布局，完善步行和自行车道网络，营造便捷舒适的绿色出行环境。落实智慧城市发展行动，加快构建“城市大脑”智慧管理体系。积极推进韧性城市建设，完善城市防灾空间格局，健全应急救援体系，着力提升城市安全水平。毫不松懈抓好防汛工作，确保安全度汛。深化“一微克”行动，实施节水行动，持续推进污染土治理，打好蓝天、碧水、净土保卫战。全力做好国家森林城市现场考核验收的各项准备工作，确保在中心城区率先建成国家森林城市。持续巩固已有绿色成果，推进西山慢行步道、调色板城市公共空间改造提升等项目建设，因地制宜、多种方式推进“留白增绿”，不断扩大城市绿色空间，打造“秀水石景山”，展现“一半山水一半城”的美丽姿态。

强化党建引领基层治理。落实街道办事处条例，深化街道管理体制改革，加强综合执法队伍建设。完善基层治理机制，做实三级党建工作协调委员会，加快“品质社区”建设，用好“石景山老街坊”等群众力量，发挥社会组织、街巷长、小巷管家、责任规划师等作用，持续巩固新业态、新就业群体党建工作试点任务成效，积极探索党建引领行业治理有效途径。持续深化吹哨报到改革，深入落实接诉即办工作条例，把物业管理、垃圾分类两件“关键小事”作为撬动基层治理的有力抓手，扎实开展物业服务管理突出问题专项治理，不断提升群众诉求解决率、满意率，解决好人民群众操心事、烦心事、揪心事。

加强西山永定河文化带保护和传承。深入落实西山永定河文化带保护发展规划，精心打磨模式口历史文化街区，加快八大处公园园内景观提升项目建设。做好国家公共文化服务体系示范区复核迎检工作。大力推广全民阅读活动，努力营造“书香石景山”文化氛围。出台文旅体消费提质扩容两年行动计划，推进天泰山旅游综合开发、石景山游乐园改造升级等文旅项目，打造“漫游石景山”线路品牌，全面提升“吃住行游购娱”配套能力。

打好全国文明城区创建攻坚战。深入推进习近平新时代中国特色社会主义思想学习宣传贯彻，用好融媒体中心、新时代文明实践中心等载体，大力培育和践行社会主义核心价值观。把创城工作充分融入后冬奥文章，将北京冬奥精神植入城市文脉，大力提升城市文明形象和市民文明素质。继续抓好创城三年行动计划实施，严格对照测评体系，抓好问题整改挂销账闭环管理，确保实地考察点位、网申材料、问卷调查等各环节万无一失。持续开展创城示范点位验收和推广，进一步提升创建水平。深化拓展群众性精神文明创建，落实文明行为促进条例，巩固“礼让斑马线”成果，倡导良好社会风气和道德风尚。坚持“创城为民、创城惠民”，广泛宣传创建成果，组织开展入户调查，主动为群众办实事解难题，不断提高市民群众的知晓率、参与率和满意度。

七、在更高水平上保障和改善民生

牢记让人民生活幸福是“国之大者”，始终把群众安危冷暖放在心上，紧紧围绕“七有”要求和市民“五性”需求，尽力而为、量力而行，扎实办好民生实事，实现人民生活更加美好。要聚焦“七有”“五性”，结合区域人口特点和群众身边急难愁盼问题，推出更多精准、有效的民生政策，办好40件重要民生实事和68项济困工程，解决好“一老一小”问题，兜住民生底线。实施就业服务攻坚行动，搭建人力资源供需平台，持续开展公共就业创业服务专项活动，抓好高校毕业生、农民工等重点群体就业，不断提升就业服务质量和水平。增加政策性住房供给，加快首钢铸一区共有产权房等在施项目建设。坚持房住不炒，加强市场监测，建立风险预警机制。推进学前教育普及普惠发展，推动普惠园覆盖率提升至87%。持续抓好“双减”工作，加快推动教育资源优化配置，深化合作办学、集团化办学、九年一贯制办学等模式，推动金顶街小学年内实现完工、北大附中石景山学校（新址）实现结构封顶、北京市第一七一中学合作办学项目落地，加快北京市十一学校石景山学校建设和首钢东南区等重点区域配套学校前期手续办理。全力推进“健康石景山”建设，深化医疗保障制度改革，加强国家医共体和北京市紧密型医联体试点建设，提升石景山医院医疗服务水平，推进重点学科建设项目，完善社区卫生服务体系。加快北京大学首钢医院新建门急诊医技大楼项目建设，推动五里坨精神卫生专科医院年内实现开工，加快西部医院、中国医学科学院整形外科医院改扩建工程二期前期手续办理。深入实施养老服务行动计划，深化国家级居家和社区养老服务改革试点，全面推开国家级政策性长期护理保险制度试点，推进两家社区养老服务中心和4家社区养老服务驿站建设，努力实现养老服务高质量发展。做好新发展阶段支援协作工作，助力受援地区巩固拓展脱贫攻坚成果与乡村振兴有效衔接。落实与门头沟区合作发展框架协议，推动两区深度融合、协同发展。做好结对帮扶密云区集体经济薄弱村增收工作。

八、推动全面从严治党向纵深发展

完成全年各项工作任务，关键在坚持党的全面领导，关键在党要管党、全面从严治党。要牢记“看北京首先要从政治上看”的要求，坚持和捍卫“两个确立”，增强“四个意识”、坚定“四个自信”、做到“两个维护”，坚决做到“三个一”“四个决不允许”。持续推进市委巡视整改，将巡视整改与市委基层党建述职评议会点评问题、中央环保督察反馈问题、规自领域问题、党史学习教育专题民主生活会查摆问题等整改工作一体谋划、一体推进、一体落实，全力以赴确保问题整改全面见底清零。强化思想理论武装，推进党史学习教育常态化长效化，认真组织、扎实推动《习近平谈治国理政》第四卷学习宣传贯彻，坚持不懈用习近平新时代中国特色社会主义思想武装头脑、指导实践、推动工作。深入落实意识形态工作责任制，推动意识形态工作向基层延伸，做好新形势下网络意识形态工作。大力实施“品质先锋”工程，打造基层党建品牌矩阵，健全完善“两新”工委运行机制，制定实施“两新”组织党建三年行动计划，统筹推进各领域党建工作，推动基层党组织全面进步、全面过硬。着力加强干部队伍建设，不断优化班子结构、提升整体功能，持续推进“千帆计划”落地落实，不断提升干部治理能力，打造一支忠诚干净担当的高素质专业化干部队伍。开展第三批“景贤人才”认定，办好2022“北京·景贤杯”创新创业大赛和“景贤人才”峰会，制定发布紧缺急需人才目录，持续开展走进高校引才活动，延揽海内外优秀人才，加快形成“近悦远来”的人才生态。持之以恒正风肃纪反腐，持续加固中央八项规定堤坝，锲而不舍纠“四风”树新风，深入整治群众身边腐败和作风问题，走好新时代党的群众路线。加强对“一把手”和领导班子监督，从严从实加强年轻干部教育管理监督。坚持“严”的主基调不动摇，深化以案促改、以案促治，一体推进不敢腐、不能腐、不想腐，营造风清气正的政治生态。巩固和发展爱国统一战线，密切同各民主党派、工商联和无党派人士的合作，汇聚起推动新时代首都发展的磅礴力量。进一步发挥群团组织联系群众的桥梁纽带作用，全面提高党的群团工作水平。充分发挥区委总揽全局、协调各方的作用，支持人大、政府、政协、纪委监委、法检“两院”履行职能，继续坚持在重点工作和重大活动中四套班子齐上阵、“四个轮子一起转”的好做法，齐心协力做好全区各项工作。

在区委十三届五次全会上的报告

区委书记　常　卫

（2022 年 12 月 27 日）

现在，我受区委常委会委托，向全会报告工作，分三个部分。

第一部分　关于今年工作总结

今年是党的二十大召开之年，是北京冬奥之年，也是本届区委的开局之年。一年来，区委常委会坚持以习近平新时代中国特色社会主义思想为指导，认真学习宣传贯彻党的二十大精神，深入贯彻习近平总书记对北京一系列重要讲话精神，坚持和捍卫“两个确立”，增强“四个意识”、坚定“四个自信”、做到“两个维护”，在市委坚强领导下，坚决落实党中央“疫情要防住、经济要稳住、发展要安全”的要求，先后召开 3 次区委全会和 41 次区委常委会会议，用好服务保障冬奥会举办和新首钢地区城市复兴两个牵引，深入实施城市更新和产业转型发展战略，高效统筹疫情防控和经济社会发展，不断将全面从严治党引向深入，推动各项事业取得新进展新成效。突出抓了三件大事。

一是全力做好迎接、服务、学习宣传贯彻党的二十大各项工作。以实际行动迎接党的二十大胜利召开是贯穿全年工作的主线。我们以首善标准扎实做好各项服务保障工作，坚持“四套班子一起上”“四个轮子一起转”，各街道、各单位拧成一股绳，加强重点时期重要工作调度，持续保持疫情防控形势总体稳定，深入细致做好维稳安保、城市安全运行、大气污染防治等工作，圆满完成了“以面保点”、以区域平安保全市大平安工作任务，高质量完成出席党的二十大代表推荐提名工作，组织开展“强国复兴有我”“奋进新征程 建功新时代”等系列主题宣传，为盛会召开营造了良好氛围。我们把学习宣传党的二十大精神作为首要政治任务，组织全区观看开幕盛况，第一时间抓好传达学习，统筹抓好学习培训、集中宣讲等各环节工作，各级党委（党组）理论学习中心组开展集中学习和交流研讨，迅速形成学习宣传贯彻热潮。我们认真抓好党的二十大精神贯彻落实，结合贯彻习近平总书记对北京一系列重要讲话精神，结合市第十三次党代会安排部署，结合全区重点工作，进一步理清思路、明确任务、落细措施，推动党的二十大精神在石景山落地生根、开花结果，形成更多生动实践。

二是圆满完成冬奥会举办服务保障任务。服务保障北京冬奥会成功举办是我们必须履行的重大职责使命。我们深入贯彻习近平总书记对冬奥筹办举办系列重要指示精神和北京冬奥会举办工作部署，围绕“服务冬奥、参与冬奥、借势冬奥”这一主线，全面完成三个“百日会战”攻坚行动，冬奥场馆及配套设施全部建成投用，11 号线西段、锅炉厂南路、北辛安路南段、高井规划一路等交通设施开通运行，冬奥社区、冬奥广场、冬奥公园、冬奥大道、冬奥会徽等地标精彩亮相。深化“双进入”机制，坚持冬奥防疫与城市防疫一体推进和安保、防疫、交通“三位一体”协同推进，全力保障赛事活动成功举办和“冬奥大本营”安全运行，滑雪大跳台惊艳世界，首钢园成为“一起向未来”的城市复兴新地标，给世界留下了深刻印象和美好记忆。认真谋划工业遗存和冬奥遗产可持续利用，首钢场馆群成为世界级网红打卡地，北京冬奥公园成为与奥林匹克森林公园相媲美的奥运遗产，“体育＋”产业和冰雪体育运动蓬勃发展，“双奥之区”成为石景山的全新“金名片”，首都西大门魅力更加彰显。

三是围绕“三要”要求统筹推进疫情防控和经济社会发展。近三年来，我们坚持人民至上、生命至上，坚持外防输入、内防反弹，健全完善疫情处置领导体制和指挥调度机制，落实“四方责任”，有力应对了多轮疫情冲击，提升了科学战疫的本领，淬炼了抗击疫情的精神力量，最大程度保护了人民群众的生命安全和身体健康。特别是今年，我们面对三年以来冲击最为强烈、形势最为复杂、处置难度最大的新冠疫情，认真落实中央“三要”要求，高效统筹防疫情和稳增长，两手抓、两不误，力争全年实现较好结果。我们坚持“动态清零”总方针，坚持区 8 指统筹、区街联动、多元协同工作机制和“三公（工）联动”“5＋N”协同、“一病例一专班”等有效做法，科学迅速处置突发疫情，统筹抓好筛查、追阳、落位、管控、转运、隔离、救治等关键环节工作，坚决阻断疫情传播扩散。着力加强应急能力建设，高效建设体育馆、京能 UAC 等方舱医院和万商青年公寓健康驿站，迅速筹建石景山医院、中医医院红黄码医院，积极储备各类集中隔离设施，建设区企控股的核酸检测实验室，大力提升日核酸检测能力。慎终如始抓好社会面防控和社区服务管理，积极推进无疫社区、无疫楼宇创建工作，疫苗全程接种率达113.2%。随着奥密克戎致病性减弱、疫苗接种普及和防治能力提高，我们按照国家二十条优化措施和“新十条”，因时因势优化完善防控措施，确保疫情防控转段平稳有序。加大药品采购供应力度，千方百计保障群众用药需求。加强重大疫情防控救治体系建设，组建市120分指挥调度中心和三级转运专班，科学构建分级分类诊疗体系，21家发热门诊应设尽设、应开尽开，协调医院全力做好重症、危重症患者救治。全面做好重点人群管理服务，采取有效措施解决社区服务保障“最后一百米”问题。我们坚持“稳中求进”总基调，持续强化经济运行调度，狠抓150项固定资产投资项目和33项重大工程，积极推动复工复产。贯彻落实稳经济一揽子政策及助企纾困措施，量身定制稳经济“42条”“石科26条”“新12条”等系列政策，全年新增减税降费及退税缓税缓费超25.9亿元，稳住了经济发展基本盘。全年地区生产总值预计完成980亿元，同比增长2%左右；一般公共预算收入预计完成74.05亿元，同比增长1%（同口径增长8.2%），财政收入税占比90%左右；固定资产投资预计完成440亿元，同比增长7.1%；居民人均可支配收入预计实现86359元，同比增长2%。我们坚持“底线思维”防风险，始终把维护政治安全摆在首位，全面落实意识形态工作责任制，深入实施安全生产专项整治三年行动，防范和化解各领域重大风险，群众安全感大幅提升。

在抓好以上大事的同时，区委常委会认真研究新情况，解决新问题，主要做了以下工作。

一是着力打造“一起向未来”的城市复兴新地标。以京西行动计划为引领，强化市区企合作、部门联动，协同推进新首钢地区28项年度任务和60项重大项目落地见效，成功举办服贸会首钢园专题展览。圆满完成新首钢十大攻坚工程收官战，制氧厂、首钢工业遗址公园等一批标志性工程交付使用，二高炉南路建成通车，新首钢国际人才社区、城市织补创新工场等项目加快实施。以建设科幻产业集聚区为重点推动“产业复兴”“活力复兴”，成立全国首支科幻产业股权基金，完成科幻星球奖技术奖评定，建成中关村科幻产业创新中心、SoReal元宇宙乐园、瞭仓数字艺术馆等重大项目，RE睿·首钢国际创忆馆文化阐释及传播策略项目获评全球世界遗产创新奖。推动城园融合发展，制定首钢工业遗存保护名录，有序接收北区13条道路、4块公园绿地等公共设施和石景山古建群，实施绿轴景观提升和首钢水系与永定河流域连通工程。我区第四次荣获国务院老工业基地调整改造真抓实干成效明显表彰，在2021年产业转型升级示范区评估中，成为全国唯一包揽三项年度评估“优秀”的地区。

二是大力实施城市更新行动。深入落实北京城市总体规划和石景山分区规划，持续开展城市体检评估，高质量编制完成五里坨—广宁地区和首钢北区街区控规并获得市政府批复，稳步推进特钢、巴威—北锅等5个街区规划，成功举办首届北京城市更新论坛，首钢老工业区（北区）更新等2个项目获评“北京城市更新最佳实践”项目，广宁冬奥社区等3个项目获评城市更新“优秀案例”。实施十大领域77项城市更新项目，西部地区先行示范区等8个项目纳入北京市第二批城市更新示范项目清单。加快老厂房更新步伐，深入研究探索“京西八大厂”更新改造路径。推进老旧区域更新改造，24个老旧小区综合整治项目实现开工，11个改造项目竣工，老楼加装电梯新开工43部，西黄村、北辛安、衙门口、广宁村等棚改项目有序推进，黄庄村棚改项目启动征收。全面加强重大基础设施建设，苹果园综合交通枢纽主体工程基本完工，地铁1号线福寿岭站、人民渠西延、调色板花园等重点工程有序推进，古城西路等8条市政道路建成通车，五里坨便民服务中心、西山绿道（石景山段）等项目全面开工，城市承载能力进一步增强。

三是持续推动产业转型升级。推动“一轴四园”重点功能区、“1+3+1”高精尖产业和“五子”联动融合发展，引入高精尖企业同比增长超过30%，全年高精尖产业预计收入、税收分别同比增长8%、20%。着力提升“长安金轴”影响力，成功举办全球数字经济大会数字金融论坛等重大活动，筹建北交所服务基地，现代金融业预计实现收入1235亿元。推动北京·银行保险产业园金融科技叠加成势，中电科智能科技园一期建成，下属28家法人单位落户。深化中关村石景山园管理体制改革，积极引进北航“虚拟现实技术与系统全国重点实验室”等创新机构，打造北京侨梦苑·侨创空间等国家级众创空间，吸引航天科工智能院落户，实现国高新企业认定权限下放，国高新企业保有量达794家，全年预计实现收入3828亿元、同比增长5%，连续两年获得国家真抓实干成效明显产业转型示范园区通报表扬。中关村工业互联网产业园核心区加快建设，先导区入驻率达到74%，中关村虚拟现实产业园发展势头良好，产业展示中心投入使用，科学技术协会、院士专家服务中心等平台机构落地，12家企业荣登“中国VR50强”榜单。推动文创园特色发展，郎园Park再次入选市级文化产业园，北重科技文化产业园一期招商工作基本完成。高标准抓好“两区”建设，推进实施90项重点年度任务，新增入库项目178个、落地122个，利用外资同比增长达38.1%。促进数字产业化和产业数字化联动发展，推进智能算力中心项目建设，与亚洲数据集团签订战略合作协议，打造数字金融创新中心。加快打造国际消费中心城市，金安环宇荟、六工汇等高端商业载体正式开业，京西大悦城主体结构完工，首钢园入选“夜京城”特色消费地标，“一核三圈多点”的国际消费空间布局不断完善。

四是全面提升城市精细化管理水平。坚持党建引领基层治理，深化全国城市基层党建示范区建设，抓好两件“关键小事”，授牌首批45个星级“品质社区”，全国社区治理和服务创新实验区创建成果不断巩固。深化接诉即办、吹哨报到改革，优化“热线+网格”融合模式，全年办理群众诉求15万余件。顺利完成“疏整促”专项行动21项市级和50项区级任务，基本完成“基本无违法建设区”复评工作，常住人口控制在56.8万人以内。加强城市精细化管理，开展城市道路及背街小巷环境治理，新增5000个停车位，完成金安桥雨水泵站主体建设。模式口历史文化街区、高井东小街被评为北京市最美街巷。强化智慧城市基础设施支撑，新建62座5G基站，初步建成城市大脑运营指挥中心平台。不断扩大绿色空间和生态容量，完成新一轮百万亩造林绿化工程，在中心城区率先建成国家森林城市。坚决打好污染防治攻坚战，持续推动第二轮中央生态环境保护督察问题整改，细颗粒物（$PM_{2.5}$）累计浓度31微克/立方米，再创新低，石景山的天更蓝、山更绿、水更清、环境更优美。

五是深入推进西山永定河文化带建设。认真落实西山永定河文化带保护发展规划和五年行动计划，模式口历史文化街区13处景观节点、23个重点院落、91家店铺精彩亮相，法海寺壁画艺术馆、龙泉寺修缮等项目完工。加快推动文旅融合发展，成功举办西山永定河文化节和中国电视剧“飞天奖”、电视文艺“星光奖”颁奖典礼等系列活动，推出16条精品文旅线路。巩固国家公共文化服务体系示范区创建成果，打造瞭仓书房等一批新型公共文化空间，扶持燕京八绝等非国有博物馆建设，区文化馆荣获国家“一级文化馆”，街道文化中心在全市效能排名中实现三连冠。全域深化文明城区创建，持续开展“擦亮城市西大门，文明扮靓石景山”系列活动，高标准完成127个达标社区验收，首都文明办创城综合考核成绩位列全市第一。

六是不断提高保障和改善民生水平。紧扣“七有”目标和“五性”需求，实施40项重要民生实事和67项济困工程，健全完善多层次社会保障体系，基本建成儿童福利院和救助站，残疾人职业康复中心投入使用。加大就业帮扶力度，登记失业率3.37%。加强住房供应保障，全年竣工政策性住房7863套，建设保障性租赁住房3790套。持续优化教育资源布局，引进北京一七一中学合作办学，加快建设北大附中石景山学校（新址）、北京市十一学校石景山学校，建成金顶街小学，普惠性幼儿园覆盖率达到87%。进一步提高养老服务质量，4家社区养老服务驿站建成运营，康复辅助器具社区租赁试点顺利通过国家评估，八角中里、八角南路社区获评全国示范性老年友好型社区。扎实推进“健康石景山”建设，持续深化医药卫生体制改革，扩面推广“信用+医疗”服务模式，建设3个区域医联体及1个紧密型医联体，院前急救呼叫满足率达99.6%。首钢医院门急诊医技大楼、中国医学科学院整形外科医院改扩建一期工程竣工，五里坨精神卫生专科医院等重点项目开工建设，石景山医院晋升三级综合医院。统筹推进支援协作工作，市区两级72项支援协作项目完工率达86.1%。

七是坚定不移把全面从严治党引向深入。始终把党的政治建设摆在首位，修订区委关于维护党中央集中统一领导的实施意见，坚持和捍卫“两个确立”，增强“四个意识”、坚定“四个自信”、做到“两个维护”。市委巡视整改率达98.88%，全年以区委名义向市委请示报告55件。坚持不懈用习近平新时代中国特色社会主义思想凝心铸魂，认真组织学习《习近平谈治国理政》第一至四卷，组织完成学习贯彻党的十九届六中全会精神轮训，巩固拓展党史学习教育成果。强化组织体系建设，深入实施“品质先锋”工程，做实三级党建工作协调委员会和“双报到”工作机制，实现“两新”工委实体化运行，选派151名优秀干部到社区兼任“第一书记”。着力加强领导干部队伍建设，研究制定落实北京市领导干部治理能力提升三年行动计划工作方案，实施年轻干部“千帆计划”，从严从实抓好干部监督管理。深入实施“景贤计划”，完善“1+1+N”人才政策体系，推进“景贤创业小镇”建设，“景贤”系列品牌矩阵影响力不断增强。严格落实中央八项规定精神，修订区委深入贯彻落实中央八项规定精神实施办法，持续为基层减负松绑。加强对“一把手”和领导班子监督，组织开展两轮区委巡察，推动各类监督贯通协调。保持惩治腐败高压态势，今年以来共处置问题线索171件，立案51件，给予党纪政务处分33人，移送司法机关8人，留置14人。区委常委会高度重视自身建设，修订常委会工作规则、“三重一大”实施办法等重要制度规定，带头履行管党治党政治责任，切实发挥好把方向、管大局、作决策、保落实的重要作用。坚持和完善党委决策、政府落实、人大和政协监督的工作机制，召开区委第六次人大工作会议，制定以首善标准做好新时代人大工作的实施意见，出台加强和改进新时代区政协工作的实施方案，支持和保证人大及其常委会依法行使职权，充分发挥人民政协专门协商机构作用。坚持爱国统一战线发展的正确方向，构建大统战工作格局，巩固团结奋进开拓活跃的良好局面。深化法治石景山建设，预付式消费监管“石景山模式”获评全国法治政府建设示范项目。全面做好群团、党校、老干部、党管武装、军民融合、改革等各项工作。

这些成绩的取得，是市委坚强领导的结果，是全区各级党组织和广大党员干部群众团结奋斗的结果，是全区人民、驻区单位和社会各界大力支持的结果。在此，我代表区委常委会，向为石景山发展作出贡献的全区人民和社会各界人士，特别是奋战在抗疫一线的医务工作者、基层干部群众，致以崇高的敬意和衷心的感谢！

与此同时，区委常委会也清醒地认识到，工作中还存在一些挑战和不足：受疫情冲击，部分人群收入减少，社会消费意愿偏弱，企业特别是民营企业、中小微企业生产经营困难较多，稳增长稳就业仍面临较大压力；高质量发展基础还不牢固，创新发展生态仍需优化，产业转型步伐亟待加快；城市规划建设管理能力有待加强，精细化管理水平有待提高，城市更新力度需要持续加大；民生领域仍存短板，“四老四少”问题有待突破，“七有”“五性”指数还不高，住房、文化、体育等公共服务供给与人民群众对美好生活的期盼还有差距，民生保障水平需要进一步提升；干部队伍素质与推动区域高质量发展需要还不完全匹配，开拓创新、苦干实干精神还有欠缺，等等。对这些问题，我们要在今后的工作中继续推动解决。

第二部分　持续深入学习宣传贯彻党的二十大精神

党的二十大是在全党全国各族人民迈上全面建设社会主义现代化国家新征程、向第二个百年奋斗目标进军的关键时刻召开的一次十分重要的大会。大会胜利闭幕后，我们以多种形式开展学习宣传贯彻，以上率下、步步深入，取得阶段性成效。学习宣传贯彻党的二十大精神是一项长期政治任务，必须持续推动。我们要按照中央部署和市委要求，着力在全面学习、全面把握、全面落实上下功夫，掀起热潮、统一思想、团结奋进，切实把广大党员干部群众的思想和行动统一到党的二十大精神上来，不断取得新的更大成效。

一要深刻领悟“两个确立”的决定性意义，更加坚定自觉做到“两个维护”。党的二十大选举产生了以习近平同志为核心的新一届中央领导集体，把党的十九大以来习近平新时代中国特色社会主义思想新发展写入党章，再次宣示了“两个确立”的决定性意义，这是党的二十大取得的最重要最根本的成果。新时代的伟大实践充分证明，“两个确立”是新时代最大政治成果、最重要历史经验、最客观实践结论，是党应对一切不确定性的最大确定性、最大底气、最大保证。“两个维护”是最基本的政治纪律和政治规矩，是检验党员干部理想信念、政治立场、党性修养和能力作风的试金石。我们要牢记“看北京首先要从政治上看”要求，深刻领悟“两个确立”的决定性意义，增强“四个意识”、坚定“四个自信”、坚决做到“两个维护”，更加自觉在思想上政治上行动上同以习近平同志为核心的党中央保持高度一致，以一往无前的奋斗姿态沿着总书记指引的方向奋勇前进。

二要牢牢把握习近平新时代中国特色社会主义思想的世界观和方法论，坚持用以统一思想、统一意志、统一行动。党的二十大深入总结我们党坚持和发展马克思主义的历史经验，系统阐述“两个结合”的要求，精辟概括习近平新时代中国特色社会主义思想贯穿的立场观点方法，号召全党继续推进实践基础上的理论创新。习近平新时代中国特色社会主义思想是“两个结合”的光辉典范，科学回答了中国之问、世界之问、人民之问、时代之问，体现了对中华优秀传统文化的传承和大历史观，开辟了马克思主义中国化时代化新境界。“六个必须坚持”深刻诠释了贯穿其中的世界观和方法论，是总结党的理论创新实践得到的规律性认识。党的十八大以来，习近平总书记10次视察、18次对北京发表重要讲话，深刻回答了“建设一个什么样的首都，怎样建设首都”这个重大时代课题，推动北京城市深刻转型，发生了历史性变化，充分展现出强大真理力量和实践伟力。我们要在学思用贯通、知信行统一上下更大功夫，坚持好运用好贯穿在其中的立场观点方法，从中找到解决各方面问题的“金钥匙”，使之成为改造主客观世界的强大武器，推动习近平新时代中国特色社会主义思想在石景山形成更多生动实践。

三要牢牢把握以中国式现代化推进中华民族伟大复兴的使命任务，增强率先基本实现社会主义现代化的责任担当。党的二十大鲜明提出新时代新征程党的中心任务，系统阐述了中国式现代化的中国特色、本质要求和重大原则，并对各领域任务作出了全面部署。向着党的二十大确定目标迈进的历史进程中，首都北京与党和国家的使命更加紧密相连，首都功能作用愈发凸显。我们已率先全面建成小康社会，在向第二个百年奋斗目标进军的新征程中，也要力争率先基本实现社会主义现代化。我们要牢牢把握中国式现代化的本质要求和重要特征，把党的二十大提出的战略部署转化为推动发展的思路举措，把重大原则贯穿到区域转型发展和现代化建设全过程、各领域，坚定不移实施城市更新和产业转型发展战略，以此作为全面融入首都发展新格局、率先基本实现社会主义现代化的现实路径，作为“后奥运”时期继续抓住机遇、乘势而上、加快推进“三区建设”的根本动能，打造“一起向未来”的城市复兴新地标，高水平建设好首都西大门，朝着率先基本实现社会主义现代化的目标不断迈进。

四要始终保持自我革命的清醒和坚定，增强推进全面从严治党的政治自觉和思想自觉。党的二十大分析了党的建设所面临的形势，对坚定不移全面从严治党、深入推进新时代党的建设新的伟大工程作出重大部署。坚持自我革命是党百年奋斗积累的十条历史经验之一，充分体现了习近平总书记关于依靠自我革命跳出治乱兴衰历史周期率的重要论断，表明我们党对党的建设规律认识的全面深化，对全面从严治党、推进自我革命的鲜明态度和坚定意志。我们要始终保持永远在路上的精神状态和责任担当，坚持不懈推进党的自我革命，坚持以党的政治建设为统领，健全全面从严治党体系，全面推进党的自我净化、自我完善、自我革新、自我提高，共同维护全区政治生态的“山清水秀”，为推动高质量发展提供坚强政治、思想和组织保障。

五要坚持发扬敢于斗争、善于斗争精神，激发干事创业的良好精气神。党的二十大强调要做到“三个务必”，坚定历史自信，增强历史主动，依靠顽强斗争打开事业发展新天地，是新的赶考之路上我们必须坚持的根本政治要求。北京市这些年的拼搏奋斗，塑造了首都党员干部讲政治、能扛活、有情怀的宝贵特质。石景山的党员干部在抗击疫情、冬奥筹办、转型发展、城市治理、扶贫攻坚等重大任务中也锤炼了坚韧不拔的精神品质。我们要牢记“三个务必”，发扬斗争精神，站稳人民立场，发扬求真务实的工作作风，锻造堪当重任的工作本领，扑下身子当好“施工队长”，广泛凝聚各方面力量，团结带领全区人民心往一处想、劲往一处使，不断开创全区各项事业发展新局面，努力创造无愧于时代、无愧于人民、无愧于历史的一流工作业绩。

第三部分　关于明年工作安排

明年是全面贯彻落实党的二十大精神的开局之年，做好全区各项工作意义重大。工作总要求是，坚持以习近平新时代中国特色社会主义思想为指导，全面贯彻落实党的二十大和中央经济工作会议精神，深入贯彻习近平总书记对北京一系列重要讲话精神，认真落实市委十三届二次全会工作部署，扎实推进中国式现代化，坚持稳中求进工作总基调，完整、准确、全面贯彻新发展理念，主动融入首都发展新格局，深入实施城市更新和产业转型发展战略，更好统筹疫情防控和经济社会发展，更好统筹发展和安全，着力推动高质量发展，着力保障和改善民生，推动全面从严治党向纵深发展，加快推进“三区建设”，打造“一起向未来”的城市复兴新地标，高水平建设好首都西大门，为北京率先基本实现社会主义现代化开好局起好步。

关于明年经济社会发展主要指标安排，结合落实中央经济工作会议精神，综合考虑外部发展环境和经济增长基础条件，衔接“十四五”规划和现代化建设目标，着力扩大内需，突出做好稳增长、稳就业、稳物价工作，更好统筹经济质的有效提升和量的合理增长，保持经济运行在合理区间，地区生产总值增速安排5%左右，一般公共预算收入增长3%，市场总消费增长4%左右，社会消费品零售额增长3%左右，登记失业率控制在4%左右，固定资产投资和居民人均可支配收入稳定增长，工作中努力争取更好结果。重点抓好七个方面工作。

第一，深入推进产业转型升级，实现经济高质量发展

把推动产业转型作为全区经济工作的战略支撑，牢牢把握高质量发展这个根本要求，加快实施创新驱动发展战略，紧抓京西行动计划落地实施重大机遇，坚持“五子”联动融入首都发展新格局，加快建设现代化产业体系，推动“科技—产业—金融”良性循环，全面提升发展活力、经济实力和综合竞争力。

深化落实京西行动计划。坚持区企协同、区域协同、央地协同，用好与首钢高层对接机制、与门头沟区合作发展机制，确保我区牵头的重点任务和重大项目全面落地。大力实施西部地区发展建设三年行动计划，深化与中交集团合作，推动五里坨便民服务中心、中交智慧公元等一批重点项目实施，激发西部地区发展活力。推动重大设施与门头沟两区共建，办好京西地区发展论坛，提升京西地区城市整体功能。

加快建设京西产业转型升级示范区。规划整合“一轴四园”与现有产业资源，加快基础建设，做好产业导入，推动产业空间高效利用。突出“长安金轴”消费金融发展特色，推动成立“创投金融联盟”，举办数字金融论坛，促进高端金融要素集聚。加快银保园建设，积极推动中电科智能科技园二期项目，吸引中国一汽等上下游企业资源入区发展。促进中关村石景山园创新发展，加快中关村工业互联网产业园核心区建设，提升虚拟现实产业园运营水平，发挥华为（北京）虚拟现实创新中心、北航虚拟现实国家重点实验室等平台机构资源导入作用，形成产业集群效应，在高水平科技自立自强上多作贡献。推动首钢园“科技+”产业集聚，发挥中关村科幻产业创新中心平台作用，建设中关村标杆孵化器，推动以发展互联网3.0为中心的应用场景建设，培育壮大科幻产业集聚区。深入实施“文化+”融合发展战略，推动文创园高端特色发展，加快北重科技文化产业园一期项目建设，持续打造“电竞北京”、北京国际创新发展大会等特色品牌，培育文化产业新业态新模式。高标准推进“两区”建设，强化与国际企业深度合作，实现首钢怡和合作项目开工，更大力度吸引和利用外资。大力发展数字经济，加快城市超级算力中心等新型数字基础设施建设，规划建设航天科工智能产业园，深入开展智慧城市应用场景开放试点，推进产业数字化、数字产业化协同发展。认真落实扩大内需战略规划纲要，把恢复和扩大消费摆在优先位置，建成京西大悦城等高端商业载体，办好京西消费节，大力促进文体旅消费、数字消费、时尚消费、冬奥冰雪消费等新兴消费需求，打造国际消费中心城市重要节点。

推动重点产业园区管理体制改革。以发展互联网3.0产业为核心，围绕产业集聚发展需求完善要素配置，搭建服务平台，加快构建产业链、创新链和价值链，形成以公共平台、底层技术、龙头企业等为核心的多样化创新生态，着力打造先进产业园区。持续优化园区管委会职能，引入国际化、专业化经营管理人才，做强做大平台公司。深化与市科委、中关村管委会的沟通合作，强化与首钢协同联动，主动承接中关村辐射外溢资源，积极推动市级重点产业政策和项目落地。

激发市场主体活力。优化整合产业政策体系，加大政策信息发布力度，打造高精尖产业发展的政策高地。持续推进“放管服”改革，建成政务服务中心项目，落实“服务包”“服务管家”制度，实施好稳经济一揽子政策，打响“石景山服务”品牌。切实落实“两个毫不动摇”，优化民营经济、中小企业发展环境，构建亲清政商关系。深化国资国企改革，加快布局优化和结构调整，提升企业核心竞争力。深化集体经济改革，盘活闲置资源，壮大集体经济。构建“大招商”格局，推进区级国际商会筹建，建立有利于调动多方积极性的招商激励机制，加强以商招商、产业链招商、平台招商。服务好总部经济发展，积极

争取重大项目、政策落地。强化与高校对接，搭建“政产学研用”合作模式。

第二，大力实施城市更新行动，着力打造“品质之城”

把城市更新作为全区城市工作的战略重点，继续把新首钢更新作为引领工程、重头项目、动力之源，统筹推动老工业厂房、老旧小区、老旧平房区和低效楼宇更新改造，为城市提供更多宜居空间、创新空间、消费空间、活力空间。

坚持规划引领城市工作。深入实施新版北京城市总体规划，推动“多规合一”，算清规划账、经济账、城市品质账、民生账、生态账，统筹好人口、资源、环境、产业，把握城市风貌，做好空间缝合，弥补城市功能。坚持以人民为中心的街区规划，加快推动五里坨—广宁、特钢、南山、衙门口控规落地，打造示范街区、经典街区、精品街区、高质量街区。持续开展城市体检，深入抓好规自领域问题整改，坚决维护规划的严肃性权威性。积极推进新首钢地区及相关街道行政区划调整。统筹做好“十四五”规划中期评估和第五次全国经济普查，推动规划展览馆开馆运营，创建全国自然资源节约集约示范县（市）。

打造“一起向未来”的城市复兴新地标。加强区企高层对接，提速首钢北区重大项目建设步伐，建成东南区5条道路，推动城市织补创新工场、新首钢国际人才社区等重点项目建设，加快金安桥轨道微中心一体化建设和国际学校前期工作。办好服贸会、中国科幻大会等重大活动，充分发挥服贸会平台的影响力，打造首钢特色服贸会品牌。持续发挥冬奥效应，积极引进新业态新模式，完善停车、餐饮、购物等商业商务配套设施，支持“首店”“首发”“首秀”等特色活动。全方位促进城园融合发展，完善园区城市功能，探索完善城市精细化管理体制机制，推动“厂区”“园区”向“社区”“街区”转变。

加快推进“京西八大厂”有机更新。认真借鉴新首钢复兴经验，研究推进老旧厂房有机更新改造利用，加强规划管理、产业导入、产城融合、政策配套，加快实施巴威—北锅、北重东厂等试点项目，提前谋划特钢等重点园区发展定位及产业布局。扎实推进大正创想广场等11个老旧园区更新改造和转型升级，推动光芯片产业项目投产达产，积聚高质量发展新动能。编制实施楼宇经济三年行动计划，有效促进腾退空间和低效楼宇“腾笼换鸟”。

统筹推进老旧区域改造。深入实施老旧小区改造五年规划，滚动推进100个老旧小区改造项目，完成7个老旧小区综合整治项目，加大老楼加装电梯力度，完成剩余老旧小区改造任务立项工作，努力实现“五年任务、四年完成”。加快西黄村、北辛安、衙门口、广宁村、黄庄村等棚改项目进度，抓好危旧楼房改建，推进平房区、边角地更新改造，持续改善百姓居住条件。

不断提高城市基础设施建设水平。充分发挥重大项目的牵引和支撑作用，统筹推进176个固定资产投资项目和33个重大项目。加快城市道路及轨道交通建设，基本建成苹果园综合交通枢纽，完成地铁1号线福寿岭站改造和11号线西段北辛安站出入口等项目建设，实施1号线支线等轨道交通三期建设规划项目，协调推动11号线车辆段选址，启动市郊铁路城市副中心线西段整体提升工程，有序推进永引渠南路西延、北辛安路南段、石门路、衙门口东路等主干道路及衙门口等重点区域周边配套道路建设。优化城市能源供给布局，完成苹果园、北辛安110千伏变电站和鲁谷北重供热厂供热调峰工程，有序推进老旧管网设施改造、首钢调峰热源配套管网、石景山水厂配套管网等工程，加快启动五里坨污水处理厂升级改造工程，不断提升城市承载能力。

第三，不断健全社会治理制度，全面提升城市管理效能

认真践行“人民城市人民建、人民城市为人民”理念，在精治共治法治上下足“绣花功夫”，加快形成数字化、智慧化、精细化、人文化的城市治理体系，让城市生活更健康、更便捷、更舒适、更美好。

夯实基层治理基础。坚持党建引领基层治理，推动三级党建工作协调委员会规范化运行，用好“石景山老街坊”等群众力量，鼓励多元主体参与基层社会治理，提升共建共治共享水平。深化吹哨报到、接诉即办改革，用好民生大数据，推动“热线 + 网格”融合发展。继续抓好两件“关键小事”，加强生活垃圾全流程精细化管理，狠抓物业管理突出问题治理。持续推进“品质社区”建设，深化社区网格化管理，多措并举抓好社区工作者队伍建设，不断扩大全国社区治理和服务创新实验区创建成果。

推进城市精细化治理。深入推进“疏整促”专项行动，加快实施冬奥公园东北部地区、京门铁路石景山段沿线周边等重点区域环境整治提升工程，有序推进新首钢大桥、永引桥等桥下空间改造提升，持续改善麻峪等城中村人居环境，做好公共空间环境建设和城市家具设计。不断完善交通综合治理体系，建立区级静态交通智慧管理平台，加快调色板花园、模式口站地下停车场、刘娘府公交场站等项目进度，开工建设金安桥人行过街天桥。加强智慧城市、数字政府建设，打造城市地下管网感知系统，构建“城市大脑”智慧管理体系。

统筹发展和安全。始终把政治安全摆在首位，加强对苗头性、倾向性、敏感性问题管控，严防各领域安全风险向政治领域传导。严格落实意识形态工作责任制，加强各类阵地建设，持续净化网络环境，守好首都意识形态阵地。强化社会治安整体防控，推进扫黑除恶常态化，深入开展“平安校园”“平安医院”“平安社区”创建工作，高标准做好市域社会治理现代化试点全国验收迎检工作。严格落实安全生产责任制，强化食品药品安全监管，坚决防范和遏制重特大安全事故发生。加强金融、地方债务风险防控，确保房地产市场平稳发展，守住不发生系统性风险的底线。加强韧性城市建设，健全应急救援体系，建成投用金安桥雨水泵站。落实粮食安全党政同责。加强水电气热等城市“生命线”保障，确保城市安全平稳运行。

第四，持续推进生态文明建设，绘就蓝绿交织生态复兴新底色

牢固树立和践行“绿水青山就是金山银山”的理念，大力实施绿色北京战略，以建成国家森林城市为契机，全面加强生态文明建设，打造“秀水石景山”，展现“一半山水一半城”的美丽姿态。

全面推进绿色低碳循环发展。积极推动从能耗“双控”向碳排放总量和强度“双控”转变，推进产业结构绿色低碳转型，加强绿色低碳技术研发示范应用，大力发展绿色经济。积极发展绿色建筑、装配式建筑，有序开展公共建筑和居住建筑节能改造。完成绿色社区创建行动任务，倡导简约适度、绿色低碳生活方式。

深入打好污染防治攻坚战。坚决打好蓝天保卫战，持续开展“一微克”行动，强化重型柴油货车和非道路移动机械监管，加强施工扬尘、道路扬尘和裸地扬尘管控，协同控制细颗粒物（$PM_{2.5}$）和臭氧污染，推动空气质量持续向好。深入打好碧水保卫战，严格落实河长制，完成人民渠西延工程，推进永定河、高井沟流域综合治理与生态修复，施行节水条例，统筹保护水资源、水环境、水生态。扎实打好净土保卫战，强化土壤污染风险管控，持续开展生态修复和未利用地保护。

不断扩大绿色生态空间。巩固国家森林城市创建成果，继续抓好大尺度绿化，扎实推动百万亩造林绿化工程，建成衙门口城市森林公园，推进西山绿道（石景山段）等重点项目，筑牢生态安全屏障。充分利用疏解腾退空间，建设一批口袋公园、小微绿地，精心打造长安街、阜石路两条视廊。着力提高园林绿化养护管理水平，建立长期有效规范的绿化管护机制。全面落实林长制，加强生物多样性保护。强化“两线三区”全域空间管控和“三线一单”生态环境分区管控，坚决守住生态保护红线。

第五，加强西山永定河文化带保护和传承，做好文化这篇大文章

坚持文化自信自强，把西山永定河文化带建设作为推进全国文化中心建设的重要抓手，精心打造“六张文化名片”，进一步强化京西文化符号，展现石景山独特的自然之美和文化底蕴。

加强文物保护与街区整治。认真落实北京市历史文化名城和西山永定河文化带保护发展规划，高水平办好北京西山永定河文化节。精心打磨模式口历史文化街区，加强文物保护和非遗传承，推动街区环境改善提升，持续实施重点院落改造，实现整体业态和管理服务新提升。加快推动八大处公园园内景观提升项目，开展园区业态整治行动，全力打造5A级景区。实施承恩寺修缮等14个文保工程，加快推进石景山古建群修缮开放。

扎实做好“后冬奥文章”。精心谋划冬奥场馆赛后有效利用，建好首钢工业遗址公园，积极引入高水平赛事和国际冰雪运动组织，发展“体育+”“+体育”多元业态。加强冬奥公园建设运营管理，积极筹办永定河马拉松等品牌赛事，打造冰雪、户外、骑行、慢跑等运动项目精品路线、精品目的地。巩固全国“带动三亿人参与冰雪运动”示范区创建成果，推动冰雪体育与科技、文化、休闲旅游融合发展。将冬奥元素融入文体旅项目，加快推进天泰山旅游综合开发等重点项目，推动石景山游乐园升级改造，进一步完善吃住行游购娱体系，打造“漫游石景山”线路品牌。

巩固国家公共文化服务体系示范区创建成果。深入落实示范区创新发展规划，丰富公共文化产品供给，积极谋划西部演艺剧院等重点设施，提升公共文化设施服务水平。打造“书香石景山”，建设24小时智能书店等新型公共文化空间。支持博物馆多元发展，高效运营区博物馆，加大对暸仓等“类博物馆”的孵化培育。大力实施文化惠民工程，打造群众文化活动品牌，更好满足人民日益增长的精神文化需求。

坚决打赢全国文明城区创建收官战。树牢首善文明旗帜，一鼓作气、全力攻坚，奋力实现创城目标。广泛践行社会主义核心价值观，持续开展“四史”宣传教育，推进新时代文明实践中心三级组织体系建设，开展好五大类文明实践活动。深化拓展群众性精神文明创建，落实文明行为促进条例，持续开展“擦亮城市西大门”系列活动，启动六大专项整治攻坚行动，深化首都学雷锋志愿服务示范站（岗）建设，巩固“礼让斑马线”成果。坚持创城为民、创城惠民，广泛宣传创建成果，不断提高市民群众的知晓率、参与率和满意度，努力实现创城让人民生活更美好。

第六，认真践行以人民为中心的发展思想，在更高水平上保障和改善民生

牢记让人民生活幸福是“国之大者”，紧扣“七有”目标和“五性”需求，坚持尽力而为、量力而行，扎实办好民生实事，兜牢民生底线，守好百姓日子。

健全社会保障体系。办好42项重要民生实事和69项济困工程。坚持就业优先，把促进青年特别是高校毕业生就业工作摆在更加突出的位置，抓好城镇困难人员等重点人群就业。坚持“房住不炒”，完善多主体供给、多渠道保障、租购并举的住房保障体系，新增300套公共租赁住房、1800套保障性租赁住房，建成420套共有产权住房。提升社会救助服务能力，继续推进“一刻钟无障碍便民服务圈”建设和残疾人居家环境无障碍改造。接续推动支援协作工作，扎实推进巩固拓展脱贫攻坚成果同乡村振兴有效衔接。

办好人民满意的教育。大力实施科教兴国战略，落实立德树人根本任务，深化教育领域综合改革。巩固深化“双减”工作，推进义务教育优质均衡发展，多渠道增加学位供给，实现普惠园覆盖率在87%以上。建成投用北京市十一学校石景山学校和金顶街小学，有序推进北大附中石景山学校（新址）建设、北京一七一中学合作办学项目落地，加快衙门口配套小学项目和首钢东南区配套学校前期手续办理。推进党组织领导的校长负责制改革，加强

师德师风建设，培育名校长、名师骨干、学科带头人，做实合作办学、国际办学、集团化办学，打造名校名园。

全面提升养老服务质量。积极应对人口老龄化，扎实推进养老三年行动计划，深化国家级居家和社区养老服务改革试点，推进街道养老服务联合体建设，建成北辛安和衙门口养老服务中心，扩大普惠型养老服务供给，加强适老化改造，不断完善“三边四级”养老服务体系。扎实推进长护险制度试点和康复辅助器具产业国家综合创新试点工作。发展银发经济，推动养老事业和养老产业协同发展。

加快推进卫生健康事业发展。把保障人民健康放在优先发展的战略位置，深化医药卫生体制改革，多元化推动中医药传承，加强重点学科建设，持续完善社区卫生服务体系，加快补齐基层医疗卫生服务短板，实现“信用+医疗”全覆盖。推动石景山医院提级改造，支持朝阳医院西院改扩建，提升妇幼保健院服务水平，加快五里坨精神卫生专科医院、西部医院等重点项目建设，实现中国医学科学院整形外科医院改扩建二期工程开工。深入开展健康中国行动和爱国卫生运动，确保通过国家卫生区复审。加强体育场地设施建设，完善以“15分钟健身圈”为基础的全民健身公共服务体系，倡导文明健康生活方式。

科学精准做好疫情防控。坚持人民至上、生命至上，认真落实新阶段疫情防控各项举措，重点抓好老年人和患基础性疾病群体的防控，着力保健康、防重症，顺利渡过流行期，确保平稳转段和社会秩序稳定。健全完善分级分类诊疗机制，发挥社区医疗卫生机构、互联网医院作用，强化院前急救工作，保障急危重症患者救治。加大重点药品市场供给，切实缓解买药难问题。强化社区管理服务，充实基层专业防控和救治力量，推进老年人加强免疫接种工作。根据疫情变化，因时因势不断优化防控措施，突出科学、精准、高效，更好回应市民群众关切，促进正常生产生活秩序恢复。

第七，坚持全面从严治党，为推动全区各项事业发展提供坚强政治保证

始终牢记全面从严治党永远在路上，党的自我革命永远在路上，持之以恒推进全面从严治党，深入推进新时代党的建设新的伟大工程，以党的自我革命引领社会革命。

始终把党的政治建设摆在首位。落实“看北京首先要从政治上看”要求，坚持和捍卫“两个确立”，增强“四个意识”、坚定“四个自信”、做到“两个维护”。严明党的政治纪律和政治规矩，严格执行重大事项请示报告制度，扎实做好巡视“后半篇文章”。严格执行新形势下党内政治生活若干准则，发展积极健康的党内政治文化。

持续强化思想理论武装。坚持不懈以习近平新时代中国特色社会主义思想凝心铸魂，按照中央和市委要求抓好主题教育。做好党的二十大精神学习教育、宣传宣讲、研究阐释，开展干部集中轮训。落实党委（党组）理论学习中心组学习制度，完善党员干部教育培训体系。壮大理论宣讲队伍，推动党的创新理论成果走进基层群众。

贯彻落实新时代党的组织路线。坚持大抓基层鲜明导向，持续深化全国城市基层党建示范区建设，大力实施“品质先锋”工程，切实提升各领域基层党建工作质量。坚持党管干部原则，坚持正确用人导向，选优配强各领域领导班子，深化落实领导干部治理能力提升三年行动计划工作方案，持续推进“千帆计划”，加强干部斗争精神和斗争本领养成，建设堪当重任的高素质干部队伍。全面增强人才吸引力凝聚力，完善“景贤人才”评定条件和标准，办好“景贤杯”创新创业大赛，研究出台“景贤创业小镇”支持政策，推动成立“景贤发展基金”，营造“近悦远来”的人才生态。

坚持以严的基调强化正风肃纪反腐。锲而不舍落实中央八项规定及其实施细则精神，持之以恒纠“四风”树新风，坚决破除特权思想和特权行为，持续为基层松绑减负。加强对“一把手”和领导班子监督，强化对党员干部的日常管理监督，扎实开展区委巡察工作。以彻底自我革命精神打好反腐败斗争攻坚战持久战，深化以案促改、以案促治，一体推进不敢腐、不能腐、不想腐。

坚持和加强党的全面领导。充分发挥区委总揽全局、协调各方的作用，支持人大、政府、政协、纪委监委、法检“两院”履行职能。加强和改进新时代人大工作，支持人大及其常委会围绕大局依法履职，不断发展全过程人民民主。发挥好人民政协专门协商机构作用，提高政治协商、民主监督、参政议政水平，更好凝聚发展共识。巩固和发展最广泛的爱国统一战线，推进新型政党制度建设和多党合作事业，维护首都民族团结和宗教和谐，促进非公经济健康发展和非公经济人士健康成长，做好港澳台海外统战工作和侨务工作，完善大统战工作格局。推进全面依法治区，实施“八五”普法规划，推动法治石景山、法治政府、法治社会一体建设。全力争创全国双拥模范城“九连冠”。

同志们，任务已经明确，奋进正当其时。让我们更加紧密团结在以习近平同志为核心的党中央周围，在市委坚强领导下，坚定信心、锐意进取，踔厉奋发、勇毅前行，全力打造“一起向未来”的城市复兴新地标，高水平建好首都西大门，奋力谱写全面建设社会主义现代化国家、全面推进中华民族伟大复兴的石景山篇章！

政府工作报告

在北京市石景山区第十七届人民代表大会第三次会议上

区　长　李　新

（2023 年 1 月 4 日）

各位代表：

现在，我代表石景山区人民政府向大会报告工作，请予审议，并请各位政协委员提出意见。

一、2022 年工作回顾

2022 年是党的二十大胜利召开之年，是新一届政府开局之年，是极为重要的一年。我们坚持以习近平新时代中国特色社会主义思想为指导，认真学习宣传贯彻党的二十大精神，深入贯彻习近平总书记对北京一系列重要讲话精神，在市委市政府的坚强领导下，在区委的直接领导下，在区人大区政协的监督支持下，牢牢把握“疫情要防住、经济要稳住、发展要安全”的要求，深入实施城市更新和产业转型发展战略，高效统筹疫情防控和经济社会发展，全区各项事业取得新进步。初步预计，地区生产总值完成 980 亿元，同比增长 2% 左右；一般公共预算收入完成 74.05 亿元，同比增长 1%（同口径增长 8.2%）；固定资产投资完成 440 亿元，同比增长 7.1%；居民人均可支配收入 86359 元，同比增长 2%；万元地区生产总值能耗降幅达到 2%。

一年来，我们主要做了以下工作。

（一）围绕主线、办好大事，重大任务全面落实。全力做好迎接、服务、学习宣传贯彻党的二十大各项工作。发动群防群治力量 2.8 万人，以首善标准服务保障党的二十大胜利召开。开展专题学习和集中宣讲 100 余场，推动党员干部深刻领悟“两个确立”的决定性意义，增强“四个意识”、坚定“四个自信”、做到“两个维护”。借势冬奥让城市更美好。完成“百日会战”行动 53 项重点任务，高标准做好赛时安保、防疫、交通和景观布设等工作，4 个集体、2 名个人获国家级表彰，21 个集体、72 名个人获市级表彰。探索冬奥场馆“赛事 + 活动”利用模式，347 家体育企业、600 余个品牌参展服贸会、冬博会。建设冰场、雪场 8 处，开展“快乐冰雪季”等 100 余场活动，30 余万人次参与冰雪运动，老山街道创建全民健身示范街道，我区代表队参加市运会再创佳绩，冬奥社区文化健身广场运行模式在全国推广，带动三亿人参与冰雪运动示范区建设成果显著。高效统筹疫情防控和经济社会发展。建立“1 + 23”防控体系，成立 8 小时应急处置指挥部，建成体育馆、京能 UAC 等方舱医院和万商青年公寓健康驿站，核酸检测能力提高到 11.8 万管/日，扎实做好城市运行、生活服务和保供稳价等工作。出台防疫情稳经济“42 条”等系列政策，在全市率先推出“金融惠企九宫格”和融资补贴“免申即享”模式，完成留抵退税 19.5 亿元，减免租金 1.8 亿元，发放社保补贴 1.61 亿元。

（二）重点推动、精准发力，中心城区功能持续优化。城市复兴新地标建设步伐加快。与首钢集团开展 5 次高层对接，研究解决 57 项重点难点问题，移交 29 项市政公共设施，实现厂区、园区向社区、街区转变，我区第四次获得国务院老工业基地调整改造真抓实干成效明显表彰。围绕文化复兴，制定首钢工业遗存保护名录和石景山古建群保护修缮方案，打造三高炉等保护利用典范。围绕产业复兴，建成金安科幻广场，建设数字艺术馆、元宇宙乐园、科幻产业创新中心，设立全国首支科幻产业基金，引进航天科工智能院，当红齐天等 80 余家企业落户。围绕生态复兴，完成绿轴景观提升工程，实施首钢水系与永定河流域连通工程。围绕活力复兴，建设国际人才社区、城市织补创新工场，完成金安桥站交通一体化工程，举办服贸会等 59 场重大活动，首钢园获评“夜京城”特色消费地标。西山永定河文化带建设有序推进。实施 16 项文保工程，高水平举办西山永定河文化节。修缮模式口历史文化街区 13 个重点院落，建成法海寺壁画艺术馆。完成八大处公园周边环境改造，启动园内景观提升，逐步重现“三山八刹十二景”。落地 7 家实体书店，扶持燕京八绝等非国有博物馆建设，开展文化活动 8400 余场，街道文化中心效能综合排名全市第一，区文化馆获评国家一级文化馆。京西转型发展持续深化。落实京西地区转型发展行动计划，推进 28 项重点任务和 60 个重大项目，我区在全国产业转型升级示范区年度评估中包揽三项“优秀”。加快天泰山旅游综合开发，改造并运营五里坨民俗陈列馆，建成净德寺公园。开展地铁 1 号线高井站和永引渠南路西延等工程前期工作，推进五里坨便民服务中心建设。落地半山花海项目，引入环球嘉年华，建设中交智慧公元，金海洋商业购物中心开业运营。加强与门头沟区合作，联合主办京西地区发展论坛。

（三）创新驱动、产业转型，经济发展质量稳步提升。重点功能区加快建设。制定中关村石景山园改革提升方案，加快工业互联网产业园核心区建设，举办工业互联网大赛，中航信等35家企业入驻工业互联网产业园先导区，中关村石景山园实现收入突破3800亿元，连续两年获国家发改委真抓实干成效明显通报表彰。加快推进银保园建设，14家现代金融机构落户，中电科智能科技园一期实现运营。优化长安金轴载体品质，“三卡+消金”实现税收56亿元，入区库15亿元。文化产业园区增至8家，北重科技文化产业园规划设计园开园，郎园Park再度入选市级文化产业园。高精尖产业体系更加健全。现代金融产业高质量发展，举办国际金融年度论坛，筹建北交所服务基地，实现产业收入1235亿元。科技服务业稳步发展，出台“石科26条”，建设11个科技应用场景，国高新企业保有量达到794家。数字创意产业集聚亿元以上企业22家，实现产业收入230亿元。新一代信息技术产业创新发展，建成中关村虚拟现实产业展示中心，北航、华为等虚拟现实全国重点实验室和创新中心落户，12家企业荣登“中国VR50强”。商务服务业集聚发展，总部企业达到110家、网零额亿元以上电商企业达到15家，实现产业收入435.8亿元。“五子”联动竞相发展。加快国际科技创新中心建设，技术合同成交额达到205.6亿元，同比增长65.8%，我区获批国家知识产权强市建设试点。深化“两区”建设，新增入库项目178个，实际利用外资3.2亿美元、同比增长38.1%，服贸会签约重点项目83个、436亿元。加强全球数字经济标杆城市建设，出台互联网3.0产业发展工作方案，举办数字金融论坛。推动国际消费中心城市建设，出台29条专项措施，六工汇、环宇荟开业，113家区域首店落户。落实京津冀协同发展战略，实现99项高频政务服务“跨省通办”。营商环境持续优化。在全市率先实现社区政务服务规范化建设全覆盖，区级事项100%网上可办。修订发布53项支持政策，服务包企业增至365家。出台“专九条”，10家企业获评国家级专精特新“小巨人”企业。鼓励支持民营经济发展壮大，3家民营企业入围全国500强。加强与中电科、航天科工、中储粮、中铁建、中交、光大等央企战略合作，43家央企二三级企业落户。全年引入高精尖企业889家，新增市场主体8861家，增幅居全市第一。拓展“景贤”品牌矩阵，建设企业博士后科研工作站，引育景贤人才178人。

（四）规划引领、疏促建管，城市治理水平不断提高。规划引领作用充分发挥。五里坨、广宁和首钢北区街区控规获得批复，模式口历史文化街区保护规划和特钢等5个街区控规编制有序推进。开展“疏整促”专项行动，完成21项市级任务、50项区级任务，实施留白增绿5.9公顷，新建便民商业功能网点18个，通过基本无违法建设区复评。启动黄庄村棚改项目，完成衙门口棚改项目征收。6个地块入市交易，完成土地供应27.49公顷。城市更新深入实施。开展77个城市更新项目，5个项目获评北京城市更新“最佳实践”项目。推进79个老旧小区综合整治工程，加装电梯43部，改造供水管线46.2公里。制定巴威·北锅更新改造及11个低效园区和楼宇改造提升方案，完成世纪盛达园等6个改造项目。城市基础设施更加完善。基本完成苹果园综合交通枢纽主体工程，实施地铁1号线福寿岭站改造工程，地铁11号线建成通车。开工建设衙门口六号路等15条道路，建成古城西路等8条道路。实施3项输变电工程，推进鲁谷北重供热厂供热调峰工程，加快石景山水厂配套管网建设，金安桥雨水泵站主体完工。精细化管理水平稳步提高。推进5处密闭式清洁站建设，完成衙门口、南山场站环境整治提升。新增停车位5000个，完成5项道路疏堵工程，推进2个公交场站和2个地下停车库建设。新建62座5G基站，实现重点区域5G网络全覆盖。建设6个智慧城市应用场景，74个政务云平台信息系统上线运行。生态环境持续改善。在中心城区率先创建国家森林城市，开展公园绿地社会化养护管理试点，实施揭网见绿150.47公顷，建成13个公园绿地。深化“一微克”行动，$PM_{2.5}$年均浓度降至30微克/立方米。推进人民渠西延和永定河综合治理，落实建设用地土壤污染风险管控和修复名录制度，20家单位参与碳市场交易。

（五）改善民生、增进福祉，群众获得感进一步增强。社会保障持续加强。办好40件民生实事和67项济困工程，救助各类困难群众66.48万人（户）次。实现再就业7520人，登记失业率为3.37%。创建9个一刻钟无障碍便民服务圈，基本建成儿童福利院和救助站，残疾人职业康复中心投入使用。新增1家托育机构，全区托位总数达到1000个。建成7863套政策性住房，配租663套公租房，备案家庭总体保障率提升至56%。教育现代化加快推进。推进金顶街小学、北京市十一学校石景山学校、北大附中石景山学校（新址）建设，引进北京市第一七一中学合作办学。新增2所普惠性幼儿园、510个学位，普惠性幼儿园覆盖率达到87%。11所学校试点党组织领导的校长负责制改革，516名教师完成交流轮岗。落实新时代教育评价改革总体方案，深化德育一体化实践研究示范区建设，双减工作取得新成效，人民群众对教育质量的满意度持续提升。养老服务体系更加健全。实施“颐养工程”，建成4家社区养老服务驿站、5个养老助餐点位，2个社区获评全国示范性老年友好型社区。长护险参保人数增至46.2万人，家庭照护床位达到500张。推进养老服务指导中心社会化运营，为1.17万个“三失一独一高”老年家庭提供优质服务。卫生健康事业高质量发展。石景山医院被核定为三级综合医院，完成整形外科医院改扩建一期工程，开工建设五里坨精神卫生专科医院、五里坨社区卫生服务中心，新建10间负压病房，“信用+医疗”服务机构达到15家。加强分级分类医疗保障体系建设，深化医保制度改革，打造32个“名中医传承工作室”。开展爱国卫生运动，9个街道全部创建北京市卫生街道。接诉即办取得实效。创新双派双考、平行多派、一码通等工作机制，深化“热线＋网格”融合，完成20个主动治理项目，设立1000万元应急处置资金，妥善办理群众诉求15万余件。社会治理水平不断提高。高标准推进全国文明城区创建，127个社区获评“达标社区”，创城综合考核成绩排名全市第一。深化社区服务改革，实施“优才计划”，拓展石景山“老街坊”品牌，认定“品质社区”45个。持续抓好两个“关键小事”，垃圾分类考核排名中心城区第二，物业管理“三率”超过94%。平安石景山建设取得实效。开展扫黑除恶专项斗争，推进市域社会治理现代化试点，实现智慧平安小区全覆盖，区公安分局蝉联全国公安机关执法示范单位。加强矛盾纠纷排查化解，“石时解纷”品牌受到全国关注。防范化解金融风险，重点企业全部纳入风险预警。完善粮食应急供应保障体系，维护粮食安全。开展城市安全运行百日行动和交通、燃气、自建房等15项安全整治，加强食品药品、特种设备、消防等领域安全监管，社会局面保持和谐稳定。

（六）依法行政、提升效能，政府自身建设全面加强。压实全面从严治党主体责任，完成第二轮中央环保督察、市委市政府安全生产督察反馈问题整改，开展28个审计项目。自觉接受区人大工作监督、法律监督和区政协民主监督，办复人大建议157件、政协提案225件，办成率81.9%。召开区政府常务会议51次，集体研究重大问题326个。依法履行政府职能，做好政务公开、行政复议、出庭应诉等工作，预付式消费监管“石景山模式”获评全国法治政府建设示范项目。加强财源建设，落实38项财源建设重点任务，压减非必要一般性支出，全面推行财政资金绩效管理。统筹市区资金1.5亿元，实施72个支援协作项目。完成国企改革三年行动，国企运营管理能力不断提高。推进全国双拥模范城创建，举办全国首次社会化拥军服务成果展交会。支持人民团体开展工作，做好统计、史志、档案、人防、保密、外事、对台等工作，民族、宗教、侨务等工作取得新进展。

过去一年的成绩，是在世纪疫情起伏反复、外部环境复杂严峻的背景下取得的，十分不易、难能可贵。这是以习近平同志为核心的党中央坚强领导的结果，是区委带领全区人民团结拼搏、艰苦奋斗的结果。在此，我代表区人民政府，向各位人大代表、政协委员，向辛勤工作在各条战线上的劳动者，向关心支持参与石景山区发展的同志们、朋友们，致以崇高的敬意和衷心的感谢！

同时，我们也清醒地认识到，工作中还存在一些挑战和不足：受疫情冲击，部分人群收入减少，社会消费意愿偏弱，企业特别是民营企业、中小微企业生产经营困难较多，稳增长稳就业仍面临较大压力；高质量发展基础还不牢固，创新发展生态仍需优化，产业转型步伐亟待加快；城市规划建设管理能力有待加强，精细化管理水平有待提高，城市更新力度需要持续加大；民生领域仍存短板，“四老四少”问题有待突破，“七有”“五性”指数还不高，住房、文化、体育等公共服务供给与人民群众对美好生活的期盼还有差距，民生保障水平需要进一步提升；干部队伍素质与推动区域高质量发展需要还不完全匹配，开拓创新、苦干实干精神还有欠缺等等。对此，我们将采取有效措施，持续推进解决。

二、2023年主要任务

今年是全面贯彻党的二十大精神的开局之年，做好全区各项工作意义重大。

政府工作的总体思路是：坚持以习近平新时代中国特色社会主义思想为指导，全面贯彻落实党的二十大和中央经济工作会议精神，深入贯彻习近平总书记对北京一系列重要讲话精神，认真落实市委十三届二次全会部署和市委市政府对石景山工作要求，扎实推进中国式现代化，坚持稳中求进工作总基调，完整、准确、全面贯彻新发展理念，主动融入首都发展新格局，深入实施城市更新和产业转型发展战略，更好统筹疫情防控和经济社会发展，更好统筹发展和安全，着力推动高质量发展，着力保障和改善民生，推动全面从严治党向纵深发展，加快推进“三区建设”，打造“一起向未来”的城市复兴新地标，高水平建设好首都西大门，为北京率先基本实现社会主义现代化开好局起好步。

经济社会发展的主要预期目标是：地区生产总值同比增长5%左右，一般公共预算收入同比增长3%，市场总消费同比增长4%左右，固定资产投资和居民人均可支配收入保持稳定增长，登记失业率控制在4%左右，万元地区生产总值能耗和$PM_{2.5}$年均浓度下降指标达到北京市要求。

围绕实现全年目标任务，重点做好以下七方面工作：

（一）打造城市复兴新地标，建设京西产业转型升级示范区

推动新首钢全面复兴。落实京西地区转型发展行动计划，深化与首钢集团高层对接，实现首钢怡和合作项目开工，打造“一起向未来”的城市复兴新地标。持续创新工业遗存再利用实施路径，开展石景山古建群保护修缮，举办一系列文化活动，引领文化复兴。聚焦“科技＋”“体育＋”，提升中关村标杆孵化器运营水平，吸引一批高新技术企业入驻，持续打造科幻产业集聚区；推动体育企业集聚，培育电子竞技、数字冰雪、虚拟体育等产业，建设体育产业示范区，赋能产业复兴。坚持绿色低碳转型，推动首钢水系与永定河流域连通二期工程，实施永定河左岸综合治理与生态修复，助力生态复兴。推进国际人才社区建设，推动公共设施移交，建成东南区5条道路，打造首店、首发、首秀新高地和消费升级新热点，加速活力复兴。

扎实做好“后冬奥文章”。深化冬奥遗产再利用模式研究，推进首钢工业遗存和冬奥遗产可持续利用，用好滑

雪大跳台、“四块冰”、冬训中心、冬奥组委办公区等场馆设施，开展体育消费季等活动，拓展体育培训项目，推动体育服务场所向文商旅体展综合体转变。加强与国际雪联、斯威克斯等冰雪组织和企业对接，申办国际冰雪赛事，举办中国冰雪大会，推动冰雪产业集聚发展。持续改善北京冬奥公园环境，提升运营管理水平，筹办永定河马拉松等多项活动，打造冬奥遗产可持续利用典范。深化冰雪“六进”，开展“快乐冰雪季”“冰雪嘉年华”等活动，吸引30万人次参与冰雪运动，巩固带动三亿人参与冰雪运动示范区建设成果。

深化西部地区转型发展。加快实施广宁、五里坨等西部地区发展建设三年行动计划，加强土地、资金、审批等全方位保障，推动重点项目落地。坚持生态优先，实施石府沟治理、高井村截污工程，建设西山绿道。坚持市政优先，开展石门路改扩建前期研究，推进永引渠南路西延等5条道路和秀府公交场站建设。坚持公共服务优先，新建广宁和五里坨派出所，加快建设五里坨便民服务中心，推进还建房项目，加快西部医院、五里坨市民服务综合中心前期工作。深化与门头沟区协作，办好京西地区发展论坛，推动产业、交通、生态协同发展。

（二）科技创新助推产业转型，促进经济高质量发展

推进重点功能区发展。用好长安金轴载体资源，推动银河商务区、京西商务中心提质增效。加快银保园开发建设，推动650地块开工，推进中电科智能科技园二期项目，打造国家级金融产业示范区。加快中关村工业互联网产业园034、605地块建设，组建工业互联网基金，加强优质项目引入；提高虚拟现实产业园运营水平，依托北航、华为等虚拟现实重点实验室和平台机构，集聚优质企业，丰富产业生态。促进文创园提升产出效益，提高郎园Park等产业园区发展质量，出台管理办法，开展分层认定，构建特色文化产业集群。

健全高精尖产业体系。落实五年行动计划，明确产业细分领域和发展重点，制定发展路径，优化支持政策，推动高精尖产业实现收入2765亿元。巩固现代金融产业主导地位，举办数字金融论坛，成立创投金融联盟，引进一批现代金融机构，力争实现收入1350亿元。壮大科技服务业规模，落实“石科26条”，加强重点应用场景示范项目建设。突出数字创意产业特色，做大做强游戏动漫、创意设计等产业，力争实现收入250亿元。发挥新一代信息技术产业优势，支持中电科、航天科工智能产业集聚，推进虚拟现实、大数据、云计算等产业发展，力争实现收入680亿元。提升商务服务业发展能级，建设2个电商示范企业或直播基地，认定百家总部企业，引入一批高端专业服务业企业，力争实现收入400亿元。

培育经济发展新动能。服务国际科技创新中心建设，推进XR终端等核心技术攻关，建设光场成像等共性技术平台和知识产权等公共服务平台，打造具有国际影响力的互联网3.0产业集群。落实“两区”建设年度重点任务，高水平举办服贸会，推动签约项目、合同金额持续增长；发挥侨梦苑、国际商协会等平台作用，推动实际利用外资、外贸进出口稳定增长。加快全球数字经济标杆城市建设，探索建立数字资产流通平台，建设智能算力中心，形成开放领先的数字社会生态。深化国际消费中心城市建设，举办京西消费节，推动京西大悦城、远洋春秋里开业，提高喜隆多、万达消费能级，吸引区域首店50家以上，培育首钢园城市消费中心，打造鲁谷、苹果园、五里坨3个地区活力消费圈。

持续优化营商环境。深化“放管服”改革，做好世界银行及国家优化营商环境评价迎评工作。开展第五次全国经济普查。建成区政务服务中心（新址），推动市级政务服务申办受理平台向区级延伸试点工作。召开经济发展大会，发布新惠企政策，落实街道系统稳企招商服务工作方案，提升服务包效能。切实落实“两个毫不动摇”，优化民营经济、中小企业发展环境，构建亲清政商关系。推进招商引资三年行动计划，成立区级国际商会，推动中铁建资本等一批重点在洽企业落户，力争引入高精尖企业1000家。加强人才引育，建设景贤创业小镇，全区评定高层次人才总量达到240人。

加强经济领域改革。围绕“加快建设世界领先的科技园区”目标，全面推进中关村石景山园改革提升工作方案落地落实，细化分解重点任务和重大项目，完善园区协同机制，构建精简高效的园区管理体系，推动中关村石景山园实现收入4100亿元以上。研究推动区属国有企业优化调整，完善国企领导管理制度、企业薪酬分配制度，更好发挥国企在现代化建设中的作用。健全集体经济运营管理机制，推动集体经济高质量发展。加强财政预算绩效管理改革，完善全覆盖预算绩效管理体系，增强财政保障能力。

（三）规划引领城市更新，提升城市综合品质

发挥规划引领作用。落实北京城市总体规划和石景山分区规划，编制巴威·北锅所在1617街区等5个街区控规和一绿规划综合实施方案。深化责任规划师制度和城市体检评估机制，做好“十四五”规划中期评估，规划展览馆建成投用。开展“疏整促”专项行动，巩固基本无违法建设区成果。加快推进黄庄村棚改项目房屋征收。

推进城市更新行动。落实城市更新条例，实施60个重点项目。以“老山模式”“鲁谷模式”为引领，滚动推进100个老旧小区改造项目，完成7个老旧小区综合整治工程，老楼加装电梯开工40部。加快老旧管线更新改造，完善市政基础设施。探索老旧厂房保护性利用和创新性改造，推进巴威·北锅、北重东厂等老旧厂房转型升级。制定低效园区和楼宇综合效能提升措施，推动楼宇载体焕发新活力。

加强重大项目建设。投资504亿元，实施176个重点项目，引领带动区域发展。完成地铁1号线福寿岭站改造和11号线西段北辛安站出入口建设，启动市郊铁路城市

副中心线石景山段整体提升工程，加快推进苹果园综合交通枢纽工程，建设衙门口东路等30条市政道路。完善石景山水厂配套管网，完成苹果园、北辛安110千伏变电站和鲁谷北重供热厂供热调峰工程，推动首钢东南区高压B调压站改造。

提升精细化管理水平。建设石广路环卫场站和5处密闭式清洁站，加强厨余垃圾规范收运管理，完善垃圾分类体系。建设调色板花园地下停车场、刘娘府公交场站，推进金安桥等6座过街天桥建设，实施2项道路大修，完成8项道路疏堵工程，打造区级静态交通停车管理平台。建成2座小型消防站，加快金安桥雨水泵站调蓄水池及退水管线建设。构建智慧城市"4+4"体系，实现全区5G信号全覆盖，升级六大基础信息库，深度融合政务数据资源。

持续改善生态环境。发挥林长制、河长制职责作用。巩固国家森林城市创建成果，实施11项绿化工程，建成2个全龄友好型公园，完成揭网见绿10公顷，扩大生态空间容量。落实减污降碳行动，开展低碳试点示范，实现碳排放稳中有降。深化"一微克"行动，加强污染物协同控制，推动$PM_{2.5}$年均浓度持续下降。加强污染土壤治理修复。完成人民渠西延环境整治提升工程，保持各类断面水质考核稳定达标。

（四）加强西山永定河文化带建设，增强文化软实力

加强文物保护与街区整治。落实西山永定河文化带保护发展规划，深入挖掘历史文化底蕴，实施承恩寺修缮等14个文保工程，高水平举办西山永定河文化节。以创建国家5A级旅游景区为目标，推动八大处公园景观提升项目，开展多项品牌文化活动。推进模式口历史文化街区更新，加快法海寺门区、龙泉寺遗址公园建设，更新改造8个重点院落，提升运营管理水平。

打好全国文明城区创建攻坚战。落实创城三年行动计划，深化包片包点责任制，严格对照测评体系，常态化开展测评检查，高标准完成652个达标点位验收工作。深化群众性精神文明创建，用好文明实践中心和党员"双报到"机制，主动为群众办实事解难题。广泛宣传创建成果，提升创建工作知晓率、参与率和满意率，全力争创全国文明城区。

深化国家公共文化服务体系示范区建设。完善三级文化设施布局，推进艺术中心前期工作。加快实体书店和博物馆建设，推出5处"类博物馆"和3个新型公共文化空间。推进文化惠民工程，用好"石景山文E"平台，办好"古城之春"艺术节、环境舞蹈展演等品牌活动，开展文化活动1500场以上，惠及群众达到100万人次。编制文旅体集聚区专项规划，依托首钢园、八大处、法海寺、石景山游乐园等景区景点，打造文旅融合项目、主题旅游产品和城市微度假目的地，增强文旅产业活力。

（五）紧扣"七有"要求"五性"需求，着力保障和改善民生

健全社会保障体系。投资54.43亿元，实施42项民生实事和69项济困工程。坚持就业优先，做好高校毕业生、城镇困难人员等重点人群就业帮扶，实现登记失业人员再就业4000人。落实社会救助政策，提升残疾人职业康复中心服务质量，推动儿童福利院和救助站投入使用。加快托育体系建设，支持幼儿园延展托班和社会力量开办托育机构。加大政策性房源供给，新增300套公共租赁住房、1700套保障性租赁住房，建成420套共有产权住房。加强东西部协作、对口支援和对口协作，助力支援协作地巩固拓展脱贫攻坚成果同乡村振兴有效衔接。

坚持教育优先发展。建成投用北京市十一学校石景山学校、金顶街小学，增加中小学学位2940个。完成北大附中石景山学校（新址）二次结构施工，开工建设首钢东南区配套学校、衙门口配套小学，推进北京市第一七一中学合作办学项目。接收3所配套幼儿园，普惠性幼儿园覆盖率保持在87%以上。高质量谋划实施时代新人培育工程，积极创建国家义务教育优质均衡区。推进党组织领导的校长负责制改革，落实15项重点任务，引进高层次教育人才，深化干部教师交流，推进"双师课堂""融合课堂"等数字化建设，促进各级各类教育全面协调发展。

建设健康石景山。认真落实新阶段疫情防控各项举措，抓好老年人和慢性基础性疾病患者防控，发挥社区医疗卫生机构作用，加大重点药品市场供给，推进疫苗加强免疫接种工作，确保疫情防控平稳有序转段。推进五里坨精神卫生专科医院和五里坨、苹果园社区卫生服务中心建设，扩展"信用+医疗"服务覆盖面，促进石景山医院等公立医院高质量发展。深化医药卫生体制改革，健全多层次医疗保障体系。增强院前急救能力，建设11个急救工作站。开展中医科普义诊活动，持续打造"名中医传承工作室"。深化爱国卫生运动，确保通过国家卫生区复审。推进全民健身运动，建设首钢东南区体育公园，创建2个全民健身示范街道。

提高养老服务质量。实施养老服务三年行动计划，全面推进"颐养工程"，建设北辛安、衙门口社区养老服务中心，新建3个社区养老服务驿站、200张家庭照护床位，健全三边四级养老服务体系。推进"智慧助老"行动，强化"养医协同"发展，推动康复辅助器具产业国家综合创新试点建设，创建全国示范性老年友好型社区。深化国家级政策性长期护理保险试点，为2300名重度失能老年人提供优质护理服务。

（六）加强和创新社会治理，构建基层社会治理新格局

扎实推进全过程人民民主。坚决执行区人大及其常委会的决议和决定，自觉接受人大及其常委会法律监督、工作监督，自觉接受政协民主监督，认真办理人大代表建议和政协委员提案。积极发展基层民主，拓宽人民群众反映意见建议渠道。健全同各民主党派、工商联和无党派人士的合作共事机制。支持区监委、法院、检察院开展工作。进一步加强和改进群团工作。深入细致做好武装、民族、宗教、外事、侨务、对台等工作。探索新时代双拥工作模

式，争创全国双拥模范城九连冠。

夯实城市治理基础。深化街道社区管理体制改革，加强“品质社区”建设，推进党建引领基层治理，丰富石景山“老街坊”品牌内涵，巩固社情恳谈会、民情日志等特色品牌，健全常态化社区议事协商机制，构建共建共治共享格局。加强社工队伍建设，强化实战性、实用性、实效性培训。做好接诉即办工作，完善专班推进和双派双考、平行多派等工作机制，打造“热线+网格”融合平台，发挥社区一码通和大数据智能分析作用，推动主动治理、分类施策、提升实效。推进物业管理体制改革，健全物业奖补、履约考评和业委会（物管会）履职考评机制，提升“三率”实效。

深化平安石景山建设。推进社会治安防控体系现代化，常态化开展扫黑除恶专项斗争。强化风险评估预警，用好预付式消费信用监管和服务平台，探索“信用+食品安全”创新应用，通过市域社会治理现代化试点验收。发挥“石时解纷”平台作用，健全完善社会矛盾纠纷多元预防调处化解综合机制。落实安全生产责任制，加强危化品、交通、燃气、消防、特种设备等重点领域安全监管，做好储备粮安全管理，提高突发事件处置能力。

（七）推进治理能力现代化，提高政府治理效能

加强政治建设。全面学习、全面把握、全面落实党的二十大精神，层层压实全面从严治党主体责任，落实理论学习中心组学习计划和专题学习内容，开展集中宣讲活动，推动广大党员干部坚定捍卫“两个确立”，做到“两个维护”。开展我是党员我承诺和为民办实事活动，强化政府督查和绩效考评，构建上下贯通的抓落实体系，坚定不移地推动中央精神及市委市政府决策部署和区委工作要求落地落实。完善廉政风险防控机制，强化内审制度，落实审计监督全覆盖，从严从实抓好中央、市委巡视等反馈问题整改。

坚持依法行政。健全重大行政决策合法性审查机制，落实行政规范性文件备案审查风险评级制度和后评估制度。加强基层综合执法队伍规范化建设，全面推进严格规范公正文明执法。落实“八五”普法规划，营造全民尊法学法守法用法良好氛围。加大政府信息和政务公开力度，提升行政效能和公信力。

强化作风建设。把中央八项规定作为长期有效的铁规矩、硬杠杠，持之以恒反对“四风”。牢固树立过“紧日子”的思想，积极压减一般性支出，将更多资金用于保障改善民生和促进产业发展。大力精简会议文件，切实为基层减负。把群众急难愁盼抓在手中、放在心上，急事快办，全力打通服务群众的“最后一公里”。

各位代表，蓝图已经绘就，号角已经吹响。让我们更加紧密团结在以习近平同志为核心的党中央周围，在市委市政府的坚强领导下，在区委的直接领导下，踔厉奋发、勇毅前行，全力打造“一起向未来”的城市复兴新地标，全面推进现代化进程，高水平建设好首都西大门，奋力谱写全面建设社会主义现代化国家、全面推进中华民族伟大复兴的石景山篇章！

专　文

石景山区2022年国民经济和社会发展统计公报

2022年，面对风高浪急的国际环境、国内经济发展“三重压力”以及疫情散发频发等超预期因素影响，在以习近平同志为核心的党中央坚强领导下，石景山区坚持以习近平新时代中国特色社会主义思想为指导，认真学习宣传贯彻党的二十大精神，坚持稳中求进工作总基调，以新时代首都发展为统领，持续高效统筹疫情防控和经济社会发展，坚持“五子”联动服务和融入新发展格局，着力稳住宏观经济大盘，切实推动社会民生改善，高质量发展取得新成效。

一、综合

经济增长：初步核算，全年实现地区生产总值1000.2亿元，按不变价格计算，比上年增长1.8%。其中，第二产业增加值132.5亿元，下降13.4%；第三产业增加值867.7亿元，增长4.7%。产业构成（第二产业、第三产业构成比）为13.2：86.8。按常住人口计算，全区人均地区生产总值为17.7万元。

表1　2022年地区生产总值　单位：亿元、%

指　　标	2022年	比上年增长	比重
地区生产总值	1000.2	1.8	100.0
按产业分			
第二产业	132.5	-13.4	13.2
第三产业	867.7	4.7	86.8
按行业分			
工业	41.4	-10.6	4.1
建筑业	88.9	-14.8	8.9
批发和零售业	51.3	5.6	5.1
交通运输、仓储和邮政业	2.8	15.7	0.3
住宿和餐饮业	6.7	-7.0	0.7
信息传输、软件和信息技术服务业	303.3	4.7	30.3
金融业	195.5	7.5	19.5
房地产业	60.9	-2.0	6.1
租赁与商务服务业	35.6	-11.2	3.6
科学研究和技术服务业	64.9	10.9	6.5
水利、环境和公共设施管理业	5.3	-7.9	0.5
居民服务、修理和其他服务业	12.8	38.8	1.3
教育	46.0	0.3	4.6
卫生和社会工作	32.0	10.6	3.2
文化、体育和娱乐业	16.9	1.0	1.7
公共管理、社会保障和社会组织	36.0	5.0	3.6

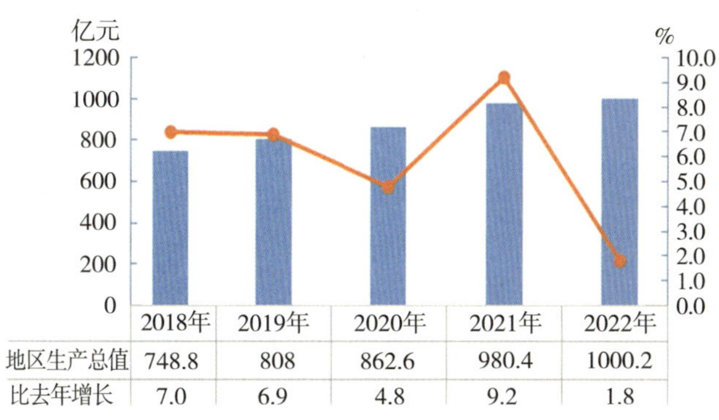

图 1 2018—2022 年地区生产总值及增长速度

人口与就业：年末全区常住人口 56.3 万人，比上年末减少 0.3 万人。其中，常住外来人口 15.6 万人，占常住人口的比重为 27.7%。常住人口出生率为 6.36‰，死亡率为 7.51‰，自然增长率为 – 1.15‰。年末城镇登记失业率为 3.4%，比上年末上升 1.2 个百分点；城镇登记失业人员就业率为 66.2%，比上年末上升 1.1 个百分点。

二、工业和建筑业

工业：全年实现工业增加值 41.4 亿元，按不变价格计算，比上年下降 10.6%。规模以上工业总产值实现 243.5 亿元，比上年下降 20.5%。从主要行业来看，黑色金属矿采选业比上年下降 21.2%，电力、热力生产和供应业比上年下降 0.6%，通用设备制造业比上年增长 2.2%。

规模以上工业实现销售产值 245.9 亿元，比上年下降 20.6%。其中，实现出口交货值 3.7 亿元，比上年下降 47.1%。

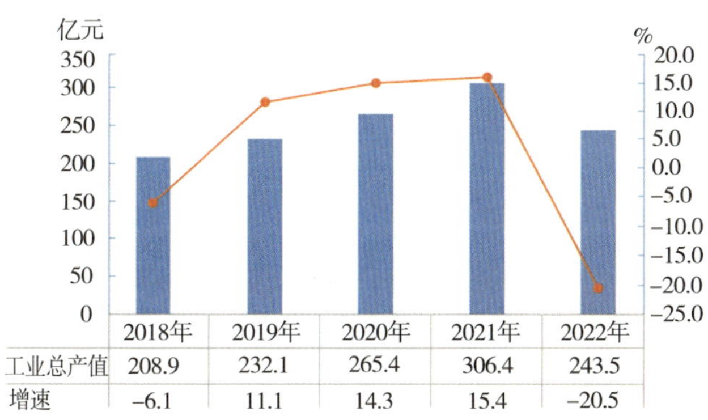

图 2 2018—2022 年规模以上工业总产值及增速

建筑业：全年实现建筑业增加值 88.9 亿元，按不变价格计算，比上年下降 14.8%。全年具有资质等级的总承包和专业承包建筑业企业完成建筑业总产值 852.2 亿元，比上年下降 6.0%。其中，在本市（京内）完成 133.4 亿元，下降 24.3%；在外省完成 718.8 亿元，下降 1.6%。本年新签订合同额 3006.3 亿元，下降 1.6%。

三、第三产业

全年实现第三产业增加值 867.7 亿元，按不变价格计算，比上年增长 4.7%。1—12 月，第三产业实现收入 4793.4 亿元，比上年下降 3.7%，利润总额 767.2 亿元，比上年下降 8.0%。

其中，信息传输、软件和信息技术服务业实现收入合计 964.7 亿元，比上年增长 10.4%；金融业实现收入合计 1211.0 亿元，比上年增长 0.9%；科学研究和技术服务业实现收入合计 242.3 亿元，比上年增长 7.2%；租赁与商务服务业实现收入合计 227.2 亿元，比上年下降 24.2%。

四、财政金融

全区完成一般公共预算收入 73.8 亿元，比上年增长 0.6%。其中，增值税 19.4 亿元，比上年下降 21.0%；企业所得税 22.5 亿元，比上年增长 34.7%；个人所得税 4.4 亿元，比上年增长 35.0%。一般公共预算支出完成 121.3 亿元，下降 3.3%。

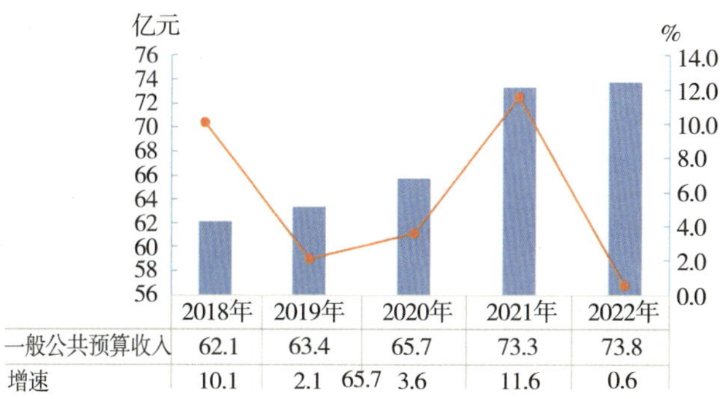

图 3 2018—2022 年一般公共预算收入情况

年末全区中资银行人民币存款余额 2855.3 亿元，比年初增加 13.3 亿元。其中，单位存款 1079.1 亿元，比年初减少 334.7 亿元；个人存款 1487.0 亿元，比年初增加 219.1 亿元。年末全区中资银行人民币贷款余额 1479.7 亿元，比年初增加 286.1 亿元。其中，境内短期贷款 537.5 亿元，比年初增加 146.5 亿元；境内中长期贷款 936.3 亿元，比年初增加 134.9 亿元。

五、固定资产投资和房地产开发

固定资产投资：全年固定资产投资比上年增长 7.3%。其中，建安投资下降 6.6%，民间投资下降 21.6%。分产业看，第二产业投资下降 0.8%；第三产业投资增长 7.5%。

表 2 2022 年中资银行人民币存贷款余额情况 单位:亿元

指标名称	12 月末余额	比年初增减额
期末银行存款余额	2855.3	13.3
单位存款	1079.1	-334.7
个人存款	1487.0	219.1
#储蓄存款	1165.2	194.2
其他存款	289.3	128.9
期末银行贷款余额	1479.7	286.1
境内贷款	1478.7	285.5
#境内短期贷款	537.5	146.5
#境内中长期贷款	936.3	134.9
境外贷款	1.0	0.6

房地产开发：全年房地产开发投资比上年增长3.0%。其中，商品房销售面积与去年基本持平。年末全区房屋施工面积比上年末下降1.5%；全年房屋竣工面积下降16.4%。

表 3 投资领域情况 单位:%

指 标	累计增幅
固定资产投资（不含农户）	7.3
#建安投资	-6.6
#民间投资	-21.6
按三次产业划分	
第二产业	-0.8
第三产业	7.5
#房地产开发投资	3.0
房屋施工面积	-1.5
房屋竣工面积	-16.4
商品房销售面积	0.0
商品房销售额	-30.8

六、市场消费

全年实现社会消费品零售总额393.0亿元，比上年下降10.7%。其中，限额以上企业实现零售额为353.0亿元，比上年下降11.1%，占社会消费品零售总额的89.8%。从主要行业看，超级市场零售业实现零售额49.5亿元，比上年增长10.3%；汽车新车零售业实现零售额59.9亿元，比上年下降11.6%；计算机、软件及辅助设备零售业实现零售额28.6亿元，比上年增长3.9%。

七、对外经济

全年进出口总额83.5亿元，比上年下降3.1%。其中，出口额36.1亿元，增长1.6%；进口额47.4亿元，下降6.5%。全年实际利用外商直接投资3.4亿美元，比上年增长44.1%。

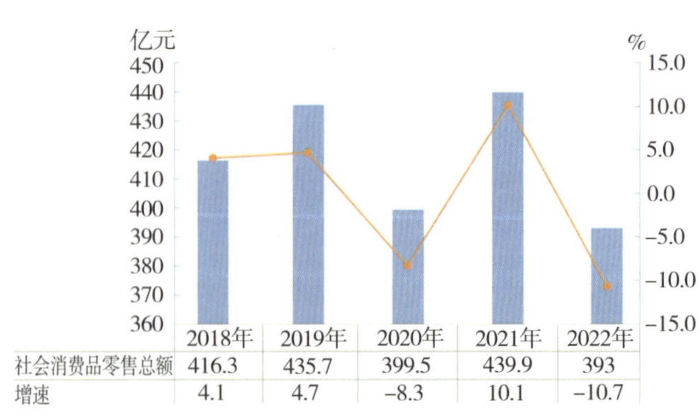

	2018年	2019年	2020年	2021年	2022年
社会消费品零售总额	416.3	435.7	399.5	439.9	393
增速	4.1	4.7	-8.3	10.1	-10.7

图 4 2018—2022 年社会消费品零售总额情况

八、人民生活和社会保障

人民生活：全年全区居民人均可支配收入为86994元，比上年增长2.7%。其中，居民人均工资性收入

54383元，增长1.9%；人均财产净收入9400元，增长8.9%；人均转移净收入23211元，增长2.5%。全区居民人均消费支出为44837元，比上年增长0.1%。

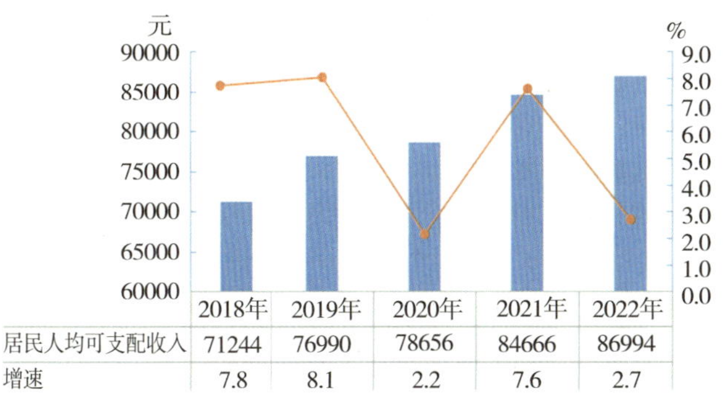

图5　2018—2022年居民人均可支配收入情况

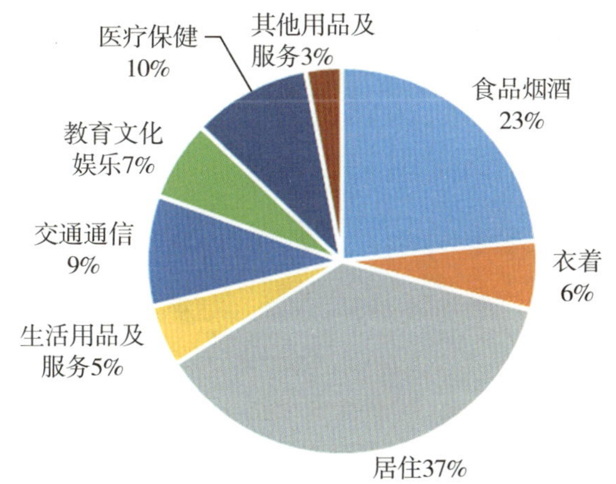

图6　2022年居民人均消费支出构成

社会保障：年末参加企业职工基本养老、失业、工伤保险的人数分别为49.5万人、34.1万人、39.1万人，分别比上年末增长2.1%、0.7%、8.7%。年末参加城乡居民养老保障的人数为0.7万人，比上年增长3.9%。

九、教育、科技、文化旅游和卫生

教育：2022年全年普通高中招生1708人，在校生4590人，毕业生1216人。普通初中招生2921人，在校生8932人，毕业生2543人。普通小学招生4556人，在校生25839人，毕业生3270人。幼儿园入园幼儿5018人，在园幼儿16523人。各类中等职业教育招生922人，在校生2057人，毕业生323人。特殊教育招生9人，在校生87人，毕业生12人。

科技：全年专利授权量5385件，比上年增长15.0%。其中，发明专利授权量2215件，比上年增长22.6%。年末拥有有效发明专利8867件，比上年增长24.5%；PCT国际专利申请量712件，比上年增长11.4%。全年技术合同登记1773项，下降21.6%；技术合同成交总额207.7亿元，增长67.5%。

文化：年末共有公共图书馆1个，总藏量122.5万册；博物馆4个，其中免费开放2个；文化馆1个。

旅游：全年接待旅游总人数605.9万人次；实现旅游总收入53.7亿元。其中，接待国内游客605.9万人次，国内旅游总收入53.7亿元。

卫生：年末医疗机构共有（实有）床位5554张，较去年增加234张。其中，医院床位5494张。卫生技术人员为9653人。其中，执业（助理）医师3654人，注册护士4313人。医疗机构总诊疗人次为731.0万人次，下降2.4%。

十、环境

环境：全区细颗粒物（$PM_{2.5}$）和可吸入颗粒物（PM_{10}）年均浓度值分别为30微克/立方米和56微克/立方米，分别下降9.1%和8.2%。二氧化氮（NO_2）年均浓度值为27微克/立方米，下降10.0%。二氧化硫（SO_2）年均浓度值为3微克/立方米，与去年持平。

公报注释：

1.2022年数据均为初步统计数。部分数据合计数或相对数由于计量单位取舍不同而产生的计算误差，均未作机械调整。

2.三次产业划分依据国家统计局2018年修订的执行《三次产业划分规定》（国统字〔2012〕108号），行业划分执行《国民经济行业分类》（GB/T4754－2017）。

3.规模以上工业企业是指年主营业务收入2000万元及以上的全部工业法人企业。

4.限额以上批发和零售业单位是指年主营业务收入2000万元及以上的批发业、500万元及以上的零售业单位（包括法人单位、产业活动单位和个体经营户）。

5.限额以上住宿和餐饮业单位是指年主营业务收入200万元及以上的住宿业、年主营业务收入200万元及以上的餐饮业单位（包括法人单位、产业活动单位和个体经营户）。

6.规模以上服务业企业法人单位：①辖区内年营业收入2000万元及以上服务业法人单位。包括：交通运输、仓储和邮政业，信息传输、软件和信息技术服务业，水利、环境和公共设施管理业、卫生。②辖区内年营业收入1000万元及以上服务业法人单位。包括：租赁和商务服务业，科学研究和技术服务业，教育，以及物业管理、房地产中介服务、房地产租赁经营和其他房地产业。③辖区内年营业收入500万元及以上服务业法人单位。包括居民服务、修理和其他服务业，文化、体育和娱乐业，社会工作。

7. 规模以上事业单位、民间非营利组织服务业法人单位：①辖区内年营业收入1000万元及以上服务业法人单位。包括：交通运输、仓储和邮政业，信息传输、软件和信息技术服务业，租赁和商务服务业，科学研究和技术服务业，水利、环境和公共设施管理业、居民服务、修理和其他服务业，文化、体育和娱乐业，公共管理、社会保障和社会组织，以及社会工作、物业管理、房地产中介服务、房地产租赁经营和其他房地产业；②辖区内年营业收入2000万元及以上的卫生行业法人单位。

资料来源：

本公报中财政数据来自石景山区财政局；进出口数据、实际利用外资数据来自石景山区商务局；社会保障数据及城镇新增就业数据来自石景山区人力资源和社会保障局；卫生数据来自石景山区卫生健康委；教育数据来自石景山区教委；技术合同数据来自石景山区科委；专利数据来自石景山区市场监管局；公共图书馆、文化馆、旅游数据来自石景山区文化和旅游局；空气质量数据来自石景山区生态环境局；存贷款数据来自中国人民银行营业管理部，其他数据来自石景山区统计局、石景山区经济社会调查队。

北京石景山年鉴

BEIJING SHIJINGSHAN NIANJIAN

2023

大事记

1月

2日至3日 区委副书记、区长李新带队赴内蒙古自治区赤峰市宁城县对接东西部协作工作。

4日 北京2022年冬奥会和冬残奥会石景山区誓师动员大会召开。

13日 北京广播集团有限公司在区消防救援支队市民消防安全教育体验馆举行北京广播集团有限公司应急消防科普教育基地挂牌仪式。

15日 北京团市委在首钢奥林匹克公园举办“青创北京 相约冬奥”主题活动。

20日 石景山区召开党史学习教育总结会议。

同日 文化和旅游部公布第五次全国文化馆评估定级结果，石景山区文化馆被评为“一级文化馆”。

28日 区第十三届委员会召开第二次全体会议。听取石景山区推荐提名北京市出席党的二十大代表人选相关工作情况的说明，并投票确定石景山区出席党的二十大代表推荐人选。

1月 北京2022年冬奥会吉祥物运动图标“蝉翼钢”明信片经北京冬奥组委会官方授权，由中国邮政正式出品。

2月

2日 2022年北京冬奥会火炬传递在石景山首钢园区进行。

8日 北京2022年冬奥会自由式滑雪大跳台决赛，中国队选手谷爱凌以总分188.25分夺冠，拿到中国体育历史上该项目的第一枚冬奥金牌。

14日 区委召开2021年度党委（工委、党组）书记抓基层党建述职评议会。

15日 北京2022年冬奥会单板滑雪男子大跳台决赛，中国队选手苏翊鸣以总分182.50分夺冠。

7日至9日、14日至15日 在首钢滑雪大跳台5天8场赛事期间，80名志愿者参与观众入场引导、出场秩序维护等工作，累计服务21330人次。

23日 区纪委十三届二次全体会议召开。总结2021年纪检监察工作，部署2022年重点任务。

3月

1日 石景山区2022年党建工作会议召开。会议部署全面从严治党主体责任、政法、统战、宣传思想文化、组织和社会建设、党委办公室系统、调研和改革等工作。

3日 北京市投资促进服务中心副主任徐宗军一行到石景山区调研。

4日 2022年北京冬残奥会火炬传递在石景山首钢园区进行。

9日 北京市大数据中心主任张琳一行调研石景山区智慧城市建设。

11日 李新调研走访国家金融科技测评中心。

19日 市委书记蔡奇到新首钢地区调研。

24日 石景山区疫苗接种工作推进会召开，部署辖区新冠病毒疫苗接种安排等相关工作。

4月

2日 以“忆满京城 情思华夏”为主题的2022年北京市清明红色祭扫在八宝山革命公墓烈士纪念园广场举行。

8日 党中央、国务院授予首钢“北京冬奥会冬残奥会突出贡献集体”称号。

12日 市委常委、宣传部部长莫高义先后到首钢园、北京燕京八绝博物馆调研。

13日 由国家体育总局冬运中心与石景山区共同举办的冰雪项目国家队公益服务计划系列活动——“双奥石景山 冰雪向未来”群众冰雪活动在首钢滑雪大跳台和北京冬奥公园举办。

16日 首钢滑雪大跳台出发区及冷却塔内部平台首次向公众开放。

17日 区妇联协助全国妇联举办“少年儿童心向党——亲子共沐书香 强国复兴有我”2022年全国家庭亲子阅读主题活动。

19日 “同心拾景 情系中华”2022年京台社区同品京剧魅力线上交流活动在区文化中心和高雄香蕉码头分设会场连线举办。

20日 石景山区发布首款区内“专精特新”企业专属融资产品。

同日 市退役军人事务局到区调研双拥工作。

21日 石景山区冬奥遗产保护利用专家座谈会召开。

22日 市科委、中关村管委会领导调研首钢园互联网3.0场景应用建设基础与项目建设情况。

同日 门头沟区代表团到石景山区开展合作发展调研活动。两区领导实地考察模式口历史文化街区古道斯存、北京·银行保险产业园。

24日 北京冬奥会冬残奥会石景山区总结大会召开，向参与冬奥服务保障的个人代表颁发纪念证书。

同日 石景山区与航天科工集团签署战略合作协议。

28日 区委十三届三次全体会议召开，投票确定石景山区出席市第十三次党代会代表候选人预备人选。

同日 全区领导干部大会召开。会议部署“五一”期间全区疫情防控、社会稳定、安全生产、城市运行、市场供应等工作。

4月 石景山区启动2022年京西消费节，开展以“潮购石景山 双奥惠生活”为主题的促消费活动。

5月

24日 蔡奇到石景山区检查疫情处置工作，看望慰问坚守防疫一线的工作人员，并“四不两直”检查京汉旭城家园小区值守和进出查验等工作情况。

28日 俄罗斯赤塔市举办“城市日”庆典活动视频会议，石景山区与国际友城“云连线”。

6月

8日 区烟草专卖局（公司）发放

辖区首张电子烟零售许可证。

同日 中国关心下一代工作委员会公布第五批全国关心下一代党史国史教育基地名单，全国54个单位入选，首钢园区名列其中。

10日 石景山区召开2022年文明委第二次全体会暨创建全国文明城区工作推进会。

18日 首钢园·六工汇商业板块——六工汇购物广场开业。

21日 市委常委、统战部部长游钧带队围绕"统筹推进疫情防控和稳定经济增长"到石景山区调研。

24日 中国中小商业企业协会一行到石景山区调研交流。

27日 市园林绿化局与区政府召开工作座谈会。

6月 石景山区第四次荣获国务院老工业基地调整改造真抓实干成效明显表彰。

7月

1日 全区领导干部会议召开。会议传达市第十三次党代会和市委十三届一次全会精神。

8日 国家市场监管总局、市市场监管局领导到区市场监管局调研市场监管所等级评定有关工作。

12日 石景山区与内蒙古自治区呼伦贝尔市莫力达瓦达斡尔族自治旗党政代表团座谈会召开。

同日 首届北京城市更新论坛暨城市更新联盟成立仪式在首钢园区举行。

14日 石景山区举行学习宣传落实北京市第十三次党代会精神市委宣讲团报告会。市委宣讲团成员、区委书记常卫作宣讲报告。

15日 北京市《信访工作条例》主题宣讲活动在辖区举行。

19日 石景山区与内蒙古自治区赤峰市京蒙协作对接会召开。

25日 由市委宣传部主办，市文物局、石景山区委区政府、北京广播电视台、首钢集团承办，西山永定河文化带沿线各区委宣传部和文旅局协办的"2022北京西山永定河文化节"在首钢园区开幕。

26日 2022年"八一"军政座谈会召开。会后，军地领导共同参观"丹青翰墨鱼水情 军地喜迎二十大"书画摄影展。

27日 区委十三届四次全体会议召开。会议落实市第十三次党代会和市委工作务虚会精神，总结2022年上半年工作，研究部署下半年重点任务。

28日 石景山区与市科协签订战略合作协议。

29日 国家医保局、司法部立法三局到辖区开展医疗保障立法工作及长护险工作调研。

同日 石景山区"国际会客厅"项目启动仪式在北京燕京八绝博物馆举办。

30日 2022全球数字经济大会数字金融论坛在北京·银行保险产业园举办。来自10多个国家20余位知名数字金融专家、机构代表畅谈数字金融发展前沿话题。

同日 区政府与亚洲数据集团签署战略合作协议，双方将共同成立石景山区数字金融智库，联手打造数字金融创新中心。

8月

2日 北京市首笔数字人民币惠企资金在石景山区"专精特新"政策兑现发布会上成功支付。

3日至7日 区文旅局联合区内新兴文旅消费空间首钢瞭仓艺术馆共同举办"秀·石景山"文旅消费季——石景山有YOUNG文旅消费市集活动。

5日 市委常委、副市长、市级林长杨晋柏到石景山区调研林长制工作推进情况。

8日 陆军全国政协委员考察团到辖区调研随军家属安置工作。

13日 石景山区"台湾青年驿站"揭牌仪式在首钢园区全民畅读艺术书店举行。

16日 生态环境部核设施安全监管司赴石景山区调研北京2022年冬奥会、冬残奥会石景山赛区场馆核与辐射安保备勤工作。

17日 在国家发改委等四部门开展的2021年产业转型升级示范区评估中，石景山区成为全国唯一包揽三项年度评估"优秀"地区。

18日 首华物业公司石景山分公司取得北京市再生资源回收经营者备案登记证，成为北京市首家取得该登记证的企业。

同日 "喜迎二十大奋进新征程"第十三届中国艺术节北京地区群众文化系列活动启动仪式暨第十九届群星奖优秀节目展演活动在区文化中心剧场启动。

20日 石景山、丰台、门头沟区消防救援支队在首钢园区举行"蓝剑使命—2022"中国国际服务贸易交易会（首钢园）灭火救援综合实战演练暨消防安保出征仪式。

同日 石景山区在首钢园区举办2022年度"自防自救力量消防大比武"表彰活动。

21日 2022年石景山区科技周启动仪式暨中关村科幻产业创新中心签约揭牌仪式在首钢园区金安桥二号楼举行。区政府、首钢集团、北京中关村通力科技服务有限公司三方共同签署中关村科幻产业创新中心项目合作框架协议。

25日 区领导常卫等参加在门头沟区举办的首届京西地区发展论坛活动。

同日 常卫与IDG资本创始董事长熊晓鸽座谈。

27日 市委常委、副市长靳伟在中关村科幻产业创新中心主持召开2022中国科幻大会专题调度会。

9月

1日至5日 2022年中国国际服务贸易交易会在石景山首钢园区举办。期间石景山区共设8个专题展，全区签约项目80余项，签约金额超430亿元。

2日 2022年石景山城市更新和产业转型主题论坛在首钢园区三高炉举办。

3日 2022年服贸会首届中国

保险业高质量发展论坛在首钢园区举办。

5日 2022侨梦苑北京论坛“创赢明天·青年力量”圆桌对话在北京侨梦苑·侨创空间举办。

14日 市储备中心主任到区实地调研土地储备工作情况。

15日 常卫与新加坡金鹰集团地产董事总裁孙祐宁座谈。

18日 第十届“北京湿地日”主题宣传暨“首都市民最喜爱的鸟”评选结果发布活动在永定河休闲森林公园举行。

20日 北京首石科幻产业股权投资基金(有限合伙)取得营业执照,标志着全国首支由政府发起的科幻股权投资基金正式落地。

28日 石景山区召开全区领导干部会议。通报疫情防控、安全稳定、城市运行、环境布置等工作情况,对党的二十大服务保障工作进行动员部署。

29日 区机关举行“忠诚担当铸铁军 奋力护航新征程”庆十一主题升国旗仪式。

30日 石景山区烈士公祭仪式在八宝山革命公墓举行。

同日 石景山区科学技术馆新馆开馆。新馆设置3大内容板块、9大主题展区、55个互动展项,并且搭建石景山区首个4K-VR体验空间。

10月

1日 北京市市场监管局局长到首钢园麦当劳餐厅、滑雪大跳台、三高炉检查防疫、食品安全、特种设备安全情况。

9日 石景山区召开“品质社区”建设推进会。会议通报“品质社区”建设进展情况,为五星级“品质社区”代表授牌。

13日 石景山区召开疫情防控和党的二十大服务保障再动员再部署会议。

25日 石景山区召开全区领导干部会议,传达学习贯彻党的二十大精神。

27日 石景山区智慧城市建设推进会召开。

11月

3日 石景山区被授予国家森林城市称号,成为北京市首个获此称号的中心城区。

5日 2022第四届北京西山永定河发展论坛及论坛之青年沙龙在石景山首钢园区举办。

15日至17日 区第十七届人民代表大会第二次会议在银保建国酒店召开。会议以无记名投票依法选举产生28名石景山区出席北京市第十六届人民代表大会代表。

16日 石景山区与东京都板桥区政府、东京都墨田区政府在北京首钢园区元宇宙体验中心共同举办纪念活动暨“携手友城共享未来”青年企业家交流论坛。

12月

5日 区机关主楼顶层5G基站建设完成并投入运行。

6日 区四套班子领导集中收看江泽民同志追悼大会。

12日 石景山区新晋网红打卡地10个,占据北京市的十分之一,位居年度城区新晋数量第一。

14日 李新参加第二十五届京港洽谈会开幕式。

15日 石景山区召开党的二十大精神宣讲报告会。报告会以视频会议形式召开,常卫作宣讲报告。区、处两级理论学习中心组成员,党的二十大代表,区委党校中青年教师宣讲团成员在主会场和分会场参加。

27日 区委十三届五次全体会议召开,全会学习贯彻党的二十大和中央经济工作会议精神,落实市委十三届二次全会工作部署,总结2022年主要工作,部署2023年各项任务。

29日 区委召开“以案为鉴、以案促改”警示教育大会 。

同日 区金融办、现代金融商会共同举办石景山区2023年重点项目融资推介会,为30余家驻区银行、重点项目建设主体搭建服务平台。

30日 法海寺壁画艺术馆试营业。该馆由原西山翠林茶社改建而成,建筑面积约1800平方米,设置序厅、壁画厅、球幕厅、复原厅、尾厅等展示空间。

中共石景山区委员会

综　　述

【概况】 中共北京市石景山区委员会(简称区委)是中国共产党在石景山区的领导机关。区委设纪律检查委员会、办公室、组织部、宣传部、统战部、政法委员会、研究室、网络安全和信息化委员会办公室、机构编制委员会办公室、区直属机关工作委员会、巡察工作领导小组办公室、老干部局12个工作机关。2022年是党的二十大召开之年,是北京冬奥之年,也是十三届区委的开局之年。区委常委会坚持以习近平新时代中国特色社会主义思想为指导,学习宣传贯彻党的二十大精神,贯彻习近平总书记对北京一系列重要讲话精神,落实党中央"疫情要防住、经济要稳住、发展要安全"的要求,先后召开4次区委全会和43次区委常委会会议,用好服务保障冬奥会举办和新首钢地区城市复兴两个牵引,实施城市更新和产业转型发展战略,统筹疫情防控和经济社会发展,将全面从严治党引向深入,打造"一起向未来"的城市复兴新地标,高水平建设首都西大门,各项事业取得新进展、新成效。

(王　欢　苏劲松　杨格远　闫雅倩)

【市委书记到区调研】 3月19日,市委书记蔡奇到新首钢地区调查研究。蔡奇了解大跳台及周边地块利用情况,察看园区规划建设情况,走进入驻项目了解运营现状,并就新首钢发展进行座谈。强调要深入推进新首钢三年行动计划实施,进一步探索老工业区更新的"首钢模式",引领京西地区转型发展。5月24日,蔡奇到石景山区检查疫情处置工作,看望慰问坚守防疫一线的工作人员,并"四不两直"检查京汉旭城家园小区值守和进出查验等工作情况。蔡奇指出,市区力量要迅速扑上去,与街道、社区协同,加快流调溯源,第一时间做好落位管控、密接判定、转运隔离等工作,做到应转尽转、应隔尽隔。一线防疫工作人员最辛苦,坚持就是胜利,要尽好责、守好门,照顾好居民的生活。

(王　欢　苏劲松　杨格远　闫雅倩)

【其他市委领导到区调研】 4月12日,市委常委、宣传部部长莫高义先后到石景山首钢园区、北京燕京八绝博物馆调研。在首钢园区,他首先察看瞭仓项目招商及运营情况。随后到首钢滑雪大跳台,在运动员出发区俯瞰大跳台及周边地块现状,听取相关工作汇报。在北京燕京八绝博物馆,实地察看博物馆运营情况,了解燕京八绝中华传统工艺承载的深厚文化内涵。6月21日下午,市委常委、统战部部长游钧带队围绕"统筹推进疫情防控和稳定经济增长"到石景山区调研,实地察看石景山区万达广场疫情防控和运营情况,并就企业在疫情期间生产经营遇到的困难问题进行座谈交流。强调要毫不动摇坚持"动态清零"总方针,坚决落实"四方责任"和"四早"要求,持续巩固来之不易的防控成果。8月5日上午,市委常委、副市长、市级林长杨晋柏到石景山区调研林长制工作推进情况。杨晋柏一行到冬奥公园莲石湖片区和八大处公园实地查看绿植管护情况、林地资源保护情况和森林防火布控情况,并现场听取区相关部门汇报。他对石景山区推行林长制工作中取得的成效,特别是生态环境改善方面给予肯定,强调要压紧压实区、街道、社区三级责任体系,统筹生态建设、生态保护、生态惠民,深入推进林长制改革,推进石景山区创森工作,建设绿色低碳、生态宜居示范区。

(王　欢　苏劲松　杨格远　闫雅倩)

重要会议与活动

【概况】 区委重要会议包括党的代表大会及由此选举产生的区委全体委员会,以及全会选举产生的常务委员会所召开的会议。还包括党建工作会、领导干部会议、月度工作点评会等。这些会议作出的安排部署,为贯彻落实中央决策部署和市委工作要求、统筹推动全区各项工作、高水平建设好首都西大门提供坚强保证。年内,区委坚持以习近平新时代中国特色社会主义思想为指导,学习宣传贯彻党的二十大精神,贯彻习近平总书记对北京一系列重要讲话精神,推动各项事业取得新进展、新成效。

(王　欢　苏劲松　杨格远　闫雅倩)

【对口支援与合作交流】 1月2日至3日,区委副书记、区长李新带队赴内蒙古自治区赤峰市宁城县对接东西部协作工作。代表团一行实地察看大城子镇智慧农业示范产业园区等京蒙协作重点项目,看望慰问石景山区挂职干部、支教教师、支医医生。3月23日,区支援协作工作领导小组会议召开。会议听取石景山区2021年支援协作工作完成情况、2022年工作要点及资金项目管理办法有关事项的汇报。与会人员共同观看《携手共进"蓄能"乡村振兴》宣传片。7月12日,与内蒙古自治区呼伦贝尔市莫力达瓦达斡尔族自治旗党政代表团座谈会召开,区委书记常卫对莫旗党政代表团的到来表示欢迎,李新,莫旗委书记谭华,区领导迟志禹、李文化,莫旗领导郭琰、宋晓斌、汪志远、于智横等参加活动。同月19日,石景山区与内蒙古自治区赤峰市京蒙协作对接会召开。常卫对赤峰市党政代表团的到来表示欢迎,区领导李先侠、迟志禹、李文化,赤峰市委书记万超岐,市委常委、常务副市长生效友,副市长杨牧,宁城县委书记参加会议。12月10日,石景山区代表团赴莫旗考察调研,李新与呼伦贝尔市委副书记、市长及永乾、副市长丛文健一同考察调研并座谈。

(王　欢　苏劲松　杨格远　闫雅倩)

【服务保障冬奥筹办】 1月4日,北京2022年冬奥会和冬残奥会石景山区誓师动员大会召开,场馆运行保障组、赛事综合保障组、人力资源及志愿者工作组、安全保卫和交通运行保障组、城市运行及环境保障组、医疗防疫工作组代表发言。常卫主持会议并讲话。同月13日,运行保障指挥部调度会召开,会议通报"百日会战"重点任务完成情况及"小闭环"期间运行保障情况,听取北京2022年冬奥会和冬残奥会石景山区住宿服务保障工作情况汇报。同月24日,常卫到北京冬奥公园、首钢园区检查冬奥会火炬传递工作开展情况。2月20日,北京2022年冬奥会和冬残奥会石景山区运行保障指挥部调度会和冬奥调度会先后召开，常卫代表区委区政府、区运行保障指挥部，向各工作组、各团队、各方面付出的努力和取得的成效表示肯定和感谢。4月24日，北京冬奥会冬残奥会石景山区总结大会召开，宣读关于向北京冬奥会、冬残奥会先进集体和先进个人学习的通知，向参与冬奥服务保障的个人代表颁发纪念证书。3位先进集体代表和4位先进个人代表依次作发言。

（王　欢　苏劲松　杨格远　闫雅倩）

【西山永定河文化带建设】 1月17日，常卫调研模式口历史文化街区，步行察看环境整治提升进展，进店实地了解2号院京西书局、沿街店铺运营情况以及222、26、26－1、77号院改造情况。3月30日，常卫调研模式口历史文化街区修缮改造及环境整治工作，先后到模式口大街西段、法海寺壁画艺术馆施工工地，实地察看模式口大街西段整治提升和法海寺壁画艺术馆建设情况。7月12日，北京文化论坛及2022北京西山永定河文化节指挥部工作推进会召开，常卫主持会议。会议听取北京文化论坛及2022北京西山永定河文化节相关工作进展情况。同月16日，常卫围绕“学习贯彻落实市第十三次党代会精神，推进全国文化中心建设”调研模式口历史文化街区，并召开模式口历史文化街区修缮改造及环境整治工作推进会。同月20日，常卫检查“2022北京西山永定河文化节”筹备情况。同月25日，2022北京西山永定河文化节在首钢园区开幕。文化节以“山河永定，共向未来”为主题，通过开幕式文艺演出、游走“三山五园”活动、举办文化论坛等活动，展现西山永定河独特的自然之美和文化底蕴。

（王　欢　苏劲松　杨格远　闫雅倩）

【党史学习教育】 1月17日，常卫主持召开区委党史学习教育领导小组第六次全体会议，听取全区党史学习教育工作总结报告起草情况和总结会议筹备情况的汇报。同月20日，常卫主持召开党史学习教育总结会议，市委党史学习教育第二指导组领导宋爱茹，区四套班子领导参加会议。同月27日，区委常委会召开党史学习教育专题民主生活会。市纪委监委、市委组织部、市委第二指导组有关同志到会指导。同月29日，常卫参加指导八角街道领导班子2021年度党史学习教育专题民主生活会。

（王　欢　苏劲松　杨格远　闫雅倩）

【党建工作会议】 3月1日，党建工作会议召开。会议部署石景山区2022年落实全面从严治党主体责任、政法、统战、宣传思想文化、组织和社会建设、党委办公室系统、调研和改革等工作，动员全区各级党组织和党员干部进一步统一思想、振奋精神，踔厉奋发、笃行不怠，推动各项工作快落实、快见效，确保全年工作打开新局面、展现新气象，以实际行动迎接党的二十大胜利召开。常卫主持会议并讲话。区四套班子领导参加会议。

（王　欢　苏劲松　杨格远　闫雅倩）

【全国文明城区创建】 3月3日，区精神文明建设委员会2022年第一次全体会议召开。会议传达2022年首都精神文明建设工作安排，审议通过《关于调整石景山区精神文明建设委员会成员名单》《石景山区2022年精神文明建设工作要点》。常卫主持会议并讲话。同月26日，区四套班子领导带队分9组到各街道社区检查创建任务落实情况，督促具体问题整改及常态化保持等工作。常卫到八角街道景阳东街第二社区督导文明城区创建工作。实地察看社区内宣传布设、垃圾分类、环境卫生、楼门文化、新时代文明实践站建设等情况。李新到苹果园街道琅山社区，检查社区内机动车及非机动车停车秩序、电动车上牌照情况、垃圾桶周边卫生环境、基础设施建设、楼道内环境秩序。6月10日，区2022年文明委第二次全体会暨创建全国文明城区工作推进会召开。会议通报2021年创城年度测评结果及问题分析，部署2022年创城重点工作和新时代文明实践工作，相关街道、部门、社区代表做典型发言。常卫主持会议，区四套班子领导参加会议。同月23日，常卫“四不两直”督导检查文明城区创建工作，在鲁谷南路检查门店落实“门前三包”、路侧停车等城市管理工作，就道路便道盲道设置、无障碍设施建设及15分钟生活圈等便民服务设施工作情况进行督导。7月28日，常卫深入苹果园街道部分创城重点点位，开展“擦亮城市西大门，文明扮靓石景山”专项检查。首先到苹果园街道百货路，通过实地查看、现场督导等形式对背街小巷整治、道路环境、停车规范、文明养犬等工作落实情况进行检查，随后到苹一、苹二社区，了解小区宣传布设、环境卫生、基础设施建设情况，并深入苹二社区新时代文明实践站，查看新时代文明实践活动进展、阵地建设情况，现场针对整改提升工作提出意见建议，苹果园街道党工委书记梁学刚随行汇报。10月29日，常卫“四不两直”到八角街道黄南苑社区开展“擦亮城市西大门，文明扮靓石景山”专项检查，先后检查社区内宣传布设、环境卫生、停车秩序、楼道堆积物、消防设施、垃圾分类、市民文明行为教育、社区新时代文明实践站点建设等情况，街道主要领导随行汇报。

（王　欢　苏劲松　杨格远　闫雅倩）

【接诉即办】 3月7日，区接诉即办工作领导小组调度会召开。9月8日，接诉即办工作推进会召开，常卫主持会议。会议听取城管指挥中心汇报9个街道接诉即办工作考核情况，9个街道分别汇报接诉即办工作开展情况。全年共受理群众诉求15.37万件，响应率99.52%、解决率92.33%、满意率93.49%。

（王　欢　苏劲松　杨格远　闫雅倩）

【平安石景山建设领导小组会议】 3月9日，区委平安石景山建设领导小组召开2022年第一次全体（扩大）会议，传达平安中国建设表彰大会精神和市委平安北京建设领导小组2022年全体（扩大）会议精神，审议2021年平安石景山建设工作情况、2022年工作要点和领导小组成员调整情况。常卫主持会议并讲话。

（王　欢　苏劲松　杨格远　闫雅倩）

【军民融合发展】 3月29日，2022年区委退役军人事务工作领导小组和区双拥工作领导小组第一次会议召开。会议传达中央退役军人事务工作领导小组第十二次全体会议精神、北京市委退役军人事务工作领导小组第四次会议精神,审议区委退役军人事务工作领导小组2022年工作要点和区2022年双拥工作要点。常卫主持会议,陆军政治工作部群工联络局局长苗永华、中部战区政治工作部群工联络局副局长程静倩、北京军区善后办政工组主任潘俊明、中央军委审计署驻中部战区审计局政治协理员刘振国,区领导李新、王运洪、宁慧娟、王其志参加会议。7月26日,十三届区委第一次议军会议召开,传达学习《习近平关于退役军人工作论述摘编》和北京市党管武装工作会议精神,听取"八一"期间双拥活动安排。常卫主持会议。同日,2022年"八一"军政座谈会召开。会前,军地领导向军休老干部、优抚对象、困难官兵代表赠送慰问金,区四套班子领导向驻区部队赠送慰问品。会后,军地领导共同参观"丹青翰墨鱼水情 军地喜迎二十大"书画摄影展。常卫主持活动,驻区部队领导徐贵忠、成存国、杜江、喻龙、张亚峻、刘振国、刘少飞、张维新、王俊攀,区领导常卫、李新、李文起、田利跃、张利军、王运洪、迟志禹、王其志参加座谈会。

(王　欢　苏劲松　杨格远　闫雅倩)

【京西产业转型升级示范区建设】 4月22日,门头沟区代表团到石景山区开展合作发展调研活动。两区领导实地考察模式口历史文化街区古道斯存、北京·银行保险产业园,并召开石景山区与门头沟区合作发展工作座谈会。两区分别介绍合作事项进展情况。同月25日,区推进京西产业转型升级示范区发展建设领导小组2022年第一次全体会议召开,听取辖区贯彻落实京西行动计划2022年工作方案和广宁、五里坨等西部地区城市更新项目进展情况的汇报。

(王　欢　苏劲松　杨格远　闫雅倩)

【"五子"联动】 6月10日,石景山区印发《石景山区推进国际科技创新中心建设加快创新发展支持办法》。同月23日,常卫走访调研驻区企业利亚德集团旗下虚拟动点中心。"两区"建设高标准推进,实施90项重点年度任务,新增入库项目183个、落地132个,实际利用外资3.4亿美元,同比增长44.1%。全球数字经济标杆城市加快建设,全区数字经济核心产业规模以上企业279家,实现收入1359.9亿元,同比增长1.2%。首钢医院"信用+医疗"试点被国家发展改革委列为城市营商环境优化典型案例。7月30日,在2022全球数字经济大会数字金融论坛上,区政府与亚洲数据集团签署战略合作协议。8月21日,中关村科幻产业创新中心落成揭牌。首钢园区六工汇、模式口历史文化街、金安环宇荟等新的商业载体开业,新增商业面积12万平方米,京西大悦城主体结构完工,首钢园区、北京冬奥公园、模式口历史文化街区成为辖区新晋网红打卡地,举办"京西消费节",实现社会消费品零售额393.0亿元。推进京津冀协同发展,统筹推进7大类20项指标,完成市、区两级目标任务。

(王　欢　苏劲松　杨格远　闫雅倩)

【重大活动服务保障】 8月23日,常卫主持召开2022年服贸会石景山区属地服务保障工作调度会。会议听取属地服务保障及会展活动组织、场馆建设及主要设施安排和各工作组筹办工作等情况。同月27日上午,常卫到服贸会(首钢)西北登录厅调研志愿者的准备工作。常卫慰问服务站岗内志愿者,了解各志愿者服务站点位置和周边公共基础设施情况。9月3日,常卫到服贸会区企指挥部检查服贸会疫情防控和服务保障工作。2022年服贸会首钢园区会场于9月1日开幕,9月5日闭幕,共设8个专题展,全区签约项目80余项,签约金额超430亿元,覆盖"1+3+1"高精尖产业、科幻、体育等新兴产业及城市更新和平台建设等领域。同月13日,常卫主持召开书记专题会,研究2022中国科幻大会及北京科幻嘉年华活动筹办工作。会议听取相关筹备工作进展情况。11月21日,常卫主持召开专题调度会,研究2022中国科幻大会筹备工作。会议听取筹备工作进展情况的汇报。

(王　欢　苏劲松　杨格远　闫雅倩)

【服务学习宣传贯彻党的二十大】 9月28日,全区领导干部会议召开,对党的二十大服务保障工作进行动员部署。9月29日至10月12日,连日召开石景山区服务保障重要会议日调度会议,常卫主持会议并讲话。常卫指出,党的二十大召开在即,要认真贯彻落实北京服务保障重要会议日调度会议精神,严格落实第九版防控方案,全力以赴、科学精准抓好疫情防控工作,坚决筑牢首都防疫屏障。10月13日,疫情防控和党的二十大服务保障再动员再部署会议召开。同月25日,全区领导干部会议召开,传达学习贯彻党的二十大精神。同月28日,区委理论学习中心组举行学习贯彻党的二十大精神集体学习讨论会,中心组成员围绕"全面学习把握落实党的二十大精神,奋发有为推动新时代新征程石景山区高质量发展"主题进行交流研讨。12月15日,党的二十大精神宣讲报告会以视频会议形式召开,常卫作宣讲报告,李新主持会议。区、处两级理论学习中心组成员,党的二十大代表,区委党校中青年教师宣讲团成员在主会场和分会场参加。

(王　欢　苏劲松　杨格远　闫雅倩)

【"以案为鉴、以案促改"警示教育大会】 12月29日,"以案为鉴、以案促改"警示教育大会召开。会上集体观看警示教育片《黯然定格的青春》。市纪委监委有关领导同志,区四套班子领导,全区各单位、各区管企业主要负责同志在主会场出席会议。全区各单位正科职以上干部、各社区书记主任等在分会场参加会议。

(王　欢　苏劲松　杨格远　闫雅倩)

【区委十三届全体会议】 全年召开4次。1月28日,区委十三届二次全体会议召开,区委常委会主持会议。会议听取辖区推荐提名北京市出席党的二十大代表人选相关工作情况的说明,并投票确定石景山区出席中国共产党第二十次全国代表大会推荐人选。区委委员、候补委员参加会议。4月28日,区委十三届三次全体会议召开,区委常委会主持会议。会议听取辖区出席市第十三次党代会代表候选人初步人选产生情况的说明,并投票确定石景山区出席市第十三次党代会代表候选人预备人选,通过《关于召开中国共产党北京市石景山区代表会议的决议》。7月27日,区委十三届四次全体会议召开,区委常委会主持会议。全会学习贯彻习近平总书记对北京系列重要讲话精神,落实市第十三次党代会和市委工作务虚会精神,总结上半年工作,研究部署下半年重点任务。常卫代表区委常委会作工作报告并讲话。区四套班子领导参加会议。12月27日,区委十三届五次全体会议召开,区委常委会主持会议。全会学习贯彻党的二十大和中央经济工作会议精神,落实市委十三届二次全会工作部署,总结2022年主要工作,部署2023年各项任务。常卫代表区委常委会作工作报告并讲话。全会审议区委常委会抓党建工作情况报告。区四套班子领导,区委委员、候补委员,区纪委委员、区监委委员,各单位及街道党政正职领导参加会议。

(王　欢　苏劲松　杨格远　闫雅倩)

【常委(扩大)会议】 全年召开4次。1月11日,会议传达习近平总书记在北京考察2022年冬奥会、冬残奥会筹办备赛工作时的重要指示精神,市委常委扩大会议和北京冬奥组委党组扩大会议精神和市"两会"会议精神。3月21日,会议传达学习贯彻蔡奇书记调研新首钢地区讲话指示精神。4月9日,会议传达学习贯彻习近平总书记在北京冬奥会、冬残奥会总结表彰大会上的重要讲话精神,市委常委会扩大会议和北京冬奥组委党组扩大会议精神。6月24日,会议传达学习贯彻市委十二届十九次全会精神。

(王　欢　苏劲松　杨格远　闫雅倩)

【领导干部会议】 全年召开6次。1月28日,会议部署春节和冬奥会期间全区疫情防控、社会稳定、安全生产、城市运行、市场供应等工作。春节面临冬奥防疫和城市防疫"两线作战"的压力,面临冬奥保障和节日保障的双重任务。会议要求贯彻落实中央、北京市和冬奥组委有关工作部署,统筹抓好春节和冬奥会期间各项服务保障工作,突出抓好冬奥防疫和城市防疫,确保冬奥会顺利举办,确保城市运行安全,确保市民群众平安祥和过节。4月28日,会议部署"五一"假期全区疫情防控、安全维稳、城市运行、市场供应等工作。"五一"节假日期间人员流动大,增加疫情传播风险。会议要求认识做好"五一"期间疫情防控和节假日保障工作的特殊性、重要性,统筹抓好疫情防控、安全维稳、城市运行、市场供应等工作,保障市民群众节假日生活。7月1日上午,传达学习贯彻北京市第十三次党代会和市委十三届一次全会精神。9月28日,会议落实全市领导干部会议精神,通报辖区疫情防控、安全稳定、城市运行、环境布置等工作情况,对党的二十大服务保障工作作动员部署。会议要求提高政治站位,自觉从"国之大者"的高度认识和做好党的二十大服务保障工作,统筹疫情防控和经济社会发展,统筹发展和安全,以首善标准做好各项工作,为盛会召开营造平稳健康的经济环境、风清气正的政治环境和国泰民安的社会环境。10月25日,会议传达党的二十大精神,并部署石景山区学习宣传贯彻党的二十大精神工作。会议要求学习宣传贯彻党的二十大精神,紧密团结在以习近平同志为核心的党中央周围,高举中国特色社会主义伟大旗帜,踔厉奋发、勇毅前行,全身心投入全面建设社会主义现代化国家的火热实践,融入首都发展新格局,全力打造"一起向未来"的城市复兴新地标,高水平建好首都西大门,奋力谱写全面建设社会主义现代化国家、全面推进中华民族伟大复兴的石景山篇章。11月21日,会议通报全区疫情总体情况。

(王　欢　苏劲松　杨格远　闫雅倩)

【街道部门党(工)委、党组书记月度工作点评会】 全年召开4次。3月1日,老山街道、发展改革委、国资委、财政局党工委、党组书记依次发言,常卫作集中点评。会议通报市民热线办理、"七有""五性"监测评价、大气污染防治、"两个条例"实施、全国文明城区创建等工作情况。4月1日,古城街道、西建办、住建委、规自分局党工委、党组书记依次发言,五里坨街道天翠阳光第三社区书记作为接诉即办工作的优秀社区代表交流发言,常卫作集中点评。会议重点点评大气污染防治、"两个条例"实施、全国文明城区创建工作情况,并通报全区各街道、委办局"接诉即办"工作情况。8月1日,苹果园街道、商务局、文旅局、市场监管局党工委、党组书记依次发言,常卫作集中点评。会议以疫情防控和经济社会高质量发展为重点内容,通报7月全区各街道、委办局市民热线办理情况。同月31日,八宝山街道、园区管委会、城管委、社会工委党工委、党组书记依次发言,会议重点点评接诉即办、全国文明城区创建、全面从严治党等工作情况,并就下一步工作进行部署。

(王　欢　苏劲松　杨格远　闫雅倩)

【新冠肺炎疫情防控】 全年召开疫情防控工作领导小组会议187次、领导小组专题调度会55次。落实中央"三要"要求,统筹防疫情和稳增长,两手抓、两不误,坚持"动态清零"总方针,坚持区8小时风险应急处置指挥部(简称区8指)统筹、区街联动、多元协同工作机制和"三公(工)联动""5+N"协同、"一病例一专班"等做法,科学迅速处置突发疫情,统筹抓好筛查、追阳、落位、管控、转运、隔离、救治等关键环节工作。4月26日、28日、30日,区四套班子领导分别到包片街道现场指导区域核酸检测,检查疫情防控工作。5月5日,常卫检查古城街道十万平社区、京西商务中心和石景山医院疫情防控工作。他首先到古城街道十万平社区,对抗疫一线的工作人员表示慰问,并叮嘱大家做好个人防护。在京西商务中心,了解管控区、封控区内疫情防控工作开展情况,听取人员力量配置情况汇报。在石景山医院,对奋战在抗疫一线的全体医务人员表示慰问和感谢。同月15日,常卫先后到中国科学院大学、北方工业大学、首钢工学院、北京工业职业技术学院,实地检查驻区高校疫情防控措施落实情况。同月16日,常卫“四不两直”检查疫情防控和保供稳价工作。在八宝山街道远洋山水南区和鲁谷街道北重西厂社区,检查社区卡口值班值守情况。在鲁谷老街坊便民服务中心,检查市场疫情防控和保供稳价工作。同月17日,常卫“四不两直”检查平房区疫情防控工作,先后到梁公庵村、金顶山村、模式口村、麻峪村,检查平房区疫情防控措施落实情况。同月24日,每日疫情防控工作调度会召开,传达学习孙春兰副总理在京调研疫情防控工作时的讲话精神和蔡奇调研辖区疫情防控工作时的讲话精神。6月23日,常卫到鲁谷街道七星园北社区慰问一线工作人员,并对疫情防控和全国文明城区创建工作进行检查。7月12日,石景山新冠肺炎疫情防控工作领导小组专题调度会召开,研究调度疫苗接种相关工作。会议传达蔡奇关于疫苗接种的批示精神,听取相关部门、单位及各街道60岁以上老年人疫苗接种工作进展情况。常卫主持会议。9月3日,常卫到服贸会区企指挥部检查服贸会疫情防控和服务保障工作。10月30日上午,常卫先后到八宝山核酸采样点、首钢技师学院和石景山体育场疫苗接种点检查疫情防控工作。11月17日,常卫到区8指和区疾控中心,看望慰问奋战在疫情防控一线的工作人员。同月23日,常卫调度检查疫情工作。先后到老山东里北社区、金顶街小学工地、区方舱医院调研检查,看望慰问防疫一线工作人员。12月12日,常卫“四不两直”检查医疗救治服务体系和药品供应情况,在石景山医院、八宝山社区卫生服务中心实地察看发热门诊患者就医服务情况,了解就医流程、保障居民就医配药需求等相关工作情况,并向一线医护人员表示慰问。在叮当智慧药房远洋山水店,了解药店内药品储备销售、货源供应、价格监管等工作情况。同月23日,常卫到石景山区公共卫生应急指挥中心调研院前急救工作,了解区非急危重症转运专班运行情况,检查各街道派单落位情况。

(王 欢 苏劲松 杨格远 闫雅倩)

【保障和改善民生】 年内,石景山区实施40项重要民生实事和67项济困工程。基本建成儿童福利院和救助站,残疾人职业康复中心投入使用。登记失业率3.37%。全年竣工政策性住房7863套,建设保障性租赁住房3790套。引进北京一七一中学合作办学,加快建设北大附中石景山学校(新址)、北京市十一学校石景山学校,建成金顶街小学,普惠性幼儿园覆盖率达到87%。提高养老服务质量,4家社区养老服务驿站建成运营,康复辅助器具社区租赁试点通过国家评估,八角中里、八角南路社区获评全国示范性老年友好型社区。推进“健康石景山”建设,深化医药卫生体制改革,推广“信用+医疗”服务模式,建设3个区域医联体及1个紧密型医联体,院前急救呼叫满足率达99.6%。首钢医院门急诊医技大楼、中国医学科学院整形外科医院改扩建一期工程竣工,五里坨精神卫生专科医院等重点项目开工建设,石景山医院晋升三级综合医院。

(王 欢 苏劲松 杨格远 闫雅倩)

【开展专题调研】 年内,区委主要领导围绕新冠疫情防控、服务保障冬奥会和冬残奥会筹办、企业复工复产、重大工程建设、西山永定河文化带建设和创建全国文明城区等开展专题调研检查85次。

(戚金章 糜栋伟 宋李振 武 昊)

【常委会会议】 年内,区委常委会着眼于抓大事、议大事、定大事,坚持科学决策、民主决策,统筹协调兼顾、合理组织安排,全年筹备召开区委常委会43次,安排常规议题236个、传达学习类议题26个。

(孙冠军 熊倚熙 刘凯杰)

表4 区委常委会会议一览表

上会日期	单 位	议 题 题 目
1月11日 2022年第1次 (十三届4次)	宣传部	传达学习全国宣传部长会议精神,汇报石景山区委2021年度宣传工作情况
	宣传部	关于《石景山区2021年意识形态工作情况的报告》的汇报
	党 校	关于区委党校2021年工作总结及2022年重点工作任务的汇报
	工 会	关于区总工会2021年工作总结及2022年重点工作任务的汇报
	团 委	关于团区委2021年工作总结及2022年重点工作任务的汇报
	妇 联	关于区妇联2021年工作总结及2022年重点工作任务的汇报
	公安分局	关于2021年反恐怖工作总结及2022年重点工作任务的汇报
	规自分局	关于《石景山区2021年城乡规划实施和土地资源管理情况报告》的汇报
	组织部	关于党的二十大代表推荐提名工作和市第十三次党代会代表选举工作有关情况的汇报
1月19日 2022年第2次 (十三届5次)		传达学习习近平总书记在省部级主要领导干部学习贯彻党的十九届六中全会精神专题研讨班开班式上的重要讲话和市委常委会扩大会议精神
	研究室	关于《领导班子对照检查材料》的汇报
	规自分局	关于《北京石景山区SS00—1609街区控制性详细规划(街区层面)(2020年—2035年)》的汇报

续表

上会日期	单　位	议　题　题　目
1月19日 2022年第2次 （十三届5次）	应急局	关于《石景山区2021年安全生产工作完成情况及2022年主要工作安排的报告》的汇报
	生态环境局	关于《石景山区2021年生态环境保护工作完成情况及2022年工作计划报告》的汇报
	机关事务管理中心	关于设立第二办公区相关事项的汇报
	组织部	关于开展区、处级领导班子和领导干部2021年度考核工作的汇报
1月26日 2022年第3次 （十三届6次）		传达学习习近平总书记在十九届中央纪委六次全会上的重要讲话精神
	区委办	关于《中共北京市石景山区委关于2021年落实全面从严治党主体责任情况的报告》和区委2022年落实全面从严治党主体责任任务安排的汇报
	人大办	关于《区人大常委会党组2021年落实全面从严治党主体责任工作报告》的汇报
	政府办	关于《区政府党组2021年落实全面从严治党主体责任工作报告》的汇报
	政协办	关于《区政协党组2021年落实全面从严治党主体责任工作报告》的汇报
	区委办	关于区委十三届二次全会安排意见的汇报
	组织部	关于推荐提名北京市出席党的二十大代表人选情况的汇报
	组织部	关于《2021年石景山区党员干部直接联系群众工作情况报告》的汇报
	组织部	关于组织开展2022年领导干部报告个人有关事项工作的汇报
	卫健委	关于《石景山区2021年计划生育工作情况的报告》的汇报
1月30日 2022年第4次 （十三届7次）	信访办	传达学习习近平总书记等中央领导同志及市领导同志关于信访工作重要指示批示精神，汇报我区贯彻落实的具体举措
	司法局	关于《北京市石景山区人民政府2021年法治政府建设年度情况报告》的汇报
	园区管委会	关于2020年度北京字节跳动网络技术有限公司政策兑现的汇报
	组织部	干部任免
2月9日 2022年第5次 （十三届8次）	政法委	传达学习习近平总书记对政法工作作出重要指示精神和中央政法工作会议、北京市委政法工作会议、全市政法队伍教育整顿总结会议精神，汇报我区贯彻落实意见
	区委办	关于区委常委会2022年工作要点的汇报
	区委办	关于区委常委会2022年议题计划的汇报
	研究室	关于石景山区2022年调研工作计划和课题安排的汇报
	史志办	关于《石景山区落实〈北京市党史和地方志工作规划（2021—2025年）〉实施方案》的汇报
	组织部	干部任免
2月16日 2022年第6次 （十三届9次）	宣传部	传达学习全国、全市宣传部长会议精神，汇报我区贯彻落实意见
	区委办	关于加强新形势下党的督促检查工作实施方案的汇报
	人大办	关于召开石景山区第十七届人大常委会第二次会议的汇报
	规自分局	关于石景山区2022年土地储备项目资金预算的汇报
	卫健委	关于五里坨精神卫生专科医院新建工程项目征地有关工作及资金的汇报
	团　委	关于推选“全国五四红旗团委”“全国五四红旗团支部”候选集体的汇报
	工　会	关于推荐2022年全国五一劳动奖全国工人先锋号工作情况的汇报
2月22日 2022年第7次 （十三届10次）	组织部	传达学习全国、全市组织部长会议精神，汇报我区贯彻落实意见
	统战部	传达学习全国、全市统战部长会议和市委统战工作领导小组会议精神，汇报我区贯彻落实意见
	区委办	关于中共北京市石景山区委2022年党建工作会安排意见的汇报
	发改委	关于《石景山区2022年“疏解整治促提升”专项行动工作方案》的汇报

续表

上会日期	单 位	议 题 题 目
2月22日 2022年第7次 (十三届10次)	发改委	关于石景山区2022年支援协作资金安排有关事项的汇报
	纪 委	关于区纪委十三届二次全会筹备工作及《工作报告(审议稿)》《决议(草案)》的汇报
	组织部	干部任免
3月3日 2022年第8次 (十三届11次)		传达学习习近平总书记在中央党校中青年干部培训班开班式上的重要讲话精神
	财政局	关于我区政府隐性债务“清零”工作有关情况的汇报
	民政局	关于我区北辛安社区养老及助残服务中心和衙门口养老服务中心项目建设有关工作及资金的汇报
	妇 联	关于推荐第十三届全国五好家庭和2022年全国最美家庭情况的汇报
3月9日 2022年第9次 (十三届12次)	区委办	关于《中共北京市石景山区委关于十二届市委第十一轮巡视整改进展情况的通报》的汇报
	统战部	关于《石景山区2022年政党协商计划》的汇报
	政协办	关于《石景山区政协2022年协商工作计划》的汇报
	城管指挥中心	关于石景山区“接诉即办”工作2021年度体检情况的汇报
	退役军人局	关于《石景山区2021年计划分配转业军官安置方案》的汇报
	工 会	关于推荐2022年首都劳动奖状、奖章、工人先锋号工作情况的汇报
	组织部	关于确定我区出席市第十三次党代会代表候选人初步人选考察对象的汇报
3月16日 2022年第10次 (十三届13次)	纪 委	关于《中共北京市石景山区委关于十二届市委第十一轮巡视整改进展情况的通报》的汇报
	老干部局	关于我区老干部工作情况的汇报
	纪 委	关于一体推进2021年我区全面从严治党(党建)工作考核和政治生态分析研判工作情况的汇报
	生态环境局	关于2022年度污染防治专项资金有关工作的汇报
	住建委	关于金顶街金四区教工楼等33个老旧小区综合整治项目资金的汇报
	组织部	关于2021年度处级单位考核结果评价运用和领导班子考核工作情况的汇报
3月25日 2022年第11次 (十三届14次)	区委办	关于《石景山区委2022年党务公开目录》的汇报
	巡察办	关于《十二届石景山区委巡察工作情况报告》和《十三届石景山区委巡察工作规划》的汇报
	人大办	关于召开石景山区第十七届人大常委会第三次会议的汇报
	园林绿化局	关于石景山区2021年园林绿化工作完成情况和2022年工作及资金计划的汇报
	组织部	干部任免
3月31日 2022年第12次 (十三届15次)	冬奥办	关于北京冬奥会、冬残奥会突出贡献集体和突出贡献个人我区推荐评选工作的汇报
	统战部	关于《关于贯彻落实〈中国共产党统一战线工作条例〉的工作措施》的汇报
	宣传部	关于《石景山区2022年未成年人思想道德建设重点工作》的汇报
	宣传部	关于《石景山区2022年区处两级理论学习中心组学习计划》的汇报
	人力社保局	关于开展我区县以下事业单位管理岗位职员等级晋升工作的汇报
	组织部	关于“人民满意的公务员”和“人民满意的公务员集体”推荐工作的汇报
	组织部	关于我区出席北京市第十三次党代会代表候选人初步人选名单的汇报
	组织部	干部任免
4月13日 2022年第13次 (十三届16次)	区委办	关于区委常委会及常委班子成员职责清单的汇报
	宣传部	通报二季度涉市意识形态风险研判情况

续表

上会日期	单　位	议　题　题　目
4月13日 2022年第13次 （十三届16次）	西建办	关于授权委托北京冬奥公园运维主体并给予财政补贴的汇报
	住建委	关于广宁村棚改项目安置房购房款资金安排的汇报
	组织部	关于2021年度考核相关情况的汇报
4月27日 2022年第14次 （十三届17次）		传达学习习近平总书记、李克强总理关于安全生产工作的重要指示批示精神和市委常委会会议精神，通报全市对我区安全生产考核反馈意见
	组织部	关于选举石景山区出席北京市第十三次党代会代表相关工作的汇报
	发改委	关于2022年一季度石景山区经济社会发展形势分析的汇报
	发改委	关于《贯彻落实〈深入打造新时代首都城市复兴新地标 加快推动京西地区转型发展行动计划（2022—2025年）〉2022年工作方案》的汇报
	国资委	关于实兴集团拟联合竞买苹果园交通枢纽1604－648、649－1、649－2、650－1、650－2地块的汇报
4月28日 2022年第15次 （十三届18次）	组织部	听取计票结果的汇报
	组织部	确定代表候选人预备人选名单
5月20日 2022年第16次 （十三届19次）		传达学习习近平总书记在庆祝中国共产主义青年团成立100周年大会上的重要讲话精神
		传达学习国务院应对新型冠状病毒感染肺炎疫情联防联控机制《大规模奥密克戎疫情应对处置方案》
	人大办	关于召开石景山区第十七届人大常委会第四次会议的汇报
	教　委	关于五里坨规模学校建设工程项目有关资金的汇报
	住建委	关于石泰集团认购衙门口棚改670地块公建的汇报
	城管委	关于2022年城市道路建设计划与资金的汇报
	城管委	关于石景山区2022年河长制有关工作的汇报
	组织部	干部任免
5月30日 2022年第17次 （十三届20次）	组织部	听取区党代表会议各代表团讨论情况
	组织部	确定石景山区出席中国共产党北京市第十三次代表大会代表候选人
5月30日 2022年第18次 （十三届21次）	组织部	听取区党代表会议总监票人报告计票结果
	组织部	确定石景山区出席中国共产党北京市第十三次代表大会代表名单
6月2日 2022年第19次 （十三届22次）	宣传部	传达中共中央办公厅《关于当前意识形态领域形势的通报》和《〈北京市党委（党组）意识形态工作责任制实施细则〉〈北京市党委（党组）网络意识形态工作责任制实施细则〉专项评估报告》
	财政局	关于我区2021年地方政府专项债券用途调整情况的汇报
	组织部	关于全市基层党建述职会反馈意见及整改方案和全区基层党建述职会后相关工作意见的汇报
	组织部	关于《关于实施“千帆计划”源源不断培养选拔优秀年轻干部的意见》的汇报
	组织部	关于2021年度区管处级干部考核等次和奖励情况的汇报
6月8日 2022年第20次 （十三届23次）	发改委	关于《石景山区统筹疫情防控和稳定经济增长的实施方案》的汇报
	应急局	关于《石景山区突发事件总体应急预案》的汇报
6月22日 2022年第21次 （十三届24次）	纪　委	传达《2021年北京市全面从严治党（党建）工作考核和政治生态分析研判工作情况通报》主要精神，汇报《一体推进2022年石景山区全面从严治党（党建）工作考核和政治生态分析研判工作的实施方案》

续表

上会日期	单　位	议　题　题　目
6月22日 2022年第21次 （十三届24次）	宣传部	关于设立区委全民国防教育工作领导小组的汇报
	财政局	关于申请发行2022年政府专项债券的汇报
	投促中心	关于兑现2021年度企业政策支持资金有关情况的汇报
	国资委	关于北京万商投资发展集团有限公司规划建设区重大项目应急保障用房有关事项的汇报
	组织部	干部任免
7月6日 2022年第22次 （十三届25次）	人大办	关于召开石景山区第十七届人大常委会第五次会议的汇报
	纪　委	通报市纪委市监委督促未完成巡视整改事项单位工作调度会精神和巡视整改评估标准，汇报《石景山区委2022年上半年巡视整改落实进展情况报告》
	园林绿化局	关于国家森林城市创建工作进展情况的汇报
	信访办	关于第九次全国信访工作会议精神和2022年上半年信访工作情况及下半年重点工作安排情况的汇报
	反恐办	关于2022年上半年反恐怖工作总结及下半年重点工作任务的汇报
	教　委	关于北京市十一学校石景山学校等三项工程有关资金的汇报
	纪　委	关于给予赵某、昭某处分相关情况的汇报
7月15日 2022年第23次 （十三届26次）	区委办	关于《2022年上半年落实全面从严治党主体责任和政治生态分析研判情况的报告》的汇报
	区委办	关于修订《区委常委会关于落实“三重一大”决策制度的实施办法（试行）》的汇报
	宣传部	关于2022年三季度涉市意识形态风险的通报及《石景山区2022年上半年意识形态工作完成情况和下半年重点工作安排》的汇报
	巡察办	关于十三届区委第一轮巡察工作情况的汇报
	组织部	关于《关于实施“品质先锋”工程提升基层党组织建设质量的意见》的汇报
7月20日 2022年第24次 （十三届27次）		传达学习习近平总书记在庆祝香港回归祖国25周年大会上的重要讲话精神
	区委办	关于区委十三届四次全会安排意见的请示
	区委办	关于《中国共产党北京市石景山区委员会工作规则》修订情况的汇报
	研究室	关于在区委十三届四次全会上的《工作报告（审议稿）》和《决议（草案）》的汇报
	发改委	关于石景山区2022年上半年国民经济和社会发展计划执行情况的汇报
	人大办	关于区人大常委会党组2022年上半年主要工作完成情况和下半年重点工作安排的汇报
	政府办	关于区政府党组2022年上半年主要工作完成情况和下半年重点工作安排的汇报
	政协办	传达《关于加强和改进新时代区政协工作的实施意见》，汇报区政协党组2022上半年主要工作完成情况和下半年重点工作安排
7月26日 2022年第25次 （十三届28次）	组织部	干部任免
7月27日 2022年第26次 （十三届29次）	区委办	听取全会讨论情况
8月3日 2022年第27次 （十三届30次）		传达学习习近平总书记在省部级主要领导干部专题研讨班上的重要讲话精神和中共中央政治局会议精神
		传达学习习近平总书记在中央统战工作会议上的重要讲话精神及市委市政府相关文件精神
	区委办	关于《区委书记月度工作点评会指出问题整改方案》的汇报

续表

上会日期	单　位	议　题　题　目
8月3日 2022年第27次 (十三届30次)	宣传部	关于《推动党史学习教育常态化长效化实施方案》的汇报
	宣传部	关于第十六届北京市思想政治工作优秀单位、优秀思想政治工作者候选对象推荐工作情况的汇报
	创城办	关于2022年上半年创城工作完成情况及下半年计划安排的汇报
	应急局	关于2022年上半年安全生产工作完成情况及下半年重点工作安排的汇报
	消防支队	关于2022年上半年石景山区消防安全形势分析及下半年重点工作安排的汇报
	住建委	关于转让金顶阳光等5个廉租房项目有关工作的汇报
8月17日 2022年第28次 (十三届31次)		传达市委财经委第十四次会议精神
	城管指挥中心	关于接诉即办2022年上半年诉求情况分析和下半年重点工作安排的汇报
	金融办	关于《石景山区2022年防范处置非法集资暨防范化解金融风险工作方案》的汇报
	应急局	关于《石景山区迎接市委市政府2022年安全生产督察工作方案》的汇报
	住建委	关于收购晋元庄等项目剩余房源有关事项的汇报
8月31日 2022年第29次 (十三届32次)	政法委	传达学习中央、市委反邪教相关会议精神，汇报我区贯彻落实意见
	人大办	关于召开区第十七届人民代表大会第二次会议和区第十七届人大常委会第六次会议的汇报
	人大办	关于《关于贯彻落实中央人大工作会议和市委第六次人大工作会议精神 以首善标准做好新时代人大工作的实施意见》和召开区委第六次人大工作会议的汇报
	经信局	关于我区数字经济发展情况的汇报
	文旅局	关于疫情防控期间政府征用集中住地住宿、餐饮、安防改造、慰问等费用阶段性结算工作的汇报
	财政局	关于追加调整街道预算的汇报
	规自分局	关于申请拨付苹果园交通枢纽商务区土地一级开发项目有关资金的汇报
9月7日 2022年第30次 (十三届33次)	商务局	关于《石景山区落实粮食安全责任制实施方案》的汇报
	编　办	关于《北京市石景山区议事协调机构管理办法(试行)》的汇报
	团区委	关于《石景山区青年联合会第六届委员会委员组成方案及推荐办法》的汇报
9月15日 2022年第31次 (十三届34次)	组织部	关于《中共北京市石景山区委常委会加强政治建设的工作措施》的汇报
	纪　委	关于《石景山区关于加强对"一把手"和领导班子监督的工作办法》的汇报
	政协办	关于《关于加强和改进新时代区政协工作的实施方案》的汇报
	金融办	关于对石景山区现代创新产业发展基金增加实缴出资相关工作的汇报
	组织部	关于市十六届人大代表候选人初步人选和十四届市政协委员、常委推荐提名情况的汇报
	组织部	干部任免
9月27日 2022年第32次 (十三届35次)	政法委	关于《石景山区服务保障中国共产党第二十次全国代表大会工作方案》的汇报
	应急局	传达学习习近平总书记关于做好安全生产工作重要批示精神、蔡奇同志重要批示精神，汇报我区贯彻落实工作措施的汇报
	宣传部	通报近期涉市意识形态风险分析情况，汇报我区落实意识形态相关工作
	人大办	关于区第十七届人民代表大会第二次会议有关事项和召开区第十七届人大常委会第七次会议的汇报
	政法委	关于石景山区市域社会治理现代化试点创建工作的汇报
	社会工委	关于《关于加强基层治理体系和治理能力现代化建设的实施方案》的汇报
10月12日 2022年第33次 (十三届36次)		传达学习习近平总书记给"中国好人"的重要回信精神和《习近平关于社会主义精神文明建设论述摘编》
		传达涉市意识形态风险分析情况

续表

上会日期	单　位	议　题　题　目
10月12日 2022年第33次 (十三届36次)	区委办	传达学习中央、市委贯彻落实中央八项规定精神和整治形式主义为基层减负相关报告精神,汇报我区贯彻落实情况的汇报
	财政局	关于2021年度国有资产管理情况综合报告的汇报
	规自分局	关于2021年度国有自然资源(资产)管理情况专项报告的汇报
	财政局	关于我区全域无隐性债务试点工作情况报告的汇报
10月28日 2022年第34次 (十三届37次)		传达学习二十届中共中央政治局第一次集体学习精神、习近平总书记在瞻仰延安革命纪念地时的重要讲话精神和市委常委会扩大会议精神
	发改委	关于2022年1—3季度石景山区经济社会发展形势分析的汇报
	财政局	关于我区申请2022年政府专项债券工作的汇报
	城管委	关于申请拨付高井规划一路征拆资金的汇报
	园区管委会	关于拨付抖音视界有限公司科技型集团企业所得税奖励资金的汇报
	组织部	关于推荐市十六届人大代表候选人建议人选情况的汇报
	组织部	干部任免
11月2日 2022年第35次 (十三届38次)	组织部	关于《区第十七届人民代表大会第二次会议选举办法》的汇报
	人大办	关于召开区第十七届人民代表大会第三次会议和区第十七届人大常委会第八次会议的汇报
	政协办	关于召开政协石景山区第十一届委员会第二次会议的汇报
	政法委	关于石景山区通过2018—2020年全国“雪亮工程”重点支持区项目验收情况的汇报
	巡察办	关于十三届区委第二轮巡察工作情况的汇报
11月9日 2022年第36次 (十三届39次)		通报涉市意识形态风险分析相关情况
	政府办	关于《石景山区服务保障党的二十大工作总结》的汇报
	宣传部	关于《关于认真学习宣传贯彻党的二十大精神的实施方案》的汇报
	文明办	关于拟向首都文明办推荐“首都精神文明建设奖”候选人的汇报
	机关工委	关于2022年区直机关系统党建工作情况的汇报
	住建委	关于2022年1—3季度石景山区房地产市场运行情况的汇报
	退役军人局	关于《石景山区2022年计划分配转业军官安置方案》的汇报
11月23日 2022年第37次 (十三届40次)	国资委	关于2022年国有企业党建工作情况的汇报
	教工委	关于2022年全区中小学校和民办学校党建工作情况的汇报
	发改委	关于石景山区2023年拟办重要民生实事有关情况的汇报
	市场监管局	关于《石景山区2022年食品药品安全工作报告》的汇报
	财政局	关于2022年第四次预算调整方案的汇报
	信访办	关于《石景山区金顶北路历史遗留信访问题解决工作方案》的汇报
	国资委	关于向北京石景山产业发展有限公司增资的汇报
	园区管委会	关于兑现2021年度第二批《中关村科技园区石景山园加快创新发展的支持办法》资金情况的汇报
	组织部	干部任免
11月30日 2022年第38次 (十三届41次)		传达学习习近平总书记关于对河南安阳市凯信达商贸有限公司火灾事故和疫情防控工作的重要指示精神
	人大办	关于《北京市石景山区人民代表大会常务委员会工作报告》、召开区第十七届人民代表大会第三次会议、区第十七届人大常委会第九次会议有关事项的汇报

续表

上会日期	单　位	议　题　题　目
11月30日 2022年第38次 （十三届41次）	政协办	关于《中国人民政治协商会议北京市石景山区第十一届委员会常务委员会工作报告》的汇报
	法　院	关于《北京市石景山区人民法院工作报告》的汇报
	检察院	关于《北京市石景山区人民检察院工作报告》的汇报
	组织部	关于健全区委非公有制经济组织和社会组织工作委员会运行机制的汇报
	宣传部	关于石景山区2022年“扫黄打非”工作总结及2023年重点任务的汇报
12月7日 2022年第39次 （十三届42次）		通报涉疫意识形态风险分析相关情况
	统战部	关于2022年统战工作情况报告的汇报
	卫健委	关于2022年公立医院党建工作情况的汇报
	党　校	关于区委党校2022年工作总结及2023年重点工作任务的汇报
	总工会	关于区总工会2022年工作总结及2023年重点工作任务的汇报
	团区委	关于团区委2022年工作总结及2023年重点工作任务的汇报
	妇　联	关于区妇联2022年工作总结及2023年重点工作任务的汇报
	应急局	关于《石景山区落实市委市政府安全生产第五督察组督察反馈意见整改方案》的汇报
12月14日 2022年第40次 （十三届43次）	区委办	关于修订《中共北京市石景山区委关于维护党中央集中统一领导的实施意见》的汇报
	区委办	关于修订《中共北京市石景山区委深入贯彻落实中央八项规定精神实施办法》的汇报
	区委办	关于2022年度区委党内规范性文件实施情况评估工作的汇报
	区委办	关于《区委关于2022年落实全面从严治党主体责任情况的报告》的汇报
	人大办	关于《区人大常委会党组2022年落实全面从严治党主体责任工作报告》的汇报
	政府办	关于《区政府党组2022年落实全面从严治党主体责任工作报告》的汇报
	政协办	关于《区政协党组2022年落实全面从严治党主体责任工作报告》的汇报
	妇　联	关于推荐全国三八红旗手（集体）和全国城乡妇女岗位建功先进个人（集体）工作情况的汇报
12月21日 2022年第41次 （十三届44次）		传达学习中央经济工作会议和市委常委会扩大会议精神
	区委办、研究室	关于区委十三届五次全会安排意见和区委十三届五次全会上的工作报告的汇报
	研究室	关于《政府工作报告》的汇报
	发改委	关于《北京市石景山区2022年国民经济和社会发展计划执行情况与2023年国民经济和社会发展计划（草案）报告》的汇报
	财政局	关于北京市石景山区2022年预算执行情况和2023年预算草案的汇报
	发改委	关于2023年固定资产投资重点建设项目和投资计划安排有关情况的汇报
	重大办	关于《2022年重大项目完成情况及2023年工作安排》的汇报
	规自分局	关于《石景山区落实“三区三线”划定成果分区规划修改方案》的汇报
	组织部	关于《2022年区委常委会抓党建工作情况报告》的汇报
	总工会	关于推选2023年全国五一巾帼标兵岗全国五一巾帼标兵工作情况的汇报
	统战部	关于对十一届区政协委员届中调整工作的情况汇报
12月27日 2022年第42次 （十三届45次）		听取各组讨论情况
12月29日 2022年第43次 （十三届46次）		传达学习习近平总书记对爱国卫生运动作出的重要指示精神
	组织部	传达学习习近平总书记在中央政治局民主生活会上的重要讲话精神，汇报开展2022年度民主生活会相关工作

续表

上会日期	单　位	议　题　题　目
12月29日 2022年第43次 （十三届46次）	区委办	关于十二届市委第十一轮巡视整改落实进展情况和十三届市委第一轮巡视对石景山区委巡视建议的整改措施的汇报
	宣传部	关于《石景山区委2022年度宣传工作情况报告》的汇报
	纪　委	关于石景山区“以案为鉴、以案促改”警示教育大会筹备情况的汇报
	规自分局	关于《石景山区2022年城乡规划实施和土地资源管理情况的报告》的汇报
	城管委	关于《石景山区2022年度河长制工作推进落实情况的报告》的汇报
	社会工委民政局	关于2022年“济困工程”工作总结及2023年工作安排的汇报
	社会工委民政局	关于追加2022年规范调整社区工作者工资待遇所需经费的汇报
	组织部	干部任免

（孙冠军　熊倚熙　刘凯杰）

组织工作

【概况】 中共北京市石景山区委组织部（简称区委组织部）设办公室、研究室、组织一科、组织二科、组织三科、组织四科、干部一科、干部二科、教育培训科、干部监督科、公务员科、人才工作科、党建办秘书科，行政编制54人；下辖北京市石景山区党员教育中心（加挂北京市石景山区考核评价中心牌子，参公事业编制15人）、北京市石景山区国际人才中心（加挂北京海外学人中心石景山分中心牌子，参公事业编制12人）。年内，区委组织部坚持以习近平新时代中国特色社会主义思想为指导，落实中央市委决策部署和区委工作要求，推动党的组织体系建设实现新提升、高素质专业化干部队伍建设呈现新气象、全方位集聚人才取得新突破，推动全区组织工作高质量发展，为打造新时代首都城市复兴新地标、奋力谱写首都城市西大门建设新篇章提供组织保证。

（陆晨方）

【“冬奥先锋”主题活动】 1月6日，区委组织部下发通知在全区开展“我是党员我承诺 服务冬奥当先锋”主题活动，在工作一线成立150个冬奥先锋党支部，组织2100余个基层党组织和6万余名共产党员参与活动。

（邢　娟）

【党史学习教育专题民主生活会】 1月27日，区委常委会召开党史学习教育专题民主生活会。会议围绕“大力弘扬伟大建党精神，坚持和发展党的百年奋斗历史经验，坚定历史自信，践行时代使命，厚植为民情怀，勇于担当作为，团结带领人民群众走好新的赶考之路”主题，联系首都新发展格局，立足全区实施“两大战略”、推进“三区建设”区情实际，聚焦实际问题，深入查摆剖析，开展批评和自我批评，明确努力方向和改进措施。常卫主持会议并作总结讲话，李新、刘海涛参加会议，李文起、田利跃列席会议，市纪委监委、市委组织部、市委第二指导组有关人员到会指导。会上通报2020年度民主生活会、巡视反馈专题民主生活会整改落实情况和专题民主生活会征求意见情况。常卫代表区委常委会进行对照检查，检视剖析、分析原因、提出改进措施。常卫带头作个人对照检查，开展批评和自我批评。其他常委同志逐一作个人对照检查和自我批评，并相互开展批评。全区各党委（工委、党组）按照中央会议精神、市委工作部署要求和区委工作安排，开好区处两级班子专题民主生活会。

（邢　娟）

【党建述职考评】 2月14日，区委召开2021年度党委（工委、党组）书记抓基层党建述职评议会。会议以加密视频形式召开，常卫主持会议并讲话，区委常委和区委党建工作领导小组成员、相关党委（工委、党组）书记在主会场参加会议，区“两代表一委员”和基层党员干部群众代表、相关党委（工委、党组）副书记、纪（工）委书记、组织宣传部门负责人以及有关派驻纪检监察组组长在20个分会场参加会议。会上，传达全市2021年度区委书记、系统党（工）委书记抓基层党建述职评议会精神，播放基层党建调研专题片，16位党委（工委、党组）书记进行现场述职，汇报履职主要情况和特点，查摆存在主要问题，结合单位实际统筹谋划，提出下一步工作思路。每位书记述职后，常卫现场点评，既指出成绩，又点出不足和问题，对下一步工作提出要求。各位书记对问题主动认领、照单全收进行表态。会后，与会人员对各党（工）委书记2021年抓基层党建工作进行考核测评。

（邢　娟）

【人才评优推先】 2月，区委组织部开展青年北京学者候选人推荐工作，推荐智冶互联董事长赵宏博、中航信移动董事长薄满辉、京源学校高级教师牛丽亭、全息威睛副总设计师孙琼阁、康复医院副教授刘宗建、达尔文细胞生物董事长王宇6名人选申报；组织开展2022年北京市留学人员回国创业启动支持计划申报工作和2022年度北京市高层次留学人才回国资助工作，推荐猎户星空首席语音架构师韩堃申报并成功入选；3月，组织召开2022年重点人才计划申报工作部署会，推荐猎户星空首席语音架构师韩堃、字节跳动高级硬件研发工程师赵谦为优青计划候选人；同月，组织开展“北京市有突出贡献的科学、技术、管理人才”候选人推荐工作，共推荐首钢朗泽高级副总裁晁伟，中航信移动董事长、总经理薄满辉，大地高科董事长、总经理肖明国，中铁建昆仑资产党委书记、执行董事、总经理陈勇，中节能工程常务副院长朱彩飞5名候选人。

（曾 磊）

【大规模核酸检测】 3月26日，石景山区检疫检测组召开区域全员核酸检测组织实施协商推进会，推动各街道制定区域全员核酸检测组织实施方案，修改完善核酸检测采样点工作“一本通”。年内，制定完善全区核酸检测工作方案，强化大规模疫情“场景”转换应对，构建社区疫情防控能力建设“1+N”预案方案体系，建强区域核酸检测基础数据“一本账”、采样网点“一张图”、现场组织“一个团队”，设置规模（区域）核酸采样点227个、采样台879个、常态化核酸采样点117个（含8个公立医疗机构采样点），推进15分钟常态化核酸采样圈规范化运行，强化“采送检报”各环节质效，健全大规模检测采样点组织管理及运行机制，满足辖区33类重点人群“应检尽检”需求和居民群众“愿检尽检”需要，组织开展全区区域核酸检测37轮，“重点街道区域+其他街道常态化”核酸检测21次，全区常态化核酸检测189天，累计检测7875万余人次。

（邢 娟）

【向社区派驻“第一书记”151名】 3月31日，石景山区印发《关于开展向社区派驻“第一书记”工作的方案》，面向全区开展社区派驻“第一书记”工作，从区属机关企事业单位、各级党建工作协调委员会成员单位以及各类两新组织中，择优选派151名优秀党员干部到社区担任“第一书记”，通过探索“1234”路径，即确定“一年”任期，做实工作支持、关爱激励两项保障，建立季度一交流、半年一汇报、年度一考核三个机制，明确建强基层组织、推动中心工作、为民办事服务、提升治理水平四项职责，推动社区“第一书记”把不同领域的治理经验带到社区，不同单位的治理资源整合到社区。

（邢 娟）

【封（管）控区管理】 5月31日，石景山区印发《石景山区封（管）控小区解封工作程序》，对即将到期的风险区，在评估、符合条件后及时解封。加强风险区（平房区）管理，执行工作指引、平房区工作指引规范性文件，管好管严涉疫风险小区（平房区），为风险区域内居民提供必要生活保障，完善出入小区风险人员就医提示流程及情况推送机制，社区卫生服务中心、社区居委会实时动态掌握风险隐患，及时采取处置措施。年内，全区共划定1096处次高中风险区（封管控区）。

（邢 娟）

【“无疫社区”创建】 6月3日，区社区防控组召开无疫社区创建领导小组第一次全体会议，牵头成立区无疫社区创建工作领导小组，部署启动创建工作。印发《石景山区无疫社区创建工作实施方案》，制定落实小区24小时卡口值守“六到位”、排班值守“321”等20条创建标准，依托京办系统开发无疫社区网上申报平台，明确社区申报、街道初审、区级评定三大申报流程，全程手机操作，即报、即审、即评、即公示，系统共完成125个社区自评申报工作，评选出22个无疫社区。

（邢 娟）

【清查整治党务工作突出问题】 6月，石景山区完成清查整治突出问题规范党务工作，牵头13家工委、8家区委直属党委对所属各级基层党组织开展全面自查，并会同区纪委机关对28家单位进行专项抽查，查阅276份业务材料、138份财务凭证，与84人进行谈话，均未发现存在应由党组织直接履职事项外包、技术性辅助性事项委托不规范、党务信息党员数据泄密、非党员从事党务工作等4类事项问题。

（邢 娟）

【党建研究会】 7月19日，石景山区党的建设研究会召开第二届理事会第六次全体会议。区委副书记、政法委书记刘海涛出席会议并讲话，区党的建设研究会常务副会长、区委常委、组织部部长张利军代表会长办公会向全体会议作工作报告。区领导迟志禹、石显富，区党的建设研究会副会长、理事、监事以及各分会负责同志参加会议。会议传达学习习近平总书记对党的建设研究工作重要指示精神和北京市党的建设研究会第八届理事会第二次常务理事会会议主要精神，通报有关人事事项决定，通报关于成立石景山区党的建设研究会园区分会的决定，审议通过第二届理事会第六次全体会议工作报告和2021年度财务工作报告。会议表彰辖区3项市党的建设研究会2021年度优秀调研课题成果和23项区党的建设研究会2021年度优秀调研课题成果，部署2022年度全区党建研究重点课题和一般课题立项工作。会议肯定区党的建设研究会2021年取得的工作成绩，要求提高政治站位，做好党建咨询服务，强化研究会自身建设。编印《石景山区党建课题研究成果选编（2021）》，收录优秀课题成果23篇。同月21日，党的建设研究会专题培训班举办，全区党建研究工作者100余人参加。

（吴 彬 宗赫男）

【“品质先锋”工程】 7月，石景山区启动实施“品质先锋”工程。印发《关于实施“品质先锋”工程提升基层党组织建设质量的意见》，研究制定街道社区、党政机关、区属国企、中小学校、公立医院、两新组织等领域意见，推动各系统、各街道党（工）委结合实际制定本领域行动计划，构建“1+6+N”制度体系。深化“精神沁园”、“老街坊”热线工作站、冬奥社区“党建+”共同体、“全时全景”行动等15个基层党建创新品牌影响力，编纂《党（工）委基层党建特色亮点汇编》。

（邢 娟）

【健全区委两新工委运行机制】 11月28日，十三届区委常委会第41次会议审议通过区委组织部《关于健全区委两新工委运行机制相关工作情况的汇报》，实现区委两新工委实体化运行。区委两新工委建立6大类15项基本制度，明确22家成员单位工作职责。

（左泽东 于文华）

【公务员辞职从业行为核查】 12月1日，区委组织部联合网信、经信、人力社保、市场监管等部门制定《石景山区公务员辞去公职后从业行为核查处理工作机制》。提出相关职能机构名单和互联网平台企业参考名单,建立公务员辞职从业限制清单,规范公务员辞职审核审批、辞职后从业行为核查、违规处理等工作流程。

(章　振)

【信息工作】 年内,区委组织部编发《石景山组工信息》正刊20期、业务通讯4期,被《中国组织人事报》采稿9篇,被市委组织部《组工动态》采稿15篇,被《北京组工通讯》采稿5篇,被《支部生活》采稿5篇。

(王晓南　李佳钰　张鸣源)

【网络宣传】 年内,区委组织部举办全区组织系统宣传工作培训会,对全区信息员和网宣员进行集中培训;报送网宣文章412篇,被中组部点名表扬3篇,被市委组织部点名表扬48篇,占苏晨同志被评为2022年度全国组织系统"优秀网宣员";"石景山组工"微信公众号推送图文1009条,浏览量69.6万人次,《我志愿》抗疫一线短视频被人民日报、新华社等客户端推送,累计播放200余万次。

(王晓南　韩旭耀　占苏晨)

【社区疫情防控应急值守】 年内,区社区防控组研究部署全区社区疫情防控各项重点工作,建立健全区、街道、社区24小时社区防控应急值守工作机制,加强社区卡口管理,动态实行小区封闭式管理,推动全区419个小区(院落)550个卡口值守"六到位"规范化建设,服务保障召开社区防控组暨检疫检测组工作例会177余次、调度会80余次。落实出入小区人员、车辆查验制度,采取测温、查证、验码、登记等措施,依托"品质社区""城市更新"建设,改善卡口值守条件,配备岗亭、门卫室的硬件设置,在卡口推行"4+4"工作模式,按照"上午、下午、晚间、夜间"4个时段,每个时段配备下沉干部、社区工作者、物业保安、"老街坊"志愿者4名人员,做好常态化社区防控管理。

(邢　娟)

【加强隔离酒店管理】 年内,区委组织部做好居店、集中隔离用房筛选、筹备、储备等工作,组织文旅、卫健、应急、公安、消防等隔离酒店工作专班成员单位,按照《集中隔离观察点的设置标准及管理技术指引》,对储备隔离酒店进行点对点工作衔接,将隔离医学观察点编为3组,按照梯次启用、限时启用、顺序启用整体原则,确保安全、生活设施设备正常运转,电梯换气通风系统符合隔离点气流组织要求,隔离区设置废弃物集中收储点并配备废弃物所需处置设施,保障隔离要求。累计开展涉疫风险人员居家隔离观察(健康监测)管控服务23.2万余人次,提供转运服务1.1万余人次。

(邢　娟)

【两新组织党建工作】 年内,区委组织部制定2022年两新组织党建工作项目清单,梳理11项22条重点任务。聚焦园区纳税亿元以上非公企业,推动党组织"应建尽建"。推动八角街道两新组织街道兜底孵化工程入选全市两新组织党建重点项目,建立党建孵化站,街(街道)所(市场监管所)联动,推动小微企业党的组织和工作全覆盖。抓好两新组织党组织书记队伍建设,建强用好"陈涛书记工作室""董玉风书记工作室"。北京邦维高科新材料公司党支部获评2022年市级非公企业党组织奖励。聚焦两新党建重难点问题,加强调查研究,《石景山区加强非公有制经济组织和社会组织党建工作有效性研究报告》荣获全市基层党建调研课题一等奖。开展两新组织"我是党员我承诺""党旗在基层一线高高飘扬"等主题教育实践活动,印发《致全区两新组织党组织和广大党员的疫情防控倡议书》和《致新就业群体的一封信》,引导全区两新组织党员群众参与冬奥服务保障、疫情防控、文明城区创建等志愿服务。依托68支两新组织党员志愿服务队,带动1.6万名两新组织从业人员,累计参加抗疫保供4万人次,志愿服务时长约50万小时,筹集社会帮扶资金403万元。推选22名两新组织负责人担任社区"第一书记"。

(贠立艳　于文华　刘懿锌)

【推动新就业群体融入基层治理】 年内,区委组织部定期摸排更新新就业群体台账,确保新就业群体党的工作和流动党员组织全覆盖。指导2个网约车司机流动党支部开展"学党史、优服务、靓窗口"主题实践活动。新建20家"暖蜂驿站",织密132家服务新就业群体的阵地网络,线上完善"聚蜂行动"微信小程序各项功能,线下打造"骑手之家""小哥食堂",累计举办主题活动210余场,发放"爱心防疫包"2100余份,服务新就业群体6000余人次。开展"我为社区献计献策""小哥微心愿"等志愿服务活动80余场次,组建5支新就业群体党员先锋队和16支"小哥"青年突击队,引导新就业群体发挥"走街串巷"优势,参与基层治理。总结推动新就业群体融入基层党建格局相关工作案例,市委组织部2022年首期《组工动态》刊发辖区新就业群体党建试点工作经验,《石景山区与"新"同行增进融入认同》获评全市新就业群体党建工作优秀案例。

(左泽东　刘懿锌)

【党群服务阵地体系功能建设】 年内,区委组织部统筹推动银河商圈、政务服务中心和新首钢地区区域特色党群服务中心建设,调整优化"34个中心站+30个普通站"楼宇工作站布局,实现全区278座楼宇党群阵地全覆盖。选定园区、鲁谷、八角、广宁4家党群服务中心分别在智慧党建、新就业群体"理想+"特色服务、党组织孵化和冬奥社区建设等方面打造特色品牌。开展"党群服务中心@你"主题活动,全年累计开展各种特色活动1100余场次,累计提供各项服务1.3万余次。在园区、广宁、八宝山沁山水南社区、广宁高井路社区、古城领秀楼宇工作站等5个党群服务中心(站)开展"党务+政务"试点。依托各级党群服务阵地,引导党员群众充当志愿者,组建"同心永筑"党员先锋队、"防疫有我"志愿先锋队,参与疫情防控、文明创城、冬奥保障等活动。

(左泽东　于文华)

【提升各领域党建工作水平】 年内,区委组织部以市区领导调研、市委巡视、年度党建重点任务推进等工作为契机,统筹指导系统党(工)委抓实各领域党建工作。完成《中国共产党党和国家机关基层组织工作条例》及北京市措施的对照检查工作，引导全区机关单位党组织和党员在学习宣传贯彻党的二十大精神和疫情防控、服务保障冬奥、文明创城等重大任务中当先锋、做表率。开展国资系统“笃行创新篇，建功二十大”主题实践活动，印发“品质国企·红色先锋”工作方案，指导第一批4家试点企业培育国企党建品牌，以巡视促工作，推动区属1级和2级企业全部完成党建入章程工作。会同教育工委研究中小学校党组织领导的校长负责制工作，制定区级实施方案，明确时间表、路线图，开展中小幼一体化德育实践研究，依托4个区级中小学思政课名师工作室，加强思政课教师队伍建设，实施教育系统“党员领航工程”。健全民办学校党建工作台账。成立区公立医院党建工作指导委员会，总结疫情防控视角下党建引领提升公共卫生应急管理能力的经验，会同卫健委党委推动公立医院科室党支部参与科室重大问题决策工作指引等工作在区属公立医院落实落地。成立区互联网行业党委，统筹全区互联网行业党建工作。完善区社会工作党委运行机制，协调指导全区社会组织党建工作。引领物业管理协会党委发挥作用，开展《党建引领物业管理提高“三率”工作实施方案》的实施评估工作。

（左泽东　于文华）

【党员队伍情况】　截至2022年底，全区共有各级党组织2207个，其中党委189个，党总支59个，党支部1959个。从基层组织覆盖领域来看，机关党组织335个，事业单位党组织253个，企业党组织515个，社区党组织1048个、社会组织党组织50个、人才交流中心党组织6个。全区党员总数64554名，其中预备党员525名，女党员26778名，少数民族党员2131名。全区60岁以上党员35719名，占全区党员总数的55.33%，全区35岁以下年轻党员5489名，占全区党员总数的8.50%；研究生以上学历党员5462人，占全区党员总数的8.46%，大学本、专科学历党员31899名，占全区党员总数的49.41%，高中及中专学历党员15923名，占全区党员总数的24.67%，初中及以下学历党员11270名，占全区党员总数的17.46%；从职业结构上看，公有制单位在职党员9882名，占全区党员总数的15.31%，非公有制单位在职党员4323名，占全区党员总数的6.30%，离退休党员42137名，占全区党员总数的65.27%，其他类型党员8212名，占全区党员总数的12.72%。城市街道党员总数49253名，社区党员总数47130名。

（高世君　郑杰尹）

【疫情防控物资保障与支部建设】　年内，区委组织部统筹协调区商务局和各街道做好疫情防控物资保障工作。共发放15批次物资，共109万余个（套）。（包括发放N95口罩31.78万只、抗原试剂23.48万只、血氧仪1300台、隔离衣8.86万套、防护服4.95万套、隔离面屏9.608万个、一次性手套12.22万副、防护鞋套7.93万双、防护帽子7.18万个、手消1.1424万瓶、折叠床90个、智能门磁1.524万只、智能门铃1648只。发放移动空调259台、遮阳帐篷750顶、汽水饮料3200箱、矿泉水1000箱等物资）。向各工委、区委直属党委下拨889.66万元党费，用于支持基层党组织开展疫情防控工作、为一线工作人员购买慰问物资。制发《关于在疫情防控一线成立战役先锋党支部的通知》，在全区疫情防控一线成立184个战疫先锋党支部。向全区党员发出《致全区广大党员的一封信》号召党员亮身份、当先锋、做表率，战疫先锋党支部相关做法被学习强国以及多家市级媒体和微信公众号报道。

（张　羽　高世君　郑杰尹）

【党组织设置】　年内，区委组织部定期对全区2000余个党组织设置情况分批分类开展自查调研与专项核查，健全综合性工作台账。对临近换届的党组织进行前置提醒，对组织设置需要优化调整的由专人跟踪指导。全年52家基层党组织完成换届，做到应换尽换，8家二级基层党组织完成组织建制优化，增补区委社会工委委员。在疫情防控一线和冬奥会冬残奥会服务保障一线上，以临时党组织为抓手，分级确定临时党组织设立审批权限。选优配强委员会委员，把临时党组织作为培养入党积极分子的阵地，引导先进分子向党组织靠拢。

（张　羽　高世君）

【党代会与党的二十大代表推举】　年内，区委组织部按照市委工作要求和选举程序，经区委常委会、区委全会、区党代表会议等程序，选举石景山区出席市第十三次党代会代表19名。服务保障出席市第十三次党代会代表参会，做好健康监测、疫苗接种统计等

年内，石景山区在防疫一线成立战疫先锋党支部　（《石景山报》供图）

工作。经市第十三次党代会选举,区委书记常卫,八角街道八角中里社区党委书记、居委会主任李美红作为北京市出席党的二十大代表。

(张　羽　高世君　郑杰尹)

【基层党员教育培训】 年内,区委组织部依托党支部书记学院建设,搭建"区委示范培训—各党(工)委重点培训—基层党组织普遍培训"的培训网络,创新"线上+线下""课堂+基地"培训实训模式,运用沉浸式、互动式、体验式等方法,举办培训示范班4期,线上线下共计培训3700余人次,拓展"云课堂"系列内容,在"党员教育云课堂""党史教育云课堂"的基础上,组织举办3期"大师讲党课",培训6000余人次。

(张　羽　高世君　郑杰尹)

【发展党员】 年内,区委组织部建立入党积极分子摸底台账。年初对各工委、区委直属党委入党积极分子培养考察情况进行摸底,建立1386名入党积极分子实名制台账。调控全年发展党员指标。根据前期入党积极分子台账,提前对拟发展对象进行遴选和酝酿,按月对全区发展党员工作进行调度。严格发展党员联审机制。将发展党员工作纳入联审机制,由区委组织部牵头协调各部门,对全区589名发展对象进行联审。全年发展党员414人。

(张　羽　高世君)

【党内帮扶】 年内,区委组织部按照党内帮扶工作计划,制发《关于做好2022年元旦春节期间党内帮扶慰问工作的通知》《关于做好2022年"七一"期间党内帮扶慰问工作的通知》。区委常委、人大主任、政协主席和各处级班子成员全年共走访慰问困难党员1624人,154个疫情防控一线党组织,划拨帮扶资金412万余元。做好建国前入党未享受离退休待遇的老党员体检服务。

(张　羽　郑杰尹)

【颁发"光荣在党50年"纪念章】 年内,区委组织部制定《关于做好"光荣在党50年"纪念章颁发工作的方案》并印发全区。明确拟颁发对象的资格条件;协调区纪委监委机关、区委政法委、信访办等职能部门对全区符合党龄要求的拟颁发纪念章对象进行联审;指导各单位开展档案核查工作,重点核实老党员入党时间、转正时间以及有无负面信息等情况,对于区管干部统一由区委组织部协调核查档案,确保人选符合中央、市委要求。七一前夕,为693名老党员颁发纪念章。

(张　羽　郑杰尹)

【开展组织生活会和民主评议党员】 年内,区委组织部研究制定《关于召开2021年度基党组织组织生活会和开展民主评议党员工作的通知》(京石组发〔2022〕5号)并印发全区。明确开展组织生活会的主题、步骤、标准以及时间要求;抓住党员领导干部这一"关键少数",各级党员领导干部落实双重组织生活制度,带头以普通党员身份参加所在党支部的组织生活会,带头开展批评和自我批评,带头开展民主评议党员工作,全区处级以上党员领导干部参加所在党支部、党小组组织生活会和民主评议党员600余人次。党员区领导均以普通党员身份参加所在党支部的组织生活会和民主评议党员环节;扩大对基层党组织的直接指导范围,结合部机关"四进四问"工作,列席20个基层党支部组织生活会,对各工委、区委直属党委做到全覆盖。

(张　羽　高世君)

【加强党费管理】 年内,区委组织部以落实党费管理"五双"机制为抓手,对党费收缴、使用情况进行检查和指导;结合部机关"四进四问"活动,利用督导基层组织生活会、调研等机会,对各工委、区委直属党委党费收缴使用管理进行检查,同时,针对巡视反馈的问题和日常工作中发现的苗头性倾向,指导各工委、区委直属党委建立党费专户。

(张　羽　郑杰尹)

【党内统计工作】 年内,区委组织部组织召开全区党内统计专报工作部署培训会,以加密视频会的形式进行工作部署和业务指导,覆盖各工委、区委直属党委和街道社区、教育、医疗卫生、国有企业系统党统干部。

(高世君)

【开展"共产党员献爱心"活动】 年内,区委组织部组织开展"共产党员献爱心"活动,制作宣传海报、宣传视频,加强前期宣传动员和过程指导,全区138家单位、29923名党员和2266名入党积极分子、共青团员、民主人士、社会群众共捐款243万余元。

(张　羽　郑杰尹)

【强化理论武装】 年内,区委组织部实施"习近平新时代中国特色社会主义思想教育培训计划",在各类主体班次中设置"习近平新时代中国特色社会主义思想教学单元"。把党的二十大精神、市第十三次党代会精神和区第十三次党代会精神纳入党校各类班次。抓好党的十九届六中全会精神轮训,研究制定轮训工作方案,采取区领导授课、专家辅导、集体自学、交流研讨等形式,开展处级领导干部学习贯彻党的十九届六中全会精神专题培训,实现处级干部全覆盖。聚焦干部理论薄弱环节,针对各层级干部特点,开展领导干部理论读书班、年轻干部周末大讲堂,推动读原著、学原文、悟原理。建立党史学习教育常态化、长效化制度机制。用好各类红色教育资源,组织干部到八宝山革命公墓、长辛店、平北红色第一村等地开展现场教学。在中青班等长期班次中开展主题演讲、党日活动、党性分析等教学活动。

(仲建维　刘　瑜)

【推动教育培训发展】 年内,区委组织部落实《北京市领导干部治理能力提升三年行动计划(2022—2024年)》,举办城市更新、推进产业转型、优化营商环境、城市精细化管理等专题培训。开展党建引领基层治理基层干部主题培训,加强老山东里北社区现场教学点建设。利用首都高校资源,开展"引入式"培训,与北京大学、清华大学、中国人民大学等高校合作,开展各领域专题培训。发挥职能部门专业优势,与金融办、文旅局、生态环境局、司法局等单位共同举办现代金融、文旅服务、生态文明建设、依法行政等专题培训。开展任职培训、党性教育等方面的课题调研,听取培训需求,分析培训工作状况,找准干部能力素质与事业发展需要不适应不符合的问题，科学设置年度培训计划。结合疫情防控要求和教育培训工作需要，探索启动线上培训“云模式”，推动“互联网+”干部教育培训融合发展。利用中国人民大学“汇贤学堂”公众号“石景山频道”，开展优化营商环境、党建引领基层治理等专题培训。依托腾讯会议、微信群等在线平台载体，开展“云端”课堂、“虚拟”会议，实现直播授课、在线讨论、即时签到。

（仲建维　刘　瑜）

【严肃换届纪律加强风气监督】 年内，区委组织部落实中央和市委关于严肃换届纪律加强风气监督工作精神，将做好出席党的二十大代表推荐提名和市第十三次党代会代表、市十六届人大代表、十四届市政协委员的推荐、选举的风气监督工作作为一项重大政治任务来抓。对150余名人选开展联合审查、个人事项报告查核等程序，严把代表人选关。将风气监督作为会议期间一项重要工作内容，通过紧盯加强党的领导落实情况、紧盯严格选举程序情况、严明换届纪律情况、严肃会风会纪情况，即时了解选举风气，及时发现、报告和处置突发事件和重要事项，并配合市委督导组开展驻会督导工作。

（冯　瑞　苏宇明　梁晓凯）

【二十大期间信访服务保障】 年内，区委组织部实行“12380”换届风气监督举报电话24小时专人值守、举报网站每日查看工作机制，确保监督举报渠道全天候畅通，保障涉组涉干信访诉求第一时间受理，及时研究应对。专题分析研判信访不稳定因素，加强风险排查，梳理多次信访的重点群体、人员，对信访积案进行“回头看”，形成《信访形势分析及积案“回头看”情况报告》，研究制定《石景山区委组织部迎接党的二十大信访安全保障工作预案》。

（冯　瑞　苏宇明）

【领导干部个人有关事项报告】 年内，区委组织部开展年度集中填报工作，对全区630名填报对象和90家区属单位实现培训工作“两个全覆盖”。按照随机抽查工作要求，抽取63名抽查对象进行随机抽查。为加强对“一把手”报告个人有关事项情况的监督，对全区9个街道的18名党政正职进行全覆盖查核。随机抽查报告“一致率”为98.4%，全年查核一致率为98.86%，均较上年度有所增长。

（冯　瑞　苏宇明　梁晓凯）

【选人用人“一报告两评议”】 年内，区委组织部对全区90家区属单位，全覆盖开展2021年度选人用人工作“一报告两评议”。累计组织2996人参与民主评议工作，对其中51家单位的274名科级干部开展新提拔干部民主评议。从全区平均好评率来看，选人用人工作总体评价、从严管理监督干部情况的全区平均好评率分别为93.52%和95.84%，较上年度分别提升0.87和1.81个百分点。有个别单位出现好评率下降幅度较大、新提拔干部不认同比率过高等问题，责令有关单位进行分析原因、查找工作不足，提升工作水平。

（冯　瑞　梁晓凯）

【选人用人工作检查】 年内，区委组织部对选人用人专项检查工作进行优化调整，通过业务培训、进驻检查、起草检查报告、反馈整改等具体工作程序，做好专项检查。在严格检查执行干部选拔任用政策规定、遵守选人用人纪律规矩的同时，注重对党组织发挥领导把关作用、端正用人导向、提高选人用人质量和加强高素质干部队伍建设等方面情况的检查。共开展两轮次检查，对18家单位开展专项检查，形成《2022年选人用人专项检查情况的通报》，要求各单位结合工作实际深入自查自纠，及时查漏补缺。

（冯　瑞　苏宇明）

【审计监督】 年内，区委组织部执行《关于印发石景山区领导干部经济责任审计和自然资源资产离任（任中）审计全覆盖分类管理办法（试行）的通知》，协同区审计局开展经济责任审计工作，共对5家单位5名处级干部开展经济责任审计。按照《石景山区处级领导干部离任经济事项交接工作制度》规定，将离任交接工作要求作为与领导干部离任谈话时的一项重要内容，督促离任领导干部按规定时间和要求办理交接手续。

（冯　瑞）

【日常信访办理】 年内，区委组织部优化工作程序，对反映干部有关情况中问题具体、线索清晰、可查性强的，转办后一律要求反馈办理结果。加强同区纪委区监委的工作联系，着手建立定期沟通会商机制，对转办的信访一追到底。区“12380”综合举报受理平台共受理各类信访举报件56件，对所有来信、来访详细登记，及时办理。

（苏宇明）

【干部管理信息化建设】 年内，区委组织部在市委组织部“干部公务员一体化平台”框架下，结合辖区实际需要，开发建设“干部综合管理平台”系统，形成系统建设的基本思路和初步框架，履行区经信局前置评审、市委组织部备案审核、财政专项资金申请等程序。

（冯　瑞　苏宇明）

【公务员招录】 年内，区委组织部完成2022年度考试录用公务员笔试、资格审查、面试、体检、考察等工作。新录用公务员89人，其中定向招录退役大学生士兵7人，定向招录残疾人1人。新录用定向选调生17人，其中区级机关及所属参公单位9人、街道8人。经过笔试、面试、综合素质和工作实绩评价、体检、考察和公示等工作，9名优秀社区书记录用为公务员。完成面向冬奥组委工作人员择优招录公务员资格审查、笔试、调剂、面试、体检、考察等工作，新录用公务员4人。

（章　振）

【获评“人民满意的公务员”】 年内，经市委、市政府决定，授予八角街道党群工作办公室副主任孔存娣第八届北京市“人民满意的公务员”称号。

（章　振）

【健全人才工作机制】 年内，区委组织部召开区委人才工作会议暨区委人才工作领导小组2022年度第一次会议，对标市委健全区委人才工作领导小组架构，谋划全年工作目标，部署重点工作任务。出台《石景山区委人才工作领导小组工作规则》，健全党委统一领导、组织部门牵头抓总、有关部门各司其职、用人单位主动作为、社会资源参与的人才工作格局,细化各成员单位工作任务。出台《石景山区委联系专家人才工作办法》,完善党管人才工作格局。结合“景贤计划”的总体布局,推动《北京市支持科幻产业人才引进若干措施》《石景山区教育系统人才引进暂行办法》落地见效,完善“1+1+N”人才政策体系,优化人才政策体系和人才评价激励机制,为高层次人才科技成果转化、创新创业提供支持。围绕增强“一把手”抓“第一资源”责任担当,聚焦加快集聚高层次人才、引育急需紧缺人才和统筹推进各类人才队伍建设三大主要任务,明确每一项任务的措施、责任以及时限,推动区“十四五”人才发展规划落地。

(沈 娟 刘 远)

【“景贤人才”评选认定】 年内,全区共有151家单位329人在线申报,94家单位122人入围评审答辩,经专家评审和区委人才工作领导小组会议审议,最终确定包括顶尖人才、领军人才、青年拔尖人才共50人。《中国人才》《中国组织人事报》等报刊杂志对“景贤人才”及辖区相关人才工作进行宣传报道。

(陈 山 曾 磊)

【“景贤杯”创新创业大赛】 年内,第二届“北京·景贤杯”创新创业大赛优化比赛赛道,提高奖励资金,完善保障措施。大赛与中关村国际前沿科技创新大赛合作,承接中关村技术创新溢出效应,吸引海内外青年创新创业人才,以“创新、合作、超越”为宗旨,面向全球征集创新创业项目并推动其在石景山区落地发展。大赛共有744个海内外优质项目在线申报,75个项目进入复赛,其中12个项目晋级决赛。试点建成“景贤创业小镇”中海大厦并投入运营,为“景贤杯”大赛获奖项目提供办公空间、应用场景、金融服务、孵化培育及“一企一策”支持等配套保障。

(李 季 张文轩 沈 娟 王建策)

【“走进高校”招聘活动】 年内,区委组织部举办3场线上高校空中宣讲会,推介辖区人才工作情况、公务员招录、事业单位招聘等相关政策,北京万商投资发展有限公司、百融云创科技股份有限公司等7家企业参与线上宣讲录制,视频投放覆盖高校京西发展联盟17家成员高校以及北京工商大学等其他在京科研院所及高校。空中宣讲会累计浏览点击率69506次,观看人数9394人次,留言关注、解答问题等线上互动约2400次。招聘活动涉及42家企业172个岗位,共招聘700余人,收取9800余份简历。

(李 季 张文轩)

【暑期与学期间社会实践】 年内,区委组织部依托高校京西发展联盟,开展2022年暑期与学期间社会实践相关工作,加强与北京大学、清华大学、北京师范大学、中国科学院大学等高校的沟通合作,征集区属企事业单位实习需求。暑期实践共征集到55家单位、130个岗位、314个实习需求,清华大学实践团共有44名学生申报辖区24家单位的42个岗位,报名人数居全市第一、全国第二;北京师范大学实践团共有28名学生申报辖区12家单位的18个岗位。与北京大学深化合作,首次开展学期间的常态化社会实践,共有13名学生参与辖区9家单位社会实践。

(沈 娟 王建策)

【加大人才奖励力度】 年内,区委组织部协调各相关部门,推动“景贤人才”奖励政策兑现,全年累计为100位“景贤人才”发放专项奖励资金1500万元,开展“景贤人才”纳税奖励政策兑现工作,共为23位符合条件的“景贤人才”拨付纳税奖励551.47万元。

(刘 远 孙晓霞)

【健全人才服务体系】 年内,区委组织部围绕人才引进落户、子女教育、住房保障等重点需求,协调解决人才困难,共向市人才局报送人才引进需求238人(含留学引进需求111人),办理人才引进141人(含留学引进49人),协调申购共有产权房、集租房10人次,协调办理子女入学入园7人次。加强与中荷人寿保险有限公司、首都医科大学附属北京康复医院等企业对接合作,为“景贤人才”提供高端综合服务保障。升级保险服务、体检服务项目,全年累计送出“景贤”特色生日蛋糕110份,购买健康保险178人,提供健康体检服务37人次,快速就医绿色通道22人次。

(陈 山 张鸣源 王嘉祺)

【人才工作宣传】 年内,区委组织部运营“石景山人才”微信公众号、视频号、“景贤计划”抖音号、“石景山人才网”等信息化平台。公众号全年共发布398条图文、视频信息,总阅读量达到3.7万人次,阅读人数达到2.4万人,截至年底总订阅人数2398人。专题策划“景贤杯创想无止境”赛况宣传、参赛项目风采展示、“走进高校引才计划”线上高校空中宣讲会系列直播等报道。参与Hicool2022全球创业者峰会,设置高水平人才高地展区,以宣传推广“景贤计划”系列人才品牌为核心,聚焦产业人才政策、“景贤”系列品牌、“景贤人才”风采等,展示辖区人才工作建设成果。

(王嘉祺)

【区委党建工作领导小组】 年内,区委组织部印发区委党的建设工作领导小组2022年度工作要点,明确7个方面、27项具体任务。召开领导小组全体会议3次,审议党建议题20项。3月23日,区委党的建设工作领导小组召开2022年第一次全体会议。常卫主持会议并讲话,刘海涛和区委党的建设工作领导小组成员参加会议,各街道党工委负责同志列席会议。会议学习习近平总书记重要文章《努力成为可堪大用能担重任的栋梁之才》,传达市委党的建设工作领导小组全体会议精神,审议通过领导小组2020年全年工作落实情况、2021年工作要点起草情况和领导小组会议2021年议题计划,会议听取并原则同意2022年区委落实全面从严治党主体责任相关工作安排及区人大常委会党组、区政府党组、区政协党组关于2022年党建工作要点的汇报。会议强调始终把党的政治建设摆在首位,服务保障党的二十大胜利召开,加强领导班子和干部人才队伍建设,推动各领域党建提质增效,提升党建引领基层治理能力,把全面从严治党推向纵深。10月11日，区委党的建设工作领导小组召开2022年第二次全体会议，常卫主持会议并讲话，刘海涛和区委党的建设工作领导小组成员参加会议，各街道党工委负责同志在分会场列席会议。会议学习习近平总书记重要文章《新时代中国共产党的历史使命》，听取并原则同意区委办公室关于《落实管党治党政治责任负面清单》有关情况汇报、鲁谷街道党工委、八角街道党工委、苹果园街道党工委、广宁街道党工委的汇报。会议强调要自觉从“国之大者”的高度来认识和做好党的二十大服务保障工作，要以党的政治建设为统领，推进党的各项建设，要提升党建引领基层治理能力水平，落实全面从严治党主体责任。12月28日，区委党的建设工作领导小组召开2022年第三次全体会议，常卫主持会议并讲话，刘海涛和区委党的建设工作领导小组成员参加会议，各街道党工委负责同志列席会议。会议学习习近平总书记重要文章《继承和发扬党的优良革命传统和作风弘扬延安精神》，会议听取并原则同意区委办公室关于《石景山区2022年度领导干部述责述廉工作方案》的汇报、区委政法委、区纪委区监委、区委组织部、区委统战部、区委老干部局、区委党校、古城街道党工委、金顶街街道党工委的汇报。会议强调要学习宣传贯彻党的二十大精神，压紧压实全面从严治党主体责任，提升党建引领基层治理能力水平，统筹疫情防控和经济社会发展，凝聚抓党建工作合力。

（吴　彬　宗赫男）

【区域化党建】 年内，区委组织部完善三级党建工作协调委员会平台建设，建立街道党建工作协调委员会公共卫生专项委员会。各街道社区共召开党建工作协调委员会会议497次，围绕创城、疫情防控、物业管理等工作拟定共建项目515个。1月10日，面向三级党建工作协调委员会成员单位发出“携手迎冬奥 一起向未来”倡议书，动员500余家成员单位党组织和党员服务保障冬奥会。同月17日，发布《落实“四方责任” 坚持“四早要求”共同筑牢疫情防控屏障——关于落实当前首都疫情联防联控措施的几点提示》。5月5日，发布《站一起 战疫情——致石景山区各级党建工作协调委员会成员单位的一封信》。

（吴　彬　宗赫男）

【疫情风险人员排查管控】 年内，区委组织部按照最新疫情防控政策，完善数据组专班工作流程，制定标准化工作手册，与区8小时应急指挥部等部门建立联动机制。同步开展海南返京人员闭环转运服务保障工作，开展居家隔离人员赋黄码、超范围等抽检工作。累计摸排涉疫风险人员82.8万余人次，落位管控50.1万余人次，分别占比三年工作总量的89%和89.9%。协调运营商为367名基层干部上门办理特惠低价套餐，解决基层防疫干部话费超支难题。紧急设计研发涉疫风险人员摸排系统，4个月实现上线，全程无故障运行。在全市首创“地图+词库”等特色功能，全区摸排工作效率整体提升10倍以上，累计使用系统筛查涉疫风险50.3万余人次。

（马　廷　贠立艳　梁新昊　刘子葳）

【开发远程教育精品资源】 年内，区委组织部组织摄制党员教育片30部56集，全部入选市级教学资源库，获得市级制片补贴经费66.2万余元。《冬奥让社区更美好》《红色新地标》2部作品被中组部《城市基层党建》电视期刊选用播出。升级远教专线网络，为符合施工条件的143个社区升级远程教育专线网，保持租费不涨，将带宽从每条2兆提速到200兆，提升基层远教站点和党建阵地的互联互通能力。推进远教督学促学工作，全区北京党员教育网年度月均学时17区排名第一。

（马　廷　梁新昊）

【日常数据管理和系统维护】 年内，区委组织部完成35位区领导信息的政务公开工作，做好日常更新维护。根据部内干部调整情况，更新北京组工网62名部机关干部的信息。做好“党员E先锋”区级运行管理，为全区在职党员报到和支部标准化规范化建设提供支撑。启动“一呼百应”整合并入“街道大脑”工作，推动完成主体功能框架搭建，优化系统界面，组织录入志愿者测试信息2826条。承担市委巡视部机关材料准备组任务，完成部内第一、二批迎检材料的整理报送工作。

（马　廷　梁新昊　刘子葳）

宣传工作

【概况】 2022年，中共北京市石景山区委宣传部（简称区委宣传部）坚持以习近平新时代中国特色社会主义思想为指导，全面贯彻党的十九大和十九届历次全会精神，突出迎接宣传贯彻党的二十大工作主线，围绕“主动谋划、主动向前、主动发声、主动作为”的工作思路，承担起举旗帜、聚民心、育新人、兴文化、展形象的使命任务。把中央和市委关于宣传工作的决策部署和工作要求落到实处，为高水平建设好首都西大门提供思想保证和精神力量。

（周　丰）

【北京市重点活动保障】 7月，区委宣传部保障北京文化论坛石景山线现场观摩活动和三线论坛嘉宾晚餐保障工作，共接待170名参观嘉宾和500名晚餐嘉宾。11月，区委宣传部联合首钢集团，牵头全区各单位保障第33届电视剧“飞天奖”和第27届电视文艺“星光奖”颁奖典礼及相关活动举行。

（游京蓉）

【中华优秀传统文化体验活动】 自10月起，区委宣传部开展12场中华优秀传统文化核心体验区瞭仓24节气专题沉浸式数字体验系列活动，以24节气为核心展示内容，挖掘艺术表现要素和文化内涵，以数字科幻的展示方式和交互趣味体验的参与形式打造推出“奇境”主题——沉浸式光影艺术展览。通过系列数字体验、自然动物科学、手作体验等方式，引领市民群众亲近自然，在沉浸式数字体验过程中传承和弘扬中华优秀传统文化。

（游京蓉）

【区委理论学习中心组】 年内，区委宣传部征询机关相关职能部门意见建议，制定年度中心组学习计划，统筹开展政治理论学习和“推动高质量发展”专题学习，采取区委理论学习中心组集中学习讨论、理论宣讲等形式推动学习开展。全年组织区级中心组学习14次,其中交流研讨7次。完善中心组学习制度,在全区46家单位开展巡听旁听。购买配备《习近平经济思想学习纲要》《习近平强军思想学习问答》《习近平书信选集》(第一卷)、《习近平关于北京工作论述摘编(2022年版本)》等理论书籍,收集整理习近平总书记重要论述及相关社论文章印制《石景山区委理论学习中心组学习资料》10期,结合疫情防控工作要求,采取与自学相结合等学习方式,及时分送区委理论学习中心组成员学习使用,做到防疫、学习两不误。在全区2022年宣传思想工作部署会上部署"学习强国"学习平台使用管理具体工作,要求全区各单位抓好贯彻落实。

(周　丰)

【党史学习教育常态化长效化】 年内,区委宣传部印发《关于学习贯彻党的十九届六中全会精神 深化拓展党史学习教育的实施方案》的通知和《关于抓好党史学习教育可视化教材学习的通知》,引导全区党员干部切实用全会精神统一思想、统一意志、统一行动。做好全区党史学习教育总结评估各项工作。印发《关于做好党史学习教育总结工作的通知》《关于做好全区党史学习教育评估工作的通知》,向市委报送石景山区党史学习教育总结报告、评估报告。组织筹划召开全区党史学习教育总结会议,统筹指导全区各单位开展总结工作。抓好指导督导,做好党史学习教育档案资料归档和对各单位档案资料归档的指导工作。8月,区委宣传部印发《中共石景山区委关于推动党史学习教育常态化长效化的实施方案》,为工作开展提供制度性依据。

(周　丰)

【党史主题公园和文化广场】 年内,为喜迎党的二十大胜利召开,在新安城市记忆公园基础上提升打造党史主题公园,将百年党史和京西大地红色记忆融入城市文化景观,将党史学习融入日常生活、送到百姓身边,为市民提供"邂逅"党史的红色户外课堂。在鲁谷街道七北社区建成党史主题文化广场,要求全区各单位将党史公园和文化广场作为党史学习的主阵地,抓好党史学习和党性教育,巩固拓展党史学习教育成果。

(周　丰)

【党的二十大精神学习宣讲】 年内,区委宣传部围绕迎接学习宣传贯彻党的二十大工作主线,及时组织收听收看,购买配齐《党的二十大报告辅导读本》等学习资料,做好学习资料的配发。抓好学习宣讲,依照中央和市委部署要求,发挥理论宣讲团作用,开展层层宣讲和分路宣讲,组织"石景山区学习贯彻党的二十大精神宣讲团"面向全区各领域各系统各单位开展宣讲400余场次。党委(党组)理论学习中心组带头示范引领,采取常委会会前学习、理论学习中心组集中学习研讨、撰写心得体会等形式,学习宣传贯彻党的二十大会议精神。

(周　丰)

【理论宣讲】 年内,区委宣传部结合疫情防控工作要求,组织"石景山区学习贯彻党的十九届六中全会精神宣讲团",深入学校、企业、机关、社区等宣讲18场;全区上下各类宣讲团面向各群体宣讲350余场次。推动习近平新时代中国特色社会主义思想进机关、进企业、进校园、进社区、进网站,邀请"北京周末社区大讲堂"专家、区老干部宣讲团成员到基层宣讲100余场次。

(周　丰)

【意识形态建设和管理】 年内,区委宣传部落实区委常委会研究报告和情况通报制度,常委会定期传达通报涉市意识形态风险情况,并结合区情实际对下一步抓好意识形态工作落实提出要求。按季度召开意识形态工作会商研判工作联席会议,分析研判倾向性苗头性问题和可能存在的风险点。督导各处级单位党委(党组)按要求落实专题研究和报告意识形态工作。围绕市委意识形态专项检查整改落实情况开展"回头看",对照"意识形态专项检查共性问题清单"进行自查,接受市委全面从严治党(党建)工作关于意识形态工作的检查,配合区纪委区监委加强意识形态工作监督。开展全区意识形态阵地管理自查,掌握各类意识形态阵地权属情况、管控情况、意识形态风险点情况。就2022年服贸会期间意识形态工作进行部署,要求各单位加强会商研判和甄别审核,建立完备的应急预案。就2022中国科幻大会开幕式短片和中国科幻大会·北京科幻嘉年华科幻短片及相关视频进行意识形态把关。

(周　丰)

【党的二十大精神宣传】 年内,区委宣传部制定下发《石景山区关于深化迎接党的二十大宣传报道工作的实施方案》《石景山区关于党的二十大精神宣传报道方案》《习近平总书记省部级主要领导干部专题研讨班重要讲话精神石景山区宣传报道方案》《石景山区国际社交媒体内容传播和渠道建设工作实施方案》。统筹多家中央、市属及区属媒体做好学习宣传贯彻党的二十大精神宣传报道,邀请北京电视台、《北京日报》开展"市学习宣传贯彻党的二十大精神宣讲团报告会在石景山举行"宣传报道,并在《北京日报》头版刊发。配合新华社、《人民日报》《北京日报》做好"二十大代表在基层"宣传报道;组织开展多场集体采访活动。配合中央、市属媒体做好"新时代 新伟业 新征程"主题采访接待服务工作,围绕社区、学校、机关、企事业单位和两新组织,报送选题和蹲点采访点位,金顶街街道模式口村社区,以"党建引领基层治理,推动模式口历史街区更新改造新"选题,吸引新华社、中央广播电视总台、《经济日报》《工人日报》等10余家中央及市属媒体记者进驻蹲点采访,发布于《法治日报》《工人日报》多家媒体头版;统筹区园林绿化局、区融媒体中心,联合组织开展石景山区创建国家森林城市集中采访活动,邀请《人民日报》《北京日报》、北京电视台、《北京青年报》等中央及市属媒体记者到辖区进行采访,并刊发相关报道20余篇;做好"走读中国——走进首钢"系列采风体验活动,协调首钢做好点位和路线规划设计,准备文字素材,做好属地保障,共有40余家国内外媒体采访报道。紧扣城市更新

和产业转型主题,策划制作推出创意短视频“喜庆二十大 奋进新征程 石景山区构筑高质量产业发展新格局”“蝶变石景山|美好想象力青春版”“蝶变石景山·科创想象力(科创篇)”,并在央视等媒体播发。结合“石景山区成功创建国家森林城市”“优化产业布局延续历史文脉 打造城市更新的‘北京样本’”“关注社区食堂 坚持公益属性探索多模式运营”等主题开展宣传。

(程默涵)

【冬奥冬残奥宣传】 年内,区委宣传部组织集体采访50余场,参加2022北京新闻中心新闻发布会4场,组织策划“双奥之城·看典”互动展示活动2场,开展冬奥主媒体中心线上互动直播活动1场,在中央和市属主流媒体刊发冬奥、冬残奥相关原创新闻1000余篇。制作发布短视频5支,全网累计浏览量超亿次,创建百度词条、微博热点数个;建立石景山区冬奥敏感话题应答口径库,接待多家国内外媒体采访,完成中英对照版采访手册,画册、专刊等10种外宣品;围绕中央、市区冬奥总结大会、“双奥石景山 冰雪向未来”活动,推出后冬奥宣传片、动图等宣传品。

(程默涵)

【服贸会宣传】 年内,区委宣传部制定下发《2022年中国国际服务贸易交易会石景山新闻宣传工作方案》和《工作清单》。通过组建工作专班、组织召开会议、统筹宣传资源、扩展宣传渠道、挖掘宣传亮点、丰富宣传形式、打造宣传矩阵等一系列举措,强化宣传效果。5天的活动期间,围绕推进大会、主论坛、各板块论坛、展览展示、配套活动等不同主题,组织专场新闻发布和集体采访5次,活动期间及时向中央和市级新闻媒体推送各类素材稿件10余篇;8月26日至9月5日,在中央和市属主流媒体和专业类媒体发稿2100余篇,《北京日报》专版1个,《人民日报》《中国青年报》《科技日报》、中新社等央级、市级媒体围绕《2022石景山城市更新和产业转型主题论坛举办》《石景山区集合冰雪产业元素亮相服贸会 重点签约项目达83个》《石景山区举办峰会论坛 汇聚全球嘉宾共研城市更新和产业转型议题》等发布报道;中央电视台、北京电视台播发新闻栏目10余条,其中中央电视台《新闻联播》栏目播出主论坛圆桌对话等相关报道,针对石景山区冰雪科技成果助力后冬奥时代等选题,先后在央视刊发新闻、直播连线等稿件5篇。同时发挥新媒体传播作用,利用新媒体端发布445条,其中北京石景山微信公众号共推送服贸会相关新闻50条,“北京石景山”APP共87条,网站共90条,微博55条,单独阅读量最高上万人次。视频号发布20条相关信息。其他媒体号(人民号、北京号、头条、百家号等)平台共163条。通过“两微一端”(微博、微信、客户端)直播8场(VR360全景直播2场、APP图片直播2场、论坛直播3场、APP慢直播1场),在线观看超过120万人。电视栏目推出6个打卡视频,播发新闻30余条。《石景山报》开设专栏——聚焦服贸会。发布多版头条,4个专版专刊。

(程默涵)

【西山永定河文化节开幕式宣传】 年内,区委宣传部统筹北京电视台和区融媒体中心,与“北京发布”沟通联动,利用新媒体矩阵,通过工作筹备、舞台打造、台前幕后、现场直击等选题,结合图文直播、海报推送、视频直播等形式,开展全方位宣传。高炉音乐会—“山河永定 共向未来”2022北京西山永定河文化节开幕式直播在新华网、“北京发布”“北京时间”“北京文旅”“北京石景山”全媒体矩阵累计直播观看量超500万次,同步推送媒体达50余家;围绕“感知山河风骨,赓续奥运精神”主题,开展京西打卡地文化之旅,组织多场媒体采风,通过安排讲解、大师展演、答记者问、领导采访、现场体验等环节,宣传新首钢,宣传石景山。策划多个创意视频,推出“打造六张名片,石景山蝶变展芳华”主题短片在央视、北京台等各大新媒体播发,打造“高炉音乐会”“石景山蝶变”等热点词条,占领微博热搜前5名,抖音热搜榜前十名。发布多条重磅报道,在中央电视台一套晚间新闻播发“暑期出行升温 文化旅游又添新去处”的新闻报道,彰显独特京西魅力。“俯瞰首钢园 醉美石景山”“燕京八绝有多‘绝’”“百年首钢工业锈带蝶变城市活力秀场”“首钢产业升级打造全新居民生活服务体验”全部纳入北京文化论坛整体宣传发布稿件,并在新华网首页推出。

(程默涵)

【市党代会宣传】 年内,区委宣传部制定下发《石景山区第十三次市党代会新闻宣传工作方案》,完成《北京日报》《新京报》对区委书记的“一把手访谈”采访,介绍石景山区“十四五”期间核心工作和未来五年发展变化。组织媒体走访参观区内十余家企业,多个老旧小区,与新华社、中央电视台、《人民日报》、人民网等媒体策划推出“北京:千年古都十年蝶变”“北京中关村科技园区石景山园落实各项政策、倾力帮解难题”“北京老旧小区改造”“冷资源”拉动“热经济”“北京首钢园打造新时代城市新地标”等报道。同时,做好学习宣传落实北京市第十三次党代会精神市委宣讲团报告会在石景山区举行工作的宣传,配合好《北京日报》、北京电视台报道需求,做好稿件准备和视频拍摄。统筹区融媒体中心做好听众感受采访,宣讲现场全程录制等工作,同时利用区内各平台和新媒体矩阵,推出重点新闻、专题专版等,对学习宣传落实北京市第十三次党代会精神宣讲活动进行报道。

(程默涵)

【软件正版化工作水平提升】 年内,区委宣传部推进软件正版化工作,召开软件正版化工作推进会、部署会,完成软件正版化工作的各项任务。全区软件正版化工作水平提升。在2021年软件正版化工作考核中,石景山区取得第八名的成绩,较往年取得较大进步。

(程默涵)

【“扫黄打非”成果】 年内,区委宣传部组织召开全区“扫黄打非”工作部署会,开展十大专项行动。统筹区文化市场综合执法大队、区市场监管局、公安分局和全区9个街道办事处联合开展为期两周的2022年“护苗”秋季开学季校园周边文化市场专项巡查行动,实现全区所有街道全覆盖。全年共向市扫黄办报送工作信息 90 条,被市简报采纳 10 条,特约头版一次,办结特重大案件 1 件,新建基层“扫黄打非”工作站点 2 个;完成向区常委会汇报 2022 年“平安文化市场”创建和“扫黄打非”工作情况、提交 2022 年“扫黄打非”工作年终考核材料并向市扫黄办作年度工作汇报;强化“扫黄打非”宣传工作,制作石景山区“扫黄打非”宣传微动画,完成区“扫黄打非”工作在“学习强国”和“北京石景山”APP 的平台对接,在“学习强国”平台发布新闻推送 1 篇,在“北京石景山”APP 中开设“扫黄打非”工作专栏,并发布消息 10 余条。

(程默涵)

【新闻出版审批】 年内,区委宣传部全面优化审批流程,累计受理各类公共服务事项 321 件。其中出版物零售单位设立、注销、变更、分支机构备案、出版物企业网络销售备案等 108 件;通过出版物年度核验及通过缓检共 213 件。整理 513 家有效企业名册,注销 285 家企业名册。

(程默涵)

【区级百姓宣讲团全区巡讲】 年内,区委宣传部组建“强国复兴有我”百姓宣讲团,走进机关、企业、学校、新时代文明实践所、站讲述党员、干部带领人民群众为祖国的复兴奋斗拼搏的故事,并引导人们以实际行动践行道德基本规范,树立起讲正气、树新风、促和谐的文明风尚,全区线上 + 线下巡讲 63 场,直接受众 2 万人。

(游京蓉)

【全民国防教育活动】 年内,区委宣传部深化辖区全民国防教育体制机制改革,报请区委常委会,设立中共北京市石景山区委全民国防教育工作领导小组,领导小组办公室设在区委宣传部,牵头 20 家单位统筹协调有关部门和驻区部队,指导和组织开展全民国防教育工作。引导全区各单位在国防教育活动方面进行探索,区武装部组织的庆祝中国人民解放军建军 95 周年主题灯光秀活动,区教委组织的国防教育小课堂,区退役军人事务局组织的国防教育宣讲,新时代文明实践中心、所、站、基地举办的群众性国防教育主题活动等共 21 场。

(游京蓉)

【“我们的节日”文化活动】 全年,区委宣传部开展“我们的节日”7 大主题活动,在春节、元宵节、清明节、端午节、七夕节、中秋节、重阳节期间共开展 536 项,739 场线上 + 线下文化活动,惠及群众近 65 万人。

(游京蓉)

【“强国复兴有我”宣教活动】 年内,区委宣传部统筹全区开展迎接党的二十大胜利召开宣传教育活动,制定印发《关于迎接党的二十大胜利召开组织开展“强国复兴有我”群众性主题宣传教育活动的实施方案》(京石宣发〔2022〕17 号),向全区部署 4 大类 52 项群众性主题宣传教育活动。其中重点开展石景山区“诗颂新时代”“幸福底色”评选展播活动,包括“诗颂新时代”和“幸福底色”两大特色专题活动,通过线上线下相结合的活动方式,以普通人的视角呈现“我”眼中的新时代。“幸福底色”评选展播活动共收集参选作品 600 幅,最终评选出 18 幅获奖作品。“诗颂新时代”活动收集参选作品 200 篇,最终评选出 22 篇获奖作品。

(游京蓉)

【新时代文明实践所、站、基地文化活动】 全年,区委宣传部在新时代文明实践所、站、基地开展新时代文明实践建设示范活动 424 场,吸收采用优秀经验做法,通过线上线下活动相结合的方式开展各类文化活动,中央电视台、《人民日报》、学习强国等媒体进行报道,总结发行优秀图文案例采编一册及新闻报导一册。1—3 月,区委宣传部组织 150 名新时代文明实践中心老街坊志愿者保障广宁街道冬奥文化广场冬奥相关活动及文艺演出的正常进行,志愿时长达 3600 小时。

(游京蓉)

精神文明建设

【概况】 2022 年,石景山区精神文明建设工作以习近平新时代中国特色社会主义思想为指导,宣传贯彻学习党的二十大精神,保障北京冬奥会、冬残奥重点活动,挖掘各行业各领域榜样模范。制发《学雷锋志愿服务站点建设标准》,部署志愿服务工作。制发《关于石景山区进一步深化拓展新时代文明实践中心建设的工作安排》,完善工作机制。举办学雷锋志愿服务宣传活动、成年人思想道德教育实践活动等各类精神文明创建活动。

(刘　彪)

【北京冬奥会冬残奥会观众组织】 年内,区委宣传部制发《观众组织方案》《集结疏散方案》《疫情防控和医疗保障方案》和《一点一册人车动线指导手册》等文件,累计组织观众和集结点工作人员开展核酸检测 12000 余人次,完成 2203 名观众、130 车次大巴车的到达停靠、接驳转运工作,完成冬奥会开闭幕式、冬残奥会开闭幕式、全要素彩排和鸟巢现场踏勘 6 场观众组织和集结疏散工作,实现零疫情、零事故、零延时和人员零丢失。

(刘　彪)

【榜样模范选树宣传】 年内,区委宣传部推荐中国好人候选人 24 名、北京榜样 37 名,军休干部李德海荣登 2022 第一季度“中国好人榜”,首钢智新迁安电磁材料有限公司职工徐厚军获评 2022“北京榜样”年榜。田爱红等 6 名同志获评“2021—2022 年度首都精神文明建设奖”。开展“学榜样我行动”活动,印发张贴“北京榜样”宣传海报 18000 张。印发《关于深入学习贯彻落实习近平总书记给“中国好人”李培生胡晓春回信精神的通知》,组织全区各单位开展学习活动。贯彻落实道德模范礼遇帮扶实施办法,组织道德模范、文明家庭共 162 人次参加“走进故宫博物院”“感受首都生态风景线”等主题活动,发放“新春大礼包”120 套。

(刘　彪)

【志愿服务活动】 年内,区委宣传部制发《学雷锋志愿服务站点建设标准》,按照“六有”标准规范站点建设,制作“信息无障碍”志愿服务项目水牌 182 张。制发《关于 2022 年元旦春节开展志愿服务关爱行动的通知》《关于组织开展石景山区“爱满京城”学雷锋志愿服务宣传实践活动的通知》等工作通知，部署志愿服务工作。“北京石景山”APP、石景山文明网等新媒体常态化开展“首都五个100”先进事迹宣传活动。线上线下开展石景山区优秀志愿者、志愿服务社区、服务组织、服务项目展示交流活动18场。

（刘　彪）

【制止餐饮浪费】　年内，区委宣传部制发《关于石景山区常态长效推进“反对浪费 崇尚节约”制止餐饮浪费行为的工作意见》，建立健全“制止餐饮浪费”常态长效工作机制。开展“反对浪费 崇尚节约”文明行动和“文明健康绿色环保”主题活动300余场。牵头做好“光盘行动”督导检查工作，会同区市场监督管理局、区商务局、区卫生健康委、区教委、区文化旅游局、区机关管理服务中心及9个街道办事处累计开展“光盘行动”专项检查12000余次，发放公勺公筷、“反对浪费 崇尚节约”“文明健康 绿色环保”倡议书等宣传品2.6万份。

（刘　彪）

【深化新时代文明实践中心建设】　年内，区委宣传部制发《关于石景山区进一步深化拓展新时代文明实践中心建设的工作安排》，制定77项任务分工，制发中心、所、站志愿服务工作制度、文明实践联动工作机制和实践所、站建设标准等制度性文件。印发《石景山区新时代文明实践基地管理办法》，推荐石景山供电公司“北京第一通电村红色电力展馆”等5个基地申报市级实践基地。牵头开展年度文明实践评估工作，完成1000份问卷和实践中心、9个所、151个站的实地测评工作，正在会同24家单位进行材料申报工作。启动文明实践掌上服务系统二期建设。

（刘　彪）

【组织精神文明创建活动】　年内，区委宣传部牵头召开石景山区精神文明建设工作暨背街小巷环境精细化整治提升动员部署会，通报整治提升和文明创建先进典型。印发年度精神文明建设工作要点和精神文明创建工作评选表彰和管理实施细则。组织开展文明街巷、文明商户创建、诚信企业创建、文明养犬、礼让斑马线广场舞、变废炫宝、V蓝北京等16个群众性精神文明创建活动。购置1200本《习近平关于社会主义精神文明建设论述摘编》，组织区内党政机关、企事业单位、社区开展专题学习。制发开展规范守则教育实践活动的通知，分众化组织开展党章党规、文明行为促进条例、市民公约、行业规范、学生守则等教育实践活动120余场。

（刘　彪）

【未成年人思想道德教育实践活动】　年内，区委宣传部制发《石景山区2022年未成年人思想道德建设重点工作》，牵头召开区文明委2022年未成年人思想道德建设工作部署会。牵头开展未成年人思想道德建设工作检查考评工作，对38家责任单位及各中小学校进行验收考评，组织开展文明校园年度测评。推动“中华美德少年行”“学习和争做新时代好少年”“未成年人思想道德建设创新案例”等思想道德教育活动。京源学校学生白海辰获评“全国新时代好少年”荣誉称号。

（刘　彪）

统一战线

【概况】　2022年，中共北京市石景山区委统一战线工作部（简称区委统战部）学习贯彻党的二十大精神，贯彻落实习近平总书记关于做好新时代党的统一战线工作的重要思想和中央统战工作会议精神，落实党中央决策部署和市委区委要求，为推动新时代首都高质量发展贡献智慧和力量，为打造“一起向未来”的城市复兴新地标、高水平建设首都城市西大门凝心聚力。

（安丹阳）

【二十大主题教育实践活动】　年内，区委统战部制定《石景山区统一战线“喜迎二十大·奋进新时代”主题教育活动方案》，设计15项专题教育活动，向全区统战成员发出“百年征程映初心 踔厉奋发新时代”联合倡议书。举办“京华新声·时有新景”石景山区新联会“同心坊”品牌建设启动会、“同心奋进新征程·纪念‘五一口号’发布74周年线上长走”活动、“民企心向党·奋进新时代”主题教育、“培根铸魂 诗韵中华”同心课堂、“同心拾景 情系中华”2022年京台社区同品京剧魅力、庆祝香港回归25周年京港视频连线等特色活动30余场。召开统战领域学习宣传贯彻党的二十大精神动员部署和推进会，举办系列宣讲、专题讲座和交流分享会等20余场学习活动。

（杜建权）

【完善大统战工作格局】　年内，区委统战部制发辖区《关于贯彻落实〈中国共产党统一战线工作条例〉的工作措施》，压实党委（党组）统一战线工作主体责任。发挥“领导小组议大事、各领域工作机构抓日常”的工作机制，科学规范设置议题，组织筹办区委统战工作领导小组会和联席会5次，审议议题15项，印发文件4份。围绕夯实统战基层基础，编印2000册“1+5+1”基层统战工作指导手册，指导各级党员干部特别是党员领导干部增强做好统一战线工作的责任感。

（杨　雯）

【冬奥服务保障】　年内，区委统战部承担北京冬奥会和冬残奥会票务和观众组织相关工作，协调25家成员单位发挥自身职能，以“1办8组”模式统筹推进任务落实。与区直机关工委、区妇联等单位配合，集结疏散观众4452人次，车辆150余台次，发放车辆证件430个、为观赛观众发放餐包和观赛手册各2810份、防疫物资包1384份。在首钢滑雪大跳台比赛场地落客点共保障冬奥会观赛观众4755人、指引落客车辆312辆。在首钢滑雪大跳台、国家游泳中心、国家体育馆3处比赛场地，11场赛事，共组织涉及8个系统、120余家单位2810名观众进行观赛，实现冬奥会和冬残奥会观众到场率均为100%的“双百”目标。

（安丹阳）

【新冠肺炎疫情防控】　年内，区委统战部与区人大、政协协调配合，检查集中隔离点、核酸采样点、社区卡口、七小门店、餐饮门店等点位5000余个，对于检查发现的问题指导组均反馈给行业主责单位和属地街道,并且进行“回头看”检查,做到立行立改。向市疫情防控指导组、区疫情防控领导小组办公室提出相关建议100余条,与区纪委联合实地核实和电话访问300余名高风险人员落位情况,向市委统战部报送相关信息32篇,履行好检查指导组职责。发出“同心抗疫我参与”的倡议书,制定《石景山区统一战线同心抗疫行动方案》,号召全区统一战线投身疫情防控,协调统战各领域向防疫一线定向捐款捐物近700万元,包括42万余只N95口罩、6000套隔离服、5.5万支抗原检测试剂及700床凉被、10台冰箱、3000箱解暑饮料等抗疫物资。选派部内三分之二的机关干部下沉社区支援区域性核酸筛查和其他防疫工作,招募统一战线志愿者1300余人,组成24支“同心抗疫志愿服务团”,累计服务20万人次。引导各党派成员围绕疫情防控工作报送意见建议160余条,其中多篇获上级采用或领导批示。

(包赛依娜)

【巩固共同思想政治基础】 年内,区委统战部通过召开党派团体主要负责同志专题学习会、党外人士新春谈心会、季度协商会等向党外人士传达习近平总书记在党外人士座谈会上的重要讲话精神、市第十三次党代会精神和区第十三次党代会精神,支持各民主党派、无党派人士开展系统学习,筑牢共同思想政治基础。

(王　佳)

【协助民主党派参政议政】 年内,区委统战部征集各党派、工商联和无党派人士协商议题建议,协助区委制定实施《石景山区2022年政党协商计划》,引导党外人士围绕持续利用冬奥遗产、破解“四老四少”难题、推进党建引领基层治理和接诉即办等重点工作协商议政。在全区统一战线开展“我为深入实施城市更新和产业转型发展战略献一策”主题建言活动,累计收到党外人士报送的各类建言信息380篇,采编报送81篇,多篇获采用及领导批示,为相关工作科学开展提供参考。引导民主党派围绕全区重点任务,开展调研监督工作,形成调研报告,多项调研成果转化为政协大会发言、党派政协提案、协商会发言。擦亮社会服务品牌,支持民主党派深入基层一线开展文化讲堂、医疗帮扶、法律援助、扶贫助学等系列社会服务活动。

(吕　凯)

【中国特色社会主义参政党建设】 年内,区委统战部支持各党派调整完善组织架构,保持界别特色,协助党派做好新成员发展工作。开展调研走访党外人士密集的驻区单位,到高能所调研走访交流,围绕加强党派组织间合作交流、科学家进校园、高层次青年人才发展优惠政策等方面进行探讨。开展“我为各党派办实事”活动,征集党派区工委及工作人员意见建议,召开党派工作人员交流座谈会,为各党派配发新型国产办公电脑。为民主党派开展调查研究提供支持,畅通民主党派与职能部门沟通联系渠道。

(李　响)

1月25日,区委统战部召开党外人士新春座谈会　(区委统战部供图)

【党外代表人士队伍建设】 年内,区委统战部协助做好党派中央换届人选有关考察材料提供工作。协助党派市委对换届人选进行组织考察,提供换届考察有关材料。完成辖区统战领域十六届市人大代表初步人选推荐工作。与区委组织部协作配合,加强与相关单位的沟通协商,研究提出新一届市政协委员、常委的推荐初步人选名单,并提交区委常委会审议通过,确定推荐人选名单。做好联系领域市欧美同学会理事和区青联委员推荐工作。完成59名党外区人大代表、134名党外区政协委员总名册,按人物类别分名册及全部193人推荐登记表的填报工作。对全区党外处级干部、法检两院党外干部、人大政协专委会主任(副主任)、优秀年轻科级干部等情况进行摸底,梳理分析辖区当前党外干部队伍总体情况,提交党外干部工作报告,完成党外处级干部名册等6类人群表格的填报。

(王　佳)

【落实结对联系机制】 年内,区委统战部按照《联谊交友列名制度》有关要求,完成区级党员领导干部与党外代表人士联谊交友名单调整工作,与区委办配合做好区级党员领导干部与结对联系对象的联谊交友活动相关工作。发挥“9对9”结对联系机制作用,主动靠前与结对街道对接抗疫需求,动员组织统战成员以各种形式参与街道社区疫情防控工作。支持党派区工委结合自身优势特点,开展义诊咨询、扶残助学、结对帮扶等社会服务活动20场次,受益群众千人次。

(吕　凯)

【新阶层人士统战】 年内,区委统战部巩固推动将新阶层统战工作纳入各级党组织重要议事日程和全面从严治党考核体系之中。支持并引导新的社会阶层人士围绕区域中心工作，发挥“聚人心、聚智慧、聚力量、聚资源、聚商机”作用，指导区新联会围绕辖区科幻产业发展和路径规划提出意见建议，形成资政报告并首次在区政协大会作主题发言。打造“同心坊”新的社会阶层人士统战工作品牌，联合丰台、房山等七区建立新梦想荟·西山永定河文化带新联会跨区联盟。成立首钢园区、郎园 Park 两个文创园区新联会；抓住虚拟现实产业和科幻动漫产业为切入点，探索成立元宇宙（虚拟现实产业）和首钢园区（科数动电行业）两个行业领域新联会，为区域产业升级服务汇聚新阶层英才。全区形成“1 + 9 + 1 + 2 + 2”新联会覆盖矩阵，即 1 个区级新联会、9 个街道新联会、1 个园区新联会、2 个文创园区新联会、2 个行业领域新联会。

（杨　雯）

【民营经济领域统战】 年内，区委统战部召开石景山区民营经济统战工作联席会，部署《石景山区关于加强新时代民营经济统战工作的实施方案》落实情况检查工作，指导 36 家联席会成员单位开展自查总结，提交工作落实情况报告，根据各单位自查总结和调研检查情况，汇总形成辖区检查情况报告并上报市委统战部，同时督促成员单位将全年任务落实到位。巩固亲清政商关系，完善政企沟通机制，加强民营企业家理想信念教育，举办民企课堂 50 余场。民营企业产权保护社会化服务体系建设经验做法入选全国“工商联与司法行政机关沟通联系机制典型事例”。11 家企业入围北京民营企业百强“1 + 4”榜单，3 家企业入围中国民营企业 500 强榜单。开展助企纾困行动，搭建“以工代赈”资源互助平台，联合相关单位举办助企纾困政策公益培训 10 余场。引导民营企业履行社会责任，完成莫旗乡村振兴示范帮扶等 20 余个项目。

（杨　雯）

【庆祝香港回归 25 周年活动】 年内，区委统战部在香港回归祖国 25 周年之际，组织京港两地居民、驻区香港同胞，举办“同心拾景 情系中华”——同绘好山河 共抒爱国情庆祝香港回归 25 周年视频连线活动。组织京港两地居民、驻区香港同胞通过剪纸作品表达对祖国和香港的祝福，表达庆回归的喜悦心情，促进京港两地基层交流。中秋前，联合区青联举办“海上生明月 天涯共此时”中秋话团圆特色主题活动，邀请香港粉岭地区的青年和台湾桃园地区的青年通过视频连线的方式，分享家乡中秋习俗，发掘传统节日文化内涵，激发青年的文化认同。

（丁兰芬）

【在区港澳台企业摸底调查】 年内，区委统战部开展涉港澳台资企业摸排工作。通过实地走访、电话访问、微信等形式，对在区港澳台资企业基础信息进行收集和整理。联合区市场监管局对企业进行建档摸排，确保信息采集数据真实、准确、完整。将基础信息数据分类汇总，建立石景山区港澳台资企业基础信息数据台账，及时发现有较高素质的人物和代表性的企业，为开展服务工作提供数据支撑。

（盛瀚然）

【侨海外统战】 年内，区委统战部在侨界统战成员中开展“固根·铸魂·圆梦”喜迎二十大主题教育实践活动，以参与冬奥筹办和庆祝建党 100 周年重大活动为契机，增进海外侨胞对祖（籍）国的了解，增强民族自信心和自豪感，鼓励其对外讲好石景山故事和北京故事。加强留学人员队伍建设，引导留学人员学习国情市情区情。完善为侨服务体系，建立健全涉侨纠纷多元化解机制，搭建“法 + 侨”“检 + 侨”为侨服务平台，在北京侨梦苑率先挂牌“法侨为侨服务工作室”和“检侨为侨服务工作室”。关注侨界民生，做好侨界困难群体帮扶和在区侨界空巢老人的关爱，开展“同心抗疫·京侨暖巢”项目，为区内 6 户 10 名侨界空巢老人提供志愿探访服务，解决海外侨胞因工作、疫情等原因无法回国照料老人的问题。做好政策咨询和涉侨业务办理，依法开具外籍华人学生借读批准书、华侨在京子女上学证明信等 7 份。

（张　会）

【侨梦苑北京论坛】 年内，区委统战部发挥海内外侨胞资源优势，服务“两区”建设和首都高质量发展。在中国国际服务贸易交易会期间，举办“侨海汇智 创享未来”2022 侨梦苑北京论坛，采取“线上线下结合、虚拟现实交融”的方式，设置开幕式与发展论坛、文化论坛、青年论坛。发布《石景山区促进侨商侨企创新发展和交流合作支持办法》，签约重点侨资项目 12 项 33 亿元，召开北京侨梦苑·侨海项目推介

年内，石景山区举办庆祝香港回归 25 周年京港视频连线活动

（《石景山报》供图）

洽商会。组织开展侨商专线考察和“诗韵中华·固根铸魂”——庆祝党的统一战线政策提出100周年同心课堂等系列品牌活动。

(张　会)

【开展宣传调研】　年内,区委统战部在“同心·拾景”微信公众号发布信息400余条。围绕侨梦苑北京论坛、“健康养老 情系两岸”2022京台社区发展论坛等活动在中央、市级主流媒体开展宣传报道,针对统战领域关注问题,统战部机关干部完成重点调研课题2篇,组织各民主党派、无党派人士完成调研课题40篇,其中调研报告《关于充分发挥新媒体优势,推进新时代网络统战工作的思考》获2022年度北京市统战理论研究与调查研究优秀成果二等奖,22篇调研报告获评石景山区优秀调研报告。

(杨海锋)

【为统战对象办实事】　年内,区委统战部巩固“我为群众办实事”实践活动成果,向各党派配发新型国产办公电脑、为少数民族困难群众发放救助金等10余件实事。坚持温馨周谈、亲清月访、同心季商、聚力年论工作法,通过召开党外人士谈心会、“一对一”谈话、走访慰问等形式,联系党外人士100余人次,密切与统战各界人士的联系。

(安丹阳)

港澳台事务

【概况】　2022年,中共北京市石景山区委台湾工作办公室、北京市石景山区人民政府台湾事务办公室(简称区台办)是区委区政府主管对台工作的职能部门,与区委统战部合署办公,机构改革后承担全区涉台工作的组织、指导、管理、协调职能。在区委区政府的领导和市台办的指导下,区台办贯彻党的二十大精神和习近平新时代中国特色社会主义思想,贯彻中央对台工作决策部署,落实市委对台工作要求,以服务中央对台工作大局、服务区域社会发展为目标做好对台工作。

(丁兰芬)

【台青台生代表座谈会】　1月12日,石景山区召开2022年台青台生代表座谈会。市台办交流二处处长向驻区台青台生代表送去新年问候和新春祝福。会上了解大家在京学习、工作、生活情况和感受。区台办主任表示,区台办将继续秉持“两岸一家亲”理念,多为驻区台青台生台胞搭建交流沟通的平台,为大家提供优质服务。驻区台青台生代表对市区各相关部门的关心关怀表示感谢。

(丁兰芬)

【涉台宣传】　4月15日,在第七个国家安全教育日当天,区台办在“同心·拾景”微信公众号转发《〈反分裂国家法〉官方解读来了》和《“九二共识”是如何达成的?》等信息,开展“全民国家安全教育日”主题宣传活动,增强全民国家安全意识,营造维护国家安全的氛围。全年在《人民日报》海外版、中国台湾网、台海网、人民网等媒体报道石景山区涉台新闻80余篇。

(盛瀚然)

【京台社区同品京剧线上活动】　4月19日,“同心拾景 情系中华”2022年京台社区同品京剧魅力线上交流活动在北京石景山区文化中心和高雄香蕉码头分设会场连线举办。京台两地200余位嘉宾、社区居民相约云端,以京剧为纽带,通过“云”交流+“云”表演+“云”竞猜的方式交流互动,共同品味中华文化。交流活动由北京戏曲评论学会、石景山区文化交流促进会、中华海峡两岸企业交流协会共同承办。市台办副主任李长远、区领导王智勇出席活动,石景山区八角街道、苹果园街道,高雄前金区、苓雅区的社区居民参加交流活动。

(丁兰芬)

【“台湾青年驿站”揭牌仪式】　8月13日,石景山区在首钢园区全民畅读艺术书店举行石景山“台湾青年驿站”揭牌仪式。来自高校京西发展联盟成员单位的台湾青年代表、部分台盟青年盟员30余人参加活动。区委常委陈婷婷对石景山“台湾青年驿站”的揭牌表示祝贺,区青联副主席介绍石景山区区情和青年工作品牌建设情况,台湾中华青年发展联合会秘书长代表台湾青年进行发言。

(丁兰芬)

【京台社区发展论坛】　8月26日,2022京台社区发展论坛在北京、高雄两地以视频连线方式举办。论坛以“健康养老 情系两岸”为主题,以“长护险”为主线,围绕京台社区养老照护领域开展互学互鉴,共促京台两地社区养老照护行业发展与合作。京台两地专家学者、养老照护机构相关人员、社区民众等200余人参与交流。论坛北京会场设在石景山区,京台两地专家

4月19日,在区文化中心和高雄香蕉码头分设会场连线举办“同心拾景 情系中华”2022年京台社区同品京剧魅力线上交流活动　(区委统战部供图)

学者以“云端”为桥梁，交流长期护理保险制度实践模式的经验，探索京台两地合作的新形式，并形成初步共识。

（丁兰芬）

【中秋话团圆特色主题活动】 9月9日，区委统战部、区台办、区青联通过视频连线方式，共同举办“海上生明月 天涯共此时”中秋话团圆特色主题活动。让京港台三地的青年在一起度过中秋佳节的活动中，加深感情交流交融。区委统战部、区台办相关负责人与港青、台青畅谈中华优秀传统文化，互送中秋祝福。区青联副主席与香港公屋居民关爱会粉岭办事处负责人就如何做好青年服务工作进行交流，并互邀加强两地青年交流互动，助力两地青年成长成才。

（丁兰芬）

【两岸青年羽毛球交流赛举办】 9月24日，由区政府主办，区台办、区体育局、区青联承办的两岸青年峰会系列活动“同心筑梦”两岸青年羽毛球交流赛在泰然体育健身中心举办。活动以羽毛球体育运动赛事搭建两岸青年交流融合、增进友谊的桥梁。赛场上，两岸青年彰显奋发进取的体育精神，借助羽毛球交流赛平台，增强体质，联谊交友，增进合作。市台办主任霍光峰，区领导陈婷婷、王智勇及区台办、区体育局、区青联相关部门负责人出席活动。

（丁兰芬）

【走访慰问台胞台企】 年内，区台办通过实地走访、电话拜年、微信慰问等方式开展“迎冬奥 贺新春 送温暖”活动，向驻区台胞台企送去新春祝福，解决他们关心的问题。区台办与驻区台胞台企交流，了解台胞在北京学习生活事业情况，鼓励他们依托自身优势，发挥桥梁纽带作用，与台湾亲人联络，宣传北京市和石景山区城市建设的新发展新变化，并通过他们向岛内的亲朋好友致以节日的问候。

（盛瀚然）

【对台工作二十大精神培训讲座】 年内，区台办举办对台工作领域二十大精神解读培训讲座，邀请北京航空航天大学法学院副教授、“一国两制”法律研究中心执行主任田飞龙解读党的二十大报告涉台内容，介绍国际形势和台海局势、“一国两制”方针、涉台法律法规等方面内容。

（盛瀚然）

【落实惠台措施】 年内，区台办做好台企发展政策性指导和服务，结合“我为群众办实事”活动，开展走访问需送政策活动，完善投资服务、座谈联系、走访慰问机制。全年协调解答和办理就业、投资等实事6件。落实《台湾同胞投资保护法》，维护和保障台商台企的合法权益，做好涉台矛盾纠纷和突发事件处理。

（盛瀚然）

全面深化改革

【概况】 2022年，区委全面深化改革委员会（简称区委深改委）贯彻中央和市委深改委会议精神，用好服务保障冬奥会举办和新首钢地区城市复兴两个牵引，实施城市更新和产业转型发展战略，实施一系列改革举措。全年召开深改委会议3次，审议议题11项，通过改革方案和文件8个，完成45项年度重点改革任务。

（白　洋）

【城市更新改革】 年内，区委深改委落实西部地区发展规划和三年行动计划，发布加快推动京西地区转型发展行动计划2022年工作方案，编制完成五里坨、广宁和首钢北区街区控规并获得批复，推进特钢等5个街区控规和模式口历史文化街区保护规划编制。科学谋划冬奥遗产和工业遗存可持续利用，编制首钢工业遗存保护名录，建成首钢工业遗址公园、一高炉元宇宙乐园，改造料仓成为瞭仓数字艺术馆并投入运营，举办服贸会、全球数字经济大会数字金融论坛、首届北京城市更新论坛等重大活动。首钢老工业区（北区）更新等5个项目获评市级“最佳实践”和“最佳案例”。石景山区第4次获得国务院老工业基地调整改造真抓实干成效明显城市表彰。采取“国有企业重资产持有+社会资本轻资产策划”运营模式，实施模式口历史文化街区小规模渐进式更新，23个重点院落、91家店铺亮相。研究老旧厂房和低效载体更新改造实施路径，编制巴威·北锅项目综合实施方案，实施北重科技文化产业园一期等试点项目，搭建楼宇管理信息系统，推进大正创想广场等11个老旧园区转型升级。全面推广老旧小区改造“老山模式”“鲁谷模式”，完善“管建投”一体长效机制，创新实践“三问于民”工作机制。推进北辛安、衙门口、广宁村、黄庄村等棚改项目，完善住房保障体系。搭建城市运行“一网统管”体系，探索构建商户自治、群众共治、政府法治的三级基层城市治理模式，推进智慧水务系统建设，提升城市精细化管理水平。

（白　洋）

【产业转型改革】 年内，区委深改委推进新一轮高精尖行动计划，实施工业互联网三年行动计划，推动工业互联网、虚拟现实、数字创意、互联网3.0、科幻等战略性新兴产业融合集群发展，推动文化及相关产业数字化转型。研究园区管理体制改革提升，抓好重点功能区和特色产业园区建设，构建创新生态体系。深化国资国企和集体经济改革，完成国企改革三年行动30项任务以及乡、村两级集体经济产权制度改革工作。强化“两区”政策集成和制度创新，完善《石景山区推进“两区”建设 促进开放发展的若干措施》实施细则，修订“2+N”政策体系，搭建外籍人才一站式服务平台，“信用+医疗”服务模式、知识产权质押模式2个案例入选全市新一批“两区”建设改革创新实践案例。深化科技体制改革，出台推进国际科技创新中心建设加快创新发展支持办法，构建全链条科技创新服务体系，出台“专9条”，实现专精特新企业审核权限下放，市区两级联合印发促进石景山区科幻产业发展2022—2023年工作方案，落地全国首支科幻产业股权基金，揭牌中关村科幻产业创新中心，中关村通力科幻元宇宙孵化器获批北京市引领类标杆型孵化器。加强支持国际消费中心城市建设的相关改革，出台促进消费增长和商务经济高质量发展若干措施，编制文旅体消费提质扩容两年行动计划,开展全国首批城市一刻钟便民生活圈试点建设,“一核三圈多点”国际消费空间布局初步形成,首钢园区入选“夜京城”特色消费地标。深化支持民营和小微企业金融服务综合改革试点,推出“金融惠企九宫格”和“免申即享”模式。加大“放管服”改革力度,联通政务服务统一申办受理平台。落实“服务包”“服务管家”等制度,探索建立街道招商引资激励机制,深入实施“景贤计划”。京西地区在2021年度产业转型升级示范区建设评估中成为全国唯一包揽三项年度评估“优秀”地区。

(白　洋)

【基层治理改革】　年内,区委深改委研究党建引领楼宇治理工作,探索党建引领行业治理有效路径。实施“品质社区”建设“定期走访—沟通反馈—优化提升—滚动认定”工作机制,认定“品质社区”45个。修订社区工作者管理实施细则,推广“综合窗口”“全能社工”服务模式。深化物业管理体制改革,探索“互联网+垃圾分类”模式,物业管理“三率”超过94%,垃圾分类考核排名中心城区第二。深化接诉即办改革,完善专班调度、双派双考、平行多派工作机制,互联整合接诉即办、预付费监管、“石时解纷”等平台资源,构建综合受理处置共享平台。出台推动主动治理未诉先办工作方案,建立“热线+网格”综合数据分析融合模式,依托社区矩阵“一码通”将问题主动解决在基层。推进市域社会治理现代化试点,实施“十大提升”工程,做好试点验收准备,“智治支撑社会治理”和网上“一站式”矛盾纠纷化解等经验做法在全国推广。建立健全诉源治理工作机制,推进诉源治理与吹哨报到、接诉即办、“检察+热线”等工作机制有效衔接,形成“多元调解+速裁”创新模式。

(白　洋)

【养老服务事业改革】　年内,区委深改委落实养老服务三年行动计划,全面实施“颐养工程”,三边四级养老服务体系更加完善。完成国家级康复辅助器具社区租赁试点任务,推进康复辅助器具产业第二批国家综合创新试点,初步形成产业发展聚合态势。推动长护险试点工作,推行“邻里互助”服务模式,参保人员达45.6万人。出台推进老年友好型社会建设行动方案,推动养老服务指导中心社会化运营,建成4家社区养老服务驿站,家庭照护床位累计达到500张,八角中里、八角南路社区获评全国示范性老年友好型社区。

(白　洋)

【医药卫生体制改革】　年内,区委深改委以紧密型医联体建设为重点,完善纵向医联体布局,推行双向转诊工作机制,巩固分级诊疗服务体系。深化医疗领域创新信用场景应用,“信用+医疗”服务机构达到15家。实施医药分开和医耗联动综合改革,深化医保支付方式改革,出台关于深化医疗保障制度改革的任务分工方案和推进医疗保障基金监管制度体系改革的实施方案,构建多层次医疗保障体系。落实公共卫生应急管理体系建设三年行动计划,加强重大疫情防控救治体系和应急管理体系建设。

(白　洋)

【教育综合改革】　年内,区委深改委推进中小学校党组织领导的校长负责制改革,健全发挥中小学校党组织领导作用的体制机制,推动11所学校先行试点。推进干部教师管理改革,出台推进义务教育学校干部教师交流轮岗工作实施方案,516名教师完成交流轮岗。贯彻落实新时代教育评价改革总体方案,深化一体化德育实践研究示范区建设,抓紧抓实“双减”工作,构建良好教育生态。深化集团化办学模式,北大附中石景山学校(新址)、北京市十一学校石景山学校、金顶街小学加快建设,普惠性幼儿园覆盖率达到87%。

(白　洋)

【公共文化服务改革】　年内,区委深改委落实西山永定河文化带保护发展规划和五年行动计划,举办西山永定河文化节。巩固国家公共文化服务体系示范区创建成果,完善三级公共文化设施网络,创新打造“城市主理人”公共文化服务品牌,区文化馆获得国家“一级文化馆”,街道文化中心在全市效能排名中实现三连冠。鼓励社会力量兴办博物馆,孵化培育瞭仓艺术馆等“类博物馆”向博物馆转化,燕京八绝博物馆成为全市首家在全国重点文物保护单位中设立的非遗主题博物馆。加快推进媒体深度融合发展,加大全媒体人才培养力度,推动形成全媒体传播矩阵,主流舆论阵地进一步壮大。

(白　洋)

【政法领域改革】　年内,区委深改委开展四级法院审级职能定位改革试点,推动审判重心进一步下沉,76%民商事案件解决在诉讼前端。制定检察听证员工作办法,与北方工业大学建立检学共建机制,规范听证员聘任、邀请、来源、履职保障等系列工作。深化行政复议体制改革。进一步规范公安机关警务辅助人员队伍管理。

(白　洋)

【党建领域改革】　年内,区委深改委实施“品质先锋”工程,探索建立“1+6+N”制度体系,向社区派驻“第一书记”。制定落实北京市领导干部治理能力提升三年行动计划工作方案,实施年轻干部“千帆计划”,推进干部综合管理平台建设。深化人才发展体制机制改革,建立区领导联系服务专家人才机制,完善“1+1+N”人才政策体系。深化纪检监察体制改革,制定关于推动监督贯通协调的改革任务分解方案,推动纪律监督、监察监督、派驻监督、巡察监督统筹衔接。加强民主法治建设,修订完善人民代表大会议事规则,推行备案审查办公室与常委会工作机构“双审”制,健全委员履职服务管理机制,搭建委员履职移动平台,制定铸牢中华民族共同体意识宣传教育实施方案和民族团结进步创建三年行动计划,推进新时代民族工作高质量发展。

(白　洋)

决策研究

【概况】　2022年,中共北京市石景山区委、石景山区人民政府研究室(简称区委区政府研究室)聚焦区委区政府中心任务，统筹推进全区调查研究工作，完成区委全会报告、政府工作报告等区委区政府重要会议文稿。全区共完成调研报告412篇，其中北京市重点关注调研课题2篇，区领导牵头的重点协作课题25篇，编印2021年度《石景山区优秀调研报告文集》，编发《决策参考》30期。

（王珅珅）

【区重点协作调研课题】 年内，区委区政府研究室制定《石景山区2022年调研工作计划》，协调推进25个重点协作调研课题：京西八大厂转型升级发展研究报告；关于石景山区加快元宇宙发展布局建设元宇宙创新中心的调研；关于加快推进北京“两区”建设和国际消费中心城市培育建设在我区落地见效的调研报告；关于提升楼宇综合效能促进产业转型升级的调研报告；关于石景山区党建引领接诉即办工作的研究；关于石景山区在党建引领下打造政法党建“红色立方”品牌的实践与探索；关于充分发挥新媒体优势推进新时代网络统战工作的思考；石景山区文化产业发展研究报告；关于强化纪委监委协助引导推动功能促进监督贯通协调的实践研究；关于街道社区党建工作协调委员会规范化运行的研究；关于盘活利用存量资源实施城市更新行动助力经济高质量发展的调研；关于石景山区档案馆“两馆”融合建设的调研；关于我区落实“双减”政策高质量构建“五育”融合育人体系的调研思考；关于我区贯彻实施《北京市接诉即办工作条例》情况的调研；关于我区城市更新实践的调查与思考；关于我区国有自然资源资产管理情况的调研报告；关于树立“大抓基层、大抓基础”鲜明导向全力筑牢更高水平“平安石景山”根基的实践与思考；关于探索我区街道养老服务联合体建设模式的研究；关于石景山区扩大长期护理保险制度试点推进现状分析及成效的调研；关于大数据对惠企增效支撑作用的研究；石景山区酒店规划布局研究报告；关于优化升级惠企政策推动经济高质量发展的研究与思考；关于深化我区公共文化服务体系示范区建设拓展文化服务功能的调研报告；关于发挥冬奥资源带动作用促进全区体育事业发展的调研报告；关于发挥新首钢示范引领作用“城园融合”推进“两区”建设的调研报告。

（王珅珅）

【常卫主持的重点调研课题】 常卫主持的《京西八大厂转型升级发展研究报告》课题是北京市重点关注调研课题，由区委区政府研究室牵头实施，形成近2万字的研究成果。该课题通过对京西八大厂的深入细致调研，系统分析京西八大厂的历史地位和现实发展作用，提出京西八大厂转型升级面临的规划指标突破难、改造资金平衡难、更新改造利用难、产业资源引进难、融入区域发展难等五大难点问题。在此基础上，明确新时期推动京西八大厂转型升级的发展定位、阶段发展目标、重点发展领域和转型升级实施路径，研究提出创新指标配置利用方式、保障八大厂发展空间，加大投融资政策支持、鼓励多元合作更新模式，推进审批模式创新、用好用足老旧厂房空间资源，积极引进高端产业资源、大力发展高精尖产业，创新厂区治理模式、稳步推动厂区向街区转变等政策措施建议，打造首都城市更新的创新发展新高地和活力复兴新地标。

（王珅珅）

【李新主持的重点调研课题】 李新主持的《关于石景山区加快元宇宙发展布局、建设元宇宙创新中心的调研》课题是北京市重点关注调研课题，由区委区政府研究室牵头实施，形成近3万字的研究成果。该课题在梳理发展现状、产业政策、关键技术的基础上分析提出辖区发展元宇宙产业具备的虚拟现实产业基础好、文化元素多样应用场景丰富、数字创意产业先发优势等三大基础优势，指出面临的创新能力不足、技术能力分散、空间未充分利用、产业集聚度不高等四类问题。在此基础上，结合石景山区实际明确元宇宙产业发展目标、发展路径，研究提出开展关键核心技术攻关工程、公共服务平台建设工程、具有地域特色的应用示范工程、创新生态构建工程、元宇宙产业创新载体构建等五个方面发展建议，推动辖区打造全国领先的元宇宙融合创新引领区。

（王珅珅）

【优秀调研文集】 年内，区委区政府研究室完成2021年度《石景山区优秀调研报告文集》编辑、印发工作。《石景山区优秀调研报告文集》收录部分区委区政府重要文件、区领导主持的区重点协作调研课题20篇以及优秀调研报告53篇。

（王珅珅）

【决策参考】 全年，区委区政府研究室共刊发30期《决策参考》，向区领导提供国内经济与社会发展方面最新动态、典型经验做法以及区内各单位完成的具有探索性和有一定参考价值的调研成果，为区领导决策提供前瞻服务。

（王珅珅）

机构编制管理

【概况】 2022年，中共北京市石景山区委机构编制委员会办公室（简称区委编办）落实习近平总书记关于机构编制工作重要论述和重要指示批示精神，完善加强党的全面领导的体制机制，完善党政机构职能体系，统筹配置机构编制资源，推动新时代机构编制工作高质量发展，为打造“一起向未来”的城市复兴新地标，谱写首都西大门建设新篇章提供服务保障。

（靳献乐）

【重点领域体制机制改革】 年内，区委编办考虑行政复议案件量及人员配备情况，为区司法局下达政法专项编制，并调整事业单位机构编制，补充人员力量，完善行政复议工作体系，提升行政复议工作水平。配合北京市委编办开展国防动员体制改革、疾病预防控制体制改革的调研筹备工作，学习改革政策、全面摸清辖区底数。

（靳献乐）

【行政执法体制改革】 年内，区委编办推进应急领域行政执法体制改革，调整相关机构名称、机构规格，强化执法队伍建设。配合区委组织部完成区生态环境综合执法大队、区住房和城市建设综合执法大队人员身份过渡工作。联合区司法局推动北京市《关于进一步理顺行业主管部门与综合执法机构职责关系加强监管协同的意见(试行)》落地落实,理顺相关部门与街道执法队职责关系,提升综合执法效能。针对市委全面依法治市委员会办公室提出的辖区基层法治力量薄弱问题,会同区司法局对各街道司法所有关情况进行梳理、核实,明确各街道要进一步配齐配强司法所人员。

(靳献乐)

【事业单位改革后续工作】 年内,区委编办明确区委党史研究室、区地方志办事业单位机构类别,调整区委党校领导职数,完善区机关事务管理服务中心、区环境卫生服务中心内设机构设置及职责,修订城管指挥中心“三定”规定。

(靳献乐)

【民生领域机构编制服务保障】 年内,区委编办聚焦疫情防控工作,充实区疾病预防控制中心编制资源,实现每万名常住人口疾控力量配比达2人,超额完成中央和北京市明确的疾控力量配比要求。完善区卫生健康委内设机构设置。为区医保局进一步细化职责分工。落实关于建立中小学校党组织领导的校长负责制相关要求,调整优化中小学党组织书记和校长配备。整合撤并教育系统部分学校,盘活教育领域编制资源,满足教育事业发展需求。配合市委编办做好接诉即办“每月一题”专项清单意见征集,推动落实场景化的“街乡吹哨、部门报到”职责清单。

(靳献乐)

【机构编制管理调研创新】 年内,区委编办加强机构编制调查研究,运用实地走访、座谈调研等形式,了解部门所需所盼,发挥调查研究服务决策、推动工作的作用。聚焦辖区核心工作和群众重点关切的民生问题,针对推进首钢地区及相关街道行政区划调整、社区卫生服务机构建设、院前急救体制机制建设等领域,了解情况,梳理问题对策。同时,按照“严控总量、统筹使用、有减有增、动态平衡、保证重点、服务发展”的要求,在提高编制资源使用效益上下功夫,根据工作实际,核减部分存量事业编制,用于保障重点领域发展需要。

(靳献乐)

【机构编制管理规范化建设】 年内,区委编办抓好《中国共产党机构编制工作条例》及配套制度的贯彻执行,落实《中国共产党重大事项请示报告条例》和机构编制报告制度。落实北京市《机构编制违规违纪违法行为处理和问责规则(试行)》,参照北京市《关于结合选人用人专项检查开展机构编制监督检查工作办法(试行)》,制定辖区相关措施并执行。加大监督检查力度,完成全国第二次机构编制核查收尾工作。探索建立与组织、人力社保、财政等部门的协作机制,开展用编管理工作。

(靳献乐)

【议事协调机构规范管理】 年内,区委编办研究制定《石景山区议事协调机构管理办法(试行)》,规范议事协调机构设立原则、流程等内容。组织开展全区议事协调机构自查工作,对各议事协调机构的历史沿革、主要职责、人员组成及工作开展情况等内容进行摸底梳理,强化对议事协调机构日常运行的监督检查。

(靳献乐)

【权力清单动态管理制度机制】 年内,区委编办落实《北京市权力清单动态管理办法》,联合司法、财政、人力社保、政务服务4部门建立区权力清单联席会议机制,健全完善权力清单动态管理体系。同时,结合市委编办下发的《北京市行政检查事项清单》和新版《北京市权力清单》,梳理区级部门职权事项,做好权力清单动态调整工作,于8月在区政府门户网站对外公布。

(靳献乐)

【事业单位法人登记管理】 年内,区委编办推进清理“僵尸”事业单位收尾工作,做好事业单位登记。全年为14家区属单位办理统一社会信用代码赋码及换证工作。完成4家事业单位设立登记、53家变更登记、5家注销登记以及62家事业单位登记事项“双公示”工作,完成269家事业单位年度报告公示工作,完成率达到100%。

(靳献乐)

老干部工作

【概况】 截至2022年底,归属中共北京市石景山区委老干部局(简称区委老干部局)服务管理的离退休干部共891人,其中离休干部59人(含易地安置离休干部3人),平均年龄93岁;退休干部832人(含代管退休干部35人),平均年龄71岁。按离休干部参加革命时期划分:抗日战争时期11人、解放战争时期48人。按离退休干部所在单位性质划分:党政机关768人、事业单位88人、企业单位35人。全年去世离退休干部37人。

(徐永平 郭 维)

【老干部自管组织建设】 春节前夕,区委老干部局、区老年书画研究会举办“翰墨丹青贺新春”春联展,20余位离退休干部代表参加活动,展出春联和福字作品1000余副。除夕至初七期间通过微信公众号推送“欢歌笑语迎新春”线上团拜会,以老干部拜年加节目的形式录制多期视频。3月7日,开展“诵读经典 品味人生”庆“三八”离退休女干部读书汇活动,12位离退休女干部通过诵读中国历代杰出女性的故事,展示离退休女干部风采。妇女节期间,组织开展离退休干部“情系冬奥 喜迎二十大 巾帼展风采”书法、绘画、诗文、手工等作品征集活动。7月1日,组织开展离退休干部“丹心向党 喜迎二十大”诗歌诵读活动。由李晓强、曹荣恒、陈国华等14位老同志参与的朗诵作品全部为原创作品,经过统一编排、视频录制在微信公众号中进行展播。推荐10部作品参加市委老干部局“喜迎二十大 诗歌颂党恩”诗歌诵读视频征集活动,获得最佳作品奖、银发风采奖、最佳组织奖等3项奖项,刘传仪、付生柱登上人艺舞台。为纪念建军95周年,组织开展离退休干部“庆八一 喜迎二十大”主题征文活动,老同志们用诗歌、散文等形式讴歌党和祖国，征集作品均在微信公众号上进行展播。在新中国成立73周年前夕，与老年书画研究会共同举办“喜迎二十大 永远跟党走”石景山区离退休干部书画展，共展出近100幅书画作品。11月4日，区委老干部局举行“喜庆二十大 颂歌献给党”主题诗会。

（杜 群）

【组织领导】 3月3日，石景山区召开老干部工作领导小组会，刘海涛出席会议并讲话。会议传达中央、北京市和石景山区相关会议精神，总结全区2021年老干部工作情况，部署2022年老干部工作重点任务，研究确定2022年为老干部办实事相关事项以及全区老干部工作会议筹备情况。同月10日，石景山区以视频会议的形式召开老干部工作会，刘海涛就做好新时代老干部工作，推动全区老干部工作高质量发展提出具体要求。同月16日下午，常卫主持召开区委常委会会议，传达学习全国老干部工作“双先”表彰大会、全国老干部局长会议和北京市老干部工作会议精神，听取《关于石景山区老干部工作情况的汇报》。6月24日，石景山区举行“丹心永向党、喜迎二十大”七一座谈会暨“光荣在党50年”纪念章颁发仪式，张利军出席活动并讲话。7月22日，由区文联、区委老干部局共同主办，区老年书画研究会承办的“靓丽石景山——地域文化书画展”在区文化中心美术馆开幕。中国文联办公厅原主任、中国老年书画研究会会长罗杨，市文联党组成员、副主席马丛峰，区领导李金克、张利军等出席开幕式。8月22日，市委老干部局一级巡视员、市关工委秘书长刘向东一行到区检察院调研考察，对石景山区老干部工作和关心下一代工作给予肯定。9月5日，区委老干部局组织开展局级退休干部培训研讨班，并集体参观2022年国际服务贸易交易会石景山首钢园区展会。张利军出席活动，并与老领导座谈交流。11月4日，由区委组织部、区委老干部局主办，区老干部大学八大处军营分校和首钢老干部服务中心协办的石景山区离退休干部“喜庆二十大 颂歌献给党”主题诗会在区老干部活动中心（鲁谷）举行。市委组织部副部长、老干部局局长张彤军，区领导张利军参加活动，并为2022年“十佳健康老人”颁发荣誉证书。

（郭 维）

【走访慰问】 年内，区委老干部局贯彻落实走访慰问、住院探视、去世吊唁等制度要求。元旦春节期间，全区各单位走访慰问离退休干部900余人。区委老干部局重点走访慰问离休干部、80岁以上退休干部260余人。看望慰问生病住院老干部200余人次，送别离退休干部37人。

（杨 媛）

【政治建设】 年内，区委老干部局通过组织集中观看、学习、研讨等方式，组织全区离退休干部学习党的二十大精神，做好党的十九届六中全会精神学习，贯彻落实习近平总书记考察广西榆林重要讲话精神、给北京科技大学老教授的回信精神。老干部老党员聚焦新要求，带头讲政治顾大局，围绕宣传贯彻党的二十大精神、参与支持疫情防控、助力区域党建发展等方面贡献力量。

（刘馨雨）

【思想建设】 年内，区委老干部局落实政治待遇，为全区离退休干部订阅《石景山报》《见证石景山》《老年健康文摘》。组织全区离退休干部订阅中组部老干部局微信公众号。畅通微信群、公众号、APP等学习渠道，全年组织老干部参与中组部老干部局线上专题报告会5场，组织离退休干部参加北京市离退休干部党支部书记线上培训班，举办“离退休干部党支部书记学习十九届六中全会精神”主题培训班。录制“回望艰苦奋斗历程 永续为民服务力量”初心讲堂，退休干部口述南马场水库、区广电中心、区属公园等事关百姓生活的建设史、艰苦奋斗史。开展“我看社会主义新成就 建言献策二十大”活动，组织离退休党员谈入党初心、忆难忘经历、看伟大成就、表美好祝愿。编印记录离退休干部参加建党百年重要活动的纪实书册《激扬银色风采 致敬建党百年》，全区离退休干部、老党员通过交流学习心得、撰写诗词等各种方式畅谈学习体会。

（刘馨雨）

【党组织建设】 年内，区委老干部局结合区委党的建设工作领导小组安排，定期分析、研判、总结全区离退休干部党建工作。组织离退休干部党支部书记、功能型党支部书记等老干部代表开展学习研讨，领会中央《关于加强新时代离退休干部党的建设工作的意见》和市委实施意见精神；组织党支部书记参与北京市支部书记线上培训，加强对新时代离退休干部党建新任务的思考研究。围绕庆祝建党101周年，以支部联合、主题座谈等形式开展主题党日活动；引导党员干部带头服务奥运，各党支部开展“我是党员我承诺 服务冬奥当先锋”等活动。全年入户走访离退休干部党员300余人、慰问发挥作用突出老党员40人。

（丁 玲 刘馨雨）

【老干部工作向基层延伸】 年内，区委老干部局构建“区—原单位—街道—社区”四级联动工作体系，推动老干部工作重心下移、力量下沉。各街道（社区）聘请离退休干部党员担任社区党建监督员、非公党建指导员、“特约书记助理”，选举担任党委委员、党支部书记，参与基层治理。各街道推进党建引领老干部工作向基层延伸，与党群活动中心建设一体推进老党员之家、老干部大学社区课堂、“五老”工作室建设。

（丁 玲）

【增添正能量活动】 年内，区委老干部局助力宣传党的政策理论精神、服务保障冬奥会冬残奥会筹办、参与生活垃圾分类和物业管理、疫情防控等工作。党员教育片《丹心永不老 暖阳育新苗》被纳入全市党员教育网资源库，北京电视台晚晴栏目播出《媒体人的坚守》，中央广播电视台录播《诗歌致敬共和国英雄》《坚守初心使命 不忘教师本色》两期人物专访，《百年风雨路 我与党同行》献礼建党100周年专题纪录片在共产党员网进行展播，《新京报》《石景山报》宣传石景山区离退休干部发挥作用群体。“京西晚霞”品牌团队被评为“新京报第十六届感动社区人物楷模奖”。市委老干部局拍摄“纪念章闪闪映初心”主题短片，展现区离休干部田宗豪、退休干部范北燕的入党故事。《北京老干部之声》以直播访谈的形式，讲述党的十六大代表李桂珍退休之后热心指导垃圾分类、居民物委会事务，助力基层建设的事迹。中组部老干部局公众号对“初心讲堂”工作进行刊登，北京市老干部公众号对石景山区老干部宣讲团、社区老党员先锋队等多支队伍进行宣传报道。“学习强国”推送区离退休干部“丹心永向党 喜迎二十大”七一座谈会暨“光荣在党50年”纪念章颁发仪式。老党员先锋队建设不断深化，新增1支听证员队伍。区老干部宣讲团开展“五进”理论宣讲108次，覆盖8000余人，获评北京市新时代老年学习“4A团队”荣誉称号。开展“我看社会主义新成就 建言献策二十大”活动，老同志建言献策39条。在全区范围内开展“助威冬奥”“我为两会做贡献”“垃圾分类我先行”等主题活动。疫情期间，离退休干部、老党员主动做好核酸检测、健康监测，积极接种新冠疫苗，并参与社区值守、防控宣传、核酸点位志愿服务等工作，累计参与一线疫情防控工作2万余人次。

(任德宝　刘馨雨)

【关心下一代】 年内，石景山区关工委深化“传承红色基因”品牌工程，线上推出5期“首都关心下一代大讲堂—石景山分讲堂”和6期“红色基因永传承之‘五老’线上讲述战争故事”教育课程。“五老”宣讲团走进校园宣讲2场，线下组织党史国史、区情区史教育活动3次，为青少年配发700册“中华魂”《中华好家风》青少年读本。开展“老少同声颂党恩 携手喜迎二十大”青少年主题宣讲活动，石景山区推选青少年代表入选北京市十佳宣讲员。举办“庆‘七一’颂党恩 喜迎二十大”石景山区老少共筑中国梦主题书画展，青少年与“五老”以庆祝建党101周年、2022年北京冬奥会、石景山区人文历史风貌等方面为主题，创作书法绘画作品310余幅。联动法院，线下开展1期“文明守法 健康成长”暑期青少年法律知识讲座，老干部法律援助服务队、老干部听证员等“五老”志愿者协助组织活动并参加现场学习，石景山实验小学、同文中学和石景山学校中学部的师生家长共400余人通过线上平台观看学习。线上推出13期“石小关普法”专题青少年普法宣传教育，覆盖1700余人。联合鲁谷街道、区园林局、体育局进行实地考察、论证分析，争取财政资金400万元对五芳园健身广场进行改造，打造“童梦 童享 童趣”青少年活动阵地。常态化开展“志愿服务我先行 关爱护苗助成长”志愿服务活动，“五老”志愿者在早、晚高峰期间进行交通疏导，暖心护送银河小学889名小学生平安上下学。各基层关工组织累计开展“大手拉小手学雷锋志愿服务”等主题活动62次，覆盖近2000名未成年人。卢广煜被评为“全国教育系统关心下一代工作先进工作者”。

(任德宝)

【落实政策办实事】 年内，区委老干部局落实发放离休干部养老服务津贴。完善离休干部“一对一”精准服务机制、解困帮扶工作机制，全年帮扶老干部66人次，补助金额209826元。为离休干部发放健康疗养补助费和小帮手服务费，金额为66240元。为部分企业处级退休干部发放生活困难补助金94600元。为全区离退休干部以每人1500元标准进行健康体检，参检人数660余人。以每人400元标准落实“四就近”经费保障。

(杨　媛)

区直机关党建

【概况】 截至2022年底，中共北京市石景山区委区直属机关工作委员会(简称区直机关工委)辖有65个区直机关基层党组织，其中党委13个，党总支11个，党支部41个，党员3620人；区直机关工会工委辖机关工会65个，会员4695人；区机关团工委辖19个团组织，团员260人。区直机关工委以政治建设为统领，推动党史学习教育常态化长效化，推进机关党组织全面进步、全面过硬，持之以恒正风肃纪，促进机关党建工作与业务工作融合，以机关党的建设推动石景山区高质量发展。

(孙　磊)

【政治建设】 年内，区直机关工委做好庆祝党的二十大召开各项服务保障工作。完成区直机关系统5名出席党的二十大代表及17名出席市第十三次代表大会代表推选工作。配合完成出席市十三次党代会代表选举服务保障工作。组织区直机关系统党员干部2500人参加“江泽民同志遗体送别”重要活动。

(孙　磊)

【助力创城】 年内，区直机关工委参与创建文明城区志愿服务，统筹推动区直机关系统党员干部参与“齐力创城迎国庆”主题双报到活动，开展爱国卫生大扫除。落实包片包点工作责任制，向系统党员发出“文明创城 机关带头”倡议书。全系统参与承担11个主要交通路口、37条主次干路、9条背街小巷的志愿服务执勤任务。

(孙　磊)

【新冠肺炎疫情防控】 年内，区直机关工委发布、传达疫情防控重要通知、工作提示40余次，强化机关防疫宣传。建立完善机关人员健康情况工作台账，指导全区党政机关加强疫情防控工作，做好居家办公、核酸检测、重点地区人员动态排查、收集、统计、上报工作，共50余轮2500余人次。做好区机关常态化核酸检测服务工作，引导区机关干部职工增强自我防控意识，落实防控要求。完成101轮3.4万人次检测工作。做好干部下沉工作，动员党员干部奔赴社区抗疫一线，参与疫情防控工作。

(孙　磊)

【服务保障冬奥】 年内，区直机关工委组织首钢P4集结疏散场地建设和保障工作。完成保障全要素彩排、冬奥会开闭幕式、冬残奥会开闭幕式等观众组织及14场观看比赛观众集结疏散工作，保障19场观众集结疏散工作，累计集结疏散观众近4000人次。做好全系统观众组织工作。累计组织

930余人次参加冬奥火炬传递活动、开闭幕式观赛等活动。完成4100余人次观演人员核酸检测。

（孙　磊）

【思想建设】　年内，区直机关工委完善党史学习教育常态化制度，丰富宣教载体和阵地。举办工委系统“喜迎二十大，奋进新征程”党史党建知识竞赛，全系统基层参与率达100%。策划开展“喜迎二十大”党建特色品牌和党建示范教育基地系列宣传活动，组织系统党员干部收听收看党的二十大开闭幕会直播，通过开展集体学习、交流研讨、撰写体会等，学习宣传贯彻党的二十大精神。举办“忠诚担当铸铁军　奋力护航新征程”庆十一主题升国旗仪式。通过“云课堂”、主题党课等方式，开展基层党务干部、新党员及入党积极分子等分类培训，共3000余人次。为基层党组织和党员购买配发《党的二十大辅导百问》等书籍。

（孙　磊）

【夯实组织基础】　年内，区直机关工委抓好系统65个基层党组织年度党建述职考评工作，结合党建述职报告、日常绩效考评及互评打分等考核指标对各基层党组织落实党建工作责任制作出综合评价意见，督促其针对问题制定整改措施及完成时限。做好全年共926人次的党组织关系转接，9个党组织书记任免、委员补选审批，完成70名预备党员转正审批和51名新党员接收，12期5200余人次党员教育培训等工作，组织推动全系统249个基层党组织3369名党员开好组织生活会并完成民主评议，指导督促1个基层党组织完成设置调整，按照“四强化”（强化统筹谋划、强化指导督促、强化品质引领、强化选优配强）工作目标，指导督促48个党组织完成换届选举，其中41个党组织按期完成集中换届选举工作，选优配强基层党组织书记和党务干部。

（孙　磊）

【帮扶慰问】　年内，区直机关工委在元旦春节期间，慰问服务困难党员43人，合计慰问金额20万元，包括市级困难3人，区级困难30人，区级一般困难10人。做好“七一”困难党员帮扶慰问工作，党内帮扶款共2.8万元，14人申请区级一般帮扶款。

（孙　磊）

【党建品牌】　年内，区直机关工委发挥各党组织职能和资源优势，与中央、市级机关党组织建立党建“联学联研”协作关系，争取上级政策、资金、项目落地。各基层党组织与相近工作领域、行业的党组织开展实践活动。强化带头示范，围绕辖区年度和系统重点工作任务落实，围绕区直系统“规范集中换届”等开展联学联研观摩实践活动。

（孙　磊）

【基层治理】　年内，区直机关工委参与基层治理，推动“双报到”工作引向深入。党员干部在服务冬奥、接诉即办、疫情防控、垃圾分类、两个“关键小事”等工作中承诺践诺。结合“我为群众办实事”活动，参加属地共商、共治、共建。为各基层党组织拨付共建帮扶款21万元，慰问200余名困难党员、群众。做好区直机关系统27名“第一书记”人选统计上报工作。

（孙　磊）

【纪律作风建设】　年内，区直机关工委召开全体党员干部会议，工委书记部署节前廉政教育，并提出明确要求。落实谈心谈话制度，强化廉洁自律意识。区直机关工委警示教育会议召开，组织全体人员观看警示教育专题片，传达市、区警示教育大会精神，落实各项工作。纪工委参与书记办公会、工委会决策，定期听取单位重大事项，党费收支情况、业务经费使用等大额资金使用等情况报告。督促基层党组织协助单位党委（党组）做好廉政教育，特别是党员领导干部带头严格遵守八项规定精神的要求。

（孙　磊）

【群团工作】　年内，区直机关工委以党建带群建，指导、支持工青妇组织独立自主开展活动，解决工青妇组织建设中的突出问题。完成两节期间困难职工慰问工作。做好区直机关工会经费统一管理单位经费下拨和工会预决算工作。开展2022年“博爱石景山”“首善有我”社会捐助活动，累计捐款8.6万余元。开展深入学习贯彻习近平总书记建团百年重要讲话精神活动。组织开展“青春心向党、建功新时代”青年干部座谈会。

（孙　磊）

党校工作

【概况】　2022年，中共北京市石景山区委党校[简称区委党校（行政学院）]克服疫情不利影响，发挥培训轮训党

4月，石景山区正处级领导干部学习贯彻党的十九届六中全会精神专题研讨班举办

（《石景山报》供图）

员干部的主渠道作用,建设全链条、全覆盖、梯度化培训班次体系,党的理论教育课比例超过50%。根据年度干部培训计划统筹安排,区委党校将深入学习贯彻党的二十大精神作为首要任务,纳入主体班培训专题。全年举办各类培训班次37期,培训人员11124人次(含线上9659人次),累计时长190天(合计1520学时)。与中国人民大学合作,打造专题课堂,组织领导干部在线学习党的十九届六中全会精神,700余名处级干部参加。与“人民学习”平台合作,建立智慧教室,以智慧教室为依托,以石景山区党支部书记学院为抓手,开展党员云课堂教育。先后选派40名同志下沉八角街道、老山街道中的7个社区16个点位支援疫情防控,收到锦旗2面,1名同志事迹被《组工信息》报道。召开创城工作部署会、推进会2次,发出动员倡议3次,全员参与“包片包点”创城志愿服务。

(李嘉鹏)

【举办27期主体班】 年内,区委党校(行政学院)完成各类主体班培训27期,培训学员8776人次,其中线上培训学员7516人次(见下表)。

表5 2022年石景山区委党校(行政学院)主体班一览表

序号	培训主题	日期	人数	线上人数	主办单位
1	石景山区2022年基层党组织书记培训班(大师讲党课)	3月16日	32	1700	区委组织部 区委党校
2	石景山区正处级领导干部学习贯彻党的十九届六中全会精神专题研讨班	4月14日至16日	124		区委组织部 区委党校
3	石景山区2022年第一期新任职处级干部培训班	4月18日至20日	34		区委组织部 区委党校
4	石景山区优化营商环境推动区域转型发展专题培训班	4月24日至28日	73		区委组织部 区委党校
5	石景山区处级领导干部学习贯彻党的十九届六中全会精神专题研讨班	5月5日至9日		557	区委组织部 区委党校
6	石景山区2022年入党积极分子培训班	6月28日至30日		600	区委组织部 区委党校
7	石景山区2022年第二期新任职处级干部培训班	7月11日至13日	37		区委组织部 区委党校
8	石景山区2022年面试考官培训班	7月13日至14日	83		区委组织部 区委党校
9	石景山区2022年社区党组织书记培训示范班	7月13日至15日	57	130	区委组织部 区委党校
10	石景山区党建引领基层治理主题培训班	7月18日至20日		3000	区委组织部 区委党校
11	2022年石景山区党建研究会培训会	7月22日	99		区委组织部 区委党校
12	石景山区新发展理念与科技创新专题培训班	7月25日至29日	75		区委组织部 区委党校
13	石景山区2022年基层党组织书记培训示范班	8月24日至26日	58	300	区委组织部 区委党校
14	2022年基层干部培训师资网络集中培训班	8月25至9月10日		10	区委组织部 区委党校
15	石景山区第27期中青年干部培训班	9月4日至11月4日	31		区委组织部 区委党校
16	石景山区2022年第一期处级干部进修班	9月6日至30日	40		区委组织部 区委党校
17	石景山区2022年年轻干部周末大讲堂	9月24日至12月17日	59		区委组织部 区委党校
18	石景山区2022年生态文明建设专题培训班	9月28日至30日		80	区委组织部 区生态环境局 区委党校
19	石景山区2022年公务员初任培训班	10月10日至28日	73		区委组织部 区委党校
20	石景山区2022年城市更新专题培训班	11月3日至4日	39		区委组织部 区住建委 区委党校
21	石景山区城市精细化管理与提升专题培训班	11月7日至11日	57		区委组织部 清华大学 区委党校
22	石景山区2022年新党员培训班	11月9至11日	60	1040	区委组织部 区委党校
23	石景山区2022年第二期处级干部进修班	11月14日至12月9日	33		区委组织部 区委党校
24	2022年全国新录用公务员初任培训班	11月17日至21日	126		区委组织部 区委党校
25	石景山区2022年新任职科级干部培训班	11月21日至12月9日	42		区委组织部 区委党校

续表

序号	培训主题	日　期	人数	线上人数	主办单位
26	石景山区2022年组工干部培训班	11月21日至23日	30	65	区委组织部　区委党校
27	石景山区2022年推进现代金融产业发展专题研修班	12月14日至16日		34	区委组织部　区金融办　区委党校

（李嘉鹏）

【科研工作】 年内，区委党校（行政学院）聚焦区域发展重大现实问题，委托中国社会科学院、中央财经大学、北京建筑大学开展3项区级重点课题研究。实施“全员科研”战略，共申报26项校级课题、7项区级课题、7项市级课题、1项国家级课题。获北京市党建研究会2021年度优秀自选课题成果二等奖1项。获北京市党校（行政学院）系统2020—2021年度优秀科研咨询工作组织奖1项、优秀科研成果二等奖1项、优秀决策咨询奖二等奖1项、优秀科研咨询管理工作者奖1项。获区2021年度优秀调研成果一等奖1项、二等奖3项。获区党建研究会2021年度优秀调研课题成果一等奖3项、二等奖3项。在《前线》等期刊发表理论文章4篇，参编教材2部。在《共产党员网》刊发文章18篇，在北京市委党校网站刊发综合信息18则。在《石景山信息》《石景山报》《组工信息》等区主要媒体刊发综合信息19则。

（李嘉鹏）

党史编研

【概况】 2022年，区委党史研究室、区地方志办公室（简称区史志办）围绕“党的二十大胜利召开”主线，立足党史工作职能职责，为党的二十大胜利召开营造氛围。根据市委党史研究室、市地方志办公室《关于征集史志宣传月活动方案的通知》部署，制定《石景山区2022年史志宣传月活动方案》，在党的二十大召开前后开展“史志宣传月”活动。围绕主责主业，编印完成《见证石景山》期刊4期、《石景山区2022北京冬奥会筹办及服务保障工作纪实》等成果。参与新安城市记忆——石景山党史主题公园建设，为主题公园建设提供区党史资料。为区档案馆新馆展览提供党史文字和图片资料。开展党史“七进”活动，以党史基本著作、编研成果、党史故事等为依托，开展党史知识进机关、进校园、进社区、进企业、进军营、进网络、进爱国主义教育基地活动。

（宋正鑫）

【刊发《见证石景山》】 年内，区史志办刊发《见证石景山》杂志4期，其中第42、43期增设“喜迎二十大”专栏，专栏刊发关于党代会党史知识、党史知识问答等内容，为党的二十大胜利召开营造氛围。《见证石景山》4期累计编辑30余个栏目，刊发文章60余篇，向全区机关企事业单位累计发放7000余册。

（宋正鑫）

【编纂冬奥会服务保障工作纪实】 年内，区史志办搜集和整理石景山辖区内2022年北京冬奥会筹办和服务保障的文字和图片材料，编纂完成《石景山区2022北京冬奥会筹办及服务保障工作纪实》。该书正文内容分为“科学规划引领 政策资金支持”“把舵定向领航 展现大国风采”“科学统筹谋划 打造双奥之城”“紧抓冬奥机遇 全力服务保障”“全民广泛参与 共建共享荣光”“建设冬奥场馆 完善设施环境”“难忘冬奥盛会 精彩卓越非凡”7个部分，附录有“大事记”和“石景山区荣获北京冬奥会、冬残奥会国家级突出贡献集体和突出贡献个人、北京市先进集体和先进个人表彰名单”，全书字数达13万字，图片200余张。

（宋正鑫）

中共北京市石景山区第十三届委员会

书　　记　常　卫

副 书 记　李　新　刘海涛

常　　委　陈婷婷（女，藏族）　齐春利（7月免）　李金克　王晓东　张利军　王运洪　李先侠　迟志禹

委　　员（按姓氏笔画为序排列）

丁仁猛　马　斌　王运洪
王其志　王国利　王晓东
王晓华　王智勇（满族）
申　键　田利跃　朱春涛（满族）
刘　锋　刘吉新　刘海涛
齐春利（7月免）　苏文颖
李　新　李文化（女）　李文起
李先侠　李金克　杨贵宝
吴　燕（女）　迟志禹　张　帆（女）
张　伟　张利军　张京文
张洪江　陈婷婷（女，藏族）
郝显军（蒙古族）　贾　曦
夏鹏程　高春玲（女）　曹世辉（满族）
曹俊房　龚志彪　常　卫
崔　乐　梁学刚　韩孟荣

候补委员（按得票多少为序排列）

李美红（女）　吴智鹏　冯雅男
金跃文　吕松涛　王亚迅
高　竹（女）　唐　铭（女）

石景山区委工作机构主要负责人

区委办主任	迟志禹
区委组织部部长	张利军
分管日常工作的副部长	崔　乐(6月免)
区委宣传部部长	李金克
分管日常工作的副部长	丁仁猛
区委统战部部长	陈婷婷(女,藏族)
分管日常工作的副部长	高　竹(女)
区委政法委书记	刘海涛
分管日常工作的副书记	夏鹏程
区委区政府研究室主任	迟志禹
区委全面深化改革委员会办公室主任	迟志禹(兼)
区委网信办(区网信办)主任	侯世玺
区委编办主任	吴　燕(女)
区直机关工委书记	杨文钢
区委巡察办主任	于学君(女)
区委老干部局局长	王宏芬(女)
区文明办主任	邵立文
区委党校(行政学院)校(院)长	刘海涛(兼)
分管日常工作的副校(院)长	龚志彪
区社会主义学院院长	陈婷婷(女,藏族,兼)
分管日常工作的副院长	龚志彪
区委党史研究室、区地方志办主任	吴　琨
区档案馆馆长	张玉起
区委教工委书记	石显富
区委社会工委书记	吴智鹏
区委园区工委书记	李文化(兼)
分管日常工作的副书记	唐　铭(女,3月免) 贾　曦(3月任)

石景山区政府、党政分设工作机构党组织书记

区政府办党组书记	张　伟
区发改委党组书记	李文化(女,6月免) 崔向华(6月任)
区科委党组书记	石　磊(2月任)
区经济和信息化局党组书记	田　纬(满族)
区财政局党组书记	杨贵宝
区人力社保局党组书记	韩孟荣
市规自委石景山分局党组书记	蔡　晶(11月免) 贺尔军(11月任)
区生态环境局党组书记	王瑞超
区住房和城市建设委党组书记	曹世辉(满族)
区城市管理委党组书记	齐　兵
区商务局党组书记	董湘水
区文化旅游局党组书记	王亚迅(3月免) 唐　铭(女,3月任)
区卫生健康委党委书记	葛　强
区退役军人事务局党组书记	明　强(女)
区应急管理局党委书记	张玉国(3月免) 徐伟超(3月任)
区市场监督管理局党组书记	金跃文
区审计局党组书记	王亚兰(女)
区国资委党委书记	王晓华
区体育局党组书记	张瑞龙
区统计局党组书记	王彦明
区园林绿化局党组书记	李元员(女)
区金融办党组书记	杨京春(女,6月免) 高延娜(女,6月任)
区政务服务局党组书记	孙栓柱
区机关服务中心党组书记	万晓健
区人防办党组书记	任连田
区集体资产监管办党组书记	蔡利全(3月免) 张洪江(3月任)
区信访办党组书记	徐伟超(3月免) 来英慧(女,3月任)
区医保局党组书记	王　鑫
区西建办(区西山永定河文化带建设管理委员会)党组书记	顾京生
区投促中心党组书记	段京涛
区环卫中心党委书记	齐　忠
区城管指挥中心党组书记	冯雅男(3月免) 周正民(3月任)
区公园管理中心党组书记	王金兰(女)
区房屋征收事务中心党组书记	唐　嵘
八大处公园管理处党组书记	王　浩
区融媒体中心党组书记	王建强
石景山医院党委书记	王　惠(女)
区税务局党组书记	谢明江

石景山区人民代表大会

综　述

北京市石景山区人民代表大会常务委员会(简称区人大常委会)是本区人民代表大会的常设机关,由区人民代表大会选举产生,在区人民代表大会闭会期间,依法行使地方国家权力机关的职权,对区人民代表大会负责并报告工作。区第十七届人大常委会组成人员35人,其中主任1人、副主任5人、委员29人。区人大常委会机关内设办公室(信访办公室)、代表联络室(市人大代表联络处)、研究室、财政经济办公室、预算审查办公室、法制办公室(备案审查办公室、社会建设办公室)、教科文卫办公室、城建环保办公室等8个办事机构,行政编制38人。2022年,是区人大常委会全面贯彻落实中央人大工作会议精神的开局之年,是本届人大常委会的届首之年,在区委的坚强领导下,坚持以习近平新时代中国特色社会主义思想为指导,认真学习宣传贯彻党的二十大精神,深入贯彻落实中央人大工作会议和市委、区委第六次人大工作会议精神,紧紧围绕坚决落实"疫情要防住、经济要稳住、发展要安全"的要求,紧紧围绕深入实施城市更新和产业转型发展战略,紧紧围绕深入践行全过程人民民主重大理念,依法履职尽责,积极担当作为,为全区各项事业取得新进展新成效提供坚强的民主法治保障。

(杨兴宇)

重要会议

【概况】 年内,按照区第十七届人民代表大会第一次会议要求,区人大常委会认真落实区委全会精神,迅速兴起学习宣传贯彻党的二十大精神热潮,不折不扣落实中央人大工作会议精神,全力以赴服务保障冬奥会举办和疫情防控等重大政治任务,依法行使重大事项决定权和人事任免权,聚焦推动高质量发展加强监督的作用更加凸显,提升预算管理效能加强监督的力度明显加大,城市更新行动加强监督的成效持续显现,西山永定河文化带建设加强监督的质效更优更强,增进民生福祉加强监督的举措扎实有效,推进依法治区加强监督的刚性充分彰显。全年召开人大常委会会议8次,审议38项议题,其中讨论决定重大事项5项、听取和审议"一府两院"工作报告16项,作出决议、决定和审议意见书14项。召开人大常委会主任会议22次,研究处理人大常委会日常工作,指导和协调人大专门委员会和人大常委会工作机构开展工作。

(杨兴宇)

7月22日,区人大召开贯彻市十三次党代会精神及下沉干部座谈会

(区人大常委会供图)

【区十七届人大常委会第二次会议】 2月23日,在区人大常委会会议厅举行。会议组织学习《北京市委关于贯彻落实中央人大工作会议精神 以首善标准做好新时代人大工作的意见》。会议审议并原则通过《石景山区人大常委会2022年工作要点》。全年拟安排8次常委会会议,初步确定38项议题,其中讨论决定重大事项5项、听取和审议工作报告16个。督办区十七届人大一次会议交付的4项代表议案、159件代表建议,跟踪7件执法检查报告和审议意见书落实情况。会议决定人事任免事项。会议以按键表决的方式,表决通过区第十七届人民代表大会常务委员会代表资格审查委员会主任委员、委员名单。会议以无记名投票表决的方式,通过区长李新提请的人事任职事项。会议以无记名投票表决的方式,通过区人大常委会主任会议提请的人事任职事项。会议以无记名投票表决的方式,通过区监委主任王晓东提请的人事任免事项。会议以无记名投票表决的方式,通过区法院院长朱春涛提请的人事任免事项。出席会议的常委会组成人员共有35人。

(杨兴宇)

【区十七届人大常委会第三次会议】 3月31日,在区人大常委会会议厅举行。会议传达学习蔡奇到新首钢地区调研时的讲话精神和常卫在区委常委(扩大)会上的有关讲话精神。会议听取和审议区财政局局长杨贵宝代表区人民政府所作的关于2021年存量债务再融资置换工作和关于2022年第一次预算调整方案的报告。会议听取区人大财政经济委员会副主任委员范静岩代表专门委员会所作的关于石景山区2021年存量债务再融资置换纳入预算管理和2022年第一次预算调整方案的审查结果报告。会议同意区人大财政经济委员会提出的审查结果报告,会议以按键表决的方式,分别表决通过关于石景山区2021年存量债务再融资置换纳入预算管理的决议和关于批准石景山区2022年第一次预算调整方案的决议，同意2021年存量债务再融资置换纳入预算管理，决定批准2022年第一次预算调整方案。会议听取并审议区人大常委会法制办公室主任张清所作的关于2021年规范性文件备案审查工作情况的报告。会议审议《北京市石景山区人民代表大会常务委员会规范性文件备案审查规定》。会议以按键表决的方式，通过规范性文件备案审查规定，并自通过之日起施行。2018年5月17日北京市石景山区第十六届人民代表大会常务委员会第十次会议通过的《北京市石景山区人民代表大会常务委员会规范性文件备案审查暂行规定》同时废止。区人民政府向区人大常委会书面提交《北京市石景山区人民政府2021年法治政府建设年度情况报告》。会议决定人事任免事项。会议以无记名投票表决的方式，通过区长李新提请的人事任职事项。会议以无记名投票表决的方式，通过区人大常委会主任会议提请的人事任职事项。会议以无记名投票表决的方式，通过区检察院检察长张京文提请的人事免职事项。出席会议的常委会组成人员共有32人。

（杨兴宇）

【区十七届人大常委会第四次会议】

5月26日，在区人大常委会会议厅举行。会议传达学习5月5日召开的中共中央政治局常务委员会会议精神和蔡奇到石景山区检查疫情处置工作时的讲话精神。会议听取和审议区生态环境局局长王瑞超代表区人民政府所作的关于2021年度环境状况和环境保护目标完成情况的报告。会议对《区人民政府关于2021年度环境状况和环境保护目标完成情况的报告》的审议意见，由人大城建环保办公室在会议结束后整理，经主任会议研究确定后，形成审议意见书，由人大办公室交区政府研究处理。会议表决通过《区人大常委会关于接受陈滨辞去石景山区第十七届人民代表大会代表职务请求的决定》。会议表决通过《区人大常委会代表资格审查委员会关于个别代表的代表资格的报告》，确认陈滨代表资格终止。截至当日，石景山区第十七届人民代表大会实有代表221名，由人大常委会予以公告。区人大常委会执法检查组书面提交《关于检查北京市非机动车管理条例〉实施情况的报告》。出席会议的常委会组成人员23人。

（杨兴宇）

【区十七届人大常委会第五次会议】

7月28日，在区人大常委会会议厅举行。出席会议的常委会组成人员共有28人。会议传达学习北京市第十三次党代会有关精神和区委十三届四次全会精神。会议听取和审议区财政局局长杨贵宝受区人民政府委托所作的关于石景山区2021年地方政府专项债券用途调整和关于2022年第二次预算调整方案的报告。会议听取区人大财政经济委员会副主任委员范静岩代表专门委员会所作的关于石景山区2021年地方政府专项债券用途调整和2022年第二次预算调整方案的审查结果报告。会议同意区人大财政经济委员会提出的审查结果报告，会议以按键表决的方式，分别表决通过关于批准石景山区2021年地方政府专项债券用途调整的决议和关于批准石景山区2022年第二次预算调整方案的决议，决定批准2021年地方政府专项债券用途调整，批准2022年第二次预算调整方案。会议听取和审议区财政局局长杨贵宝受区人民政府委托所作的关于2021年决算草案情况的报告和2022年上半年预算执行情况的报告。会议听取和审议区审计局局长王亚兰受区人民政府委托所作的关于2021年度预算执行和其他财政收支的审计工作报告。会议听取区人大财政经济委员会副主任委员范静岩代表专门委员会所作的关于2021年决算草案的审查结果报告以及2022年上半年预算执行情况的初步审查意见。会议听取和审议副区长李先侠代表区人民政府所作的关于2022年上半年国民经济和社会发展计划执行情况的报告。会议听取区人大财政经济委员会主任委员田勇代表专门委员会所作的关于石景山区2022年上半年国民经济和社会发展计划执行情况的初步审查意见。会议结合审议审计工作报告，对2021年决算草案和报告进行审查，同意区人大财政经济委员会提出的《关于石景山区2021年决算草案的审查结果报告》，决定批准2021年决算。会议对以上几个报告的审议意见，由区人大财经办、预审办在会议结束后整理，经主任会议研究确定后，形成审议意见书，由人大办公室交区人民政府研究处理。会议听取和审议区教委主任李秀兰受区人民政府委托所作的关于落实“双减”政策，高质量构建“五育”融合育人体系工作情况的报告，听

7月8日，区人大调研接诉即办工作　　（区人大常委会供图）

取区人大教科文卫委员会主任委员王子霞代表专门委员会所作的对区人民政府关于落实“双减”政策，高质量构建“五育”融合育人体系工作情况报告的意见和建议。会议对区人民政府关于落实“双减”政策，高质量构建“五育”融合育人体系工作情况报告的审议意见，由区人大教科文卫办在会议结束后整理，经主任会议研究确定后，形成审议意见书，由人大办公室交区人民政府研究处理。会议表决通过《区人大常委会关于接受齐春利等同志辞去石景山区第十七届人民代表大会代表职务请求的决定》。会议表决通过《区人大常委会代表资格审查委员会关于个别代表的代表资格的报告》，确认齐春利、高春玲和张洪江代表资格终止。截至当日，石景山区第十七届人民代表大会实有代表218名，由人大常委会予以公告。会议表决通过《区人大常委会关于补选石景山区第十七届人民代表大会代表的决定》，决定在区第十七届人民代表大会第二次会议召开前，依法完成补选代表工作。区人大社会建设委员会书面提交《关于加强冬奥资源再利用开展全民健身工作情况的调研报告》。会议决定人事任免事项。会议以按键表决的方式，表决通过《关于接受齐春利辞去石景山区人民政府副区长职务请求的决定》。决定接受齐春利辞去石景山区政府副区长职务的请求，并报区人民代表大会备案。会议以无记名投票表决的方式，通过区人大常委会主任会议提请的人事任职事项。会议以无记名投票表决的方式，通过区长李新提请的人事任免事项。会议以无记名投票表决的方式，通过区检察院检察长张京文提请的人事免职事项。

（杨兴宇）

【区十七届人大常委会第六次会议】 9月22日，在区人大常委会会议厅举行。会议传达学习习近平同志在省部级主要领导干部专题研讨班上的重要讲话精神。会议听取和审议区城市管理指挥中心主任周正民受区人民政府委托所作的关于深入落实《北京市接诉即办工作条例》议案办理情况的报告，听取区人大社会建设委员会主任委员张清代表专门委员会所作的对区人民政府关于深入落实《北京市接诉即办工作条例》议案办理情况报告的意见和建议。区人大常委会执法检查组书面提交关于检查《北京市接诉即办工作条例》实施情况的报告。会议对区政府关于深入落实《北京市接诉即办工作条例》议案办理情况报告的审议意见，由区人大法制办在会议结束后整理，经主任会议研究确定后，形成审议意见书，由人大办公室交区政府研究处理。会议听取和审议区商务局局长吕松涛受区政府委托所作的关于加快推进北京“两区”建设和国际消费中心城市培育建设在石景山区落地见效议案办理情况的报告，听取区人大财政经济委员会主任委员田勇代表专门委员会所作的对区人民政府关于加快推进北京“两区”建设和国际消费中心城市培育建设在石景山区落地见效议案办理情况报告的意见和建议。会议对区人民政府关于加快推进北京“两区”建设和国际消费中心城市培育建设在石景山区落地见效议案办理情况报告的审议意见，由区人大财经办在会议结束后整理，经主任会议研究确定后，形成审议意见书，由人大办公室交区政府研究处理。会议审议《北京市石景山区人大代表报告履职情况办法》。会议以按键表决的方式，通过人大代表报告履职情况办法，并自通过之日起施行。2001年5月17日石景山区第十二届人大常委会第十五次会议通过的《北京市石景山区人民代表大会代表述职办法（试行）》同时废止。会议表决通过《北京市石景山区人民代表大会常务委员会关于石景山区第十七届人民代表大会第二次会议召开时间的决定》，会议决定：北京市石景山区第十七届人民代表大会第二次会议于2022年11月15日召开。会议表决通过《北京市石景山区人大常委会代表资格审查委员会关于个别代表的代表资格的报告》，确认崔乐、冯雅男、王亚迅的代表资格有效，确认万建军、郭英淳代表资格终止，经本次变动后，石景山区第十七届人民代表大会实有代表219人，由人大常委会予以公告。区人民政府书面提交《关于2022年优化营商环境工作情况的报告》。区人大教科文卫委员会书面提交《关于西山永定河文化带建设情况的调研报告》。会议决定人事任免事项。会议以无记名投票表决的方式，通过区长李新提请的人事任职事项。会议决定任命黄莺为石景山区政府副区长。会议以无记名投票表决的方式，通过区法院院长朱春涛提请的人事任免事项。会议以无记名投票表决的方式，通过区检察院检察长张京文提请的人事任职事项。出席会议的常

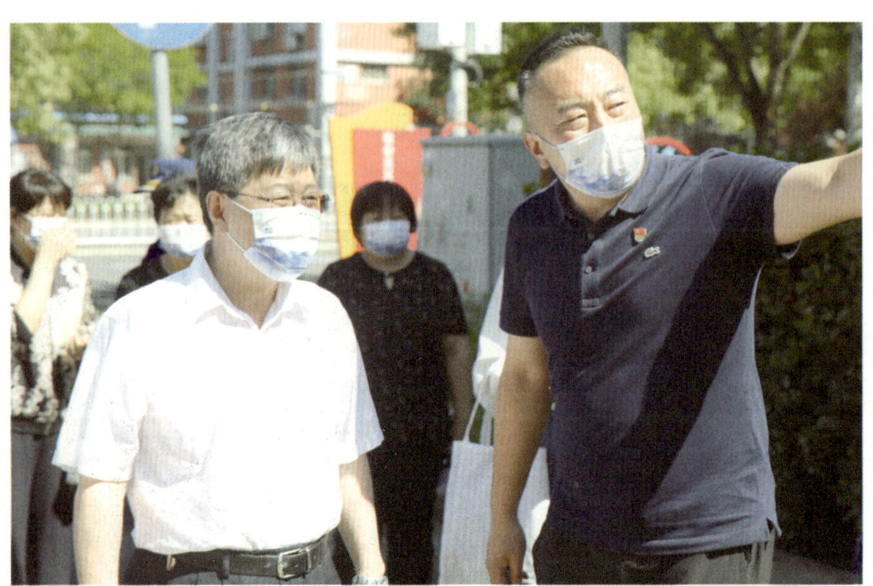

7月28日，区人大调研创城工作 （区人大常委会供图）

委会组成人员共有30人。

（杨兴宇）

【区十七届人大常委会第七次会议】 10月20日，在区人大常委会会议厅举行。会议传达学习党的二十大报告精神。会议听取和审议区住建委主任曹世辉受区政府委托所作的《关于深入实施城市更新行动推动我区经济社会高质量发展议案办理情况的报告》，听取区人大城建环保委员会主任委员杨旭东代表专门委员会所作的对报告的意见和建议。会议对区政府关于深入实施城市更新行动推动石景山区经济社会高质量发展议案办理情况报告的审议意见，由区人大城建环保办在会议结束后整理，经主任会议研究确定后，形成审议意见书，由人大办公室交区政府研究处理。会议听取和审议区规自分局局长蔡晶受区政府委托所作的关于2021年度国有自然资源资产管理情况专项报告，听取和审议区审计局局长王亚兰受区人民政府委托所作的专项审计报告，听取区人大财政经济委员会副主任委员范静岩代表专门委员会所作的对报告的意见和建议。会议对区人民政府关于2021年度国有自然资源资产管理情况专项报告的审议意见，由区人大财经办在会议结束后整理，经主任会议研究确定后，形成审议意见书，由人大办公室交区人民政府研究处理。会议审议了《区第十七届人民代表大会第二次会议议程（草案）》和《区第十七届人民代表大会第二次会议主席团和秘书长名单（草案）》，议程（草案）和名单（草案）将交各代表联组讨论，在人代会预备会上交代表表决。会议同意区第十七届人民代表大会第二次会议列席人员名单。会议决定，如有变动，由区人大常委会主任会议研究确定。会议表决通过《关于接受张杰庭辞去北京市第十五届人民代表大会代表职务请求的决定》，并报市人大常委会备案、公告。区政府书面提交《2021年度国有资产管理情况的综合报告》和《全域无隐性债务试点工作情况的报告》。出席会议的常委会组成人员共有34人。

（杨兴宇）

【区十七届人大二次会议】 11月15日至17日，在银保建国酒店召开。会议学习换届选举纪律等内容，并观看警示教育片。会议强调，严肃换届纪律、营造风清气正的大会环境是选举工作平稳健康有序进行的重要保证。要切实把思想和行动统一到中央决策部署和市委、区委有关要求上来，充分认识严肃换届纪律、加强风气监督的极端重要性，严格落实中央“十严禁”和市委“四个不准”的纪律要求。要切实提高政治站位，进一步严明纪律要求，拧紧思想总开关，筑牢纪律意识防线，确保“十严禁”和“四个不准”入脑入心，做到知敬畏、存戒惧、守底线，以实际行动维护良好大会风气。大会宣布选举结果和当选名单。经大会无记名投票，依法选举产生28名石景山区出席北京市第十六届人民代表大会代表。

（杨兴宇）

【区十七届人大常委会第八次会议】 11月17日，在区人大常委会会议厅举行。会议传达学习习近平同志在中共中央政治局第一次集体学习时的讲话精神。会议听取和审议区人大常委会代表联络室主任李成所作的关于区第十七届人大第一次会议代表建议、批评和意见办理情况的报告和区政府办公室主任张伟代表区政府所作的关于办理区第十七届人大第一次会议代表建议、批评和意见工作情况的报告。确定以上两个报告印发区第十七届人民代表大会第三次会议，以书面形式向全体代表报告。会议听取和审议区审计局局长王亚兰受区政府委托所作的关于2021年度预算执行和其他财政收支审计查出问题整改情况的报告，听取区人大财政经济委员会副主任委员范静岩代表专门委员会所作的意见和建议。会议对区政府关于2021年度预算执行和其他财政收支审计查出问题整改情况报告的审议意见，由区人大常委会预算审查办在会议结束后整理，经主任会议研究确定后，形成审议意见书，由区人大常委会办公室交区政府研究处理。会议听取和审议区财政局局长杨贵宝代表区政府所作的关于2022年第三次预算调整方案的报告。会议听取区人大财政经济委员会副主任委员范静岩代表专门委员会所作的关于2022年第三次预算调整方案的审查结果报告。会议同意区人大财政经济委员会提出的审查结果报告，会议以举手表决的方式，表决通过关于批准石景山区2022年第三次预算调整方案的决议，决定批准2022年新增地方政府债务限额，批准2022年第三次预算调整方案。会议听取和审议区人民检察院检察长张京文所作的关于适用认罪认罚从宽制度情况的报告，听取区人大法制委员会主任委员张清代表专门委员会所作的意见和建议。会议对区人民检察院关于适用认罪认罚从宽制度情况报告的审议意见，由区人大常委会法制办在会议结束后整理，经主任会议研究确定后，形成审议意见书，由区人大常委会办公室交区检察院研究处理。会议表决通过《北京市石景山区人民代表大会常务委员会关于石景山区第十七届人民代表大会第三次会议召开时间的决定》，会议决定北京市石景山区第十七届人民代表大会第三次会议于2023年1月4日召开。区政府书面提交关于2022年中小企业发展情况的报告。出席会议的常委会组成人员共有34人。

（杨兴宇）

【区十七届人大常委会第九次会议】 12月8日，在区人大常委会会议厅举行。会议听取和审议区发改委主任崔向华受区政府委托所作的2023年重要民生实事项目安排情况的报告。会议以举手表决的方式，表决通过《关于石景山区2023年重要民生实事项目的决议》，同意区政府2023年实施42项重要民生实事项目。会议听取和审议区政府副区长王智勇代表区政府所作的《关于2022年第四次预算调整方案的报告》。会议听取区人大财政经济委员会副主任委员范静岩代表专门委员会所作的《关于2022年第四次预算调整方案的审查结果报告》。会议同意区人大财政经济委员会提出的审查结果报告，会议以举手表决的方式，表决通过《关于批准石景山区2022年第四次预算调整方案的决议》，批准

2022年第四次预算调整方案。会议讨论区人大常委会向区第十七届人民代表大会第三次会议所作工作报告(讨论稿),决定提交人代会审议。会议讨论区人民代表大会议事规则(修订草案),决定提交人代会审议。会议审议《区第十七届人民代表大会第三次会议议程(草案)》,议程(草案)将交各代表联组讨论,在第三次人代会预备会上交代表表决通过。会议审议《区第十七届人民代表大会第三次会议主席团和秘书长等名单(草案)》,名单(草案)将交各代表联组讨论,在第三次人代会预备会上交代表表决通过。会议同意区第十七届人民代表大会第三次会议列席人员名单。会议决定,如有变动,由区人大常委会主任会议研究确定。区人大各专门委员会书面提交2022年度工作报告。区人大常委会各街工委书面提交2022年工作报告。出席会议的常委会组成人员共有20人。

(杨兴宇)

【人大常委会主任会议】 年内,区人大常委会共召开22次主任会议,研究处理人大常委会的重要日常工作,指导和协调人大常委会工作机构开展工作。研究确定8次人大常委会会议召开的时间和日程安排,提出各次会议议程草案;研究讨论人大常委会年度工作要点草案及主要工作安排;研究讨论召开区第十七届人民代表大会第二次、第三次会议筹备工作方案、议程及有关名单草案、人大工作报告讨论稿;研究讨论人事任免事项;研究讨论召开人大工作研讨会事宜。

(杨兴宇)

监督工作

【督办代表建议】 年内,区人大常委会面对新一届代表建议数量大幅上升、跨年度跨届次建议督办任务叠加、受疫情影响建议办理难度增大等形势特点,克服时间紧、任务重的困难,坚持“高质量提出、高起点交办、全过程督办、高质量办理”标准,抢抓建议办理“窗口期”,打出建议督办“组合拳”,跑出为民解难的“加速度”。坚持常委会主任副主任牵头重点督办、专委会分类督办、人大街工委协助督办的工作机制,采取线上督促、“云端”协商、精减流程等多种方式,打造全链条的闭环督办机制,形成全方位的整体督办合力,确保督出效果、督出力度、督出质量。区政府高度重视建议办理,不断完善工作机制,推动建议办理取得显著成效。截至年底,159件代表建议解决或部分解决的103件,列入工作计划需逐年解决的38件,因政策财力等原因暂时不能解决、向代表说明解释的18件。经二次评价,建议办成率达64.7%,在2021年基础上实现再提升,代表对办理态度和办理结果的满意及基本满意率均为100%。坚持跨届督办“回头看”,对上一届常委会任期内,承办单位列入工作计划的25件建议进行跟踪督办,解决的20件,因政策财力等原因暂时不能解决、向代表说明解释的2件,其余3件有序推进。

(杨兴宇)

【监督经济社会高质量发展】 年内,区人大常委会围绕统筹疫情防控和经济社会发展,开展落实《石景山区统筹疫情防控和稳定经济增长的实施方案》《石景山区关于继续加大中小微企业帮扶力度加快困难企业恢复发展若干措施》情况的调研,加强落实北京市优化营商环境5.0版政策情况的监督,审议区政府促进中小企业发展情况的报告,走访联系重点企业,协调解决实际困难,推进稳增长政策措施落到实处,助力企业纾困复产。听取审议2022年上半年国民经济和社会发展计划执行情况的报告,围绕落实主要经济指标、推进重点项目建设等提出意见建议,推动完成全年目标任务。

(杨兴宇)

【监督城市治理和环境保护】 年内,区人大常委会突出新首钢地区城市复兴带动作用,紧扣城市更新中的重点难点问题,围绕督办《关于深入实施城市更新行动、推动我区经济社会高质量发展的议案》,针对城市规划设计、老工业厂房更新、老旧小区改造、西部地区发展、城市空间织补等9方面重点内容进行深入调研,集中视察巴威·北锅厂区、首钢微电子产业基地、首钢园区六工汇等重点点位,推动24个老旧小区综合整治、一批低效商务楼宇升级改造、五里坨便民服务中心建设等项目全面开工。听取审议议案办理情况的报告,从加强统筹谋划、激发社会资本活力、构建共商共建共享格局等方面提出意见建议,推动区政府落实新版北京城市总规及分区规划,加大城市更新项目储备和建设力度。连续第四年听取审议年度环境状况和环境保护目标完成情况的报告并加强跟踪监督,推动解决生态文明建设瓶颈问题。调研和推动国家森林城市创建

9月21日,区人大到南马厂进行调研 (区人大常委会供图)

工作，石景山区城市绿化覆盖率、人均公园绿地面积稳居中心城区第一，获中心城区首个“国家森林城市”称号。

（杨兴宇）

【监督民生保障和文化发展】 年内，区人大常委会坚持分层推进、突出重点、驰而不息，连续第四年对西山永定河文化带建设情况开展专题调研，以冬奥文化和文化遗产保护利用为切入点，将首钢园区、区文化中心、模式口历史文化街区、五里坨民俗陈列馆、龙泉寺等地作为重点调研点位，采取集中视察、实地走访、座谈交流等多种方式，深入调研冬奥遗产保护利用、文旅资源整合及文旅项目推进情况，推动辖区“六张文化名片”不断绽放异彩，促进西山永定河文化带石景山段实现精彩蝶变。牢记让人民生活幸福是“国之大者”，紧紧围绕“七有”“五性”需求，首次对年度40项重要民生实事项目开展全覆盖全过程督办。专题调研辖区加强冬奥资源再利用、推进全民健身工作情况，视察冬奥场馆，听取工作汇报，征询代表意见，研究提出对策建议，推动区政府持续扩大“带动三亿人参与冰雪运动”示范区创建成果，努力构建更高水平的全民健身公共服务体系。调研公共卫生应急管理体系三年行动计划落实情况，跟踪监督落实两个“关键小事”、深化长期护理保险试点、整治群众反映强烈问题等情况，不断增强人民群众获得感、幸福感、安全感。

（杨兴宇）

【监督监察和司法工作】 年内，区人大常委会发挥执法检查“法律巡视”利剑作用，市区联动开展非机动车管理条例执法检查，采用常委会集中检查、代表“三边”检查、家站群众问卷相结合等方式，组织多方参与，发现身边问题。首次运用全闭环检查机制，审议检查报告、开列问题清单、督促整改落实，推动条例有效实施。落实《法治政府建设与责任落实督查工作规定》，审议区政府2021年度法治政府建设情况报告。围绕刑事司法制度改革，深入开展认罪认罚从宽制度适用情况专题调研，听取审议区检察院专项工作报告，就发挥主导作用、提升办案质效、加大宣传力度提出意见建议，推进公正司法。

（杨兴宇）

【备案审查】 年内，区人大常委会进一步规范备案审查工作，完善备案审查工作制度，有效运用备案审查办公室与常委会工作机构“双审”机制，年度备案审查行政规范性文件8件。听取审议2021年规范性文件备案审查工作报告并向社会公开。加大审查力度，针对报备文件中存在的不严谨、不规范等问题，向区政府发出首份提示函。扩大备案范围，区法院、区检察院首次将2021年有关文件目录报送常委会备查。发挥法治智库作用，提升备案审查工作实效和专业化水平。

（杨兴宇）

【预算审查监督】 年内，区人大常委会贯彻党中央关于加强人大财经领域监督职能的决策部署，推进预算审查监督重点拓展改革，加强对国有资产管理、地方政府债务审查和审计查出问题整改情况的监督。落实“年审＋季审”和“四问该不该”的预算审查监督制度，以财政支出“该不该花、该不该政府花、该不该花这么多、该不该当下花”为切入点，每季度对区级和重点部门预算执行情况进行跟踪监督，持续加大财源建设成效监督力度。审查批准4次区级预算调整方案，推动辖区提前完成隐性债务“清零”任务，推动完成年度预算任务，保障区域经济稳定增长和民生持续改善。完善国有资产监督职能，开展国有自然资源资产管理专题调研，首次听取审议自然资源管理专项报告和专项审计报告，实现辖区国有资产管理监督全覆盖。强化审计整改跟踪监督，首次印发审计查出问题整改跟踪监督方案，听取审议审计查出问题整改情况报告，推动健全审计整改长效机制。加强资金使用绩效情况监督，督促区政府定期报告预算资金及国有自然资源资产预算资金绩效情况。发挥预算联网监督系统作用，不断提升预算监督的时效性和透明度。

（杨兴宇）

国家工作人员任免和监督

【国家工作人员任免】 年内，区人大常委会坚持党管干部原则与人大常委会依法任免相统一，任免区国家工作人员80人次。严格执行颁发任命书和任职表态程序，严格执行宪法宣誓制度，增强干部依法履职和为民服务意识。

（杨兴宇）

【监督任命干部履职情况】 年内，区人大常委会对区商务局、区住建委、区教委、区民政局、区检察院等5家单位及其由人大常委会任命的国家机关工作人员吕松涛、曹世辉、李秀兰、吴智鹏、佟齐进行履职监督。

（杨兴宇）

重要工作和活动

【调研加强冬奥资源再利用】 4月8日，区人大常委会专题调研石景山区加强冬奥资源再利用推进全民健身工作情况。到首钢滑雪大跳台、国家冬训中心、瞭仓和冬奥石景山区“城市志愿者之家”，听取有关情况介绍，实地查看、了解冬奥场馆赛后服务全民健身研究规划、场地服务群众上冰承办赛事活动、科技＋体育融合发展等工作开展情况。李文起指出，冬奥会、冬残奥会的举办为石景山区留下丰富的有形和无形的奥运遗产，奥林匹克精神在石景山深深扎根，“百年钢城”实现“双奥之区”华丽蝶变，点燃石景山人民的冰雪热情，人民群众的获得感、幸福感充实满满。并强调，要更加深刻认识新首钢地区发展的机遇，以北京冬季奥运会为契机，谋划好后冬奥文章，加快冰雪运动发展和普及，扩大冰雪运动影响力、带动力，增强群众冰雪运动健身意识，大力发展群众体育，持续关注石景山区打造北京市VR产业发展示范基地建设，推动城市更新、产业转型等各项重点任务落实落地，为打造“一起向未来”的城市复兴新地标贡献人大智慧和力量。

（杨兴宇）

8月24日,区人大调研西山永定河文化带工作　　(区人大常委会供图)

【检查接诉即办条例实施】 7月8日,区人大常委会赴区城管指挥中心对《北京市接诉即办工作条例》落实情况进行执法检查。执法检查组实地查看城管指挥中心的城市管理平台和城市运行数据分析、市民热线智能分析等系统,听取工作情况汇报,检查法规要求制定的配套性文件。座谈会上,听取区城管指挥中心落实条例主要工作情况的汇报,听取城管委、金顶街街道、下庄社区落实条例的相关做法和下一步举措的汇报,与会代表从宣传引导、机制建设、治理效能等方面对接诉即办工作提出意见建议。李文起指出,这次开展的接诉即办工作条例执法检查,是立法与监督工作相衔接的需要,也是市委、区委深化接诉即办改革的工作要求和举措。并强调,要提高思想认识,筑牢为民服务的思想根基;要对照重点条款,压实接诉即办的责任使命;要坚持系统观念,凝聚基层社会治理合力,不断推动石景山区实现接诉即办工作和城市治理工作双提升,深化主动治理、未诉先办,为进一步完善首都基层治理体系、提升基层治理能力贡献力量。

(杨兴宇)

【人大工作研讨会】 8月15日,区人大常委会召开2022年工作研讨会。会议以"展现人大工作新作为 推动高质量发展开新局"为主题,坚持围绕中心、服务大局,围绕贯彻落实中央人大工作会议和市委第六次人大工作会议精神、深入落实市第十三次党代会和区委十三届四次全会精神,集中交流展示新一届人大常委会履职以来,人大代表及人大共建法治智库基地在推动城市更新、产业转型、城市治理、改善民生、人大自身建设5个方面所取得的研究成果,并在征集到的75篇研讨文章中,选取10个重点选题进行会议发言,为推动石景山区高质量发展贡献人大智慧和力量。

(杨兴宇)

【调研西山永定河文化带建设】 8月24日,区人大常委会调研石景山区西山永定河文化带建设工作情况。实地察看京西五里坨民俗陈列馆、区级文物保护单位龙泉寺,随行听取工作情况汇报,详细了解项目整体修缮、非遗传承、运营管理、文物活化利用等情况。李文起强调,要抓好西山永定河文化带沿线重点项目建设工作,在文化内容挖掘和文化遗产保护、传承、展示、传播、体验等多个领域形成链条化工作格局,塑造文化特色精品名片。要充分利用石景山区特有的历史文化、民俗文化、工业文化、冬奥文化等资源,推动文化创新发展,展示石景山的文化灵性与内涵,努力实现文化赋能,将文化资源优势转化为高质量发展优势。要继续贯彻新发展理念、融入新发展格局,加强全区各项目点位之间的协调联动,实现多点支撑、连点成线的文化带品牌价值一体提升,统筹做好公共文化产品供给、文化遗产的保护与利用,高水平推进西山永定河文化带建设。

(杨兴宇)

【调研服贸会专题展览】 9月1日,区人大常委会调研服贸会专题展览。李文起指出,要借助服贸会平台开展招商引资,积极宣传石景山区资源禀赋、发展机遇、产业基础、优惠政策,充分展示辖区对外开放的新形象,吸引企业关注石景山、了解石景山、投资石景

9月1日,区人大参观服贸会　　(区人大常委会供图)

山。要大力促进科幻产业、工业互联网、数字创意、现代金融、冰雪体育等领域开放发展,积极探索服务业扩大开放的新业态、新模式、新路径,稳妥有序推进服务业“引进来”“走出去”。要着力打造市场化、法治化、国际化营商环境,积极探索“放管服”改革试点创新,落实“服务管家”“服务包”等制度,不断提高企业活力、创造力和竞争力,推动经济高质量发展。

(杨兴宇)

【调研城市更新工作】 9月21日,区人大常委会调研区城市更新工作情况。区人大常委会全体委员实地察看首钢微电子产业基地、首钢园区六工汇和南马场水库,随行听取工作情况汇报,详细了解老旧厂房、老旧厂区更新利用及产业发展,生态环境提升及西山绿道规划建设等情况。李文起强调,要持续推进石景山区城市更新项目建设,推动市场化更新机制,实现老旧厂房的产业升级和新旧动能转换,形成更多示范性强、可推广的城市更新和高精尖产业升级项目模板。要坚持生态环境建设优先的原则,充分利用石景山区特有的生态环境资源,重点培育文旅、休闲等主导产业,采取有效措施,提升河道、城市积水点等重点区域的灾害防御能力,不断提升西部地区生态环境质量。要持续推进城市更新五年行动计划落地落实,推动区域转型发展,改善城市环境和公共服务,不断提升地区人居环境质量、人民生活质量,高水平建设好首都西大门。

(杨兴宇)

【调研国有自然资源资产管理】 10月18日,区人大常委会专题调研区国有自然资源资产管理情况。先后来到永引渠五里坨段、首钢园石景山、巴威·北锅厂区,调研区水资源管理现状、林地分布和土地资源集约利用情况,听取区国有自然资源资产管理情况的相关汇报。李文起指出,要提高政治站位。充分认识国有自然资源资产是国有资产的重要组成部分和国有自然资源资产在经济社会发展中的重要作用,牢固树立“绿水青山就是金山银山”的理念,持续提升自然资源使用效益,维护好自然资源资产全民所有者权益。要加强统筹协调。进一步理顺国有自然资源资产管理的体制机制,既要加强自然资源各个管理部门之间的协调配合,也要加强与自然资源所有者、使用部门的衔接配合,形成监管合力。要提升管理效能。优化国土空间资源配置,增强土地资源有效供给和高效利用,加强水资源保护和监管,构建水资源与区域经济社会协调发展的良好格局,巩固国家森林城市创建成果,增强人民群众的宜居获得感。

(杨兴宇)

【创建全国文明城区督导】 年内,区人大常委会开展专项监督,继续对部门和街道、社区落实创城指标情况进行调研和监督,开展创城拉练大检查,针对存在问题提出整改意见和建议。

(杨兴宇)

【新冠肺炎疫情防控】 年内,区人大常委会充分认识疫情防控的反复性、长期性,克服麻痹思想、懈怠情绪,认真落实“四方责任”,坚持外防输入、内防反弹不放松。严格执行干部离京请示报告制度,及时排查中高风险地区返回人员,做好春节、清明、五一、端午、十一等节日疫情防控教育,要求干部戴口罩、勤洗手、常通风、不聚集。大力推进疫苗接种工作,干部疫苗接种率率先达到100%,位列全区前十名。继续履行好社区疫情防控指导职责,采取“四不两直”方式深入街道社区,调研防疫措施落实情况,提出意见建议。期间组织开展贯彻市第十三次党代会精神暨人大机关下沉干部座谈会。观看人大机关抗疫纪实短片,部分下沉支援防疫的干部谈收获体会,为下沉人员颁发纪念卡。在下沉工作中,人大机关干部闻令而动、主动工作、不计得失、直面危险,充分展现过硬的政治素质和良好的精神风貌,取得良好的阶段性成效。

(杨兴宇)

专门委员会

【概况】 石景山区人民代表大会设有5个专门委员会:即法制委员会、财政经济委员会、教育科技文化卫生委员会、城市建设环境保护委员会、社会建设委员会。职责是根据大会主席团或者常委会主任会议的交付,研究、审议有关议案,提出审议结果报告或者审议意见;研究拟订有关议案,向本级人大或者常委会提出;对属于本级人大及其常委会职权范围内同本委员会有关的问题进行调查研究,向本级人大或者常委会提出建议。在大会闭会期间,受本级人大常委会领导。

(杨兴宇)

【法制委员会】 年内,法制委员会突出辖区法治领域工作重点,依法履行职责。共协助常委会听取和审议专项工作报告2项,组织实施执法检查1项,召开法制委会议4次,开展各类视察调研和旁听活动15次。

(杨兴宇)

【财政经济委员会】 年内,财政经济委员会全力推动石景山区人大财经监督工作提质增效。全年召开财经委会议5次,完成16项常委会议题的初步审查;服务人代会计划、预算审查,形成初审意见、审查结果报告和决议。牵头组织服务3次常委会专题视察,形成4篇调研报告。

(杨兴宇)

【教科文卫委员会】 年内,教科文卫委员会统筹疫情防控与专委会各项工作,圆满完成各项工作任务。全年协助常委会听取和审议政府专项工作报告1项,审议专题调研报告1项;召开专委会会议4次,协助常委会视察、组织专委会调研等各类活动20次,参加活动的委员、代表110人次;督办区第十七届人大一次会议代表建议23件;跨届跟踪督办区第十六届人大历次会议代表建议7件;督办区政府民生实事项目9项;协助市人大就法规制定工作反馈意见6条;审查规范性文件1件。

(杨兴宇)

【城建环保委员会】 年内,城建环保委员会为辖区城市建设管理和生态环境保护事业更好发展提供坚强的民主法治保障。全年协助常委会听取和审议政府议案办理情况报告1项、专项工作报告1项、跟踪检查审议意见落实情况2项;督办代表建议85件、重要民生实事12项、跨届跟踪督办代表建议10件;召开专委会会议4次,讨论议题6项;开展各类视察调研活动24次,参加委员代表163人次。

(杨兴宇)

【社会建设委员会】 年内,社会建设委员会突出社会建设领域工作重点,依法履行职责。共协助常委会听取和审议专项工作报告1项,组织实施执法检查1项,专题询问1次,专题调研1项,召开社会建设委员会会议4次,开展各类视察调研活动13次。

(杨兴宇)

石景山区第十七届人民代表大会常务委员会

主　任　李文起

副主任　高洪雁(女)　宁慧娟(女)　张玉国　石显富　闫金定

委　员　王子霞(女)　卢红梅(女)　田小园(女)　田　勇(女)　由燕军　刘云艳(女)　刘云清　刘东晖(满族)　刘　红(女)　李月萍(女)　李　成　李海英(女)　杨旭东　杨清霞(女)　杨淑红(女)　邱　明　宋　平(女)　张丽丽(女)　张　艳(女)　张培莉(女)　张　清(女)　陈　勇　陈雅文(女)　范静岩(女)　周　斌　胡雄光　柏　群(回族)　康雅楠(女,回族)　梁建新

石景山区第十七届人民代表大会专门委员会

法制委员会主任委员　张　清(女)

副主任委员　杨清霞(女)　张培莉(女)

财政经济委员会主任委员　田　勇(女)

副主任委员　宋　平(女)　范静岩(女)

教科文卫委员会主任委员　王子霞(女)

副主任委员　刘云清　刘　彦(女)

城建环保委员会主任委员　杨旭东

副主任委员　由燕军　张　艳(女)

社会建设委员会主任委员　张　清(女)

副主任委员　卢红梅(女)　刘云艳(女)

石景山区第十七届人大常委会工作机构负责人

办公室主任　刘　红(女)

研究室主任　李月萍(女)

代表联络室(市人大代表联络处)主任　李　成

法制办公室(备案审查办公室、社会建设办公室)主任　张　清(女)

财政经济办公室主任　田　勇(女)

预算审查办公室主任　范静岩(女)

教科文卫办公室主任　王子霞(女)

城建环保办公室主任　杨旭东

北京石景山年鉴

BEIJING SHIJINGSHAN NIANJIAN

2023

石景山区人民政府

综　述

北京市石景山区人民政府(简称区政府)是北京市石景山区人民代表大会的执行机关,是石景山区国家行政机关,对本级人民代表大会及其常务委员会和上一级国家行政机关负责并报告工作。设置政府工作部门31个。年内,石景山区坚持以习近平新时代中国特色社会主义思想为指导,认真学习宣传贯彻党的二十大精神,深入贯彻习近平总书记对北京一系列重要讲话精神,牢牢把握"疫情要防住、经济要稳住、发展要安全"要求。2022年地区生产总值完成1000.2亿元,同比增长2%左右;一般公共预算收入完成73.08亿元,同比增长0.6%;固定资产投资完成440.8亿元,同比增长7.3%;居民人均可支配收入86994元,同比增长2.7%;万元地区生产总值能耗降幅达到2%。

石景山区全力做好迎接、服务、学习宣传贯彻党的二十大各项工作,以首善标准服务保障党的二十大胜利召开。开展专题学习和集中宣讲100余场,推动党员干部深刻领悟"两个确立"的决定性意义,增强"四个意识"、坚定"四个自信"、做到"两个维护"。借势冬奥让城市更美好。完成"百日会战"行动53项重点任务,高标准做好赛时安保、防疫、交通和景观布设等工作,4个集体、2名个人获国家级表彰,21个集体、72名个人获市级表彰。探索冬奥场馆"赛事+活动"利用模式,347家体育企业、600余个品牌参展服贸会、冬博会。建设冰场、雪场8处,开展"快乐冰雪季"等100余场活动,30余万人次参与冰雪运动,老山街道创建全民健身示范街道,石景山区代表队参加市运会再创佳绩,冬奥社区文化健身广场运行模式在全国推广,带动三亿人参与冰雪运动示范区建设成果显著。高效统筹疫情防控和经济社会发展。建立"1+23"防控体系,成立8小时应急处置指挥部,建成体育馆、京能UAC等方舱医院和万商青年公寓健康驿站,核酸检测能力提高到11.8万管/日,扎实做好城市运行、生活服务和保供稳价等工作。出台防疫情稳经济"42条"等系列政策,在全市率先推出"金融惠企九宫格"和融资补贴"免申即享"模式,完成留抵退税19.5亿元,减免租金1.8亿元,发放社保补贴1.61亿元。

(林迎午)

主要工作和重大活动

【概况】 年内,石景山区中心城区功能持续优化,城市复兴新地标建设步伐加快,向首钢集团移交29项市政公共设施,实现厂区、园区向社区、街区转变,第四次获得国务院老工业基地调整改造真抓实干成效明显表彰。完成金安桥站交通一体化工程,举办服贸会等59场重大活动,首钢园区获评"夜京城"特色消费地标。高水平举办西山永定河文化节。修缮模式口历史文化街区13个重点院落,建成法海寺壁画艺术馆。完成八大处公园周边环境改造,启动园内景观提升,逐步重现"三山八刹十二景"。落地7家实体书店,扶持燕京八绝等非国有博物馆建设,开展文化活动8400余场,区文化馆获评国家一级文化馆。开展地铁1号线高井站和永引渠南路西延等工程前期工作,推进五里坨便民服务中心建设。加强与门头沟区合作,联合主办京西地区发展论坛。

石景山区经济发展质量稳步提升,制定中关村石景山园改革提升方案,中关村石景山园实现收入突破3800亿元,连续两年获国家发改委真抓实干成效明显通报表彰。"三卡+消金"实现税收56亿元,入区库15亿元。文化产业园区增至8家,北重科技文化产业园规划设计园开园,郎园Park再度入选市级文化产业园。建成中关村虚拟现实产业展示中心,北航、华为等虚拟现实全国重点实验室和创新中心落户。五里坨、广宁和首钢北区街区控规获得批复,模式口历史文化街区保护规划和特钢等5个街区控规编制有序推进。实施留白增绿5.9公顷,新建便民商业功能网点18个。启动黄庄村棚改项目,完成衙门口棚改项目征收。6个地块入市交易,完成土地供应27.49公顷。开展77个城市更新项目,推进79个老旧小区综合整治工程,加装电梯43部,改造供水管线46.2公里。制定巴威—北锅更新改造及11个低效园区和楼宇改造提升方案,完成世纪盛达园等6个改造项目。基本完成苹果园综合交通枢纽主体工程,实施地铁1号线福寿岭站改造工程,地铁11号线建成通车。推进5处密闭式清洁站建设,完成衙门口、南山场站环境整治提升。新增停车位5000个,完成5项道路疏堵工程,推进2个公交场站和2个地下停车库建设。新建62座5G基站,实现重点区域5G网络全覆盖。建设6个智慧城市应用场景,74个政务云平台信息系统上线运行。在中心城区率先创建国家森林城市,建成13个公园绿地。

石景山区社会保障持续加强,完成40件民生实事和67项济困工程,救助各类困难群众66.48万人(户)次。推进金顶街小学、北京市十一学校石景山学校、北大附中石景山学校(新址)建设,引进北京市第一七一中学合作办学。建成4家社区养老服务驿站、5个养老助餐点位,2个社区获评全国示范性老年友好型社区。长护险参保人数增至46.2万人,家庭照护床位达到500张。推进养老服务指导中心社会化运营,为1.17万个"三失一独一高"老年家庭提供优质服务。石景山医院被核定为三级综合医院,完成整形外科医院改扩建一期工程,开工建设五里坨精神卫生专科医院、五里坨社区卫生服务中心。

(林迎午)

【政府常务会】 全年召开政府常务会48次(见下表)。

表 6

政府常务会一览表

时　间	名　称	议　　题
1月14日	第4次	关于报审《石景山区2021年安全生产工作完成情况及2022年主要工作安排的报告》的请示
		关于报审《石景山区2021年生态环境保护完成情况和2022年工作计划报告》的请示
		关于报审《北京市石景山区人民政府2021年法治政府建设年度情况报告》的请示
		关于报审《石景山区2021年计划生育工作情况的报告》的请示
		关于建立第二办公区有关工作的请示
		关于我区2021年"两区"建设工作总结及2022年工作方案的汇报
		关于石景山区高质量发展综合绩效评价情况的汇报
		关于一季度"开门红"有关情况的汇报
		关于2020年度高级管理人员和技术人才以及景贤人才个税兑现的请示
		关于2020年度北京字节跳动网络技术有限公司政策兑现的请示
		关于北京2022年冬奥会冬残奥会石景山区住宿服务保障酒店食宿结算标准及有关经费的请示
		关于北京2022年冬奥会、冬残奥会医疗防疫保障有关经费的请示
1月19日	第5次	关于在全区开展城镇燃气安全排查整治有关工作的请示
		关于报审《石景山区推动主动治理未诉先办工作方案》的请示
		关于以区政府名义提请市政府常务会议审议新首钢园北区部分市政道路工程有关事项的请示
		关于对新冠肺炎疫情防控期间政府征用酒店相关费用进行结算的请示
2月10日	第6次	会前部署近期大气污染防治和冰雪天气应对有关工作
		关于报审《2022年区政府常务会议议题计划》的请示
		关于传达学习习近平总书记等中央领导同志及市领导同志关于信访工作重要指示批示精神和我区贯彻落实具体举措的汇报
		关于给予华为虚拟现实创新中心等16家企业"一事一议"政策支持的请示
		关于北京首钢基金有限公司申请"一事一议"政策支持的请示
		关于五里坨精神卫生专科医院新建工程项目征地相关工作及资金的请示
		关于石景山区2022年土地储备项目资金预算的请示
		关于2021年新冠病毒核酸检测费用的请示
		关于启动堤顶路大修工程并拨付资金的请示
2月17日	第7次	人事任免有关事项
2月18日	第8次	关于报审《石景山区2022年"疏解整治促提升"专项行动方案》的请示
		关于石景山区2022年支援协作工作要点、资金安排及资金项目管理办法有关事项的请示
		关于我区北辛安社区养老助残服务中心和衙门口养老服务中心项目建设有关工作及资金的请示
		关于我区2021年地方政府专项债券用途调整的请示
		关于我区政府隐性债务"清零"有关工作的请示
3月4日	第9次	关于2022年区政府领导领衔办理市、区人大建议、政协提案以及区政府与区人大、区政协开展民主协商工作安排的请示
		关于我区2021年信访工作完成情况及2022年工作要点的请示
		关于我区"接诉即办"工作2021年度体检情况的汇报
		关于报审《石景山区2021年计划分配转业军官安置方案》的请示
3月10日	第10次	关于2022年度污染防治专项资金有关工作的请示
		关于金顶街金四区教工楼等33个老旧小区综合整治项目资金及老楼加装电梯有关工作的请示
		关于2020年度老旧小区物业奖励资金的请示
		关于给予中关村科幻产业创新中心项目"一事一议"政策支持的请示
		关于集体土地委托管理项目2020—2021年前三批地块续租租金及相关费用的请示

续表

时　间	名　称	议　　题
3月17日	第11次	区政府任命的国家工作人员宪法宣誓仪式
		会前通报部署雨雪天气风险防范应对有关工作
		关于我区燃气行业整治工作推进情况的汇报
		关于我区近期垃圾分类工作情况及下一步工作计划的汇报
		关于2021年度我区依法行政专项工作数据监测情况的汇报
		关于报审《石景山区关于促进“专精特新”中小企业高质量发展的若干措施》的请示
		关于我区2021年园林绿化工作完成情况和2022年工作计划及资金的请示
3月23日	第12次	关于报审《石景山区深入打好污染防治攻坚战2022年行动计划》的请示
		关于报审《北京市石景山区推进医疗保障基金监管制度体系改革的实施方案》的请示
		关于给予中兵投资管理有限责任公司“一事一议”政策支持的请示、关于给予北京中青旅创格科技有限公司等三家企业“一事一议”政策支持的请示
		关于我区妇女儿童活动中心装修改造实施方案及资金的请示
		关于为事业单位一次性核增绩效工资总量的请示
		关于开展我区县以下事业单位管理岗位职员等级晋升有关工作的请示
3月30日	第13次	人事任免有关事项
4月2日	第14次	传达学习习近平总书记重要指示精神和李克强总理重要批示精神及全国全市安全生产电视电话会议精神并由区应急局部署清明期间安全保障和应急值守工作
		关于2021年度市政府绩效考评情况的汇报
		关于12345市民服务热线接诉即办有关工作的汇报
		关于集体土地委托管理项目第四批新增地块土地租金及相关费用的请示
		关于广宁村棚改项目安置房购房款的请示
		关于支持中国邮政储蓄银行股份有限公司信用卡中心人才引进的请示
		关于授权委托北京冬奥公园运维主体的请示
4月15日	第15次	会前通报指挥中心近期接诉即办工作情况
		关于我区“疏解整治促提升”专项行动一季度有关工作情况的汇报
		关于报审《贯彻落实〈深入打造新时代首都城市复兴新地标 加快推动京西地区转型发展行动计划(2022—2025年)〉2022年工作方案》的请示
		关于报审《石景山区2022年政务公开工作要点》的请示
		关于报审《石景山区推进知识产权示范区建设实施方案(2022—2024年)》的请示
		关于2022年创城专项经费的请示
4月18日	第16次	人事任免有关事项
4月21日	第17次	会前通报城管委生活垃圾分类工作考评情况
		2022年一季度石景山区经济社会发展形势分析的汇报
		关于报审《石景山区“基本无违法建设区”复评工作方案》的请示
		关于我区2022年河长制有关工作及资金的请示
		关于北京市科协与石景山区人民政府签署战略合作框架协议的请示
		关于实兴集团拟联合竞买苹果园交通枢纽国资委1604—648、649、650地块的请示
4月29日	第18次	关于我区2022年五一期间安全保障和应急值守暨安全生产大检查有关工作的部署
		关于2022年一季度石景山区固定资产投资及重大项目推进情况的汇报
		关于2022年公开招聘社区工作者有关工作及资金的请示
		关于报审《石景山区2022年防汛工作方案》的请示

续表

时　间	名　称	议　　题
4月29日	第18次	关于我区突发地质灾害隐患工程治理有关工作及区级配套资金的请示
		关于2022年城市道路建设计划与资金的请示
		关于2022年区管城市道路重点任务和养护维修计划及资金的请示
		关于道路停车电子收费运营管理有关工作的请示
		关于石景山区SS00—1617街区(巴威北锅地区)控制性详细规划研究编制专项资金的请示
5月12日	第19次	会前学习京办系统有关内容
		会前学习2021年行政案件司法审判年度报告
		会前学习习近平总书记和李克强总理关于湖南长沙居民自建房倒塌事故的重要指示批示精神及全国、全市居民自建房专项整治会议精神
		会前通报我区近期接诉即办工作情况会前通报我区近期生活垃圾分类工作考评情况
		关于安排社区疫情防控专项资金的请示
		关于2021年第二批老旧小区综合整治项目第三方全过程管理服务单位招标有关工作的请示
		关于东院配电室迁改项目所需经费的请示
5月17日	第20次	关于报审《石景山区继续加大中小微企业帮扶力度加快困难企业恢复发展工作方案》的请示
		关于石泰集团与北京安泰兴业置业有限公司联合竞买衙门口棚改项目1616－670地块的请示
		关于石泰集团认购衙门口棚改670地块公建的请示
		关于广宁村棚户区改造项目成本有关工作的请示
		关于黄庄村棚户区改造项目启动资金的请示
		关于北京2022年冬奥会冬残奥会我区住宿服务保障住宿设施食宿费用结算有关工作的请示
5月27日	第21次	关于报审《石景山区模式口历史文化街区平房(院落)保护性修缮和恢复性修建工作方案(试行)》的请示
		关于2022中国科幻大会及北京科幻嘉年华活动策划方案及有关资金的请示
		关于疫情防控应急有关资金的请示
		人事任免有关事项
6月2日	第22次	关于12345市民服务热线接诉即办有关情况
		关于生活垃圾分类工作考评情况
		关于报审《石景山区突发事件总体应急预案》的请示
		关于石景山区2022年民生实事任务调整有关事项的请示
		关于2021年应检尽检本市参保人员核酸检测费用的请示
		关于近期民用防控应急物资采购有关资金的请示
6月7日	第23次	关于报审《石景山区统筹疫情防控和稳定经济增长的实施方案》的请示
		关于人民渠西延有关工作的请示
		关于八角社区卫生服务中心及附属用房、西府海棠社区卫生服务站标准化装修改造有关资金的请示
6月10日	第24次	关于兑现2021年度“一事一议”企业政策支持资金的请示、关于兑现2021年度现代金融产业政策支持资金的请示、关于兑现2021年度产业发展政策支持资金的请示
		关于报审《石景山区推进国际科技创新中心建设加快创新发展支持办法》的请示
6月16日	第25次	关于12345市民服务热线接诉即办有关情况
		关于2021年度预算执行、决算草案和其他财政收支审计工作情况的汇报
		关于报审《北京市石景山区防范和化解拖欠中小企业账款专项行动方案》的请示
		关于以“免申即享”方式兑现2022年度《石景山区关于促进“专精特新”中小企业高质量发展的若干措施》第一条措施的请示

续表

时　间	名　称	议　　题
6月16日	第25次	关于北京万商投资发展集团有限公司规划建设区应急保障用房项目有关事项的请示
		关于2021年决算草案情况的汇报
		关于2022年政府专项债券有关工作的汇报
		关于疫情防控期间政府征用集中住地住宿费用阶段性结算有关工作及资金的请示
		关于北京市十一学校石景山学校等三项配套大市政建设工程有关工作及资金的请示
6月24日	第26次	关于生活垃圾分类工作考评情况
		关于报审《石景山区2022年政务服务行动计划》的请示
		关于我区城市管理平台项目(二期)建设资金的请示
		关于疫情防控期间政府征用集中住地餐饮设备设施改造慰问等费用阶段性结算工作的请示
		关于2022北京西山永定河文化节有关工作及资金的请示
		关于建设石景山区数字档案馆项目有关工作及资金的请示
		关于申请2022年纳税服务、优化办税环境和税费组收有关工作经费的请示
		关于北京市十一学校石景山学校等三项工程有关资金的请示
7月7日	第28次	区政府任命的国家工作人员宪法宣誓仪式
		会前学习《习近平法治思想学习纲要》
		关于12345市民服务热线接诉即办有关情况
		关于2022年上半年安全生产工作完成情况及下半年重点工作安排的汇报
		关于“落实‘双减’政策、高质量构建‘五育’融合育人体系”议案办理情况的汇报
		关于“景贤计划”人才发展专项资金的请示
		关于2022年上半年财政收支工作情况的汇报
		关于先行垫付2022年度保障性住房家庭租金补贴经费的请示
7月13日	第29次	关于2022年上半年消防安全形势分析的汇报
		关于报审《我区加快推进消防救援基础设施网和应急响应调度网建设的实施方案》的请示
		关于生活垃圾分类工作考评情况的汇报
		关于报审《石景山区2022年交通综合治理行动计划》的请示
		关于2022年上半年“疏解整治促提升”专项行动工作情况及下半年重点工作安排的汇报
		关于石景山区2022年上半年国民经济和社会发展计划执行情况的汇报
7月22日	第30次	关于2022年上半年市、区政府折子工程、民生实事任务进展情况的汇报
		关于2022年上半年固定资产投资完成情况及下半年计划安排的汇报
		关于2022年上半年重大项目推进情况及下半年工作安排的汇报
		关于报审《石景山区自建房安全专项整治工作方案》的请示
		关于京门铁路(石景山段)沿线整治提升工程有关工作及资金的请示
		关于北京冬季奥林匹克公园东北部地区环境整治提升工程有关工作及资金的请示
		关于2022年“八一”期间双拥活动安排及军地互办实事经费的请示
		关于给予航天科工集团智能科技研究院有限公司等4家企业“一事一议”政策支持的请示
		关于给予北京江娱互动科技有限公司等6家单位“一事一议”政策支持的请示
		关于中关村工业互联网产业园1606—605地块有关工作的请示
		关于以区政府名义与亚洲数据集团有限公司签订战略合作框架协议的请示
		关于以区政府名义与北京银保监局签订合作协议有关工作及资金的请示
		关于申请拨付华夏信用卡中心2019年度至2021年度2—15层房租的请示
		关于支持北京永辉超市有限公司黄晓晨、姜涛人才引进的请示

续表

时间	名称	议题
7月22日	第30次	关于北京2022年冬奥会和冬残奥会医疗防疫保障经费的请示
		关于2022年3—5月新冠病毒核酸检测费用的请示
		人事任免有关事项
7月22日	第31次	人事任免有关事项
7月29日	第32次	关于2022年上半年创城工作完成情况及下半年计划安排的汇报
		关于申请2022年创城测评服务保障专项经费的请示
		关于转让金顶阳光等5个廉租房项目有关工作的请示
8月4日	第33次	会前传达陈吉宁市长在全市安全生产电视电话会议上的讲话精神
		会前通报我区近期生活垃圾分类工作考评情况
		关于报审《石景山区迎接2022年安全生产市委市政府督察工作方案》的请示
		关于2022年上半年重要民生实事工作情况及下半年工作安排的汇报
		关于接诉即办2022年上半年诉求情况分析和下半年重点工作安排的汇报
		关于我区"稳就业""保就业"重点工作情况的汇报
		关于我区培育建设国际消费中心城市上半年工作情况及下半年安排的汇报
		关于八大处公园园内景观提升项目有关工作及资金的请示
		关于北辛安棚户区改造项目剩余产业、配套商业及地下仓储定价的请示
		关于教育系统引进名校长吴学安的请示
		关于衙门口十号路红线内污水管线工程建设资金的请示
		关于申请供热补贴的请示
8月9日	第34次	关于报审《石景山区2022年防范处置非法集资暨防范化解金融风险工作方案》的请示
		关于给予中船海神医疗科技有限公司"一事一议"政策支持的请示
		关于兑现中国光大银行股份有限公司信用卡中心等企业政策支持资金的请示
		关于我区数字经济发展情况的汇报
		关于收购晋元庄等项目剩余房源有关事项的请示
8月18日	第35次	关于海淀区香山老年公寓"7·27"挡土墙坍塌情况的通报
		关于报审《石景山区落实粮食安全责任制实施方案》的请示
		关于2022年上半年污染防治攻坚战工作进展情况及下半年重点工作安排的请示
		关于追加调整街道预算的请示
		关于高井村环境整治项目有关资金的请示
		关于报审《中国电科(北京)智能科技园定向住房房源转化方案》的请示
		关于2020年拆除违法建设经费的请示
8月26日	第36次	关于深入落实《北京市接诉即办工作条例》议案办理暨专项工作情况的汇报
		关于人民渠西延综合治理有关工作及资金的请示
		关于疫情防控期间政府征用集中驻地住宿餐饮安防改造慰问等费用阶段性结算工作的请示
		关于调整优矩互动(北京)科技有限公司"一事一议"支持政策的请示
		关于科幻产业发展合作框架协议有关工作的请示
		关于申请拨付苹果园交通枢纽商务区土地一级开发项目有关资金的请示
9月1日	第37次	会前传达市防汛办《关于深入贯彻落实习近平总书记重要指示精神全力以赴做好防汛抗旱抢险救灾工作的通知》
		会前通报我区近期生活垃圾分类工作考评情况

续表

时间	名称	议题
9月1日	第37次	关于报审《北辛安棚户区改造A、B区房屋征收项目国有土地上非宅房屋征收补偿补充协议》有关资金的请示
		关于签订《实物(不动产)补偿协议》的请示关于报审《北京市石景山区议事协调机构管理办法(试行)》的请示
		关于报审《石景山区促进侨商侨企创新发展和交流合作支持办法》的请示
9月17日	第39次	人事任免有关事项
		关于报审《石景山区加强基层治理体系和治理能力现代化建设实施方案》的请示
		关于京津冀协同发展工作情况的汇报
		关于2022年优化营商环境工作情况的汇报
		关于12345市民服务热线接诉即办有关情况的通报
		关于报审《北京市石景山区落实〈关于深化医疗保障制度改革的若干措施〉的任务分工方案》
		关于《"加快推进北京'两区'建设和国际消费中心城市培育建设在我区落地见效"的议案办理工作情况》的汇报
		关于报审《石景山区促进消费增长和商务经济高质量发展若干措施》的请示
		关于建设石景山区静态交通智慧管理平台有关工作及资金的请示
		关于五里坨新隆恩寺村居民周转有关工作及资金的请示
10月14日	第41次	会前学习北京推进国际交往中心功能建设
		刘锋同志传达国务院安委会办公室关于吉林省长春市"9·28"重大火灾事故情况通报并部署我区党的二十大期间安全生产有关工作
		关于12345市民服务热线接诉即办有关情况
		关于2022年三季度市、区政府折子工程、民生实事及市政府绩效任务进展情况的汇报
		关于石景山区推进国际交往中心功能建设情况的汇报
		关于"深入实施城市更新行动,推动我区经济社会高质量发展"议案办理情况的汇报
		关于报审《黄庄村棚户区改造房屋征收项目住宅房屋征收补偿方案》的请示
		关于报审《黄庄村棚户区改造房屋征收项目国有土地上非住宅房屋征收补偿方案》的请示
		关于石景山区国有自然资源资产管理使用情况专项审计调查工作的汇报
		关于我区申请2022年政府专项债券工作的汇报
		关于勤务警务辅助人员有关经费的请示
10月20日	第42次	会前学习持续打造国际一流营商环境 助力经济高质量发展
		关于2022年1—3季度石景山区经济社会发展形势分析的汇报
		关于12345"接诉即办"2022年第三季度诉求情况分析的汇报
		关于自建房安全专项整治工作进展情况的汇报
		关于深入打好污染防治攻坚战2022年行动计划三季度工作进展情况及2021年污染防治攻坚战成效考核情况的汇报
		关于调整部分2021年污染防治专项转移支付资金用途的请示
		关于拨付抖音视界有限公司科技型集团企业所得税奖励资金的请示
		关于全区未成年人思想道德建设工作情况的汇报
		关于调色板花园和模式口地下停车库项目初步实施方案及有关资金的请示
		关于申请1621(衙门口地区)街区控规编制专项资金的请示
10月27日	第43次	关于报审《石景山区人民政府关于办理区第十七届人大第一次会议代表建议、批评和意见工作情况的报告》的请示
		关于报审2021年度预算执行和其他财政收支审计查出问题整改情况报告的请示

续表

时间	名称	议题
10月27日	第43次	关于以区政府名义与亚洲数据集团有限公司签订战略合作框架协议的请示
		关于以区政府名义与首都会展(集团)有限公司签订战略合作框架协议的请示
		关于高井规划一路征拆资金的请示
11月4日	第44次	关于报审《石景山区人民政府关于办理区政协第十一届委员会第一次会议以来提案情况的通报》的请示
		关于2022年1—3季度重点项目建设及投资运行情况的汇报
		关于2022年1—3季度"疏解整治促提升"专项行动工作情况及下一步重点工作安排的汇报
		关于报审《石景山区街道系统稳企招商服务工作方案(暂行)》的请示
		关于报审《关于全面实行行政许可事项清单管理的实施方案》的请示
		关于《石景山2022年食品药品安全工作报告》的请示
		关于石国投公司参与中关村工业互联网产业园核心区二期(1606—605地块)建设有关工作的请示
		关于报审《石景山区2022年转业军官安置方案》的请示
		关于2022年1—3季度石景山区房地产市场运行情况的汇报
		关于以区政府名义与中国国际贸易促进委员会北京市分会签订《战略合作协议》的请示
		关于报审《关于支持北京科幻产业发展合作框架协议》的请示
		关于中铁建资本控股集团有限公司等2家企业"一事一议"支持政策和拟签订战略合作协议有关情况的请示
		关于申请将纳税服务类和税收征管类支出纳入区级部门预算的请示
		人事任免有关事项
11月17日	第46次	关于12345市民服务热线接诉即办有关情况的通报
		关于申请拨付楼内线缆整治资金的请示
		关于五里坨卫生健康专科医院新建工程实施三通及永久性边坡支护资金的请示
		关于申请小型消防站建设所需资金的申请
		关于以区政府名义与中国工商银行北京市分行签订战略合作协议的请示
		关于2021年度第二批《中关村科技园区石景山园加快创新发展的支持办法》兑现工作的汇报
		关于报审《推进石景山区互联网3.0产业发展工作方案2022—2025年》的请示
		关于认定中国电科(北京)智能科技园项目部分产业载体买受人资格的请示
		关于以石景山区政府名义与市科委中关村管委会、北京航空航天大学签署战略合作协议的请示
		关于"石科26条"及"中小微企业帮扶"政策兑现有关工作及资金的请示
		关于给予北京实兴集团有限公司商业发展扶持资金的请示
		关于向北京石景山产业发展有限公司增资的请示
		关于建议取消北京冬奥公园基础设施提升工程部分内容的请示
		关于石景山区2022年第四次预算调整方案的汇报
12月2日	第47次	会前传达习近平总书记关于河南安阳"11·21"火灾事故重要批示精神及殷勇市长相关批示精神
		关于报审《石景山区落实市委市政府安全生产第五督察组督查反馈意见整改方案》的请示
		关于报审《关于石景山区"基本无违法建设区"创建复评情况的自查报告》的请示
		关于民生家园资金分配调整情况的汇报
		关于石景山区2022年知识产权工作总结及下一步工作计划的汇报
		关于报审《北京银行保险产业园发展提升三年行动方案(2023—2025年)》的请示
		关于2022年度第二笔污染防治专项转移支付资金安排的请示
		关于以区政府名义与北京证券交易所、全国中小企业股份转让系统有限责任公司签署战略合作协议的请示

续表

时　间	名　称	议　　题
12月2日	第47次	关于申请2022年石景山区公共安全视频监控建设联网整合项目专项资金的请示
		关于申请拨付医疗卫生机构疫情防控工作补助的请示
		关于拨付石景山区不动产登记大厅改造经费的请示
		关于申请拨付五里坨规模学校(人大附中石景山学校)建设工程立项批复外建设资金的请示
		关于申请拨付石景山区黄庄职业高中改扩建工程建设资金的请示
		关于我区道路停车电子收费前端设备三期建设有关工作及资金的请示
12月9日	第48次	关于2022年度市政府绩效管理年终考评有关工作及我区市政府绩效任务落实情况的汇报
		关于2023年固定资产投资重点建设项目和投资计划安排有关情况的汇报
		关于《北京市石景山区2022年国民经济和社会发展计划执行情况与2023年国民经济和社会发展计划(草案)报告》的汇报
		关于报审《北京市石景山区2022年度河长制工作推进落实情况的报告》的请示
		关于报审河长制专项资金使用管理办法调整方案及2023年专项资金相关事宜的请示
		关于永引渠及周边城市公共绿地运维项目有关工作及资金的请示
		关于2022年“济困工程”实施情况及2023年工作安排的汇报
		关于《政府工作报告》的汇报
		关于作出黄庄村棚户区改造房屋征收项目住宅房屋征收决定的请示
		关于作出黄庄村棚户区改造房屋征收项目黄庄村43号片区非住宅房屋征收决定的请示
		关于永引渠南路西延向阳110kV变电站5个重大项目调整为前期推进项目的请示
		关于北京市石景山区2022年预算执行情况和2023年预算草案的汇报
		关于第十届民族运动会场馆周边花卉布置项目有关资金的请示
		关于申请万商青年公寓运营费用的请示
		关于报审《石景山区落实“三区三线”划定成果分区规划修改方案》的请示
		关于申请拨付UAC改造项目建设资金的请示
12月15日	第49次	关于2022年重大项目完成情况及2023年工作安排的汇报
		关于追加2022年规范调整社区工作者工资待遇所需经费的请示
12月23日	第50次	关于报审《石景山区2022年城乡规划实施和土地资源管理情况的报告》的请示
		关于根治“欠薪”专项行动及元旦春节前维稳工作情况的汇报
		关于以区政府名义与招商银行北京分行签署战略合作框架协议的请示
		关于申请疫情防控新阶段医务人员临时性补助的请示
12月29日	第51次	会前部署2023年元旦、春节期间安全生产监管工作
		关于报审《2023年第十三届京西消费节新年礼遇季促消费活动工作方案》的请示
		关于报审石景山区2023年重大投资项目规划谋划工作方案的请示
		关于报审《石景山区进一步帮助市场主体纾困解难若干措施》的请示
		关于2022年民宗侨务工作情况的汇报
		关于报审《关于坚持我国宗教中国化方向做好新时代石景山区宗教工作的工作方案》的请示
		关于报审《关于以铸牢中华民族共同体意识为主线推进新时代石景山区民族工作高质量发展的工作方案》的请示
		关于报审《石景山区统筹推进“十四五”时期国际科技创新中心建设工作方案》的请示
		关于调整畅游集团“一事一议”支持政策的汇报
		关于修订《石景山区关于财政支持民营和小微企业金融服务综合改革试点专项资金管理暂行办法》的请示

(林迎午)

【赴宁城县对接东西部协作】 1月2日至3日，区长李新带队赴宁城县对接东西部协作工作，实地察看大城子镇智慧农业示范产业园区等京蒙协作重点项目，看望慰问石景山区挂职干部、支教教师、支医医生。对接会上，宁城县委书记付守利围绕发挥市场主体作用，引导北京市优质企业资源在宁城县投资兴业，探索发展净菜加工等特色产业，挖掘典型经验，提炼宣传典型等重点内容，提出2022年工作思路。李新指出：石景山区与宁城县共同做好国家东西部考核评估工作，是2022年开年的一件大事，石景山区将切实肩负起政治责任，全力以赴配合宁城县做好考核评估各项工作。持续加大东西部协作力度，坚持早安排、早部署、早到位，推动资源集聚，共同谋划净菜加工等特色产业项目。区领导李文化出席会议。

（林迎午）

【第一次财源建设专题会】 1月14日，李新主持召开石景山区第一次财源建设专题会议。先后听取财政局关于调整区财源建设专班成员的汇报，区财政局、投促中心关于2021年度财源建设工作开展情况、考核结果的汇报，区财政局关于《石景山区财源建设专家智库管理办法》的汇报，区经济和信息化局关于《石景山区关于促进“专精特新”中小企业高质量发展的若干措施》的汇报，区投促中心关于北京首钢基金有限公司申请“一事一议”情况的汇报，园区管委会关于梳理现行政策明确国际组织（机构）支持条款的汇报。李新指出：财源专班要积极谋划今年财源建设各项工作，实现一季度开门红目标。招商引资工作要坚持量质并重，补齐引进外资短板。各产业部门要按照“谁选用谁维护”原则，做好专家库日常管理工作。要加大力度引导中小企业走“专精特新”发展之路，营造良好政策环境，要积极支持首钢基金发展，与石景山区元宇宙、虚拟现实产业发展有机结合，实现互利共赢。要高度关注国际组织分支机构的设立、运行、管理等工作，做好服务协调。区领导齐春利、王智勇、李文化参加会议。

（林迎午）

【与北京燃气集团座谈】 1月25日，石景山区与北京燃气集团召开座谈会。北京燃气集团支晓晔总经理介绍北京燃气集团对北京市的燃气保障力量，燃气泄漏检测、数字化管线平台等方面的高新技术设备使用和建设情况，对石景山区燃气管线建设、用气安全宣传、安全隐患排查等方面工作进行汇报。李新表示：北京燃气集团多年来在安全隐患巡检、用气安全宣传、应急体系建立、重大活动保障等方面，为北京市和石景山区城市运行安全平稳奠定扎实的工作基础，石景山区有意愿、北京燃气集团有能力在接下来一个时期进行更加深入的合作。区领导李新、王其志，北京燃气集团党委副书记、总经理支晓晔参加会议。

（林迎午）

【2022年区政府全体会议】 1月27日，李新主持召开2022年区政府全体会议。会议通报石景山区第十七届人民代表大会第一次会议和政协北京市石景山区第十一届委员会第一次会议情况；签订2022年区政府折子工程任务书。区领导齐春利、李先侠、申键、王智勇、尹圆、李文化参加会议。

（林迎午）

【部署大气污染防治工作】 2月10日，李新部署石景山区大气污染防治有关工作。李新强调：各部门、各街道要高度重视，严格落实行业监管责任和属地责任，通力合作、形成合力。要全员上岗、全时执法，以问题为导向，聚焦施工工地、重点管控企业等重点领域及热点网格高值区、空气质量排名靠后街道，强化执法监管，确保措施落实到位。区委生态文明委督查小组要对各项措施落实情况进项督查检查，确保各项措施落实到位。

（林迎午）

【调研中储粮油脂有限公司】 2月16日，李新调研走访中储粮油脂有限公司。中储粮油脂有限公司公司党委书记、董事长盖兆举介绍企业未来发展布局下一步工作计划。李新希望企业紧抓石景山区城市更新和产业转型的重大战略机遇，发挥中储粮油脂有限公司的示范引领作用，吸引更多中储粮系公司集聚石景山创新发展。并指出：石景山区将与企业不断深化互动交流，做好精准服务，努力促成中储粮系新设机构在石景山区布局发展，全面提升企业植根性，助力区域经济高质量发展。

（林迎午）

【调研邮储银行信用卡中心】 2月21日，李新到邮储银行信用卡中心调研。首先参观位于13层办公区的消费者权益保护部，了解邮储银行信用卡发行及客户服务情况。邮储银行信用卡中心总经理刘志军介绍2021年发展情况及2022年重点工作安排。李新指出：邮储卡中心的落户，推动石景山区形成“三卡＋消金”消费金融新格局，为金融业发展、区域产业转型注入新活力、增添新动能。石景山区将全力支持邮储卡中心发展，不断优化营商环境，形成“金融＋科技”融合发展的良好氛围。希望邮储卡中心发挥桥梁和纽带作用，搭建邮储银行支持石景山区专精特新企业的服务平台，导入更多优质项目和资源，持续加强对驻地的支持，不断深化战略合作。李文化参加调研。

（林迎午）

【市住房城乡建设委调研】 4月15日，北京市住建委到石景山区调研城市更新、非经资产老旧小区改造及检查安全生产和疫情防控工作。先后调研模式口历史文化街、古城南路西老旧小区综合整治项目，并进行工作座谈。会议强调：要强化老旧小区改造任务推进，实现问题清单化，实时反馈、及时总结。要扎实推进危旧楼改建工作，满足条件的楼栋要尽快纳入计划，同步探索平衡资金方法。要探索片区更新试点，通过引入社会资本，建立可循环机制。要严格落实施老旧小区改造工地疫情防控工作，做到及时发现及时防控。市住建委主任王飞、副主任冯可梁、张国伟，区领导李新、李先侠，首开集团总经理李岩、副总经理吴智参加调研。

（林迎午）

【衙门口棚户区改造房屋征收签约】 4月29日,石景山区举行衙门口棚户区改造房屋征收项目国有土地上非住宅房屋征收补偿协议签约仪式。此次签约标志着石景山区四大棚改项目所涉58处国地非住宅房屋完成全部征收补偿工作;标志着北京教育学院将与石景山区开展全方位、深层次的合作,衙门口分校区作为北京教育学院教师继续教育中心,也将对京西教育事业发展起到重要的作用。李新强调,签订协议拉开双方合作共赢、互惠发展的序幕,在市财政局、市教委、市机关事务管理局的大力支持下,师资雄厚、理念先进的教育学院分院新址落地石景山区,必会更好地促进资源整合及优势互补,优化师资培养体系,更好地服务首都发展大局,助力打造京西"品质之城",高水平建设好首都城市西大门。

(林迎午)

【"城市日"庆典活动视频会议】 5月28日,俄罗斯赤塔市举办"城市日"庆典活动视频会议,石景山区与国际友城"云连线"。李新对赤塔市建市171周年表示祝贺,并指出,近年来,两市区"线上+线下"齐发力,保持友好交流不断线,共同开展庆祝结好十周年线上音乐会、两地携手共庆北京冬奥等一系列活动,不断开创友好交往新局面。在双方政府大力推动下,在市民热情支持下,两区市友好交往不断向更高水平、更广领域、更深层次发展。赤塔市行政长官亚里洛夫及市长萨波日尼科夫分别发表致辞,对北京市成功举办一届精彩、非凡、卓越的冬奥会表示诚挚的祝贺。亚里洛夫表示,赤塔市十分重视与首都中心城区石景山区的交流合作,希望未来两区市继续并肩前行,扩大和深化双方更多领域务实合作,推动双方友好关系深入向前发展。

(林迎午)

【宁城县东西部协作对接会】 7月7日,李新主持召开石景山区—宁城县东西部协作对接会。宁城县委书记付守利介绍宁城县2022年东西部协作工作取得成效及下一步工作思路,希望两地不断深化协作领域,实现携手互助、共赢发展,宁城县将以此次对接会为契机,管好用好帮扶资金,持续打造特色亮点,共同讲好石景山区与宁城县东西部协作故事。李新指出:要聚焦重点,高水平完成资金项目、消费帮扶等东西部协作任务目标;奋勇争先,合力打造宁城县"科技兴农"等东西部协作典型样板;提前谋划,在人才资源、产业合作等领域形成东西部协作工作良性循环。李文化参加会议。

(林迎午)

【首届北京市城市更新论坛】 7月12日,首届北京市城市更新论坛活动暨北京城市更新联盟成立仪式在首钢园举办。住房和城乡建设部总工程师李如生、北京市副市长隋振江出席活动并致辞,活动现场宣布组建北京城市更新联盟,成员单位涵盖城市规划、建筑、管理、商业、科技、文化和金融等百余家单位,石景山区实兴集团和石泰集团为城市更新联盟首发成员单位。区住建委与建行子公司建信住房签约城市更新和保障性租赁住房项目。石景山区首钢老工业区和模式口历史文化街区2个项目被评为最佳实践项目,古城南路东、西小区老旧小区改造等项目被评为优秀案例。区领导李先侠现场介绍石景山区城市更新工作整体情况并进行项目推介,诚邀社会资本参与石景山区城市更新。区领导李新、李先侠参加活动。

(林迎午)

【莫旗东西部协作对接】 7月12日,石景山区与内蒙古自治区莫力达瓦达斡尔族自治旗(简称莫旗)召开东西部协作对接会。谭华介绍莫旗东西部协作取得成果及下一步工作思路,提出继续借助与石景山区东西部协作有利契机,在优势产业上再提升。李新指出,要坚持抓帮扶,促进成果巩固,高水平完成东西部协作全年任务;注重抓示范,促进乡村振兴,合力打造东西部协作示范样板;持续抓合作,促进区域发展,实现东西部协作工作良好互动。区领导李文化,莫旗委书记谭华及旗委副书记、政法委书记郭琰等参加。

(林迎午)

【中储粮质检中心有限公司成立】 7月15日,中储粮质检中心有限公司成立大会在石景山区召开。会议由中储粮集团公司总经理、党组副书记、董事迟京涛主持。李新表示,中储粮质检中心有限公司落户石景山区,标志着双方全面开启合作新征程,石景山区将为中储粮集团体制机制改革和科学技术创新提供"肥沃"土壤,"用心"倾听企业呼声,"用情"做好企业服务。中储粮集团党组书记、董事长邓亦武,国家市场监督管理总局认可与检验检测监督管理司一级巡视员乔东,国家粮食和物资储备局标准质量中心主任王耀鹏,中国检验检测学会副会长、中国工程院院士沈建忠,区领导李文化参加会议。

(林迎午)

【全球数字经济大会数字金融论坛】 7月30日,2022全球数字经济大会数字金融论坛在北京·银行保险产业园召开。李新就以"金融数字化转型"作为战略支撑,全力打造首都数字金融发展新高地为主题发表演讲,表示石景山区将凝聚促进数字金融发展的合作共识,营造有利于数字金融发展的生态环境,培育数字金融发展的新动能,构建数字金融的"朋友圈"。市经信局、市地方金融监管局相关负责人,区领导李先侠、李文化及来自10多个国家20余位知名数字金融专家、机构代表出席活动。

(林迎午)

【竹山县对口协作工作座谈会】 8月9日,石景山区—竹山县对口协作工作座谈会召开。李新指出:加快资金拨付进度,促进项目又好又快实施。结合竹山县的资源禀赋、产业定位和实际需求,做实做优产业协作项目,推动当地产业可持续发展。进一步加强沟通协作,建立广泛的合作渠道,利用有限的资金,在更高层次开展更广领域的无限合作,提高对口协作工作质量。结合竹山县"绿茶、绿水、绿松石"等优势资源,建设一批典型示范项目,做大做强特色优势产业。继续加大资金、人才等方面的支持力度,助力竹山县夯实发展基础,进一步强化互通、凝聚共识，做互惠互利、共同发展的好伙伴。竹山县县委副书记、县长王丽媛希望与石景山区在产业合作、文旅品牌宣传等领域深化协作，推动对口协作工作再上新台阶。区领导李先侠参加座谈会。

（林迎午）

【科技周启动仪式】 8月21日，2022年石景山区科技周启动仪式暨中关村科幻产业创新中心签约揭牌仪式在首钢园金安桥二号楼举行。启动仪式上，区政府、首钢集团、北京中关村通力科技服务有限公司三方共同签署中关村科幻产业创新中心项目合作框架协议。市科委、中关村管委会党组书记张继红，首钢集团党委副书记、董事、总经理赵民革，市科委、中关村管委会二级巡视员王建新，区领导李新、王智勇，首钢集团党委常委、副总经理、总法律顾问、首席合规官梁捷出席启动仪式。

（林迎午）

【城市新兴体育产业与城市更新国际论坛】 9月3日，2022年服贸会城市新兴体育产业与城市更新国际论坛在首钢园举办。中国人民对外友好协会副会长姜江，市对外友协常务副会长张谦，区领导李先侠参加论坛并致辞。姜江表示，要充分运用好冬奥遗产，让其成为推动发展的新动能，实现冬奥遗产利用效益最大化。在后冬奥时代，将冬奥遗产打造成造福人民的优质资产，推动新兴体育产业高质量发展，实现城市更新，首钢园区、石景山区以及北京市迎来更多新的机遇。对外友协愿继续支持北京市与这些国家的有关城市开展交流互鉴，让体育更好地成为巩固中外友好民意基础的“世界语言”。张谦表示，期待未来开展更多跨国界、跨时空、跨文明的交流互鉴，促进民心相通，携手一起向未来，为推动构建人类命运共同体作出新的更大贡献。李先侠对线上线下所有嘉宾的莅临表示热烈的欢迎，并指出，服贸会是中国对外开放的一张重要名片，也是石景山区融入新发展格局，推进高水平开放发展的重大机遇，为石景山区转型发展与城市复兴注入新的活力、增添新的动力。邀请市体育局副局长葛军、区领导尹圆、首钢集团副总经理梁捷、国家体育总局自行车击剑运动管理中心事业发展处处长袁向阳、意大利驻华使馆科技参赞安桂笛5位嘉宾，通过圆桌对话开启“头脑风暴”，围绕“城市更新与城市复兴”分享思想观点，碰撞思维火花，汇聚各方智慧和力量。市对外友协副会长、一级巡视员王艳霞、一级巡视员苏本生出席论坛。

（林迎午）

【中国保险业高质量发展论坛】 9月3日，2022中国保险业高质量发展论坛在首钢园举办。论坛在中国银保监会和北京市政府的指导支持下，由市地方金融监管局、中国保险行业协会、区政府共同主办。论坛以“护航经济大盘，推动保险业高质量发展”为主题，旨在促进保险业进一步发挥保障作用，更好服务经济发展与社会治理，助力金融业对外开放和创新发展。国内外知名保险行业机构代表、专家学者等出席活动，就“保险业高质量发展”“保险业助力社会治理”“第三支柱养老保险体系建设”等重点前沿话题进行全方位、深层次的交流与探讨，为中国保险业高质量发展建言献策。李先侠进行主题宣介，详细介绍石景山区积极推动保险产业创新发展，建立政策性长期护理险和“信用+医疗”两个独具特色的保险试验田情况。

（林迎午）

【北京嘉曼服饰登陆深交所创业板】 9月9日，石景山区企业北京嘉曼服饰股份有限公司正式登陆深交所创业板，李新出席上市仪式。李新指出：嘉曼服饰是石景山区本土培育出的重点上市企业，经过多年来的努力，已经成长为国内外知名的童装设计、销售品牌，见证石景山区转型发展的历程。

（林迎午）

【第十届“北京湿地日”主题宣传】 9月18日，第十届“北京湿地日”主题宣传暨“首都市民最喜爱的鸟”评选结果发布活动在永定河休闲森林公园举行。活动宣传介绍《中华人民共和国湿地保护法》《北京市湿地保护条例》等相关法律法规以及湿地科普知识、北京常见野鸟、野生动物救护等内容；公布“首都市民最喜爱的鸟”活动最终结果，展出首都市民最喜爱的30种鸟摄影作品。李先侠指出：“北京湿地日”系列宣传活动向社会公众宣传了湿地在首都生态环境建设、扩大绿色空间、提升绿色空间质量中的重要作用，在全社会营造良好的普法氛围，提高社会各界对湿地的认识和保护意识，倡导公众为保护和合理利用湿地共同做出努力。

（林迎午）

【科学技术馆新馆开馆】 9月30日，石景山区科学技术馆新馆举行开馆仪式。区各有关部门以及策展机构、参建企业和辖区各科普基地的代表、科普志愿者、小学生代表参加活动。区领导李文化致辞并宣布科技馆开馆，石景山区科普志愿服务队成立。中国科协科普部副部长庞晓东，市科协党组成员、副主席陈维成，北京科学中心主任何素兴等参加开馆仪式。新馆设置3大内容板块、9大主题展区、55个互动展项，并且搭建石景山区首个4K－VR体验空间。新馆展厅共分三层，一层以数、理、化基础科学知识为本源，二层打造沉浸式宇宙空间，通过对宇宙、地球、自然和人体的探索带领观展者探寻科学奥秘，市民可在此体验石景山区首个4K－VR空间，见证宇宙的诞生与发展。三层展示人工智能、大数据、智能编程等科技应用，市民可与机器人互动比赛等感受科技为人类生活带来的改变。同时，科技馆还设置美煜时光元宇宙实验室、未来终身学习实验室和畅学编程实验室三个科普实验教室，实现展在科技馆、玩在科技馆、学在科技馆。

（林迎午）

【与国家开发银行北京市分行座谈】 10月21日，石景山区与国家开发银行北京市分行召开座谈会。国家开发银行北京市分行党委书记王伟介绍分行发展情况，并表示希望进一步加深与石景山区的合作交流。李新指出：要持续加强对接。区金融办要搭建国开行与各部门交流合作的平台，各责任部门要充分发挥各自职能特点,积极对接国开行,实现联动优势。要不断拓宽合作领域。希望将国开行优质资源导入石景山区,发挥好国开行、国开产业基金的产业资源优势,用好国开行各类政策工具,在城市更新、集体资产处置、保障性住房等领域开展深入合作。要继续深化合作关系。希望在金融服务实体经济、产业转型、城市更新、生态建设等方面开展研究探索,创新项目投资模式、管理模式,强化金融人才交流,进一步深化双方伙伴关系。国家开发银行北京市分行副行长苏斌,区领导李先侠、李文化、黄莺参加会议。

(林迎午)

【"携手友城 共享未来"交流论坛】 11月16日,石景山区与东京都板桥区政府、东京都墨田区政府在北京首钢园元宇宙体验中心共同举办纪念活动暨"携手友城 共享未来"青年企业家交流论坛。黄莺表示:石景山区与板桥区、墨田区共同书写一段友城交往的佳话,希望各方以中日邦交正常化50周年为契机,以结好25周年为新的起点,继续传递友好交流的接力棒。板桥区区长坂本健表示:25年来,板桥区和石景山区成为了跨越距离的好朋友,希望两区交流更加充实,友好关系更加深入。墨田区区长山本亨表示:墨田区与石景山区通过持续交往,建立深厚友谊,希望通过此次纪念活动和交流论坛,促进两区在产业、文化等各领域友好交流更进一步。日本驻华使馆公使贵岛善子表示:今年是中日两国邦交正常化50周年,祝贺石景山区与板桥区、墨田区缔结友城25周年,日本驻华使馆将为石景山区与板桥区、墨田区的友好交流提供大力支持,希望中日关系更上一层楼。

(林迎午)

【赴莫旗考察调研】 12月10日,石景山区代表团赴莫旗考察调研,李新与呼伦贝尔市委副书记、市长及永乾,副市长丛文健一同考察调研并座谈。到莫旗大红门肉类食品有限公司、尼尔基镇博克图村实地考察帮扶产业生产经营情况、走访慰问脱贫群众。在座谈会上,石景山区向莫旗捐赠东西部协作资金;莫旗介绍京蒙协作工作开展情况。

(林迎午)

【督查考核】 年内,石景山区实现190余项市区重点任务1000余项阶段性目标的督查任务。坚持进展情况线上核验,难点任务现场察访,以"督帮合一"为目标,高质量推动全区重点任务落实。全年共办理市领导批示150余项;共办理区领导批示450余件,制发督查专报40余期;形成碰头会工作落实情况报告30余期,涉及事项160余项。

(林迎午)

【建议提案办理】 年内,区政府加强与人大代表、政协委员的沟通联系,实现代表、委员全过程掌握,达到"办好一件、解决一片"的效果。按期办复全国政协提案1件,市人大建议23件,市政协提案9件。办复区人大建议150余件,区政协提案210余件,办成率81.5%,态度满意率、结果满意率100%。

(林迎午)

【调研保障】 年内,区政府系统梳理各行业、各领域工作亮点、突出问题,建立完善调研点位台账,精准定位突出亮点,按时推进工作重点,着力解决重大难点。累计保障区政府主要领导调研会议活动150余次,服务保障区政府主要领导工作调研50余次,涉及疫情防控、经济发展、城市更新等11大类90余个点位。

(林迎午)

【绩效考核】 年内,区政府围绕市政府绩效考评重点工作,推动全区各项工作与市级考评相衔接。组织编制日常履职工作清单200余项,分解日常履职考核清单21方面50项具体事项,通过绩效管理信息系统下发47大项2000余项任务,任务数量大幅压缩,进一步减轻基层负担。

(林迎午)

【公文流转】 年内,区政府办细致梳理文件处理关键环节和完整链条,完善公文情况通报机制,提高区政府各部门公文处理水平。全年累计收文9000余件,以区政府名义制发文件570余件。保证区政府公文处理工作安全高效运转,服务保障好区政府领导决策部署。

(林迎午)

【信息报送】 年内,区政府办完善创新信息工作体制机制,编辑制订《北京市石景山区政府系统信息工作手册》。完成国办调研约稿等任务,累计报送约稿20余篇;围绕"模式口历史文保区建设""虚拟现实产业发展""老旧小区综合整治"等重点工程,以及"市场主体分析研究"等重点工作,累计编写《石景山政务》240余期,谋划长篇专刊,刊发《石景山政务(专刊)》30余期。

(林迎午)

政务服务

【概况】 北京市石景山区政务服务管理局(简称区政务服务局),主要负责统筹推进本区简政放权、放管结合、优化政务服务改革和行政审批制度改革工作;负责协调推进市级、区级、街道、社区四级政务服务体系的建设、管理、指导、规范、监督和服务方式创新工作;负责本区"互联网+政务服务"工作,统筹做好政务服务"一张网"建设;负责全区政务服务中心建设、运行和管理;负责推进、指导、协调、监督全区政府信息公开和政务公开工作;负责推进、指导、监督全区政府网站内容信息管理和监督工作;协调、指导、督促、检查相关部门简政放权、放管结合、优化服务改革和行政审批制度改革工作等。年内,区政务服务局按照区委区政府各项决策部署,把握稳中求进、争创一流工作基调,加大力度推进"放管服"改革、加快推进政务服务体系建设,以"一网、一窗、一门、一次"政务服务改革抓手,全力推动利企便民,优化全区营商环境,石景山区政务服务系统全年共办理政务服务事项860749件,(其中现场办理599108件,网上办理175838件,延时服务办理85803件),全年人流量75.59万人次。

(闫琳琳　张　斌)

【市政务服务局调研】 3月8日,北京市政务服务局信息化处处长奚荧带队到石景山区调研。调研组在座谈会上指出：将石景山区纳入北京市统一申办受理平台延伸的试点区，市政务科技公司大力支持石景山区政务信息化建设，尽快开展市级平台延伸至石景山区的具体方案研究；配合石景山区做好办件数据和“好差评”数据共享和回流；大力支持石景山区新政务服务中心建设，从全市政务服务发展方向和企业群众办事需求等方面，在信息化专业力量支持、智能服务设备配备、审批系统对接和本地化落地等方面，提供政策和资金支持。

（张　斌）

【政府网站与新媒体融合】 10月27日，区政务服务局组织建设的政府网站与政务新媒体融合发布平台正式建成，在区政府门户网站、区级政务新媒体同步上线。该平台实现三项汇聚：汇聚石景山区政务新媒体优质信息集中发布。平台每日自动发布政府部门、街道政务新媒体账号浏览量最高信息，实现优质政府信息汇聚发布。汇聚石景山区政务新媒体优质服务功能。平台汇聚“预付监管”“12345接诉即办”“石时解纷”“政务服务办事大厅电话咨询”四个与群众企业密切相关政务新媒体办事服务平台，推动政务服务“线上办”“掌上办”。汇聚石景山区政务新媒体资源。平台建成石景山区政务新媒体矩阵，包含移动客户端2个、政府部门微信公众号26个、街道办事处微信公众号13个，建成从网站到移动端“一码直达”立体、多样发布体系，形成区政府网站与政务新媒体融合发展新格局。

（王明明）

【编制行政许可事项清单】 11月4日，区政务服务局制定的《石景山区关于全面实行行政许可事项清单管理的实施方案》，通过区政府常务会审议。该方案于对标国家、北京市清单，确定《石景山区行政许可事项清单》。区政务服务局组织协调全区30余委办局，按照“应领尽领”原则，对北京市行政许可事项清单中262个区级事项逐一梳理，通过对照“北京市政务服务事项管理系统”和市级清单，石景山区行政许可事项数量从原有的285项优化精简至243项，减少42项，减少比例14.74%。确保清单之外无许可，坚决防止边减边增、明减暗增、隐性壁垒等问题，强化部门政务大厅办事窗口协同对接，做好国家、北京市各类利企惠民、助企纾困、营商环境等政策落地实施。

（张　斌）

【抗击新冠疫情】 年内，区政务服务局严格按照市、区防疫最新政策，及时调整大厅应急预案；做好大厅消杀工作，多次开展疫情防控演练。大力宣传倡导网上办和不见面审批，减少大厅办事人员数量；结合大厅人流量和办事需求，在保证群众正常办事基础上，合理调整大厅窗口数量；设置大厅疫情防控专员，全方位维护大厅安全秩序。

（张　斌）

【推动新址政务服务中心建设】 年内，区主管领导王智勇牵头成立石景山区政务服务中心新址推进工作专班。召开专班工作会4次，开展实地调研5次，召开各类协调会30余次，调研会议60余次，对部门进驻布局和需求进行深化研究；对政务服务信息化建设方向和重点工作内容进行明确，形成阶段性成果。

（孙笑杰）

【服务保障冬奥】 年内，区政务服务局派人担任北方工业大学国际教育中心住宿运行保障（冬残奥会）工作组组长，负责保障7所高校174名志愿者的衣食住行、安全保障、疫情防控以及每日情况上报等工作。在紧邻北京冬奥组委会办公地西十筒仓3号仓一层大厅开设“首钢园区政务服务站”，并配备24小时“自助机”和办税自助机，集成区级、街道近千个服务事项、市区各类办事网站和便民网站入口，实现企业群众就近办事，一网通办。加大政府网站、政务新媒体监管力度，组织政府门户网站敏感词筛查1次、错字错链筛查2次，共整改错链1235处、错字或表述不当898处。加强安全防护，组织安全漏洞扫描1次，共处理高危漏洞5处、中危漏洞6处，确保政府门户网站信息、技术安全。严格落实信息审查，下发《关于做好近期政府网站及政务新媒体信息与网络安全工作的通知》，压实各单位信息审查责任，认真履行信息发布审核程序，确保发现问题第一时间沟通、处置，保障网站和政务新媒体安全有序运行。

（张　斌）

【推进数字政务建设】 年内，区政务服务局推动数字政务建设，完善行政审批平台建设，PC端、自助端、移动端“三端贯通”，事项办理线上线下深度融合，区级事项100%网上可办、90%“全程网办”。实现区消防救援支队、区民宗侨办、区卫健委等7部门电子印章在13种电子证照、43个行政审批事项中应用。石景山区行政审批平台实现全程电子化智能审批服务功能，企业群众通过线上线下提交申请材料，委办局后台审核通过后，在区行政审批平台点击“电子签章”，系统通过市经信局电子签章系统调取加盖电子印章，直接生成电子证照。同时，区审批平台与市级大数据平台实现电子证照实时全量汇聚，产生的电子证照同步推送到“北京市统一身份认证平台”，企业或个人登录账号即可查看和使用电子证照。电子证照与纸质证照具有同等法律效力。

（张　斌）

【推进“放管服”改革】 年内，区政务服务局大力推行“告知承诺制”审批，236项“告知承诺”事项落地实施，企业群众“一纸承诺”即可办成事。减证便民，取消调整一批证明，仅保留市级要求证明47项。积极开展“证照联办”，依托执照办理“码上通”服务平台，聚焦市场主体实际需求，选取10个领域，51项许可事项，建立“证照联办”综窗，实现“一窗申请，全程帮办、并联审批”，方便企业办事“减环节、减跑动”，实现营业执照和行政许可一次申请、并联审批。与市场监管局、体育局对接办理流程，结合“证照联办”工作，实现行业准入、营业执照、经营许可及预付费监管联合办理，惠及全区100余家校外体育培训机构，共同推动“一业一证”改革。在深化“放管服”改革和政务公开等领域，制定7个方面82项具体任务,切实抓实抓细,推动改革政策落地见效。

(张　斌)

【优化营商环境】 年内,区政务服务局、市场监管局联合在区政务服务中心发出首张加载“市场主体身份码”的营业执照。在营业执照上加载的“企业码”,归集整合企业执照信息和电子许可证等常用涉企信息。企业群众通过电子营业执照小程序(或 app)、微信、支付宝、百度等移动端,扫描营业执照上加载的“企业码”,可随时查询市场主体信息,了解企业包括名称、法定代表人姓名、住所、经营范围及“一照多址”等内容在内的基本情况,企业之间开展经营合作时也可相互查询对方信息,便于开展合作。新版营业执照加载“企业码”,是区政务服务局、区市场监管局落实“放管服”改革,持续优化营商环境的有力举措,通过新版营业执照加载“企业码”,推动石景山区市场主体更低成本、更高效率开展经营活动,激发市场主体活力,同时促进监管效率不断提升和实施精准分级分类监管。

(张　斌)

【政务公开】 年内,区政务服务局以区政府门户网站“北京·石景山”政府信息公开专栏为主阵地,以政府信息主动公开全清单为依据,持续做好重点领域政府信息主动公开力度,共主动公开政府信息 9660 条。在区政府门户网站建成“石景山区执法公示专题”,24 个部门和 9 个街道执法信息集中公开展示,共公开行政许可、行政处罚及其他执法结果各类信息 918 条。做好区政府常务会议公开,邀请利益相关方、公众代表、专家、媒体代表 77 人列席区政府常务会议。建设“石景山区会议公开专栏”,及时、集中、规范公开区政府常务会议纪要 36 次,并采取图解形式对 71 个重点议题进行解读。全区共受理政府信息依申请公开 346 件,完成答复 331 件,其余 15 件转 2023 年继续处理;区政府本级受理总数 35 件,全部完成答复。区政府本级政府信息公开行政诉讼 2 件,区政府均胜诉。下发《关于做好政府网站与政务新媒体信息发布安全与审核管理工作的通知》,明确要求对拟公开政府信息开展保密审查,严把政治关、政策关、保密观、文字关。

(王明明)

【政务媒体监管】 年内,区政务服务局加大政府网站和政务新媒体监管力度,全力保障党的二十大顺利召开。严格落实信息审查职责,坚持开展安全防护监测,对区政府门户网站栏目以及政务新媒体已发布信息进行全面自查,共完成 6 次敏感词筛查,未发现政治性表述错误、易引发负面舆情等信息。完成 4 次错别字错链筛查,共整改错链 667 处,错字或表述不当 466 处。加强应急保障。制定《石景山区政府网站党的二十大期间网络安全应急方案》,建立健全信息安全应急响应机制,保障区政府门户网站安全运行。进一步健全政府门户网站、政务新媒体党的二十大期间值守人员联系表,共投入监督检查 120 人次,每日对网页断链错链、运行速度、页面访问等情况进行巡检。做好每日巡检,共形成 24 篇巡检记录。切实压实责任。党的二十大期间,政府网站实行静态管理。严格落实各政府网站和政务新媒体责任单位信息保密审查和信息审核发布职责,专人负责,建立健全涉敏信息责任追究机制。

(王明明)

【推进政务服务“一门”建设】 年内,“一窗通办”进驻区级政务服务中心。区政务服务局会同区公安分局以进“一门”找“一窗”办“所有”为目标,将“一事一流程”整合为“多事一流程”,将“不同窗口办几件事”整合为“一个窗口全链条办一件事”,最大限度整合警务资源,打破警种壁垒。推进服务中央单位和驻京部队事项进大厅工作,做好窗口开设保障;全口径、多渠道、全流程精准对接中央单位和驻京部队需求。

(孙笑杰)

【制定 2022 年行动计划】 年内,区政务服务局围绕“五子”联动、“两区建设”、改善民生、深化改革扩大开放、优化营商环境、统筹疫情防控和稳定经济增长等全区中心工作,制定《石景山区 2022 年政务服务行动计划》。区政府第 26 次常务会审议通过行动计划及 83 项重点工作任务。李新要求:提高政治站位,提升政务服务工作对石景山区经济社会发展重要意义的认识,坚持“以人民为中心”理念,一切从群众办事体验出发,全面提升服务企业群众能力;增强工作紧迫性,不折不扣抓好行动计划各项任务落地实施,各部门要对照清单,切实加快落地;区政务服务局要强化统筹协调,持续提升企业群众办事便利度;抓好督查考核,全面完成今年各项工作任务。

(张　斌)

【“政务之星”评选】 年内,区政务服务局启动 2022 年政务服务之星评选活动。接收到来自区委宣传部、金融办、税务局、市场监管局、街道社区共 17 个单位上报的 19 名优秀候选人员,共选送 8 位候选人上报至市政务服务局参评北京市“政务之星”。

(张　斌)

【“党务+政务”建设】 年内,区政务服务局开展政务服务与党群服务中心融合试点,最终 1 名同志被评为北京市“政务之星”。选取街道、社区、商务楼宇作为试点开展。依托党群服务中心已成立的为企服务平台现有人员力量,融合政务服务中心综合窗口人员,形成服务团队,及时收集企业群众意见建议,全面提供咨询、帮办、代办等服务。

(张　斌)

外　　事

【概况】 北京市石景山区人民政府外事办公室(简称区政府外办)是负责本区外事、港澳事务的区政府工作部门。年内,区政府外办围绕“两大战略”,以服务保障冬奥筹办和全力打造新时代首都城市复兴新地标为重点,以国际交往中心功能建设为牵引,统筹疫情防控和对外交往,深入实施“五大提升行动”,构建“大外事”工作格局,更好地服务党和国家对外工作大局、首都对外工作全局。常态化疫情防控要求形势下,开展“云外事、云交往”,不断创新机制丰富内涵，以线上+线下的模式，通过信函、视频连线、拍摄短视频、摄影及绘画作品展等多种形式积极开展交流活动，保持对外交往不断线。参加2022年北京市涉外安全工作业务培训班和2022年北京市境外安全暨“一带一路”安全保障工作培训班，提升涉外突发事件应急处置能力。区政府外办收到2022年冬奥会和冬残奥会北京市运行保障指挥部城市运行及环境保障组办公室感谢信，对冬奥会的付出表示感谢。邀请国际友城参与“多彩世界”国际青少年绘画邀请展，共报送国际作品83幅，推动生物多样性保护全民行动，促进中外青少年文化艺术交流，鼓励青少年通过艺术的形式关注世界发展，展现世界的多样性。共有5幅作品获奖，区政府外办获“优秀组织奖”。第二届“北京·国际范儿”短视频大赛闭幕式暨颁奖仪式以线上方式举行，17部作品分获一、二、三等奖，区政府外办获优秀组织奖。

（周　杰）

【助力“两区”建设】　1月7日，外交部欧洲司全体党员在副司长王晓瑶带领下到首钢园区、模式口历史文化街区和中关村石景山园开展联学调研活动，区商务局、区政府外办分别对石景山区“两区”建设以及与欧洲友城交往情况进行汇报。3月24日，区政府外办、区商务局、区投促中心与芬兰商会就战略合作框架协议以及合作项目落地举行对接会，芬兰商会会长杜米宁，执行董事吴兰和芬兰商会会员企业北巅科技文化（北京）有限公司企业代表参加会谈。7月29日，石景山区“国际会客厅”项目启动仪式在北京燕京八绝博物馆举办。市政府外办副主任冯剑，区领导尹圆，中央广播电视总台国际交流局党总支专职副书记余艳芝，芬兰驻华大使馆媒体与文化事务参赞何天明及区相关部门，北方工业大学等单位中外代表出席活动。“国际会客厅”项目，旨在为推进国际交往中心功能建设提质增效，打造面向国际进行友好交流合作的平台，通过“外事+”系列活动，聚资源、凝共识、集众志、促发展，成为对外宣传展示“京西福地”石景山的重要窗口和面向海内外招商聚能的桥梁纽带。9月3日，“2022年服贸会城市新兴体育产业与城市更新国际论坛”成功举办，来自20余个国家120余位嘉宾通过“线上+线下”方式出席，广泛凝聚共识，共促产业发展。9月9日，区政府与市友协共同举办的“2022北京国际民间友好论坛”成功举行，来自35个国家48个友好组织的90余名代表共聚云端，共谋国际合作。

（周　杰）

【国际语言环境建设】　1月11日，区政府外办联合区城管委、城管执法局对北京冬奥公园内位于冬奥火炬传递沿线的永定河左岸公共空间片区、马拉松大本营片区以及莲石湖片区的150余条外语标识进行联合检查。3月31日，北京九中师生与区政府外办开展关于纠正石景山区公示牌、标语牌等英文标识的交流与研讨。区人大代表、北京九中正高级教师高笑旭，九中英语教师陈鹏及所带领的研究性学习小组，区政府外办工作人员参加会议。5月14日，区政府外办对古城街道属地泰康医院和物美超市存量不规范外语标识整改情况进行复审，确保该区域存量不规范外语标识动态清零。6月29日，区政府外办组织召开石景山区实施《北京市国际交往语言环境建设条例》专项工作方案工作部署会。区内相关行业主管部门、9个街道以及首钢集团外办主管负责人员参加会议。9月28日，区政府外办联合区商务局、文旅局、城管执法局对六工汇、金安环宇荟、京燕饭店等区内重点商业服务场所和住宿接待场所开展存量外语标识联合检查工作。年内，区政府外办制定专项工作方案，上报外语标识台账21095条，联合检查19次，整改不规范标识574条。16个区级、街道政务服务中心共设置178个外语标识标牌、设立5个外语办事窗口、配备5名外语服务人员、配置10个外语服务交流设施，为办事企业群众提供多语种服务，国际语言环境便利化服务进一步升级。策划推出中英文版“漫游石景山”旅游地图及旅游手册，涵盖“吃住行游购娱”全要素共48处重点文旅点位，彰显石景山文旅资源国际化。不断完善区政府英文版门户网站，及时向外籍人士发布政策性和生活服务信息，网站上线至今，共翻译并发布稿件309篇，37万余字。着力抓好“石景山外事”微信公众号内容建设，通过中英文视频和图文介绍全区产业转型发展状况、政策信息、特色文化等内容。

（周　杰）

【友好城市交往】　1月，北京冬奥会举办前夕，韩国首尔特别市麻浦区、俄罗斯后贝加尔边疆区赤塔市、日本东京都板桥区和墨田区等4个国际友城通过视频及信函的方式献上对北京2022年冬奥会和冬残奥会的祝福。1月，区政府外办组织冬奥大学生志愿者、中小学生、书法艺术家等人员拍摄石景山市民恭贺新年宣传短片，展现文化、旅游、科技、经济、体育等各领域发展新风貌，通过视频形式向国际友城传递新年祝福，宣传京西福地石景山。2月7日至18日，石景山区居民友好交流摄影展在东京都板桥区政府展示厅举办。展出正值北京冬奥会举办期间，板桥区专门制作介绍首钢滑雪大跳台的展板，吸引大批观众的目光，许多观众纷纷留言送上对北京冬奥及石景山区的祝福。5月28日，俄罗斯赤塔市举办“城市日”庆典活动视频会议，石景山区与国际友城“云连线”，李新以视频形式出席并致辞。9月，邀请俄罗斯后贝加尔边疆区赤塔市参加服贸会在线平台“一带一路文化旅游推介展”。赤塔市提供视频、图片及文字资料，并亮相2022“一带一路”文化旅游线上推介展，通过“云上推介”展现城市魅力。11月1日至30日，板桥区产业推介会在线上举办，石景山区3家企业受邀参与在线推介活动，共同促进友城间产业交流。11月16日，为纪念中日邦交正常化50周年及石景山区与板桥区、墨田区缔结友好交流城市25周年，区政府与东京都板桥区、东京都墨田区在北京首钢园元宇宙体验中心共同举办纪念活动暨“携手友城 共享未来”青年企业家交流论坛。日本驻华使馆公使贵岛善子、板桥区区长坂本健、墨田区区长山本亨,区领导黄莺分别通过线上与线下方式参加活动并致辞,区有关部门负责人、在京日资企业及商会代表、石景山区青年企业家、青联委员及大学生代表共70余人参加现场活动,板桥区、墨田区企业家以及大学生代表分别通过线上进行云端参会。12月,区领导以贺卡形式,向日本、韩国、俄罗斯、芬兰、英国等国际友城、友好交流城市以及芬兰、韩国、日本驻华大使馆等机构送上新年慰问及祝福。

(周　杰)

【服务保障冬奥筹办】 2月,北京冬奥会和冬残奥会举办期间,区政府外办针对闭环签约酒店,选派2名具备英语及日语交流能力的干部,分别派驻两家酒店闭环参与全程服务保障工作,对酒店新增的55条闭环动线标识及防疫提示信息、冬奥服务手册英文内容进行翻译指导,并对酒店外语标识设置情况进行现场检查,对3处制作过程中出现的问题进行指正。针对涉冬奥无症状感染者集中隔离酒店,先后选派7名语言翻译服务人员酒店,协助接听答复外籍客人电话问询280余次,协调外籍客人解决调整餐饮、更换房间等事项26件次,协助医护人员完成外籍无症状感染者的转入、转出60余人次。全力做好首钢滑雪大跳台、签约和保障酒店、交通场站、行车路线等场所环节闭环运行服务保障工作。成立协同工作专项组外事服务专班,安排2名专业翻译人员现场集中备勤,同时办内工作人员24小时原地备勤和电台值守,协同公安分局、区卫健委、交通支队做好集中备勤和现场拉练,确保第一时间对涉外突发事件及时响应和妥善处置。针对涉冬奥外宾接待,制定相关工作方案,指导区内涉奥场馆、涉奥区域内有关单位为驻华使馆执行领事职务提供便利。协助酒店服务保障组,为隔离住宿的官员及运动员提供细致周到的外事服务,在严格遵守防疫要求以及会见流线的前提下,安全顺利完成外事会见活动。针对涉外、涉冬奥场所,实施"迎冬奥、促提升"国际语言环境建设专项行动,涉奥场所3178条不规范外语标识动态清零,新增1700余条外语标识及15000余字英文翻译"零差错"。规范涉冬奥公共场所标识,对"一区域三线路三周边一点位"区域的9723条外语标识进行自查及联合检查,对其中574条不规范外语标识改正情况进行督促整改。

(周　杰)

【推进国际交往中心功能建设】 4月20日,召开区委外事工作委员会第四次全体会议暨2022年石景山区推进国际交往中心功能建设领导小组全体会议,区领导齐春利、李金克、迟志禹、李文化参加。7月21日,组织召开区推进国际交往中心功能建设监测评价结果通报会暨工作部署会,区内相关行业主管部门主管领导和工作人员参加会议。10月14日,李新主持国际交往中心功能建设专题学习,邀请市政府外办副主任冯剑作专题报告。年内,区政府外办制定重大项目和重点任务"两个清单",分解为3个重大项目及28项重点任务,坚持清单化推进、项目化管理。先后邀请外交部、全国友协、市政府外办、市友协领导实地调研指导工作,争取上级支持,汇聚更多外事资源,构建上下贯通、运转高效的工作体系。紧抓三个重大项目建设,持续推进各类国际交往设施扩容、完善和提升。新首钢国际人才社区项目按计划推进。项目南区033地块(原032地块)主体结构封顶。北区036地块已完成保护性设施拆除,正在进行主体结构拆除。中关村工业互联网核心区034地块正进行主体结构施工。北大附中石景山学校(新址)已完成地下结构工程施工。组织召开区推进国际交往中心功能建设监测评价结果通报会暨工作部署会,对标对表《2021年北京推进国际交往中心功能建设监测评价报告》,对照综合监测评价指标体系,主动找差距、补短板、强弱项。深入实施"景贤计划",共认定2批100名"景贤人才",含外籍人才3名。打造京西国际商事与人才综合服务港,为境内外企业、人才"引进来"和本土企业"走出去"提供全流程服务,实现外国人来华工作许可和居留许可"两证联办"。设立"冬奥退税专区",对接涉奥外籍人员办税需求。推进国际学校建设,人大附中石景山区学校与美国高中课程合作办学项目2022年已招生25人。

(周　杰)

【常态化涉外疫情防控】 9月26日,区政府外办组织召开涉外疫情防控工作培训会,区文旅局、园区管委会分管涉外疫情防控工作的领导及中央广播电视总台、中科院高能物理研究所、中国科学院大学(玉泉路校区)、首钢集团、北方工业大学、北京工业职业技术学院等驻区涉外单位外事部门负责人参加会议。年内,区政府外办协调指导和督促各相关单位落实主体责任,统筹抓好涉外疫情防控各项工作。强化数据摸排,与驻区及区内重点涉外单位建立一对一联系,动态掌握各中小学校、幼儿园、校外培训机构、商务楼宇、涉外酒店、驻区涉外单位外籍人士及港澳同胞人员信息底数和疫苗接种情况,建立基础信息台账。与驻区涉外单位相互配合,及时解答各职能部门、街道社区、驻区单位防控一线关于各类涉外疫情防控政策、外籍员工入境返京相关问题。对涉及相关阳性人员时空伴随的外籍人士,帮助管理单位与卫健委、相关街道进行对接,按社区要求做好健康监测和核酸检测。开通24小时咨询服务热线,及时回应关切,快速解决问题。通过"石景山外事"微信订阅号等渠道开展宣传,及时刊登中英文双语文章,帮助在区外籍人士及时了解当前疫情防控政策,引导外籍人士支持、配合防疫政策。分批组织475名外籍人士及78名港澳同胞进行疫苗接种,共同筑牢防疫安全屏障。

(周　杰)

【重大国事服务保障】 年内,区政府外办用好窗口期,持续完善重大国事活动服务保障常态化工作机制,为疫情防控常态化条件下重大国事活动安全有序组织提供保障。系统梳理全区外事接待资源,建设区级外事参访项目库，推荐45所外事接待场所纳入全市外事参访项目库，提供多样化、菜单式服务。依托西山永定河文化带、西山永定河、模式口历史文化街区等历史文化资源，积极打造“小而美”的外交外事活动场地，设计制定民俗文化、休闲娱乐、艺术体验、科技创新、礼佛参观等特色参观路线。

（周　杰）

【保障复工复产】 年内，区政府外办通过绿色便捷通道，做好驻区企业外籍员工复工复产服务保障工作，累计提供外籍人员入境复工复产政策咨询70余次，共为17家企业74人次协助办理入境返京签证手续。

（周　杰）

信　访

【概况】 年内，北京市石景山区信访办公室（简称区信访办），坚持以做好党的二十大信访安全保障工作为主线，落实疫情防控各项措施，着力加大重点矛盾纠纷排查化解稳控力度，推进治理重复信访、化解信访积案专项工作，完成冬奥会冬残奥会、全国“两会”、服贸会等重大活动信访服务保障任务。全年共受理群众信访4470批次14174人次，接待群众来访1582批次4632人次，受理群众来信2888件次9542人次，区级领导导阅批群众来信112件，接收群众复查申请91件，办结91件。石景山区信访工作成果受到各类媒体广泛报道，国家级媒体刊登3篇，市级媒体刊登31篇，区级媒体刊登2篇。

（齐璐雅）

【信访条例宣传月】 6月，石景山区信访系统以“学习贯彻《信访工作条例》做好新时代信访工作”为主题，开展《信访工作条例》宣传月活动。通过张贴海报、发放宣传折页、设置宣传栏、电子屏幕大屏等形式，统一开展宣传。

（齐璐雅）

【《信访工作条例》主题宣讲】 7月15日，由市信访办和区委、区政府联合主办的《信访工作条例》主题宣讲活动在首钢园区全面开启，现场向街道社区、乡镇、机关单位等五个宣讲团授旗并发放《信访工作条例》手册，并向广大干部群众发出倡议，争做学习贯彻《条例》的宣传者、引领者、推动者。市政府副秘书长、市信访办主任肖志刚，区领导李新、刘海涛参加活动。

（齐璐雅）

【市领导接访】 8月16日，市委常委、统战部部长游钧到石景山区八角街道开展接访下访活动。听取群众关于房屋漏雨问题的困难及诉求。游钧强调，要紧紧围绕“七有”“五性”，扎实办好每一件民生“小事”，服务好百姓。市信访办党组副书记、副主任王明山，区领导常卫、陈婷婷参加活动。8月12日，副市长隋振江到苹果园街道带案下访，听取禧悦学府业主有关房屋交付时间的诉求，随后召开现场调度会。隋振江强调，要高度重视保交楼、保民生、保稳定工作，认真落实“三保”要求，采取积极措施促进首都房地产市场平稳健康发展和社会稳定。区领导李先侠参加活动。8月24日，副市长谈绪祥到苹果园街道开展接访下访活动。当面听取群众有关田村路基础设施维修等问题，并实地察看信访问题点位。谈绪祥强调，信访工作是党和政府密切联系群众的桥梁和纽带，要认真办理信访事项，依法依规解决上访群众的合理诉求。市政府副秘书长、市信访办主任肖志刚，市城管委主任陈清，区领导李新、王其志参加活动。

（齐璐雅）

【区领导接访】 8月16日，常卫到鲁谷街道开展接访下访活动。听取群众代表反映的五芳园邮局分拣点快递装卸噪音扰民、校园周边道路交通安全等问题。常卫强调，民生无小事，要闻风而动，聚焦居民群众诉求，协调推进解决难题，不断完善基础设施配套建设，提升城市公共服务水平，建设和谐宜居的美丽家园。8月19日，李新到苹果园街道开展接访下访活动。听取群众代表反映的下庄社区整形医院家属院接通天然气情况的问题，并到居民家实地调研，了解居民用气情况。李新强调，要瞄准群众“急难愁盼”问题，着力解决民生诉求，把好事办实、实事办好。

（齐璐雅）

【“石时解纷”平台】 年内，“石时解纷”矛盾纠纷多元化解平台作为北京市典型工作经验在第九次全国信访工作会上进行推介，人民日报、参考消息等40余家新闻媒体进行报道。平台全年累计访问量达116072人次，智能咨询数量9567次，用户注册量12981人次。案件总量9234件，结案9232件，其中调解成功8378件，调解成功率90.75%

（齐璐雅）

【矛盾纠纷排查化解】 年内，区信访办年内先后8次开展全区社会矛盾纠纷排查（市级大排查2次，专项排查4次，动态排查2次），召开区长专题会10次、重点矛盾纠纷化解专题推进会32次。全区共排查上账矛盾纠纷46件，已化解31件，16件区级重点矛盾全部得到化解。

（齐璐雅）

【复查复核】 年内，石景山区复查复核委员会办公室召开信访复查会议18次，合计处理信访复查复核事项122件，其中石景山区复查91件，北京市复核31件。

（齐璐雅）

冬奥赛事及服务保障

【概况】 年内，石景山区高效完成冬奥组委机关、冬运中心高层对接保障工作，建立长效机制，协调解决各场馆需求90余项，有力保障各场馆高效运行。召开保障冬奥誓师动员大会、指挥部调度会、冬奥总结大会等各类会议50余次，统筹推进“百日会战”50余项重点任务。建立赛时运行调度机制，组织保障每日运行调度70余次，核发每日运行报告70余期。区体育局积极与全区各职能部门协调配合，全力做好2022年北京冬奥会场馆运行、火炬传递、国际交流等各项服务保障工作。选派8名精干力量进入冬奥场馆运行团队，高标准完成闭环住宿、场馆餐饮、经费保障等赛事保障任务，共接待国内外贵宾920余人次、媒体记者3000余人次，安全组织观众观赛4381人次；抽调15名骨干进入火炬传递运行保障专班办公室，先后组织协调34家单位、4868名各类保障人员，圆满完成北京冬奥、冬残奥会火炬传递运行保障任务；抽调2人进入国际雪联北京代表处协调接洽外事活动，高规格完成4场国际交流活动的保障任务。冬奥会期间，首钢滑雪大跳台产生两枚对中国具有历史意义的金牌，惊艳世界。冬奥结束后，区体育局被市委、市政府表彰为“2022年冬奥会、冬残奥会北京市先进集体”。

（林迎午　郭　琳）

【部署冬奥会期间安全生产工作】 1月17日，李新调度部署春节及冬奥会、冬残奥会期间安全生产工作。李新指出：全区各单位要认真贯彻落实全国及北京市安全生产电视电话会议精神，充分认识当前安全生产工作面临的严峻形势，牢固树立“政治意识、大局意识、核心意识、看齐意识”，找准问题，补齐短板，有针对性地把工作抓细、抓实、抓出成效，扎实推进各项安全生产工作落实。区领导李先侠、张玉国、王其志参加会议。

（林迎午）

【调研冬奥临时备用酒店】 1月22日，李新调研冬奥临时备用酒店。查看泰然公寓环境，对公司能够在短时间内完成任务给予充分肯定。李新表示：各部门要积极予以指导和帮助，确保在规定时间内做好闭环准备工作。区领导李先侠、尹圆参加调研。

（林迎午）

【火炬接力运行服务保障】 1月，石景山区成立北京冬奥会火炬接力运行服务保障组。由刘海涛任组长，张利军、王其志、尹圆以及首钢集团领导梁宗平任副组长，下设“一办五组”，即办公室、传递运行组、活动景观组、宣传转播组、安保交通组、运行保障组，成员单位34家；选定传递路线，经过30多次市区联合踏勘、测量，最终选定“北京冬奥公园、首钢园”为北京2022年冬奥会和冬残奥会火炬传递路线；精心组织准备，编制“一表四图”，即火炬传递工作流程表、大本营区域位置图、冬奥公园火炬传递路线点位图、首钢公园火炬传递路线点位图、首钢园冬奥之家传递点位图，先后9次召开专题调度会、组织5次桌面推演、开展4次核心要素和全要素演练。

（郭　琳）

【冬奥会火炬传递】 2月2日，北京冬奥会火炬在北京冬奥公园传递，传递距离19.2公里，火炬手358名；首钢园火炬传递距离3.33公里，火炬手58名。火炬传递期间，完成12钟特色科技传递保障任务，冬奥公园水下机器人传递10分钟；首钢园无人驾驶骑车传递2分钟。全区共投入保障人员3676人，其中点位员志愿者429名、辅助车长29名、火炬技术人员8名，现场观众690人，安全保卫人员1846人，司机环卫急救人员674人；市级媒体记者187人，市级火炬传递保障工作人员95人，消防车、急救车、转播车等保障车辆62辆。

（郭　琳）

【国际交流活动】 2月8日至18日，位于石景山区的国际雪联北京代表处承接4场高规格国际交流活动。常卫、李新、田利跃等区领导多次实地踏勘，先后6次召开专题会议研究部署；成立服务保障工作领导小组，由田利跃任组长，下设“一办四组”，统筹全区17家部门和企业，积极对接国际雪联和国家体育总局冬运中心；制定方案、明确分工、倒排工期，全面做好现场布置、设施保障、饮食保障、安全保障及疫情防控等各项工作。

（郭　琳）

【谷爱凌夺金】 2月8日，在北京2022年冬奥会自由式滑雪女子大跳台决赛中，中国队选手谷爱凌在最后一跳以超高难度动作完成逆袭，以总分188.25分夺冠，拿到自由式滑雪大跳台项目中国体育历史上的第一枚冬奥金牌，为中国冰雪运动创造了历史。

（郭　琳）

【苏翊鸣夺金】 2月15日，北京2022年冬奥会单板滑雪男子大跳台决赛在北京首钢滑雪大跳台举行，中国队选手17岁的苏翊鸣以两跳总分182.50的佳绩摘得金牌。这是中国体育代表团在北京冬奥会上获得的第6枚金牌、第12枚奖牌，创造参加冬奥会以来的历史最佳战绩。

（郭　琳）

【冬残奥会火炬传递】 3月4日，北京冬残奥会“冬奥之家”火炬接力在首钢园冬奥组委驻地正式开始，传递距离3.17公里，火炬手75人，其中残障火炬手9人。石景山区共投入保障人员1192人，其中观众207人，点位员、辅助车长、拆罐员120人，公安、交通、消防等保障人员486人，救护车、消防车、媒体转播车、辅助轮椅转运车、安保等保障车辆24辆。

（郭　琳）

【首钢滑雪大跳台场馆运行保障】 年内，区体育局按照区委区政府“双进入”工作机制要求，抽调精干力量，先后选派4名工作人员进入首钢滑雪大跳台场馆运行团队，承担场馆运行、住宿、竞赛组织等重点工作。同时，还抽调2名人员进入制服和注册中心、1人进入技术运行中心、1人进入交通场站，全力做好非竞赛场馆日常运行和保障工作。首钢滑雪大跳台共设4个小项，分别是男子自由式滑雪大跳台、女子自由式滑雪大跳台、男子单板滑雪大跳台和女子单板滑雪大跳台项目，产生4枚金牌。

（郭　琳）

【属地服务保障职责】 年内，区体育局主动对接“1+6”（首钢滑雪大跳台、北京冬奥组委总部、主运行中心、交通运行中心、制服和注册中心、技术运行中心、电力运行中心）场馆，明确各场馆需属地政府落实的保障任务。经过梳理，“1+6”场馆需属地政府落实保障事项共计110项，其中首钢滑雪大跳台53项，北京冬奥组委总部、主运行中心、交通运行中心17项，制服和注册中心14项，技术运行中心24项，电力运行中心2项，相关工作均得到积极回应与落实。组织属地相关部门与场馆召开座谈会，建立工作对接机制，畅通沟通协调渠道。赛时阶段，按照场馆工作安排，协调闭环外相关工作，向属地政府汇报赛事进展和每日运行情况，沟通闭环内外，确保赛事运行各项工作有序推进。

（郭　琳）

【闭环住宿保障】 年内，石景山区为应对新冠疫情对冬奥筹办工作带来的不利影响，场馆部分区域赛时划为闭环管理。为给闭环内工作人员创造温馨舒适的住宿、生活条件，带领住宿业务领域多次对接属地文旅局等部门，建立畅通的沟通联系机制，实地踏勘、现场会商，最终确定银保建国酒店作为P类、V类医护志愿者、C类人员集中住宿酒店，北方工业大学国际教育中心为V类高校志愿者驻地，万商美居酒店为S类人员集中住宿酒店，首钢秀池酒店为NTO、外籍P类人员酒店。同时，协调区卫健委在酒店驻地为闭环人员提供每日核酸检测、医疗保障服务，为工作人员配备健身器材、方便食品等，最大限度保障好闭环人员住宿和日常生活。

（郭　琳）

【场馆餐饮保障】 年内，石景山区按照场馆统一部署，为检验赛事餐饮供应商保障能力。多次赴供应商实地调研，查验其食品加工生产线、安全卫生条件等；协调区住建委、市场监管局、消防支队、首建投等部门，推动场馆赛时厨房建设及验收工作，为场馆自主供餐奠定基础。赛时，带领餐饮业务领域坚持以满足各益相关方餐饮需求为根本，统筹安排好闭环内外工作人员工作餐、大家庭等特殊客户群茶点以及观众售卖点等，在保障防疫安全的前提下，实现供应充足、种类丰富、食品安全。

（郭　琳）

【场馆经费保障】 年内，按照区委区政府工作要求，结合场馆团队实际需要，由区体育局作为首钢滑雪大跳台场馆运行团队专项经费代收支部门，配合场馆制定实施《首钢滑雪大跳台测试赛场馆团队财务管理办法》《首钢滑雪大跳台场馆团队运行经费财务管理办法》《首钢滑雪大跳台场馆运行团队赛时场馆资金管理办法》等财务制度，进一步规范场馆财务工作流程，强化财务纪律。联合财政部门，结合场馆运行和赛事筹办需要，由属地政府拨付资金，设立首钢滑雪大跳台场馆运行团队服务保障专项资金，为场馆提供有力保障。同时，配合场馆严格按照财务流程，做好综合演练、国际雪联考察、小闭环工作、闭环交通工作人员聘用等工作经费的申请、支付等工作。

（郭　琳）

机关事务管理服务

【概况】 石景山区机关事务管理服务中心（简称区机关事务管理服务中心）是主要负责区机关事务管理服务的区政府直属事业单位。内设办公室（主体责任办）、财务科、车管科（石景山区行政执法车辆管理中心）、膳食科、服务科、节能管理科、房屋维修科、保卫科8个科室。主要负责区委、区人大、区政府、区政协及机关部委办局处的行政经费管理、固定资产和服务保障等工作。年内，区机关事务管理服务中心聚焦“勤俭办一切事业”要求，在推动冬奥保障服务、区政务服务中心和档案馆建设、疫情防控等重点工作上发力。重大项目稳推进，工程防控两不误。对区政务服务中心和档案馆建设项目实行封闭式管理，克服夏季降雨量大等困难，有序推进施工进度，实现全年投资25615万元，并顺利通过2022年度结构长城杯金奖验收。加强区公务用车规范化、信息化管理，提高公车监管力度；高标准推进节约型机关创建工作，提前完成创建任务；引进智能化厨余垃圾处理设备，将厨余垃圾变废为宝。

（刘伊辰　白　璐）

【节约型机关创建】 年内，区机关事务管理服务中心完成北京市节约型机关创建任务。全区具备创建资格的71家党政机关中已累积完成67家党政机关的节约型机关创建工作，创建比例由上年的92.96%提升至94.37%，超额并提前完成市机管局发布的《北京市“十四五”时期公共机构节约能源资源工作规划》中提到的2025年之前各区创建率达80%的目标。

（程　通）

【厨余垃圾资源化处理】 年内，区机关事务管理服务中心落实《北京市生活垃圾管理条例》，在机关办公区安装厨余垃圾资源化处理设备，共处理221.5吨厨余垃圾。通过将厨余垃圾的水、油、渣分离，采用物理高温杀菌烘干方式将厨余垃圾转化为有机肥料，实现厨余垃圾处理的减量化、无害化、资源化目标，有效解决厨余垃圾收集难、运输难、异味大等问题。

（孙　楠）

【反食品浪费】 年内，区机关事务管理服务中心制定《石景山区机关食堂反食品浪费工作成效评估和通报制度实施方案（试行）》，建立健全党政机关食堂反食品浪费工作体系，扎实推进党政机关食堂反食品浪费工作。反食品浪费工作专班完成对区机关食堂、区园林绿化局、区党校、区市场监管局、苹果园街道等11家单位反食品浪费工作抽查评估，抽查结果均达到北京市机关食堂反食品浪费工作成效评估指标。

（孙　楠　马长兴）

【疫情防控】 年内，区机关事务管理服务中心牵头负责全区机关事业单位7类人员（保洁、保安、物业、会服、食堂、维修、运维）的管理工作。向全区84家单位下发相关人员管控6项措施、二维码填报登记表，对71家单位建立健全人员台账，梳理人员关键信息，坚持边检查、边建账、边更新，实行动态化管理。完成人脸识别系统与“北京健康宝”成功对接，实现刷脸后即刻显示本人健康宝信息，在确保“逢进必扫”的情况下高效通行。严格对电梯、楼道、卫生间、中央空调新风机房、会议室等场所进行重点消杀。严格执行疫情期间车辆消毒制度，每日不定时检查，做到不留死角，不落一车。严格把控食品采购、冷链供货、加工烹饪、餐具消毒、错峰就餐、“一米线”等措施。

（周　森）

【冬奥服务保障】 年内，区机关事务管理服务中心为做好冬奥、冬残奥服务保障工作，制定服务保障计划，建立服务保障组。会议服务人员24小时值守、备岗,全力保障好“双奥”期间会议,同时做好正餐、加餐和各种应急保障用餐。“双奥”期间租赁各类保障用车,完成首钢园火炬传递任务。抽调人员进驻首钢今时宾馆,闭环管理3个月,完成接待、住宿保障等相关工作任务。

(周　森)

【公务用车管理】 年内,区机关事务管理服务中心将全区公务用车实行集中统一管理,推广北京市机关事务管理服务平台使用。实现平台注册人数3231人,注册一级单位55家、二级单位410家,注册公务车辆1425辆。公务用车GPS终端定位更新及上线,完成全区公务用车定位维护检修、变更、注销共计38台,新安装145台,保障公务用车系统的上线率。更新公务用车标识83个,党政机关公务用车信息统计395辆,为信息化平台提供公务出行进行大数据分析支持。

(陈福龙)

石景山区人民政府区长、副区长

区　长　李　新

副区长　齐春利(7月免)　李先侠　刘　锋　王其志　申　键　王智勇(满族)　尹　圆(女)　李文化(女)

石景山区人民政府工作机构主要负责人

区政府办主任　张　伟
区发改委主任　崔向华(7月任)
区教委主任　李秀兰(女)
区政府教育督导室主任　李秀兰(女)
区科委主任　石　磊(2月任)
区经济和信息化局局长　张晓磊
区大数据管理局局长　张晓磊
区民政局局长　吴智鹏
区财政局局长　杨贵宝
区人力社保局局长　韩孟荣
市规自委石景山分局局长　蔡　晶
区生态环境局局长　王瑞超
区住房和城市建设委主任　曹世辉(满族)
区房屋征收办公室主任　曹世辉(满族)
区住房保障办公室主任　曹世辉(满族)
区城市管理委主任　齐　兵
区城市环境建设管理委员会办公室主任　齐　兵
区水务局局长　齐　兵
区交通委主任　齐　兵
区商务局局长　吕松涛
区文化旅游局局长　唐　铭(女,3月任)
区卫生健康委主任　葛　强
区退役军人事务局局长　明　强
区应急管理局局长　徐伟超(3月任)
区突发事件应急委员会办公室主任　张玉国(3月免)　徐伟超(3月任)
区市场监督管理局局长　金跃文
区食品药品安全委员会办公室主任　金跃文
区知识产权局局长　金跃文
区审计局局长　王亚兰(女)
区外事办主任　王传东
区国资委主任　王晓华
区体育局局长　李劲挺
区统计局局长　王彦明
区园林绿化局局长　毛　轩
区绿化委员会办公室主任　毛　轩
区金融办主任　杨京春(女,7月免)　高延娜(女,7月任)
区政务服务局局长　卢满钧
区人防办主任　任连田
区集体资产监管办主任　张洪江(3月任)
区信访办主任　来英慧(女,3月任)
区医保局局长　李凤芹
区台湾事务办公室主任、区民族宗教侨务办公室主任　高　竹(女)
园区管委会主任　唐　铭(女,3月免)　贾　曦(3月任)
区西部建设办公室(区西山永定河文化带建设管理委员会)主任　闫晓辉(女)
区地震局局长　薛舒栋
区投促中心主任　段京涛
区机关服务管理中心主任　万晓健
八大处公园管理处主任　王　浩
区环卫中心主任　齐　忠
区城管指挥中心主任　冯雅男(3月免)　周正民(3月任)
区融媒体中心主任　王建强
公园管理中心主任　王金兰(女)
区房屋征收事务中心主任　唐　嵘
石景山医院院长　刘　鹏
区税务局局长　濮　璐
区气象局局长　朱　立

政协石景山区委员会

综　述

中国人民政治协商会议北京市石景山区委员会(简称区政协),是中国人民政治协商会议北京市石景山区地方组织。主要职能是政治协商和民主监督,组织参加政协的各党派、团体和各族各界人士参政议政。政治协商是对石景山区政治、经济、文化和社会生活中的重要问题在决策之前进行协商和就决策执行过程中的重要问题进行协商。从程序上讲,区政协可根据区委、区人大、区政府、民主党派、人民团体的提议,举行由各党派、团体的负责人和各族各界的代表参加的会议进行协商,也可建议上列单位将有关重要问题提交政协协商。政治协商的主要形式有:政协的全体会议、常委会议、主席会议、专题协商会、各专门委员会会议等。民主监督是对国家宪法、法律和法规的实施,重大方针政策的贯彻执行,国家机关及其工作人员的工作,通过建议和批评进行监督。民主监督的主要形式有:政协的全体会议、常委会议或主席会议向区委、区政府提出建议案,各专门委员会提出建议或有关报告,委员视察,委员提案,或以其他形式提出建议。参政议政是1993年3月修订政协章程时新列入的一项主要职能。参政议政是政治协商和民主监督的拓展和延伸。参政议政的内容与形式除政治协商和民主监督规定的内容和形式外,还包括选择人民群众关心、党政部门重视、政协有条件做的课题,组织调查和研究,积极主动地向党政领导机关提出建设性的意见。区第十一届政协常委会组成人员39人,其中主席1人、副主席6人、秘书长1人、常委31人。下设办公室、研究室、专委会工作一室、专委会工作二室、专委会工作三室、专委会工作四室、专委会工作五室、专委会工作六室8个办事机构。2022年,在中共石景山区委领导和市政协指导下,在区人大、区政府和社会各界大力支持下,区政协常委会紧紧依靠和团结带领全体政协委员,坚持以习近平新时代中国特色社会主义思想为指导,深入贯彻党的二十大精神,深入贯彻中央、中共北京市委和中共石景山区委政协工作会议精神,紧密团结各界委员,牢牢把握团结和民主两大主题,紧紧围绕全区工作大局,认真履行政治协商、民主监督、参政议政职能,圆满完成全年各项任务,为促进石景山区经济社会改革发展作出积极贡献。

(樊　华)

【政治协商】 年内,区政协聚焦市区第十三次党代会确定的目标任务,结合政协工作实际,研究制定年度协商工作计划,逐一细化协商工作方案。各界委员增强协商意识,深入开展调研,提升建言水平,围绕提升楼宇经济综合效能推进产业转型、推动元宇宙产业发展、持续利用后冬奥时代遗产、深化公共文化服务示范区建设、推进区域养老体系建设、助推复工复产助企纾困等重点协商议题,开展多层次、多角度的调研和协商活动,形成常委会建议案1件,主席会建议案5件。围绕统筹推进疫情防控和楼宇经济提质增效,组织主席会议成员深入相关企业,了解疫情对企业发展的影响,并就加强楼宇疫情防控、强化楼宇精细化管理、优化楼宇招商环境、提升楼宇经济发展品质等进行交流协商,助力楼宇经济高质量发展。相关专门委员会着力围绕提升楼宇综合效能推进产业转型重点课题,先后深入区住建委、区园区管委会、西建办等多家单位开展调研,实地察看京西八大厂老旧厂房改造、首钢园区规划建设情况,并与政府相关部门和企业负责同志进行协商讨论,提出意见建议。以高质量建设国家级产业转型示范区为主题,与区委统战部共同召开第三十一次政协工作理论研讨会暨专题协商议政会,区委区政府主要领导出席会议并讲话,9名委员进行发言,会议形成研讨成果45篇。会后梳理归纳9个方面35项综合建议,得到区委区政府主要领导的高度重视和批示。区政府认真抓好落实工作,逐项制定任务清单,明确主办单位和完成时限。全年区政协组织各类协商活动40余次。

(樊　华)

【民主监督】 年内,区政协完善人民政协民主监督制度机制,对区市场监管局等6个区属党政部门开展民主监督与评议工作,组织政协委员有计划、有步骤地对党政部门的工作、作风进行履职评价。制定评议工作《实施方案》,围绕区委区政府中心工作的落实,明确监督评议内容,成立6个民主评议工作组开展协商式监督,区委领导参加政协监督与评议工作会议并提出具体要求。监督评议工作在规范有序开展的基础上,注重探索创新,评议工作组的委员们深入到被评议部门的下属单位开展延伸式监督,广泛听取各方面意见,以群众的获得感来检验工作的成效。监督评议工作共谈话139人次,发放调查问卷416份,形成民主监督与评议工作报告7份,提出建议18条,推动部门改进工作。支持财政预算民主监督小组、社会治理领域民主监督小组和城市管理民主监督小组开展监督工作,围绕老旧小区综合整治和有机更新、推动"双减"政策落地落实等开展专项性监督协商,推动民主监督工作深入开展。

(樊　华)

【参政议政】 年内,区政协面对严峻复杂的疫情防控形势,严格按照区委工作部署,统一思想认识,加强组织领导,迅速向广大委员发出倡议,坚决落实"四方责任",积极参与疫情防控,坚定信心、主动作为,努力为疫情防控贡献政协智慧和力量。运用政协网站、微信公众号等媒体,宣传防疫政策、普及防控知识,汇聚共克时艰的强大合力。区政协指导组严格落实包片责任,深入五里坨街道、老山街道和鲁谷街道近40个社区、企业和相关单位,实地查看疫情防控措施落实情况90余次,看望慰问社区一线防疫人员,共同做好疫情防控各项工作。80余名政协委员全力支援区域大规模核酸检测、志愿服务社区疫情防控工作,并主动为社区防疫捐款捐物。充分发挥社情民意信息"直通车"作用,围绕疫情防控、助企纾困等方面共反映社情民意信息168条,向市政协和区委、区政府报送72期,区委、区政府领导批示

30余件次。关于复工复产助企纾困,稳住经济基本盘的意见建议、关于进一步做好核酸检测工作的建议等多条信息,受到区主要领导批示并得到有效落实。深入首钢园、冬奥社区等重点点位,专题调研冬奥服务保障"百日会战"行动、创建"带动三亿人参与冰雪运动"示范区建设等工作。举办书画界人士"新春送福"笔会活动,慰问坚守服务保障一线的工作人员和国际雪联及外籍专家。区政协领导牵头赛事综合保障、竞赛场馆运行和疫情防控的领导工作并圆满完成保障任务,领衔负责的相关运行团队和单位获得北京冬奥会、冬残奥会突出贡献集体表彰。

(樊　华)

重要会议与活动

【委员读书活动及分享会】 4月23日,区政协举行"书香伴政协,一起向未来"委员线上读书活动启动仪式暨《习近平谈治国理政》读书分享会。启动仪式上,区政协主席田利跃致辞。十届区政协主席吴克瑞为"同心书苑"题字。读书分享会上,6位政协委员结合自身领域,向大家推荐阅读书单,分享阅读体会、畅谈感悟心得。十届政协常务副主席刘建国,十一届区政协常务副主席岳林华,副主席毛轩、汪礼俊、刘铁军,秘书长程伯静,部分政协委员代表及机关全体干部参加活动。

(樊　华)

【检查封控区疫情防控】 6月1日,田利跃到五里坨街道南宫嘉园小区检查封控区疫情防控工作。在五里坨街道南宫嘉园小区,田利跃详细询问社区封控管理措施落实情况、居民生活物资保障情况以及防控力量配备情况等,并向坚守在防疫一线的工作人员表示慰问与感谢。

(樊　华)

【专题培训会】 6月7日,石景山区政协召开政协委员专题培训会。培训会邀请副区长、区发改委主任李文化作专题报告。李文化以《华彩蝶变 涅槃重生——携手共创首都城市西大门崭新篇章》为题,深入分析发展过程中面临的主要问题及挑战,并对下一步工作进行说明。本次会议采取线上方式举行,主会场设在区政协机关,140余名政协委员连线参加培训,各专委会主任及机关干部在主会场参加。

(樊　华)

【读书活动推进会】 7月6日,区政协召开学习贯彻习近平总书记重要指示深化政协委员读书活动推进会。岳林华参加会议并讲话。会议传达习近平总书记关于政协委员读书活动的重要指示及全国政协"学习贯彻习近平总书记重要指示深入开展政协委员读书活动"座谈会精神,并就贯彻落实全国和市政协的工作部署和开展区政协委员读书学习活动进行研讨。秘书长、各专委会主任和读书骨干委员代表参加会议。

(樊　华)

【专题协商议政会】 8月3日,区政协召开第31次政协工作理论研讨会暨"高质量建设国家级产业转型发展示范区"专题协商议政会。常卫代表区委区政府对政协常委、委员为政协理论研究付出的辛勤努力和给予全区各项工作的大力支持表示感谢,对十一届区政协的开局工作和广大政协委员的履职工作给予充分肯定。李新对政协常委、委员的发言给予充分肯定,并一一作出回应。李新还向与会政协常委、委员通报石景山区上半年经济社会发展以及助企纾困、招商引资等工作情况和下一步推进产业转型发展的工作安排。田利跃在主持中强调,"高质量建设国家级产业转型发展示范区"是一项长期课题,需要持续跟进,深化调研。各位政协常委、委员要持续深入开展调查研究,提出更多具有前瞻性、可操作性的意见建议,促进成果转化,写好调查研究"后半篇文章"。政协机关要注重做好委员意见建议办理反馈工作,不断提升服务委员工作的能力和水平,为委员履职提供优质服务。

(樊　华)

【民主监督与评议动员会】 8月9日,区政协召开2022年对区属党政部门履职情况开展民主监督与评议工作动员部署会。区政协常务副主席岳林华部署2022年区政协对区属党政部门履职情况开展民主监督与评议工作,区文旅局、区市场监管局、区园林绿化局、区医保局、区疾控中心和金顶街街道等6个被评议单位主要负责同志分别作表态发言。

(樊　华)

【传达学习党的二十大精神】 10月26日,区政协党组召开扩大会议传达学习党的二十大精神,传达落实全市领导干部会议精神和全区领导干部会议精神,对区政协学习宣传贯彻党的二十大精神作出安排部署。田利跃主持会议。

(樊　华)

【常务委员会会议】 年内,共召开3次常务委员会会议。区政协第十一届委员会第二次常委会于7月7日召开。会前学习中国共产党北京市第十三次代表大会精神、《中国共产党政治协商工作条例》、《关于加强和改进新时代区政协工作的实施意见》;会议听取区发展改革委关于高质量建设国家级产业转型发展示范区工作情况的汇报;听取书面通报石景山区党风廉政建设情况;审议区政协2022年常委会调研报告和建议案;审议《政协北京市石景山区委员会关于政治协商、民主监督、参政议政的规定》《政协北京市石景山区委员会专门委员会通则》《政协北京市石景山区委员会关于政协委员履职情况评价的办法》等制度修订情况;审议关于石景山区政协第31次政协工作理论研讨会暨"高质量建设国家级产业转型发展示范区"专题协商议政会工作方案;审议人事事项。田利跃主持会议。区政协第十一届委员会第三次常委会于8月3日召开。会议进行区政协常委、部分委员研讨发言,田利跃主持会议。区政协第十一届委员会第四次常委会于11月16日召开。会议主要议程:第一阶段全体会议通过政协石景山区第十一届委员会常务委员会第四次会议议程;学习中共二十大精神专题辅导报告会。第二阶段全体会议听取关于提升楼宇综合效能推进产业转型升级建议案的答复;听取区委办、区政府办关于区政协十一届一次会议以来提案办理情况的通报。第三阶段全体会议传达学习习近平总书记在二十届中央政治局第一次集体学习时的重要讲话精神;学习中共二十大精神交流研讨。区政协主席田利跃、区政协常务副主席岳林华、区政协副主席宋世媛分别主持全体会议。

(樊　华)

【主席会议】 年内,共召开12次主席会议。2月23日,区政协第十一届委员会召开第三次主席会议,会议提名干部任免;审议区政协各专委会2022年工作要点;听取和审议提案分析报告和区政协领导2022年督办的重点提案的汇报。田利跃主持会议。3月23日,区政协第十一届委员会召开第四次主席会议。会议审议关于修订《区政协第十一届委员会制度汇编》的汇报;审议关于区政协主席会议成员、各专门委员会联系界别安排和区政协界别召集人名单的汇报;审议关于区政协财政预算民主监督小组、社会治理领域民主监督小组和城市管理民主监督小组成员名单的汇报。田利跃主持会议。6月15日,区政协第十一届委员会召开第五次主席会议,会议听取关于区政协委员履职评价办法修订情况的汇报;听取关于召开石景山区政协第31次政协工作理论研讨会暨“加快推动产业转型,高质量建设国家级产业转型示范区”专题协商议政会工作方案的汇报。田利跃主持会议。7月4日,区政协第十一届委员会召开第六次主席会议。会前学习中国共产党北京市第十三次代表大会精神;会议审议区政协党组2022年上半年主要工作完成情况和下半年主要工作安排;审议区政协各专委会2022年调研报告和建议案;听取关于确定区政协2022年常委会建议案和主席会建议案的汇报;审议人事事项。田利跃主持会议。9月7日,区政协第十一届委员会召开第七次主席会议。会议听取关于起草《关于加强和改进新时代区政协工作实施方案》的汇报;听取关于区政协2022年9月至12月重点工作安排的汇报。田利跃主持会议。10月26日,区政协第十一届委员会召开第八次主席会议,会议听取区政协《关于学习宣传贯彻党的二十大精神的实施方案》的汇报;听取关于召开区政协第十一届委员会第四次常委会会议的汇报;审议各民主监督与评议小组工作报告;通报政协书画院相关工作情况;通报委员履职情况。田利跃主持会议。11月9日,区政协第十一届委员会召开第九次主席会议。会议审议民主监督与评议总报告;审议政协北京市石景山区第十一届委员会第二次会议筹备工作方案;审议区政协机关2023年预算安排;听取各专委会委员工作站、委员读书、委员履职管理、联系界别活动等专项工作开展情况的汇报。田利跃主持会议。11月16日,区政协第十一届委员会召开第十次主席会议,会议审议拟退出的十一届石景山区政协委员名单。田利跃主持会议。11月24日,区政协第十一届委员会召开第十一次主席会议,会议审议区政协常委会工作报告(审议稿);审议区政协常委会提案工作报告(审议稿)。田利跃主持会议。11月28日,区政协第十一届委员会召开第十二次主席会议,会议听取主席会建议案答复(线上答复);审议区政协党组2022年落实全面从严治党主体责任工作报告(审议稿);审议第五次区政协常委会议程;审议2023年拟上区委常委会议题;审议财政预算民主监督小组、社会管理综合治理民主监督小组、城市管理民主监督小组等三个民主监督小组的工作报告(审议稿);审议政协北京市石景山区第十一届委员会第二次会议相关文件:政协十一届二次会议小组召集人名单(草案)、政协十一届二次会议决议起草委员会委员名单(草案)、政协十一届二次会议列席单位名单(草案)、优秀提案、优秀调研报告、优秀社情民意和委员履职先进个人名单(草案)。田利跃主持会议。12月23日,区政协第十一届委员会召开第十三次主席会议,会议审议拟增补的十一届区政协委员建议人选名单,田利跃主持会议。12月28日,区政协第十一届委员会召开第十四次主席会议,会议审议政协石景山区第十一届委员会常务委员会2023年工作要点;审议政协石景山区第十一届委员会二次会议第四组小组召集人替补人员建议名单。田利跃主持会议。

(樊　华)

专门委员会

【概况】 根据政协章程规定和石景山区政协工作实际,十一届区政协共设有经济科技委员会、社会法制和民族宗教委员会、城建环保委员会、教文卫体委员会、提案委员会、学习与文史委员会6个专门委员会。专门委员会工作是政协工作的重要基础,是政协履行职能的重要方式。专门委员会根据中国人民政治协商会议章程的要求,从实际出发开展工作。组织委员认真学习、宣传国家的方针政策和法律;就本区政治、经济、文化和社会生活中的重要问题,人民群众普遍关心的问题,选择其中具有综合性、全局性、前瞻性的课题,深入开展调查研究,提出意见、建议和提案;团结和联系委员及各族各界人士,积极反映社情民意;组织各种活动,积极为委员知情出力、履行职责创造条件。

(樊　华)

【经济科技委员会】 年内,区政协经济科技委员会全年开展政协委员工作站(室)活动4次,委员参与41人次。搭建服务委员新平台,邀请区政协委员为委员、委员企业和驻区企业讲解税收相关政策;强化工作站服务职能,组织社区居民和学生开展科普活动1次,征集到进一步加大区域科普宣传力度和建设科普主题公园展等建议2条。全年共开展读书活动10次,委员参与110余人次。加强界别小组活动的力度,所联系的三个界别共开展活动14次,有33位本委委员参加界别活动,占全委委员人数的75%,经济、科协科技和工商联三个界别围绕学习党的二十大精神、疫情防控、助企纾困等工作开展活动14次,其中经济界别3

次，科协科技界别2次，工商联界别9次，界别委员参与110人次。经济科技委员会分别以党的二十大精神和《习近平谈治国理政》第四卷为重点内容，开展线上线下多种形式学习活动，共开展学习和读书分享活动4次，参与委员40余人，举办线上党的二十大精神专题辅导1次，参与委员30余人，分享学习体会9篇。

（樊　华）

【社会法制与民族宗教委员会】 年内。区政协社会法制与民族宗教委员会强化理论武装，传达学习二十大会议精神、北京市第十三次党代会和区委十三届四次全会精神；组织委员参加“团结在光辉的旗帜下，政协委员永远跟党走”暨纪念“五一口号”发布74周年线上长走和第36届卢沟桥醒狮越野跑活动；视察了解依托园区内工业遗存场景打造的科幻产业集聚区运营情况；开展《关于推进我区养老服务体系建设》调研；以委员工作站为平台，通过提案、社情民意等方式推动小区电动车综合整治、小区网络配套建设和建立五里坨生态廊道，保护野生动物管理等问题；对区医疗保障局开展民主监督与评议；组织社会治理领域民主监督小组对区市域社会治理现代化试点工作和二十大维稳安保工作开展监督视察；通过“线上+线下”多种方式，打造“西闻石书”读书品牌，举办民法典讲读、金融违法案例分析两个专题讲座、开展各类读书分享活动24次，共计参与委员723人次；34名委员全部完成“六个一·一保证”，提交提案40件，社情民意47篇；引导委员响应号召，服务疫情防控保障工作。

（樊　华）

【城建环保委员会】 年内，区政协城建环保委员会深入学习党的二十大精神，习近平新时代中国特色社会主义思想，推送区政协委员线上学习内容29期。组织落实好区政协委员收听收看二十大开幕会，印发学习资料13期。坚持对口协商，围绕如何统筹利用冬奥遗产对新首钢园区基础设施开发建设、河流水系及园区绿化景观等建设中的难点热点内容进行调研，与区商务局、区发改委等主管部门进行专题协商。围绕老旧小区综合整治和有机更新进行专题协商，并召开专题协商会开展协商座谈。结合重点提案的督办工作，围绕冬奥公园基础设施及周边环境提升，组织委员实地察看冬奥公园莲石湖区域、大本营区域建设情况，并召开督办协商会。围绕本区创建国家森林城市、绿化美化等工作，对区园林绿化局履职情况开展民主监督与评议。组织委员现场视察永引渠景观提升工程建设情况；到中交公司调研辖区西部地区城市更新工作；到金安桥、人民渠路现场查看和听取防汛重点点位水泵站建设等防汛工作；组织委员依托社区工作站开展调研、协商和民主监督等活动；组织委员到八角街道景二社区实地查看景阳大街及融景城社区内部停车场；组织委员先后3次到首钢调研。全年委员共提交社情民意45件，全委34名委员中32人参加调研、座谈等活动，16名委员直接参与、协调、指挥所在单位、党派支援行业和社区防疫工作。20余名委员参与奥运服务保障相关工作。

（樊　华）

【教文卫体委员会】 年内，区政协教文卫体委员会组织专委会委员认真学习中共二十大会议精神，学习习近平新时代中国特色社会主义思想，并组织委员参加区政协委员学习培训工作。强化制度建设，建立“三级联系”机制；强化理论学习；全年通过线上发布区情学习材料15篇，全年共组织读书活动5次，举行“书香政协”委员赠书仪式；强化支部活动，视察新首钢园区2次。在疫情防控中发挥党员先锋模范作用。党员委员宣讲二十大精神。围绕后冬奥时代持续利用冬奥遗产到首钢园区调研2次，实地视察首钢滑雪大跳台等项目，围绕冰雪运动普及、场馆更新再利用等方面深刻剖析石景山区当前冬奥资产利用存在的挑战和问题，形成《关于发挥冬奥资源带动作用促进全区体育事业发展的调研报告》及建议案。围绕“双减”工作开展视察活动，实地视察2家民办教育培训机构；视察区疾控中心24小时疫情防控指挥室和病毒检测实验室；围绕石景山区合作化办学情况召开研讨会并开展协商。邀请委员宣讲二十大精神；邀请委员开展儿童心理健康辅导；走访刘嵘委员工作室。围绕旧区改造和城市更新等内容，反映社情民意2篇。邀请市政协委员张毅和区教文卫体委员会林乐光委员指导中学生开展“模拟政协”实践活动。全年共提交社情民意46篇。对区疾控中心开展民主监督与评议，视察区疾控中心24小时疫情防控指挥室和病毒检测实验室，访谈30人次，委员和党派成员参加25人次，本次监督评议工作发出并收回有效调查问卷88份。形成《区政协教文卫体委员会关于对区疾控中心疫情防疫工作开展民主监督与评议工作情况报告》。

（樊　华）

【提案委员会】 年内，区政协提案委员会加强理论知识学习。学习党的二十大精神，组织委员参加围绕学习贯彻中共二十大精神的专家专题辅导报告，共推送委员线上学习31期，组织委员参加集中培训4次。加强党员委员学习培训，发送线上知识学习培训9期，组织开展纪念建党101周年书画展参观活动。组织党支部党员和提案委委员到全国爱国主义教育示范基地“铁道兵纪念馆”参观学习。区政协十一届一次会议共收到提案265件，会议提案248件，平日提案17件，共立案262件。其中委员提案247件、民主党派和工商联提案15件，参与提案的委员达到208名，占委员总数的99%。不予立案的提案3件。立案的262件提案，260件办理完成。办理完成的提案中A类（被采纳或部分采纳的）提案246件，占办理总数的94.6%；B类（纳入工作计划或调研计划的）提案13件，占办理总数的5%；C类（因政策办理不了，向委员解释说明的）提案1件，占办理总数的0.4%。围绕创新“医养康护一体化”社区居家养老模式开展专题协商；围绕政协十届四次会议第132号《关于解决八大处公园周边交通拥堵、停车难等问题的建议》开展B类提案追踪督办;视察八大处公园门前广场和金顶山路南侧绿荫停车场,提出意见建议。开展提案委委员读书联播活动;对金顶街街道开展民主监督与评议工作。

(樊　华)

【学习与文史委员会】 年内,区政协学习与文史委员会组织开展"习近平经济思想和我国当前经济形势"专题报告、石景山区情通报、北京市党代会专题报告、党的二十大精神专题报告等4次培训,推送学习资料34期。认真组织网络专题学习研讨6次,组织开展"同心书苑"主题读书学习班活动,线上线下交流学习体会100多篇。建立"6+1"个读书群,成功组织3期主题读书活动;聘请12名委员担任专委会读书群群主,组织开展《习近平谈治国理政》线下读书分享会和《习近平谈治国理政》(第四卷)线上读书活动。4月23日,"书香伴政协 一起向未来"政协委员读书活动启动以来,推荐精读、泛读书籍36本,200余名委员积极参与政协和各专委会组织的读书活动700多人次。围绕"深化公共文化服务体系示范区建设拓展文化服务功能"专题协商议题,组织委员深入区文化活动中心进行视察调研,形成《关于深化我区公共文化服务体系示范区建设拓展文化服务功能的调研报告》和《关于研究策划重大文化创新工程建设提升完善石景山区服务首都发展文化功能的建议》。7月19日,政协副主席毛轩带队对重点提案进行现场督办并召开提案督办座谈会,提出意见建议10条。8月至10月,对区文旅局北京法海寺文保所开展履职情况的民主监督与评议工作,完成"西山永定河文化带"石景山系列丛书《京西古香道》征编工作。组织侨联、对外友好交流、文化艺术界别委员参加在北京侨梦苑委员工作站举办的"侨梦苑北京论坛"——"守护根脉·文化力量"文化论坛。组织政协书画艺术界委员、书画家到冬奥场馆送"福"字和春联;组织参观纪念毛泽东同志《在延安文艺座谈会上的讲话》发表80周年专题展和"丹青诗韵"水墨画展;举办"团结在光辉的旗帜下"庆祝建党101周年主题书画笔会。

(樊　华)

中国人民政治协商会议北京市石景山区第十一届委员会

主　　席　田利跃

常务副主席　岳林华

副 主 席　宋世媛(女)　葛　强　毛　轩　汪礼俊　刘铁军

秘 书 长　程伯静(女)

副秘书长　王国强　高　竹(女)　李鸿泓　林乐光　张旭东　赵　宇

常务委员　于程水　王迎伟　王艳蕊(女)　王淳华(女)　白德骏(回族)　仲达文　刘　嵘(女)　纪雪洪　李　平　李　琳(女)　李剑锋　李鸿泓　杨　光　吴　峥　吴　涛　张　杰(女)　张立辉　张春景　张结实　张绪东　林乐光　郑　一　赵　平(女)　赵　宇(满族)　姚　郑　高　竹(女)　黄爱萍(女)　斯琴格日勒(女,蒙古族)　傅　凡　释常藏　戴　兵(女)

石景山区政协专门委员会负责人

经济科技委员会主任　孙明磊

社会法制与民族宗教委员会主任　梁锁生

城建环保委员会主任　柏　静(女)

教文卫体委员会主任　于秀云(女)

提案委员会主任　蒙树红(女)

学习与文史委员会主任　彭玉春

石景山区政协工作机构负责人

区政协党组成员、秘书长　程伯静(女)

区政协党组成员、办公室主任　王国强

区政协研究室主任　刘　威

区政协专委会工作一室主任　孙明磊

区政协专委会工作二室主任　梁锁生

区政协专委会工作三室主任　柏　静(女)

区政协专委会工作四室主任　于秀云(女)

区政协专委会工作五室主任　蒙树红(女)

区政协专委会工作六室主任　彭玉春

纪检　监察

综　述

【概况】 2022年,中国共产党北京市石景山区纪律检查委员会、北京市石景山区监察委员会(简称区纪委区监委)由机关16个内设机构、机关党委、11个派驻机构、10个派出机构、1个直属事业单位、10个区管企业纪检监察机构组成,另有设在机构区委巡察办和5个巡察组。全区各级纪检监察组织履职尽责,推进全面从严治党、党风廉政建设和反腐败斗争,围绕经济社会发展大局,发挥监督保障执行、促进完善发展作用,纪检监察各项工作取得新进展新成效。

(李蕊君)

【区纪委十三届二次全体会议】 2月23日,区纪委十三届二次全体会议召开。会议以习近平新时代中国特色社会主义思想为指导,全面贯彻党的十九大和十九届历次全会精神,落实十九届中央纪委六次全会、市纪委十二届七次全会和区第十三次党代会部署要求。常卫通报2021年全面从严治党工作情况,对坚持不懈推进全面从严治党向纵深发展提出明确要求。王晓东代表区纪委常委会向大会作工作报告,总结2021年纪检监察工作,部署2022年重点任务。

(李蕊君)

【学习宣传贯彻党的二十大精神】 年内,区纪委区监委组织纪检监察干部收看大会盛况,召开全区纪检监察系统会议,传达学习党的二十大精神,并对做好学习宣传贯彻工作进行动员部署。研究制定《石景山区纪检监察系统认真学习宣传贯彻党的二十大精神工作方案》,组织好机关党委、各党支部持续跟进学,开展"我来讲党课"活动,推进"党的二十大""原原本本学报告""深学热议"等专题宣传,开展主题交流研讨。

(李　娟)

监督工作

【概况】 年内,区纪委区监委立足监督基本职责、第一职责,把贯彻落实习近平总书记重要指示批示精神和党中央重大决策部署作为政治监督的首要任务,聚焦"两个维护"强化政治监督,保障重大决策部署落实到位。围绕区域经济社会发展大局,发挥监督保障执行、促进完善发展作用。

(李蕊君)

【经济社会发展重点任务监督】 4月13日,区纪委区监委制定《2022年石景山区经济社会发展重点任务监督方案》,将全区经济社会发展121项重点任务纳入监督清单,明确责任部门,完善监督机制。成立石景山区经济社会发展重点任务监督工作领导小组,负责全面统筹,汇总形成2022年全区经济社会发展重点任务监督工作总台账,强化清单式监督、台账式推进,保障全区重点任务逐项完成。

(洪　杰)

【服贸会专项监督】 9月,区纪委区监委制定《石景山区2022年中国国际服务贸易交易会监督工作方案》,与区商务局、区政府办等主责单位加强工作对接,实时掌握主责单位履职情况及服贸会相关工作进度。加强与市纪委市监委、区领导小组办公室沟通联系,汇报监督情况。展会期间每日派出联合监督组,聚焦展会运行、疫情防控、安全保卫、交通保障等重点任务,开展近距离、全天候、常态化监督。针对监督检查发现的问题及时反馈、落实整改。开展实地检查100余次,重点调研22次,发现并督促整改问题59个,提出工作建议38条,提醒约谈61人次,下发提醒函1份。

(胡　林)

【对"一把手"和领导班子监督】 10月13日,区纪委区监委协助区委制定出台《石景山区关于加强对"一把手"和领导班子监督的实施方案》,实施方案细化25条规定,明确监督重点、压实监督责任、完善监督机制、强化监督措施,形成对"一把手"和领导班子全覆盖的监督体系。加强对方案执行情况的督促指导,推动"关键少数"监督常态化制度化。

(洪　杰)

【全面从严治党(党建)工作考核】 年内,区纪委区监委通过日常监督和评估、动态抽查和专题检查、自查自评、区领导带队现场督查及民意调查的方式,围绕强化党的政治建设、巡视整改和成果运用、管党治党制度执行等3方面重点,对全区77家单位开展检查,协调组织区领导带队对12家单位进行重点督查,动态抽查中发现问题216个。结合上年度考核情况对全区政治生态情况进行分析研判,形成总体报告。

(洪　杰　薛　枫)

【落实中央八项规定精神】 年内,区纪委区监委通过谈话提醒、明察暗访等方式,在元旦、春节等重要时间节点开展"四风"监督检查,严肃查处违反中央八项规定精神问题。加强"纪税联动",探索建立协作机制,实现监督关口前移。全年共查处违反中央八项规定精神问题1件,给予党纪处分1人,已通报曝光。

(薛　枫)

【整治形式主义、官僚主义】 年内,区纪委区监委做好基层"四风"观测工作,每月收集区委办、区政府办收发文件、召开会议、督查考核等数据,及时摸排是否存在困扰基层的形式主义、官僚主义问题,高度关注"四风"问题新表现新动向,定期研判"四风"动态。

(薛　枫)

【服务保障党的二十大监督】 年内,区纪委区监委牵头成立区服务保障党的二十大领导小组监督组,分为1个专项监督组、9个监督小组,以政治责任、中央八项规定精神、职责任务、遵纪守法等落实情况为监督重点,围绕疫情防控、维稳安保、城市运行、大气污染防治等重点工作跟进监督、精准监督、全程监督。

(符　腾　谢　啸)

【疫情防控监督】 年内,区纪委区监委成立疫情防控监督工作专班,每日调度部署,向重点街道派驻监督专员,运用"室组地+N"联合监督模式,统筹全区纪检监察力量开展全流程监督。对核酸检测、追阳、8小时快速转运、封管封控、放大器场所管理、复工复产等关键环节、重点任务开展高频次检查，完善监督闭环机制。把握疫情防控新阶段的监督任务，围绕群众服务就医保障、医药物资保障、重点人群管理服务等重点环节持续开展监督。结合工作实践，形成《关于对疫情防控监督发现问题的综合分析与思考》调研报告。全年共开展监督检查17962次，发现问题1529个，督促整改问题1529个，制发提醒函、督办单29份，提醒谈话112人次。

（符　腾　谢　啸）

【工会经费管理使用专项治理】　年内，区纪委区监委结合监督检查中发现相关单位工会经费使用管理不规范等问题，联合区总工会开展专项治理，对全区党政机关、事业单位、街道、区属国有企业等80家单位的基层工会经费管理及使用开展监督检查，对发现的问题推动逐一整改。

（薛　枫）

【常态化扫黑除恶监督和“惩腐打伞”】　年内，区纪委区监委发挥区反腐败协调领导小组优势，强化与政法机关的协同配合，加强对《中华人民共和国反有组织犯罪法》的学习、宣传、贯彻、实施，确保“扫黑”“打伞”协同推进、一查到底。受理群众来信来访，对是否存在涉黑涉恶腐败和“保护伞”等问题进行重点研判，在线索摸排上发力。将常态化开展扫黑除恶斗争情况融入监督日常，纳入巡察及全面从严治党（党建）工作考核内容。

（谢　啸）

【民生事项监督】　年内，区纪委区监委对照《市纪委市监委2022年“我为群众办实事”重要民生实事项目监督清单》，与相关责任单位逐一对接，每月督促推进任务落实。坚持清单化推进，对42项重要民生实事项目、12项便民工程及2020年以来老旧小区综合整治、管线统筹、加装电梯等情况跟进监督。

（乔焕启）

【规自领域专项监督】　年内，区纪委区监委围绕巡视整改、农村建豪宅、卫片违法建设、自建房等工作强化专项监督，及时采取下发提醒函、谈话等方式，督促整改到位，压实主体责任。全年参加规自领域工作会议15次，现场检查21次，下发提醒函4份。

（乔焕启）

【开发区领域腐败问题专项监督】　年内，区纪委区监委在全区范围内开展开发区领域腐败问题专项整治工作。采取会议监督、查阅资料、督促提醒等方式跟踪进展效果。专题研究部署具体实施工作，制定自查自纠工作方案，梳理查找重点问题，建立整改工作台账，压实主责单位监管职责。全年召开专题调度会2次，下发提醒函1份。

（乔焕启）

【冬奥会、冬残奥会专项监督】　年内，区纪委区监委围绕赛时关键时期和重点任务，强化赛时监督。重点统筹场馆内外城市运行和保障工作，对疫情防控、赛事服务保障、火炬传递、观众集结、应急事件处置等专项活动开展监督检查。建立监督检查问题台账，持续跟踪问效、逐项对账销号，形成“监督检查、反馈问题、督促整改”的监督闭环。共发现问题482个，提出建议336条，主动约谈166人次。

（席　萧）

【12345“接诉即办”监督】　年内，区纪委区监委发挥“室组地企”协同联动作用，加强与区监督指挥中心的沟通协调、信息对接。建立“全程跟单”监督机制，针对疫情防控、物业管理、农民工讨薪等诉求集中点，紧盯工单办理关键环节开展全程监督。对市督办件、高频件和重点领域的投诉快速转办、跟踪督办、及时反馈，分级分类处置。对发现的突出性问题，及时约谈提醒、下发提醒函，完善问题处置工作机制。全年完成市纪委派单159件，自主筛单4564件，全程跟单209件，提醒谈话372人次，下发提醒函41份，专题调研4次。

（胡　林）

审查调查

【概况】　年内，区纪委区监委始终保持惩治腐败高压态势，以零容忍的警醒、零容忍的力度正风反腐，坚决遏制增量、削减存量，坚持“三不腐”一体推进，巩固拓展反腐败斗争压倒性胜利。

（李蕊君）

【案件质量评查】　7月，区纪委区监委制定印发《石景山区纪检监察案件质量评查工作方案（2022年）》，分3个阶段开展辖区案件质量评查工作。列入评查范围的案件106件，涉及机关部门及派驻（出）机构25个。经自查自纠后统一评定，累计发现案件质量问题5个，涉及案件5件。9月，形成自查情况报告上报市纪委市监委。

（王怡辰）

【以案为鉴、以案促改】　12月，石景山区“以案为鉴、以案促改”警示教育大会召开，集中通报辖区查处的违纪违法典型案例，与会者集体观看警示教育片《黯然定格的青春》，以身边事警醒身边人。围绕廉洁文化建设开展专题调研，研究细化辖区加强廉洁文化建设的工作措施和责任分工。

（陈　鹏）

【信访举报】　全年，区纪委区监委受理信访举报271件次，其中检举控告113件次，占信访总量的41.6%。开展重复举报专项治理工作，全年信访总量、重复检举控告量分别同比降低69.4%和81.6%。紧盯民生领域问题精准受理检举控告件，将反映“慢作为”“工作方式粗暴”“工作缺少有效性”等信访举报以“信访情况”的方式通报相关单位，跟进回复情况，推动信访举报突出问题归口管理，督促主管单位回应群众关切。开展处级干部带头接访工作，32名机关干部参加信访接待。

（胡国栋）

【监督执纪“四种形态”】　全年，区纪委区监委运用监督执纪“四种形态”处理159人次，其中第一种形态118人次，占74.2%；第二种形态20人次，占12.6%；第三种形态7人次，占4.4%；第四种形态14人次，占8.8%。

（赵　颖）

【案件处置】　全年，区纪委区监委共处置问题线索171件，初核100件，新立案51件（其中处级14件，科级7件），同比下降22.7%。审理结案52

件。其中,给予党纪政务处分33人,涉嫌职务犯罪移送审查起诉8人,移交其他单位处理10人,责令具结悔过1人。从党纪处分情况看,党内警告9人、党内严重警告7人、党内严重警告(影响期二年)2人、留党察看1人、开除党籍11人。从政务处分情况看,政务警告2人、政务记过1人、政务撤职3人。

(赵 颖 王怡辰)

【信息技术保障】 年内,区纪委区监委对"石景山e监督"项目进行线上备案及平台升级,完善多层级基层监督体系。规范系统使用流程及审批流程,推进协查系统部署应用。使用同步录音录像工作台对监督检查、审查调查过程进行记录。使用取证航母进行手机和硬盘取证,收集固定办案证据。运用公共信息核查系统,以大数据支撑审查调查工作。强化日常办公保障,部署京办系统使用,整合工作平台,保障业务工作线上平稳运行。建设视频会商系统,加大视频会议保障力度。落实巡视整改要求,修订《石景山区纪委区监委办案区安保人员工作职责规范》,提升办案区规范化管理水平。

(李 丹 廖 慧 许 辰)

巡察工作

【概况】 年内,区委巡察机构坚持政治巡察定位,落实政治巡视巡察要求,强化贯通协同,做实巡察整改"后半篇文章",提升巡察工作质效。

(李蕊君)

【政治巡察】 年内,区委巡察机构研究制定《十三届石景山区委巡察工作规划》,明确原则方向、目标任务、思路举措。开展两轮对18家单位党组织和17个社区党组织的巡察工作,组织民主评议及问卷调查654人次、个别谈话617人次、调阅有关档案资料19204卷、走访基层单位12个、收到信访举报5件,围绕"三个聚焦,一个整改"发现问题650个,问题线索6个。

(梁 元)

【巡察综合监督】 年内,区委巡察机构注重发挥巡察综合监督平台作用,推动"巡审""巡统"协调协作。探索"巡审联动",选取试点单位同步进行政治巡察与领导干部经济责任审计,强化问题成果互通共享,审计发现的问题纳入巡察报告,巡察发现的问题通报审计组,释放"1+1>2"的叠加效应。加强"巡统"融合,按照《关于更加有效发挥统计监督职能作用的意见》要求,将统计造假、弄虚作假等内容纳入巡察监督重点,加强情况通报。

(梁 元)

【巡察"后半篇文章"】 年内,区委巡察机构召开巡察整改监督工作推进会,推动相关部门履行好巡察整改日常监督责任,督促被巡察单位党组织把巡察整改和成果运用融入日常工作,补齐短板、堵塞漏洞。深化成果运用,针对年内巡察发现的财务管理方面存在的突出问题,向区财政局下发通报。区财政局针对通报问题分析和研究,督促相关单位及时整改,并统筹安排,开展会计专项监督检查,推动监督、整改、治理有机贯通。

(梁 元)

中共北京市石景山区第十三届纪律检查委员会

书 记 王晓东
副书记 高维华 田成立 王庆亮
常 委 于学君(女) 李月根 牛秋娟(女) 李永祥 方 蕊(女)
委 员 丁 勇 丁志鹏 王亚兰(女) 王学红 王起顺 龙慎山 刘小红(女) 刘铁飞(女,满族) 李永丰 吴展标(苗族) 张 英(女) 陈 速 陈 鹏 陈洛湘 金志刚(满族) 庞晨潮 夏大周 徐伟超 詹文杰 薛 文

北京市石景山区监察委员会

主 任 王晓东
副主任 高维华 田成立 王庆亮
委 员 李月根 牛秋娟(女) 郭淑丽(女,2月免) 李永祥(2月任) 李永丰(2月任) 丁志鹏(2月任)

民主党派

综　述

【概况】 2022年,石景山区有中国国民党革命委员会北京市委员会石景山区工作委员会(简称民革石景山区工委)、中国民主同盟北京市委员会石景山区工作委员会(简称民盟石景山区工委)、中国民主建国会北京市委员会石景山区工作委员会(简称民建石景山区工委)、中国民主促进会北京市委员会石景山区工作委员会(简称民进石景山区工委)、中国农工民主党北京市委员会石景山区工作委员会(简称农工党石景山区工委)、中国致公党北京市委员会石景山区工作委员会(简称致公党石景山区工委)、九三学社北京市委员会石景山区工作委员会(简称九三学社石景山区工委)。7个民主党派有支部47个,成员1665人,同比增长1.91%。各民主党派以习近平新时代中国特色社会主义思想为指导,贯彻落实党的二十大精神、习近平总书记对北京一系列重要讲话精神,围绕石景山区融入首都发展新格局,实施“两大战略”,推进“三区建设”,履行中国特色社会主义参政党职能,为服务首都高质量发展贡献智慧和力量,为打造新时代首都城市复兴新地标、高水平建设首都城市西大门做出贡献。

(王　佳)

【重点工作】 年内,各民主党派开展“喜迎二十大·奋进新时代”主题教育活动。围绕实施“两大战略”、冬奥服务保障、新冠肺炎疫情防控等工作,开展调查研究,形成议政建言成果。深入基层一线开展文化讲堂、医疗帮扶、法律援助、扶贫助学等系列公益活动。面对新冠肺炎疫情,各民主党派靠前站位,组织成员投入疫情防控工作,立足工作岗位参与一线患者救治,围绕疫情防控、复工复产等议政建言,参与社区防控值守,捐款捐物,加强抗疫政策宣传等,助力抗疫工作。

(王　佳)

民革石景山区工委

【概况】 年内,民革石景山区工委有8个支部,4个专委会,党员193人。党员中有市人大代表1人,市政协委员3人,区人大常委会副主任1人,区人大常委会委员2人,区政协常委2人,区政协委员9人。主要职责是带领民革党员履行参政议政、民主监督、政治协商职能。区工委加强思想建设、组织建设、作风建设和制度建设,提高党员的政治把握能力、参政议政能力、组织领导能力、合作共事能力和解决自身问题的能力,把推动石景山区发展作为区工委工作第一要务,围绕中心,服务大局,深入调查研究,积极建言献策,为推动区域经济社会发展做出贡献。

(吴伟兴)

【思想建设】 年内,民革区工委先后组织党员收听收看中共二十大开幕会、中央统战工作会议、全国“两会”、市第十三次党代会开幕会等重要会议,学习贯彻会议精神,举办中青年骨干及新党员能力提升培训班,邀请中央社会主义学院教授李小宁和区工委副主委傅凡分别作中央统战工作会议精神报告和强化履职能力建设报告,组织骨干党员参加民革市委及区委统战部举办的系列学习活动,组织区工委领导班子成员录制喜迎二十大短视频,组织骨干党员撰写学习心得体会。区工委获得团结报社颁发的《团结报》宣传发行工作先进集体二等奖。

(吴伟兴)

【参政议政】 年内,民革区工委完成《进一步发挥冬奥公园功能,助推我区“品质之城”建设》等9篇调研报告,4篇报告被区委统战部评为优秀调研报告。区工委主委闫金定多次参加区委、区人大、区政协有关会议,向有关领导汇报、沟通党派工作进展情况。在区政协会上,傅凡代表区工委作题为《进一步发挥冬奥公园作用,助推我区“品质之城”建设的建议》的大会发言。民革界别政协委员结合石景山区经济社会发展实际,聚焦城市更新和产业转型两大战略,围绕城市示范区建设、中小企业融资、冬奥遗产保护和利用等重点领域,共提交29篇政协提案,其中党派提案5篇,个人提案24篇。《关于把北京“侨梦苑”打造成为石景山“两区”建设桥头堡的建议》等2篇报告被评为优秀调研报告,《关于推进金顶山公园和金顶山村、琅山村一体化建设的建议》等3篇信息被评为优秀社情民意信息。陈光、傅凡、刘珊被区政协评为“委员履职先进个人”。闫金定、傅凡被民革中央评为“全国参政议政先进个人”。苏劲松被民革中央评为“全国祖统工作先进个人”。第六支部被市委统战部和市人社局评为“北京市参政议政服务发展同心奖”先进基层组织。全年采集报送85条社情民意和工作动态信息,其中59条信息被民革中央、市政协、区委统战部等部门采用。

(吴伟兴)

【组织工作】 年内,民革区工委按民革市委换届程序完成民革市委委员人选及石景山区出席民革北京市第十四次代表大会代表的推荐工作。在民革市委换届大会上,石景山区闫金定、李凤芹、孙陶然等3人当选民革市委常委,李智勇当选民革市委委员。在民革中央换届大会上,闫金定当选为民革中央委员。在石景山区人大会上,闫金定当选北京市人大代表。向民革市委推荐专委会委员,近30名党员担任民革市委各专委会委员、协会理事等职务。探索特色支部建设途径和方法,促进民革基层组织建设。新成立第八支部,发展8名新党员,组织召开新党员座谈会。

(吴伟兴)

【社会服务】 年内,民革区工委组织党员参与民革市委及区委统战部的社服工作项目,加强与八宝山街道的联系对接,动员民革党员捐款资助八宝山街道5名残疾儿童,改善因残致贫的家庭状况。协助做好冬奥服务保障工作,区工委副主委张绪东向爱心企业募集价值2558万人民币的物资,用于服务保障北京冬奥会和冬残奥会应急救护工作。区工委组织党员围绕抗击疫情建言献策,采集报送多篇社情民意信息;组建民革同心抗疫志愿服务队,动员10余位党员下沉社区支援抗疫,协助开展核酸检测、流调管控、政策解读、测温验码、物资配送等各项工作；动员民革经济界人士捐款200余万元支援抗疫，协调价值52.5万元的清肺降火饮料3000箱和价值18.9万元的225箱N95防疫口罩捐赠给石景山卫健委、园林绿化局、各街道及环卫中心等部门，用于慰问抗疫医护人员和相关工作人员；在民革市委统一安排下，由区工委驻会干部率队对怀柔、丰台10多个隔离点和海淀30多家餐饮企业进行检查，查出并向上级部门反馈疫情防控问题10余个。

（吴伟兴）

民盟石景山区工委

【概况】 年内，民盟石景山区工委共有9个支部，盟员430人，其中女盟员196人；在职盟员337人，占78.37%，平均年龄51.68岁；高级职称（正高和副高）155人，占36%，中级职称113人，占26.28%。盟员中有现任区政协副主席1人，区政协常委1人，区政协委员8人，区人大代表4人。区工委学习宣传贯彻中共二十大精神，深化思想政治引领，履行参政党职能，加强自身建设，夯实多党合作的共同思想政治基础，完成全年各项目标任务。区工委获得民盟“健康迎冬奥·一起向未来”活动优秀组织奖。在民盟北京市委2022年社情民意信息工作会上，区工委获得“民盟北京市委2021年度反映社情民意信息工作先进集体”称号，王吉方、吴述等5位石景山盟员获得“民盟北京市委2021年度反映社情民意信息工作先进个人”称号。

（刘　芳）

【思想宣传】 年内，民盟区工委部署开展“矢志不渝跟党走、携手奋进新时代”政治交接主题教育，动员领导班子、盟员学习贯彻中共二十大、民盟十三大、中央统战工作会议、中共北京市第十三次代表大会、民盟北京市第十三次代表大会等重要会议精神，区工委及各支部召开学习中共二十大精神专题座谈会。为传承北京冬奥精神，迎接中共二十大胜利召开，在北京冬奥公园举办“矢志不渝跟党走、携手奋进新时代”主题健步走活动。组织30余人次观看冬奥会开幕式及赛事。在全民畅读艺术书店首钢园区三高炉举办主题教育文艺演出。参观民盟中央“喜迎二十大 携手新征程”民盟盟员书画作品展。开展“学盟史 学盟章 做合格盟员”等主题教育工作。通过线上盟员之家——石景山“盟员e家”、入盟积极分子座谈会等形式，加强对入盟积极分子、新盟员的盟史盟章等方面的教育力度。盟员向“共话百年统战”党的统一战线政策提出100周年征文活动投稿3篇。工委委员受邀参加“第三届香山革命精神与历史文化”理论研讨会，在会议分组研讨环节以《香山革命精神内涵的四个维度》为题发言。承接完成民盟市委统战理论研究课题2项，获得优秀奖。动员盟员撰写各类学习心得体会，投稿60余篇。在“喜马拉雅”APP上开设听书专栏“周一学盟史”，每周一分享党史、盟史知识，四年多来共提供语音素材550余条，总播放量3.3万次，面向社会各界宣传国家新型政党制度，成为区工委思想政治宣传工作品牌。通过民盟市委网站，“北京民盟”“同心·拾景”微信公众号及石景山“盟员e家”等平台载体，对区工委、各支部履职成效，盟员中典型性人物事迹及盟员学习心得体会加强宣传报道，全年刊发盟务活动信息65篇。

（刘　芳）

【组织建设】 年内，民盟区工委召开工委会议6次，召开年度总结会等专题会议，贯彻落实理论中心组学习、区工委领导联系支部、组织生活会等多项制度。区工委领导班子及成员带头学习各次重要会议精神，撰写心得体会，发挥示范引领作用。全年工委委员参加各级组织的各类培训班10余次。区工委共发展盟员17人，其中代表人士1人，完成年度组织发展工作计划。定期举办入盟积极分子座谈会，集中对入盟积极分子进行了解考察。举办组织发展座谈会，研讨推进组织发展工作。配合完成民盟北京市委的组织换届工作，在新成立的民盟北京市第十三届委员会专门委员会中，民盟石景山区工委共有8位盟员担任各专委会的主任、副主任等职务。盟员赵继新获得2022年北京市高等教育教学成果二等奖，北京市优秀教学团队：组织与人力资源管理教学团队，北京市高等教育“本科教学改革创新重点项目”。副主委张丽丽获得北京市教学成果奖一等奖。胡文生完成为期两年在内蒙古呼伦贝尔市莫旗的支教帮扶工作。梁彬强作为北京市第五批援青干部人才团队一员，赴青海省玉树藏族自治州称多县人民医院中藏医科进行医疗帮扶工作。区工委所属的9个支部整体活力继续提升，实现“四个一规范支部”达标率100%。9个支部共开展40余次活动，各项活动均与思想政治教育、参政议政、社会服务有机整合。北工院支部多次开展线上学习会；综合支部举办三期公益大讲堂系列活动；科技支部举办喜迎二十大系列活动，如深入企业学习调研，参观全国科普日活动等；工业支部联合北京顺鑫园林绿化公司、江苏饶唐园林绿化公司在衙门口公园组织园林植树活动；经济支部组织调研石景山大悦城、“学党史盟史 践行初心使命”等活动。区工委带领各支部做好“盟员之家”的建设工作，提升“盟员之家”的管理运行方式和水平。区工委根据年内各支部工作开展情况以及盟员履职情况确定对先进集体及先进个人进行表彰。分别为两个“组织建设”先进集体，4个“参政议政”先进集体，3个“活力支部”先进集体。26名优秀盟员，31名思想宣传之星，31名参政议政之星，34名社会服务之星，共122人。

（刘　芳）

【参政议政】 年内，民盟区工委参加中共区委、区政府组织的政党协商，就中共区委全会工作报告、政府工作报告等提出意见建议。参加区政协议政会，副主委纪雪洪以《关于促进我区元宇宙产业健康发展的建议》为题，作会议重点发言。在区政协十一届二次会议上，区工委提交两件党派提案。区工委的《关于将石景山区打造成为元宇宙产业高地的建议》被评为优秀提案,《关于石景山区内高校服务石景山经济社会发展情况的调研报告》被评为优秀调研报告。副主委赵长坡等联合提交的《关于常态化核酸检测工作的建议》获评区政协优秀社情民意。副主委祝智军提交的《关于推动智慧石景山建设的建议》获评优秀提案,《关于复工复产助企纾困,稳住经济基本盘的建议》获评优秀社情民意。区工委围绕地区产业升级转型、区域经济发展以及夯实基层治理基础等中共区委、区政府的中心工作,与政府各部门召开重点课题调研会。北方工大支部胡燕完成《北京重型电机厂城市更新和转型发展的调研报告》等多篇调研报告。参与民盟市委重点课题4项,申报一般课题1项。胡燕参加的民盟市委重点课题"修复老城河湖水系,弘扬中轴水韵文化",作为主要执笔人撰写调研报告,转化为市政协大会发言及党派提案。区工委与通州区工委、荆州市委实现"左右互动",联合举办座谈调研活动。举办"健康·享老"论坛,聚焦区域性健康享老服务主体,研究养老产业的发展动态。区工委搭建平台,建立参政议政案例及信息共享交流机制。全年区工委共提交93篇社情民意信息,被市、区两级有关部门采用70余篇。

(刘　芳)

【社会服务】 年内,石景山区多位盟员参与"8+1"行动,入选2022年重点项目中关村科技园门头沟园民主党派专家服务站名册。疫情期间,近20名盟员医护人员直接参与到一线抗疫工作中,近40名盟员直接参与基层疫情防控志愿服务工作。祝智军带领工委委员及盟员作为区工委抗疫先锋队成员在鲁谷街道进行志愿服务,发挥自身专业优势,参与北京市疫情防控指导检查工作。工委委员王健提供专车和专人为五里坨街道各采样点运送核酸检测样本至检测机构,保证区域核酸筛查工作开展,为封管控区运送生活物资。区工委加强与结对街道——古城街道的沟通联系,为古城街道、八角街道、五里坨街道疫情防控一线工作人员送去慰问品。盟员通过各种途径和方式捐款捐物。区工委助力首钢工学院、首钢技师学院与智达基业物业管理(北京)有限公司进行校企合作,开启学校企业开展合作的新起点。卫生健康支部联合苹果园社区卫生服务中心共同在西黄新村东里小区、苹果园三区社区举办健康知识大讲堂活动,赵长坡、工委委员袁媛为居民送去日常保健及急救知识。科技支部王峰协同中国科学院微重力重点实验室到内蒙古自治区乌兰察布市开展京蒙帮扶"太空育种"活动。综合支部坚持多年慰问小飞象训练发展中心。各个支部长年坚持慰问老盟员和生活困难盟员,帮助解决盟员的工作和生活中的问题。

(刘　芳)

年内,民建区工委举办第三届北京西山永定河发展论坛(民建区工委供图)

民建石景山区工委

【概况】 2022年,民建石景山区工委有基层支部8个,分别是工商支部、经法支部、科技支部、综合支部、退休支部、直属支部、文化支部、家访支部。其中直属支部是新会员支部。截至年底,有会员314人。会员平均年龄54岁,其中男性会员193人,女性会员121人;大学本科学历177人,硕士研究生64人,博士研究生11人;中高级职称130人。民建中央副主席1人,民建北京市委主委1人,常委2人;全国政协委员1人,市政协常委1人,市政协委员1人;区人大代表5人,其中常委2人;区政协委员18人,其中副主席1人,常委3人。区工委主要工作是围绕经济建设,履行参政党职能,参加政治协商、民主监督和参政议政,开展社会公益活动;加强自身建设,提高会员素质;针对中心工作开展调查研究,建言献策,反映社情民意等。

(黄　玥)

【理论学习宣传】 年内,民建区工委围绕民建市委学习贯彻中共二十大精神、"矢志不渝跟党走、携手奋进新时代"政治交接主题教育的工作部署,通过集中培训、微信线上打卡、交流座谈、视频会议、中共党史视频小课堂等形式,开展学习宣传贯彻中共二十大精神、学习中共党史、"两个确立"的重要意义、中央统战工作会议精神、中共北京市第十三次党代会精神等多项主题明确的系列学习活动。开展各类学习活动近40次,综合支部组织的"奋进新征程,喜迎二十大——中共党史视频小课堂"系列学习活动创新理论学习形式。会员撰写学习心得110余篇,向各级单位报送征文5篇,形成理论成果4篇,其中《冷遹先生基层治理探索及其现实意义》被民建市委采用推荐到民建中央。工委获民建市委理论研究"工作创新奖"。

(黄　玥)

【组织发展】 全年，民建区工委发展会员18名，其中研究生6名，高级职称5名。有会员314名，经济界会员占77%。新成立科技委员会和金融委员会，汇集行业人才，搭建交流平台，结合本职工作开展参政议政。成立青年工作委员会，打造平台培养青年人才。编制《民建石景山区工委制度手册（2022修订）》，涉及工委、各专委会、各支部的工作制度、工作规范、工作指南等共39项。在民建市委各专委会、工作委中，石景山会员有34人成为专委会委员，17人成为工作委委员，其中专委会主任1名，副主任4名，为历届之最。

（黄　玥）

【参政议政】 年内，民建区工委在石景山区政协第十一届一次会议上提交的《关于大力扶持我区"专精特新"企业发展的建议》等3篇党派提案，分别被列为一、二、三号提案。在区政协理论研讨会上，区工委的研讨会发言《关于在中关村工业互联网产业园建设中注重网络安全产业发展的建议》得到区政协领导认可。全年完成调研报告5篇。报送社情民意信息142篇，被各级单位采用85篇，采用率达60%，其中3篇得到区领导批示，4篇被民建中央采用，5篇被全国政协采用，在全区各民主党派中排名第一。全年举办两届"北京西山永定河发展论坛"，"高端公益"的论坛形象初步形成。邀请各界院士、专家学者，探索高质量发展实施路径，为市区两地政府提供决策参考。两届论坛线上观看直播人数约16万，被北京新闻等30余家媒体宣传，第四届论坛活动报道被北京市政府网站采用。

（黄　玥）

【社服联络】 年内，民建区工委在继续做好"一老一小"社服重点工作基础上，加强与老山街道、古城消防站、鲁谷街道永乐社区、七星园北社区的共建，区工委坚守在疫情防控第一线，向石景山民族养老院西区送温暖，加入首钢园区冬奥会志愿者队伍，帮助房良村"名誉户主"工作的农户家庭。组织9期"果香寄情敬老活动"和5期"不忘初心薪火相传"关爱老会员活动，会员和会员企业向社区各界捐款捐物18.9万元。在河北丰宁打造"文化进校园"品牌活动，在燕京八绝校园展厅持续展览非遗展品。以"共筑职教梦"为方向，区工委企业委员会同丰宁职业技术教育中心签署合作协议。服务会员企业，举办三期"1+1小课堂"，助力会员企业转型升级。12月，区工委获民建中央"定点帮扶工作先进集体"称号，会员刘东晖获"定点帮扶工作先进个人"称号。

（黄　玥）

【宣传报道】 年内，民建区工委在民建北京市委网站发布稿件130篇，在各区工委中排名第一，其中24篇被民建中央网站采用。区工委微信公众号宣传工委特色工作、会员企业成就、会员风采，全年发布文章167篇，其中42篇被"北京党派e点通"转发，10篇被"北京民建"转发，29篇被区委统战部微信公众号"同心·拾景"转发。拓宽宣传渠道，与《石景山报》联动，宣传为京西发展作出积极贡献的优秀会员，全年宣传5篇。举办"冬奥有我分享会"，宣传会员榜样。通过直播平台得到社会各界对区工委大型活动、论坛的关注。

（黄　玥）

民进石景山区工委

【概况】 截至2022年底，民进石景山区工委有会员233人，支部8个，分别是北京九中支部、教育分院支部、金苹支部、古东支部、古西支部、经济支部、退休支部和北方之星青年支部。工作委员会由主委1名、副主委4名，委员12名组成。会员中有民进中央委员1名，民进北京市委委员2名（其中常委1名），区人大代表3名（其中常委1名），区政协委员13名（其中常委3名），第五届区青联委员2名。年内，区工委紧扣国家与北京市和石景山区"十四五"规划和二〇三五年远景目标，贯彻落实民进中央信息化建设主题年工作，为推动石景山区"三区"建设，建设首都城市西大门作出贡献。

（杨朝红）

【组织建设】 1月，在第24届冬奥会观赛组织工作启动后，民进区工委配合区委统战部及民进市委会进行开幕式及观赛观众人员报名、统计及信息录入，36人次参加冬奥会、冬残奥会开幕式及比赛观众。7月13—15日，民进北京市委召开第十三次代表大会。会上选举产生民进北京市第十六届委员会和出席民进第十三次全国代表大会的代表。工委7位会员当选参加民进北京市委第十三次代表大会代表。工委主委林乐光被选举为市委常委，工委副主委兼秘书长陈勇被选举为市委委员，工委前主、副委于秀云当选参加民进全国第十三次代表大会代表。12月，于秀云当选民进中央第十五届委员会委员。年内，九中支部召开年终总结会和工作交流会；金苹支部组织学习民进中央社会服务工作条例；教育分院支部组织会员参观永定河森林公园及冬奥公园走步活动；古西支部组织会员参观首钢大跳台；古东支部组织学习二十大精神健步走活动；退休支部组织会员参观戒台寺和河洞村。工委按时完成市委会发展会员10人的指标任务。

（杨朝红）

【社会服务】 春节前，民进区工委响应民进中央、民进市委"春联万家·推动共同富裕"活动，连续7年组织书法家走进苹果园街道为居民送福字和春联。4月9日，区工委与永定河休闲森林公园管理处举行共建单位签约仪式。区工委助力公园开展建设、管理、服务和宣传工作，利用公园场地向管理处干部职工和游园市民开展文化宣传、体育健身、捐资助学、健康讲座等社会服务活动。公园管理处为民进区工委在建言献策、民主监督、社会服务等民主党派职能的发挥上提供便利和支持。同月18日，民进区工委联合石景山区文化馆"送戏曲进校园"，为北京市第九中学（高中部）、石景山区广宁村小学的学生们送去经典京剧剧目艺术赏析讲座和戏曲表演。同月下旬，民进区工委向结对单位苹果园街道发出《致奋斗在抗疫一线的苹果园街道干部及社区工作者的一封信》，同时组织会员到苹果园街道支援社区核酸检测,会员下沉社区参与疫情防控。5月8日,区工委接到民进北京市委会关于向基层组织和会员募集捐助防控物资的通知后,106位会员共捐款18900元,集中购买8218个KN95口罩,发往民进北京市委会社会服务处。

(杨朝红)

【思想建设】 年内,民进区工委采用线上线下相结合的方式落实民进北京市委会开展的"矢志不渝跟党走、携手奋进新时代"政治交接主题教育。3月14日下午,民进区工委召开学习全国"两会"精神及政府工作报告座谈会,工委委员参加会议。8月20日,民进石景山区工委举办2022年暑期学习培训班。区工委委员、支部委员、部分骨干会员及新会员共40余人参加培训。林乐光传达民进北京市委第十三次代表大会精神,总结民进区工委上半年工作和下半年工作思路。区工委委员耿喆为新会员们以"如何写好社情民意信息体会"为主题进行专题授课。区工委领导为2021年入会的新会员颁发入会通知书。10月16日上午,民进区工委领导班子成员集中观看党的二十大开幕式实况转播,与大会同步起立高唱国歌,为去世的老一代革命家默哀,聆听习近平总书记在大会上的工作报告。同月20日,工委组织学习党的二十大工作报告及调研座谈会。会议由副主委莘赞梅主持。会上,林乐光及与会工委委员畅谈学习二十大工作报告精神体会。民进市委副主委林丽颖参加会议并对工委工作进行调研。

(杨朝红)

【参政议政】 年内,民进区工委围绕创建全国文明城区及区域经济发展完成《关于建设模式口民族团结示范街区的调研报告》和《完善税收相关政策,促进石景山区产业转型发展的建议》。九中集团支部、金苹支部、古东支部、古西支部完成《关于模式口地区生态环境保护的调研报告》《石景山区老旧小区改造中融合数字技术、打造数字技术家庭的调研报告》《关于加强冬奥公园建设管理的调研报告》《关于加快推进我区体育产业发展的几点建议》4篇调研报告。自2021年10月至2022年11月8日,有29位会员报送68条社情民意信息,其中3条信息被民进中央采用,12条信息被市委会采用,25条信息被区委统战部采用。区工委获民进中央2022年度"民进信息化建设先进集体"称号。

(杨朝红)

农工党石景山区工委

【概况】 2022年,农工党区工委有基层支部5个,党员总数192人。70%的党员来自医药卫生界。其中:男73人,女119人;在职人员139人,退休人员53人。平均年龄58岁。硕士研究生以上学历49人,占党员总数25.5%;大学学历(含大专)136人,占70.8%;中专以下学历7人,占3.6%。高级职称的77人,占40.1%;区人大代表3人,其中区人大常委1人;区政协委员9人,区政协常委2人;担任农工党市委常委1人,担任农工党市委专委会成员9人。2022年度农工党石景山区工委玉泉医院支部被农工党市委评为先进集体,15名党员评为优秀党员。

(高春菊)

【思想建设】 年内,农工党区工委通过自学与集中学习相结合、座谈会与专题讨论相结合、线上交流与线下交流相结合等形式开展学习培训,区工委全年组织参加各级各类线上、线下学习培训实践活动200余人次,参加农工党北京市委"重温光辉历程·声动北京农工"农工党党史诵读接力活动,区工委派出4名党员参加"诗韵中华·固根铸魂"同心课堂活动暨石景山区庆祝中国共产党统一战线政策提出100周年纪念活动。

(高春菊)

【组织建设】 年内,农工党区工委在新党员发展工作中,执行《农工中央关于组织发展工作的若干意见》,按照中央"人才强党"战略,把握好培养、考查、审批环节,全年共发展新党员8名,其中玉泉支部1名、眼科医院支部1名、石景山医院支部3名、首钢支部3名;发展入党积极分子15名。

(高春菊)

【参政议政】 年内,农工党区工委共向北京市委申报立项8个课题,其中6个课题被采纳立项,涉及重点课题1项、立项课题3项、自选课题2项。全年区工委共完成课题工作5项,形成5篇调研报告。由副主委张紫波撰写的《关于加快产业转型步伐,全方位助推北京市国有资本数字化发展的调研报告》,提炼为《拥抱数字经济蓝海,助推国有资本转型》的提案,转化为北京市政协十四届一次大会农工党界别的党派提案。根据农工党中央办公厅文件(农工中办发参字〔2022〕6号),由副主委兼秘书长康雅楠执笔撰写的《关于进一步完善北京市口腔健康服务的调研报告》,获得2022年农工党中央优秀调研报告评比二等奖;由张紫波执笔撰写的《关于深挖企业潜力,激发市场活力,大力扶植独角兽企业和隐形冠军企业创新发展的调研报告》,获得2022年农工党中央优秀调研报告评比一等奖。

(高春菊)

【社情民意】 年内,农工党区工委共向区委统战部和农工党北京市委,报送社情民意信息20篇,其中抗疫信息6篇。全年北京市委累计采纳信息12篇。其中由张紫波执笔撰写的《关于加强第三方支付平台履行反洗钱义务的几点建议》,被农工党中央采纳;由副主委罗红梅执笔撰写的《关于核酸检测点工作的建议》,被北京市政协采纳。

(高春菊)

【民主监督】 年内,农工党区工委参与区政协对刘娘府生活性服务业示范区的视察活动,同时开展区接诉即办现场调研工作;参与区政协社会法制与民族宗教委员会对二十大安保维稳工作,开展民主监督视察评议。

(高春菊)

【社会服务】 年内,农工党区工委组织医疗界别党员,参加核酸检测任务80余次,疫苗接种任务3人次,院内防疫督导25人次,志愿服务基层疫情防控人员15人次,参加义诊活动14次。北京冬奥会、冬残奥会期间,农工党区工委组织7人参与冬奥会比赛现场。

（高春菊）

致公党石景山区工委

【概况】 年内，致公党区工委有3个支部，党员97人。其中男党员53人，女党员44人；少数民族4人；归侨、侨属、侨眷、留学归国人员69人。其中全国政协委员1人、区人大常委1人、区政协委员10人、区青联委员2人。

（刘　可）

【理论学习】 年内，致公党区工委班子组织全区党员收听收看二十大大会盛况，撰写学习心得体会。召开区工委全委会，专题学习二十大会议各项精神。举办全区党员二十大精神主题宣讲活动，邀请二十大代表为全体党员宣讲。相继开展对十九届六中全会精神、全国“两会”精神、北京市十三次党代会精神和中央统战工作会议精神的学习。打造“书香工委”阅读角，提供基础书籍，丰富党员读书种类；以支部为单位开展图书分享活动，传递阅读力量。举办“书香工委”暨中国致公党党史学习活动及邀请致公党创始人、美洲爱国华侨领袖司徒美堂的孙女讲解中国致公党党史等多项活动。

（刘　可）

【新冠肺炎疫情防控】 年内，致公党区工委组织多名同志成立金顶街街道援助工作组，送去急需物资并协助核酸检测。班子成员、委员、党员20余人分别下沉社区，参与核酸检测和执勤值守工作。组建统一战线致公区工委10人同心抗疫志愿服务队，随时听候全区统一调遣。区工委捐赠总价值十万余元的空调被、电冰箱。与区委统战部共同举办捐赠仪式，第一时间将物资发放到全区9个街道和社区工作者手中。

（刘　可）

【参政议政】 全年，致公党区工委共提交区人大建议案2件，区政协提案15件。提交《基金在石景山区域产业转型中的思考和建议》提案，并在区政协第31次政协工作理论研讨会暨专题协商议政会上开展研讨。形成《关于进一步解决石景山区居民就医问题的建议》《关于推进我区建立和完善“老年人健康数据库”的建议》《后奥运设施再利用，打造首钢文化旅游新地标》等调研报告。区“两会”党派发言《关于充分发挥老舍文化名人效应，提升模式口历史文化街区文化品位》被评为区政协2022年优秀调研报告。《关于持续办好西山永定河文化节》和《关于加强垃圾分类效益宣传的提案》被评为区政协2022年优秀提案。

（刘　可）

【服务社会】 年内，致公党区工委先后在金顶街、八宝山和五里坨街道举办“送医疗进社区—致公党石景山区工委系列议政活动”。在区委统战部的支持下，经过多次考察座谈，推进“关于北京协和医院骨科团队入驻石景山医院的项目”。在乡村振兴、京蒙协作方面，从文化帮扶切入，与内蒙古宁城地区携手，推进非物质文化遗产保护项目。

（刘　可）

【海外联络】 年内，致公党区工委参与接待海外洪门组织赴京的访问及庆祝活动。组织联系国外企业学院来石景山区进行实地考察、交流，使更多海外华人认识、了解石景山，推进项目的引进及对接。架设海内外华侨回国创业的桥梁，发挥中欧科技创新中心的优势，联系企业吸引投资，协助区委统战部做好侨梦苑论坛，同时安排区内企业走出去，学习借鉴国外经营管理理念。协助区委统战部举办“侨海汇智 创想未来”2022北京论坛系列活动。参加致公党中央“海创论坛”大型活动。参与“爱国侨领及华侨华人代表信息”的统计和撰写。推荐社工人才参加京台论坛，与台湾地区做线上交流和结对共建。

（刘　可）

九三学社石景山区工委

【概况】 截至年底，九三学社区工委有6个支社，社员224人。其中男性、女性各112人；高级职称134人，占59.8%。有北京市人大代表1人，政协委员1人，区政协委员12人，其中副主席1人、常委2人，区人大代表3人，常委1人。年内，张家敏被社中央评为社会服务先进个人，胡卓群被评为2022年冬奥会冬残奥会北京市先进个人。

（赵军民）

【思想建设】 年内，九三学社区工委组织全体社员收听收看中共二十大盛况，举办学习交流会。区工委采取线下和线上学习、集中学习和个人自学相结合的方式，先后组织7次集体学习，上传学习材料20余份。组织社员参加区政协、区委统战部举办的培训班29人次，利用微信公众号刊发学习体会文章20余篇。学习贯彻习近平同志对北京一系列重要讲话精神和做好新时代统一战线工作的重要思想。开展中国共产党统一战线政策提出100周年纪念活动。利用暑期培训时机，邀请专家宣讲社史。利用公众号、微信群和工作简报等形式，加强对中共二十大精神、北京市第十三次党代会精神、九三先贤事迹、履职成果和各级通知精神的学习宣传。

（赵军民）

【组织建设】 年内，九三学社区工委加强领导班子建设，学习传达贯彻中央统战工作会议精神，加强政治引领，筑牢团结奋斗的共同思想政治基础。指导医药卫生支社完成换届调整工作任务。严格组织发展程序，发展社员9人，平均年龄40.5岁。其中，女社员2人，占22.2%；硕士及以上学历3人，占33.3%；高级职称4人，占44.4%。

（赵军民）

【活动开展】 年内，九三学社区工委在遵守疫情防控总体要求情况下，先后组织60余人次参加各类培训交流活动。组织老社员线上培训教学和健康讲座活动。春节前夕，对19名老社员和生病社员进行慰问。1月15日，医卫支社组织“完善冬奥公园配套设施建设，借奥运契机吸引人气打造商机”的主题调研活动。4月23日，青工委举办一次穿越京西古道户外徒步活动，吸引社北京市委各基层组织50余名社员参加。5月6日，区工委携带慰问品，赴鲁谷街道慰问15名一线抗疫人员。8月13日,区工委举办为期一天的暑期培训班,安排专家授课、分组讨论交流等内容。根据社北京市委和区委统战部安排,先后组织28人次参加7次冬奥会冬残会开幕式和观赛活动。疫情防控期间,社员中的医务人员多次参加核酸采样和一线救治工作,一些社员主动下沉社区值守、参加志愿服务。及时发布各级关于疫情防控的信息征集要点,社员围绕疫情防控开展调研,撰写和疫情防控相关的社情民意信息60余件。区工委联合粉红丝带志愿服务队在冬奥公园举办2次以关爱女性健康为主题的科普宣传活动。社员张晋应邀参加门头沟区"军庄镇新时代基层干部主题培训",并作专题讲座,培训人员近百人。

(赵军民)

【参政议政】 年内,九三学社区工委在第31次政协工作理论研讨会暨专题协商议政会上,提交发言材料3件。聚焦京西八大厂老旧厂房改造、冬奥遗产保护利用等方面建言献策。区工委班子组织学习区委、区政府工作报告征求意见稿,进行研究讨论,从疫情防控、创新产业布局、冬奥遗产可持续利用、老工业转型升级等方面提出意见建议。多次参加区委、区政府、区政协举办的政党协商会,在经济社会发展、政协委员人大代表补选和人事任免等重大问题上进行政治协商和民主监督。把课题调研重点放在产业载体资源的管理利用、冬奥遗产保护利用、优化营商环境、医疗体系建设等方面,组织人员深度调研。先后深入新首钢园区、冬奥公园、科技园区、医院、老旧小区等处进行实地调研。区工委对各组调研进度及时跟进、及时推动,经过中期评估和结题论证,形成6项调研成果上报区政协和区委统战部。参加区政协组织的各类培训会、研讨会、重点提案督办会、协商座谈会、议政会等30余人次。在区政协十一届二次会议上,有2项调研成果转化为大会发言和党派提案,主委刘铁军代表九三学社作《关于加强石景山区产业载体资源统筹管理的建议》的党派发言。会上,区工委共提交35件提案,其中党派提案3件,个人及联名提案32件。全年,1件党派提案及3件个人提案被评为优秀提案,1篇调研报告被评为优秀调研报告,3件社情民意信息被评为优秀社情民意,3名政协委员被评为履职先进个人。

(赵军民)

【社情民意】 年内,九三学社区工委采取培训交流、主动实践等途径提高履职能力水平,邀请社北京市委专职副主委李丽萍对50余名社员进行参政议政培训辅导,组织经验交流。参与社北京市委在门头沟区举办的京西发展座谈会和在首钢园区举办的2022年服贸会中西医结合国际医疗圆桌论坛。区工委共采编上报各类社情民意信息101篇,人均上报率在社北京市委19个二级组织中保持前列,13篇被社中央、市政协、市委统战部采用,34篇被社北京市委采用,社情民意信息的数量和质量较往年有大幅提升。

(赵军民)

石景山区各民主党派负责人

民革石景山区工委	闫金定
民盟石景山区工委	毛　轩
民建石景山区工委	汪礼俊
民进石景山区工委	林乐光
农工党石景山区工委	李鸿泓
致公党石景山区工委	曹　巍
九三学社石景山区工委	刘铁军

人民团体

综　述

【概况】 石景山区人民团体主要有石景山区总工会(简称区总工会),共产主义青年团石景山区委员会(简称团区委)、石景山区妇女联合会(简称区妇联)、石景山区科学技术协会(简称区科协)、石景山区工商业联合会(简称区工商联)、石景山区残疾人联合会(简称区残联,详见社会建设编)、石景山区归国华侨联合会(简称区侨联)、石景山区文学艺术界联合会(简称区文联,详见文化编)等。年内,全区各人民团体结合自身特点和专长优势,团结带领石景山区职工群众,团员青年,各界妇女,科学技术人员,工商界人士,残疾人,侨界和文艺界人士等,学习宣传贯彻党的二十大精神,围绕党政中心大局,完成服务保障北京2022年冬奥会、冬残奥会志愿任务,参与疫情防控各项工作,助力区域高质量发展,开展对口支援协作,为高水平建设首都城市西大门、打造“一起向未来”的城市复兴新地标贡献力量。

(王　丽)

【服务保障冬奥】 1月18日,区工商联会员企业北京亚太银河集团作为北京冬奥组委消防安全保障商,举办“激情冬奥,保障有我”冬奥出征仪式。会员企业北京盛世顺景文化传媒有限公司参与由北京冬奥组委、中国奥委会和北京奥运城市发展促进会主办的北京国际体育电影周“冬季运动体育项目动画片创意方案征集”活动,提交的《冬奥会之冰壶》创意方案获得最佳方案奖。同月25日,石景山区6700余名冬奥城市志愿者在辖区16个城市志愿服务站点和47个重点社区站点全面上岗。各站点志愿者为市民提供信息咨询、语言服务、文明宣传、应急救助、文化传播、环境保障、共建平安、助残服务等各项志愿服务。1—2月,区妇联成立冬奥服务保障领导小组,派出1名副主席完成冬奥闭环驻地服务保障任务。组织观众90余人次观演观赛。协助市妇联在辖区设立观众集结疏散点位,帮助450余名外区观众集结疏散。保障3350余名观众和工作人员用餐及物资需求。募集45万余元物资,走访慰问参与服务保障的巾帼志愿者和家庭。年内,区总工会牵头完成冬奥会冬残奥会火炬接力石景山区活动景观组各项工作,累计投入资金700余万元,布置各类景观小品27处,完成火炬传递沿线110处点位的环境整治。完成1230人次观众与工作人员的申报审查、后勤保障以及体育活动展示等组织工作。区工商联会员企业北京虚拟动点科技有限公司与北京纳虚光影科技有限公司借助虚拟现实技术合作开发“VR仿真冰壶模拟训练系统”,通过VR仿真1:1还原冬奥训练场景。区工商联完成509名观赛人员的报名工作,分两批次组织124名观众赴五棵松体育馆观看冬奥冰球比赛。

(王　薇　李　剑　张　振　罗一飞)

【新冠肺炎疫情防控】 4月26日,团区委、区青年志愿者协会面向基层团组织、区域化团建单位、“青”字号集体、团属社会组织及志愿服务力量等群体招募疫情防控青年志愿服务预备队。5月30日,团区委为鲁谷街道封控区管控区一线防疫人员捐赠防护服、面罩、酒精等防护用品650件,解暑饮料200箱。6月29日下午,团区委组织慰问全区9个街道参与核酸检测的青年突击队医护人员。年内,区总工会设立400万元区级防疫专项经费,拨付给区卫健委和街道200万元用于慰问一线防控人员,100万余元用于慰问封控管控区、隔离点等一线工作人员,并为快递员、送餐员等送去口罩和消杀用品。区、街、社区三级妇联组织动员各级妇联干部、执委、“驿姐”等6000余名巾帼志愿者参与抗疫志愿服务2万余场次。区妇联与卫健委、各街道协调对接,为67名封管控区等涉疫孕产妇提供就医、买药等服务;走访慰问防控一线医护人员、巾帼志愿者,累计送去7万余元慰问物资。区工商联向所属商协会和民营企业发出倡议,引导各基层商协会、会员企业驰援街道、社区开展疫情防控工作,组建13支“同心抗疫我参与”志愿服务团。13家商协会近400家企业、1000余名志愿者,在全区9个街道开展5000人次22万小时的志愿服务,12家企业捐款34余万元,67家企业捐赠价值93余万元防疫物资和生活物资。

(王　薇　李　剑　张　振　王　雪)

【支援协作】 6—9月,区妇联以“点对点献爱心”方式,募集价值1万余元捐赠物资发往青海省玉树州称多县,向称多县25户困难妇女家庭给予每户1000元的资金帮扶。对莫力达瓦达斡尔族自治旗100户困难妇女家庭开展每户500元的资金帮扶。组织辖区妇女参加消费扶贫超市进店采购,单位及个人以买代帮购买扶贫产品消费共1.5万余元。年内,区工商联围绕市区支援协作工作任务,探索巩固拓展脱贫攻坚成果同乡村振兴有效衔接工作模式,联系结对地区友好工商联、友好商会,开展考察调研、经贸合作,推动企业间交流对接。引导会员企业参与村企结对、捐赠爱心款物、消费帮扶和产业帮扶等工作。组织实施乡村振兴示范帮扶项目,完成莫旗腾克镇腾克村乡村振兴就业技能培训6个班次,学员共142人。区工商联两次组织企业考察团分别赴宁城、莫旗开展走访调研、对接支援协作项目。3家会员投入资金7.1万元开展消费帮扶,1家会员在当地设立公益屋并捐赠价值31万元的服装,9家会员企业捐赠扶贫协作和支援合作社会帮扶资金83.1万元。

(李　剑　张　振)

【学习宣传党的二十大精神】 年内,区总工会组织拍摄“喜迎二十大 建功新时代”石景山区职工快闪活动,演唱《我和我的祖国》《咱们工人有力量》等歌曲。12月,区妇联开设学习贯彻党的二十大精神公众号专栏,制定印发妇联系统学习宣传方案,在妇联系统集中开展党的二十大精神宣讲。开展“巾帼心向党 喜迎二十大”群众性宣传教育活动30余场次,推出“巾帼大宣讲”“巾帼大学习”公众号栏目。借助区融媒体平台,开设“巾帼故事”栏目,展播妇联工作纪实、优秀女性事迹15期。

(王　薇　李　剑)

石景山区总工会

【概况】 2022年，区总工会组织各级工会和职工学习宣传贯彻党的二十大精神，完成冬奥会冬残奥会、疫情防控等重点任务，拓展职工维权和服务，推进工会改革。区总工会有内设机构：办公室(财务资产部)、宣教部(劳模联络服务部、主体责任办公室)、组织建设部、权益维护部、职工服务中心。工会机关公务员编制16个，公益一类事业编制14个。石景山区共推荐评选"全国五一劳动奖章"1个，"首都劳动奖状"1个，"首都劳动奖章"6个。"全国工人先锋号"1个，"北京市工人先锋号"2个，共2名工匠人才推荐参加"北京大工匠"评选。

(王　薇)

【会员普惠京卡服务】 1月至9月，会员系统内合格会员86266名，持卡会员86167人。截至9月底，新发展会员2179名。全年会籍累计变动19330人次(变动包含：转出、转出、保留会籍、恢复会籍、退会)。12351接单并结案100件，主要涉及会员入会、困难帮扶及法律维权，满意率100%。

(王　薇)

【工会经费税务代收】 截至12月30日，区总工会共核实单位信息996条，收缴工会经费5227万元，同比上年同期的5002万元增长225万元、同比增长4%。根据费源信息新增、变更等情况严格把关费源信息核准工作，按照"入户核实，信息准确客观"和"每核实一户，再到系统中核准一户"的原则开展核准工作。

(王　薇)

【职工互助保险】 截至12月底，石景山区共633个单位21407人参投职工互助保险，累计保费4389613元；共1326人出险获得理赔，理赔金额192万余元；另外，57名互助保险会员获得辖区代办处慰问金70650元。新增两家参保单位：石景山区民政局和中电科恩股份有限公司北京分公司。

(王　薇)

【落实意识形态工作责任制】 年内，区总工会班子成员深入基层工会调研40余次，关注新业态新就业群体职工的思想动态，摸清工会服务职工的短板，改进工会工作。推进线上线下宣传阵地建设。全年编发资讯48期、260余条，在中央、市、区各类媒体宣传先进模范人物事迹、各级工会服务职工情况等。

(王　薇)

【产业工人队伍建设改革】 年内，区总工会协调区产改协调小组各成员单位，落实《新时期产业工人队伍建设改革方案》和《关于加强和改进新时期产业工人队伍思想政治工作的意见》各项工作任务。班子成员带队开展基层调研16次，各级工会组织走访企业200余家，调研分析辖区产业工人队伍状况，了解产业工人队伍需求，从思想引领、赋能成长、待遇提升、维权服务、支撑保障等多个方面群策群力。全年服务慰问产业工人1.6万人次。组织全区40余家单位的职工开展养老护理、医疗服务、中式烹饪、教学研究、消防技能等行业性劳动技能竞赛，全区各级工会开展各类技能培训、素质讲堂活动，2.2万名职工参与。规范职工创新工作室的组织、运行和保障制度，开展区级职工创新工作室评选工作，对于最终评定的创新工作室给予3万元的资金支持。

(王　薇)

【工资集体协商】 年内，区总工会发挥劳动关系三方协调作用，落实《劳动关系"和谐同行"能力提升三年行动计划》，修订《石景山区总工会集体协商指导员管理办法》。以培育助推企业和谐劳动关系为主题，向企业派出集体协商指导员。结合日常指导、宣传工作，深入企业开展调研、指导宣传宣讲活动40余次，协助企业建立健全集体协商制度。发挥工会组织作用，会同区三方沟通协调劳动关系工作中的情况和问题，完成全国和谐劳动关系创建示范企业申报工作。完成72名民营经济人士的综合评价工作。截至12月底，建立百人以上企业集体协商工作台账，实施动态管理，跟踪服务，分类指导。巩固集体协商建制率，确保新数据库数据及时有效更新。推进区内互联网百强企业集体协商工作，协助乐元素完善集体协商和职代会制度。

(王　薇)

【厂务公开民主管理】 年内，区总工会规范职代会运行程序，落实职代会职权。深入企业就职代会规范化建设进行业务指导。完善单独建制的非公有制企业建立职代会、厂务公开制度。选树石景山游乐园为职工代表教学示范点，发挥示范点辐射带动作用。开展厂务公开民主管理专项工作。组织"聚合力 促发展"优秀职工代表提案和企业民主管理微视频征集活动。参与区市域社会治理现代化试点工作，探索企业职工参与管理的有效方式。

(王　薇)

【劳动争议调解】 年内，区总工会建立健全辖区调解组织工作机制，拟定《石景山区工会劳动争议调解组织规则》《石景山区总工会劳动争议调解实施细则》《石景山区劳动争议调解中心工作守则》，夯实调解组织基础、规范劳动争议调解工作。联合石景山区法院制定《关于加强劳动争议多元化解工作的意见》，健全劳动争议裁审衔接制度及劳动争议调解七方联动机制。落实北京市总工会法律援助工作要求，制定推进新就业形态劳动者权益工作方案。截至12月底，劳动争议调解中心受理劳动争议调解案件498件，调解成功302件，涉及职工470人，调解成功金额2086.49万元；受理审批法律援助申请262件，已结案184件，涉及农民工282人，新业态人员27人，为劳动者挽回损失401.9万元。处理12351热线派单48件，劳动监测平台派单6件，接待来电咨询680余人次。

(王　薇)

【安全生产】 年内，区总工会部署全区"安康杯"竞赛活动安排。依托"安全生产月"，组织基层工会参加"安康有我"线上知识竞赛答题和"安康杯"职工安全应急技能知识竞赛线下答题活动。组织80余名工会干部和一线职工参加安全素质能力提升培训。以《职业病防治法》宣传周为契机，组织观看《"工会教你职业健康防护"直播月》系列课程,发布《四分钟带你认识“职业病”》视频,开展“职业病健康知识”线上有奖竞答。组织参与职业健康达人评选和职业健康微视频征集活动,择优向市总工会推举7名职业健康达人和10份职业健康微视频。参与安全生产事故调查处理工作,维护职工合法权益。

(王　薇)

【拓展多元法律服务】　年内,区总工会通过“石景山劳动者”微信公众号开设战“疫”法“保”系列说法视频专栏,解答疫情期间劳动者关心的劳动用工法律问题。以喜迎二十大主题,开展石景山区总工会线上公益系列法律讲座活动。将职工法律服务工作中遇到的劳动争议问题汇集编写成《劳动用工实务问答手册》,并印制发放。利用“一街一月两日”律师志愿公益法律服务及各大节点开展对农民工、新就业形态劳动者等重点对象的法律宣传活动与咨询工作,引导劳动者依法理性维护自身权益。结合送法入企活动,为企业开展1对1的专业化法治体检服务,并列出合规工作中的企业法律风险内容。

(王　薇)

【农民工专项工作】　年内,区总工会配合政府部门,做好农民工工资支付专项工作。开展“尊法守法携手筑梦”农民工公益法律专项服务,组织各街道工会、律师分别到区档案馆、十一学校石景山分校项目在建工地开展现场宣传、讲座等活动10余场次,发放宣传材料1000余份。重点围绕《保障农民工工资支付条例》《民法典》以及对常遇到的劳动用工权益保障等问题解疑释惑。

(王　薇)

【工会建会】　年内,全区新建独立工会11家,其中百人以上4家,百人以下7家。联合工会新增覆盖单位162家。审核25家基层工会刻章申请,出具相关介绍信,完成工会公章刻制。为87家单位完成工会法人证书的申请和变更。在市总下发的“十百千”专项任务中,辖区百人以上独立工会建会完成率达100%,25人以上独立工会建会完成率达70%。各街道、园区持续推进“双沟通”工作,区总工会参照市总工会下发的“双沟通”督导内容要点,不定期对全区所有街道、园区轮流巡察。截至12月,共开展沟通会295场,其中职工沟通会240场,企业沟通会55场。

(王　薇)

【基层组织建设】　年内,全区共有社区联合工会149家,市场、楼宇联合工会14家,合计13家。区总工会为符合要求的151家社区联合工会发放运行经费。完成单位核实任务5080家,层工会单位新版系统登录420家,确定3490家有会员单位的隶属关系,完成率均高于全市平均水平10余个百分点。实施小微企业工会经费支持政策。对符合条件、按规定足额申报缴纳工会经费的小微企业,全额返还工会经费,全年为87家小微企业返还工会经费110万元。结合市总工会《关于开展园区、商务楼宇工会组织规范化建设验收工作的通知》,要求各街道、园区总工会及时对照总结、补齐短板。指导公安分局、环卫中心工会等8家单位完成换届选举、补选等工作。

(王　薇)

【专职工作者管理】　年内,区总工会组织全体工作者参加业务知识考试。考试以基层工作中的典型经验、难点工作和创新突破为切入点,提升工作者实际工作能力。整体来看,工作者队伍综合素质不断提高、专业能力不断增强。为社会工作者调整五险一金。根据《2022年北京市专职工会社会工作者招录工作方案》,开展工作者招聘工作。组织部室成员对招聘系统进行学习。9月3日至7日,完成考生线上资格审查工作,共289名考生报名,其中242名通过网上资格初审。

(王　薇)

【女职工工作】　年内,区总工会筹备组织年度庆“三八”活动,组织女职工参加全总工会“情系女职工·法在你身边”知识竞赛;观看市总工会“以劳动圆梦,以奋斗启航,书写巾帼华章”首都女劳模风采线上展示活动;组织部分女工会干部体验手作课。开展“六一”儿童节关爱活动,组织开展关爱帮扶、走访慰问、劳动教育、家风家教等形式的关爱活动。完成辖区新业态新就业群体女职工两癌筛查。完成石景山区“十四五”时期妇女儿童发展规划目标任务书的签订。申报2022年“母婴关爱室”资金支持,上报4家单位“母婴关爱室”,待市总工会审批。

(王　薇)

【劳模的社会公益事业】　年内,区总工会搭建社会公益活动平台,组织劳模志愿服务队参与公益事业,定期开展文明礼仪、安全教育、文明交通、科技普及、法律援助、医疗卫生、环境整治、生态保护、植树造林等方面的志愿服务活动。组织劳模宣讲团“进机关、进社区、进学校”,开展“劳动创造幸福”主题宣传教育活动。通过开展劳模大讲堂、组织劳模进社区开展专业咨询等活动,发挥劳模先进的专业特长,为职工群众提供专业咨询与建议。

(王　薇)

【劳模的各项待遇落实】　年内,区总工会组织劳模按照新冠疫情防控各项要求进行健康体检;“两节”期间为全部劳模申请和发放市、区两级春节慰问金和荣誉津贴;为符合困难条件的劳模申请和发放生活低收入补助和特殊困难补助,累计发放金额39.75余万元,实现劳模群体全覆盖帮扶。组织33名在职劳模在北京昌平凤山温泉休养基地开展“匠心守初心 喜迎二十大”主题劳模京内疗休养活动。把党的创新理论教育和爱国主义教育融入其中,开展“匠心守初心”团建活动,举行红歌欢唱活动。开展劳模交流座谈会,讲述劳模励志故事。

(王　薇)

【宣传工作】　年内,区总工会做好“两节”送温暖,首都疫情防控工作和“五一”劳模先进事迹等宣传报道工作。制作劳模事迹宣传展板、工会专题宣传片。北京工人APP采稿90条,《劳动午报》15条,《工会博览》12期专刊,《石景山报》4条,专刊一期、石景山新闻7条,发布“石景山劳动者”公众号48期、260条。在新华网、人民网、《北京日报》、《中国工人》、搜狐网、新浪网、163新闻、《工人日报》、QQ新闻、百度新闻、一点资讯等多家媒体上稿。

（王　薇）

【经审工作】　年内，区总工会召开第十届经费审查委员会第六次会议，听取并审议《区总工会2021度工会经费收支决算表》《区总工会2022度工会经费收支预算表》，通过《石景山总工会经费审查委员会工作报告》。配合市总工会经审工作，对北京市工会经费在经济往来过程中的现状、全市工会经审工作的开展情况、各区县工会之间的业务交流、工会经审委员的作用发挥情况等开展调研。按照《北京市工会经费预算三审制度暂行办法》的要求和2022年经审工作要点的安排，配合市总工会经审办开展2021年度预算执行和财务收支情况审计工作，根据检查中存在的问题，要求存在问题的单位逐条进行整改落实，并形成书面整改报告。

（王　薇）

【送温暖精准慰问】　截至年底，区总工会慰问各类一线职工，共投入资金217万元。“两节”期间，对冬奥保障、新业态人员、重点专项工作人员等开展慰问。慰问挂职干部、快递公司、环卫和园林、建筑企业、石景山游乐园、公园管理中心、消防救援队、大跳台运行团队、冬奥火炬传递及酒店保障等5000余人，投入资金110万元。疫情防控期间，慰问辖区封控、管控区，集中隔离点等所有保障人员，投入资金63万元。第一时间将牛奶、酸奶、午餐肉、榨菜、王老吉、红牛、八宝粥、西瓜、香蕉、苹果、梨、自热饭、即食品、金嗓子喉宝等4500余箱物资送到防疫人员手中。为快递、外卖等新业态人员及社区一线防控人员发放N95口罩3万只，投入资金6万元。夏季开展送清凉活动。购买扶贫地区的防暑降温物资慰问辖区社区人员，户外高温作业的环卫、园林、重点建设工地的建筑职工等6000余人，投入资金35万元。8月至9月组织为新就业形态劳动者送健康体检活动，共955人参加。区总工会联合北京康复医院分四批次先后在五里坨、广宁、老山和鲁谷地区为360名快递小哥免费送检上门。

（王　薇）

【困难职工精准帮扶】　年内，区总工会加大对临时生活困难职工的送温暖力度。发挥职工互助保障和温暖基金作用，及时缓解职工的临时困难。扩大《在职职工医疗互助保障计划》《区级温暖基金》等项目的受众群体覆盖面，在库困难职工3人，均已建档，委派专人为困难职工做好服务。全年慰问临时困难职工99人，投入14.6万元。为上年1名脱困职工发放1000元脱困慰问金。“金秋助学”2人，发放1.62万慰问金。区级温暖基金帮扶患病职工26人，发放慰问金19.6万元。

（王　薇）

【职工服务阵地建设】　年内，区总工会依托工会服务站、职工之家、职工暖心驿站、职工心理咨询室等阵地，加大服务、管理和指导力度，服务职工群众。新建百人以上新建会企业职工之家3家、公共区域职工之家4家、职工暖心驿站6家。累计建立职工之家43家、暖心驿站513家。4月初，优秀职工之家老山东里北社区工会联合会与老山东里南社区工会联合会结对共建。发挥职工书屋阵地作用，申报北京市工会职工书屋示范点1家、劳模书架配书3家、便利职工阅读站点配书2家，为已建全国总工会职工书屋示范点图书补充更新2家。

（王　薇）

【志愿者服务活动】　年内，全区各级工会职工志愿者开展活动46次，参加活动职工志愿者1.4万人次。区总工会开展职工志愿“暖心伴考”活动，辖区原有2个伴考点京源学校和九中因疫情防控要求取消，区总工会组织金顶街和鲁谷街道工会为家长和考生发放伴考包。参与市总工会首都职工志愿“微课堂”线上培训，截至年底共参加5次，参与人数达400人次。

（王　薇）

【文体活动】　年内，区总工会组织全区职工参加“中国梦·劳动美——永远跟党走 奋进新征程”全国职工线上运动会，辖区共100支运动团队，4066名职工参与活动，其中1人排名进入北京市前100名，职工线上运动会依托Will Go App平台开展。开展职工健康促进服务活动，截至年底完成健康科普3场；录制微运动视频10期，通过“石景山劳动者”微信公众号发表4期；完成体质测试100人。举办职工书画摄影作品展，截至年底报送作品20余件。指导全区基层工会开展近千场次各类文体活动，累计参与职工2.7万人次。

（王　薇）

共青团石景山区委员会

【概况】　截至2022年末，全区有基层团组织994个。其中团区委派出机构团工委16个，团区委直属二级团组织32个，包括团委6个，团总支7个，团支部3个。有1337名团干部，其中专职团干部53人，兼职团干部1284人。共有6054名团员，全年推优入党团青数8人（含征求团组织意见）。年内，全区各级团组织完成服务保障北京2022年冬奥会和冬残奥会志愿任务，动员青年参与疫情防控、创建全国文明城区，推动落实《石景山区“十四五”时期青少年事业发展规划》，开展“一起云课堂”全国试点项目。落实全国县域共青团基层组织改革和共青团城市基层组织改革任务，团结带领辖区各级团组织和团员青年完成年度各项工作任务。

（徐宁岳）

【冬奥主题活动】　1月25日，团区委在石景山区模式口历史文化街区志愿服务站点启动“青春美景·一起来”冬奥主题特色志愿服务之“一起过大年”活动。志愿者及市民在活动现场参与打卡特色城市志愿服务站点地图、非遗文化体验、写春联及冬奥小课堂等互动环节。同月28日，团区委在喜隆多特色商圈志愿服务站开展冬奥主题特色志愿服务之“一起靓美景”主题活动。团区委副书记，区城市志愿者先锋党支部代表、团支部代表，冬奥城市志愿者代表，青年文明号、突击队代表，冬奥志愿家庭代表及快递小哥等30余人参加活动。2月4日，团区委在冬奥城市文化广场组织开展冬奥主题特色志愿服务之“一起上冰雪”主题活动。活动考虑不同年龄段市民需求,设置“冰球体验区”“桌上冰壶球体验区”“冰壶体验区”3个活动区域。

(张　凯)

【两节送温暖活动】 1月29日,团区委开展“喜迎冬奥,传递温暖”两节送温暖活动。张利军到八宝山街道慰问困境青少年,送去新春祝福和慰问品,鼓励困境青少年克服困难、好好学习。同月30日,团区委领导班子分别前往古城街道、苹果园街道开展“两节送温暖”活动,了解青少年具体情况,并对孩子们给予鼓励。

(王　雪)

【城市志愿者服务保障冬奥】 2月2日,2022年北京冬奥会火炬传递在石景山区进行。团区委组织537名城市志愿者参与火炬传递任务,其中包含点位员429名、辅助车长29名、火炬技术人员8名、媒体宣传志愿者13名以及其他相关工作人员。在火炬传递前,火炬志愿者均参加通用培训、岗位培训,并全流程参与核心要素演练和全要素演练,服务保障冬奥公园、首钢园区两个片区。2月7日至9日、14日至15日,在首钢滑雪大跳台5天8场赛事期间,80名志愿者参与观众入场引导、出场秩序维护等工作,累计服务21330人次,保障滑雪大跳台赛事观众组织服务。3月4日,2022年北京冬残奥会火炬传递在石景山区首钢园区进行。团区委组织139名城市志愿者参与火炬传递任务,传递距离共3250米。其中包含81名点位员、8名辅助车长、8名火炬技术人员、10名媒体服务人员及其他相关工作人员。

(罗一飞)

【街道(园区)团工委工作述职会召开】 3月2日,团区委组织召开2021年度街道(园区)团工委工作述职会,团区委书记、副书记出席会议。由中国水利水电物资集团人力资源部主任、团委书记,中国煤炭地质总局中煤地质集团有限公司党委工作部副主任、团委书记,区青联委员、木铎社会工作事务所主任,区青联委员、致远社会工作事务所法人组成的社会评审团参与点评。各街道、园区团工委负责人及青少年事务社工参加会议。

(张　凯)

【学雷锋志愿主题实践活动举办】 3月4日,团区委联合区教工委、区少工委、区残联、区红十字会等部门,在石景山区冬奥城市志愿者之家(首钢全民畅读书店),开展“薪火相传展志愿‘锋’范 服务冬奥创城市美景”——“爱满京城”石景山区学雷锋志愿主题实践活动。区红十字会常务副会长、团区委副书记、区委教育工委副书记、区残联副理事长出席活动,团区委副书记主持活动。来自石景山区城市志愿者代表、各小学师生家长代表、各单位的青年骨干等30余人参加。

(王　雪)

2月2日,志愿者服务保障冬奥会火炬传递　　(团区委供图)

【城市志愿者植树节行动举行】 3月12日,团区委、区园林绿化局联合开展“创建国家森林城,共护冬奥青年林”——石景山区冬奥城市志愿者“3·12”植树节行动,驻区企事业单位的50余名冬奥城市志愿者到石景山衙门口城市森林公园参加护林行动。

(王　雪　罗一飞)

【市清明红色祭扫活动举办】 4月2日上午,以“忆满京城 情思华夏”为主题的2022年北京市清明红色祭扫在八宝山革命公墓烈士纪念园广场举行。团区委组织中国传媒大学、北方工业大学等高校京西发展联盟成员单位青年、石景山区青联委员、驻区单位青年代表、新兴青年代表等60余人参加活动。

(张　凯)

【困境青少年帮扶行动】 5月19日,团区委筹措社会资源,深化“青春相伴 团团有爱”帮扶行动,实现封控区管控区内9名困境青少年的帮扶全覆盖。市区两级共青团结合石景山发布的封控区管控区范围,立足各街道团工委前期摸排的困境青少年帮扶大数据,锁定古城街道、金顶街街道封控区帮扶对象,开展关爱行动。

(王　雪)

【共青团工作会召开】 7月5日,“喜迎二十大、永远跟党走、奋进新征程”石景山区2022年共青团工作会暨青年工作联席会议第一次全体会议召开。张利军,区政府党组成员、副区长王其志,联席会议成员单位主管领导、各街道(园区)主管领导,北京市先进组织和先进个人代表等90余人出席会议。会议传达习近平总书记在庆祝中国共产主义青年团成立100周年大会上的重要讲话精神、北京市共青团工作会议、市青年工作联席会议精神,研究部署2022年石景山区共青团及青年工作,并宣读建团百年北京市先进组织和先进个人、北京2022年冬奥会和冬残奥会北京市先进集体和先进个人、市青年文明号名单。

（张　凯）

【区团代会召开】 7月15日上午，共青团北京市石景山区代表会议召开。大会由基层团组织推选的70名团员代表参加，主要任务是选举产生石景山区出席共青团北京市第十五次代表大会的代表。会议由团区委副书记主持。会上首先介绍《选举出席共青团北京市第十五次代表大会代表推荐提名的情况说明》。大会表决通过代表候选人建议名单、《共青团北京市石景山区代表会议选举办法（草案）》、总监票人及监票人名单。会议采取差额选举方式，选举产生10名石景山区出席共青团北京市第十五次代表大会代表。

（张　凯）

【社会实践基地开班式举行】 7月18日，“景贤未来人才”社会实践基地北京师范大学2022年政务实践团开班仪式在石景山区举行。区委组织部、区市场局、区统计局、区民政局、区人力社保局、区司法局相关负责人出席。团区委副书记主持会议。区委组织部相关同志介绍石景山区情区况和“景贤未来人才”社会实践基地概况。北京师范大学党委学生工作部思政处老师向各提供实习岗位的区属单位表达感谢，学校通过组织选拔，挑选出31名本科、硕士、博士生参与实习。

（罗一飞）

【禁毒主题作品征集】 7月19日，团区委权益部联合黄庄职业高中开展“普法育未来·学法助成长”禁毒主题作品征集活动，团区委、北京市黄庄职业高中获得“普法育未来·学法助成长”禁毒主题作品征集活动优秀组织奖，来自北京市黄庄职业高中的刘金恩、韦福旺、李莫非的作品分别获得一等奖、二等奖、三等奖。

（王　雪）

【石景山“国际青年汇”揭牌】 7月21日上午，石景山“国际青年汇”揭牌仪式在全民畅读艺术书店（首钢园）举行，作为石景山“国际青年汇”首个交流活动，来自12个国家的中外营员以及石景山区少先队员代表一起牵手相伴，前往三高炉、滑雪大跳台参观调研，实地感受石景山的变化，倾听石景山冬奥故事，交流研学心得。团市委副书记，团市委国际部、社工中心和团区委有关领导出席，“未来领袖 青春使者”北京国际青年社会实践夏令营的海外留学生以及石景山区少先队员代表共70余人参加活动。

（张　凯）

【少先队校外实践教育基地授牌】 7月21日上午，区委教育工委、团区委、区少工委联合在全民畅读艺术书店（首钢园）举行“喜迎二十大 争做好队员”石景山区少先队校外实践教育基地授牌仪式，颁发校外辅导员聘书，进一步搭建校外实践平台，以校外实践活动形式培育提升青少年自主能力、动手操作能力、创新创造能力。区委教育工委副书记，团区委副书记，区青联委员，全民畅读品牌创始人兼CEO赵杰与少先队员、教师、家长代表们共同参加活动。

（张　凯）

【服务保障北京文化论坛】 7月25日，北京文化论坛现场观摩石景山线活动暨“2022北京西山永定河文化节”开幕式在石景山区举行。团区委组织招募50名青年志愿者全程跟车保障、固定点位值守、服务晚间餐饮和引导车辆停放，累计服务时长600余小时，累计服务1200余人次。

（罗一飞）

【北京青少年发展基金会调研】 7月27日下午，北京青少年发展基金会副秘书长刘廷彪一行赴石景山调研座谈，团区委副书记主持座谈会，团区委权益部、区青联、社区青年汇等相关负责人陪同出席。会上，刘廷彪一行首先听取石景山希望工程工作站上半年工作汇报，随后区青联、社区青年汇等相关工作负责人分别介绍区青联参与帮扶资金筹集工作的开展情况及社区青年汇青年志愿公益课业辅导品牌项目。会议特别邀请申报2022年“学子阳光”助学金项目的张欣悦分享成长求学感悟，刘廷彪询问张欣悦学习、家庭、生活情况，勉励她树立信心、勤奋学习、奋发有为，早日成为栋梁之才回报社会。

（王　雪）

【区保安行业团工委成立】 8月4日，共青团石景山区保安行业工作委员会成立大会暨创建全国文明城区保安青年志愿服务队授旗仪式在首钢园区举行，团市委基层部部长、区治安支队副支队长等出席活动。团区委副书记主持活动，来自石景山区18家保安公司负责人及青年骨干共同参与活动。

（张　凯）

【青春献礼二十大骑行活动举办】 8月6日，由团区委、区直机关工委联合主办的“青春献礼二十大·强国有我新征程”骑行活动在首钢园区举

7月21日，石景山“国际青年汇”授牌仪式在全民畅读艺术书店举行

（团区委供图）

行。活动共吸引来自石景山区机关事业单位、驻区部队、区域化团建单位、新兴青年群体的50余名团员青年参与,团区委副书记出席活动。

(张　凯)

【首都志愿服务项目决赛培训】 8月9日至10日,团区委、区青年志愿者协会组织开展2022年首都志愿服务项目决赛培训,采用“线上+线下”结合的形式,为石景山区入围2022年首都志愿服务项目大赛的9个终评项目进行专业培训和路演答辩演练,推进石景山“志愿+”项目体系建设。

(王　雪)

【区“台湾青年驿站”揭牌】 8月13日,石景山“台湾青年驿站”揭牌仪式在石景山区全民畅读艺术书店(首钢园)举行。区领导陈婷婷、台盟北京市委副主委、市台办交流二处处长、区台办主任、团市委统战部副部长,团区委副书记出席活动,来自高校京西发展联盟成员单位的台湾青年代表、台盟青年盟员30余人参加活动。

(罗一飞)

【创建文明城活动启动仪式】 8月25日,石景山区“创建文明城 小哥在行动”启动仪式在首钢体育馆广场举行,李金克主持。刘海涛及区委组织部、宣传部,区创城办、市场监管局、商务局、城管执法局、交通支队、团区委等部门负责人出席活动,来自京东、美团、饿了么等10余家快递、外卖公司的200余名小哥参加活动。

(张　凯)

【服务保障服贸会】 8月31日至9月5日,2022年中国国际服务贸易交易会在首钢园区举办。团区委组织365名城市志愿者,在首钢园区周边沿线、服贸会登录厅、滑雪大跳台、观众停车场、地铁站等重要点位设置6个城市志愿服务站,提供人员引导、信息咨询、语言服务、文明宣传、应急救助、文化传播、环境保障、共建平安、助残服务等服务保障。

(罗一飞)

【侨梦苑北京论坛圆桌对话举办】 9月5日,2022侨梦苑北京论坛“创赢明天·青年力量”圆桌对话在北京侨梦苑·侨创空间举办。论坛由市委统战部、市青联指导,区委统战部、区青联、区青少年服务指导中心共同举办。市青联主席王洪涛参加论坛并开场致辞。区领导陈婷婷、王智勇、李文化、毛轩参加论坛。

(罗一飞)

【两岸青年羽毛球交流赛举行】 9月24日,“同心筑梦”两岸青年羽毛球交流赛在泰然体育健身中心举行。活动由区政府主办,区台办、区体育局、区青联承办,交流赛作为由国务院台办、北京市政府、教育部、全国青联主办的“2022两岸青年峰会”系列活动,以羽毛球体育运动赛事搭建两岸青年交流融合、增进友谊的桥梁。市台办主任霍光峰,区领导陈婷婷、王智勇以及相关部门负责人出席活动。

(罗一飞)

8月25日,石景山“创建文明城 小哥在行动”启动仪式在首钢体育馆广场举行　(团区委供图)

【“信仰的力量”学习教育活动】 9月26日,团区委、区教委联合共青团中央主管的中国光华科技基金会,对接高校京西发展联盟成员单位中国人民大学的“延河讲师团”走进北京景山学校远洋分校,为285名六年级学生开展以“信仰的力量”为主题的学习教育活动。中国光华科技基金会纪委书记、副秘书长梁范栋,中国人民大学团委书记丁莉婷,北京景山学校远洋分校校长吕丽、副校长武海森,团区委副书记,中国人民大学讲师团成员,区教委相关负责人出席活动。

(王　雪)

【北京乐予慈善基金会调研】 10月13日,北京乐予慈善基金会理事长张世杰、秘书长刘志超、理事长助理及西部温暖计划项目负责人张超等一行到访团区委、希望工程工作站。团区委副书记、权益部部长出席座谈会。会上,刘志超介绍基金会的基本情况。权益部部长就石景山困境青少年精准帮扶工作、希望工程工作站品牌项目、对口支援协作地称多帮扶结对等开展情况,向与会领导进行汇报。双方就扶贫帮困、公益研学、校园/社区治理、社会资金筹措等方面与慈善公益领域的发展与合作进行交流,在称多实施西部温暖计划、扩大石景山困境青少年帮扶范围、助力社区青春行动治理、引领青少年参与慈善事业等方面达成合作协议。

(王　雪)

【京港澳台青年主题活动】 10月16日,“学习二十大 永远跟党走 奋进新征程”京港澳台青年主题活动在石景山区京西五里坨民俗陈列馆举办。团区委组织京港澳台青年到北京市首家港澳青少年交流基地、台湾青年驿站,集体聆听、学习、热议习近平总书记的报告。中央政府驻港联络办北京联络部交流处处长出席。

(罗一飞)

【"你好，中国空间站"直播活动】 10月31日，在中国光华科技基金会、中国航天基金会、少年航天局的支持下，团区委发挥桥梁纽带作用，筹措资源，深化团教协作，联合区委教育工委、区少工委及区内7所中小学通过线上线下结合的形式，参与"你好，中国空间站——孩子的眼睛看梦天"公益科普直播活动。

（王　雪）

【服务保障北京西山永定河发展论坛】 11月5日，2022第四届北京西山永定河发展论坛及论坛之青年沙龙在石景山区首钢园区举办。论坛由民建北京市委、区政协、区委统战部指导，民建区工委主办。石景山区青年志愿者们参与服务保障北京西山永定河发展论坛及论坛之青年沙龙活动。

（罗一飞）

【青马班工程培训班开班】 11月8日，团区委举办石景山学习党的二十大精神团校暨青马工程培训班，培训班在石景山区业余大学开班。团区委副书记，党的二十大代表、八角街道八角中里社区党委书记李美红出席开班仪式，团区委机关干部、各街道(园区)团工委负责人、社区团支部书记、新兴青年群体、"两红两优"代表、石景山区青马工程学员等70余名团员青年参加培训。

（张　凯）

【"民族一家亲"活动开展】 12月14日，"中华民族一家亲、同心共筑中国梦"北京石景山—青海称多"民族一家亲"暨"学习二十大 永远跟党走 奋进新征程"主题宣讲活动于线上开展。活动由团区委、区青联主办。石景山区、青海省玉树州称多县150余名青年代表参加活动。团区委副书记，称多团县委书记主持。

（罗一飞）

石景山区妇女联合会

【概况】 2022年，区妇联下设办公室(主体责任办)、妇女事务部、区妇女儿童工作委员会办公室，区妇女儿童活动中心为下属事业单位。全区共有街道妇女联合会9个，社区妇联151个，在机关和事业单位中组建妇工委1个、妇委会15个，在新领域、新阶层、新业态、新群体中建立妇女组织235个。区妇联围绕迎接和学习贯彻党的二十大主线谋划全年工作，强化引领服务联系职能，融入区域发展大局，更好满足妇女儿童对美好生活需要。获得北京市妇女儿童工作先进集体。

（李　剑）

【"三八"国际妇女节座谈会】 3月6日，区妇联组织召开石景山区各界妇女纪念"三八"国际妇女节座谈会。7位来自不同行业的优秀女性代表，围绕各自的成长经历、工作经验与使命担当进行交流发言。副区长尹圆出席会议并讲话。来自全区各行各业的30名优秀女性代表及优秀女性集体代表参加座谈。

（李　剑）

【区妇女儿童发展规划推进会】 3月22日，区妇儿工委召开石景山区"十四五"时期妇女儿童发展规划推进会。会上，将规划目标任务逐项分解到44家成员单位，并签订目标管理责任书，部分成员单位作表态发言。区妇儿工委主任、区委常委、常务副区长齐春利，区妇儿工委常务副主任、副区长王其志参加会议。

（李　剑）

【区妇联九届二次执委会】 3月28日，区妇联召开九届二次执委会议。会上，区妇联党组书记、主席面向执委宣讲党的十九届六中全会精神，传达全国妇联十二届四次执委会议精神、市妇联十四届五次执委会议精神。审议通过《石景山区第九次妇女代表大会代表联系制度》《石景山区妇女联合会执行委员会委员工作规则》，提升代表和执委履职意识和履职能力。会议总结2021年工作，并从6个方面部署2022年重点工作任务。

（李　剑）

【心理团辅活动】 3—9月，区妇联开展"心关爱 新开始"心理团辅活动10场次。活动邀请中国社科院博士、石景山区社会心理联合会专家周楚涵等专业人士，围绕情绪管理、沟通表达、掌握性格、经营家庭等方面，结合当前社会中女性群体频发的心理健康问题，分析在生活中如何投射情绪状态，提高女性情绪管理与压力应对的能力。

（李　剑）

【全国家庭亲子阅读主题活动】 4月17日，区妇联协助全国妇联举办"少年儿童心向党——亲子共沐书香 强国复兴有我"2022年全国家庭亲子阅读主题活动。全国人大常委会副委员长、全国妇联主席沈跃跃为家长和儿童代表赠送经典书籍，参观高井路社

3月6日，石景山区各界妇女纪念"三八"国际妇女节座谈会召开

（区妇联供图）

区儿童之家、图书馆等。活动现场导读《"童心向党·百年辉煌"系列》等经典书目,家长和儿童代表分享阅读经典书目的心得体会,并进行诗歌朗诵等才艺表演。梁晓声作主题讲座,与家长和孩子们围绕亲子阅读话题进行互动交流。全国妇联党组书记、副主席、书记处第一书记黄晓薇参加活动并与家长儿童交流。

(李　剑)

【"春蕾计划——梦想未来"计划】 6—12月,区妇联推进"春蕾计划——梦想未来"女童公益项目,围绕"女童教育帮扶""女童安全健康""女童社会实践"等主题,共开展公益实践活动24场次,募集捐款21万余元。

(李　剑)

【区妇女儿童活动中心装修改造】 9月12日,区妇联下属事业单位区妇女儿童活动中心装修改造工程正式开工。工程经区政府专题会研究通过,契合植入妇女儿童友好城市建设理念,对区妇女儿童活动中心原有建筑资源进行装修改造,达到使用标准。

(李　剑)

【"两新组织"工作调研】 9月,区妇联在老山街道"两新"组织开展问卷调查,对老山街道"非公企业和社会组织妇女委员会"一年来的运行情况进行调研,掌握该妇委会建设实际情况,找出影响组织建设发展的问题症结,研究思路对策,以此完善"两新"组织妇女组织网络。

(李　剑)

【区家庭教育指导委员会成立】 10月18日,区妇联联合区教委、区民政局等6家单位成立区家庭教育工作指导委员会,负责组织、协调、督促和指导全区家庭教育工作,落实立德树人根本任务。搭建覆盖全区的"区协调机制统筹、专家力量支撑、三级指导服务机制贯通、社会资源参与"的"113N"家庭教育指导服务工作体系。

(李　剑)

【指导推进家庭教育五年规划】 11月4日,区妇联联合区教委、区文明办、区检察院、区民政局等15家单位,制定印发《关于指导推进家庭教育的五年规划(2021—2025年)》,推动到2025年,适应石景山区家庭需求、具有区域特色、覆盖全区的家庭教育指导服务体系逐步完善。

(李　剑)

石景山区科学技术协会

【概况】 截至2022年底,石景山区有区属学(协)会5个、街道科协9个,民非社会组织3个。区科协组织开展全国科技工作者日活动、全国科普日活动,组织社会组织及科普志愿者进社区、进学校、进企业开展科技周、科普之夏等大型科普益民服务活动,组织青少年科技创新大赛、机器人大赛等活动,获得全国科普日活动优秀奖、北京市公民科学素质大赛组织奖等荣誉。

(黄　亮)

【科技工作者日活动】 6月22日上午,区科协以"创新争先 自立自强"为主题开展2022年"全国科技工作者日"活动,邀请为科技冬奥保驾护航的"黑科技"——北京国际云转播科技有限公司进行现场直播,对北京当红齐天国际文化科技发展集团有限公司、北京国际云转播科技有限公司、北京点银津达科技有限公司3家企业代表参加访谈,穿插安排冬奥知识竞答以及线上与观众互动提问等环节,引导协调科技企业、科技工作者、科技创新项目落地,直播间达到万人播放量。同时借助区级科普项目,开展主题为"科技赋能 科普惠企"创新创业活动系列公益活动,助力中小企业成长为专精特新企业。

(黄　亮)

【与市科协签署战略合作协议】 上半年,市科协与石景山区就深化战略合作、共促高质量发展多次进行相互调研交流。区科协按照市区领导的要求,经过向各方征求意见和协调沟通,完成《北京市科学技术协会 北京市石景山区人民政府战略合作框架协议》的签署,促进北京市科协与石景山全面合作,共同推动科协组织体系建设。

(黄　亮)

【全国科普日活动】 9月19日,区科协围绕"喜迎二十大,科普向未来"活动主题,在西山智汇中心举行开展2022年全国科普日活动。通过线上直播有奖竞猜的方式,邀请石景山区市民参与,在"民间艺术"与"黑科技"的跨界融合中,感受中国传统文化和现代科技的无穷魅力。活动参与人次近3万人。同时借助区广电中心、区科协微信平台等媒体,面向各类重点人群开展科普宣传。

(黄　亮)

【出台五年工作方案】 年内,区科协牵头起草《石景山区落实北京市全民科学素质行动规划纲要实施方案(2021—2025)》,明确辖区在下一阶段推进全民科学素质建设的重点工作,通过重点任务分解,明确责任部门,推进五大重点人群在科学精神、生活方式、创新能力等方面科学素养的整体提升。

(黄　亮)

【打造"探知少年"科普品牌】 年内,区科协打造"探知少年"科普品牌活动,制定下发活动方案。开展科技专家进校园活动,在全区15所中小学开展面向医疗防疫、智慧城市的AI科技课程及相关志愿服务,组织全区比赛并评奖,受益学生近500人。开展科幻进校园活动,在京源学校试点未来太空学者PBL航天特色科普课程,100余名师生参加系统学习并选拔组建市赛队伍。开展北京流动科学中心展教活动,联合优质科普场馆资源,促进科普互动产品100余项走进两所中学,吸引2000余名师生参与。开展科技夏令营活动,引导青少年在活动中体验学习、创造、动手、动脑的乐趣,直播视频播放量近8万次。开展科普进社区活动,在3个街道近20个社区开展以"世界多奇妙"等为主题的未成年人专题活动近20场,参与人数达3000余人次。

(黄　亮)

【青少年科技教育】 年内,区科协组织开展第41届北京青少年科技创新大赛石景山区基层选拔活动,推荐48个创新项目和39幅科幻画参加市赛角逐,获得各类奖项42项。组织开展第五届北京青少年创客国际交流展示活动作品征集工作，推荐10个项目参与市赛评审，获得二等奖1个，三等奖7个。组织4名老师参加北京青少年创客科技辅导员体验活动和人工智能高级研修营活动。首都师范大学附属苹果园中学许丽和郭欣撰写的科教实践报告获二等奖，该体验活动项目成员获得优秀学生小组二等奖。

（黄　亮）

【公民科学素质大赛】　年内，区科协参加北京市纲要办、天津市纲要办、河北省纲要办联合举办的京津冀公民科学素质大赛。发动区纲要办各成员单位参加大赛网络答题活动，并以此为契机统筹利用本系统科普资源，开展科学教育、传播和普及活动，示范引领各单位开展相关主题科普活动。

（黄　亮）

【举荐优秀科技人才】　年内，区科协推荐5名代表成为市科协第十次代表大会代表委员。推荐清华大学玉泉医院等3家企业申报2022年市科协金桥工程种子资金项目。同时与区妇联共同开展第十八届中国青年女科学家奖和2021年度未来女科学家计划候选人提名工作。

（黄　亮）

【双创服务科普平台】　年内，区科协成立中关村虚拟现实产业园区科协及院士专家服务中心，获得市级公共服务平台重点项目资金支持。推进成立中科博联区科协、创业公社楼宇科协及中关村虚拟现实产业园区科协建设。以创业公社运营的虚拟产业园、首钢体育大厦、西山汇楼宇入驻企业等100余家企业为重点服务对象，开展专家讲座、融资路演、科技工作者法律服务、科技工作者科普日、大企业参访等活动。

（黄　亮）

7月28日，石景山区院士专家服务中心揭牌　　（区科协供图）

石景山区归国华侨联合会

【概况】　截至2022年底，区侨联有专职侨联干部4人（其中党组书记1人，党组成员1人）。石景山区第四届侨联委员会委员共21人，其中常委9人，主席1人，副主席2人，秘书长1人。街道基层侨联组织9个。

（蔡　琳）

【党建带侨建】　9月，区侨联召开全体党员大会，通过选举，正式成立石景山区侨联党支部。区侨联党组利用侨联委员会全体会议和基层侨联主席会议等，开展十九届六中全会精神、北京市第十三次党代会精神宣讲和座谈，学习贯彻党的二十大会议精神，学习贯彻全国、北京市及石景山区相关会议精神，在侨界群众中开展中国特色社会主义和中国梦宣传教育。

（蔡　琳）

【基层组织建设】　年内，区侨联组织鲁谷街道侨联申报侨之家项目，推进北京市侨联调研五里坨街道侨之家建设，动员各街道基层侨联争创2022年北京“示范侨之家”，增强侨联组织的凝聚力和影响力。组织辖区各侨联志愿服务队参与疫情防控和全国文明城区创建工作。各街道侨联志愿服务队多名志愿者参与核酸检测的现场秩序维护、扫码测温、答疑解惑、现场消杀等志愿服务工作。

（蔡　琳）

【依法维护侨益】　年内，区侨联创新涉侨纠纷化解机制，在全市各区侨联系统中推进“法侨”“检侨”合作，与区法院、区检察院分别合作制定《关于加强归国华侨矛盾纠纷多元化解工作的意见》《关于加强新时代涉侨检察工作办法》，在“侨梦苑”建立“助侨护侨服务工作站”，区法院、区检察院选派业务能力强的干警定期坐班与不定期现场办公相结合的形式在工作站集中解决涉侨纠纷，对基层侨联涉侨矛盾调解员共30余人就物业纠纷、预防养老诈骗、归侨侨眷房屋买卖租赁等方面进行矛盾调解培训辅导。区侨联以《依托“法侨”多元化纠纷解决机制建设推动涉侨矛盾纠纷化解》为题，在北京市“法侨”合作机制工作部署会上作交流发言。开展“送温暖”活动，元旦、春节走访，共惠及归侨侨眷40户，100余人次。

（蔡　琳）

【侨情资源摸底调查】　年内，为把握辖区归侨侨眷及留学生新特点、新变化及新需求，区侨联开展全区侨情资源摸底调查。通过动员部署、组建队伍、调查培训、调查实施、数据回收、录入汇总、分析报告，形成石景山区侨情报告。

（蔡　琳）

石景山区工商业联合会

【概况】　年内，区工商联聚焦石景山区第十三次党代会确定的各项任务，服务保障冬奥会、市区疫情防控大局，提升为企服务水平和成效，完成全年工作计划。获得2020—2021年度全国“五好”工商联称号和首都精神文明单位荣誉称号,团体会员石景山区食药联盟连续两年获得全国“四好”商会称号,11家会员企业入选北京民营企业百强“1+4”榜单,3家会员企业入围中国民营企业500强榜单。民营企业产权保护社会化服务体系运行经验做法入选最高人民法院、司法部、全国工商联“工商联与司法行政机关沟通联系机制典型事例(2021—2022)”“工商联与人民法院沟通联系机制典型事例(2021—2022)”。2篇调研报告分别获得2021年度北京市工商联系统参政议政优秀调研成果二、三等奖,调研报告、政协提案、社情民意3篇分别获石景山区优秀奖,2篇社情民意信息由市工商联上报全国工商联、市政府,并得到市领导批示。

(张　振)

【光彩公益】 1月10日,区工商联八宝山街道商会赴八宝山派出所慰问公安干警,送去暖心的腊八粥和祝福。春节期间,鲁谷街道商会、五里坨街道商会、八角街道商会、古城街道商会、广宁街道商会和企业捐款捐物,举办“新年献爱心”“献礼冬奥 共建家园”、我为群众办实事等慰问社区送温暖活动,为社区一线服务保障人员送去慰问品。元宵节期间,区工商联金顶街街道商会、八宝山街道商会举办元宵佳节慰问活动,为奋战一线的街道社区工作人员、“老街坊”志愿者、快递小哥等发放元宵等爱心慰问品。2月25日,广宁街道商会举办慰问街道社区一线工作人员活动,广宁街道办事处副主任、广宁商会会长、商会企业家代表和各社区一线工作人员代表参加活动。7月21日,区工商联会员单位一夫唐人爱心社向石景山区消防救援支队捐赠280盒面部医用冷敷贴。7月,区工商联青年企业家商会一行到八角街道八角北里社区看望慰问防疫一线的党团员志愿者,慰问活动结束后,团区委副书记、区青商会会长等人与志愿者们一起召开座谈会。8月16日,区工商联五里坨街道商会会员企业北京全新建设有限公司、北京尔闻科技有限公司、首新食品(北京)有限公司代表街道商会、新联会,向街道慈善工作站捐赠价值1万余元物资,慰问街道参与疫情防控工作人员和老街坊志愿者。五里坨街道副主任向五里坨街道商会会员徐健等首批7人颁发“慈善公益之星”荣誉证书。9月27日,鲁谷街道商会会长、党支部书记带领商会会员企业大正和创(北京)科技有限公司多名员工代表,共同到鲁谷派出所慰问一线民警,送去各类慰问品共650余份。10月10日,区工商联八宝山街道商会联合大沩人工智能AI体育设施向辖区北京景山学校远洋分校捐赠“AI运动吧”——智慧体育运动系统三套,价值20.8万元。

(张　振)

【企业家座谈会】 1月24日,常卫主持召开石景山区企业家座谈会,听取企业家意见建议。李新、李文起参加会议。12家驻区企业负责人发言,就深化载体建设、促进产业发展、引进优秀人才、增强顶层设计等提出意见建议。常卫代表四套班子领导向驻区企业送去新春祝福。区领导齐春利、迟志禹、王智勇、李文化、岳林华参加座谈会。

(张　振)

【优秀会员企业】 1月,“2021北京榜样”颁奖典礼——区工商联会员企业北京枭龙科技有限公司创始人、董事长兼CEO“90后”创业新星史晓刚上榜。3月,中国家庭服务业协会开展2020—2021年度家政服务业创先评优活动。区工商联会员企业北京爱依养老科技发展股份有限公司获得“先进集体”“先进工作者”“优秀家政服务员”等荣誉。7月中旬,区工商联会员企业北京东土科技股份有限公司携手中国移动研究院、中国移动、京信网络公司共同发布国内工业互联网业界内的首个5G云化工业基站,并完成端到端验证。同月,区工商联老山街道商会会员企业北京宝威隆保安服务有限公司、政和多帮一(北京)企业服务中心有限公司获得老山街道党工委“双强六好”先进单位荣誉表彰。北京佳信天和知识产权代理事务所、北京亮点技术培训中心、中联达控股集团有限公司等多家会员企业获得老山街道非公企业和社会组织2022年度“5A”先进单位荣誉表彰。9月,区工商联会员企业北京嘉曼服饰股份有限公司(股票代码:301276)登陆创业板并正式公开发行,成为石景山区第19家上市企业。全年,11家会员企业入选北京民营企业百强“1+4”榜单,3家会员企业入围中国民营企业500强榜单。

(张　振)

【区工商联十届二次执委会】 6月30日,区工商联通过线上线下相结合的方式召开十届二次执委会。陈婷婷、尹圆、斯琴格日勒、范立昕及70名十届执常委出席会议。会议表决通过《石景山区工商业联合会第十届执行委员会委员职责(试行)(草案)》《石景山区工商业联合会专门委员会管理办法(试行)(草案)》《石景山区工商业联合会专门委员会设置方案(草案)》和《石景山区工商联企业家副主席石景山区商会企业家副会长履职情况评价办法(试行)(草案)》。通报《石景山区工商联关于开展非公有制经济人士理想信念教育实践活动的实施方案》《石景山区工商联信息工作制度(试行)》。

(张　振)

【民营企业百强会议】 9月7日,由全国工商联主办的2022中国民营企业500强峰会在京举行。北京市共有24家民营企业上榜。其中,区工商联会员企业物美科技集团有限公司名列“2022中国民营企业500强”第162位、“2022中国服务业民营企业100强”第49位;北京东方雨虹防水技术股份有限公司名列“2022中国民营企业500强”第366位、“2022中国制造业民营企业500强”第231位;北京学而思教育科技有限公司名列“2022中国民营企业500强”第414位。同月26日,2022北京民营企业百强发布会召开,北京市工商联发布2022北京民营企业百强“1+4”榜单。区工商联11家会员企业上榜,分获“北京民营企业百强”“北京民营企业科技创新百强”“北京民营企业文化产业百强”“北京民营企业中小百强”和“北京民营企业社会责任百强”称号。游钧出席会议并讲话，市政协副主席、市工商联主席燕瑛发布2022北京民营企业百强调研分析报告，市委统战部副部长、市工商联党组书记赵玉金主持会议并发布榜单。

（张　振）

【民营经济统战工作联席会】 10月24日，石景山区民营经济统战工作联席会召开，会议由斯琴格日勒主持，陈婷婷出席会议并讲话。会议部署《石景山区关于加强新时代民营经济统战工作的实施方案》落实情况检查工作，指导36家联席会成员单位对照《方案》及《重点任务清单》开展自查总结，提交工作落实情况报告，根据各单位自查总结和调研检查情况，汇总形成辖区检查情况报告并上报市委统战部，同时督促成员单位将全年任务落实到位。

（张　振）

【商会工作】 年内，区工商联与街道党工委配合，将商会建设纳入党建工作协调委员会、街道非公党委议事范畴，以党建促会建。百余家会员企业以承接项目的方式提供文化建设、社区治理等多领域的公共服务、社会服务。指导3家街道商会开展换届工作。组织商会会长及班子成员参加统战领域专题培训和主题宣讲。4月2日，区工商联在北京国际雕塑公园组织开展基层商会交流互鉴会。各街道商会负责人分别发言，共同探讨如何加强基层商会建设及发挥其参与和服务基层社区建设、社会治理重要功能。市工商联有关负责人，区工商联领导班子，八宝山街道党工委副书记，北京国际雕塑公园园长，区工商联9个街道商会会长、秘书长参加活动。8月19日，组织区食药联盟、区重点餐饮、流通企业座谈，14家企业负责人出席座谈会。9月1日，区工商联金顶街街道商会线上学习市工商联第十五次代表大会精神专题会召开。同月29日，区工商联组织基层商会会长、秘书长及重点企业等10余家企业主要负责人参观侨梦苑，开展项目推介、对接洽谈活动。9月，区食品药品行业联盟再次被认定为2021—2022年度全国“四好”商会，该商会连续两年获得全国“四好”商会称号。11月16日，在结好石景山区、日本东京都墨田区和板桥区友好城市25周年之际，斯琴格日勒率区青年企业家商会会员代表参加“携手友城 共享未来”青年企业家交流论坛。

（张　振）

【民营企业产权保护服务体系】 年内，区工商联协调成员单位为民营企业通过线上法律公益咨询、专题辅导、一对一解答。组织开展五期区工商联检察工作室开放日活动和石景山区民营企业产权保护调解室线下联调会，联合区律师协会召开2022年度民营企业产权保护工作座谈会，与司法局深化区级民营企业产权保护社会化服务体系，指导区律协组建46个律师服务团。依托“1＋9＋5”（1个区级民营企业维权服务平台，9个街道商会法律服务工作站，5个特色商会法律服务站）平台，与相关单位组织开展“万所联万会”各类法律服务300余场次，法律建议380项，开展法治体检248次，服务民营企业900余家。经验做法入选最高人民法院、司法部、全国工商联“工商联与司法行政机关沟通联系机制典型事例（2021—2022）”“工商联与人民法院沟通联系机制典型事例（2021—2022）”。

（张　振）

10月24日，石景山区民营经济统战工作联席会召开　（区工商联供图）

【精神文明建设】 年内，区工商联鼓励、引导基层商会、会员企业履行社会责任，组织各商会开展公益活动。鲁谷街道商会、区工商联青年企业家商会联合开展“春满二月二，从头暖心头”关心关爱快递小哥志愿活动。八宝山街道商会参与石景山区各类环境卫生整治活动，为周边居民打造整洁公共环境。金顶街街道商会以“弘扬中华优秀传统文化”、世界读书日为活动主题开展系列“承恩书话”主题读书分享会。鲁谷街道商会党支部响应街道党工委和区工商联号召，组织商会会员单位党员、入党积极分子，组成志愿者团队开展“喜迎二十大 扮靓石景山”创城志愿服务活动。

（张　振）

【理想信念教育活动】 年内，区工商联制发《石景山区工商联关于开展非公有制经济人士理想信念教育实践活动的实施方案》，以“民企心向党 奋进新时代”为主题，开展理想信念教育活动。组织基层商会、会员企业收听收看党的二十大开幕会，学习领会会议精神，并开展专题交流。组织常务委员、青年企业家代表等民营经济代表人士参加政协统战培训会，学习北京市第十三次党代会精神。组织推荐4名青年企业家参加市委组织部和市工商联组织的“全市民营企业年轻一代党员出资人示范培训”。举办《胸怀

“国之大者”,担起“责之重者”——从“两会”精神看民企发展策略》线上宣讲会、中央统战工作会议精神学习会、《习近平总书记关于做好新时代党的统一战线工作的重要思想》专题讲座,配发《习近平谈治国理政》(第四卷)、党的二十大精神辅导读本等进行思想政治引领。共举办宣讲会10次,线上推送阅读量1万余次,覆盖企业数量2千余家。

(张　振)

【企业服务季活动】 年内,区工商联联合区金融办服务企业75余家,为11家企业提供贷款3.4亿元。围绕企业关注的助企纾困政策,联系对接区内职能部门,协调推动帮扶政策及时落地,支持民营经济发展。围绕“1+3+1”高精尖产业定位,整合会员企业及中介机构的优势资源,引进17家优质企业落户。联合区商务局,以区食药联盟为平台,向街道社区、科技园区、投资促进中心和商会会员企业推广不同价位工作餐,同时向街道社区推荐餐饮企业员工到封控小区支援,解决不能堂食期间员工收入来源,并在全区范围内推广。

(张　振)

【调研走访与建言献策】 年内,区工商联带领机关干部以线上征集、电话沟通、座谈交流等方式,开展疫情期间企业需求调研,收集涉及房租、税费减免、产业扶持、金融、市场监管5个方面30余条意见建议,相关意见建议同步向市工商联和区职能部门反馈。组织23位企业家线上参加会议,对石景山区拟出台的《石景山区继续加大中小微企业帮扶力度加快困难企业恢复发展若干措施》提意见建议。开展经济发展委员企业座谈会,11位民营企业家政协委员和区工商联党组书记主要围绕“委员企业在复工复产中遇到的困难和问题,委员们对辖区复工复产,稳住经济发展的意见建议”进行座谈。组织10位企业家线上参加区发改委会议,对石景山区拟推出的《石景山区统筹疫情防控和扎实稳住经济工作方案》研提意见建议。召开企业家副主席副会长线上交流会,联合区食药联盟召开餐饮、流通领域相关企业视频会,了解掌握政策落地过程中企业遇到的问题并搭建政企沟通平台推动解决。组织200余家会员企业填报民营企业运行状况调查问卷,为部署稳经济政策措施提供调研参考。撰写调研报告,其中2篇调研报告分别获得年度北京市工商联系统参政议政优秀调研成果二、三等奖,连续两年被市工商联评为优秀信息单位。调研报告、政协提案、社情民意3篇分别获得石景山区优秀奖。在区政协产业转型发展专题协商议政会上提交7篇调研报告。以意见建议和社情民意等形式向市、区反馈民营企业特别是小微企业心声,其中2篇社情民意信息由市工商联上报全国工商联、市政府,并得到市领导批示。

(张　振)

石景山区人民团体、群众团体负责人

总工会主席	高洪雁(女,兼)
分管日常工作的副主席	曹俊房
党组书记	曹俊房
团区委书记	贾　曦(3月免)
区妇联主席	张　帆(女)
党组书记	张　帆(女)
区科协主席	宋菁慧(女)
区侨联党组书记	安宝喜
区工商联主席	尹　圆(女)
党组书记	斯琴格日勒(女,蒙古族)
区文联主席	董聪慧(女)
区残联理事长	栾伟宏(女)
党组书记	栾伟宏(女)
区红十字会会长	申　键(兼,3月任)
党组书记	朱　梅(女,7月免,随党组撤销自然免去)
常务副会长	朱　梅(女)

法 治

政法委

【概况】 2022年,中共北京市石景山区委政法委员会(简称区委政法委)以确保党的二十大胜利召开为工作主线,以确保北京冬奥会、冬残奥会绝对安全为重点工作,做好防范风险、防控疫情、服务发展、改革创新、从严治党管警等各项工作,完成党的二十大、冬奥安保、全国"两会"、服贸会、"12·5"专项安保等安保维稳任务,维护全区政治稳定和社会安定,为区域经济发展提供法治保障。

(聂晓松)

【党的二十大安保维稳】 年内,区委政法委制定《关于做好党的二十大维稳安保工作总体方案》,组织开展40余次区级"四不两直"督查,开展"千车夜查夜巡""百日行动""七大攻坚战"及公共安全领域消隐攻坚等专项行动,打击涉牌涉证、酒驾违停、摩托车炸街等交通违法问题。开展滚动摸排,对区关注群体、反恐重点目标和敏感部位实行常态化管控。统筹协调全区2.8万名"老街坊"治安志愿者及2000余名行业专职队伍参与社会面防控,维护社会面安全稳定。

(聂晓松)

【冬奥安保】 年内,区委政法委统筹6类安保力量,细化15类安保岗位,每天投入安保力量964名、民兵128人,对滑雪大跳台、冬奥组委驻地等重要目标进行24小时巡逻警卫。启动社会面一级加强防控等级,部署专门警力、安保人员24小时值守,累计发动群防群治力量120万人次。统筹公安、交通、卫健、属地街道以及各酒店、交通场站保障团队研究建立辖区冬奥闭环运行全流线安保防疫交通"三位一体"协调机制,赛事期间每日组织开展实战演练,防范"破环"情况发生,冬奥会期间辖区内未发生"破环"事件。

(聂晓松)

【维护政治领域安全】 年内,区委政法委开展重点领域国家安全风险监测预警研判,对不放心的人、不放心的事,逐人逐事开展风险评估,实施分级分类管控,处置重点人员滋事等涉政敏感事件。加强网络意识形态阵地管理,依托"415""7+X"舆情应对等机制,封控政治谣言、处置涉区敏感舆情、处罚违规网站,净化网络空间。保持对邪教组织的高压严打震慑态势,确保人员管控到位。

(聂晓松)

【市域社会治理现代化试点】 年内,区委政法委做好"防范化解社会矛盾风险"和"智治支撑"两个认领全国重点创新项目验收评估工作。开展市域社会治理现代化试点课题调研,撰写完成《石景山区市域社会治理调研报告》。在3月第六次全国试点工作交流会上,中央政法委秘书长陈一新对辖区在线上解纷平台推出"疫情服务"模块的做法表示肯定;在第五次全国试点创新研讨班、第二次全市试点工作经验交流会上,石景山《"网"住群众需求,"解"好群众难事,深入探索网上"一站式"矛盾纠纷化解新路径》经验做法得到肯定。

(聂晓松)

【平安石景山联防联控联建】 年内,区委政法委预付式消费监管平台上线商户达880余家,预收资金达1.7亿元,监管资金1370余万元,"预付式消费监管'石景山模式'"被评选为第二批全国法治政府建设示范项目。区委政法委被表彰为"平安北京建设先进集体(2017—2020年度)"。对全区304个小区的"智慧平安小区"智能门禁系统进行升级改造,722个防疫出入卡口均实现无感查验、及时预警技防效果。"雪亮工程"通过全国重点支持区项目验收,建设完成横向覆盖全区、纵向连接市区街道的视频图像专网,实现市区街三级和全区各部门互联互通。

(聂晓松)

【重点领域整治】 年内,区委政法委打掉以范某胜为首的黑社会性质犯罪团伙,受到全国扫黑办特派督导组的肯定。开展打击电信网络诈骗犯罪专项行动,全年共破获案件96起,拦截电信网络诈骗可疑话务47.3万余起,紧急止付资金4.57亿元。

(聂晓松)

【打击整治养老诈骗】 年内,区委政法委利用12337平台、12345接诉即办平台、110接处警平台及信访涉诉平台,发现、核查、深挖问题线索,接收的18条问题线索均已办结,结办率100%。打击养老诈骗违法犯罪行为,共立案72起、涉案金额3.06亿元,查封、冻结、扣押涉案财产4700余万元,破获"4·28"闫某升等人重大案件,李建涛诈骗案入选"人民法院重点打击六类养老诈骗犯罪典型案例"。

(聂晓松)

【平安铁路专项行动】 全年,区委政法委对全区铁路沿线周边开展综合整治,其中京广高铁整治里程11.29公里,区内6条国有铁路整治总里程69.86公里,均超额完成任务,并通过市级验收;对14处市级"疏整促"挂账点位全面启动绿化提升,绿化总面积达12.35万平方米,防护围栏安装2450延米,消除沿线安全隐患30余处。

(聂晓松)

【防范化解矛盾纠纷】 全年,区委政法委开展5次全区社会矛盾纠纷排查调处工作,排查出重点矛盾纠纷46件,信访重点人95人,走访慰问信访重点人50余人次,处置金顶北路道路工程项目历史遗留问题、纽约国际早教机构停止经营、民工讨薪等突发事件,"河南村镇银行"、融贝网网贷平台、禧悦学府项目延期交付等敏感舆情,处置"11·27"亮马河聚集事件涉辖区人员落地管控工作,完成"12·5"专项安保任务。

(聂晓松)

【疫情防控】 全年,区委政法委统筹公安、交通、卫健等多部门累计核查管控涉疫数据30.5万条,精准刻画1260名初筛阳性、1.2万名密接人员活动轨迹,转运阳性病例1493人、集中隔离10712人,处置京西金融商务中心、南宫嘉园小区、老山西里3号楼等多批次聚集性疫情。快查快处涉疫敏感案事件36起40人。统筹做好区集中隔离医学观察点、核酸检测点和城中村等重点部位防控。

(聂晓松)

【助力区域经济社会发展】 全年,区

委政法委统筹政法单位配合黄庄村棚改征收等项目，确保市区重点项目建设任务进行。打击经济领域违法犯罪，侦破审结1起侵犯冬奥会吉祥物知识产权刑事案件，维护区域经济发展秩序。

（聂晓松）

【政法队伍建设】 全年，区委政法委巩固政法队伍教育整顿成果，制定《石景山区关于巩固政法队伍教育整顿成果推进全面从严管党治警的实施方案》，并形成工作清单，针对5大类18项任务，制定42项工作措施，推动全面从严治警常态化。组织全系统1700余名干警参加2022年度政法系统政治轮训，采取"以干代训"的方式培训干警10人。

（聂晓松）

公　安

【概况】 2022年，北京市公安局石景山分局（简称公安分局）蝉联全国公安机关执法示范单位，全区群众安全感保持历史高位。公安分局破案1251起，抓获违法犯罪嫌疑人1755名；查处治安案件2.1万起，打击处理涉黄、涉赌、"盗非"违法犯罪嫌疑人656名，挂账治安重点地区按期摘牌；黑车、养犬等治安顽疾治理成果持续巩固，收置无主犬1259只，"12345"黑车投诉保持"零接报"。公安分局发力"创城"工作，为石景山通过基本无违法建设城区复评、"创城"综合考核成绩位列全市第一贡献公安力量。推进"放管服"改革，公安高频政务服务事项100%"一窗通办"，窗口服务群众非常满意评价率100%。公安分局推树警营标兵20名、杰出青年卫士24名，刘炳旺、安胜军等一批先进典型获得部级荣誉，通报表彰集体265个次、民警674人次，战时记功嘉奖32个集体、323名个人、66名警辅。

（申小荣）

【"110"主题宣传活动】 1月10日，是全国第二个警察节，第36个"110宣传日"。北京市公安局指挥部会同公安分局在首钢园区三高炉报告厅，组织开展"人民至上 110 勇毅护航新征程"主题宣传活动。期间，公安分局等单位表演主题节目，与会领导与现场群众进行交流，发放110报警、反恐防恐、防火防盗、预防煤气中毒、防范电信诈骗、禁毒、交通安全等内容的宣传材料。同日，全区12个派出所会同相关部门同步开展110主题宣传日活动，共发放各类宣传材料1万余份，参与群众2000余人。

（申小荣）

【全区公安工作会议召开】 1月29日，公安分局召开2022年全区公安工作会议。会议以习近平新时代中国特色社会主义思想为指导，深入贯彻习近平法治思想，深入贯彻党的十九大和十九届历次全会精神，全面贯彻中央政法工作会议、全国公安厅局长会议、市委政法工作会议、全市公安工作会议精神，总结上年工作，分析面临形势，研究部署年内石景山公安工作。副区长、分局党委书记、局长刘锋，区委政法委副书记，分局党委班子成员出席会议。局属各单位主要领导和平安办、冬奥办负责同志以及功模代表在主会场参加会议，局属各单位其他班子成员和公安派驻街道党工委委员以及民警代表在分会场参加会议。

（申小荣）

【清明缅怀主题活动举办】 4月1日，公安分局在八宝山革命公墓烈士纪念园举行"祭公安英烈 铸忠诚警魂"清明缅怀主题活动。市局政治部党宣处副处长、区委政法委政治部主任、公安分局党委班子成员出席活动。局属各单位正职领导以及分局英烈子女代表、功模代表、青年民警代表、警辅代表共60余人参加活动。活动由分局党委副书记、政委主持。

（申小荣）

【防电信诈骗宣传】 4月22日，公安分局在鲁谷街道万达广场集中开展防范电信诈骗主题宣传活动。刘锋以及其他分局党委班子成员出席宣传活动，公安分局机关职能部门和各派出所主要领导参加活动，全局社区民警同步深入社区开展宣传。期间，公安分局共出动警力260余名，发放宣传资料6500余份，现场宣传近万人。

（申小荣）

【新警入警宣誓仪式举行】 6月30日，公安分局举行新警入警宣誓暨"从警引路人"师徒结对仪式。市公安局团委相关部门领导，公安分局相关单位政委、青年民警先进典型代表以及2022年新警和引路师傅代表参加仪式。

（申小荣）

【优秀复转军人座谈会召开】 7月29日，在"八一"建军节到来之际，公安分局组织召开"喜迎二十大 忠诚保平安"优秀复转军人座谈会。刘锋和分局党委委员、纪委书记出席活动。局属相关单位主要领导以及优秀复转军人代表共60余人参加活动。

（申小荣）

【反恐处突综合演练】 8月16日，公安分局会同区反恐办在原首钢二炼钢厂址组织开展反恐处突综合演练活动。区委区政府和首钢集团公司相关领导全程观摩指导。公安分局相关职能部门和派出所以及区卫健委、应急局、生态环境局、消防救援支队、交通支队、古城街道等单位共280余人参加演练。

（申小荣）

【二十大精神政治培训班】 11月21日至25日，全国公安机关领导干部学习宣传贯彻党的二十大精神政治培训班在京举行。按照市公安局统一部署，公安分局采取电视电话会议形式，组织处级以上领导干部、功模代表在分局主会场参加培训，全体在岗民警在各单位集中观看学习部分课程。

（申小荣）

【冬奥安保】 年内，公安分局将冬奥安保与"两节"、"两会"、清明安保统筹谋划，一体推进，抓实筹备期、封闭期、赛时期、移出期安保工作，完成竞赛场馆、非竞赛场馆等13项重大安保任务，确保8场演练预演、27.35公里火炬传递和开闭幕式活动安全顺畅，4场2540名观礼群众、31场9156名观赛观众、432辆场站专车3.1万人次搭乘出行、15家签约保障酒店绝对安全。

（申小荣）

【社会面防控】 年内，公安分局连续启动社会面最高等级防控方案344天,处置各类警情6.6万件。社区“7×24小时”值守规范运行,新登记流动人口5.2万名、出租房屋1.1万间,查处群租、短租房521间,处罚违法出租房主947名,整治各类安全隐患1.3万处。智慧平安小区建设保持全市前列,社区可防案件在上年降至历史最低的基础上再降42.1%。

(申小荣)

【公共安全监管】 年内,公安分局强化全区重要基础设施、金融、教育、医疗等列管单位监管。缉枪治爆收缴枪支18支、子弹4484发、烟花89箱,确保全球数字经济大会金融论坛等21项87场次大型活动安全举办。现场处罚交通违法8.6万起,非现场处罚40.8万起。

(申小荣)

【服务全区发展】 年内,公安分局发力“创城”工作,完成“疏整促”50项市级、区级任务,为石景山通过基本无违法建设城区复评、“创城”综合考核成绩位列全市第一贡献公安力量。推进“放管服”改革,公安高频政务服务事项100%“一窗通办”,窗口服务群众非常满意评价率100%。新闻宣传影响力增强,中央电视台等央属、市属媒体专题宣传报道210次,累计发布“石警官”微信公众号162篇、原创警务微博2600条。

(申小荣)

【法治公安建设】 年内,公安分局健全执法办案闭环运行体系和监督管理模式,完善执法办案监督、涉案财物管理等制度规范、汇编指引32项,接诉即办“三率”稳步提升,实现信访积案全部清零,跨区律师远程会见等“智慧法制”建设走在市局前列。看守所保持27年安全监管“零事故”,连续五年获评市局“五型监所”优秀创建单位,举办监管系统“六大体系”建设现场会,经验做法在全市推广。

(申小荣)

【实战化练兵】 年内,公安分局围绕中心、服务实战,修订分局教官管理办法,启用八大处教官培训中心,开展实战演练、对抗训练、比武竞赛41场次,组织二级培训86期、送教到岗82次,受训5200余人次。

(申小荣)

【文化育警】 年内,公安分局创建公安英烈红色教育基地,推树警营标兵20名、杰出青年卫士24名,刘炳旺、安胜军等一批先进典型获得部级荣誉。全年通报表彰集体265个次、民警674人次,战时记功嘉奖32个集体、323名个人、66名警辅。

(申小荣)

检　察

【概况】 2022年,北京市石景山区人民检察院(简称区检察院)坚持新冠肺炎疫情防控与检察工作同步推进,先后成立5个临时党支部,选派90余名干部下沉社区,三批40余名干部参与区疫情防控专班闭环工作。依法惩治各类刑事犯罪,共受理各类案件1775件,受理审查逮捕案件236件320人,同比下降42.2%。受理审查起诉案件327件404人,同比下降38.6%。不批准逮捕69件102人,不捕率32%;做出情节轻微不起诉63件70人,不起诉率19.4%。办理民事检察监督案件331件,行政检察监督案件196件,受理公益诉讼案件线索104件,立案98件。制发纠正违法通知书168份,社会治理类检察建议91份。坚持检察长阅批和办理群众信访制度,接收群众信访305件,7日内程序性回复率100%。全年普法宣传66场,受众5337人次。深化检务公开,依法公开法律文书10份,案件程序性信息391条,发布检察动态信息82条。向区人大常委会专题报告认罪认罚从宽制度适用情况,聘请10名区内行政机关专业人员担任特邀检察官助理,就各项办案活动邀请人民监督员17人次参加活动。开展检察专业能手评审会和辩论选拔赛,全院构建形成4名全市检察业务专家、9名全市检察专业骨干和30名院级岗位能手的人才梯次队伍。全院干警先后获得北京市青年文明号、平安北京建设先进个人、北京市优秀共青团员称号,检察系统内奖励18项。

(侍玉铭)

【代表委员联络】 7月21日,区检察院出台《关于加强新时期代表委员联络工作的实施意见》,立足检察机关职责和服务区域工作大局,就进一步做好代表委员联络工作,自觉主动接受代表委员监督,从不断完善联络机制、拓展联络形式、明确服务代表委员履职内容、保障联络制度落实等方面作出部署安排。

(侍玉铭)

【“护苗”专项行动】 8月12日,区检察院联合区委宣传部、区关心下一代工作委员会和区妇联等单位在石景山区未成年人互动体验式法治教育中心举行石景山区“护苗”专项行动暨法治夏令营活动。活动分揭牌、授牌、赠书、沉浸式体验法治游乐场4个主要环节,“护苗工作站”“石景山区关心下一代法治教育基地”“示范儿童之家”在中心举行揭牌,近20名小学在校师生共同参与。

(侍玉铭)

【检务督察新模式】 8月,区检察院开展以“检察纪律作风建设月”为主题的专项督察,发挥内部监督职能,融合政治督察、业务督察、政务督察,探索“三督合一”督察新模式,做到将政治督察摆在首位,坚持党的建设统领检察工作,突出业务督察,常态化开展政务督察。

(侍玉铭)

【特邀检察官助理聘任】 9月8日,区检察院举行首批特邀检察官助理聘任仪式,聘请10名区内行政机关专业人员担任特邀检察官助理。区检察院领导班子成员,区人大代表、人民监督员,全体特邀检察官助理参加聘任仪式。

(侍玉铭)

【新闻中心成立】 9月30日,区检察院举行新闻中心成立启动仪式。出台《石景山区人民检察院新闻中心工作方案(试行)》和《新闻中心人员配置及人员管理方案》,作为区检察院宣传工作的综合管理平台,统筹对内、对外宣传职能,规范宣传纪律,明确考核激励措施。

(侍玉铭)

【检律座谈交流】 10月20日，区检察院检察长带队至区律师协会座谈走访，区司法局局长、区律师协会会长，区检察院、区律师协会等相关领导和部分律师代表参加座谈。与会人员围绕民事行政案件监督、律师执业权利保障、企业合规、检律同堂培训等方面进行交流。

（侍玉铭）

【首例涉案企业合规工作】 12月29日，区检察院对李某某涉嫌虚开增值税专用发票、用于骗取出口退税、抵扣税款发票罪案作出不起诉处理，本案系区检察院办理的首例涉案企业合规案件。办案中，邀请专业税务机构对两家公司开展涉税合规审查整改，向企业制发检察建议，督促企业建立健全各项财务制度，检察长主持召开听证会，邀请税务师、审计师等多方力量参与听证，评估合规整改效果。

（侍玉铭）

【刑事诉讼监督】 年内，区检察院就法律文书瑕疵及侦查程序不规范等问题制发书面监督文书67份，发出季度侦查活动质量通报3期。办理破坏计算机信息系统等行刑衔接案件2件，建议行政执法机关移送公安机关审查，公安机关均立案侦查。开展"有案不立、压案不查、有罪不究"专项监督活动，改进案件办理制发检察建议书2份。同步审查刑事裁判文书245份，针对裁判文书存在的共性问题向审判机关发出检察建议。立案复查刑事申诉案件1件，通过实质化审查与释法说理妥善息诉。

（侍玉铭）

【刑事执行检察】 年内，区检察院开展看守所巡回检察工作，在保障律师会见、罪犯交付执行等方面提出书面纠正意见。提升社区矫正监督检察工作水平，依法办理33件暂予监外执行案件的自查和交叉评查工作。书面监督社区矫正对象脱、漏管问题，及时协调入矫列管。加大对职务犯罪涉财产部分执行审查力度，对法律文书内容缺失、执行金额不当等问题提出书面监督意见。

（侍玉铭）

【民事检察监督】 年内，区检察院办理民事检察监督案件331件。开展民法典适用、网络拍卖、限制出境强制措施适用等专项监督活动。通过强化调查核实，听取专家意见、进行公开听证等方式保障精准监督，就立案超期限、终结执行程序不规范、迟延履行利息计算错误等问题制发的类案检察建议均获采纳。开展大标的额民商事案件审判专项监督，主动对影响民营企业的涉诉案件进行评查，提出监督意见。办理的案件获评北京市检察机关民事诉讼监督优秀案件。

（侍玉铭）

9月30日，区检察院举行新闻中心成立启动仪式　　（区检察院供图）

【行政检察监督】 年内，区检察院办理行政检察监督案件196件。聚焦社会保障、住房、交通等民生领域，开展"全面深化行政检察监督，依法护航民生民利"专项活动。开展审判人员违法行为、非诉执行等专项监督活动，针对登记立案程序不规范、案件执行移送程序不规范等问题制发检察建议。开展行政违法行为监督，针对法律适用错误、执法程序不规范等问题制发检察建议。融入矛盾纠纷化解机制，以公开听证促行政争议实质性化解。办理的案件获评北京市检察机关行政诉讼监督优秀案件、优秀文书。

（侍玉铭）

【公益诉讼检察】 年内，区检察院受理公益诉讼案件线索104件，立案98件，制发行政诉前检察建议9件、民事公告83件，社会综合治理类检察建议4件，支持行政机关开展生态环境损害赔偿案件1件。开展"消"字号抗(抑)菌制剂安全监管专项监督，发出全市首个涉"消"字号行政公益诉讼检察建议，督促依法发出责令整改通知书3份。开展古树保护专项监督，通过诉前检察建议督促相关主管部门加强古树保护责任制组织落实的监督力度，13株古树周边十余吨垃圾渣土得到及时清理。

（侍玉铭）

【学习宣传贯彻党的二十大精神】 年内，区检察院制定《石景山区人民检察院深入学习宣传贯彻党的二十大精神的实施方案》，组织系列培训活动，检察长为全院干警讲党课，与区法院、区公安分局、区司法局及共建院开展二十大精神和习近平法治思想同堂培训。在全院开展"理论夜读"活动，各党支部组织开展集体学习，党员干部和积极分子参观"京西福地，五年蝶变"石景山区喜迎二十大成就展、石景山区党史主题公园及党史主题广场等。在官方微信公众号发布党的二十大精神宣传主题文章15篇，向上级报送相关信息20余篇，2名同志参加区妇联组织的"巾帼心向党、喜迎二十大"演讲比赛分获二等奖和参与奖，区检察院获评区直机关"喜迎二十大·奋进新征程”百题知识竞赛组织一等奖。

(侍玉铭)

【保障冬奥、冬残奥举办】 年内,区检察院举行“燃情迎冬奥,奋进新征程”主题升旗仪式,举行“一起向未来”服务保障冬奥会和冬残奥会倒计时承诺签字启动仪式。办理涉冬奥利用网络传播虚假信息的寻衅滋事案件、涉及石景山区服务保障冬奥工程建设的故意伤害案、以贩卖北京冬奥会吉祥物为由的网络诈骗案等。冬奥期间办理全国首例销售假冒冬奥会吉祥物商品的刑事案件,获评最高检检察机关保护知识产权服务保障创新驱动发展典型案例。

(侍玉铭)

【打击整治养老诈骗专项行动】 年内,区检察院开展打击整治养老诈骗专项行动,通过官方微信公众号发布13期老年人权益保护主题宣传文章。办理涉案金额600余万元的闫某某、刘某某等20余人养老诈骗案,同步开展公益诉讼监督线索摸排,并向涉案医疗公司制发检察建议。重阳节前夕,进社区开展“老年人权益保护”主题宣传活动。策划并自导自演的防范养老诈骗普法短视频《“公寓养老”黑话大起底》连续3个月登上北京市公共交通系统,在10余条地铁线、700余条公交线路近1万辆地铁和公交车显示屏上循环播放。

(侍玉铭)

【大数据赋能检察工作】 年内,区检察院制定出台《大数据赋能检察工作实施意见》,成立检察监督线索管理中心。以数字检察为抓手,民事检察提升监督规模,案件受理数同比增长2.6倍。行政检察开展交通运输、公共租赁住房、涉刑财政供养人员工资待遇发放等领域行政违法行为监督专项活动。与兄弟院合作研发的法律监督模型获评全国检察机关大数据法律监督模型竞赛三等奖。参与北京市成品油相关大数据法律监督模型试用工作,建立检警联动、检税速办等机制,在试用院中取得首案突破,办理私自改装储油罐车进行柴油运输经营的危险作业案,排除多个涉及安全生产的风险点位,督促涉税加油站补缴税款及滞纳金,补缴率达100%。

(侍玉铭)

【检察版“接诉即办”】 年内,区检察院推进检察版“接诉即办”工作,与区城管指挥中心建立“检察+热线”合作机制。区检察院共接收12345热线派单34件,接收市院移送热线诉求信息1560条,其中公益诉讼成案2件,发出诉前检察建议1份,获取热线信息6600余条,间接转化线索4件,立案4件。

(侍玉铭)

【检察业务绩效考评】 年内,区检察院突出以检察供给侧结构性改革为主攻方向,民事、行政、公益诉讼检察同比上升237.4个百分点。依职权监督同比上升63.8%,依申请监督同比下降6.1%。执法办案与监督办案结构比为32.8%:67.2%,监督办案占比同比上升24.9个百分点。创新设立办案质效办公室,定期召开数据分析研判会商会,编发《业务管理提示》5期,《业务数据质量通报》2期,在65项考核指标中,区检察院44项排名前列,占指标总数的68.8%。

(侍玉铭)

【典型案例】 年内,区检察院共有5个案例分别入选最高检、最高法对外发布的典型案例,全年入选最高检典型案例数居全市基层院前列。办理的全国首例销售假冒冬奥会吉祥物、会徽案,入选全国检察机关保护知识产权服务保障创新发展典型案例,检察日报社主办的2022年十大法律监督案例。参与研发并使用的“特定行业涉刑人员行政处罚大数据监督模型”,获评全国大数据赋能行政检察监督典型案例(第二批)。陈某红司法救助案入选全国检察机关司法救助工作“脱薄争先”典型案例。办理的老年行政诉讼当事人出庭诉讼权利监督案获评最高检“检察为民办实事”主题——行政检察与民同行系列典型案例(第十批)。李某涛诈骗案获评最高法重点打击六类养老犯罪典型案例。

(侍玉铭)

【适用认罪认罚从宽制度汇报】 年内,区检察院向人大常委会专题汇报关于适用认罪认罚从宽制度的情况。包括从一体化布局,多手段并用,提升认罪认罚案件办理质效;坚持问题导向,对标对表找差距补短板;强化工作措施,提升制度适用质效等3方面内容。

(侍玉铭)

【援藏工作】 年内,区检察院再次委派1名刑事执行条线检察官支援西藏自治区检察院开展监狱巡回检察、看守所巡回检察和社区矫正巡回检察工作。期间,开展检察机关业务指标一站式帮带工作,参与巡回检察方案制定,协助西藏地区检察机关发现刑罚执行监督线索,制发各类监督文书,为基层政法干警开展减刑、假释案件实质化审查专题授课等。

(侍玉铭)

法　院

【概况】 2022年,北京市石景山区人民法院(简称石景山法院)新收各类案件27299件,结案28084件,结收比102.88%,法官人均结案468.07件。石景山法院把迎接党的二十大作为贯穿全年工作主线,克服疫情带来的不利影响,抓好党的政治建设,履行审判职责,完成维稳安保任务,优化法治营商环境,健全诉源治理和多元解纷机制,创新“为群众办实事”措施,破解执行难题,多维普法回应群众诉求,司法护航未成年人成长。

(赵丹阳)

【政治建设】 年内,石景山法院开展政治轮训、集中学习、专题研讨91次,举办“强国复兴有我 建功新时代”等主题活动,选树“党员先锋岗”,推进青年干警政治理论提升工程,组织建院70周年“不忘初心跟党走、砥砺奋进新征程”主题教育活动,院团总支获得“北京市五四红旗团支部”,“政·青春”青年理论学习品牌获评“首都法院党建工作优秀创新案例”。全年,个人、集体获区级以上荣誉20项。

(赵丹阳)

【新冠肺炎疫情防控】 年内,石景山法院审理涉疫敲诈勒索刑事案件,依法维护常态化疫情防控秩序,建立“院级+部门+团队”三级疫情防控管理网格，开展疫情防控“四不两直”督察检查39次，确保干警和诉讼群众“双安全”。先后选派四批62名干警组成“战疫先锋队”闭环配合区卫健委开展转运、流调等防疫工作，组织全院干警下沉街道社区支援核酸检测与常态化疫情防控，累计下沉8452人次，下沉人员占比69.4%。

（赵丹阳）

【扫黑除恶及打击养老诈骗】　年内，石景山法院健全“3+1+7”常态化扫黑除恶斗争组织领导工作机制，制定《学习、宣传、贯彻、实施〈反有组织犯罪法〉工作方案》，依法从严审结15人恶势力犯罪集团敲诈勒索案，发送“行业清源”司法建议获得区委及市高级法院肯定。制定《打击整治养老诈骗专项行动实施方案》，依法公开审理石景山区首例养老诈骗案，追赃挽损131万余元，最大限度减少受害群众经济损失，一起“养老帮扶”诈骗案入选最高人民法院发布的《人民法院重点打击六类养老诈骗犯罪典型案例》。

（赵丹阳）

【强化审判权力制约监督】　年内，石景山法院规范审判监督管理权责运行，依托四级审判管理体系，以“审判管理三例会”为抓手，强化院庭长审判监督管理职责，以目标责任制考核为导向，压实庭室、团队、法官审判质效司法责任。完善审判委员会、专业法官会议运行机制，加强对召开程序、议事规则、会议记录等规范管理，强化类案检索指引功能，推动统一法律适用制度规范落实。细化审判权责清单，严格审限管理和案件流程节点管控，优化实质化合议工作机制，相关举措获评北京法院第三届司法改革“微创新”最佳示范案例。

（赵丹阳）

【优化法治营商环境】　年内，石景山法院出台《2022年优化营商环境建设工作实施方案》，完善商事审判前后端、各环节提速增效、全流程网上办理工作机制，依托“优化营商环境云沙龙”特色品牌，开展“京法巡回讲堂——优化营商环境进企业”系列普法活动，为辖区企业提供优质司法服务。与区工商联建立常态化矛盾联调工作机制，入选全国工商联与最高人民法院发布的《工商联与人民法院沟通联系机制典型事例(2020—2022)》；探索中小投资者权益司法保护有效途径，形成《2016—2021涉中小投资者权益保护司法大数据研究报告》，获评最高人民法院“专题研究示范应用一等奖”。

（赵丹阳）

【一站式多元解纷服务体系】　年内，石景山法院推进人民法院调解平台“三进”工作，实现基层治理单位入驻调解平台辖区全覆盖；分别与区工会、侨联就劳动争议、涉侨纠纷多元化解制定工作意见，推动相关纠纷实现在线调解、一站式确认。将驻院特邀调解员扩充至16人，加强诉前调解工作指导与管理考核，诉前调解成功案件2332件，同比增长103%，成功率58%。深化“法治1+N”党建法治共建机制，与行政机关共同开展法律适用问题、行政争议诉源治理与多元化解等座谈会14次。

（赵丹阳）

【全方位便民诉讼服务机制】　年内，石景山法院开展“为群众办实事示范法院”创建活动，深入9个社区开展“群众‘吹哨’法官报到”暨“法官e站”第二轮集中挂牌共建活动，紧盯群众打官司中的“急难愁盼”问题，开通“掌上问法”服务，回应司法需求36次。发挥12368热线“总客服”作用，接听群众来电11247件次，办理联系法官、咨询进展等工单6038件，全部于24小时内办结，联系法官到位率、反映事项办结率保持100%，实现“一号”快速响应、集约通办。在法院系统总体满意度测评中，石景山法院位列全市法院第一名。

（赵丹阳）

【破解执行难题】　年内，石景山法院建立财产线索接转中心，及时查控处置涉案财产，完善“周循环滚动式”案款清理机制，全年执结案件10144件，执行到位金额10.7亿元，案款发还平均用时23.4天，兑现胜诉权益。拓展执行联动网，与北京住房公积金管理中心石景山管理部建立公积金执行协作“绿色通道”，与区公安、交通、经信、融媒体中心等部门联动，推动失信被执行人信息在公共信用信息平台共享、融媒体平台曝光，强化失信联合惩戒。对“黑中介”扰乱司法拍卖秩序行为进行训诫处罚，维护健康有序财产处置环境。用好强制措施，罚款、拘留被执行人2人次，限制高消费7228人次、限制出境63人次，将270名自然人、205家企业纳入失信名单，严厉打击规避执行、抗拒执行行为。

（赵丹阳）

7月11日，石景山法院公开开庭审理打击整治养老诈骗专项行动以来石景山区首例养老诈骗案件　（石景山法院供图）

【多维度普法】 年内,石景山法院依托“五联五进”“法官 e 站”党建法治共建机制,对接辖区街道、驻区企业开展“守护夕阳”防范养老诈骗、“《民法典》在身边”等“点单式”普法活动 66 次,普法受众达近万人次。召开“涉电动自行车事故责任纠纷”“涉装饰装修合同案件情况”“医疗养生类养老诈骗案件情况”等新闻通报会 3 次,发布典型案例 10 起。创新“情景剧”法治宣传形式,发布“法官讲法”普法文章、短视频、微动漫等 86 条,普法短视频累计播放 600 万余次,院新媒体矩阵获评“中国优秀政法新媒体”荣誉称号。

(赵丹阳)

【司法护航未成年人成长】 年内,少年法庭工作办公室组织法治副校长开展法治授课 24 次,举办儿童节“五个一”宣传活动、宪法日系列活动,通过云课堂、微动漫、网络公开课等创新未成年人法治教育。针对社会观护制度撰写信息获市高级法院领导批示,参加北京市人大常委会“未成年人审判工作专题调研座谈会”并作专题汇报。发出首份“家庭教育令”,联合区妇联、区教委等相关单位开展座谈,共同推进《家庭教育促进法》在辖区落地实施。刑事审判庭获评“北京市妇女儿童工作先进集体”荣誉称号。

(赵丹阳)

【适用《民法典》审理“好意同乘”案】 年内,石景山法院审理一起《民法典》实施后适用“好意同乘”条款的典型案例,并获评全国法院系统 2022 年优秀案例分析评选活动优秀奖。2017 年 12 月 22 日,李某某驾驶小型轿车,载闫某某、庞某某、任某某从北京市到河北省保定市安国市参加周某的婚礼。同月 23 日中午参加完周某的婚礼后,李某某驾车载闫某某、庞某某、任某某返回北京市,同日 14 时许,因李某某未按照操作规范安全驾驶、文明驾驶,未保持安全车速,车辆撞在公路东侧的大树上,造成任某某颅脑损伤死亡,庞某某重伤,闫某某受伤的交通事故。李某某因犯交通肇事罪,被河北省保定市清苑区人民法院判处有期徒刑二年六个月,判决已发生法律效力。经审理查明,李某某驾驶的车辆为非运营车辆,闫某某与李某某系夫妻,闫某某与庞某某系同学,李某某、闫某某均不认识任某某,庞某某认识任某某,庞某某请求搭车去参加周某的婚礼,此次搭乘为无偿搭乘,符合“好意同乘”的构成要件。根据《民法典》第一千二百一十七条的规定,非营运机动车发生交通事故造成无偿搭乘人损害,属于该机动车一方责任的,应当减轻其赔偿责任,但是机动车使用人有故意或者重大过失的除外。在该案中,由于李某某超速行驶、负本次事故全部责任的事实,应当认定李某某对本次交通事故的发生具有重大过失。故该案不能减轻李某某的赔偿责任。最后,法院判决李某某赔偿被害人及家属各类损失共 2811955.51 元。

(赵丹阳)

【涉北京环球影城的电信网络诈骗案】 年内,石景山法院审理一起涉北京环球影城的电信网络诈骗案。该案发生于 2021 年北京环球影城试运营期间,林某某在微博发布信息,谎称自己有环球影城内测票出售,吸引买家。交易谈拢后,林某某将李某某(另案处理)制作的虚假收款链接发给被害人,被害人通过虚假收款链接支付完钱款后,就被林某某拉黑,被害人并未得到北京环球影城的内测门票。被告人林某某通过上述方式共骗取被害人毛某某等人共计人民币 18996 元。2021 年 9 月 24 日,林某某被民警抓获。后其家属代为赔偿被害人的全部损失。石景山法院经审理认为,被告人林某某伙同他人以非法占有为目的,通过网络发布虚假信息骗取被害人财物,数额较大,其行为已构成诈骗罪,依法应予惩处。念被告人林某某到案后能如实供述犯罪事实,自愿认罪认罚签署具结书,且能积极赔偿被害人经济损失取得谅解,系初犯,故依法可对其从轻处罚,并依法适用缓刑。最终,石景山法院以诈骗罪判处被告人林某某有期徒刑九个月,缓刑一年,并处罚金人民币一万元。

(赵丹阳)

【对涉少案件发出首份《家庭教育令》】 年内,石景山法院少年法庭针对未成年人父母监护不力的情况,向一起探望权纠纷案件中未成年人的父母发出石景山法院首份《家庭教育令》。石景山法院少年法庭在审理原告何某诉被告张某探望权纠纷一案中发现,婚生子小圣较为内向,在其 6 年多的成长过程中对父亲的概念较为回避,其心理状况受原、被告离婚状态干预较多,并在探望过程中表现出对父母发生矛盾时不理解、甚至于不耐烦,孩子心理状况急需父母双方引起高度注意。何某、张某作为小圣的监护人,均未尽到足够的关心爱护责任和抚养教育义务,不利于小圣的身心健康成长,属于法律规定的“怠于履行家庭教育责任”,依法应当予以纠正。为此,承办法官向小圣的父母发出《家庭教育令》,责令小圣的父母切实履行监护职责,承担起家庭教育的主体责任,多关注小圣的生理、心理状况和情感需求,加强亲子陪伴和教育引导,定期到北京市青少年法律与心理咨询服务中心接受家庭教育指导。

(赵丹阳)

司法行政

【概况】 2022 年,石景山区司法局(简称区司法局)设 9 个职能科室和 1 个社区矫正管理支队,同时承担区委全面依法治区委员会办公室日常工作,1 个直属司法所,1 个参照公务员法管理事业单位(法律援助中心),1 个纳入规范管理事业单位(阳光中途之家),1 个自收自支事业单位(北京市燕京公证处)。区司法局获得“北京市妇女儿童工作先进集体”称号、“2018—2022 年度北京市司法行政系统先进集体”称号、连续三届获得“首都文明单位标兵”称号。

(王蕊 马欣)

【区领导调研司法行政工作】 1 月 5 日,刘锋带队到区司法局调研指导司法行政工作,公安分局相关领导、区司法局全体班子成员陪同调研。刘锋一行实地走访区公共法律服务中心、燕京公证处等办公场所,询问了解人员配备、基础设施及功能运行等情况；召开调研座谈会，听取区司法局2021年重点工作完成情况及2022年工作思路汇报，并与区司法局班子成员及各部门负责人座谈。刘锋肯定全区司法行政工作取得的成绩，并就做好下一步工作提出意见。

（王　蕊　马　欣）

【市司法局领导安保维稳调研】 1月18日，市司法局党委书记苗林率工作组，到石景山区对冬奥会赛事场馆等重点区域开展安保维稳检查调研。市司法局党委委员、副局长徐明江，二级巡视员戴建海，区领导刘锋等参加检查调研。

（王　蕊　马　欣）

【行政案件司法审判年度报告解读】 5月12日，区政府召开2022年第19次常务会议，区法院行政庭（知产庭）庭长腾恩荣就《2021年度行政案件司法审判年度报告》作解读，对2021年行政审判工作进行总结并提出建议。

（王　蕊　马　欣）

【普法宣传与依法治理】 6月4日，区委组织召开守法普法协调小组第三次会议，完成区守法普法协调小组成员调整，总结2021年全区守法普法工作，对2022年普法与依法治理工作要点进行部署。同月23日，区司法局以中共北京市石景山区委全面依法治区委员会普法守法协调小组名义发布实施《2021年石景山区普法依法治理工作要点》（京石法委守组文〔2022〕1号）及任务分解，明确19条指标任务，统筹全区各单位开展普法与依法治理工作。全区围绕习近平法治思想、宪法、民法典等主题，通过讲座、文化活动、志愿活动、宣讲等形式，开展普法宣传活动849场次。8月25日，区司法局以区委依法治区委员会普法守法协调小组名义向全区各单位发布《石景山区2022年平安建设“八五”普法宣传工作具体指标》。

（王　蕊　马　欣）

【党的二十大安保维稳工作】 8月25日，区司法局召开党的二十大安保维稳工作会议，贯彻落实市、区重要会议精神，安排部署党的二十大安保维稳工作。会议审议并原则通过《石景山区司法局党的二十大服务保障工作方案》《石景山区司法局党的二十大维稳安保工作督察方案》，明确成立区司法局党的二十大服务保障工作指挥部以及四大专项行动、11项重点工作任务清单。会议研究讨论下一步督察安排和工作机制。年内，区司法局分3阶段开展党的二十大维稳安保督查工作。第一阶段，督察组对各相关科室及街道司法所维稳安保自查督查，就自查督察问题提出整改方案。第二阶段督察组以“回头看”的方式对相关科室及全区9个司法所安保维稳工作落实进行督察，重点对第一轮督查问题整改落实情况进行督查。第三阶段督查组将重点对“回头看”阶段存在的安全隐患、整改问题不彻底的相关科室、司法所进行再督查。

（王　蕊　马　欣）

【“法考”石景山区考点工作】 9月7日，石景山区召开2022年国家统一法律职业资格考试石景山区考点工作协调会。刘锋参会并做重要讲话，各相关单位主管领导参加会议。刘锋就做好考点服务保障工作提出要求。同月14日，刘锋带队对辖区首钢技师学院、爱玛裕考试中心等国家统一法律职业资格考试考点进行指导检查，区司法局局长、副局长以及考点学校领导等陪同检查。刘锋听取首钢技师学院、爱玛裕考试中心关于2022年法考客观题考试组织实施工作的情况汇报，并现场查看考点环境、考场设置、考务组织和疫情防控等工作的落实情况。

（王　蕊　马　欣）

【新冠肺炎疫情防控】 年内，区司法局党组先后召开8次防控专题会议、20余次专项调度会议，制发《石景山区司法局关于规范疫情防控形势下居家办公的通知》等制度文件，完善防控应急机制。参与下沉支援八角街道、苹果园街道6个社区疫情防控2000余人次，完成区域20余轮次全员核酸保障任务，在疫苗接种、解除弹窗、宣传防控政策工作中服务超过40余万人次。设立规范性文件审查快速通道，对涉及疫情防控工作的待审文件第一时间研提法律意见并出具合法性审查单。印发《石景山区关于疫情防控期间行政执法工作的通知》，针对医疗卫生、食品药品供应等重点领域落实“三项制度”。合理调配12348热线值班资源，开展提升法律援助案件办理质量系列线上培训，动员律师服务社区防疫，对接社区解答企业、居民法律咨询1400余件。

（王　蕊　马　欣）

【服务保障冬奥】 年内，区司法局宣传奥运知识和与冬奥相关法律法规，印发《关于加强冬奥会、冬残奥会执法保障工作的通知》，从疫情防控、奥运知识产权保护、突发事件应对、执法协同协作等6个方面提出具体要求。1月7日，石景山区律师行业举行“公益法律服务助力冬奥会和冬残奥会”专项行动启动仪式，区司法局、北京冬奥组委法律事务部及30余名律师代表参加活动。区司法局、区律师协会组建四大法律服务团，提供站点值守、法律咨询、纠纷调解和法治宣传服务，参与调解矛盾纠纷52件次，为居民提供法律咨询、解答、引导等其他法律服务1142件次。对“两类人员”全方位、拉网式排查安全隐患，加强警示教育惩戒机制，加大教育矫正力度，冬奥期间共开展实地查访482人、谈话教育212人、排查出重点人员1名。

（王　蕊　马　欣）

【优化营商环境】 年内，区司法局为企业提供“法治体检”等公益法律服务，规范行政执法检查行为，加大对涉企规范性文件的合法性审查和公平竞争审查力度。深化司法行政“放管服”改革，公证、律师、司法鉴定类政务服务全面实现一网通办，4项高频公证事项实现跨省通办。

（王　蕊　马　欣）

【接诉即办】 年内，区司法局共受理工单62件，考核工单“三率”达100%，接诉即办工作年终考核成绩获得满分100分，排名位居全区前列。

（王　蕊　马　欣）

【律师管理】 年内，区司法局完成对公证处和公证处负责人年度考核工作。加强对全区律师、公证、司法鉴定等法律服务行业的执法检查,开展行业检查398次。完成2022年国家统一法律职业资格考试组织实施工作。做好律师重点人、活跃律师的教育管理和转化工作,通过发布警示案例、处罚信息、行政约谈等方式落实意识形态工作责任,加强对律师自媒体、微信群的舆论引导和监管,开展提醒谈话20余次。全年律师办理各类法律事务3701件,收入14319.66万元,纳税1080万元;司法鉴定机构办理各类鉴定3件,收费14万元;基层法律服务所办理各类法律事务50件,收费30.1万元;公证机构办理公证7675件,收入578.23万元。8月17日,石景山区召开第四届律师代表大会。会议审议通过《第三届北京市石景山区律师协会理事会工作报告》《第三届北京市石景山区律师协会理事会财务报告》及《第三届北京市石景山区律师协会监事会工作报告》,选举产生第四届石景山区律师协会领导班子,余尘当选新一届协会会长,于晶珠、尹昌友、汪旭、陈洪忠当选副会长,邹道明当选监事长。

(王 蕊 马 欣)

【人民调解】 年内,石景山区人民调解协会获得北京市司法行政先进集体称号。辖区人民调解组织覆盖全区153个社区,共184个人民调解组,1350余名专、兼职人民调解员。贯彻落实《石景山区人民调解员队伍建设的实施意见》,开展调解员等级评定,区人民调解员刘桂清被评为一级调解员。区人民调解员高明参加北京市电视台"第三调解室"优秀调解员事迹展播活动。开展人民调解员和调解志愿者技能培训6次。完成石景山区634本人民调解卷宗评查补贴发放工作。围绕疫情防控、全国"两会""冬奥"以及党的二十大开展矛盾纠纷专项排查,开展矛盾纠纷排查18621次,排查发现矛盾纠纷354件,预防纠纷421件。推进人民调解融入公共法律服务体系,接待法律咨询689人次,受理调解纠纷37件,涉及金额10万余元。全区基层人民调解委员会共调解案件2543件,成功1427件,涉及金额137140.98万元。街乡镇行政调解案件总数179件,成功调解139件,涉案金额88.5万元。区委办局共调解行政案件5493件,成功2589件,涉案金额577.98万余元。

(王 蕊 马 欣)

【普法宣传与依法治理】 年内,区司法局印发《关于开展"谁执法谁普法"普法责任制检查工作的通知》,全区67家普法责任制单位以自查、抽查与线上书面交流相结合的方式开展普法责任制履职评议活动。组织申报八宝山街道沁山水南社区、八角街道八角南路社区、古城街道十万平社区、广宁街道高井路社区、金顶街街道模西北社区、金顶街街道西福村社区、老山街道东里南社区、鲁谷街道重聚园社区、五里坨街道南宫社区等10个社区为"北京市民主法治示范社区"。制作完成《"典"亮生活,伴你同行——民事主体篇》《严厉打击电信诈骗 提高识骗防骗能力》2部普法动画。定制并向全区超过40家普法责任制单位及各街道发放八五普法、防范电信网络诈骗、老年人权益保障等14类主题普法折页10万份,2类宣传海报1000套,《普法以案释法案例集》1.5万本。围绕党的二十大主线,开展服务大局普法宣传活动共83场。利用"3·15"消费者权益日、"4·15"国家安全日、"6·26"国际禁毒日、"12·4"国家宪法日等重要节点开展普法宣传活动。完成苹果园平坡草树公园法治公园建设,推进辖区青少年法治宣传教育基地建设。参加北京市宪法知识竞赛,石景山区代表队获得三等奖,区司法局被评为优秀组织奖。依托"三微一端"新型媒体和线下阵地,开展活动849场,受众2万余人次,开展网上竞答活动13期,发布法律知识、宣传报道1410条。联合石景山电视台《法治聚焦》专栏,播放法治栏目41期。制作4期防电信诈骗法治专题节目。

(王 蕊 马 欣)

【社区矫正和安置帮教】 年内,区司法局加强与各监所的沟通协调,对107名服刑人员基本信息进行核查,对111名帮教对象进行无缝衔接。开展安置帮教"强排查、强攻坚、清底数、清隐患"专项行动,查找失联人员,实现清零目标。推进人户分离人员"双列管",降低安置帮教工作风险。实施《石景山区司法局社区矫正和安置帮教应急救助金发放办法》,在重要节点向68名特困人员给予帮扶救助。辖区9个街道均成立街道社区矫正委员会。全年,在册安置帮教对象449人,在册社区矫正对象105人,累计接收82人。其中缓刑99人,监外执行6人,训诫5人,收监1人。

(王 蕊 马 欣)

【法律援助】 年内,石景山区法律援助中心在全市法律援助案件质量评估中优秀案件数位居全市第二。1—7月,北京市法律援助案例收录至司法部案例库的典型案例共14篇,其中石景山区法律援助中心被收录的援助案例5篇,占比35.7%。自主研发石景山法律帮助微信小程序提升工作效率。实现"一次上门"完成申请、受理、审批、指派全部程序,共提供上门服务4次,其中到门头沟区法律援助中心跨区联动上门为老年人办理法律援助服务1次。联合石景山区广电中心,邀请法律援助律师以宣传《民法典》为专题拍摄录播"以案释法",共有律师30余人次参与拍摄。针对农民工、妇女、老年人、未成年等重点群体开展法律援助专项维权活动,组织各类法治宣传活动20场。落实法律援助经济困难证明实行告知承诺制,推行一般法律援助案件当日受理当日审批当日指派"三当日"制度,并要求承办律师3日内与受援人联系会谈。全年,共受理审批援助案件258件,其中民事案件181件,刑事案件77件;提供法律帮助468人次。共接待群众法律咨询21742人次,其中来访6263人次,来电15479人次。

(王 蕊 马 欣)

法治政府建设

【概况】 年内,区司法局修订《石景山区落实行政执法公示制度执法全过程记录制度重大执法决定法制审核制度的实施意见》,对全区24个部门及9

个街道执法公示情况开展专项核查。开展行政处罚案卷制作专项培训，完成31个部门、9个街道共1133人次行政执法证件新旧更替工作。召开街道执法业务培训工作部署会，印发《关于加强下放执法职权培训工作的通知》。召开石景山区2022年第一次两法衔接工作专题会，通报2021年度依法行政考核中"两法衔接"工作存在的问题及市级考核建议。编制2022年度区政府重大行政决策事项目录，组织召开2022年度区政府重大行政决策事项目录研讨会，指导承办部门执行《石景山区重大行政决策程序暂行规定(试行)》。完成第八届法律顾问团和第七届行政复议委员会非常任委员换届工作。以区委全面依法治区委员会办公室发布石景山区《法治社会建设指标体系(试行)》主要任务分工方案。区司法局选送的区委政法委预付式消费监管平台项目，代表北京市参加全国法治政府示范项目评审，获得全国法治政府示范项目称号。

(王　蕊　马　欣)

【重大行政决策事项目录研讨会】 2月25日，区司法局组织召开2022年度区政府重大行政决策事项目录研讨会。区发改委、住建委、城管委、西建办等12家重大行政决策事项承办单位，区政府办公室以及区政府法律顾问参加会议。会上，区司法局从区政府2022年度重大行政决策事项建议项目的初审意见和考核要求进行介绍。承办单位分别说明承办的重大行政决策事项进展情况和工作打算。区政府办、司法局及区政府法律顾问从决策的必要性、可行性、风险性和合理性等角度分别对建议项目是否纳入目录发表意见和建议。

(王　蕊　马　欣)

【街道执法业务培训工作部署会】 3月25日，石景山区召开街道执法业务培训工作部署会，区司法局、卫健委、生态环境局、水务局、城管执法局主管领导及科室负责人参加会议。会议明确，2022年石景山区下放职权培训工作将重点围绕组织开展执法培训、强化沟通积极开展指导帮扶、着眼长远建立协调配合机制3个方面展开工作。建立各街道对职权下放部门培训指导质量评价机制。

(王　蕊　马　欣)

【行政处罚案卷制作及评查】 3月29日，区司法局召开《行政处罚法》暨案卷规范制作工作交流会。区司法局结合《行政处罚法》及新修订的《北京市行政处罚案卷标准》(2021版)对行政处罚案卷制作进行讲解，从新标准的适用、新旧标准的对比进行逐条分析，并对如何在行政处罚案卷制作过程中落实《北京市行政执法全过程记录办法》《北京市重大行政执法决定法制审核办法》提出具体要求。9月21—23日，区司法局组织开展2022年度行政处罚案卷评查工作。行政处罚案卷质量抽验分为街道和部门两个组别，街道行政处罚案卷质量抽验工作由区城管执法局会同区司法局联合开展。评查抽取本评查年度各行政执法部门、各街道8月31日前自行完成案卷评查的行政处罚案卷共93卷，同时抽取各行政执法部门、各街道4月1日之后，按照新版《北京市行政处罚案卷标准》制作的行政处罚案卷共17卷。

(王　蕊　马　欣)

【法治政府建设督察整改督导推进会】 4月19日，石景山区召开法治政府建设督察整改督导推进会议，刘海涛出席会议并讲话。区委依法治区委相关成员单位、各督察整改责任单位等30余家单位、部门负责同志参加会议。会议通报市委依法治市办《法治政府建设督察整改工作第一轮督导方案》以及辖区督察整改阶段性进展情况，要求各单位、各部门认识做好法治政府建设督察整改工作的重要性和严肃性，落实辖区法治政府建设督察整改任务。

(王　蕊　马　欣)

【区领导出庭应诉】 6月22日，石景山法院公开审理某公司不服区政府行政复议决定案。李新作为区政府负责人出庭应诉。李新在庭审中强调，区政府依法履职，作出的复议结论客观公正，企业作为用人单位，应当积极承担社会责任。法院依法判决驳回原告诉讼请求。9月20日，北京市第一中级人民法院公开开庭审理某公司不服区政府行政复议决定上诉案。黄莺作为区政府负责人出庭应诉。庭审中，经释法说理，上诉人当庭撤诉，矛盾争议实质性化解。11月11日，石景山法院公开审理宋某起诉区政府不履行法定职责一案。黄莺作为区政府负责人出庭应诉。经庭审质证，原告认可区政府答辩意见，当庭撤回起诉。法院当庭宣判，裁定准予撤诉。

(王　蕊　马　欣)

【处级干部依法行政研讨班】 7月14日至16日，区司法局采取腾讯会议线上直播授课与线下自学相结合的形式举办2022年第一期石景山区处级干部依法行政专题研讨班。培训内容围绕习近平法治思想与法治政府建设、行政复议应诉实务、法律顾问制度和规范性文件审核等内容进行授课，强化辖区领导干部法治意识。区司法局为参训学员购置《全国行政执法典型案例》《行政处罚法条文精释与实例精解》等书籍进行线下自学，强化案例教学。各行政执法部门、各街道法治工作主管领导共40人参加培训。11月14日至16日，区司法局联合区委组织部采取腾讯会议线上直播授课与线下自学相结合的形式举办石景山区年度第二期处级干部依法行政专题研讨班。区司法局为参训学员购置《习近平法治思想概论》《行政执法办案实务》《中国法院2022年度案例》等书籍，同时下发《北京市石景山区第二批行政执法协同协作指导案例》。各行政执法部门、各街道法治工作主管领导共40余人参加培训。

(王　蕊　马　欣)

【全员政治轮训】 7月19日至22日，区司法局通过"线上+线下"方式，开展2022年全员政治轮训，对全体司法行政干警、执业律师代表、公证员等50余人开展政治轮训，完成为期3天6个专题培训班课程的学习研讨。司法局领导班子全程发挥示范领学作用，各部门及时督促、提醒所属人员收听收看培训课程、组织交流研讨。

(王　蕊　马　欣)

【依法行政工作领导小组(扩大)会议】

7月29日，石景山区召开2022年度依法行政工作领导小组（扩大）会议。李新主持会议并讲话。李先侠，刘锋，区依法行政工作领导小组成员单位，区应急局、区市场监管局、区城管指挥中心及各街道办事处主要负责人等参加会议。会议讨论并审议《2022年石景山区推进法治政府建设工作要点》《关于增补依法行政工作领导小组成员单位的建议》及《石景山区2022年度法治政府示范创建活动实施方案》，通报2021年石景山区法治政府建设示范项目创建评审活动情况。区司法局党组书记、局长就《2022年石景山区推进法治政府建设工作要点》《关于增补依法行政工作领导小组成员单位的建议》等文件进行专项说明。李新就全区依法行政工作提出要求。

（王　蕊　马　欣）

【执法协调小组全体（扩大）会议】 8月19日上午，石景山区委全面依法治区委员会执法协调小组第四次全体（扩大）会议召开。会议由刘锋主持并讲话。执法协调小组组长、副组长、各位成员以及各街道办事处主管行政执法工作的副主任、各街道综合执法队队长参加会议。会议审议并原则上通过《中共石景山区委全面依法治区委员会执法协调小组2022年工作要点》《2022年度石景山区提升行政执法效能实施方案》；通报2021年以来石景山区行政执法数据监测情况。刘锋对推动落实下半年行政执法工作任务提出意见。

（王　蕊　马　欣）

【法治政府建设示范项目评审交流会】 10月12日，区依法行政工作领导小组办公室召开法治政府建设示范项目评审交流会，区政务服务局、医保局、人力社保局、经信局、市场监管局、卫健委、金融办、五里坨街道、区房屋征收事务中心主管领导及科室负责人参加会议。会上，区依法行政工作领导小组办公室通报石景山区2022年法治政府建设示范项目整体情况；邀请北京政府法制研究会理事周睿志就法治政府建设示范项目进行专题讲解；同时，对区政务服务局的《简政放权 推进商事制度改革 实现登记注册便利化》等9个拟推选项目进行专项点评。

（王　蕊　马　欣）

【政府规章立法项目建议研讨】 11月4日，区司法局、区审计局、区政府法律顾问就辖区2023年政府规章立法项目建议展开专题交流研讨。会上，区审计局主要领导围绕所提出的立法项目建议背景、必要性、可行性、成熟性等方面作介绍；区司法局、区政府法律顾问就立法项目建议的科学性、系统性、针对性、有效性进行研讨。形成《关于促进北京市家政服务业规范健康发展的立法建议》，按要求报送市司法局。

（王　蕊　马　欣）

【全面依法治区委员会会议】 年内，区司法局召开区委全面依法治区委员会第四次会议，审议通过《石景山区委全面依法治区委员会2022年工作要点》《关于调整区委全面依法治区委员会及办公室组成人员的名单》和区委全面依法治区委员会2021年工作总结。

（王　蕊　马　欣）

【行政复议与行政应诉】 年内，区司法局人员编制得到阶段性落实。石景山区委编委召开编委会，审议通过区司法局关于行政复议体制改革增加人员编制的请示。区司法局畅通行政复议渠道，化解行政争议，全年审结复议案件251件，办理行政诉讼案件59件。

（王　蕊　马　欣）

【规范性文件审查】 年内，区司法局制发《北京市石景山区行政规范性文件备案审查与后评估工作规定》（石依法行政发〔2022〕6号），明确行政规范性文件备案审查五级评级标准，增强后评估工作的规范性与可操作性。做好规范性文件入库工作，形成辖区行政规范性文件目录，完成辖区行政规范性文件入库工作任务。

（王　蕊　马　欣）

石景山区政法部门负责人

北京市公安局石景山分局局长	刘　锋	人民检察院党组书记、检察长	张京文
政委	李晓明	区司法局党组书记、局长	倪斐远
人民法院党组书记、院长	朱春涛（满族）		

军 事

石景山区新时代文明实践中心社会主义核心价值观宣传教育活动暨国防教育日主题宣传
把军装穿进灵魂里
把军装穿进灵魂里

人民武装

【概况】 2022年,中国人民解放军北京市石景山区人民武装部(简称区武装部)坚持以习近平强军思想为指导,贯彻党管武装根本原则,按照"五部"职能定位,落实习主席视察卫戍区重要讲话精神,围绕迎接、学习、贯彻党的二十大工作主线,统筹抓好全年工作任务,区武装部全面建设迈上新台阶。

(高建南 张 茗 柳雪妮)

【党管武装工作】 年内,区武装部将武装工作与中心工作同研究、同部署、同推进。把军事法规和有关文件纳入区委理论中心组学习,定期召开议军会研究国防后备力量建设相关问题,落实"军事日"体验军营生活,组织"区长进军营"活动,开展述职接受人民监督。推动民兵整组、民兵训练、兵员征集等作为区年终考核各部门、街道工作绩效的重要内容,形成书记负总责、党政军部门合力抓的工作格局。

(高建南)

【国防教育宣传】 年内,区武装部把国防理论和国防知识作为领导干部培训、专武干部集训的重要内容,邀请国防大学教授作形势报告,利用八宝山革命公墓等爱国主义场所组织传统教育。结合"征兵宣传月"开展国防教育进校园、进企业、进社区,运用网站、电视、报纸、公众号、融媒体等"五位一体"开展征兵宣传,发动防疫包区的基层专武干部推门入户宣讲政策,在核酸检测场所点对点发放宣传册,对辖区18—26周岁适龄青年精准发送征兵短信,提升征兵工作效益。跟进结合民兵应急连轮训等大项活动,开展"首都民兵忠于党"等系列国防教育活动,组织多次国防教育授课,相关做法被《国防报》、"中国民兵"公众号、《陆军报》及"卫戍区张思德公众号"报道。

(柳雪妮)

【民兵政治教育】 年内,区武装部将民兵纳入聚焦"忠诚维护核心、矢志奋斗强军",深化"传承红色基因、担当强军重任"主题教育活动,先后3次召开议教会分析教育形势,结合民兵整组集训、战备勤务等时机,开展职能使命、牺牲奉献、优良传统教育。相关做法被《国防报》、解放军报客户端、北京卫视新闻频道及"卫戍区张思德公众号"连续报道。

(高建南)

【战备执勤】 年内,区武装部按照"整体筹划、分层抓建、逐项规范、一体推进"的思路方法,构建随时能战的战备秩序、利于实战的训练秩序、权责清晰的工作秩序和正规舒心的生活秩序。修订完善部本级3类16种战备方案,落实每半年军情研究、节日战备值班培训,按照卫戍区规范化标准推进"三室两库"和战备物资器材库建设的设计招标工作,补充配齐1000余件应急专业物资器材。完成冬奥会冬残奥会、"两会"等重大节日活动战备工作,按照整用结合原则,组织222名民兵执行20处哨位3000余人次看桥护路。协调街道武装部支援地方疫情防控,组织7000余名民兵担任核酸检测点志愿者,累计出动4.9万余人次。

(张 茗)

【民兵组织整顿】 年内,区武装部落实民兵整组工作,提升组织建设质量。结合区委议军会专题部署民兵整组工作,依托各街道、企业、高校重新调整基干民兵结构布局,突出"三重两好"(重点地区、重点单位、重要目标,经济效益好、工作基础好的单位),坚持"四个拓展"(向技术密集企业单位拓展,向新兴企业等经济载体拓展,向大专院校、科研院所及附属企业拓展,向街道、社区和行业系统拓展),完成66个基干民兵分队2100人整组任务,预建党组织93个,合理优化力量编成,基本实现结构合理、素质优良、来之能战、作用突出、可行管用的要求。

(张 茗)

【民兵训练】 年内,区武装部依托市民兵高炮训练中心和区民兵训练基地接续开展民兵骨干和民兵应急连集训,聚焦现实课题组织民兵与中部战区信息通信团挂钩联训,并在卫戍区组织的16区民兵大比武中取得3个单项第一(战伤救护、防汛抢险、防火救灾)、综合排名第一的成绩。

(张 茗)

【国防动员】 年内,区武装部按照卫戍区统一部署,会同区政府完成国防动员体制改革,依据《首都城市防卫作战国防动员总体方案》深研精修,形成常态化抓建机制。依托《国防动员潜力信息系统》统计区、街道两级动员潜力数据千余条,其中党政机关潜力调查统计85家,行业潜力调查统计20类,其他单位潜力调查统计655家,企业潜力调查统计921家,人员潜力调查统计248人,预征预储装备潜力统计183辆(台),总体完成情况比去年同比增加32%,并完成市国动委实力数据会审工作。

(张 茗)

【征兵工作】 年内,区武装部征兵工作贯彻国务院、中央军委决策部署和北京市、卫戍区年度征兵命令,完成兵役登记1067人,兵员征集164名(其中4名直招军士)任务。其中适龄青年兵役登记率达100%,大学生征集比例达98.12%,大学生毕业征集比例达50.62%,无责任退兵,无投诉举报,工作完成时效、标准及兵役登记率等核心指标全面提升,被北京市评为"征兵工作先进单位"。

(张 茗)

【双拥共建】 年内,区武装部围绕落实军地"双清单",坚持常委议军、军政座谈、互办实事、拥军支前、结对共建、联席共商等"八项机制",将双拥工作纳入区委、区政府议事日程,作为领导干部考核内容。协调定期召开军政联席会,强化合署办公、重大工作和难点问题定期沟通制度,开展"区长进军营"现场办公,落实军地互办实事制度,推动实施"强军育才接力工程""强军爱兵救助暖心工程""军营社区共建共治"活动,累计投入890余万元支持驻区部队加强基础建设维护、优化整治环境。开展"一街一品"双拥品牌创建活动,推进双拥工作向基层延伸、在基层落实。落实拥军优属各项政策,解决军人"三后"难题,做好优抚对象生活、住房、医疗保障等工作,保障军休干部"两个待遇"落实,做好军嫂"专岗接收、专场招聘”工作。

（柳雪妮）

【军民融合】 年内，区武装部统筹推进经济社会发展、国防动员和后备力量建设，聚焦争创全国双拥模范城“九连冠”。推动军民融合发展列为区委“一把手”工程，对照《石景山区与驻军积极推进军民融合发展国家战略实施意见》，协调建立军地定期沟通协调、需求研判、实施清单、任务落实、环境保障等长效机制，助力驻区优秀企业开展科技拥军、智力拥军和社会化拥军活动，与成员单位共同推进一批军转民、民参军示范项目，让军民资源实现共建共享共赢。

（张　茗）

人民防空

【概况】 2022年，石景山区人民防空办公室（简称区人防办）负责全区人民防空指挥通信建设与管理、人防工程建设管理与开发利用、人民防空知识宣传教育、人防专业队伍建设、人防志愿者队伍建设；承担区政府赋予的应急指挥保障、公用人防工程安全管理等任务。年内，区人防办落实“长期准备，重点建设，平战结合”的方针，履行“战时防空、平时服务、应急支援”职能使命，人防组织指挥、目标防护、人员防护、专业力量和支撑保障五大体系建设取得新成绩。

（张　瑞）

【优化营商环境】 3月，在办理市重大工程福寿岭公交中心站项目时，区人防办与市人防办沟通协调，参照“多规合一”线上程序，首次尝试线下审批办理，及时出具人防审查意见，协助规自部门办理项目规划许可证，快速解决企业具体诉求。

（张　瑞）

【防空警报试鸣】 9月17日，区人防办开展石景山区五环外区域防空警报试鸣，区人民防空指挥部各成员单位相关领导同步观摩。根据《北京市2022年防空警报试鸣实施方案》要求，在北京市防空警报试鸣协调小组的统一部署下，区人防办宣传警报试鸣工作，提高警报试鸣知晓率，全区五环区域外防空警报器按照预先警报、空袭警报、解除警报的顺序依次鸣响。

（张　瑞）

【人防方案规划】 11月11日，第45次区政府常务会审议通过新修订的《石景山区人民防空袭方案》，为石景山区未来军事斗争准备提供依据。12月1日，区委城市工作委员会2022年第二次专题会议审议通过《北京市石景山区人民防空建设分区规划（2021年—2035年）》，明确新时代人防建设发展目标、规模和空间布局，统一人防工程战备效益、社会效益和经济效益。

（张　瑞）

【高点视频监控系统建设】 年内，为满足服务保障北京2022年冬奥会冬残奥会和人防战备需求，区人防办高点建设按时完成保障任务，于3月通过验收。

（张　瑞）

【人防指挥通信建设】 年内，区人防办开展9个科目训练，参加市人防办新型机动指挥车设备操作培训，开展卫星联调测试，完成京津冀一体化、815D应急卫星通信车的联调联训等各项任务。

（张　瑞）

【土地储备和重点工程审批】 年内，区人防办将土地储备项目人防工程指标审批时间严格控制在1个工作日内，推动土地储备项目加速流转。9月，在苹果园综合交通枢纽土地一级开发项目地块和调色板花园地下停车库等市、区重点工程项目人防工程建设审批工作中，精简审批流程，跑出“人防加速度”。及时完成衙门口地块密闭式垃圾清洁站项目、刘娘府公交首末站项目审批，协调建设单位按流程缴纳易地建设费。通过“多规合一”平台办理标准审查31项，其中审批建设项目修建人民防空防护工程标准审查18项，审批福寿岭公交中心站、M11号线模式口站一体化地下停车库项目等易地建设项目7项，审批广宁村、西黄村棚改等土地储备项目6项，审批人防工程面积172032.43平方米，审核易地建设费用3532100.8元。

（张　瑞）

【“疏整促”专项行动】 年内，区人防办加大对人防工程违规住人检查力度，出动1840余人次，检查人防工程460处次，均未发现住人情况，保证“动态清零”。将杨庄北区49号楼人防工程再利用纳入年度“疏整促”任务，改造后用于开展社区党建宣传教育、安全教育、社会实践活动等，为社区解决配套设施不足问题。

（张　瑞）

【接诉即办】 年内，区人防办受理“接诉即办”平台信访件26件次，其中转办单主办2件次、协助办理6件次，接到来电18件次，做到信访响应率、解决率、满意率100%。协助市人防办核实“接诉平台”行业工单69单，经现场核查，除2件涉及人防工程外，其余工单不涉及人防领域，均按要求进行反馈。

（张　瑞）

【人防工程疫情防控】 年内，区人防办及时向人防工程使用单位传达区委区政府及市人防办对疫情防控工作的部署要求，关停用于社区活动等用途的人防工程，确保人防工程无疫情发生。

（张　瑞）

【人防工程平战转换】 年内，区人防办编制《平战转换预案填写说明》，通过组织全区9个街道人防干部和30余家人防工程管理使用单位进行平战功能预案业务培训，指导各使用单位按照人防工程实际，“一工程一预案”逐步制定人防工程平战转换实施方案，完成40余处人防工程平战转换预案。

（张　瑞）

【人防工程质量监管】 年内，区人防办从源头抓起，在每个项目的人防工程结构墙体钢筋绑扎、人防工程结构拆模至装修前、人防工程专用设备安装进场和人防工程竣工验收4个重点阶段及其他阶段进行至少4次抽查检查，出动60余人次对20个在建项目开展质量监督，发现各类问题65项。

（张　瑞）

【人防工程竣工验收备案】 年内，区人防办及时对古城集体租赁住房、刘娘府定向安置房等项目的人防工程进行竣工验收备案,办理新建人防工程竣工验收备案17项,建筑面积134207.53平方米。

(张　瑞)

【人防工程维护维修】 年内,区人防办对景阳东街65号院等49处,42202平方米的人防工程设备设施开展维护维修。施工期间出动45人次,进行质量监督15次,施工质量符合预期目标。

(张　瑞)

【新建人防工程开发利用】 年内,区人防办新开发利用人防工程19处,建筑面积16.19万平方米。其中2处用于社区活动、1处用于社区仓储、1处用于体育健身,其余15处用于小区居民停车,新增停车位3333个。

(张　瑞)

【老旧人防工程退出战备序列】 年内,区人防办对全区90处老旧人防工程进行全面走访和摸底调查,通过采集土建工程完好性信息、口部防护设备完好性信息等,对关键项指标进行分析,确定86处不具备防护功能且难以恢复的人防工程退出战备序列、4处人防工程维护维修后恢复战备效能。

(张　瑞)

【人防工程防火防汛】 年内,为做好元旦、春节、"两会"期间社会面火灾防控,区人防办通过制定工作方案、组织开展防火普查、召开人防工程管理单位安全部署会等方式开展社会面火灾防控专项消防行动,制作下发"电动自行车禁止充电停放"人防工程展板200块。修订完善《石景山区人防工程防汛应急预案》,开展应急管理和防汛普查,规范防汛物资购置储备,对老旧、低洼地段的人防工程进行渗漏水治理、防汛沙袋码放。加强应急抢险队伍建设,确保抢险队员24小时电话畅通,购入50台小型潜水泵以及防汛麻袋、雨伞、强光手电等物资,补充防汛装备。组织开展人防工程事故抢险防汛应急演练,组织抢险队备勤48人次,发布人防工程防汛预警8次,未发生人防工程雨水倒灌等现象。

(张　瑞)

【安全生产检查】 年内,区人防办抓好"两会"、冬奥会冬残奥会和党的二十大等时间节点对人防工程进行安全检查,出动1800余人次,检查人防工程460余处。

(张　瑞)

【安全管理培训】 年内,区人防办对全区各街道人防干部和人防工程管理使用单位负责人开展人防工程安全管理培训2次,与各人防工程管理使用单位签订人防工程安全使用责任书,要求其按照规范定期对人防工程设备设施进行维护维修。

(张　瑞)

【人防宣传教育】 年内,区人防办在"国际民防日""全国防灾减灾日"等时间点,深入社区开展人民防空宣传教育。开展防空防灾知识讲座20场,居民疏散演练9次,浩天救援志愿者培训4次。

(张　瑞)

新首钢高端产业综合服务区与首钢集团

综　述

新首钢高端产业综合服务区（简称首钢园区）紧临永定河，背靠石景山，是北京市城六区唯一集中连片的开发区域，是长安金轴的西部起点，是西山永定河文化带的重要组成部分，也是新版北京城市总规重要的区域功能节点。在地理区位、空间资源、历史文化、生态环境上，首钢园区具有独特优势，是落实首都功能定位的重要支撑。2022年，首钢园区落实三年行动计划，按照北京城市总体规划和市委市政府提出的新首钢地区“打造新时代首都城市复兴新地标”的总体要求，建成石景山文化景观区、冬奥广场、工业遗址公园三个片区，长安街西延景观提升等特色景观基本完成改造并交付运营，山—水—工业遗存特色景观体系初步形成。在招商运营方面，腾讯科技、百度萝卜、云转播等7家企业注册落地首钢园创新中心并入驻投运。举办2022北京新年倒计时、2022年中国国际服务贸易交易会、2022首钢园环境舞蹈展演、2022北京时装周、中国科幻大会、奥林匹克博览会等80多场重要活动。

（马　晓）

服务保障北京冬奥

【概况】 年内，举全首钢之力，出色完成赛事保障和外围保障各项任务。北京首钢建设投资有限公司统筹协调，首钢园区体育运动服务中心、北京首钢园区综合服务有限公司、北京大学首钢医院等单位精心提供专业服务，北京首钢国际工程有限公司、北京首钢建设集团有限公司、北京首钢自动化信息技术有限公司、首钢北京园区管理部等单位全力保障场馆设施稳定运行，职工240多人进入闭环工作，200名青年志愿者服务冬奥区域。党中央、国务院授予首钢“北京冬奥会冬残奥会突出贡献集体”称号，对首钢服务保障工作充分肯定。

（马　晓）

【冬奥智能停车库】 1月，北京首钢城运投资有限公司承建的首钢滑雪大跳台机械式停车库项目、河北省张家口市桥西区大境门景区地下停车库项目具备使用条件。该公司制订实施《首钢城运冬奥会停车设备服务保障工作方案》，成立冬奥会停车库项目运维服务保障领导小组、工作小组和专项小组，分别明确工作职责。按照快速反应、协调配合、高效有序的原则，分三个阶段做出重点工作安排，统筹做好设备调试、测试、验收、办证和运行服务保障工作，确保完成奥运期间服务保障任务和措施落实，全力保障冬奥项目停车设备的稳定运行。首钢滑雪大跳台机械式智能停车库项目，为三层平面移动类立体车库，合计机械停车位230个。河北省张家口市桥西区大境门景区项目为地下二层小型汽车机械式智能停车库，耐火等级一级，建筑面积约2400平方米，建设车位118个、充电桩10个。

（马　晓）

【“青创北京 相约冬奥”活动】 1月，北京团市委在首钢奥林匹克公园举办“青创北京 相约冬奥”主题活动。北京团市委副书记、冬奥冠军申雪向全市青少年发出“雪动青春 乐享冬奥”的倡议，邀请全市青少年“参与一场冰雪运动”“分享冬奥主题合影”“当一次城市志愿者”。号召大家心怀“一起向未来”的美好愿望，以个个都是东道主的必胜信心，用热情服务冬奥，用微笑温暖世界，为祖国争光，为冬奥添彩。活动现场，还举办北京市“青年突击队”授旗和宣誓仪式以及为服务保障冬奥的2020——2021年度北京市“青年文明号”集体代表授牌。北京首钢建设投资有限公司首钢园区开发建设团队、北京首钢园区综合服务有限公司冬奥物业事业部客服部、北京首钢建设集团有限公司首钢园区冬奥项目建设团队、首钢基金冬奥中医药国际保障中心等9个首钢青年集体获评“北京市青年文明号”。

（马　晓）

【冬奥“蝉翼钢”明信片出品】 1月，北京2022年冬奥会吉祥物运动图标钢制明信片经北京冬奥组委会官方授权，由中国邮政正式出品（国内一套15枚，国版编号：2022－2－G2W）。北京冬奥吉祥物冰墩墩的15个运动造型和15项体育运动图标在“蝉翼钢”中呈现，谱写了一首刚柔相济的“冰与火之歌”。“蝉翼钢”是首钢京唐钢铁联合有限责任公司生产的5G设备用钢，因厚度薄如蝉翼而得名。“蝉翼钢”明信片，是首钢跨界文化产业展现“智造”水准的生动实践，也是中国邮政史上的创举，因而具有极高的收藏价值。为把首钢与北京冬奥会的关联形成具体、可感且传播久远的深刻印记，北京首钢园区综合服务有限公司文化创意中心经过长时间策划组织，与北京冬奥组委市场部及中国邮政总公司共同出品一套北京2022年冬奥会运动项目“蝉翼钢”明信片。该套明信片在全国各大邮政网点及北京冬奥特许专卖商品店发行，发行量总计限定10万套，每套15枚。

（马　晓）

【首钢园接驳摆渡车投运】 1月，随着冬奥会进入倒计时，首钢园区北区开始封闭管理，北京首钢园区综合服务有限公司为入园人群免费提供接驳摆渡车服务。接驳车共设七站，分别是南登录厅1号馆西站、设备库、五一剧场、冬奥广场、秀池酒店、香格里拉酒店、设备库，最后返回南登录厅1号馆西站。摆渡车途经群明湖、六工汇、三高炉、冬奥展厅，绕过秀池、途经红楼迎宾馆、秀池酒店、香格里拉酒店，最后到达冬训中心，基本涵盖园区重要景点和办公场所。

（马　晓）

【“精彩冬奥”中国结亮相天安门】 1月，由北京首钢建设集团有限公司钢构分公司承担的2022年天安门冬奥花坛项目核心部分巨型中国结“精彩冬奥”安装就位，花坛整体组装完毕亮相天安门广场。镶嵌着北京2022年冬奥会会徽及冰雪元素的巨型花坛，以中国结为主景，为五环环绕在一起并嵌有雪花图案，寓意五洲同庆冬奥会。花坛由坡架、底座、核心筒、中国结四部分组成，整体高17米，宽12米、坡架直径38.6米，可抗12级大风。冬残奥会期间，冬奥会会徽更换为冬残奥会会徽。

（马 晓）

【首钢20人参与冬奥火炬接力】 2月2日，首钢厂东门广场开始北京冬奥会火炬传递。首钢园火炬传递路线从首钢厂东门广场起点出发，在厂区内传递约3公里，途经服贸会场馆区域、首钢大食堂、焦炉、六工汇等标志性景观，最后抵达三高炉南广场终点。首钢火炬手20人参与冬奥火炬接力，金洪利、牛旭红、郭玉明、高展、朱启建、崔凤玲、裘俊清、陈克欣、刘博强在首钢园参与冬奥圣火传递。同日，刘宏、王文华、青格勒吉日格勒、徐凤娟、祝振忠、荣彦明在奥森公园参与冬奥圣火传递。2月3日至4日，文新理、马著、杨鹏、吕春龙、韩大卫分别在北京颐和园、延庆及河北张家口等地参与冬奥圣火传递。

（马 晓）

【大跳台永久性保留和使用】 2月20日，北京2022年冬奥会盛大落幕。冬奥会上，首钢滑雪大跳台凭借颇具中国风的外形及其背后炫酷的工业景观“圈粉”无数。冬奥会赛事结束后，首钢滑雪大跳台不会按照“国际惯例”被拆除，它将成为世界首例永久性保留和使用的滑雪大跳台场馆，用于专业体育比赛和训练。首钢滑雪大跳台见证了首钢从工业园区到冬奥场馆的华丽变身，实现了竞赛场馆与工业遗产再利用、城市更新的完美结合。首钢滑雪大跳台在设计建设时也为赛道、看台和体育广场保留了可变性赛道，预留有出水口，非雪季可对此进行改造，开展滑水或滑草运动。比赛结束区附近的体育广场和观众区，特别设置氛围照明系统，不仅能服务大型比赛，还可用于举办演唱会、发布会等大型活动。

（马 晓）

【国家体育总局向首钢发来感谢信】 2月21日，国家体育总局冬季运动管理中心向首钢发来感谢信，对首钢圆满完成国家短道速滑、花样滑冰、冰壶、冰球等国家队北京冬奥会训练备战参赛服务保障任务表示感谢。在北京冬奥会上，从首钢园国家冬季运动训练中心走出的参赛队伍获3金1银1铜，首钢滑雪大跳台见证中国队2枚雪上项目金牌的诞生。进入北京冬奥周期以来，首钢与冬季运动管理中心和衷共济，在场馆规划建设、服务保障和“体育＋”产业发展等方面深度合作，取得一系列成果。

（马 晓）

【冬残奥火炬传递】 3月4日，北京冬残奥火炬传递在首钢园区内的北京冬奥组委驻地进行，这是北京冬残奥会火炬传递的最后一站，首钢火炬手9人参与火炬接力。首钢园区北京冬奥组委驻地火炬传递的主题是“冬奥之家”——体现“双奥之城”的独特魅力，展示三亿人参与冰雪运动成果，以及北京夏季、冬季体育项目的均衡发展。首钢园区火炬传递路线从北京冬奥组委驻地起点出发，在厂区内传递约3公里，途经香格里拉酒店、五一剧场、三高炉、四高炉、六工汇、群明湖等标志性景观，最后抵达首钢园厂东门广场北侧终点。这是继2月2日北京2022冬奥会火炬传递之后，首钢园区再次历史性见证奥运圣火传递，展现百年首钢作为“双奥之企”的奥运情缘。在首钢园区火炬传递过程中，重点体现科技特色，展示残疾人使用上、下肢助力外骨骼机器人进行火炬传递的情景。

（马 晓）

年内，首钢滑雪大跳台与冷却塔等工业遗存融为一体，在北京冬奥会上大放异彩　（首钢集团供图）

【园区冬奥能源运行保障】 3月，百年首钢老厂的动力厂承担首钢园区内“一赛场、一总部、四中心”的全部能源动力的运行维护任务，包括29座高低压配电室、四座换热站、一座消防水供水泵站。这些水电热的正常供应直接关系到冬奥赛事组织、赛事进行、转播等重要工作。动力厂统筹制定冬奥期间能源保供方案和应急预案，对涉奥区域能源保障系统逐点位梳理保障管理界面，与上下游单位明确分界点、责任区及保障内容，制定科学合理的能源保障方案，分析能源系统各时段和场所的可靠性，制定详细的突发性情况处置预案，确保赛事期间能源保障任务顺稳进行。为确保场馆电力供应稳定，提前开展设备强化检修，对能源楼、大跳台、酒店公寓等涉奥站所内的158面高压柜、332面低压柜、98条高压电缆、52台变压器进行清扫检查及预防性试验，操作17835次实现零失误。配合国网完成对201上级电源检修、接入冬奥会赛事22路临时电源等任务，累计电气操作1350次，操作正确率100%。

（马 晓）

【首钢及职工获国务院表彰】 4月8

日，在北京冬奥会、冬残奥会总结表彰大会上，党中央、国务院授予首钢“北京冬奥会冬残奥会突出贡献集体”，首钢职工李刚、潘晓智获“北京冬奥会冬残奥会突出贡献个人”。首钢作为北京2022年冬奥会和冬残奥会官方城市更新服务合作伙伴，按照市委、市政府决策部署要求，成立“北京2022年冬奥会和冬残奥会首钢运行保障指挥部”，确保“一赛场、一总部、四中心、多队伍”及园区的安全稳定运行，出色保障冬奥会赛事顺利举行。首钢园区综合服务公司冬奥物业事业部党支部书记李刚坚持严、精、细、实的工作标准，完成沸雪世界杯、北京冬奥会和冬残奥会吉祥物发布会、冬奥会等重大活动和国际会议服务300余次，完成近四年国家花滑、短道速滑等运动员训练服务保障任务。北京首钢建设投资有限公司潘晓智担任首钢滑雪大跳台场馆运行团队通信中心经理，协调团队开展场馆运行计划编制工作，将所有运行任务、资源要素、个性方案在空间与时间维度上精准落位，编制精简优化运行计划方案，为团队组织开展相关演练活动奠定基础。

（马　晓）

【青年团队获“五四”奖章】 5月3日，第26届中国青年五四奖章评选结果揭晓，共青团中央、全国青联授予首钢冬奥服务保障青年团队第26届中国青年五四奖章。首钢冬奥服务保障青年团队2015年11月成立，成员523人。首钢冬奥服务保障青年团队组建28支青年突击队，出色完成首钢滑雪大跳台等26个冬奥工程40000平方米的建设任务；选拔3名全国青年岗位能手为大跳台钢结构焊接工艺质量保驾护航，近3000吨钢结构57867米焊缝全部通过验收。创建青年文明号，服务重要会议28703次，持续2000多天为冬奥组委和国家短道速滑、花样滑冰、冰壶、冰球等队伍训练提供全方位服务，在国家队闭环管控、冰上训练、住宿餐饮等方面进行细致保障，实现重大服务保障零投诉。

（马　晓）

【冰墩墩雪容融裸眼3D形象首发】 9月3日，冰墩墩雪容融裸眼3D视频首发仪式在首钢滑雪大跳台举行。为进一步挖掘冬奥遗产价值，创新冬奥遗产呈现方式，首钢联合咪咕、联通、腾讯、新浪微博体育、中体传播集团等企业共同发起《冰墩墩雪容融公益传播倡议》。仪式上，首钢党委宣传部、中国移动咪咕业务发展事业群、北京联通产业互联网中心、腾讯集团公共事务、微博体育冰雪事业部、中体传播集团中体广告有限公司负责人登台签署《冰墩墩雪容融公益传播倡议》。冰墩墩雪容融于2019年在首钢园区发布，时隔三年，在2022年中国国际服务贸易交易会期间，冰墩墩雪容融的数字3D形象再次在首钢园区亮相。

（马　晓）

【双奥文化主题巡展】 10月23日，位于首钢园区三高炉一层的全民畅读首钢园店举办为期10天的“双奥文化主题巡展”，让2008夏奥会和2022冬奥会”再次重现，为市民群众带来奥林匹克文化体验。为进一步传承双奥遗产，促进城市发展，面向社会公众普及双奥文化，凝聚发展力量，将双奥荣耀化作可持续发展的不竭动力，7月，北京奥运城市发展促进会联合市公园管理中心等部门，推出主题为“双奥之城，未来之光”的全球首个“双奥文化主题展”，展览共精选出约50组图片，展现两场盛会在申办、筹办、举办及赛后利用过程中的经典场景和历史瞬间，让观众在观展过程中重温辉煌时刻，感受发展变化，凝聚奋进动力，续写双奥荣耀。

（马　晓）

新首钢高端产业综合服务区

【概况】 截至2022年底，首钢园区与40余家企业、高校、科研机构共同组建全国首个“科幻产业联合体”，与中关村联合打造科幻产业创新中心，与石景山区共同设立全国首支科幻基金。引入中国联通等优质客户，累计入驻企业116家、在首钢园区工商注册70家。在产业规划方面，遵循市委市政府对首钢园区“传统工业绿色转型升级示范区、京西高端产业创新高地、后工业文化体育创意基地”的定位，营造“三产三态一社区”体系，即：建设体育+、数字智能、文化创意三个主导产业，打造消费升级、智慧场景、绿色金融服务三个产业生态，形成首钢国际人才社区。三年行动计划全面完成。遵循城市“新总规”，依托“长安金轴”，集区位优势、空间资源、创新要素于一身，大力推进文化复兴、生态复兴、产业复兴和活力复兴，努力打造新时代首都城市复兴新地标。

（马　晓）

【北辛安路南段通车】 1月，北辛安路南段实现通车，为此，首钢园周边再多一条南北向道路。该路段北起长安街西延，南至锅炉厂南路，长度1289米。道路与长安街西延、北辛安路北段、锅炉厂南路等几条主要道路相交，与阜石路、莲石路等形成四通八达的交通路网，成为石景山区中西部地区南北方向的重要联系通道，为2022年北京冬奥会比赛场馆提供方便快捷的交通保障。

（马　晓）

【首钢园区重新对外开放】 2月22日，作为“双奥之城”的“双奥之企”，自2月1日至21日北京冬奥会期间实施封闭管理后，首钢北京园区恢复对外预约开放，大量市民慕名前来打卡，实地感受冬奥的温度和氛围。2月22日至3月20日，首钢园北区采取预约限额方式入园，游客可点击“游客预约”按钮进行入园预约，园区提供免费摆渡车服务。

（马　晓）

【与石景山区高层对接会召开】 3月8日，首钢与石景山区2022年第一次区企高层对接会在首钢召开，石景山区领导、首钢领导以及市新首钢办、石景山区、首钢各有关部门单位负责人参加。会议听取2021年第二次区企高层对接会议定事项落实情况和其他相关工作进展情况、《深入打造新时代首都城市复兴新地标2022年工作方案》、需协调支持事项的汇报等。常卫表示，要进一步深化对接，集聚区企力量，统筹推进各项工作落地落实，全力推动首钢园区相关项目尽快见效，持续保持热度，提升关注度。站在新起点共谋新发展，贯彻新要求再上新台阶，强化新协作展现新气象，以首钢发展为引领带动石景山的深刻转型。张功焰表示，要按照市委市政府部署和要求，着力培育后冬奥时代发展新动能，统筹推进“四个复兴”，全力打造新时代首都城市复兴新地标。坚持落实好区企沟通对接机制，创新管理模式，营造良好产业生态环境，实现重点项目落地见效，共同推动区域发展。

（马　晓）

【市领导到首钢园区调研】 3月19日，市委书记蔡奇到新首钢地区调查研究。他强调，新首钢因夏奥而生、因冬奥而兴，百年首钢抓住奥运机遇实现华丽转身，新时代又赋予其新的使命。新首钢从来没有像今天这样处处洋溢着生机、自信和激情。要谋划好后冬奥文章，组织实施以新首钢为核心的京西行动计划，加速凤凰涅槃，打造面向未来、面向年轻人、面向国际化的活力空间和发展热土，成为“一起向未来”的城市复兴新地标，在新时代首都发展中展现新形象、新作为。蔡奇在座谈时指出，新首钢三年行动计划实施以来，一批工业遗存改造后精彩亮相，大尺度生态格局初步形成，服贸会等重磅活动成功举办。特别是冬奥期间，以独具魅力的景观、环境，充分展示绿色办奥理念和城市复兴成果。要深入推进规划实施。工业遗存是魅力所在，要应保尽保，做好老旧厂房更新文章。严控容积率和开发强度，做好战略留白。北区统筹考虑国际人才社区、轨道交通微中心等新增功能需求，优化用地和功能布局。南区谋定而后动，深化整体城市设计，加强建筑外形、色彩和景观视廊等管控。强化山—水—工业景观特色，亮出西山优美天际线。东南区抓好配套设施建设，促进职住平衡。蔡奇强调，要进一步探索老工业区更新的“首钢模式”。坚持开放合作，走专业化、市场化、国际化运营开发模式，完善城市功能，“厂区”“园区”向“社区”“街区”转变。强化内外连通，畅通区域微循环，提升设施衔接和城市治理水平。推行数字化、智慧化治理，建设5G示范园区。完善停车、餐饮、购物等商业商务配套设施。积极引进新业态新模式，打造国际消费中心城市重要节点。编制实施冬奥会遗产再利用规划，利用冬奥品牌效应，积极培育“体育+”，与科技、文化、传媒等融合发展。坚持数字赋能，积极发展人工智能、云转播、自动驾驶、元宇宙等场景应用。建好科幻产业集聚区、首钢文创园，支持“首店”“首发”“首秀”等特色活动。蔡奇强调，要引领京西地区转型发展。持续推进永定河生态修复治理，加快首钢水系与永定河流域连通。统筹京西地区产业布局，引进一批带动性强的标志性项目。做强京西文旅品牌，办好永定河文化节。推动“京西八大厂”“一线四矿”改造利用，打造融合型文旅产品。蔡奇要求，市新首钢领导小组加强统筹，新首钢办抓好协调督导，市有关部门加强政策创新集成、加大支持力度。“三区一厂”履行主体责任，共同把新首钢地区规划建设管理好。首钢要加强党建引领，深入推进转型发展，向世界一流企业迈进。

（马　晓）

【滑雪大跳台出发区开放】 4月16日，首钢滑雪大跳台出发区及冷却塔内部平台首次向公众开放，将通过两周试运行后，于五一假期正式对公众开放。首钢滑雪大跳台区域，从“最美水晶鞋鞋跟处”搭乘斜行电梯上行，达到出发区48米平台，从仰视变为俯视，首钢园全景跃然眼前，北京2022年冬奥会会徽“冬梦”触手可及。

（马　晓）

【首特钢园区两重点项目建成】 4月，位于首特钢园区内的首特钢科技中心项目和中国光大银行金融科技中心项目，及其自来水、供电、燃气、热力及污排等市政工程和周边道路建设全面完工。首特钢科技中心项目东至特钢东一路，南至特钢中街，西至古城西路，北至特钢北一街。项目用地为研发设计用地，总用地面积2.84万平方米，地上建筑面积8.51万平方米，总建筑面积13.72万平方米，建筑容积率3.0，控高60米，建筑规模13万多平方米，绿地率35%，停车总数超过1100辆。中国光大银行金融科技中心项目北至特钢北一街，南至特钢中街，西至特钢东一路，东至古城二号路，项目容积率3.0，控高60米，总建筑规模9万多平方米。项目为中国光大银行定制建设研发中心和云计算中心，共有研发中心、数据中心、能源中心三栋建筑。该项目是首特钢园区先期启动项目，项目确定落户以来，为石景山接连引进多个优质金融资源，促进区域经济增长。

（马　晓）

【项目获城市更新“最佳实践”】 5月，北京城市规划学会组织开展的首届“北京城市更新最佳实践”评选活动获奖项目名单正式公布，最终评选出北京城市更新“最佳实践”16项，“优秀案例”18项，首钢老工业区（北区）更新项目获北京城市更新“最佳实践”。首钢老工业区（北区）成为先期启动更新区域，实施更新的包括石景山景观公园、冬奥广场、首钢工业遗址公园等。项目从规划到实施全过程，统筹解决土地资源利用、环境污染治理、工业遗存保护、员工就业安置、转型发展动力等多重问题，以打造“新时代首都城市复兴新地标”为目标，推动文化复兴、产业复兴、生态复兴、活力复兴。首届“北京城市更新最佳实践”评选活动旨在评选一批落实《北京城市总体规划（2016年—2035年）》、完善城市功能、塑造活力空间、改善民生福祉，体现多元参与、具有示范效应的项目。

（马　晓）

【首钢园区入选党史国史教育基地】 6月8日，中国关心下一代工作委员会公布第五批全国关心下一代党史国史教育基地名单，全国54个单位入选，首钢园区名列其中。首钢园区是首钢老厂区的所在地。首钢1919年建厂，始终与国家和民族的命运紧密相连，经历从无到有、从小到大、从弱到强的沧桑巨变，是中国民族工业发展的缩影，谱写了中华民族艰苦奋斗、发愤图强、走向伟大复兴的华彩篇章。首钢园加快城市更新步伐，建设新首钢高端产业综合服务区，园区北区形成山—水—冬奥—工业遗存景观体系，高端产业要素集聚,区域活力不断呈现,成为北京城市深度转型的重要标志。截至年末,北京市全国关心下一代党史国史教育基地还有:中国人民抗日战争纪念馆、没有共产党就没有新中国纪念馆、中共中央香山革命纪念地、中共中央北京香山革命纪念地(旧址)、北京焦庄户地道战遗址纪念馆、青龙桥站爱国主义教育基地、中国共产党早期北京革命活动纪念馆。

(马　晓)

8月,首钢园区全面提升,迎接2022中国国际服务贸易交易会

(《石景山报》供图)

【六工汇购物广场开业】 6月18日,首钢园·六工汇商业板块——六工汇购物广场首次对外亮相。休息区内每一处座椅桌子都由设计师精挑细选,设计感和舒适度极高。二楼的VR体验有狙击精英、乐客兵团、虚拟赛车等操作体验类游戏,以及飞行影院、时光穿梭机等纯感受体验类游戏。三楼的龙猫新语手工制作、玛琳柠檬游泳体验、马博士婴幼儿童游泳馆都是亲子体验类场馆。星巴克、肯德基、必胜客、THEWOODS、小吊梨汤、九本居酒屋、观和牛、江边城外、半天妖烤鱼,各色餐饮为顾客们提供多样选择。

(马　晓)

【首届北京城市更新论坛】 7月12日,首届北京城市更新论坛暨城市更新联盟成立仪式在首钢园区举行。论坛以"共拓更新、共圆复兴"为主题,推动凝聚北京城市更新共识、搭建多方对话平台,探索政府引导、市场运作、公众参与的城市更新长效机制。本届论坛表彰"首钢老工业区(北区)更新项目"等16个北京城市更新"最佳实践"项目和18个北京城市更新"优秀案例",对城市更新重点项目进行现场签约。在联盟启动仪式上,发布北京城市更新联盟倡议书。

(马　晓)

【西山永定河文化节】 7月25日,作为首届北京文化论坛文艺演出环节,主题为"山河永定 共向未来"的北京西山永定河文化节开幕式在首钢园区三高炉举办。本次文化节由北京市委宣传部主办,北京市文物局、石景山区委区政府、北京广播电视台、首钢承办,西山永定河文化带沿线各区委宣传部和文旅局协办。开幕式分为《山·河》《根·魂》《火·梦》三个篇章,以大型交响乐为主体形式,融入歌曲、诗歌、戏剧进行跨界演绎,通过"音、诗、画"等多种艺术表现形式,呈现山河永定的壮美绚丽,让观者感受到自然、文化、历史、精神交汇的多维世界。在这场打破次元壁的音乐盛典中,钢铁工业风邂逅现代交响乐,工业建筑的厚重力量感与音诗画的优美相融,传统曲目与现代曲目有机结合,风格从古典跨越到现代,辅以多媒体舞美手段,穿越时空,娓娓道来,呈现一台具有创新性、时代感的多元艺术"高炉音乐盛宴"。

(马　晓)

7月25日,北京西山永定河文化节开幕式在首钢园区三高炉举办

(首钢集团供图)

【中关村科幻产业创新中心揭牌】 8月21日,以"走进科技你我同行"为主题的2022年石景山区科技周启动仪式暨中关村科幻产业创新中心揭牌仪式在首钢园区金安桥二号楼举行。活动所在区域是首钢园区的金安科幻广场,也是中国科协和北京市重点打造的科幻产业集聚区。面积约2.1万平方米,是在中国科协和北京市委市政府

的指导下，在市科委、中关村管委会统筹协调下，由石景山区、首钢、中关村通力公司共同支持设立，中心以科幻、元宇宙产业为主导，推动人工智能、虚拟现实、5G等高精尖产业深度融合，助力首钢园打造成为具有全球影响力的科幻产业高地。揭牌仪式上启动2022年石景山区科技周，石景山区政府、首钢集团有限公司、北京中关村通力科技服务有限公司共同签署中关村科幻产业创新中心项目合作框架协议。截至年末，创新中心入驻企业33家，包括多家来自京外的创新企业，同时有50%企业由海外归国专家或团队创立。

（马　晓）

【服贸会再次亮相首钢园区】 8月31日至9月5日，2022年中国国际服务贸易交易会(简称“服贸会”)在北京国家会议中心和首钢园举办。相比上年，首钢园在展馆和园区环境方面都进行提升，带来更便捷、更舒适的观展参会体验。为做好2022服贸会服务保障工作，首钢打造服贸会2.0版，聚焦改造提升、功能提升、活力提升，并作为后冬奥时期的优先事项和重点工作纳入到园区产业复兴、活力复兴事项清单，加大统筹协调力度和频次，推动各项任务精准落位、见到成效。首钢园区服贸会区域展览场馆15个，面积9.4万平方米，并为服贸会提供17个颇具工业风特色会议室。

（马　晓）

【三奖项颁奖典礼在冰球馆举行】 11月1日，每年举办一次的电视领域“政府奖”，第33届电视剧“飞天奖”、第27届电视文艺“星光奖”颁奖典礼在首钢园区冰球馆举行。由北京首钢股份有限公司、首钢京唐钢铁联合有限责任公司、首钢矿业公司40名职工组成的首钢职工合唱团，在颁奖典礼上献唱歌曲《领航》《我爱你，中国》。颁奖现场，《觉醒年代》剧组拿下优秀电视剧奖和优秀导演奖两项大奖。法治剧《巡回检察组》获得“飞天奖”优秀电视剧奖。本次颁奖典礼的举办地首钢冰球馆，位于北京首钢园区国家冬奥训练中心区域，是冬训中心“四块冰”中唯一一个设置观众看台的场馆，观众区设有固定和可移动座椅，观众座位数量可在2500至4500个之间自由组合。

（马　晓）

【“北京之夜”在首钢园区举行】 11月2日，2022中国·北京电视剧盛典“北京之夜”在首钢园区香格里拉举行。“北京之夜”以晚会形式开幕，深度展现优秀电视剧发展历程。作为“北京之夜”举办地的北京首钢园香格里拉曾是2022年北京冬奥会官方接待饭店。在环节设置上，“北京之夜”亮点纷呈。全新的2022中国·北京电视剧盛典LOGO重磅发布，以崭新的形象昭示所有影视人砥砺奋进再攀高峰的决心。“北京之夜”通过三大篇章分别讲述新中国的砥砺奋进之路、描绘百姓的烟火故事、展望未来的发展新途。内容呈现上，经过多年的磨砺与发展，历届活动的新剧推介环节成为各类新剧争相“首秀”的平台。2022电视剧盛典“北京之夜”现场推介多部影视剧新作。

（马　晓）

【环境舞蹈展演】 11月5日，由中国舞蹈家协会主办，中国文联舞蹈艺术中心承办的2022年环境舞蹈展演(北京)在首钢园区举行。本次展演结合园区内不同风格的环境划分出古典、民族民间、工业融合、现代四个展演主题，以全新的表达与精彩的作品为观众带来舞蹈艺术与多样空间交融产生的别样观演体验。以开幕式+流动性舞蹈展演为表达方式，按照南山小院、冬奥公园东侧草坪、群明湖北路及南侧冷却塔区域、首钢园香格里拉酒店的计划路线，步行观演18个环境舞蹈作品展示。演绎于南山小院区域的作品将中华优秀传统文化以古典语汇与观众对话，展现出浓郁的东方神韵；在冬奥公园东侧草坪处上演的作品以天空为幕、以大地为台，以民族舞蹈语汇吐露人民心声；上演于群明湖北路冷却塔处的作品为观众呈现出舞蹈与工业元素碰撞带来的多元审美；在香格里拉酒店后庭区域表演的作品，再一次让观众看到编导与演员对创新创造的高度追求。环境舞蹈展演活动旨在利用开放自由的空间环境，激发创作者的想象力、创造力，探索舞蹈创作与表演的各种可能，突破传统剧场的呈现形式，拉近舞蹈与观众间的距离，为观众带来不同的艺术审美体验。这是中国舞协成功举办环境舞蹈展演的第五年。

（马　晓）

【首钢园区服贸会景观设计获奖】 12月，“2022年度中国风景园林学会科学技术奖”评审揭晓，北京首钢国际工程有限公司申报的“2021中国国际服务贸易交易会景观设计项目”获规划设计类二等奖，实现在风景园林行业最高学会机构获奖从无到有。本次评审由中国风景园林学会(CHSLA)组织，该学会是中国风景园林行业的最高学术机构。首钢园区服贸会设计展现“工业文化、奥运文化、展览文化”深度融合，新展馆在设计理念上对标国际，借鉴格林威治小镇、达沃斯小镇等特色会展模式，顺应国际潮流，打造聚落式的会展场所，形成与奥运场馆、工业遗存和周边景观“一轴四廊多点”景观结构，景观设计将丰富的工业遗存风貌与现代展会相融合，塑造具有强烈公园属性的聚落式会展空间，并与外围的山水游赏环境、古城格局和建成的奥运场馆、首钢滑雪大跳台、全民畅读图书馆等周边景观形成风貌互融和功能互补，打造新型会展空间格局，通过提供开放绿地、城市SHOW场、弹性广场、共享空间等多样性的空间与服务，突出更适合服务贸易规律的人文交流氛围，塑造独特的北京服贸会品牌。

（马　晓）

【园区开发建设】 年内，首钢园区承载能力不断提升。完成园区北区道路、绿地、文物等13项主要公共设施移交。建成园区东南区道路9.7公里，满足居民基本出行需求。完成中国国际服务贸易交易会区域高道料仓、缓冲间等工业构筑物手续办理，为园区后续开发奠定基础。首钢园区登榜“2022中国新时代100大建筑”。产业招商取得重要进展。首钢园区进入北京“两区”重点园区序列，吸引力进一步提升。重大项目落地，华夏银行项目实现签约，航天部探月中心、八院云箭入驻园区制氧厂创新中心。引入通力科服等一批高精尖企业,中关村科幻产业创新中心正式运营,园区北区新增签约面积5.8万平方米、注册企业66家,自持物业出租率87%。打造中国国际服务贸易交易会2.0版本,参观人数达16.7万人次。推进冬奥遗产对社会开放,世界儿童日主题点亮活动、"冰墩墩""雪容融"裸眼3D形象首发仪式在大跳台举行,"飞天奖""星光奖"在冰球馆揭晓。六工汇等商业空间开业,举办各类活动40余项,入园客流比上年增长7倍以上,形成集产业、餐饮、酒店、零售、展览、体验等多元场景于一体的特色消费生态。

(马　晓)

【后冬奥时代科幻产业集聚首钢园区】 年内,首钢园区围绕企业发展过程中政策、人才、场景、研发、合作、宣传等六个方面核心诉求,构建并完善"一体四翼六维"体系,致力打造具有国际影响力的科幻创造高地、科幻开放高地、科幻人才高地和科幻创投高地,树立北京科幻品牌的世界影响力,开辟发展新领域新赛道,助力北京国际科技创新中心建设。科幻产业集聚区以首钢园区工业遗址公园为启动区,包括金安桥和南部绿轴区域,占地面积71.7公顷,建筑面积近16万平方米。主要包括:科幻企业的聚集区——建筑面积9.2万平方米的金安科幻广场;以首钢园一高炉SoReal元宇宙乐园、服贸会10号馆元宇宙体验中心、百度Apollo无人自动驾驶等为代表的新场景空间;承载服贸会等现代会展功能的工业绿轴区域及公共空间,以及打造中的13栋特色工业遗存,营造活力共享新空间。首钢联合石景山区及企业、高校、科研机构共同组建全国首个"科幻产业联合体",至2022年底联合体扩容至60余家科幻、元宇宙企业相继入驻首钢园,初步构建起"内容创作+IP转化+影视特效制作+硬科技+沉浸式体验"的产业发展格局,成为行业交流、合作以及展示的重要平台。与中关村通力共建的中关村科幻产业创新中心正式揭牌亮相,引入高精尖科幻、元宇宙上下游企业入驻。在市科委支持下,聚焦科幻影视拍摄、动作捕捉、光学影像等落地5大公共服务平台。联合石景山区政府、腾讯公司共同出资设立北京科幻国际大奖,共同设立全国首支科幻产业股权基金,基金规模3亿元。

(马　晓)

首钢集团

【概况】 首钢集团有限公司(简称首钢)隶属于北京市国资委。百年首钢积淀了丰厚的历史文化底蕴,是中国冶金工业发展的缩影、工业企业改革的一面旗帜、中国第一个由中心城市搬迁调整向沿海发展的钢铁企业、京津冀协同发展的先锋队。首钢是跨行业、跨地区、跨所有制、跨国经营的综合性企业集团,全资、控股、参股企业600余家,总资产5000多亿元,职工近9万人。首钢自2011年以来十一次跻身美国《财富》杂志公布的世界500强企业。2022年,首钢紧扣打好高质量发展基础工作主线,在艰巨繁重的生产经营建设中,闯关夺隘、爬坡过坎,实现营业收入2479亿元,利润129亿元,分别完成年预算的105%和131%,处理历史遗留问题后报表利润62亿元。实行用工人数和劳动效率指标双控,截至2022年末在册职工人数降到9万人以下;钢铁业实物劳产率达1026吨/人·年,同比提高2.1%。制造能力不断提升,铁钢材产量分别完成3184万吨、3382万吨和3306万吨,铁精矿粉2173万吨,高端领先、战略产品和EVI供货量分别完成1170万吨、571万吨和346万吨。

(马　晓)

【首钢高强UF钢国内首发】 1月,首钢五十余家汽车板新老用户通过网络直播的形式,共同见证首钢新一代高强车身外板UF钢系列新品发布。高强车身外板UF钢为Uni-FISH超细晶高强钢(简称UF钢),是首钢在国内率先开发出的新一代创新产品。UF钢摒弃传统高强钢Mn、P固溶强化方式,采用细晶强化+析出强化为主要强化方式,通过精确的微合金元素定量配比加入同时配合相应热处理制度,控制形成均匀细小的微观组织及特定微观析出物形态,使得产品强度提升,同时具有较高成形性、更低的波纹度指标、更高的性能稳定性、更好的抗凹性等特点,满足新一代高强外板的成形、稳定性、涂漆、抗凹、免中涂要求。

(马　晓)

【首钢朗泽获全国颠覆性优胜奖】 1月,北京首钢朗泽新能源科技有限公司"工业尾气生物固碳利用新技术"在全国首届颠覆性技术创新大赛领域赛近3000个项目中脱颖而出,获绿色技术优胜奖。大赛重点聚焦集成电路、人工智能、未来网络与通信、生物技术、新材料、绿色技术、高端装备制造以及交叉学科等可能产生重大颠覆性突破的技术领域。"工业尾气生物固碳利用新技术"是首钢历时十年自主研发气体生物固碳集成技术,可将含CO、CO_2工业尾气直接转化为生物乙醇、新型饲料蛋白等高价值产品,实现工业尾气资源的高效清洁利用,为工业流程的绿色再造提供国之利器。该项技术突破天然蛋白质植物合成时空限制,可广泛应用于钢铁冶金、电石、石化炼油和煤化工等领域。颠覆性技术是"可改变游戏规则"的创新技术,以创新思维为根本,开辟新型技术发展模式,超越原有技术并产生替代,具有另辟蹊径改变技术轨道的演化曲线和颠覆现况的变革性效果。

(马　晓)

【助力国家超级高铁发展】 2月,在纳入中国"十四五"规划超级高铁重点项目高速飞车试验线上,北京首钢机电有限公司将"首钢制造+首钢服务"应用于研发中,赢得中国航天科工集团有限公司的认可与好评。由航天三院与山西省政府合作对"高速飞车试验线项目"攻关,需建设超高速低真空管道磁悬浮交通系统全尺寸试验线,初步试验速度1000公里/小时。首钢机电公司承接真空管道先导段前2孔梁的制造、运输及现场安装。该公司主动联系航天三院和中铁咨询设计部门,参与技术方案讨论,最终确定先导段2孔试验梁以Nu梁结构为基础按两种不同的连接结构制作。为确保项目顺利进行，工艺技术人员结合现场施工条件经过反复研究，制定合理的运输及现场施工方案。在制造过程中设计出专用工装来保证运输和吊装过程中形位尺寸不发生变化，满足现场拼装要求。通过反复试验焊接工艺参数，修改焊接工艺，制作多种焊接工艺试板供航天三院复检，最终制定出合理的生产制造工艺，解决薄板焊接难题。10月底前，该试验线建成1550米长度先导段，并上车试验。

（马　晓）

【超厚板供应孟加拉帕德玛大桥】　2月，"一带一路"建设的重要交通支点，被孟加拉国人民誉为"梦想之桥"的帕德玛大桥全桥钢梁贯通，进入测试阶段。该桥是采用欧洲标准的超厚板、全焊接结构、公铁两用钢桁梁桥，厚度70～115毫米的超厚板全部为首钢供应，整体供货7万多吨，供应比例70%。帕德玛大桥项目是中国和泛亚铁路的重要通道之一，主桥长6.15公里，采用双层钢桁梁结构。在该项目投标前，首钢桥梁钢团队与中铁大桥局集团密切合作，及时就钢板的技术问题进行交流和研究，完成产品欧标CE认证，并两次接受孟加拉国和欧美桥梁专家审核。

（马　晓）

【电工钢获全国企业标准"领跑者"】　3月，首钢迁安智新电磁材料有限公司企业标准Q/SGZGS0342－2020《冷轧取向电工钢带》获全国企业标准"领跑者"称号。首钢智新电磁材料公司坚持以领先的企业标准引领高质量发展，建立完备企标体系。通过自主研发掌握取向电工钢带全套核心控制技术，产品跻身变压器材料世界第一梯队，综合技术性能达到国际先进、部分指标国际领先水平。基于首钢取向电工钢带的生产实绩，制定企业标准Q/SGZGS0342—2020《冷轧取向电工钢带》，使产品牌号更为高端和全面，横向厚度差、纵向厚度差等10余项指标精度要求均高于国标，技术水平符合企标"领跑者"的各项标准。该公司参与制定国家标准10项，主导制定行业标准2项、团体标准1项，参与制定行业标准3项、团体标准4项。

（马　晓）

【立体车库获新技术证书】　3月，在北京市科委网站公示的第十六批北京市新技术新产品（服务）名单中，北京首钢城运控股有限公司的平面移动式公交机械立体车库PPY/GJ型3层和PPY/TGGJ型5层两款产品成功入选，获北京市新技术新产品证书。"北京市新技术新产品（服务）证书"由北京市科学技术委员会、中关村科技园区管理委员会、北京市发展和改革委员会、北京市经济和信息化局、北京市住房和城乡建设委员会、北京市市场监督管理局共同审查、评估、认定、颁发，具有极高的权威性。该公司持续完善升级公交立体车库产品，通过北京二通厂、明月湾、回龙观等项目的实施，形成多项技术储备，成为公交立体车库产品端领航者。

（马　晓）

【创新成果展出】　4月27日，由中华全国总工会主办，广东省总工会、深圳市人民政府、中国职工技术协会承办的首届大国工匠创新交流大会通过线上线下相结合方式，展示以大国工匠为代表的广大职工的精湛技能和创新成果，并同步开展"工匠云直播"等活动。在全国职工创新成果交流区，展出北京首钢股份有限公司李春元创新成果《高牌号无取向硅钢超低同板差研究与应用》、杨晓婷创新成果《大型高炉内燃式热风炉燃烧器局部修复技术研究》。在中国机械冶金建材工会交流区，展出北京首钢股份有限公司李旭东的创新成果《层流冷却横向流量检测设备开发》、李晨光的创新成果《高液天车挂钩智能监控及预警系统》、安冬洋的创新成果《新能源汽车驱动电机用高强低铁损25SWYS480产品开发》，首钢京唐钢铁联合有限责任公司肖华生的创新成果《首钢京唐板坯高效连铸技术开发与应用》、张维中的创新成果《热轧中间坯头尾剪切精度控制技术的开发与应用》，首钢通化钢铁集团有限公司陈兆惠的创新成果《矿井设备巡视检查仪》。在北京市总工会交流区，展出北京首钢机电有限公司卫建平的创新成果《全自动取料筛分称重机》《无进刀槽螺旋类零件加工方法》《三维仿真配管技术的应用》。

（马　晓）

【多项产品获行业金杯奖】　5月，中国钢铁工业协会发布冶金产品实物质量品牌培育产品名单，首钢多项产品榜上有名。首钢迁安智新电磁材料有限公司新能源汽车驱动电机用无取向电工钢带（片）35SW1900被评为"金杯特优产品"，北京首钢股份有限公司汽车

年内，首钢首程控股公司通过与南京市深度合作，建成、在建停车项目30个

（首钢集团供图）

冷成型用热连轧酸洗钢板和钢带S500MC、QStE500TM,首钢长治钢铁有限公司的钢筋混凝土用热轧带肋钢筋(盘条)HRB400E,首钢通化钢铁集团有限公司的低合金高强度结构钢热轧钢带Q355B,被评为“金杯优质产品”。

(马　晓)

【两项发明获国际发明金奖】 5月,在第121届巴黎国际发明展览会上,首钢京唐钢铁联合有限责任公司吴礼云的“一种电、热、水联产方法及系统”和李明的“球团智能控制无人操作研发与应用”两项发明获金奖。“一种电、热、水联产方法及系统”,提供了热法海水淡化与汽轮发电机组耦合的水电共生技术,用热法海水淡化装置代替汽轮发电机的凝汽器,利用发电后的负压乏汽进行海水淡化,系统热效率从30%提高到81.5%。“球团智能控制无人操作研发与应用”围绕提高球团产线运行效率、改善产品质量研发并应用多项关键技术、智能造球系统,实现工业生产中造球工序智能控制,填补中国该项技术空白。巴黎国际发明展览会创办于1901年,每年举办一次,由法国发明者与制造者协会主办,评奖具有良好声誉,影响范围广,系巴黎国际博览会的一部分,每年都有40多万人次参与。

(马　晓)

【上榜全国科技创新企业500强】 5月30日,在第六个“全国科技工作者日”之际,《全国科技创新百强指数报告2022(企业、高校及研究机构篇)》(简称《报告》)在北京发布,评出全国科技创新企业500强,首钢位列第157名。首钢科技成果水平持续进步。上年,获省部级科技奖励17项,其中一等奖6项,“京唐低碳清洁高效炼铁工艺和技术集成”“高安全性车身结构用钢制造及应用关键技术集成与创新”分获冶金行业、北京市科技一等奖。完成科技成果126项,国际先进及以上水平28项,占比22.2%。践行《国家标准化发展纲要》,加快推进智能制造、“双碳”等领域的标准化布局,制修订国际标准6项,国家、行业、团体标准39项。申请发明专利741件,获发明专利授权409件。

(马　晓)

【上榜《财富》中国500强】 7月12日,财富Plus发布2022年《财富》中国500强排行榜,北京首钢股份有限公司名列第101位。2022年500家上榜的中国上市公司总营业收入62万亿元人民币,与上年上榜公司相比增长约17.4%;净利润4.7万亿元,比上年增长约9.2%。上榜公司年营收门槛接近228亿元,比上年提升31%。

(马　晓)

【上榜世界500强】 8月3日,《财富》官方APP全球同步发布最新《财富》世界500强排行榜。首钢以42090.3百万美元的营业收入列第328位,排名比上年提高83位。这是首钢自2011年首次进入世界500强榜单以来第十一次上榜。2022年《财富》世界500强排行榜企业的营业收入总和约为37.8万亿美元,比上年上涨19.2%。中国有145家公司上榜,数量继续位居各国之首。

(马　晓)

【11项成果获冶金科学技术奖】 8月,2022年中国钢铁工业协会、中国金属学会冶金科学技术奖评审结果揭晓。由首钢牵头的《高铝钢及微合金钢板坯连铸关键技术开发与应用》,首钢参与的《高炉安全长寿自修复理论与关键技术研发应用》《大板坯连铸—轧钢界面高效化、绿色化关键技术开发与集成应用》获一等奖。获二等奖项目包括首钢牵头的《高品质厚板关键制造技术开发与应用》《汽车用高性能复相钢制造关键技术及应用》《基于特大型高炉风口焦溶损机理研究的焦炭质量调控技术》《高品质商用车车轮钢高效化制备及应用关键技术》《首钢京唐热轧数字化智能制造系统》,首钢参与的《钢铁材料环境腐蚀评价技术体系创新与工程应用》《露采高陡岩质坡体开挖失稳机理及防治关键技术与工程应用》。获三等奖项目为首钢牵头的《高炉炉顶设备稳定长寿技术研究及应用》。冶金科学技术奖是中国冶金行业最高科学技术奖,每年组织评审、奖励一次。2022年评选出冶金科学技术特等奖1个、一等奖23个、二等奖29个、三等奖58个。

(马　晓)

【入选本外币一体化试点企业】 8月10日,经国家外汇管理局北京外汇管理部备案,首钢获批“跨国公司本外币一体化资金池”试点企业资格,通过本外币一体化资金池成功办理境外成员企业资金归集的首发试点业务。7月,中国人民银行、国家外汇管理局决定,在北京等8地区开展第二批跨国公司本外币一体化资金池试点,进一步优

年内,首钢朗泽新能源科技公司“工业尾气生物固碳利用新技术”获国家绿色技术优胜奖

(首钢集团供图)

化管理政策，允许跨国公司在境内办理境外成员企业本外币集中收付业务，便利跨国公司以人民币开展跨境收支业务，提高跨国公司企业跨境资金统筹运营能力。

（马　晓）

【实施长安街部分路段护栏提升】 9月中旬，北京市海淀区城市管理委员会组织对辖区重点道路（复兴路段）护栏进行提升，北京首钢机电有限公司承接此次护栏提升项目总体制作安装工作。该次护栏提升项目主要分布在复兴路、西三环新兴桥至玉泉路口各个路段，更换长度约17公里，主要施工任务包括各类隔离护栏的加工、制作、安装及原有护栏的拆除工作。为确保科学高效完成项目施工，该公司专门成立项目领导小组，以及安全、技术质量、生产保障等若干专业小组，制定各项工作方案、施工预案，建立项目工作协调机制，迅速集中、调配人员和设备，创新组织、严格分工、倒排工期，集中优势资源全力推进项目组织实施。10月15日，该公司高标准、高质量完成此项任务。

（马　晓）

【制作国庆主题花篮】 9月24日，由北京首钢建设集团有限公司钢构分公司制作安装8米高245吨重的天安门广场中心"祝福祖国"巨型花果篮再次盛放。这是首钢连续第15年承担国庆期间天安门主题景观花篮的制作安装任务。

（马　晓）

【获和谐劳动关系创建示范企业】 10月，在全国和谐劳动关系创建示范经验交流电视电话会上，北京首钢股份有限公司获得"全国和谐劳动关系创建示范企业"称号。首钢股份公司致力于构建规范有序、公正合理、互利共赢、和谐稳定的劳动关系，以职工为中心，坚持党建引领、依法治企、民主管理的原则，持续推动企业发展和维护职工根本利益相融合、相统一，相信职工、依靠职工、发动和组织职工，打造和谐企业、健康企业、幸福企业。遵循"引导、维护、激励、关怀"的理念，持续完善人才队伍激励体系、职业健康体系、培训教育体系、文化建设体系、帮扶救助体系，开展思想关爱、心理关爱、学习关爱、成长关爱、安全关爱、健康关爱等活动。创建职工小家232个，走访慰问职工及家属1589人次，征集职工需求2468个，答复率、解决率、满意度均达到100%。持续推进职工互助保障体系建设，为职工办理保险理赔1191人次、225.3万元；累计组织职业健康专题培训88次，24542人次参加；实施"5＋N"职工心理关爱行动计划，培养66名心理关爱内训师队伍，完成"和谐团队"体系化训练初阶课程929次，实现全员覆盖。该次评选由人力资源社会保障部、中华全国总工会、中国企业联合会、中国企业家协会、中华全国工商业联合会共同组织。

（马　晓）

【首钢京唐登"全国质量标杆"榜】 11月，首钢京唐钢铁联合有限责任公司"基于SPC过程管理质量管控模式的构建与实施经验"项目，在中国质量协会组织开展的2022年质量标杆典型经验遴选和交流活动中，被评为"全国质量标杆"，成为全国6个典型经验之一。首钢京唐公司采用SPC过程管理质量管控模式，以质量体系为标准、以生产过程为焦点，搭建从用户到用户的一贯制质量管理平台，实现全流程生产过程的可追溯分析与管理。充分利用信息化手段，减少人工统计工作强度和主观性。从数据点的采集、准确性校核、数据处理、应用配置，到SPC分析功能的优化完善、异常点分析、数据清洗、分析应用，实现各SPC控制点的系统评价。为落实《工业和信息化部办公厅关于做好2022年工业质量提升和品牌建设工作的通知》有关要求，运用先进的质量管理模式、标准、工具和方法，深入开展质量改进和创新活动，不断提升企业质量管理水平，提高产品服务质量和经营发展质量，为行业提供质量管理典型经验的参考和示范。

（马　晓）

【连续获评A＋极强评级】 12月20日，在2023中国和全球钢铁需求预测暨2022中国钢铁企业竞争力（暨发展质量）评级研究成果发布会上，首钢再次获得A＋（极强）评级，达到或接近世界一流水平。这是自2018年以来，首钢连续五年获评A＋极强评级。面对市场下行带来的巨大压力和疫情带来的严重冲击，首钢全力以赴降成本、提效率、增效益，紧扣打好高质量发展基础工作主线，认真落实"八个注重"经营方针，全力抗疫保产，深化改革创新，付出巨大努力，产品升级和技术进步持续发力，实现全球首创工艺1项、首发产品7项，全面完成年度目标任

11月，首钢京唐公司品种和质量不断提升，拥有产品生产牌号超过3000个，被评为"全国质量标杆"　（首钢集团供图）

12月20日，在2022中国钢铁企业竞争力暨发展质量评级研究成果发布会上，首钢再次获A+(极强)评级。图为热轧生产线轧制高强钢钢卷 (首钢集团供图)

务。自2011年起，冶金工业规划研究院连续12年研究发布中国钢铁企业竞争力评级。该次评估范围包括109家钢铁企业，评估围绕粗钢产量、炼钢设备先进性、铁矿石等原料保障程度、吨钢利润、环保绩效、研发费用占比等29项指标开展。评级为A+(极强)的还有中国宝武钢铁集团、鞍钢集团、中信泰富特钢集团、江苏沙钢集团等19家。

(马　晓)

【钢铁制造能力提升】 年内，首钢钢铁制造能力不断提升。推进各钢铁生产单位挖潜提效，首钢京唐钢铁联合有限责任公司三座高炉焦炭负荷均突破6.0、年均利用系数达2.42，铁水产量提前5天完成全年目标。统筹推进项目建设，北京首钢股份有限公司电工钢连退7号线提前61天、8号线提前45天投产，成为进度控制、投资控制、达产达效、资产合规"四个示范"投资项目。产品结构持续优化。高端领先、战略产品和EVI供货量分别完成1170万吨、571万吨和346万吨。汽车板市场占有率保持国内前三，日系汽车主机厂供货量实现翻番，超高强、GA、铝硅和免中涂产品供货量分别同比增长80%、86%、54%和41%。取向电工钢超薄规格产品增长29%，市场占有率连续5年保持第一；新能源汽车无取向电工钢高牌号增长144%。镀锡镀铬板盈利水平大幅提高，成功轧制极薄规格"蝉翼钢"。液化天然气储罐用9Ni钢实现批量供货，新型管线钢首批供应国内第一条长距离掺氢管线。

(马　晓)

【科技创新】 年内，首钢完善"一院多中心"研发体系，全年研发投入3.1%。持续推进原始创新，锌铁合金镀层高扩孔超高强钢等7项新产品首发；全球首创电工钢六机架轧机在北京首钢股份有限公司投产，实现无取向高牌号系列全覆盖；首创工艺"宽幅超薄低碳钢带高效制备"技术在首钢京唐钢铁联合有限责任公司应用。强化重大工艺攻关，北京首钢股份有限公司月度铁水温降破百，首钢京唐钢铁联合有限责任公司连铸板坯热装比由41%提高至53%。融入国家创新体系，与北京科技大学、北汽集团、力拓集团等科研院所、上下游企业共建合作平台。制修订国家、行业、团体标准76项；获专利授权1120件，其中发明专利380件。获省部级以上科学技术奖16项，其中一等奖5项。北京北冶功能材料有限公司、北京首钢吉泰安新材料有限公司和北京首钢朗泽新能源科技有限公司获国家专精特新"小巨人"企业称号，截至2022年底首钢专精特新企业达到10家。

(马　晓)

经济管理

综合调控

【概况】 石景山区发展和改革委员会(简称区发展改革委)是负责本区国民经济和社会发展统筹协调、经济体制改革综合协调的区政府组成部门。区发展改革委贯彻落实区委、区政府决策部署,深入实施城市更新和产业转型发展战略,统筹疫情防控和经济社会发展,发挥参谋助手作用,保障经济社会平稳运行。全年地区生产总值完成1000.2亿元、同比增长1.8%,经济总量迈过千亿大关。一般公共预算收入完成73.8亿元、同比增长0.6%(同口径增长7.9%)。固定资产投资完成440.8亿元、同比增长7.3%。居民人均可支配收入实现86994元、同比增长2.7%。登记失业率为3.37%。

(周　彪)

【产业转型示范区获通报表扬】 6月,石景山区第四次荣获国务院老工业基地调整改造真抓实干成效明显表彰。8月,在国家发展改革委等四部门开展的2021年产业转型升级示范区评估中,石景山区成为全国唯一包揽三项年度评估"优秀"的地区。

(邓　磊)

【重大项目建设】 年内,石景山区共安排城市更新和产业转型、民生保障、土地入市4大类150项重点建设项目。黄庄村棚户区改造、五里坨精神卫生专科医院新建工程、首钢园区东南区1612-774地块等一批重点项目取得立项批复;北京银行保险产业园北区Ⅰ区651地块、中关村工业互联网产业园034地块、北京市十一学校石景山学校等一批市级重点工程加快建设。争取市政府固定资产投资资金17.1亿元,用于支持衙门口城市森林公园、区政务服务中心和档案馆、西山绿道(石景山段)建设工程等37个项目建设。通过重大项目支撑带动,全区投资保持平稳增长,完成固定资产投资440.8亿元、同比增长7.3%,增速中心城区排名第三、全市排名第六。

(苏永强)

【"十四五"规划纲要监测评估】 年内,区发展改革委创新规划监测评估机制,定期对《石景山区"十四五"时期国民经济和社会发展规划和二〇三五年远景目标纲要》主要指标和重点任务落实情况进行监测评估,客观评价规划实施进展成效,深入剖析落实规划的难点问题,提出优化规划实施的对策建议,进一步强化发展规划的战略导向作用,全力推动规划目标任务落地实施。

(尚绪平)

4月14日,石景山区产业发展领导小组2022年第一次会议召开

(《石景山报》供图)

【营商环境优化】 年内,石景山区完成市级优化营商环境5.0版政策涉区任务。制定营商环境迎评方案,完成2022年本市营商环境迎评任务。起草《石景山区人民政府关于2022年优化营商环境工作情况的报告》,经区人大常委会审议通过,接受区人大监督。制定《石景山区优化营商环境宣传工作方案》,全区累计组织宣传培训活动1200余场,覆盖企业3.2万家。

(邓　磊)

【高精尖经济结构构建】 年内,区发展改革委深入落实高精尖五年行动计划,不断优化"一轴四园"空间布局,统筹推进"1+3+1"高精尖产业发展,初步形成工业互联网、虚拟现实、科幻等特色产业集群,高精尖产业对区域经济贡献显著提高。2022年,高精尖产业实现收入2966.7亿元,同比增长15.3%。

(邓　磊)

【公共服务领域重点项目建设】 年内,区发展改革委聚焦公共服务领域短板弱项,加大统筹协调力度,全力推动重大项目规划建设。金顶街小学竣工,北大附中石景山学校、十一学校石景山学校加快建设;五里坨精神卫生专科医院取得可行性研究报告批复,衙门口养老服务中心等2个社区养老项目、五里坨社区卫生服务中心建设项目取得初步设计概算批复,19处小微城市公共空间正式亮相,调色板城市公共空间改造等2个项目开工建设,储备谋划模式口历史文化街区公共空间改造提升一期工程等一批项目,精心打造一批全龄共享、复合利用、绿色友好的活动空间。

(张　宁)

【13项便民工程完成】 围绕百姓"房前屋后"烦心事,石景山区全年实施13项便民工程,安排建设资金5611万元,加强工作统筹,协调解决难点问题,13项便民工程全部提前完工,进一步改善社区环境,有力推动"品质社区"建设。

(张　宁)

【谋划重要民生实事】 年内，石景山区紧扣“七有”要求和市民“五性”需求，经过线索征集、项目筛选、意见征求、专家论证等程序，统筹谋划2023年重要民生实事42项，着力解决群众最关心、最直接、最现实的民生问题。

（张　宁）

【“疏解整治促提升”专项行动】 年内，区发展改革委贯彻落实北京市人民政府《关于“十四五”时期深化推进“疏解整治促提升”专项行动的实施意见》（京政发〔2021〕1号）和《石景山区“十四五”时期“疏解整治促提升”专项行动规划》，制定印发《石景山区2022年“疏解整治促提升”专项行动工作方案》，坚持稳中求进，持续在深化疏解、强化整治、优化提升上下功夫，圆满完成年度各项任务目标。21项市级任务和50项区级任务顺利完成，其中，“留白增绿”、腾退土地、新建提升便民商业功能网点等9项任务超额完成年度计划，冬奥公园东北部、模式口历史文化街区、冬奥公园周边、京门铁路石景山段沿线等重点区域环境品质显著提升。着力破解历史遗留问题，坚持系统治理，综合施策，治理桥下空间1处、雨污水管线错接混接点位7处，规范治理围挡69处、临时建筑13处，移交住宅小区配套设施1处，城市精细化治理能力不断提高。强化宣传引导力度，将“疏解整治促提升”专项行动与基层治理、“接诉即办”有机结合，共录制《向前一步》节目3期，营造良好社会氛围。

（马　岩）

【巩固拓展脱贫攻坚成果推动乡村振兴】 年内，石景山区安排区级财政资金4150.34万元，统筹市级财政资金8785万元，筹集社会帮扶资金2250万元，实施市、区两级项目71项，助力宁城县、莫力达瓦达斡尔族自治旗、称多县、竹山县巩固拓展脱贫攻坚成果同乡村振兴有效衔接。

（李双全）

【依法行政】 年内，区发展改革委按照《北京市发展改革系统2022年行政执法检查（双随机检查）计划》要求，开展双随机行政执法检查13次，检查项目327起，人均执法量81.75件；组织1人参加北京市行政执法资格考试，通过率100%；推进法制审核和执法信息主动公开等工作。强化法制审核，发挥法律顾问作用，完成协议、合同审核62件、规范性文件合法性审查和公平竞争审查25件、其他文件审核11件、法律咨询52人次，组织召开业务疑难法律问题协调会4次。

（张　青）

【经济领域改革】 年内，区发展改革委组织经济领域专项小组各相关单位，完成2022年重点改革任务梳理工作，确定重点改革任务10项，涉及改革成果19项；完成改革任务进展情况月度报告12次；完成市级专项改革材料梳理上报2次。

（张　青）

【依法办理政府信息公开】 年内，区发展改革委共办理公民、法人依申请公开事项15件，其中区发展改革委主办7件，市发展改革委协办1件，区政务服务局协办7件；主动公开政府信息147条。

（张　青）

【公共资源交易】 年内，区发展改革委组织全区各采购单位和招标代理机构开展线上政策宣传和进场业务培训，推进《北京市公共资源交易目录（2020年本）》内各类公共资源进场交易。全年区公共资源交易平台共进场交易433个，交易金额40.24亿元。

（张　青）

【提议案办理】 年内，区发展改革委承办区“两会”人大建议、政协提案38件，其中，人大建议11件（主办2件，会办9件），政协提案27件（主办6件，会办21件）；承办市“两会”人大建议、政协提案3件，其中，人大建议1件（会办件），政协提案2件（主办1件、会办1件）。全部提前办结，均为A类，委员、代表满意率100%。

（张　青）

【价格监测预警】 年内，区发展改革委根据宏观经济形势和价格运行情况，坚持生活必需品价格日监测、日报告制度。上报区政府分析报告160余篇。开展“每日两巡、每日两报”市场巡视走访，完善多部门定期会商机制，与商务、市场监管、统计等部门统筹联动，紧盯采集、分析、预测、发布等各环节，适时根据价格预测、预警情况，提出合理政策建议。全年实时监测辖区重点超市、集贸市场供应销售情况，及时反映反馈市场异动。全区价格监测工作在北京市年度评比中，荣获北京市价格监测先进单位称号。

（张晓寒）

【价格调控】 年内，区发展改革委发挥价格调控工作联席会议作用，全力做好冬奥会、冬残奥会期间住宿餐饮价格监测与调控工作，加强价格异常波动应急处置，印发《石景山区冬奥会、冬残奥会期间住宿餐饮价格监测与调控工作方案》，明确部门分工，细化工作职责。跟踪重要领域价格变动情况，落实《北京市完善重要民生商品价格调控机制实施方案》，执行生猪、蔬菜等重要商品价格波动调控机制，保障生活必需品市场平稳运行和价格基本稳定。开展生活必需品区级政府储备摸排与编制工作，确保疫情期间生活必需品储得好、管得好、调得出、用得上。统筹协调区内各职责部门做好价格临时补贴发放工作，及时汇总发放情况，7、8月份对全区25563人次发放价格临时补贴945870元。

（张晓寒）

【价格管理】 年内，区发展改革委牵头，会同区教委和区市场监管局组成联合检查组，对全区18家学科类校外培训机构收费行为进行专项检查。全面检查各校外培训机构执行政府指导价、收费公示制度落实情况，规范义务教育阶段学科类校外培训机构收费行为。统筹清理规范城镇供水供电供气供暖行业收费，取消不合理收费，明确可保留的收费项目，规范接入工程收费及特许经营收费，提升市政配套基础设施规划建设管理水平。与市场监管部门组成联合检查组，开展涉企违规收费专项整治，全面排查交通物流、水电气暖等5个领域涉企违规收费问题，重点查处落实降费减负政策不到位、借疫情防控违规设立收费项目、不按要求执行国家、本市和本区已出台惠企收费政策等行为,推动降费减负各项政策落实,减轻各类市场主体的不合理负担。

(张晓寒)

经济和信息化

【概况】 石景山区经济和信息化局(简称区经信局),加挂石景山区大数据局(简称区大数据局)牌子。区经信局是负责指导辖区工业、软件和信息服务业发展,统筹协调信息化工作,促进中小企业服务发展,同时履行区信息化工作领导小组办公室、区通讯保障应急指挥部的职能。年内,区经信局贯彻落实区委区政府各项决策部署,按照"疫情要防住、经济要稳住、发展要安全"要求,兼顾疫情防控和经济社会发展,实施产业转型和城市更新发展战略,统筹智慧石景山建设,推进社会信用体系建设,做好信息网络安全运维,完成各类重大活动服务保障。

(张　洋)

【核酸检测工作保障】 根据区领导关于做好全区大规模核酸检测准备工作的相关要求,1月22日,区经信局紧急部署核酸检测保障工作,联合区通管办组织三大运营商召开部署会,与各街道对接,请移动公司对无线网络信号弱的核酸检测点进行网络优化,协调北京市经济和信息化局对相关系统做好支撑,确保核酸检测工作有序开展。

(邱　君)

【信息化项目统筹管理】 3月8日,区经信局印发《石景山区政府投资信息化项目管理办法》,明确从三方面加强统筹管理,一是加强数据统筹,将数据管理贯穿项目需求管理、评审管理、建设管理和绩效管理全程;二是加强规划统筹,由区经信局提出年度信息化建设方向、重点领域、重点单位信息化工作任务,各部门依据指引制定年度建设计划;三是加强技术统筹,依托区政务云、区大数据平台等开展集约化建设,对数据的采集(采购)、使用,商用密码管理、移动应用程序等提出进一步规范要求。

(王继广)

【市大数据中心到区调研】 3月9日,北京市大数据中心主任张琳一行调研石景山区智慧城市建设,参观区智慧城市展厅,听取区经信局关于智慧城市建设情况报告并交流经验。市大数据中心对区信息化建设成果表示肯定。

(邱　君)

【信息化工作培训会】 3月15日,区经信局组织召开全区信息化工作培训会,介绍区智慧城市"四个层次四个体系"的总体框架及建设情况,解读新出台的《石景山区政府投资信息化项目评审管理办法》,解读石景山区2022年度政府投资信息化重点任务征集通知。区检察院、司法局、公安分局、财政局、教委等72个部门(街道)近100人参加培训。

(王继广)

【"领导驾驶舱"更新】 3月21日,区经信局更新上线升级版的"领导驾驶舱"平台,经济运行主题升级到90余个指标项,新增指标主要包括区级和地方级一般公共预算收入,招商引资成果,企业新设、迁入、迁出、有税户变化情况,国高新、高精尖、规模以上、专精特新等企业群体人均税收等。

(王继广)

【智慧城市建设专题会】 4月8日,区智慧城市建设专题会召开,区长李新专题研究并听取区经信局关于区智慧城市建设情况的汇报,观看区大气精细化管理平台、区环卫中心信息化指挥调度平台等重要信息系统建设成果演示。

(邱　君)

【区内首款企业专属融资产品发布】 4月20日,石景山区发布首款区内"专精特新"企业专属融资产品。石景山区联合光大银行北京分行,针对"专精特新"企业"高投入、高研发、高毛利"的发展特点,为驻区"专精特新"及高新技术企业定制化开发"石景山区专精特新企业贷",成为全区首个定制化、个性化的融资服务产品。

(王继广)

【优质中小企业梯度培育】 4月,区经信局制定出台《石景区关于促进"专精特新"中小企业高质量发展的若干措施》(石经信局〔2022〕8号),从激励示范引领、提升技术创新、降低办公空间成本、鼓励引进高层次人才等9个方面发布9条措施,引导区中小企业走"专精特新"发展之路。依托区级经济运行平台整合各类数据,建设中小企业基础库、专精特新企业库和优质中小企业梯度培育库,精准服务培育库中124家主营业务收入1000万以上、同时满足"国高新""村高新"条件的重点培育企业。年内"专精特新"中小企业达到170家,其中国家小巨人企业10家。

(陈　璐)

【经济平台楼宇模块使用培训】 6月9日,区经济运行平台楼宇防控模块正式上线。为支撑"安净"行动开展,强化区商办类楼宇疫情防控及日常管理工作,由区委政法委牵头,区经信局依托区经济运行平台快速推出相关功能模块并组织培训,区国资委、区金融办、区西部建设办、园区管委会等13个楼宇主管部门共50余人参加培训。

(王继广)

【经济平台入园企业服务模块上线】 6月10日,区经济运行平台入园企业服务模块正式上线,为企业提供在线申请加入中关村科技园石景山园、报送企业信息等服务,支撑园区管委会开展入园企业申报服务,动态监测入园企业发展态势。

(王继广)

【核酸比对登记簿模块上线】 6月24日,区经信局依托京办平台上线核酸比对登记簿模块,实现街道管理、社区组织、居民扫码登记的三级模式。居民完成登记后,社区可对居民登记信息进行管理,街道可查看所有登记社区的情况、昨日检测数、昨日检测率等数据。

(邱　君)

【大数据工作推进小组第一次会议】 6月28日,副区长王智勇主持召开区大数据工作推进小组2022年第一次会议。会议听取石景山区2021年大数据工作情况并审议通过《石景山区智慧城市建设2022年重点工作任务》

及《石景山区“十四五”时期智慧城市建设要求(试行)》。

(邱 君)

【印发大数据工作重点任务】 7月25日,区大数据工作推进小组印发《石景山区智慧城市建设2022年重点工作任务》,涵盖贯通、汇聚、精治、产业四大工程及保障措施,涉及云网基础设施、数据资源、领域建设等共计二十三项任务。

(王宇寰)

【印发十四五智慧城市建设要求】 7月25日,区大数据工作推进小组印发《石景山区“十四五”时期智慧城市建设要求(试行)》。明确“入口通”,区政府门户网站是PC端政务服务的统一窗口,“北京石景山”APP是移动端政务服务入口,区协同办公平台是政务办公类应用的统一入口,“领导驾驶舱”和“城市大脑运营指挥中心”是决策支持类应用的唯一入口;“数据通”,区大数据平台是全区数据共享通道,部门间不得单独开展基础数据对接;“身份通”,个人、组织和物体等各类城市实体要按照北京市城市码建设指导意见,进行唯一身份标识编码;“底层平台通”,智慧城市信息化建设应依托一平(大数据平台)、一图(时空库)、一感(感知体系)、一网(基础网络)、一云(政务云)等共性基础平台,构建相互贯通的统一体系,推进跨部门、跨层级、跨领域应用,促进部门协同联动。

(王宇寰)

【政策引领“专精特新”企业发展】 8月2日,区政府联合中国工商银行举办专精特新政策兑现发布会,在全市率先以数字人民币兑现政策资金。通过采取“免申即享”方式确定兑现名单,兑现政策支持资金2930万元。将“专精特新”企业纳入“服务包”体系,动态管理,精准服务,及时掌握企业发展诉求,提供政策推送、畅融对接、上市培育、人才引进等多维服务,优化营商环境,为企业拓展发展空间,助力企业健康发展。

(陈 璐)

【智慧城市建设推进会】 10月27日,区智慧城市建设推进会召开。副区长王智勇专题研究并听取区经信局关于2022年石景山区智慧城市建设重点任务阶段工作情况汇报,肯定智慧城市阶段建设成果。

(邱 君)

【3家企业入榜“2022中国VR50强企业”】 11月12日,2022世界VR产业大会开幕式上发布的“2022中国VR50强企业”名单中,石景山区的当红齐天国际文化科技、耐德佳显示技术和润尼尔网络科技3家专精特新企业进入榜单,区专精特新企业数量占北京市上榜数量的13%,特别是当红齐天最具有代表性,年销售额进入1亿元到10亿元的企业梯队,成为“中国VR50强企业”的中流砥柱。

(陈 璐)

【区机关主楼5G基站投入使用】 12月5日,区机关主楼顶层5G基站建设并投入运行。为落实北京“241”5G网络攻坚行动要求,经区领导同意,区经信局联合区通管办完成区机关主楼顶层5G基站建设并投入运行,率先在城六区内实现区政府资源开展5G网络建设。基站建成后,显著提升区机关及周边200米范围内5G网络服务质量,为全区的5G网络建设起到示范带头作用,推动5G网络建设重点由“广覆盖”向“精准覆盖”转变。

(王宇寰)

【大数据工作推进小组二次会议】 12月7日,区长李新主持召开区大数据工作推进小组2022年第二次会议,会议审议通过区大数据工作推进小组机构设置及工作规则调整方案、推进小组专家咨询组组成方案和智慧城市建设重点项目。

(邱 君)

【财源培植分析】 年内,区经信局运用技术手段从2021年企业主营业务收入超1000万元的企业中,筛选出124家企业作为区“专精特新”重点培育对象。为区财源办提供9次股权穿透分析服务,累计分析企业一万余家次,共发现60余家有国有资产投资背景。

(王继广)

【信息化助力疫情防控】 年内,区经信局持续做好区疫苗接种保障工作,保障体育场、高井热电厂两个固定点位和6辆疫苗接种车的网络及视频监控正常运行。完成全区270余个核酸检测点位信息化建设工作,共计完成1000余路视频监控部署及运维工作。完成9家隔离酒店信息化建设工作,部署可对讲监控摄像头370余台,实现“三区两道”视频监控全覆盖,为指挥调度工作提供有力支撑。上线涉疫数据摸排系统。在区街道综合平台上线涉疫风险人员数据摸排模块,实现对市级派单数据的自动导入、智能拆分、汇总导出,精准助力疫情防控。紧急上线九类服务人员信息填报系统,共覆盖全区18个行业部门、9个街道,累计7479个法人通过系统上报数据,涉及23391人。

(许致远)

【视频共享服务平台应用】 年内,区经信局接入冬奥场馆、涉奥酒店、马拉松大本营、冬奥公园、全区疫情防控核酸点位、古城南里社区、京西商务区、八宝山街道相关社区、方舱医院、五里坨信访点、服贸会、体育馆方舱医院12类2997路视频资源。为运营指挥中心、街道综合平台、维稳指挥中心提供全量视频调用接口服务,最大化利用全区视频图像资源,充分发挥视频图像信息管理系统在城市综合治理中的作用,促进政府部门管理能力延伸。

(张 媛)

【智慧办公平台建设】 年内,区经信局对智慧办公平台已开发落地的应用进行增量开发、迭代升级版本12个,不断增加功能,提升效能,实现全区各部门协同办公和辅助基层治理。新增对外通知、公文督办、信息上报统计、内控管理等模块,全区党政事业机关共有84个部门使用区级平台,42个部门和7个街道应用至单位内部流程。年内,共组织13次培训,覆盖1200余人次。利用大数据分析、可视化展示等工具,实现疫苗接种、空气污染指数、经济运行数据的实时查看、图表比对及分析,增强数据直观程度,提升大数据对政务办公的支撑力度。

(张 兰 张 媛)

【空间资源服务平台应用】 年内,石景山区空间资源服务平台构建"一张图"基础空间数据服务模式,为委办局信息化建设提供地图GIS应用技术支撑。年内,区经信局新增常态化核酸检测点位、皮基站点位、全区疫情管控交通卡扣点位等共8类地图数据300余个图层,为街巷智能车载巡查系统、石景山区大气环境精细化管理平台、石景山区突发事件预警信息发布平台及编制《石景山区生态环境分区管控实施方案》提供基础地图接口服务,为各街道、区防控办、区委组织部在疫情防控期间提供各类防控地图20余种。

(张 媛)

【疫苗接种数据统计】 年内,区经信局完成《18岁及以上人群各街道疫苗接种情况统计表》《各街道分社区60岁及以上接种情况报表》等各类报表共计40类6000余份,配合各行业主管部门各街道核对接种人员信息2000余次,累计汇聚数据3亿6250万条,治理数据6亿8800万条。

(文云峰)

【石景山区政务云平台优化】 年内,区经信局完成政务云资源优化调整工作,对全区14个委办局的25个信息系统进行资源优化调整,累计回收CPU资源292个,内存资源640G,互联网IP地址12个,有效提升区政务云平台计算资源使用效率。

(陈 伟)

【街道综合平台建设】 年内,石景山区街道综合平台累计汇聚治理51.7万条人员信息、4035栋楼宇、4731路视频资源、3.3万余条企业信息,完成涉疫风险人员摸排2113批次,提供各类基础数据查询5万余次,搭建人口信息管理、疫情防控、社区服务等应用场景,实现人房关联、疫苗接种数据统计查询、涉疫风险人员派单摸排等功能,全面赋能基层治理。

(张 兰 陈 伟)

【筑牢政务网络安全屏障】 年内,区经信局完善政务网络安全态势感知、风险预警、应急处置为一体的网络安全支撑体系;推进信息系统等级保护测评工作,云上等保二级及以上共29个系统完成等保测评及备案工作;完成冬奥会、冬残奥会、全国两会、服贸会、国庆等重大活动期间的网络安全保障工作。

(张 兰)

【企业荣获奖补资金】 年内,石景山区企业北京中科博联科技集团有限公司荣获国家"专精特新"中小企业高质量发展奖补资金150万元。该企业于2021年获评国家级专精特新"小巨人"企业称号,同年污泥智能好氧发酵装置产品入选第三批制造业单项冠军产品名单。

(李雅娜)

【清理拖欠中小企业账款】 年内,石景山区减负办积极推进存在分歧欠款问题解决,在区经信局的沟通督促下,分歧双方聘请第三方评审机构重新核算工作量及欠款金额,最终认定结算金额并支付完毕,全区有分歧欠款和无分歧欠款化解进度均达到100%。

(梁 鹏)

【创新信用领跑行动】 年内,区经信局组织区内企业参与"2022年北京市企业创新信用领跑行动"。区融硅思创(北京)科技有限公司、达瓦未来(北京)影像科技有限公司、北京易点淘网络技术有限公司等七家企业被评为"2022年北京市企业创新信用领跑企业"。

(赵文慧)

【助力乡村振兴】 年内,区经信局挖掘乡村特色产业发展,深化支援协作,推进乡村振兴。制发《石景山区经济和信息化局2022年支援协作工作方案》。与宁城县沟通交流,结合宁城县资源优势,开展结对帮扶,投入专项资金1147.9万元,建设完成忙农镇基础设施建设项目、京蒙协作乡村振兴示范村建设项目、黑里河民宿集群建设项目,引导6家企业与6个村签订支援协作协议。多措并举促进受援地就地就近就业,助推当地优化营商环境。

(金云龙)

【城镇集体企业发展情况】 年内,石景山区城镇集体企业资产总额1.02亿元,增幅0.1%;所有者权益总额2932.5万元,增幅4.6%;年内累计实现营业总收入1088.9万元,降幅11.5%;利润总额141.4万元,降幅49.7%。城镇集体企业拥有在职人员16人,退休人员953人。1月,依法完成北京第二机床电器厂注销工作,妥善处理退休人员档案社会化移交124份。年内积极开展矛盾纠纷排查,召开"未访先防"座谈交流会26次,妥善处置城镇集体企业历史遗留问题25件。

(金云龙)

【实施产业转型和城市更新发展战略】 年内,区经信局服务保障冬奥会服贸会举办,推动老旧厂房承接高精尖项目。完成冬奥会首钢园5G+8K室外大屏和10个社区高清电视安装收视工作;实施冬奥期间智能网联汽车示范项目;完成服贸会213处道路点位电子地图更新;组织10家企业线上线下参展。利用首钢微电子原厂房建设光功能材料与芯片项目,建设北重厂科技文化产业园,推进巴威公司关停退出。培育数字经济,工业互联网产业加速发力。服贸会现场签约航天科工集团智能科技研究院30亿元项目;举办航天复杂系统与人工智能高质量发展论坛;举办第四届中国工业互联网大赛·北京赛站。成功挽留外迁企业6家,引进高精尖企业33家。

(代 蓉)

【工业企业安全生产管理保障】 年内,区经信局督导推动各大工业企业的主体责任落实,完善安全生产责任体系,定期研究部署安全生产工作。贯彻落实《地方党政领导干部安全生产责任制规定》,深化行业内安全生产专项整治三年行动,区经信局主要领导坚持在重大节日或敏感时期及安全生产重点专项整治活动中带队检查安全生产工作,相关负责干部年内到企业实地指导安全生产和消防工作192家次。将安全生产工作与疫情防控、普法宣传、扫黑除恶、扫黄打非、防范非法集资、创文明城区、垃圾分类、禁烟等工作相结合,通过微信工作群下发通知和安全提示,结合到企业实地走访、调研等形式,加大宣传指导工作的力度,网络微信宣传转发文件56

次。年内,持续推进、配合安全生产和消防安全专项整治行动,促进各工业企业的专项整治行动达到既定目标。

(代 蓉)

【统筹疫情防控和经济发展】 年内,区经信局督导企业落实疫情防控主体责任,全年检查企业300余家次,大数据排查风险人员3000余人次。发挥稳定产业链供应链协调机制,将9家企业纳入“白名单”,为11家企业办理重点物资通行证,为企业争取北京市高精尖产业资金,精准服务优质中小企业,切实减轻企业负担。

(代 蓉)

【新一代信息技术产业发展工作】 年内,全区规模以上新一代信息技术企业累计实现收入786.3亿元,同比增长21.5%;利润总额70.2亿元。石景山区加快新一代信息技术产业创新培育,落实与航天科工集团签署的战略协议,引进航天科工集团智能科技研究院有限公司,形成航天科工智能科技园基本布局;完成2020年度新基建政策兑现,支持资金共计186万元。石景山区工业互联网产业加速发力,与工信安全中心、中发展集团、北方工业大学共同举办第四届中国工业互联网大赛北京赛站;工业互联网企业发展迅速,国内首家时间敏感网络关键设备实验室落户东土科技,航天云网INDICS平台第四次入选工信部跨行业跨领域工业互联网平台,工信安全中心获得工信部首张“互联网域名根服务器及其运行机构”许可证;工业互联网重点项目稳步推进,完成中关村工业互联网产业园一期主体建设,605地块筹备土地上市。先导区入驻率70%,累计落地中航信、中船海神等行业企业33家,工业互联网实训基地基本建成,同步开展网上培训。推动老旧厂房更新,承接落地高精尖产业项目。光芯片产业基地改造项目竣工落成,推进北重厂科技文化产业园建设,引入建设智能算力中心项目,稳妥推进巴威公司关停退出,规划建设航天科工智能产业园。

(王 闪)

【前置评审助力智慧城市建设】 年内,区经信局贯彻落实《石景山区“十四五”时期智慧城市建设要求(试行)》,全年受理59个信息化项目前置技术评审申请,投资预算总额2.92亿元。区经信局联合区图像办、区委机要局、区网信办、区应急局等部门对29个项目开展联合技术审查,组织召开专家会20场,对34个投资超200万的项目开展专家评审。年内共审结项目49个,通过优化技术方案,节约不合理预算费用共计2505.17万元,审减率10.28%。

(王继广)

【数字经济产业总体情况】 年内,全区数字经济核心产业规模以上企业共计279家,相关经济指标增势较好。数字经济核心产业规模以上企业共实现收入1359.9亿元,同比增长1.2%。

(赵 鹏)

【5G基站建设】 年内,石景山区新建5G基站62座,累计建设532座,基本实现区内5G网络连续覆盖。实现石景山路、阜石路等主要道路,国际雕塑公园、八大处公园等旅游景区,金安桥、苹果园等交通枢纽,石景山医院、首钢医院等医院,以及冬奥场馆、首钢园区、中关村石景山园、银保园等重要场所5G信号重点覆盖。

(邱 君)

财 政

【概况】 石景山区财政局(简称区财政局)是主管全区财政收支、财税政策、会计管理和财政、财务监督管理工作的区政府职能部门。全局设办公室(主体责任办)、人事教育科、预算科、国库科、行政政法科、教科文科、社会保障科、城建科、综合计划科、会计科、政府采购管理科、法制监督科、绩效评价科、行政科、财源建设科共15个行政科室;下属石景山区财政局预算编审中心(挂北京市石景山区财源建设服务中心牌子)、石景山区财政局国库收付中心、石景山区财政局绩效考评中心、石景山区财政监督检查所4个事业单位。年内,区财政局以习近平新时代中国特色社会主义思想为指导,贯彻落实党中央、国务院及市委市政府、区委区政府各项决策部署,应对经济下行压力和疫情影响,坚持提升积极的财政政策效能,注重精准、可持续,保障财政运行总体平稳,推动全区经济平稳健康发展。

(田 雨)

【财政收支平衡】 年内,一般公共预算地方级收入完成1552246万元,同比增长7.8%,增速城六区排名第一,全市排名第二;一般公共预算区级收入完成737892万元,增长0.6%,增速城六区排名第一,全市排名第六。一般公共预算收入加上转移支付、上年结余、调入资金以及调入的预算稳定调节基金,一般公共预算总收入1363587万元。一般公共预算支出完成1213007万元,下降3.3%,完成调整预算的96.7%;加上解支出50281万元,一般公共预算总支出1263287万元,结余100300万元。政府性基金预算收入完成815721万元,加市下达专项转移支付、上年结余、地方政府新增债券、调入资金,政府性基金预算总收入1826339万元。政府性基金预算支出完成1245004万元,加专项债务还本支出130000万元,专项上解425083万元,政府性基金预算总支出1800087万元,年终结余26252万元。国有资本经营预算收入完成3271万元,全部为国有企业利润收入,上年结余1979万元,国有资本经营预算总收入5250万元。国有资本经营预算支出完成2512万元,调出资金1077万元,年终结余1661万元。

(田 雨)

【重点投入】 年内,区财政局投入疫情防控资金82652万元,做好常态化疫情防控经费保障。投入重点项目建设资金357029万元,保障“创城”“创森”“疏整促”等工作。投入教育资金245600万元,引进优质教育资源,推进学前教育三年行动计划,稳步推进教育系统综合改造、平安校园等项目。投入文化、体育资金30866万元,保障国家公共文化服务体系示范区创建成功,承恩寺、慈善寺等修缮保护利用工作持续开展。投入社会保障资金

304292万元,保障对民生家园、为民办实事和济困工程的资金投入,落实养老服务三年行动计划。

(田 雨)

【预算编制与执行】 年内,区财政局编制2022年部门预算,按照规定的人员工资政策、预算定额标准和人员编制及有关资源占用情况进行编制,调整不符合厉行节约相关规定的预算,细化预算项目,确保部门预算的真实性和完整性。2022年部门预算共安排887927万元,把政府"过紧日子"作为常态化纪律要求,严控一般性支出和非重点、非刚性、非急需支出,兜牢兜实"三保"底线,发挥财政在构建新发展格局中的引导带动作用,落实"六稳""六保"任务,完成全年各项目标任务,为全区经济社会高质量发展提供保障。

(田 雨)

【国库集中收付】 年内,区财政预算执行一体化系统正式上线运行,年内累计发生集中支付业务81219笔,涉及金额185.4亿元。完成非税收入收缴管理与一体化系统对接,全区150家行政事业单位非税系统上线运行,涉及缴费项目34个,累计收缴非税收入1.52亿元,上缴国库1.43亿。完善公务卡结算制度改革,推进公务卡强制结算目录执行,系统内注册公务卡3727张,报销金额3858万元,进一步提高支出透明度。

(田 雨)

【预算绩效管理】 年内,区财政局推进预算绩效管理,出台《石景山区预算绩效管理办法》,聚焦城市运行保障等重点领域,完成32个项目绩效评价,覆盖全区24个部门,涉及资金172.34亿元。推进财政投资评审工作,改造提升评审信息化系统,完成财政投资评审项目325个,报审金额21.68亿元,审减率7.80%。

(田 雨)

【国有资产管理】 年内,区财政局强化行政事业单位资产的统一管理,编制《石景山区国有资产综合报告》,摸清行政事业单位国有资产家底;出台《关于加强涉奥国有资产管理的通知》,优先调配闲置资产,实现涉奥资产共享共用。

(田 雨)

【政府采购】 年内,区财政局落实政府采购促进中小企业发展政策,加强宣传培训、政策指导、公告监督、督导检查。全年授予中小企业采购金额108456万元,占采购总额79.87%。做好乡村振兴采购,全年实际交易金额1703万元,完成年度预留份额的106%,超出上年交易金额689万元,同比增加68%,提前超额完成采购任务。

(田 雨)

【财政监督管理】 年内,区财政局加强日常政策指导和普法宣传,持续跟踪上年发现问题整改落实情况,组织开展11家单位年度会计检查、35家单位内控建设检查以及结余资金、培训费、会议费、预决算公开情况专项检查,配合做好财经秩序专项整治工作,强化区属预算单位实有资金账户监管,全面清查行政事业单位在用车辆,首次开展代理记账行业专项整治,有效提高财政治理效能。

(田 雨)

税 务

【概况】 国家税务总局北京市石景山区税务局(简称区税务局)隶属国家税务总局北京市税务局(简称市税务局),设有征收管理科等18个科室、2个事业单位、11个税务所。干部职工513人,科级以上领导86人,党员393人、团员32人,本科以上学历469人,占总人数的91.42%,有注册会计师、税务师、法律职业资格证书59人。主要负责增值税、消费税、企业所得税、个人所得税、契税、印花税、土地增值税、城市维护建设税、耕地占用税、车辆购置税、环境保护税、资源税、车船税、房产税、城镇土地使用税、社会保险费、地方教育费附加等税费征收及国家电影事业发展专项资金、工会经费等非税收入代征工作。年内,区税务局依法依规组织税费收入,落实税费支持政策,强化税收经济分析,深化税收征管改革,推进智慧税务建设,提升税费管理能力,持续优化营商环境,共收到锦旗、感谢信60余件,荣获各级荣誉表彰13项,其中市级以上表彰6项。全年完成各项税费收入448.36亿元,同比增加48.83亿元,增长12.2%。完成税收收入295.20亿元,同比增加33.25亿元,增长12.7%,增速列全市第三位、城六区第一位。其中,完成中央级税收收入152.28亿元,同比增加23.69亿元,增长18.4%;完成地方级税收收入142.92亿元,同比增加9.56亿元,增长7.2%。完成地方一般公共预算收入149.37亿元,同比增加9.59亿元,增长6.9%,占全区收入96.2%。完成区级收入75.09亿元,同比增加3.84亿元,增长5.4%,占全区收入101.8%。

(蒋梦薇)

【税收收入特点】 年内,石景山区三大主体税种实现两增一降,合计完成税收收入262.91亿元,同比增加36.84亿元,增长16.3%,占税收收入89.06%。其中企业所得税累计完成115.7亿元,同比增加29.04亿元,增长33.5%;个人所得税完成55.68亿元,同比增加14.32亿元,增长36.4%;增值税完成91.52亿元,同比减少6.51亿元,下降6.6%。金融业,信息传输、软件和信息技术服务业,房地产业三大主体行业实现正增长,合计完成税收收入211.18亿元,同比增加38.88亿元,增长22.57%,占税收收入71.54%。其中金融业完成税收收入87.61亿元,同比增加21.55亿元,增长32.6%;信息传输、软件和信息技术服务业完成76.81亿元,增加16.95亿元,增长28.3%;房地产业完成46.77亿元,同比增加0.38亿元,增长0.8%。

(蒋梦薇)

【货物和劳务税管理】 年内,区税务局落实增值税留抵退税政策,分批逐户推送办理提示,推进优惠政策应享尽享;加快制造业增量留抵退税办理进度,将平均到账时间压缩至2个工作日内;强化留抵退税风险防控,运用大数据为企业精准开展"体检式"风险分析,有效防范和及时应对涉税风险;累计完成留抵退税核准2366户次,金额20.48亿元，开展留抵退税抽查复核119户次，完成风险分析73户次，缴回留抵退税150户次，金额0.97亿元。完善征期后增值税管理工作方式，对未抄报企业定点定向提醒，明确风险纳税人和走逃失联认定的关键节点，加强一般纳税人增值税欠税管理。推进“一户式”管理机制相关工作，强化增值税发票全链条风险快速反应机制，总结区域虚开趋势特点，提前进行疑似虚开新办企业案头筛查，新办企业问题户提前应对率100%。强化出口函调管理，构建“发函精准、复函准确、处理得当、内控有力”的闭环管理机制。优化退税流程，精简资料报送，将退税时长压缩至3个工作日，11月起配合北京市税务局第二分局实施出口退税智能审核功能双轨运行工作。全年审核出口退税124户次，出口退税额0.56亿元，免抵额0.67亿元。建立成品油企业台账，摸排全区102户成品油经销企业，辅导规范开具成品油发票，重点关注成品油发票异常、进销不符等风险点，配合检察部门开展加油站自查2户，补缴税费及滞纳金197万元。推广使用自助申报系统及电子税务局申报缴纳车辆购置税，新增4S店自助终端8户。有序推进车辆购置税减半征收工作，3250辆乘用车减按50%税率征收，减征税额2782万元。

（蒋梦薇）

【所得税管理】 年内，区税务局做好2021年度企业所得税汇算清缴工作，完成汇算清缴企业总户数35597户，同比增加2409户，增长7.3%，汇算清缴应补退税30.06亿元。落实研发费加计扣除政策，2021年度汇算清缴应享已享研发费加计扣除1101户，加计扣除金额80.1亿元，户数完成率126.55%，金额完成率122.1%；2022年预缴享受研发费用加计扣除新政企业729户，加计扣除金额34.48亿元，其中制造业享受100%加计扣除政策企业85户，加计扣除金额3.32亿元。落实小微企业税收优惠政策，企业所得税纳税申报户数35485户，小型微利企业33721户，占比95%，其中盈利企业3178户，盈利面为9.42%；共计减免所得税额22207万元，户均减免税额6.99万元。未发生“符合条件但未享受优惠”或“不符合条件但享受税收优惠”的情形。做好2021年度个人所得税汇算清缴工作，聚焦年收入总额100万元以上、汇算清缴应补税额1万元以上的重点纳税人，开展多轮次短信提示提醒，联合扣缴单位多渠道跟踪，实现申报完成率100%；组建汇算清缴事后抽查工作团队，完成100余户次、300余人次的事后抽查工作，推进个人所得税汇算清缴闭环管理。通过中介机构政策培训、窗口现场政策解答等方式为纳税人开展居民换购住房个人所得税退税、个人养老金递延纳税新政策辅导。

（蒋梦薇）

【财产和行为税管理】 年内，区税务局规范土地增值税清算项目日常管理，制发《土地增值税清算审核管理办法》、《大额成本费用审核标准》、《关于进一步规范土地增值税清算审核文书的通知》，规范审核标准。依据房地产项目数据，结合区住建委等部门公开信息，“逐月排查、动态跟踪”更新项目台账，综合考量土地增值税清算过程痛点、难点，科学制定项目清算计划，推进清算审核，全年完成清算审核项目6个，入库税款4.41亿元。推进增量房全程网办，联合规自、住建等部门，顺利完成首笔“交房即交证”业务办理。发挥绿色税收职能，完成环保税季度税源疑点数据复核比对，累计核实减免税、税款大幅增减等四类数据147条，补缴税款及滞纳金79.02万元。推进《印花税法》平稳落地，“线上为主、线下兜底”开展精准宣传，提高纳税人遵从度，征期内紧盯申报流程，通过科—所—厅三级联动机制，顺利完成首个大征期100%申报率的工作目标。利用税种间数据比对堵塞征管漏洞，聚焦房、土登记率指标要求，定期开展“有房无土”疑点核查，实现问题数据“全面清零”，补缴城镇土地使用税及滞纳金1.75万元；运用企业所得税固定资产折旧数据查补房产税税源采集漏洞，补缴房产税及滞纳金58.11万元，城镇土地使用税及滞纳金0.32万元；利用契税入库信息预警房、土税源采集，补缴房产税及滞纳金9.53万元，城镇土地使用税及滞纳金0.16万元。

（蒋梦薇）

【社会保险费和非税收入管理】 年内，区税务局依托社保费征收系统和大数据平台，制定社保费缓缴工作方案，联合区人力资源和社会保障局，逐月厘清缓缴信息清册，顺利完成缓缴工作。贯彻《北京市统一社会保险费征收模式（以下简称“统模式”）实施方案》决策部署，年末集中发力2023年度城乡居民基本医疗保险，成立“统模式”工作专班，积极稳妥推进“统模式”相关工作。全年累计征收社会保险费145亿元，同比增加14.2亿元，增长10.7%；征收职业年金3.8亿元，同比增加0.3亿元，增长8.7%。非税收入管理：做好国有土地使用权出让收入划转工作，盯紧1月1日划转时点，制定实施方案，联合区财政局、区规自委建立联席会议和风险应对机制，扎好风险敞口。落实小微企业教育费附加、地方教育费附加减免政策，有序完成北京市税务局下发退费任务，两费共减免2855.6万元，其中，征前减免2428.6万元，退库427万元。

（蒋梦薇）

【国际税收管理】 年内，区税务局强化反避税管理，重点关注非居民企业间接股权转让，精准识别避税风险，不断提高反避税调查质效。优化协定待遇管理，通过税收协定减免企业所得税814.35万元，同比增长18.96%；实现协定待遇后续管理补税零突破，进一步堵塞征管漏洞，避免税收协定滥用。对39户企业进行对外支付风险核查，及时有效管控税源，从源头上防范税款流失风险。年内累计实现非居民税收收入36.79亿元，同比增长6倍以上。加强外语人才培养机制和国际税收专业团队建设，成立国际税收业务兴趣小组，以翻译投稿、实际案例分析等方式增加成员实战经验，提高国际税收管理水平。

（蒋梦薇）

7月15日,区税务局做好留抵退税审批工作　　(区税务局供图)

【征收管理】 年内,区税务局税务登记总户数51463户。其中,正常状态46197户,非正常状态5192户,清算状态74户;内资企业43937户,港、澳、台商投资企业224户,外商投资企业208户,个体经营6295户,非企业单位764户,其他35户;增值税纳税人50354户,其中,增值税一般纳税人13825户、小规模纳税人36529户;消费税纳税人153户;企业所得税纳税人34968户;个人所得税纳税人37280户。截至2022年12月31日,年内新办登记6354户,注销2392户,跨区迁入1651户,跨区迁出666户。落实《关于进一步深化税收征管改革的意见》,1项智慧税务应用场景得到北京市税务局党委书记、局长张有乾肯定性批示,并入选北京税务十大便民办税全新应用场景。持续打造"智税石景山",大力推行"在线导办""智能退税"等便民办税新功能,在线导办综合质量排名全市第一。提升电子税务局业务完成质量与服务水平,年内通过电子税务局共完成业务289.61万户次,占总工作量比例99.44%,网上办理率综合排名全市第二。

(蒋梦薇)

【办税缴费服务】 年内,区税务局优化"非接触式"办税缴费服务,推进313项"非接触式办税缴费清单"事项网上办理,实现纳税人100%主要涉税服务事项电子税务局网上办理和社保费掌上APP缴纳办理。对石景山区纳税人提供"票E送"和邮寄代开免邮费服务,"票E送"发票领用量近400万张,占总领用量99%以上;邮寄代开发票数量占总代开量近80%,同比上升13%。利用"互联网+税务"、定制e服务、微信公众号、手机短信推送、电子税务局提醒和"小山云课堂"线上直播等宣传渠道,为全区纳税人提供最新税收政策的宣传辅导。年内共开展各类线上培训16期,腾讯视频辅导9次,制作宣传视频8个,累计观看和播放量达1.6万人次;通过定制e服务分级分类"点对点"推送各类税讯信息70余批次,覆盖各行业纳税人缴费人26万户次。落实政务服务"好差评"工作,各渠道评价结果满意率100%。持续响应纳税人诉求,全年接收12345工单685件,"接诉即办"综合成绩连续8个月排名全市第一。

(蒋梦薇)

【服务冬奥】 年内,区税务局设置冬奥退税专厅专窗专人专岗,冬奥期间节假日无休,保证专厅有序运行。开展退税全流程测试,参与编写《北京2022年冬奥会和冬残奥会及其测试赛增值税退税流程操作指引》。累计减免涉奥税款5.36亿元,得到冬奥组委副主席韩子荣肯定性批示。冬奥会落幕后,开启"后冬奥"服务阶段,启动"税政+管理所+办税服务厅"三位一体合作模式,高效办理测试赛组委会注销登记手续。

(蒋梦薇)

金　融

【概况】 石景山区金融服务办公室(简称区金融办)是区政府下属的正处级职能部门,主要职责是贯彻落实党中央关于金融工作的方针政策、决策部署和市委、区委有关工作要求,在履行职责过程中坚持和加强党对金融工作的集中统一领导。区金融办内设综合科(主体责任办公室)、金融发展科、金融服务科、金融稳定科共4个科室。年内,全区金融业实现全口径税收86.4亿元,同比增长25.6%,其中区级税收21.8亿元,对区贡献度31.2%,财税支柱地位进一步夯实,金融业发展韧性、区域贡献度不断增强。

(高　博)

【石景山区举办金融政策发布会】 4月18日,为深入贯彻党中央、国务院关于"加大金融支持实体经济力度、引导降低市场主体融资成本"的决策部署,石景山区联合光大银行北京分行,共同组织召开"聚焦普惠金融 助力企业发展"——石景山区普惠金融政策发布会,推出政策"礼包"、定制区域专属融资产品、优化惠企服务,合力推动"石景山普惠金融"成为首都金融界的一面创新旗帜。区委副书记、区长李新,区委常委、常务副区长齐春利,副区长李文化,光大银行北京分行副行长王文浩,光大银行普惠金融事业部副总经理吴载斌参加发布会。会上颁发2021年度"金融服务突出贡献奖"和"金融服务优质奖"。

(高　博)

【"金融纾困直通车"政策宣讲】 6月8日、9日,区金融办会同区科委、园区管委会等部门,举办"金融纾困直通车"政策宣讲活动。通过腾讯会议暨微信直播号协同方式,分别为科技企业和中关村石景山园企业专场解读金融纾困政策和金融惠企产品,线上观看人数累计达1.6万。本次系列宣讲，围绕小微企业融资需求迫切，重点介绍小微企业贷款贴息、担保补贴以及银行服务奖励三方面金融服务政策支持，以及驻区政府性融资担保机构对受疫情影响严重的行业给予担保费减免支持，让小微企业切实感受到石景山金融的"服务温度"。通过政府部门和银行机构协调联动、信息共享，免除企业提交政策申请、报送政策材料的流程，着力降低企业融资的时间成本和财务成本，对银行机构信贷发放实现"正向"激励，实现从"企业找政策"到"政策找企业"，让"惠企"政策真正做到"便企"，促进小微企业融资增量、扩面、降价。

（高　博）

【北京首家重整上市企业加强战略合作】 7月6日，石景山区上市公司福石控股在北京银行保险产业园举行"元宇宙＋新能源汽车"战略合作活动。福石控股公司与中关村大数据联盟、石景山区现代创新产业基金签订战略合作协议，助力"元宇宙"发展，在"新能源汽车"领域拓展新的应用场景，推动上市公司转型升级。福石控股前身是一度陷入破产的创业板上市公司华谊嘉信，2021年12月底，华谊嘉信全面完成重整，成为北京市首家重整成功上市公司。重整过程中，华谊嘉信多次面临重大危机，几次濒临清算边缘，在市区协同、联动助力下，转危为安，体现出北京石景山区破产重整的高效率。2022年4月，华谊嘉信年报发布后成功"脱帽摘星"，并于7月4日更名为"福石控股"。

（高　博）

【2022全球数字经济大会数字金融论坛举办】 7月30日，2022全球数字经济大会数字金融论坛在北京·银行保险产业园举办。论坛由来自10多个国家20余位知名数字金融专家、机构代表畅谈数字金融发展前沿话题，100余位金融机构、企业和高校嘉宾现场观看，120万人次通过视频直播观看。在本次论坛上，石景山区与亚洲数据集团达成战略合作，区委常委、副区长李先俠与亚洲数据集团常务副总裁张莉签署合作协议，石景山区与亚洲数据集团共同成立石景山区数字金融智库，携手打造数字金融创新中心，提升北京·银行保险产业园的国际影响力，为京西地区数字金融发展注入新动力。

（高　博）

【北京市首笔数字人民币惠企资金发放】 8月2日，北京市首笔数字人民币惠企资金在石景山区"专精特新"政策兑现发布会上成功支付。石景山区"专精特新"企业——北京中电伊川测控技术有限公司，获得数字人民币奖励20万元。年内，石景山区发放数字人民币政策兑现资金600万元。石景山区打造多种类型数字人民币支付场景，覆盖购物消费、餐饮住宿、交通出行、旅游观光、票务娱乐、医疗卫生等使用频率高、人员密集的生活类场景。同时，组织开展多场数字人民币消费推广活动，300余家商户开通数币支付功能，进一步培养企业、居民对数字人民币的使用习惯。年内，石景山区共开立数字人民币个人钱包12万个，对公账户5000余个，为全市数字人民币试点推广提供支撑。

（高　博）

【承办服贸会"一展两论坛"】 9月1日至5日，石景山区以"国家级金融产业示范区"形象亮相服贸会，区金融办承办"一展两论坛"。"一展"是"点亮石景山，成就新金融"专题展。以消费金融、金融科技为特色，以北京·银行保险产业园建设发展成果为亮点，组织"三卡＋消金"、中荷人寿和国宝人寿等20余家金融机构线上线下参展，集中展示石景山区作为"国家级金融产业示范区"的创新成效。"两论坛"是2022中国国际金融年度论坛和2022中国保险业高质量发展论坛。

（高　博）

【"点石成金"系列主题活动】 9月1日至5日，区金融办携手多家驻区金融机构在服贸会推出"点石成金"系列主题日活动。围绕"新金融、新消费""金融安全在身边""健康养老知多少""国潮金融"等主题，每天开展特色活动，包括鹰瞳检测、国潮体验、金融打卡等互动体验交织活动，以"娱乐＋宣介"的形式，展示现代金融产业发展成果，打造"最好玩儿"的金融展台，与会观众在游戏中学习金融安全知识，了解金融服务产品，为服贸会营造金融氛围。

（高　博）

【"走进REITs"专题培训】 11月18日，石景山区邀请安信证券专家为金融系统、国资委系统开展两场REITs（Real Estate Investment Trusts，房地产投资信托基金）专题培训，为深度了解相关知识与业务实操打好基础。安信证

7月30日，2022全球数字经济大会金融论坛在石景山区举行

（《石景山报》供图）

券投资银行业委员会业务总监张策系统介绍REITs产品发行、底层资产要求、监管政策趋势等内容。安信证券深圳债权融资部高级副总裁文炜从地方国有企业利用融资工具做优做强的实例出发,分析多种融资工具在不同类型企业的适用性。

(高　博)

【举办推进现代金融产业发展专题研修班】 12月14日至16日,由区委组织部、区委党校、区金融办、中央财经大学联合举办石景山区2022年推进现代金融产业发展专题研修班。来自清华大学、中央财经大学等高校的教授和国家部委、专业研究机构的专家,就当前宏观经济形势分析与研判、党的二十大对金融工作提出的新要求、数字经济大潮下产业发展的新机遇、资本市场改革与多层次资本市场建设、普惠金融助力实体经济发展、REITs基金等内容进行授课和分享,区管干部、区属国有企业领导班子成员共计30余人线上参训。

(高　博)

【举办2023年重点项目融资推介会】 12月29日,区金融办、现代金融商会共同举办石景山区2023年重点项目融资推介会,为30余家驻区银行、重点项目建设主体搭建服务平台。区发展改革委介绍区内重点项目建设情况,驻区银行代表交流投融资服务成效及金融支持产品,各项目建设主体介绍项目建设情况及融资需求,现代金融商会介绍2023年度政银企平台对接安排。会上,区委常委、副区长李先侠重点推介5大棚改项目与首钢东南区、首钢北区等项目。

(高　博)

【缓解融资难、融资贵组合拳】 年内,区金融办发布"金融惠企九宫格",组织召开"聚焦普惠金融 助力企业发展"政策发布会,设立全市首家专精特新支行,针对间接和直接融资难题,推出九条靶向举措,逐一破解,全年为区内企业新增担保规模10.3亿元,同比增长94%,小微企业担保费率最低降至0.8%;以3.78%优惠利率累计为小微企业贷款达80亿元,其中无还本续贷达9.2亿元、创业担保贷款余额达5000万元。石景山区在全市率先推出"免申即享"融资补贴模式,无需企业申请及提交资料,为30家机构发放贴息、担保补贴、信用贷款奖励资金共计135万元,显著降低企业融资成本。梳理融资需求项目、土地上市项目27个,为北辛安、首钢东南区、中关村工业互联网产业园等重点项目融资94.5亿元;紧抓设备更新改造再贷款+财政贴息双重机遇,累计为区内12个重点项目申请超过7亿元信贷资金支持。

(高　博)

【金融领域疫情防控】 年内,区金融办建立每日风险排查机制,将全区近2万余名金融从业职工纳入每日自查范围,努力消除风险隐患。对统筹管理的商务楼宇和驻区银行开展拉网式、全覆盖疫情防控督导检查;建立覆盖全区金融楼宇的人防+技防疫情防控体系,开展金融系统无疫楼宇创建。引导金融商会党委向区红十字会捐赠5万元用于全区防疫爱心物资保障。年内,区金融办为23家重点金融机构上门配送防疫物资"安心包",派发抗原7.4万个、药品1320盒。线上发布金融服务"二维码"、热线电话,线下召开融资政策宣讲会5场,累计征求企业诉求200余件次,区内42家企业获得信贷6.2亿元;主动对接街道社区需求、快速审核出单等方式高效服务区疫苗接种工作,为8408名60周岁以上老人投保新冠疫苗接种人员意外保险。

(高　博)

【现代金融产业稳步前进】 年内,区金融办深耕光大系、电科系,从天津市引入光大实业资本管理公司,为区财源贡献新增量;推动设立中电科私募基金管理公司、中铁建电气化局北京分公司,央企资源加快聚集。全年累计新引进现代金融机构30家,注册资本金超过10亿元。以"三顾茅庐"式贴心服务,成功挽留新华世纪电子商务、微保科技,全方位为企业排忧解难、解决问题。年内,区政府与工商银行北京分行、招商银行北京分行建立战略合作机制,对石景山区提供授信保障超过千亿元,对重大项目建设、城市更新、产业转型给予定向支持。年内,区金融办建立月跟踪、周调度、日监测工作机制,对全区26家管辖银行全覆盖式走访,全年协调新增各类存贷资金673亿元,存贷款余额指标连续三个季度实现两位数增长,对地区生产总值拉动超过1个百分点。12月31日,石景山区实现银行存贷款余额时点数4547亿元,同比增长超12%,达到近三年最高值,为石景山区地区生产总值提供有力支撑。

(高　博)

【银保产业"含金量"提升】 年内,银保园651地块全部6栋单体建筑完成结构封顶,实现固定资产投资63940万元,其中建安投资22986万元,提前超量完成全年目标任务。年内,区金融办引入国宝人寿北京分公司、华大保险公估等14家机构落地银保园,与全球知名跨国企业亚洲数据集团达成战略合作,成功举办2022全球数字经济大会数字金融论坛并落地五年会址,成立"石景山区数字金融智库",建设"数字金融创新中心",打造数字金融新高地,助力首都全球数字经济标杆城市建设;中电科旗下20余家成员单位进驻,电科财务、电科资产、电科基金并列经济效益第一梯队,银保园载体空置率显著下降,高层次科技人才、金融人才加快聚集,园区活力、魅力、影响力不断提升。

(高　博)

【产业基金创新发展】 年内,石景山区现代创新产业发展基金进入投资增长期,成功设立总规模达8亿元的两支子基金,引进设立2家高精尖企业,撬动社会资本6亿元。9月,石景山区对产业基金安排实缴增资款2亿元,实现首期3亿元规模,基金发展底座进一步夯实;发挥"科幻产业集聚区"和"全球科幻开发者平台"双重优势,石景山区产业基金与首钢基金共同发起设立全国首支科幻产业基金"北京首石科幻产业股权投资基金";5月,紧抓北京创建国家人工智能先导区机遇,区产业基金与中国科技产业投资公司等共同成立"国科瑞祺子基金",增强人工智能领域资源要素链接导入能力。5月，区金融办与商汤资本合作，将其投资的国内元宇宙引擎头部企业“渲光科技”从海淀区引入石景山区；8月，天坛医院领军专家科技成果转化的核心企业“万思医疗”入驻石景山区；11月，世界知名视觉特效制作商数字王国集团核心团队成立的元宇宙视觉引擎技术公司“海瑞鼎伦”引入石景山区，体现基金“以投资撬动招商”的潜力，年内基金纳入储备投资项目22个，赋能产业链优势持续显现。

（高 博）

【服务金融机构】 年内，区金融办建立重点企业定期走访机制，聚焦企业资金、人才、办公场地、政务服务等重点需求，设立“一对一”金融服务管家，累计对接走访服务机构239家次，解决实际困难与问题40余件次。发挥银保园服务中心“一站式”政务服务平台职能，与区市场监管局、北京证监局建立快速服务通道，共出具企业设立支持函4件，向区市场监管局出具协调函3件，为入园企业提供专岗专人精准对接的前置管理服务。强化金融人才服务保障，推荐5家机构22名重点人才和归国留学人才申报人才引进，协调解决8家机构24名人才子女入学问题，为6家机构协调人才公租房41套；启动2022年“景贤计划”现代金融人才申报材料初审工作，积极推荐重点金融人才进入审核。

（高 博）

【服务企业上市】 年内，区金融办畅通拟上市企业政务服务绿色通道，出具合规证明协调函23件次，协助区内企业嘉曼服饰于9月9日实现创业板上市，成为十年来首家在深交所上市的区内企业，区存量上市企业达19家。开展建库培养，建立拟上市企业重点库、储备库，区拟上市企业数量达25家，带领北交所走访拟上市企业15家、新三板重点拟挂牌企业2家，组织驻区金融机构全覆盖走访“专精特新”企业110家；强化上市服务辅导，累计组织30余家企业参与“钻石工程”线上线下培训活动。打通痛点堵点，协调建行北分、石景山支行解除易华录公司冻结授信，化解上市企业资金风险，为企业提供流动资金3亿元；推动全市首家破产重整上市企业华谊嘉信实现“摘星脱帽”（即股票撤销退市风险警示及其他风险警示，股票简称由“＊ST嘉信”变更为“华谊嘉信”）；为流金岁月、嘉曼服饰等2家上市企业兑现市区两级上市支持资金，助力企业快速发展。

（高 博）

【完成冬奥服务保障】 年内，区金融办发挥4家驻区银行“金融店长单位”积极性，服务保障冬奥会签约酒店，全力做好赛时外币存取款、数字人民币支付工作，构建安全有效的冬奥支付环境。围绕服务保障冬奥，举办多场数字人民币活动，在喜隆多购物中心举办“魅力石景山，冰雪中国年”主题活动，在全市率先推出数字人民币发放“专精特新”政策奖励，推动金融与消费相互促进，形成数字人民币金融新生态。

（高 博）

【全国文明城区创建】 年内，区金融办在2021年银行系统创建“零瑕疵”基础上，梳理全区银行网点宣传布设，实现“全覆盖”“无死角”。聘请第三方专业机构每月走访各银行点位，制定问题清单，逐一整改落实，主责科室定期抽查重点银行点位，确保持续达标。

（高 博）

【金融助力乡村振兴】 年内，区金融办与宁城县大城子镇共同研究产业帮扶内容，拨付财政资金100万元，建设大城子镇智慧农业示范园配套项目。发布致驻区金融机构的一封信，动员驻区金融机构参与乡村振兴工作，百融云创、方正期货等4家机构捐赠资金116.165万元，完成社会资金筹集任务。

（高 博）

【重大活动服务保障】 年内，区金融办精密部署金融风险的防范应对，凝聚区金融风险处置专班工作合力。完善金融风险监测预警机制，运用“冒烟指数”、“网络舆情”等技术监测手段，动态监测5000余家企业风险情况，提升监测预警的广度和深度。做到矛盾纠纷“早化解”、各项应急保障“早部署”，办结12345转办件981件，每月响应率、满意率和解决率均为100%。完成冬残奥会、党的二十大等重要时间节点应急值守。加强专班日常值守，发挥法律顾问作用，引导安抚投资人情绪，做好信访答复。年内累计接待现场信访6批次11人次，答复网络信访件284件，未发生金融领域突发事件。

（高 博）

【金融风险防范化解】 年内，区金融办制定印发《石景山区2022年防范处置非法集资暨防范化解金融风险工作方案》，联合开展商务楼宇风险专项行动，现场排查4处重点商务楼宇风险，持续挤压非法集资生存空间。稳妥化解各类风险，完成P2P网贷机构销账任务，做好P2P网贷专项整治工作“最后一公里”；推进私募基金和第三方财富管理分类整治，5家机构完成风险化解；现场检查9家涉非法集资风险企业，建立风险台账；逐一核查处置4条养老领域非法集资举报线索，保障民生福祉。开展金融安全宣传活动，结合疫情防控要求，线下线上一体化开展金融安全宣传教育活动15场次，覆盖群众万余人次。

（高 博）

【地方金融组织管理服务】 年内，区金融办辅导15家地方金融组织完成股东、高级管理人员等各类事项变更；引进1家市属融资担保机构，推动2家停业商业保理公司通过解散和变更经营范围方式实现退出，推动行业机构不断优化提升。组织实施2021年度典当企业年审初审，核查4家被抽选典当行年度经营情况，指导机构及时整改检查问题，加强日常规范经营；完成2022年度地方金融组织现场检查，辖区内60家企业合规经营和风险控制情况完成检查，推动公司加强内部管理，提高风险防控能力，进一步优化金融营商环境。

（高 博）

【北京·银行保险产业园651项目封顶】 年内，北京·银行保险产业园651地块结构封顶，标志着园区开发建设进入尾声。作为园区重点推进项目，651项目是第四期开发地块，规划总建设用地面积3万平方米，总建筑规模约12万平方米(地上6.5万平方米,地下5.5万平方米),共有6处单体建筑。

(高 博)

【区政府引导基金首个子基金项目落地】 年内,石景山区现代创新产业发展基金(以下简称“产业基金”)首支子基金——北京国科瑞祺创新创业投资基金注册成立,基金规模5亿元,标志石景山区产业基金正式启动运行。本次基金筹建,以5000万元财政资金,撬动4.5亿元社会资本参与子基金建设,吸引中金启元投资基金、中关村高精尖创业投资基金等国家级产业引导基金参投,形成区域经济发展合力。

(高 博)

【全国首支科幻产业股权投资基金设立】 年内,北京首石科幻产业股权投资基金(有限合伙)取得营业执照,标志着全国首支由政府发起的科幻股权投资基金正式落地。该支基金由石景山区现代创新产业发展基金与首钢基金共同发起,基金规模为10亿元,首期规模3亿元,区产业基金认缴出资1.45亿元,首钢基金认缴出资1.46亿元,其他投资主体有北京首源投资有限公司等。基金致力于科幻全产业链培育,重点投向科幻、元宇宙产业,引导前沿企业和示范项目落地首钢园区,在支持北京市数字经济薄弱产业发展方面具有标杆意义。

(高 博)

【“流金岁月”获评“北交所领袖企业”】

在第六届中国新三板年度风云榜暨中小企业冲刺北交所主题论坛上,石景山区上市企业“流金岁月”获评“北交所领袖企业”,在162家北交所上市企业中,10家企业获此称号。本次评选,由中国中小企业协会,北交所金融街服务基地、北京股权交易中心有限公司、北京工商大学投资者保护研究中心等机构联合举办,对北交所上市企业的内部管理制度、抗风险能力和成长性等多维度进行专业评价。

(高 博)

【基石国际租赁荣获“2021年中国融资租赁年度公司”】 年内,基石国际融资租赁有限公司获得中国外资租赁委员会评选的“2021年度中国融资租赁年度公司”称号,是北京市唯一获此称号的市属租赁公司。基石国际融资租赁有限公司于2013年7月在石景山区注册成立,是北京市基础设施投资有限公司控股的中外合资企业,注册资本金2.37亿美元。

(高 博)

【光大银行信用卡获金融行业示范案例】 年内,由瞭望周刊社指导,瞭望智库主办的第六届新金融论坛在北京举行,现场颁布光大银行信用卡中心“优秀消费者体验信用卡/信用卡产品”获得“十四五”开局金融行业系列示范案例。2021年,光大信用卡贴近客户心理需求,推出系列服务,包括释放全国客户旅游需求的“魅力中国”系列,满足中产客户尽孝痛点的孝心白金卡、提升年轻客群生活质量的十元会生活品牌活动等。

(杜 娟)

【农行服务实体经济】 年内,中国农业银行石景山支行银保监会口径普惠贷款余额为10.6亿元,对公普惠贷款连续四年超额完成分行任务目标。支持绿色信贷、制造业务贷款、战略新兴及科创企业贷款,新增中煤装备及航天科工世纪卫星流资、国能乌海光伏项目以及中海悦庭苑项目等开发项目,各类重点领域贷款增量明显。向中信房地产投放外部银团贷款11亿元,实现支行首笔外部银团业务落地,向中海地产集团发放并购纾困贷款2.4亿元,实现分行首笔房地产纾困贷款落地,向国能科环审批投放绿色新能源项目贷款2.7亿元,实现支行首次新能源绿色信贷异地项目落地。实现支行首笔农银投资股权投资资金落地,推进数字化转型,落地支行首笔网银远期结售汇业务。石景山支行通过供应链金融业务,向178户注册地为农村地区的企业发放涉农贷款3.15亿元,金额较年初增加1.19亿元,户数较年初增加62户,累计为民营企业韶格林(文安)畜牧发展有限公司开出大额跨境人民币信用证2.4亿元。做好内外部协调联动,全年帮扶销售154万元。

(陈 晨)

【工行支持区域经济发展】 年内,中国工商银行石景山支行聚焦区域发展,区内重大项目建设的信贷支持工作,参与并提供包含信贷产品在内的“全方位、一揽子”多元金融服务。为首钢集团、冬训场馆、银行保险产业园、源山春秋等重点企业和项目给予信贷支持,为区内重点医院审批再贷款、为区内重点项目审批城市更新贷款,提升对区内重点项目、小微企业、科技创新、绿色发展领域的金融服务效能,激发市场主体活力。

(郭诗行)

【“百融云创”推动财富管理数智化】

年内,石景山区注册企业“百融云创”面向银行、券商等金融机构,以智能驱动为核心,构建财富管理“4+1”体系,即客户洞察、智能匹配、常态运营、迭代评估以及数字化系统工具。“百融云创”通过“4+1”体系构建全新数智化客户经营模式,帮助金融机构建立数智化客户经营体系,实现对客户的理解和陪伴。截至年末,“百融云创”财富管理“4+1”体系已在国有大行省分行得到实践,在该行5家支行完成营销试点工作,试点过程中共匹配50万客户群体,有效增加获客资源,转化环节中的效果提升度达70%。

(林 云)

【中行获市级以上荣誉】 年内,中国银行石景山支行辖属冬奥支行荣获2021年北京市“工人先锋号”、2021年北京市“青年文明号”、2022年“全国工人先锋号”等荣誉称号。

(崔 超)

【中荷人寿北京分公司荣获“金牌社会责任奖”】 年内,中荷人寿保险有限公司北京分公司在北青网2022年北青财星榜单荣获“金牌社会责任奖”。中荷人寿为北京社会提供保险保障近百亿元,持续投身于爱心助学、公益捐险、社区慰问、产业扶贫等公益事业。年内,中荷人寿北京分公司拓宽招聘渠道、扩大就业岗位,为应届毕业生提供优质岗位,招收应届毕业生12人,参与区人社局2022退役大学生士兵招聘会,为退役大学生提供就业岗位,推动石景山区景贤未来人才社会实践基地建设，参加2022年度秋季学期社会实践活动，向在校生提供社会实践岗位。

（冉 赛）

审 计

【概况】 石景山区审计局（简称区审计局）是对全区财政收支和法律法规规定属于审计监督范围的财务收支的真实、合法和效益进行审计监督，维护财政经济秩序，提高财政资金使用效益，促进廉政建设，保障石景山区经济社会健康发展的区政府职能部门。现有公务员编制40名，事业人员编制12名，工勤编制1名。在编公务员36名，事业人员10名，工勤人员1名。设有办公室（主体责任办）、综合法规审理科（审计委员会办公室秘书科）、电子数据审计科、财政审计科、固定资产投资审计科、经济责任审计科、行政事业审计科、企业审计科、内部审计指导监督科。下设经济责任审计中心、内部审计指导中心2个事业单位。

（夏山丹 吉香伊）

【区委审计委员会会议】 3月7日召开。会议审议通过《中共北京市石景山区委审计委员会2021年工作总结及2022年工作要点》《2022年审计项目计划安排》。7月15日，召开第八次会议，审议通过《关于2021年度预算执行和其他财政支出审计工作情况的汇报》和建立健全审计整改长效机制相关制度。

（夏山丹 吉香伊）

【审计成果】 年内，区审计局共完成审计项目30个，其中审计20个、专项审计调查10个。查出主要问题金额34184.64万元，其中违规金额28.57万元、管理不规范金额34156.06万元；非金额计量问题394个；损益（收支）不实574.37万元；出具审计报告和审计调查报告30篇，被批示39篇次。审计处理处罚金额2911.03万元，其中应上缴财政款17.49万元、应归还原渠道资金8.99万元、应调账处理金额2884.54万元。审计后挽回（避免）损失4.83万元，移送处理事项4件。审计提出建议199条，被采纳审计建议199条；推动被审计单位制定整改措施316项；促进被审计单位建立、健全规章制度46项；提交审计信息139篇次；被各级媒体采用审计宣传稿件186篇次，向社会公告审计结果11篇。区审计局实施的《石景山区一级预算单位2020年度预算执行和其他财政收支审计》获得市局优秀审计项目三等奖。

（夏山丹 吉香伊）

【政策审计】 年内，区审计局重点关注国有房屋租金减免政策、承租非国有房屋科技型孵化器房租减免补贴政策落实及地方债务管理情况，重点审查区内行业协会商会涉企收费情况，促进区相关机关事业单位、国有企业从快从实落实减免租金政策助企纾困；促进相关单位加强对行业协会商会的监管，各行业协会商会规范涉企收费。

（夏山丹 吉香伊）

【财政审计】 年内，区审计局对55个一级预算单位预算执行、决算草案和其他财政收支情况进行数据审计，查出管理不规范金额26855.69万元，首次集体约谈屡审屡犯单位；首次对区教育系统预算执行、决算草案和其他财政收支情况实现数据审计全覆盖，对环卫系统开展现场审计全覆盖。区审计局代政府向区人大常委会汇报《2021年度预算执行和其他财政收支审计工作报告》《2021年度预算执行和其他财政收支审计查出问题整改报告》，下发《关于2021年度部门预算执行和决算草案审计发现问题的情况通报》。

（夏山丹 吉香伊）

【经济责任审计】 年内，经区委审计委员会批准，区委审计委员会办公室、区审计局对区司法局、区生态环境局、园区管委会、区残联、实兴集团5家单位的5名主要领导开展经济责任审计，规范权力运行，助力经济社会健康发展。

（夏山丹 吉香伊）

【政府投资审计】 年内，区审计局完成对地块开发、道路建设、楼宇改造、园林绿化美化等8个政府投资项目的监督任务；对保障性住房建设管理情况、自然资源资产管理使用情况、背街小巷环境精细化整治实施情况等开展专项审计调查。

（夏山丹 吉香伊）

【专项审计调查】 年内，区审计局组织开展支持企业创新发展资金、电动自行车充电设施建设、公共卫生应急管理体系建设、保障性住房建设、国有企业收入管理等10项重大民生资金和项目审计，促进制度完善和提高资金绩效。

（夏山丹 吉香伊）

【内部审计】 年内，区审计局印发《2022年内审工作指导意见》，在全区开展内部审计质量检查，组织56家一级预算单位和11家国企自查，重点抽查10家单位，对2021年问题单位进行整改"回头看"，并就发现问题向区委区政府报送《关于我区内部审计工作质量检查情况的报告》。组织并指导北京万商投资发展集团有限公司和北京实兴集团有限公司两家国有企业对所属11个下属单位开展内部审计工作。

（夏山丹 吉香伊）

【审计理论研究】 年内，区审计局《关于石景山区落实过"紧日子"政策做好"四保一压一促"工作的调查与思考》一文被评为2019至2021年度全市审计机关优秀调研二等奖；《关于我区开展数据审计全覆盖实施效果的研究》一文被评为2021年度石景山区优秀调研报告二等奖；《推进党建工作与审计工作深度融合有效发挥审计监督作用》荣获石景山区党的建设研究会2021年度优秀调研课题成果二等奖。

（夏山丹 吉香伊）

【审计整改】 年内，审计部门不断加大整改督促检查力度，压实被审计单位整改责任，针对"屡审屡犯"问题，审计部门召开审计整改专题会议，约谈相关单位负责人；利用"三清单一台账"落实对账销号机制，通过线上主动预警、线下动态督办持续开展跟踪督促检查；建立整改督办机制，结合工作需要下发整改督办函，确保整改质量，实行动态跟踪督促。

（夏山丹 吉香伊）

【审计重大事项请示报告】 年内，区审计局共向市委审计办、市审计局报送重大事项和重要文稿46件，其中审计业务类报告33件；向区委审委会报送各类请示、报告、专报等46件，被批示38件。

（夏山丹 吉香伊）

统 计

【概况】 石景山区统计局、石景山区经济社会调查队（简称区统计局、调查队）是区政府负责综合统计和国民经济核算的职能部门，受区政府和北京市统计局双重领导。局队机关设办公室、综合科、人事教育法规科（主体责任办）、数据应用科、宣传科、执法队、工业城建和能源统计科、服务业统计科、商贸统计科、人口就业统计科、社会科技统计科、价格和住户调查科、调查一科、普查中心、调查二科。年内，区统计局、调查队做好经济监测，及时预警预判行业发展情况；聚焦高质量发展、“七有”“五性”、数字经济等热点，及时做好解读分析工作；推进调查普查任务，筹备第五次全国经济普查；强化统计机构统计数据质量全流程管理，推进统计法治建设，统筹开展统计造假不收手不收敛问题专项纠治和入库退库专项检查工作；信息宣传工作持续强化，统计影响力显著提高。

（李岱丽 马文君）

【统计工作综合评价】 年内，区统计局组织开展对全区9个街道统计工作综合评价，重点评价各街道年定报数据质量和统计基础工作，提出建议等次和改进意见，规范统计所统计行为，推动街道统计工作水平整体提升。

（张晓巍）

【街道统计巡查】 年内，区统计局对八宝山街道办事处、老山街道办事处和苹果园街道办事处开展统计巡查，通过听取汇报、个别谈话、查阅资料、延伸调研等方式，全面了解3个街道统计工作开展情况，准确发现问题，提出针对性意见建议，推进街道各项整改措施落实，全面夯实街道统计基层基础工作。

（张晓巍）

【第五次全国经济普查筹备】 年内，区统计局组织成立石景山区第五次全国经济普查筹备领导小组及办公室，制定年度重点工作安排，规范管理、动态维护基本单位名录库，开展年报单位和纳税百万以上单位的数据质量核查，推进企业统计电子台账试点，初步测算普查工作量和所需经费，做好启动第五次全国经济普查工作准备。

（张晓巍）

【年度人口抽样】 年内，石景山区按照全市统一部署开展年度人口抽样调查工作，分国家样本和北京样本，共涉及9个街道、136个社区、246个样本块、105651个住房单元；国家样本涉及7个街道、8个社区、8个样本块、3311个住房单元。住房核查阶段共核查建筑物4814个，其中国家样本点建筑物110个；入户调查阶段共登记住户10351户，登记人口25771人，其中国家样本登记住户346户，登记人口848人。国家和北京样本共选聘指导员和调查员429人，全部采用调查员手持电子终端设备PAD入户登记的方式进行调查。调查的实施时间从9月底至12月份，历经样本核查、住房核查和登记复查等三大阶段。根据北京市年度人口抽样调查工作联席会议办公室反馈数据显示：石景山区2022年年末常住人口为56.3万人，常住外来人口为15.6万人，男性人口为27.7万人，女性人口为28.6万人；常住人口中0－14岁人口6.5万人，15－64岁人口40.3万人，65岁及以上人口9.5万人，60岁及以上人口14.2万人；出生人口3592人，出生率为6.36‰；死亡人口4239人，死亡率为7.51‰。

（郭 涛）

【统计宣传】 年内，区统计局、调查队发挥各级各类新闻媒体作用，多角度、多层次开展宣传，解读统计数据，反映统计工作亮点，创造良好的舆论环境，促进局队精神文明建设，推动统计工作顺利开展。利用市区学习平台和学习渠道，依托局队信息员交流微信工作群及时发布市区稿件需求、采稿情况，建立实时学习研讨共享平台，制订《2022年石景山局队信息工作计划》，编印《石景山区统计调研分析信息宣传汇编》，落实年度考核奖励机制，激发干部信息写作积极性。及时准确报送各类统计信息宣传稿件。全年市统计局信息采用279篇，国家局内网采用19篇，区“两办”报送平台采用149篇，在《中国信息报》刊登稿件5篇，《中国统计》刊登稿件1篇，《石景山报》刊登稿件6篇。微信平台从统计工作展示、数据解读等方面推送投放宣传内容，全年累计发送120期、共139条内容，总阅读人数62107人，总分享量4224人次，平均阅读数444人，平台粉丝数18465人。采用线上线下相结合、多媒体联动的宣传手段，营造氛围，保障人口抽样调查顺利开展。利用石景山统计微信平台开展线上宣传，分两个阶段组织微信有奖竞答活动，将人口抽样调查的相关统计知识和趣味竞答相结合，联动区融媒体中心，在“北京石景山”微信公众号和石景山报同时发布“致年度人口抽样调查住户的一封信”，提高居民对年度人口抽样调查工作的知晓度。以“数说石景山 奋进新时代”为主题举办2022年石景山区政府统计开放日活动，采取线上线下相结合方式，运用统计调查成果，线上图文从数字变化角度客观反映石景山区五年发展情况。线下重点结合住户调查大样本轮换宣传活动，展示统计事业发展成果，展现新时代统计人的“精气神”，提升政府统计的公信力和号召力。

（范一帆）

【统计执法】 年内，区统计局完成执法任务420家，其中常规执法检查80家、专项查询检查337家（含与区发改委部门联合执法检查18家、与区市场监管局部门联合执法检查50家、部门统计报表执法检查3家）、迟报催报检查3家，无违法违纪和举报案件发生；全年共立案处罚18家，其中简易程序处罚14家、普通程序处罚4家。选派一名优秀执法骨干参加国家局赴外省的执法检查工作。区统计局执法队获2017—2021年度北京市统计系统先进集体。

（张雪萌）

【专项调查】 年内，区统计局、调查队组织完成北京市统计局、国家统计局北京调查总队部署和部门委托及自主开展的《北京市城乡居民垃圾分类意识及现状调查》《2022年北京市中小微企业发展情况调查》《北京市2023年重要民生实事项目线索调查》《北京市优化营商环境条例执行效果调查》《北京市小微企业融资情况调查》《服务零售结构调查》《2022年全面从严治党民意调查》《石景山区营商环境满意度调查》《石景山区全面从严治党（党建）工作考核民意调查》等9项各类调查调研，调查结果成为有关部门的决策依据。

（罗　凯）

【统计调研】 年内，区统计局、调查队围绕需求时效，深度挖掘数据，加强统计调研工作。制定《2022年局队统计分析计划》，撰写2022年局队调研分析报告共12篇。《关于石景山区人口趋势与经济协调发展研究》获市统计局"2021年度优秀统计分析报告评比"三等奖，《关于石景山区人口趋势与经济协调发展研究》《关于石景山区规模以上企业动态发展研究》《关于"十四五"时期中关村石景山园发展预测研究》《关于石景山区人口就业现状分析及"十四五"初期发展趋势预测研究》等4篇调研分析报告分获石景山区2021年度调研评比一二三等奖，编印《石景山2021年度优秀调研信息选编》。

（马文君）

【折子工程】 年内，区统计局、调查队承担区政府折子工程中涉及地区生产总值、固定资产投资、市场总消费、城镇居民人均可支配收入和万元地区生产总值能耗下降率等主要经济指标5项统计工作，全部按时完成，为辖区经济社会发展提供统计支撑。

（马文君）

【统计服务】 年内，区统计局、调查队紧抓城市更新和产业转型发展战略，围绕重点指标、行业、领域，加强统计监测预警，定期召开经济形势分析会暨数据质量评估会。全年共报送统计专报72篇，简明统计资料11篇，获领导批示43次。组织撰写"喜迎二十大 数说新时代 笃行向未来"系列统计专报9篇，获区领导重要批示。会同相关部门，完成《石景山区2021年度高质量发展有关情况》《石景山区高质量发展典型案例集》《石景山区关于"七有""五性"监测评价指标体系反馈意见》，并以区政府办名义印发。协助《数说北京》完成本区高质量案例解说视频拍摄工作。推进调查普查任务。推进石景山区第七次全国人口普查资料开发工作，围绕"疏整促"强化人口动态与变动趋势数据监测，完成每月人口动态监测报告，季度常住人口推算，增加七人普数据可视化平台。筹备第五次全国经济普查，组织开展对1383家单位的数据质量核查工作，部署住户调查大样本轮换工作，组织开展2022年度人口抽样调查工作。紧跟各项决策部署，发挥专项调查"轻骑兵"优势。全年共完成中小微企业生产经营情况调查、北京市优化营商环境条例执行效果调研、垃圾分类情况等多项快速调查11项，开展价格监测、住户收支等调查。贴近数据需求，做好统计数据服务。制定2022年石景山区统计局、调查队统计数据和信息发布计划，按时发布统计数据，发布《石景山区2021年国民经济和社会发展统计公报》，编印《石景山统计年鉴（2022）》《石景山区经济发展统计月报》。服务部门及民众数据需求，提供数据服务34万余笔。

（马文君）

【统计年报】 年内，区统计局、调查队完成统计年报及定期统计报表培训、布置、收审、评估和分析工作。根据疫情防控要求，完成2021年统计年报和2022年统计定报线上培训，涉及人员3000余人次。

（马文君）

【名录库管理维护】 年内，区统计局、调查队扩大准规模调查范围，严格执行"四上"单位审批规定，全年核查准规模单位1395家；新纳入定期统计单位123家，退出112家。

（隗京华）

市场监管

【概况】 石景山区市场监督管理局（简称区市场监管局）是辖区市场综合监督管理的工作部门，负责辖区市场主体登记注册、组织和指导市场监督综合执法、监督管理、市场秩序以及产品质量安全、特种设备安全、食品药品安全监督管理和宏观质量管理、计量、标准化、检验检测、知识产权管理、价格监督管理等工作。有23个内设科室、9个街道所、8个事业单位，1个市场监管综合执法大队（包含12个内设机构）。年内，区市场监管局围绕"强党建、稳秩序、促发展、保安全"工作主线，统筹推进新冠肺炎疫情防控与各项任务落实，逐步实现市场领域疫情防控稳定有序、营商环境不断优化、安全形势平稳有序、竞争秩序持续规范、质量提升高位推进、监管机制更加健全的良好局面。完成冬奥服务保障，荣获"2022年冬奥会、冬残奥会北京市先进集体"称号。石景山区被国家知识产权局确定为首批国家知识产权强市建设试点城市。

（项　雷）

【新冠肺炎疫情防控】 年内，区市场监管局落实行业监管和防疫检查责任，督促市场领域从业人员开展核酸检测；对进口冷链食品经营单位、冷库等重点主体外环境开展常态化监测累计约42万件。在岳各庄疫情、天津市流入进口冷链食品排查管控以及对新疆、天津、内蒙古方向人员和食品的涉疫排查中，共排查市场主体178家，检测物品和环境2770件，涉及食品34811公斤。对辖区142家进口冷链食品生产经营单位开展监管，督促注册并使用"北京冷链"平台，确保"应上尽上"。对辖区202家冷库经营主体冷库"每日一查"，累计收发货逾183万公斤。抓好药品零售企业疫情防控措施落实，监管"五类"以外主体总数90692户次，发现问题涉及868户，全部落实整改。强化9类感冒药及抗原试剂供销保障，落实急需药品订单。按时完成市级专班应急防控药品调拨令,对接医疗器械生产批发企业,为区医疗机构采购血氧仪、担架车、氧气袋等医药物资,最大限度满足医疗机构的物资需求。

(黄　健　俞为之)

【冬奥服务保障】　在2022年冬奥会和冬残奥会保障期间,区市场监管局以“1+6+1”(1个竞赛场馆+6个非竞赛场馆+交通场站)为核心,针对北京冬奥组委机关驻地、冬奥场馆、酒店以及外围食品经营主体,做好食品供应安全全链条、各环节保障,防范食源性兴奋剂风险,共计保障涉奥点位就餐707565人次,出动保障人员6587人次,食品留样43313份,快速检测15980件,结果均为合格,未发生一起食品安全事件。完成国际雪联对外交往活动、冰雪文化交流活动、冬奥会和冬残奥会火炬接力活动、冬奥会开闭幕式演出等市区两级保障任务,确保奥运供餐安全、平稳、有序。

(黄　健　俞为之)

【市场主体登记】　年内,区市场监管局创建“一案一单一平台”工作模式,开通证照联办、线上预审等功能,整合51个区级办理事项,助力市场主体“快入准营”;提供全程电子化、双向寄递服务,最大限度便利企业;做好重点企业全程一对一精准服务,登记注册指导与延伸服务并行;创新宣传方式,自建执照办理“码上通”智能服务平台,打通登记注册“最后一公里”,多次受到市级部门和区领导的肯定。截至12月,石景山区实有市场主体57145户,同比增长17.76%,其中新设市场主体8946户,同比增长65.36%,增幅全市第1。

(孙小革　崔萌萌)

【推进知识产权示范区建设】　年内,区市场监管局牵头制定并印发《石景山区推进知识产权示范区建设实施方案(2022—2024年)》。8月4日,石景山区被国家知识产权局确定为国家知识产权强市建设试点城市。实施“知识产权强企培育计划”,7家企业被认定为国家知识产权示范、优势企业,11家企业被认定为北京市示范试点企业。抖音视界获得第23届中国专利优秀奖。完成冬奥会知识产权保护工作,多部门协作配合,快速处理全国首起侵犯奥林匹克标志知识产权刑事案件,被最高检、公安部列为典型案件。打击侵犯知识产权违法行为,立案15件,罚款44.8万元。与湖北省竹山县对口建立知识产权保护合作协商制度。石景山区2022年度专利授权5385件,同比增长15.1%;发明专利拥有量8867件,同比增长24.5%;每万人发明专利拥有量达156.1件;PCT国际专利申请575件。商标申请量11549件,注册量8680件,有效商标注册量累计达7.95万件。

(李　勇)

冬奥前期,区市场监管局对滑雪大跳台电梯进行应急演练安全检查

(区市场监管局供图)

【文明城区创建】　年内,区市场监管局以实地验收形式开展农贸市场达标评估,3家市场通过验收。开展包片包点志愿服务活动,传递文明理念;开展校园周边“五无”专项整治工作,净化校园周边环境;举办多个主题宣传日、宣传周活动,提高创城知晓度和参与度,营造全民共建共享的浓厚氛围。

(索　楠)

【规范直销】　年内,区市场监管局全面摸排辖区直销企业,建立直销企业经营台账,加强对直销企业经销商、服务网点及直销员的监管,监督检查直销网点23户。运用行政指导、宣传教育等方式规范企业的经营行为,约谈直销企业5户。

(肖光明)

【打击传销】　年内,区市场监管局组织召开2022年度石景山区打击传销工作联席会,发挥区打传办职能,开展打击网络传销专项执法行动,重点打击网络购物型传销、网络投资理财型传销、网络创业型传销,加强与公安机关等部门的协同配合,提高工作合力,全年摸排经营性网站43个,发布提示信息11条。重新制定《石景山区2022年创建无传销社区工作方案》《石景山区无传销社区考核认定标准实施细则》等,推进无传销社区创建,实现创建率100%目标。在辖区高校开展“助雄鹰展翅护校园安全”主题宣传教育活动3次;利用商圈社区LED屏,播放打传视频300余次,现场解答咨询120余人次,发放打击传销法律法规等宣传材料800余份,加强宣传教育。

(肖光明)

【登管衔接和信用监管】　年内,区市场监管局召开全区“双随机、一公开”监管工作联席会,统筹部门联合开展双随机抽查,全年双随机抽查46批次2578户,有效提升监管精准性;推进“6+4”一体化监管和综合监管“一码查”工作,实现检查任务分类留痕;推进年报工作,石景山区企业年报率达94.16%,高于全市平均水平;构建并完善食品安全智慧监管系统，动态更新数据12万余条，监管效能显著。打击市场主体提交虚假材料骗取登记行为，对136户涉嫌虚假注册的主体进行立案调查，对其中125户作出吊销营业执照的行政处罚决定。通过督促补报年度报告、纳税申报、变更登记事项、注销登记、吊销营业执照等方式开展清理长期停业未经营企业工作，引导企业守法诚信经营，净化市场环境。

（李凤良）

【网络交易监管】 年内，区市场监管局强化合规管理，提升常态化监管水平。综合运用线上线下约谈指导、合规培训等方式，推进网络经营主体合规管理。注重监管前置，与重点网络交易平台建立定期会商指导机制，结合“6·18”“双十一”等重要时间节点召开行政指导会，对网络交易中涉及到的价格、广告、产品质量、食品安全等方面做好风险提示，督促平台企业把握合规管理重点，强化各监管部门的沟通协作，共同防范系统性风险，维护消费者合法权益。开展网络市场监管专项行动，督促平台企业落实主体责任。重点针对严禁网售禁限售商品，治理“三无”外卖，整治“三假”直播，打击网售药品、医疗器械、化妆品违法行为，严查网售“一老一小”用品质量违法问题、规范重要节点促销活动等七项重点任务开展专项执法检查。共督促网络交易平台删除违法商品信息8条，责令整改网站125个次，开展网售“一老一小”用品抽查12批次，立案查处涉网违法违规案件34件。

（彭　宁）

【“疏整促”专项行动】 年内，区市场监管局牵头组织开展全区无证无照经营和“开墙打洞”专项整治行动，对开墙打洞和无证无照经营举报开展首次联合现场检查。加强举报原因分析，提高问题解决率和群众满意度，举一反三主动对集中诉求地区开展摸排治理，实现未诉先办，保持动态清零。落实防反弹工作责任制，对开墙打洞立查速办。加强源头管控、强化综合治理，结合疫情防控要求，加大对无证无照销售口罩、酒精消毒液等防疫用品的整治力度；紧盯食品安全、环境保护等重点领域，依法查处关停无证无照经营行为。

（李凤良）

【12345“接诉即办”】 年内，区市场监管局加强与区指挥中心、属地街道上下协同，形成合力；聚焦高频次、共性问题，对教育培训、网络交易等诉求反映集中的行业领域开展专项执法，强化主动治理；靠前站位，兜底承办由指挥中心指派的无承办部门的工单。年内，区市场监管局承办接诉即办工单12158件，三率始终保持在全区前列，综合成绩95.61分，高于全区委办局平均成绩4.84分。

（屈向东）

【广告监管】 年内，区市场监管局强化广告导向监管、智慧监管、信用监管、协同监管，加大互联网虚假违法广告整治力度。以社会影响大、覆盖面广的电子商务平台为重点，突出移动客户端和新媒体账户等互联网媒介，针对医疗、药品、保健食品、房地产、金融投资理财等关系人民群众身体健康和财产安全的虚假违法广告，加大案件查处力度，开展电视购物广告监测39650条次。全年立案77件，结案74件，罚没款合计162.92万元。

（李　勇）

【价格监管】 年内，区市场监管局通过线上线下等方式，开展价格监管法规、文件、政策培训指导。牵头实施核酸检测价格、煤炭价格、教育收费、“山寨”证书、涉企收费、医疗卫生领域商业贿赂及价格违法等8项专项整治工作，联合检查学校、商场超市、涉企收费、粮食经销企业、煤炭经营企业11次337家次，督促退还多收费用943万元，罚没款168万元。加强涉疫商品和重要民生商品价格检查，对肉、蛋、菜、奶等重要民生商品的市场价格进行严格监管，稳定市场价格。针对疫情影响导致的药品价格上涨情况，开展药店价格专项检查，每日检查辖区退热药、抗病毒药及抗原试剂价格，维护辖区药品市场价格稳定。

（肖光明）

【食品药品安全】 年内，区市场监管局履行区食药安办职责，统筹推进食药安全。持续推进“两个责任”落实，制定下发《石景山区贯彻落实〈建立健全分层分级精准防控末端发力终端见效工作机制 推动食品安全属地管理责任落地落实的意见〉的工作方案》，全面排查本地区食品经营企业，形成主体清单，建立工作落实台账，592名包保干部和3811家食品经营主体签订承诺书和责任清单，A级主体（区级领导干部）包保比例为1.6（主体数比包保干部数），B级主体（街道领导干部）包保比例为6.2，D级主体（社区领导干部）包保比例为6.5。创建食品安全示范区工作常态化，以区政府名义向市食药安办申请创建第五批国家食品安全示范城市。组织开展全区食品药品抽检工作，全年共完成食品安全抽检1800件，抽检合格率99.2%；药品抽检275批次、医疗器械抽检25件、化妆品抽检40批次抽检，合格率均为100%。

（黄　健　俞为之）

【餐饮品质提升】 年内，区市场监管局开展智慧监管，落实“互联网+明厨亮灶”建设，实现餐饮单位后厨24小时实时直播，倒逼餐饮单位规范服务操作行为。1769家餐饮单位入驻智慧监管平台，526家单位实现“互联网+明厨亮灶”，完成市局年度考核任务指标。石景山区学校及托幼机构阳光餐饮完成率保持100%，入驻智慧校园平台的48家公立学校均实现食堂后厨实况直播。优化餐饮业营商环境，激发餐饮业内在动力，本年度石景山区新增经营面积150平方米以上餐饮单位88家，同比增长54%；新增连锁餐饮单位98家，同比增长51%。

（孙　毅　吴　瑶）

【食品流通监管】 年内，区市场监管局持续优化营商环境，实现食品经营许可证、小食杂店备案“证照联办”，全年食品经营许可证办理253件，小食杂店备案办理296件，仅销售预包装食品备案819家。开展食品安全“守底线、查隐患、保安全”专项行动，排查食品流通环节食品销售经营者3194户次，发现风险点200个，全部完成处置。完成食品销售经营者风险分级，完成评定食品销售经营者4424家，评定完成率107.85%。完成国抽转移食用农产品抽检316件，日常监督抽检524件；完成食品快检1330件，其中流通环节1260件，市场环节70件。石景山区现有食品生产企业2家、销售经营者4025家、集中交易市场2家，市场内商户193户、商品有形市场4家、市场内商户455户。

(郝　宁)

【特种设备安全保障】　年内，区市场监管局以全国"两会"代表驻地、冬奥组委驻地、冬奥比赛场馆等为监管重点，以"首善标准"完成首钢滑雪大跳台、冬奥火炬接力点位电梯安全保障。加强大型游乐设施、客运索道等社会面特种设备安全隐患排查和治理，配合市局确定全区148台电梯评估点位，实现超期未检动态清零，无特种设备安全事件和特种设备安全事故。

(彭　祎)

【民生计量监管服务】　年内，区市场监管局落实计量器具首检负责制，保证计量器具在资质范围内的无拒收、拒检现象。对辖区内涉及民生计量的监管工作通过日常行政执法、双随机抽查检查、专项督查等方式开展，营造诚信放心的计量消费环境。全年共完成计量器具强制检定13173台件。

(张全明)

【市场主体监管】　年内，区市场监管局参加对重点风险主体联合检查7户5次，重新梳理全区重点风险企业名录，完成拟吊销主体梳理筛选53户，对符合立案标准的13户重点风险主体予以立案。加强对涉投资理财类违法广告查处力度，查处案件3件，罚没款10.22万元。配合"双减"工作，开展校外培训机构专项整治，检查校外培训机构主体254家次，立案5件，结案5件，罚没款39.29万元。依法依规配合做好登记管控工作，对区教委函告的46户重点主体实施登记限制和16户主体的解除限制措施。推进粮食市场秩序专项整治工作。加强格式条款违法行为执法打击力度。

(李紫亮)

【产品质量安全监管】　年内，区市场监管局履行产品质量安全市场监管职责，突出重点行业、重点企业产品质量安全监管，加强对涉及人身财产健康安全产品生产销售经营主体监管，强化经营主体责任意识。开展电动自行车、蓄电池、燃气具产品质量安全"百日行动"专项整治，规范重点产品市场秩序。对辖区28家电动自行车、1家蓄电池、42家燃气具经营主体开展"全覆盖"专项检查，查处经营性拼改装违法行为1起、检测不合格电动自行车2起、不符合相关标准燃气灶具配件燃气软管15起。全年开展市、区级抽样检查128组，其中按月开展大气污染专项胶黏剂、乳胶漆抽检12组、车用油品质量全覆盖抽样32组，经检测全部合格；对17组抽样不合格产品经营主体立案查处，发现和防范产品质量安全风险隐患。

(张学功)

9月23日，区市场监管局对游乐园食品摊位开展抽检(区市场监管局供图)

【检验检测认证认可监管】　年内，为强化检验检测认证领域事中事后监管，区市场监管局持续开展"认证检测乱象"专项整治，营造良好的认证市场秩序。将机动车、环境、水质、食品检验等列入重点领域开展专项整治工作。全年对3家认证、10家市级检测机构开展"双随机"专项检查；按月对辖区唯一一家机动车检测机构开展记分制专项检查，全年未扣分。开展3C免办业务，对电动自行车、燃气具、儿童玩具、电热毯等民生领域重点产品开展专项检查，共检查经营主体100家次，全区检验检测认证领域市场环境健康有序。

(张学功　项　雷)

【生态环境污染防治】　年内，区市场监管局落实大气污染防治工作任务，对辖区16家车用燃油、1家胶黏剂、涂料生产经营主体开展专项检查、开展垃圾分类工作，对商超、市场免费提供的可降解等塑料袋开展专项检查，查处检测不合格塑料袋2起。全年共检查企业1844家次，其中，专项检查1162家次、与区环保、应急、消防部门开展联合"双随机"检查80余家次。

(张学功)

【法制建设】　年内，区市场监管局研究制定2021—2025年法制政府建设工作方案，试行市场监管所事权清单，局官网设立执法公示栏目，将局职权清单、执法人员基本情况，执法检查计划、执法检查结果、依法行政工作年度报告、法制政府工作报告等行政执法相关基础信息向社会公示。全年开展重大法制核审案件42件，审理经济类合同、服务协议等157件。加大行政执法力度，办理行政处罚案件1033件，罚没款1369万元。触发职权1767项，违法行为纳入检查率91.51%。

(解　军)

招商引资

【概况】 石景山区投资促进服务中心(简称区投促中心)是区政府直属负责组织、管理、协调、指导全区招商引资工作的职能部门,属公益一类事业单位,机构规格为正处级。下设六部一室(投资信息部、投资公关部、投资服务部、投资项目部、市场运营部、投资发展部和办公室)。年内,区投促中心把握“疫情要防住、经济要稳住、发展要安全”的要求,实施城市更新和产业转型发展战略,统筹疫情防控和经济社会发展,牵头成立由区委书记任组长,区长任常务副组长,33个部门为成员的产业发展领导小组。全年引入高精尖企业889家,同比增长16.8%。推动中国电科(北京)智能科技园一期建成并投入使用,招商引资工作取得新成效。

(李文鹏)

【召开企业家座谈会】 1月18日,常卫与驻区企业家代表座谈。会上,李新介绍全区经济发展情况;首钢集团、中国电科、光大卡中心、畅游集团、虚拟动点、达瓦未来等12家来自现代金融、数字创意、智能科技及科幻、VR产业等领域的企业代表发言,就企业新技术、新产品和新场景的快速应用、政企的深度交流合作及引进优秀人才等提出意见建议。

(李文鹏)

【走访企业】 2月17日,李新走访中储粮油脂有限公司。双方就进一步拓展合作的广度和深度,发挥中储粮油脂有限公司的示范引领作用,吸引更多的中储粮系公司集聚石景山创新发展进行深入交流。石景山区将与企业不断深化互动交流,做好精准服务,努力促成中储粮系新设机构在区布局发展,全面提升企业植根性,助力区域经济高质量发展。

(李文鹏)

【市投促中心到区调研】 3月3日,北京市投资促进服务中心副主任徐宗军一行到石景山区调研,参观考察新首钢园、中海财富中心、银保园和中国电科(北京)智慧创新园,了解石景山区重点产业园区和楼宇建设情况,听取区投促中心关于石景山区招商引资工作情况汇报,并就市区两级联合推动投资促进工作深入交流。北京市投资促进服务中心表示,将围绕石景山区主导产业,加大合作力度,共享信息、共办活动、共谈项目,推动高精尖企业在石景山集聚发展。

(李文鹏)

【召开稳企服务工作培训会】 4月8日,区投促中心联合区财政局召开街道系统稳企服务工作培训会。区投促中心介绍街道系统稳企服务方案、惠企政策清单及“服务包”有关情况,区财政局介绍企业迁出预警和奖励资金使用情况,围绕街道开展稳企服务中的问题及困难深入研究交流。

(李文鹏)

2月17日,李新走访中储粮油脂有限公司　　（区投促局供稿）

【召开产业发展领导小组会】 4月14日,常卫主持召开石景山区产业发展领导小组2022年第一次会议。会议听取关于石景山区产业发展领导小组组织机构、工作规则和2022年工作要点情况汇报,明确2022年为产业转型发展年,产业发展领导小组每月对产业发展情况进行统筹,明确项目清单、任务清单和责任清单,主管区领导常态化调度,推动全区产业高质量发展。

(李文鹏)

【举办政策宣讲活动】 8月11日,区投促中心联合中国电科(北京)智能科技园园委会,会同区委组织部、区人力社保局和中关村石景山园管委会等三家单位举办“走进智能科技园,上门讲政策,主动做服务”首场政策交流会。交流会重点针对高端人才引进、工作居住证办理、党团共建活动实现融合发展等方面讲解最新政策,明确审批流程,建立联系机制,加强区企交流互动,帮助各入园单位用足用好惠企政策,共享区域经济发展成果。

(李文鹏)

【举办石景山会客厅活动】 9月2日,在首钢园秀池B馆首次举办石景山会客厅活动。区领导李先侠与中铁建资本控股集团有限公司党委书记、董事长冀涛,特斯联集团首席运营官涂红孙进行座谈交流。石景山区将充分借助“两区”建设的优势,紧抓京西产业转型示范区建设的契机,加快培育特色产业集群。

(李文鹏)

【参加投资北京会客厅活动】 9月4日,区领导李文化参加投资北京会客厅活动。该活动由市“两区”办、市商务局、市投资促进服务中心共同主办,李文化受邀做客“投资北京会客厅”直播间,从石景山区经济社会整体情况、现代金融产业发展成果、落实区域协同发展新格局以及助力民营和中小微企业纾困等四方面,向线上企业家、投资者展示石景山区优渥的营商环境与多样的投资机遇。

(李文鹏)

8月11日,区投促中心举办"走进智能科技园,上门讲政策,主动做服务"首场政策交流会　　(区投促局供图)

【参加京港洽谈会】 12月14日,李新参加第二十五届京港洽谈会开幕式。本届京港洽谈会以"融入新格局 合作谱新篇"为主题,开展京港合作峰会、专题交流等活动。石景山区将借势京港洽谈会,认真谋划京外境外招商引资工作方案,聚焦北京"两区"建设,深化京港两地合作机遇与合作成果,切实推动区域投资促进工作高效开展。

(李文鹏)

【加强顶层设计】 年内,石景山区成立由区委书记任组长,区长任常务副组长,33个部门为成员的产业发展领导小组,明确组织机构、议事规则,制定《石景山区产业发展领导小组2022年工作要点》以及任务清单和项目清单,召开领导小组会议4次,按照"清单化管理、项目化推进"原则完成重点任务37项,重大项目26项,举全区之力抓产业发展。

(李文鹏)

【完善企业服务体系】 年内,区投促中心联合区财源办出台《石景山区街道系统稳企招商服务工作方案(暂行)》,确定街道服务重点企业名单,强化属地街道服务职能,形成区、街两级服务机制,提升稳企针对性和实效性。

(李文鹏)

【培育新动能】 年内,区投促中心深入实施《石景山区招商引资工作三年行动计划(2021—2023年)》,促进招商引资工作高质量发展。全年引入高精尖企业889家,同比增长16.8%。实现区级一般公共预算收入1.48亿元,同比增长15.3%。引进光大实业资本、中船海神等重点企业50家,同比增长92.3%。

(李文鹏)

【落地重点项目】 年内,中国电科(北京)智能科技园一期建成并投入使用,落地3个国家级原创技术策源地、5个创新中心和实验室及17个电科集团二级单位在京研发中心,28家二三级公司入园发展,实现一般公共预算收入6.8亿元,区级一般公共预算收入2.4亿元。

(李文鹏)

【健全保障机制】 年内,区投促中心加强对驻区央企国企分析力度,坚持"一企一管家",按照"聚焦二级央企、突出龙头国企、覆盖重点税源"原则,筛选出32家央企、国企集团下属重点企业97家,确定18位区领导,8个相关部门牵头对接,提供"一对一"精准服务。召开专题调度会20余次,及时解决企业难题,助力企业发展壮大。

(李文鹏)

【服务企业】 年内,区投促中心制定2022年联系企业工作方案和联系企业名单,开展"服务包"企业联系走访活动。组织召开企业家座谈会,深入了解企业发展需求和对区委区政府工作建议。全年走访"服务包"企业345家,1578家次,制定服务措施398项,解决率、满意率均为100%。

(李文鹏)

【打造产经融媒矩阵】 年内,"Ai石景山"入驻运维人民号、北京号等8个主流媒体平台,打造具备"读品质石事、看营商资讯、查投资信息"三大功能为一体的产经媒体矩阵。

(李文鹏)

【打造云招商平台】 年内,"掌上石景山"小程序上线,打造集"品牌推介、智慧服务、精准招商"云招商服务平台,全年访问量1.5万人次,提供咨询服务2000余次,落地4家优质企业。

(李文鹏)

国有资产监管

【概况】 石景山区人民政府国有资产监督管理委员会(简称区国资委)落实区委区政府决策部署,完成2022年各项任务,实现稳中有进、转型发展。全区各级次国有企业78家,其中一级企业11家,二级及以下企业67家。截至年末从业人员数2658人,资产总计584.58亿元,负债总计362.82亿元,净资产221.76亿元,累计实现营业收入50.62亿元,实现利润总额1.10亿元,上缴税费2.13亿元。

(魏　然　韩维娜)

【国资国企发展规划】 年内,区国资委统筹谋划改革重组与创新发展,研究制定新一轮改革重组方案,提升资源配置效率。提高监管效能,完善出资人权责清单,激发企业发展动力。强化经营性房屋管理,总结分析经营性房屋管理办法执行过程中的实际问题,结合审计、巡察等提出的新要求和企业实际,严把面积、期限、总价三个标准,持续强化经营性房屋租赁管理,规范国有企业经营性房屋管理行为。

(魏　然)

【国企改革发展】 年内,区国资委落实《石景山区深化国资国企改革三年行动实施方案(2020—2022年)》，坚持目标导向，全面深化改革，完成六方面37项改革任务。石泰集团与安泰兴业联合竞买衙门口棚户区改造土地开发项目1616-670地块F1住宅混合公建用地，5月31日，联合体以26.6亿元的成交价成功竞得该地块。北京实兴集团有限公司与北京市公联公路联络线有限责任公司、北京城建集团有限责任公司联合竞买苹果园交通枢纽1604-648、649、650地块，6月2日，联合体以20.45亿元的底价竞得该地块。实兴集团全资子公司北京实兴新城置业有限公司更名为北京实兴城市更新治理发展有限公司，为石景山区属首家城市更新平台公司。石景山游乐园与首都会展集团共同投资成立北辰京西科幻(北京)会展有限公司，围绕中国科幻大会市场化运营、国际科幻大奖筹办、科幻相关活动落地、科幻产业招商引资等业务开展工作，逐步打造成为石景山区会展平台公司。石景山区现代创新产业发展基金进入投资加速期，设立北京国科瑞祺创新创业投资基金和北京首石科幻产业股权投资基金两支子基金。石国投公司全资子公司北京华游竞界科技发展有限公司与北京昱晟达医疗科技有限公司签订合作协议，注册成立北京国诚医学检验实验室有限公司，主要负责新冠病毒核酸检测。万商集团、京石建业公司高效完成区重大项目应急保障用房工程，接续奋战近80天，于7月20日完成竣工验收，970间房规模的万商青年公寓投入使用，8月20日开始接收第一批隔离人员。石国投公司将所持有的北京中联信保险销售服务有限公司10%股权通过北京产权交易所公开挂牌转让。保险园公司以非公开协议转让方式将持有的保汇公司100%股权转让给中电科资产公司。通过股权交易，实现中国电子科技集团入驻北京银行保险产业园的目标。

(张　智)

【支援协作】 年内，区国资委继续对口支援内蒙古自治区呼伦贝尔市莫力达瓦达斡尔族自治旗和赤峰市宁城县。制定印发《石景山区国资委2022年支援协作工作方案》，持续加强与支援协作地联系对接，统筹实施莫旗城投公司高标准生猪生态养殖示范基地项目、尼尔基镇乌尔科村乡间路项目、结对帮扶等项目4个，组织系统企业结对莫旗6个村、宁城4个村，督促莫旗城投公司气调库项目等跨年项目进展，实现益农带农效应。组织系统企业参与社会帮扶资金筹集和消费帮扶等工作，按时完成1210万元筹集任务，采购帮扶产品共计15.6万元。

(高露阳)

【国有资产管理】 年内，区国资委推动国有资产提质增效。围绕石景山区发展定位，按照构建“1+3+1”高精尖产业体系要求，推动完善北京银行保险产业园配套服务功能事项、模式口文保区修缮改造和招商运营、古城南路步行街资产统一运营、今鼎商圈升级改造、北辛安返还资产统一运营。严格企业重要资产管理。规范国有企业资产处置行为和程序，完成2021年度资产损失核销备案工作。按照中央和市属国有企业公务用车制度改革实施意见，以及北京市党政机关公务用车管理办法等，严格审批企业公车购置。严防国有资产流失。严把国有资产价值门槛，组织对区属国企涉及的大额资产处置、股权转让等资产评估项目进行评审，完成宏路通公司产权注销、圣德物业股权转让、游乐园公司资产处置等项目，推动国有产权有序规范流转。

(赵天翊　贾艳丽)

【产权管理】 年内，区国资委贯彻落实北京市划转部分国有资本充实社保基金工作要求，推动完成年度石景山区国有资本划转充实社保基金收益分配上缴工作，向市财政局分配划入国有股权收益321.45万元。组织完成年度国有产权登记汇总分析及国有金融资本产权登记工作，持续明晰产权分布。

(贾艳丽)

【疏解整治促提升】 年内，区国资委推进疏解整治促提升工作，按照《“十四五”时期石景山区深化推进“疏解整治促提升”专项行动工作方案》和《石景山区2022年“疏解整治促提升”专项行动工作方案》要求，推进海特花园50号楼改造提升工作。推进完成重点项目腾退，推进模式口文保区修缮改造，完成模北联建综合商业楼腾退。推进解决历史遗留问题，累计解决原开发公司居民不动产登记历史遗留问题，累计解决面积约7万平方米，为近千户居民解决办证难问题。

(赵天翊)

【国有资本经营预算工作】 年内，根据《石景山区国有资本经营预算管理暂行办法》和《石景山区国有资本收益收缴管理暂行办法》，区国资委全面开展石景山区国有资本经营预算各项工作。国有资本经营预算收入为1610万元，实际完成收益收缴3592.68万元，其中上缴市财政321.45万元(纳入划转充实社保基金)、区级国有资本预算收入执行数3271.23万元，超收1661.23万元。超收1661.23万元纳入2023年区级国有资本经营预算支出基数。国有资本经营预算支出安排3589.18万元，包括上缴一般公共财政预算1076.75万元，资本性支出750万元，费用性支出1762.43万元，其中资本性和费用性支出方向主要为解决国有企业历史遗留问题及相关改革成本支出，对国有企业的资本性注入进行支持，国有企业政策性补贴等。

(裴　培)

【践行国企社会责任】 年内，区国资委全力抗击疫情，高质高效完成方舱医院及多家隔离酒店升级改造项目，设立医学检验实验室，为全区疫情防控常态化筛查工作提供有力技术支撑，万商青年公寓正式投入运营，有效缓解隔离资源压力。助力中小企业纾困解难，统筹开展区属国有房屋租金减免工作，两次减免总计惠及服务业小微企业和个体工商户759户，累计减免租金1.17亿元。做好系统接诉即办工作，共承办市民诉求2037件，年综合成绩91.15分。强化安全生产主体责任，坚持安全发展理念，注重夯实基层基础，推动隐患排查治理，推进安全生产督察问题整改，有效遏制安全生产事故，为区域经济社会高质量发展创造良好的安全环境。

（魏　然）

【重点项目建设】　年内，区国资委把握城市更新和产业转型两个关键动能，向“1＋3＋1”产业发展加大资源配置力度，聚焦高精尖产业导向的顶层设计，推动中关村工业互联网产业园、中关村科技园石景山园北Ⅰ区等重点园区建设。以基金投资促进高精尖产业集聚，现代创新产业发展基金进入投资加速期。加大招商引资力度，积极引入中电科集团子企业落户保险产业园，有效提高园区资源运营，完成区委交办的去空置率任务。促进产业融合发展，深挖模式口历史文化街区民俗特色，形成多元复合业态，“模式口街区保护更新”荣获北京城市更新最佳实践项目。

（魏　然）

【国企党的建设】　年内，区国资委加强政治建设，完善国企“三重一大”决策制度，全面规范“三会”运行，将学习贯彻党的二十大精神转化为做好区属国企党建工作的强大动力和思路举措，举办主题讲座10场次、培训500余人次。落实意识形态工作，每季度加强全系统意识形态分析研判，发挥“石景山国资”微信公众平台宣传阵地作用，打造宣传矩阵，20余篇宣传信息被市、区级新媒体平台发布，抓牢工作主动权。建精基层组织，打造国企党建品牌，印发“品质国企·红色先锋”工程工作方案，指导第一批4家试点企业培育国企党建品牌，提升党建能力。建强干部队伍，实施“国资毓秀”人才储备战略，建立“优秀年轻干部人才库”，选取三家试点企业开辟优秀年轻干部快速成长绿色通道，健全完善党管人才体制机制。持续正风肃纪，加强对各项精神落实情况动态检查，确保国企整改工作取得持久成效。

（陈粤莹）

国有资产经营

【概况】　石景山区国有资本投资有限公司（简称石国投公司）有出资企业22家，其中全资子公司8家，控股子公司6家，参股子公司8家。公司下设资本运营部、基金管理部、资产管理部、资产经营部（安全生产部）、财务部、人力资源部、审计部、办公室、党委办公室、纪检监察办公室10个职能部门。公司主要职能定位以国有资本投资、产业促进、融资服务为主。年内，按照区委区政府及区国资委的要求，石国投公司攻坚克难，锐意创新，在疫情防控、脱贫攻坚、创建全国文明城区等重点工作中为石景山区做出重要贡献，助推区域经济社会健康发展。全年实现资产总额139.43亿元，负债总额40.05亿元，所有者权益99.37亿元，收入总额3783.61万元，利润总额1734.42万元。

（高广昊）

【统筹疫情防控和企业发展】　年内，石国投公司响应区委组织部部署，组织职工投入支援社区抗疫工作，在3轮集中下沉和5批次长期派遣中，90%职工干部参与一线奋战，60%以上人员全职加入社区战疫。石国投直管子公司华游公司出资765万元历时5个月投建北京国诚医学检验实验室，11月8日正式投入运营，两个多月内完成核酸检测500余万人次，为政府提升检测通量和应急能力做出很大贡献。防疫政策调整后，先后为政府机关大楼、国资委、市场监管局、自来水公司等20余家政府机关和重点企业提供上门采样服务，助力石景山区全面复工复产工作。年内，石国投公司累计为25家承租企业减免租金807万元。

（高广昊）

【紧扣民生完成既定工作】　年内，石国投公司对接协作地完成尼尔基镇乌尔科村乡间道路建设施工，筹集社会帮扶资金330万元，投入4.5万元分别与尼尔基镇乌尔科村和右北平镇南沟村结对村企帮扶，工会支出1.46万元牵头开展消费帮扶。执行接诉即办首接负责制，对群众诉求快速响应、高效办理，全年共办结接诉即办工单30件，响应率、解决率、满意率均为100%。

（高广昊）

【高质量完成城市更新项目】　年内，石国投直管子公司石发展公司投入1亿元财政资金，完成2022年城市更新市级示范项目——光芯片产业基地建设。自2月开始对总建筑面积13425.37平方米的北京首钢微电子老旧厂房进行升级改造，7月26日，完成竣工验收，建成光芯片后道工艺生产车间、测试车间、器件封装车间、实验检验室、中间仓库等，并购置专业设施设备，8月9日，与华夏芯智慧公司完成厂房交接工作。12月，石国投公司负责的海特花园50号楼公建楼升级改造项目完成竣工验收，该项目是《石景山区城市更新行动计划（2021—2025年）》低效楼宇改造升级重点项目，自上年7月开始施工。

（高广昊）

【土地一级开发任务推进】　年内，石国投直管子公司燕金源公司确定苹果园交通枢纽商务区北区住宅地块的供地方案，完成地块内的非宅腾退任务，实现北区住宅地块如期上市。开展第二批上市地块的前期腾退，完成12户京石园景公司职工宿舍的清退和房屋移交工作，与相关单位密切协商安置房事宜，为后期金顶山村住宅腾退工作打下基础。石国投直管子公司国实公司加速推进双创园项目的土地上市工作，完成项目二次测绘，重新核定腾退面积，研究调整腾退补偿方案，完成项目开发成本优化测算，8月，该项目被列入区土地供应项目清单。

（高广昊）

【推动产业转型】　年内，石国投公司出资1000万元参与华大半导体项目投资，出资400万元与中铁建发展集团合资成立铁建发展生态公司。引进高精尖企业10家，超额完成全年招商引资任务。石发展公司配合区园区管委会，完成京西热电智慧办公项目、华为（北京）虚拟现实创新中心等项目建设工作，促进石景山区产业创新发展，并代拨各项奖励资金，为石景山区引育高科技人才提供支持。石景山区现代创新产业发展基金加快投资运营节奏，认缴出资1.95亿元，投资设立国科瑞祺二期子基金和北京首石科幻产业股权投资基金,两个子基金规模共8亿元。引进3家企业落地石景山区,引导社会资本投资区内企业金额近1亿元。石国投公司发挥区域资源优势,推动中关村工业互联网产业园建设提速,中关村工业互联网产业园项目核心区一期(1606-034地块)于年末封顶。投资1亿元由石发展公司继续支持核心区二期(1606-605地块)建设。

(高广昊)

集体经济

【概况】 石景山区人民政府集体资产监督管理办公室(简称区集体资产监管办),是负责监管集体经济组织的资产保值增值、集体资产基础管理、安全生产工作,指导本区集体经济组织的改革、现代企业制度建设的区政府工作部门。内设党建办公室、行政办公室、改革发展科、集体资产监管科、财务审计科、人事权益科、综合管理科7个科室。年内,区政府集体资产监管办重点围绕集体经济产权制度改革、冬奥服务保障、疫情防控、精准扶贫、接诉即办、集体租赁房项目建设、集体经济产业转型发展、集体资产监督管理、综治维稳和依法行政等工作,保障集体经济系统平稳健康发展。全年系统总收入16.55亿元,同比下降7.1%;应上交税金1.27亿元,同比下降3%;利润总额1.41亿元,同比减少18.9%。

(初晶晶)

【新冠肺炎疫情防控】 年内,区集体资产监管办抽调系统百余名精干力量下沉社区。压紧压实疫情防控“四方责任”,推动机关及系统股东职工疫苗接种工作。贯彻落实租金减免政策,惠及企业833家,涉及减免租金6179万元,助推复工复产。深入挖掘自身资源,协调古城泰然、欣安天成、麻峪工贸等多家公司提供隔离保障用房用地。

(初晶晶)

【农工商总公司改制】 年内,区集体资产监管办全面完成农工商总公司产权制度改革工作。北京集兴嘉创公司正式揭牌,乡、村两级改制历时20年圆满完成,实现“归属清晰、权能完整、流转顺畅、保护严格”的改制目标。稳妥处置总公司改制遗留问题,完成天坛玻璃厂99名职工原始股金的清退工作。

(初晶晶)

【集体土地利用】 年内,区集体资产监管办完成集体土地委托管理前三批续约及第四批新签地块合同签订,集体经济组织增收6705万元。五里坨地区公建返还055地块完成合作签约,推进衙门口地区公建返还、五里坨精神病院项目征地返还。

(初晶晶)

【集体租赁房项目建设】 年内,区集体资产监管办完成固定资产投资5621万元,建安投资5243万元。八宝山和五里坨集体土地租赁住房项目建设稳步推进。11月21日,金石腾飞投资管理公司与中交集团签订中交营·半山花海项目合作协议。

(初晶晶)

【规自领域督查整改】 年内,区集体资产监管办13项牵头整改问题(11个点位)均取得实质推进:八大处均胜办公楼等6个点位完成整改,建材城项目完成腾退移交街道,周转房项目启动诉讼程序,加油站项目正在推进,科佳信项目完成搬迁,兴盛恒泰办公楼项目正研究可行性整改途径。

(初晶晶)

【基本无违法建设区复评工作】 年内,区集体资产监管办按照区政府工作安排,配合街道对涉及农业设施、1990年前建设的老房、集体产业项目等审核认定,完成点位认定1380个,制定持续治理类中集体产业项目闭环监管办法。

(初晶晶)

【综治维稳】 年内,区集体资产监管办对全系统488家生产经营单位开展安全生产检查,累计排查隐患601个,整改率100%。全年接待群众来访80批204人次,其中集体访4批60人次;办理网上信访件66件次,办理反馈纪外件6件。全年处理工单381件,工单总量较上年度减少95件,平均成绩96.03分,较上年度大幅提升。

(初晶晶)

【就业安置和专项补贴】 年内,区集体资产监管办更新人员信息台账,完成人员和经费核减。规范做好农转居老人老办法人员专项补贴工作,合计补贴907人,1015.99万元。

(初晶晶)

【精准扶贫】 年内,区集体资产监管办对接密云区集体经济薄弱村,按照“一村一档”原则建立帮扶台账,打造精品民宿项目,完成集体经济系统1000万元帮扶资金筹集。投资231万元实施称多县融媒体中心建设项目并完成验收。完成100万元社会帮扶资金筹集,捐助18万元作为称多县结对村贫困生家庭的教育补助资金。

(初晶晶)

【冬奥服务保障工作】 年内,区集体资产监管办处级领导采用“四不两直”方式,分片包点实现全系统290个点位全覆盖。开展信访矛盾纠纷大排查4次,梳理矛盾纠纷12件。1月23日,古城泰然公司高质量交付冬奥临时备用酒店。

(初晶晶)

烟草专卖

【概况】 石景山区烟草专卖局(公司)(简称区烟草专卖局〈公司〉)实行“统一领导、垂直管理、专卖专营”的经营管理体制,承担全区烟草经营业务、净化卷烟市场、规范烟草经营秩序、对辖区烟草专卖品经营企业实施全面监管职责。内设8个科室,有职工54名,其中处级干部6名,科级干部17名,党员32名(含2名预备党员)。年内,区烟草专卖局(公司)以“总量控制、稍紧平衡,增速合理、贵在持续”十六字方针,统筹做好疫情防控和生产经营,确保经济运行平稳,全面做好市场监管和各项工作落实,推动企业高质量发展。区烟草专卖局(公司)被授予2021年度纳税信用A级企业称号、获得北京烟草2021年度公文评比直属单位第二名。学术论文获得北京烟草学会2022年度学术论文多项奖励,其中二等奖3篇,三等奖2篇,优秀奖6篇。党建论文获得北京烟草政研会2022年度党建论文多项奖励,其中二等奖1篇,优秀奖3篇。

(王　伟)

【开展“蓝剑2022·平安烟草”专项行动】 1至5月,区烟草专卖局(公司)联合区公安部门开展“蓝剑2022·平安烟草”专项行动。围绕制假售假、走私贩私、无证经营等重点领域,针对物流寄递、集贸市场、代订户监管等重点环节开展专项整治行动,严厉打击涉烟违法犯罪行为。查获各类涉烟违法案件26起,出动执法人员597人次,联合公安部门出动执法人员32人次,执法车辆256台次,进一步规范卷烟市场经营秩序。

(田　园)

【专项整治向未成年人销售电子烟】 2至4月,区烟草专卖局(公司)与区公安、市场监管、教委沟通协调,对辖区电子烟市场经营户及企业开展专项走访检查,针对中小学、幼儿园周边无烟草专卖零售许可证商户以及超市、便利店、文体用品店等代卖电子烟情况进行地毯式排查。出动执法人员84人次,执法车辆38台次,检查电子烟销售网点134家,开展联合执法4次,对辖区电子烟经营户规范经营起到警示、震慑作用。

(王　伟)

【发出石景山区首张经营电子烟零售许可证】 6月8日,区烟草专卖局(公司)发放辖区首张电子烟零售许可证,这是《烟草专卖法实施条例》将电子烟纳入监管以来,按照《北京市电子烟零售点布局规划》要求,落实“一次告知、一网申报、一标核准、一证准营”的工作模式,标志着石景山区电子烟许可证管理工作正式落地。

(王　伟)

【开展打击涉烟违法犯罪专项行动】 9至10月,区烟草专卖局(公司)联合区公安部门开展打击涉烟违法犯罪专项行动。针对违法经营大户等突出问题进行多次联合执法检查,出动执法人员307人次,联合公安部门出动执法人员6人次,执法车辆74台次,查获违法案件2起,有效净化辖区卷烟市场环境。

(田　园)

【文明吸烟环境建设验收】 12月,区烟草专卖局(公司)完成对辖区4个企事业单位及1个街道办事处的文明吸烟环境建设验收工作,以公益形式提供吸烟设施50个,共同打造社会共享的文明吸烟环境。

(王　伟)

【经济运行情况】 年内,区烟草专卖局(公司)卷烟零售客户数量707户,同比增长44户,卷烟销售同比增长0.75%,税利同比增长8.37%,单箱销售额同比增长8.26%,经济运行情况良好,保持平稳增长。

(王　伟)

【开展“我当一天法律宣传员”活动】 年内,区烟草专卖局(公司)团支部配合法制部门开展“3·15”消费者普法宣传活动。选择社区、大型商超等消费者较多的场所开展宣传服务活动,向零售客户及消费者宣传行业相关法律政策,增强烟草法制宣传教育实效,营造良好的社会环境。

(王　伟)

商贸　服务业

综　述

【概况】　2022年,是实施“十四五”规划的关键之年,是北京冬奥会、冬残奥会举办之年,是党的二十大召开之年,也是踏上全面建设社会主义现代化国家新征程、向第二个百年奋斗目标进军的重要一年。石景山区商务局(简称区商务局)深入贯彻落实党的二十大精神,积极谋划、主动作为,准确把握新发展阶段,深入贯彻新发展理念,主动融入新发展格局,统筹推进疫情防控和经济社会发展,促进石景山区商务行业高质量发展。受疫情影响,全年石景山区社会商品零售总额393亿元,同比下降10.7%。

(马　宁)

【总部经济】　年内,石景山区共有市级认定总部企业110家,涉及信息传输、软件和信息技术服务业26家,房地产业22家,金融业19家,批发和零售业17家,制造业6家,建筑业5家,租赁和商务服务业5家,科学研究和技术服务业3家,电力、热力、燃气及水生产和供应业3家,采矿业1家,工业1家,教育1家,文化、体育和娱乐业1家。其中,经济贡献重点总部企业102家(其中1家同时为跨国公司地区总部,北京新唐思创教育科技有限公司),行业示范企业总部8家。

(李　璨)

【安全生产监管】　年内,区商务局制定并下发《2022年石景山区商务行业安全生产、消防及公共安全工作要点》,对安全工作实行“一把手”亲自抓,定期组织召开党组会、局长办公会研究行业安全生产、消防安全、反恐防暴、扫黑除恶等各项工作,加强对行业安全工作的督促指导。在冬奥会、全国两会、二十大等重大活动期间,结合安保重点有针对性地制定工作方案。落实“商务行业消防安全隐患大排查、大清理、大整治”工作、消防安全隐患集中排查、燃气安全专项整治行动、安全生产三年专项整治及电动自行车、有限空间等专项整治任务。累计出动检查人员1159人次,检查督导商务行业企业544家次,排查治理各类安全隐患375处,约谈企业4家次。

(刘　颖　张　然)

【行业创城】　年内,区商务局始终坚持“创建为民,创建惠民”的原则,让居民有更多的获得感、幸福感和安全感。充分发挥行业引领作用,努力营造文明宣传氛围,协调各企业落实创城社会面宣传布设的要求,努力构建多维度、立体式、全覆盖的“大宣传”格局,运用多种行之有效的宣传方式,全面推动文明宣传,形成强大宣传声势,突出区域特色,打造商务行业文明形象,累计规范设置海报、台卡、嵌入广告等宣传品万余份。推动万达广场整体修缮,完成东西广场地砖更新,增设宣传布设,较好地提升万达商圈整体环境。

(张　然)

【新冠肺炎疫情防控】　年内,区商务局全面抓好行业疫情防控基础工作。建立动态情况报告机制,排查企业返京人员情况,建立台账。摸排涉及中高风险地区重点人员13人。协助复工复产组大数据核查人员。落实外卖、快递、家政、市场从业人员定期开展核酸检测工作。加强督导检查力度,累计检查行业经营场所544家次,督促企业落实扫码登记、体温检测、佩戴口罩、一米线、日常清洁消杀、个人防护和健康监测等疫情防控措施。

(刘　颖　张　然)

商业　服务业

【京西消费节】　4月,石景山区启动2022年京西消费节,开展以“潮购石景山 双奥惠生活”为主题的促消费活动。本届京西消费节全面展示区域商业新形象,重点推介新的特色消费场所,为广大消费者带来更多元化的消费体验。消费节围绕新场景、新地标,首次发布“时尚潮购、体育狂欢、舌尖食趣、寻幽探胜、匠心百货、文艺京西”6条独具京西特色的主题消费路线,形成石景山消费新版图。6条线路共涉及34个打卡点,其中,首钢六工汇首次纳入“时尚潮购”路线,给消费者带来全新的购物体验;“体育狂欢”路线包括滑雪大跳台、北京冬奥公园等,让大家充分享受冬奥留下的宝贵财富;“舌尖食趣”路线包括喜隆多“深夜食堂”、当代商城“巷左巷右”、金安环宇荟等;“匠心百货”路线将线上线下相融合,包括盒马鲜生、真快乐APP等;“寻幽探胜”和“文艺京西”线路以新晋网红打卡地模式口历史文化街区、郎园Park等为代表,以“文化+旅游+艺术”展现全新的京西生活方式。消费节贯穿劳动节、端午节、中秋节、国庆节等多个重要节点,聚焦缤纷欢购、舌尖美食、拥抱展会、科幻数字、酷享体育、文旅畅游6大主题板块,陆续推出26项主题活动,激发消费新潜能。截至12月,消费节带动线下客流约10万人、线上曝光量超过200万次。

(刘　斌　康烁辰)

【新增大型商业面积12万平方米】　年内,石景山区商业载体迎来扩容升级的机遇期,首钢园区六工汇、金安环宇荟、五里坨金海洋购物中心相继开业。全年新增大型商业载体面积12万平方米,落地品牌区域及以上首店113家,业态涵盖餐饮、酒店、会展等。

(刘　斌　康烁辰)

【出台促消费奖励政策】　年内,区商务局牵头制定《石景山区促进消费增长和商务经济高质量发展若干措施》,包括“新品牌”集聚、“新场景”打造、“新活动”举办等7大方向,涉及支持首店落户、促消费活动、夜间经济等共计29条措施。制定“一圈一策”方案,调研全区重点商圈和项目发展情况,摸清商业设施和业态资源,形成“1+4”个商圈方案。

(刘　斌　康烁辰)

【生活必需品市场供应保障】　年内,区商务局根据防疫政策,不断完善《石景山区生活必需品及日常生活物资应急供应保障工作预案》,完善细化“2张图+7本账”(2张图:即应急保障流程图、重点保供网点分布图,形成挂图作战;7本账:即应急保供网络台账、重点保供商超台账、快递网点和线上平台企业台账、快递人员台账、外卖人员台账、重点商超人员台账、住宿经营单位台账），成立保供工作专班，采取“线上＋线下”相结合的模式开展保障工作。同时密切监测生活必需品市场情况，通过区级生活必需品市场监测系统平台，每日研判市场走向趋势，加强监测预警。建立保供“白名单”队伍。要求各重点商超、电商企业建立保供“白名单”队伍。依托“12345”市民热线、网络舆情，密切关注舆情变化，通过北京石景山微信公众号、区电视台等区级媒体报道辖区市场情况。

（刘　斌　康烁辰）

【消费扶贫】　年内，区商务局持续推动消费帮扶分中心、专区专柜和区内重点企业采购、销售支援协作地区农特产品，全年帮助支援协作地区累计销售农特产品1983万元。鼓励电商＋消费帮扶，通过832电商平台节目或直播带货等形式，加大对支援合作地区农特产品的推介力度。组织区内商贸流通企业开展“爱心捐赠”活动，捐款总额达100余万元。发挥展会引流作用，服贸会期间搭建展示平台、搭建线上农特产品展示中心，对莫旗、竹山、宁城、称多等对口帮扶地区的风土人情、名胜古迹、农特产品等情况进行集中宣传展示。

（刘　斌　康烁辰）

【一刻钟便民生活圈建设】　年内，区商务局统筹推进“城市一刻钟便民生活圈”试点，累计在6个街道建设10个试点圈，覆盖19个社区。推动衙府居园、翡翠山晓配套菜市场实现综合服务供给，保障居民家门口的基本便民业态。完成方圆六合菜市场智慧化升级改造，指导古城南路商业步行街申报“北京市生活性服务业示范街区”，提升生活服务品质。9月5日，在首届中国生活服务业发展大会上专题分享石景山区在实施城市更新和产业转型战略过程中，建设一刻钟便民生活圈的实践和探索。

（滕小宇）

【粮食安全】　年内，石景山区保持650吨区级粮食储备规模，其中小麦粉450吨、粳米200吨。修订《北京市石景山区粮食安全工作领导小组成员单位和职责分工》，制定《北京市石景山区落实粮食安全责任制实施方案》，印发《北京市石景山区商务局粮食流通监督检查工作规程（试行）》。保持粮食供应应急网点24个，开展粮食行政检查15家次。在区级党委政府粮食安全责任制首考中获评城六区第一名。

（滕小宇）

【救灾和民用防控应急物资管理】　年内，区商务局按程序向各街道、委办局调拨区级救灾物资45批，共6类、2788件，并在“应急物资管理平台”系统动态更新出入库信息，实现信息化管理。调拨民用防控应急物资57批，共19类、约388万件。完成年度区级救灾物资年度补库和16批防疫物资采购，涉及资金共计1554.29万元。

（滕小宇）

对外贸易

【概况】　2022年，石景山区高标准推进“两区”建设，融入开放发展新格局。制定印发2022年工作方案，筹建“两区”专家智库。推动“两区”建设工作与产业工作融合。强化制度创新政策集成。推动对外经济保稳提质。落实稳外资稳外贸工作，支持外贸企业开拓国际市场。用好服贸会平台，打造集聚开放发展资源的流量窗口。落实稳外资、稳外贸政策措施，推动实际利用外资、外贸进出口稳定增长。

（王子丹　王凯蒂）

【服贸会】　8月31日至9月5日，石景山区统筹2022年服贸会属地工作，借势推动高质量发展。完成属地服务保障任务。成立书记、区长任双组长，下设“1办12组”属地筹备工作领导小组，组建现场指挥部，实施周调度、日调度工作机制，统筹场馆建设运行、安保、交通、防疫等属地保障工作一体推进。服贸会首钢园场馆设施、服务保障双双升级2.0版。期间，累计接待22万余人次观众入场，全面升级的沉浸式会展空间和全新的观展体验，广受各方赞誉。打造品牌会展配套活动。以“一起向未来”为主题，统筹全区“1＋N”峰会论坛，其中城市更新和产业转型主论坛线上直播点击量超过600万人次。组织全区百余企业线上、线下参展。统筹组织商务考察、促消费等配套活动。首次搭建石景山会客厅，接待中铁建资本控股集团、特斯联集团等企业嘉宾。3条商务考察路线累计接待百余展商走进石景山。文商旅体企业联动推出面向展商专属优惠30余项，持续扩大展会溢出效应。400余家海内外权威媒体发稿2100余篇，新媒体端发布445条，宣传报道石景山区活动。期间，辖区共收集项目83个，金额超430亿元。《石景山区促进

8月31日至9月5日，中国国际贸易交易会举行。图为首钢园区服贸会一角

（《石景山报》供图）

侨商侨企创新发展与交流合作支持办法》等政策发布,形成53项招商企业清单,持续推动招商工作。

(王子丹　王凯蒂)

【参加进博会】 11月5日至10日,石景山区组建交易分团参与第五届进口博览会,组织企业现场参会、洽谈采购、开展合作对接,共63家企事业单位177名专业观众注册参团。展会期间,物美集团与路易达孚、纽仕兰、宝洁等展商开启合作洽谈;当红齐天集团与英特尔达成合作意向;北京承上国际贸易有限公司与乌拉圭URUGUAY签订订单,采购价值12.4万美元农产品。

(王子丹　王凯蒂)

【外贸进出口】 年内,石景山区外贸进出口额83.5亿元人民币,同比下降3.1%,占全市比重的0.2%。其中,出口额36.1亿元人民币,同比增长1.6%,占全市比重的0.6%;进口额47.4亿元人民币,同比下降6.5%,占全市比重的0.2%。

(王子丹　王凯蒂)

【外商投资】 年内,石景山区新设外商投资企业29家,同比增长7.4%,新设企业合同外资1.5亿美元,同比增长134.4%;增资企业8家次,增资合同外资1.8亿美元,同比下降69%;全年实际利用外资3.4亿美元,同比增长44.1%。截至年底,全区开业外商投资企业310家。按企业生产方式划分,生产型企业25家,非生产型企业285家;按合作方式划分,独资企业209家,合资企业90家,合作企业3家,股份制企业3家,合伙企业5家。累计投资总额84.3亿美元,合同外资21.3亿美元。

(王子丹　王凯蒂)

【"两区"建设】 年内,区商务局高标准推进"两区"建设,融入开放发展新格局。一是建立健全推进机制。制定印发2022年工作方案,清单式推进90项任务。筹建"两区"专家智库,遴选首批专家11名。二是开展宣传推介。市区两级联合举办年度首场走进"两区"部委沙龙活动,上线"两区"云讲堂,印发"两区"信息专刊9期,集中宣传展示"两区"建设成果。三是加强项目储备。全年新增"两区"入库项目183个,完成年度任务进度的210%,其中外资项目9个,落地项目132个,落地率达56%,其中外资项目11个。四是强化制度创新成果。深入重点产业、重点园区、重点企业开展调研和政策会诊,形成数字经济、工业互联网等产业领域专项调研报告及政策建议。聚焦重点领域、要素供给等方向,形成智能化"园区经济"生态建设、数字人民币"无纸化"兑现惠企政策新模式等4个案例,其中"信用+医疗"服务模式、知识产权质押模式2个案例入选北京市新一批"两区"建设改革创新实践案例。

(王子丹 王凯蒂)

【服务贸易】 年内,石景山区服务贸易统计监测系统累计登记注册企业68家,其中13家服务贸易企业上报281项出口合同执行额,共计2.7亿美元;5家企业上报203项进口合同执行额,共计9995.1万美元。

(王子丹　王凯蒂)

旅　游

综　　述

【概况】　2022年,石景山区围绕北京建设全国文化中心总体目标,紧抓冬奥会举办和打造新时代首都城市复兴新地标的历史机遇,围绕地区城市更新、产业转型,积极克服疫情影响,深入推进区域文化旅游高质量发展。坚持以文塑旅、以旅彰文,文旅产业和旅游环境持续升级,文旅融合稳步推进。现有A级景区3家,精品公园1家,北京首批旅游休闲街区1家,博物馆7家,宾馆酒店101家。据市文化和旅游局统计数据显示,2022年石景山区旅游收入53.7亿元,旅游人次605.9万人次。收入恢复到2019年同期68.5%,旅游人次恢复到2019年同期84.7%。

(郭　果)

【推出"秀·石景山"系列印章】　4月起,区文旅局结合品牌活动、中国旅游日、文化和自然遗产日等主题,陆续推出"秀·石景山"系列印章17枚,分别为国雕玉兰印章,首钢园印章,"山·水·城"品牌图章,"燕都第一仙山"品牌字章,游乐园印章,郎园Park印章,冰川馆印章,五里坨民俗陈列馆印章,慈善寺印章,文化中心印章,"国家级非遗项目主题"八大处传说、永定河传说、石景山太平鼓印章,法海寺印章,承恩寺印章,八大处公园印章以及北京冬奥公园印章。同时,设计制作"漫游石景山"集章本,内页含有17枚石景山文旅印章点位介绍及对应盖章留白,以集章之名,吸引市民打卡石景山。同时,挖掘石景山区文化旅游资源,结合当代审美潮流,设计生产文件夹、帆布包、四季冰箱贴、玩偶徽章等优质文创宣传产品,在主题活动、展会等场合发放,受到市民欢迎。

(杨　洋)

【首钢园等入选活力游玩点位】　8月11日,在市文化和旅游局主办的"长城好汉2022——夜京彩"全球营销推广活动中,石景山区首钢园、首钢极限公园入选京西活力路线游玩点位。"长城好汉2022"全球营销推广活动聚焦国际消费中心城市建设,结合京味文化旅游夜经济特色,以核心地标文化内涵挖掘与文化服务消费引入为主,通过文旅主题地标性场所与"夜经济"的有机结合,深度展示北京多元休闲娱乐生活方式与新兴文化旅游资源,提升北京国际文化旅游影响力,激发北京文化旅游海外营销新活力。

(杨　洋)

【"驼铃声声古道游"入选主题线路】　9月6日,2022"美好京西 山河永定"文旅资源分享会上,市文化和旅游局发布10条西山永定河文化带2022"美好京西 山河永定"主题游线路,石景山区"驼铃声声古道游"入选北京市"美好京西 山河永定"主题线路。京西地区是国家级城区老工业区和产业转型升级示范区,是首都重要的生态屏障和水源涵养地,是首都西大门,为助力西山永定河文化带建设,此次发布的10条"美好京西山河永定"主题游线路,将西山永定河文化带的历史文化、资源特色、古道古村、工业遗址、自然山水、红色印记等文旅资源进行有机串联和展示。

(郭　琪)

【服贸会文旅服务专题展】　8月31日至9月5日,2022年中国国际服务贸易交易会在石景山区首钢园举办,区委宣传部统筹,区文旅局组织参加展区布置与内容设计等。现场布置石景山异形发光文旅地图、宣传片播放区、自助拍照馆互动体验区、首钢园骑行线路体验宣传等。售卖首钢园、模式口、八大处公园文创雪糕、冰箱贴、明信片等特色产品,累计销售额近万元。发放石景山旅游手册、地图、帆布包等宣传物料和文创礼品共2000余份。设计侨商、文旅、投促三条专线,邀请参展参会代表百余人考察调研首钢园区六工汇、石景山古建群、北京银行保险产业园、华远中心等地区重要文旅资源和重点产业园区,进一步促进与石景山区合作交流。

(刘　烨)

【文旅资源推介会召开】　9月22日,区文旅局为持续探索文旅融合发展新路径,不断提升石景山区作为旅游目的地的吸引力和影响力,在石景山区文化中心二层彩虹阶梯召开"秀·石景山"文旅资源推介会。市文旅局、北京交通广播电台及区相关部门领导受邀出席。石景山区景区(点)、宾馆酒店、商业综合体、新型文旅消费空间以及美团、中青旅、乐元素、搜狐畅游、抖音等业内具有品牌知名度的旅行商、媒体等领域代表参加会议。会上,石景山区文化和旅游局以"秀·石景山"为主题,从色、韵、聚、居、技、杰六个方面推介地区文旅资源及特色旅游线路,以旅游线路点位为切入点,邀请八大处公园、北京冬奥公园、首钢园香格里拉、石景山游乐园、模式口历史文化街区、瞭仓艺术馆、郎园Park、首钢园等企业进行推介。通过展示地区文旅资源,展现石景山区的多元魅力,深化地区文旅形象,以洽谈推介促发展合作,共同助力石景山打造"一起向未来"城市复兴新地标。

(郭　琪)

【文旅品牌营销推广】　年内,区文旅局围绕"一半山水一半城"的城市调性,提出"这里有离城最近的山,这里是离山最近的城"的推广口号。打造热门事件,"石景山古城地铁限定落日","后冬奥时代来石景山必须体验的50件事"等文章攻略塑造区域形象。在美团、同程等平台上线石景山文旅品牌馆,在全市率先推出文旅主题原创MV,发布"秀·石景山"系列印章,在北京交通广播开设专题栏目,当期节目市场份额高达46%,市级以上媒体文旅营销曝光、传播量达到2021年的三倍,"漫游石景山"微博话题阅读量1.2亿次。通过"石景山文旅"微信公众号发布石景山区文旅资源、活动信息等文章1435篇,点击浏览总量近百万人次,截至年底平台粉丝量同比增长50%。

(郭　果)

【石景山旅游手册及地图升级】　年内,2022石景山旅游地图围绕"秀·石景山"文旅品牌,升级采用2.5D手绘淡彩风格,更具小清新和文艺之风,内容包含手绘地图、推荐线路、来石景山必须体验的50件小事等板块内容。

石景山旅游手册整体风格以鲜明的色块进行区分，在内容上深度提炼点位介绍相关信息，从“我是石景山”“一起游山水”“带你阅今钢”“携手看博物”“共享乐潮玩”五大篇章，以游客的游玩体验角度为出发点，重点围绕核心旅游吸引物，设置“赏景攻略”“玩乐秘籍”“打卡拍照”“住宿优选”“周边推荐”等版块内容，对游客进行精选串联推荐，方便大家快捷式获取石景山区的吃喝玩乐住行等游玩信息。

（郭　果）

【助力实体书店稳步发展】 年内，区文旅局完成2021年区级实体书店扶持资金发放工作、2022年市级实体书店扶持资金初审工作。最终经过现场踏勘、专家审核等过程，石景山区25家（次）实体书店获得房租补贴、示范书店、三进书店等项目，市、区扶持资金共计321.29万元，为实体书店发展奠定良好基础。成功吸引全民畅读书店、首钢瞭仓真读书店、地图书店等十余家优质、特色的实体书店落户石景山区，进一步推进书香城市建设。

（杨　洋）

【区域旅游线路产品】 年内，区文旅局对地区博物馆、景区、文化中心、实体书店、文创园区、商业综合体等进行串联营销，开发“山水漫步君”“潮玩探秘者”“时光奇遇族”“百变文艺咖”等主题线路16条。同时，统筹金牌导游团队，在首钢园香格里拉落地“骑迹石景山 一起向未来”骑行线路，打造以香格里拉酒店、瞭仓等新兴文旅空间为核心的旅游产品供给模式，成为北京最新21条文旅骑行线路之一。开发“秀石景山‘骑’妙之旅”骑行线路，纳入市级“漫步北京”骑行线路。

（郭　果）

【10家单位获北京网红打卡地】 年内，2022北京网红打卡地活动最终评出100个新晋北京网红打卡地，其中石景山区新晋网红打卡地10个，占据北京市的十分之一，位居年度城区新晋数量第一。10个网红打卡地分别是新首钢大桥、瞭仓沉浸式数字艺术中心、北京燕京八绝博物馆、金安·中海环宇荟、首钢园·六工汇、模式口历史文化街区、北京冬奥公园、全民畅读艺术书店（首钢园店）、T·A Club茶书吧、北京首钢园香格里拉。

（郭　果）

旅游活动

【文旅盲盒快闪活动】 4月15日至20日，区文旅局联合同程旅行策划推出“盲盒旅行FUN畅游石景山”线下快闪活动。活动依次走进郎园Park、首钢瞭仓数字艺术馆和喜隆多商场，以现场扫码关注“石景山文旅”公众号即可抽取文旅盲盒的形式与大家进行互动，礼品包含石景山文创礼品、攻略手册、法海寺讲解体验、飞览天下观影、首钢极限公园攀岩、市民冰雪运动中心冰上项目等。活动期间，累计发放礼品2000余份，“石景山文旅”公众号粉丝量周环比增长率达171%，线上营销宣传曝光量达250万次。

（杨　洋）

【品牌线路有奖征集】 7月9日，区文旅局主办的“漫游石景山”品牌线路征集活动启动，邀请广大市民和游客以优质的短视频、图片等方式分享石景山区特色旅游线路，奖品设置最高可获3000元现金大奖。截至到8月4日，活动共收到124件投稿，其中“山水漫步君”度假休闲主题线路38条、“潮玩探秘者”城市游览主题线路19条、“百变文艺咖”都市文化主题线路35条、“时光奇遇族”文博古韵主题线路32条，近7000人参与投票，最终入围优秀线路36条。

（杨　洋）

【文旅品牌馆系列活动】 7月20日，区文旅局创新文旅服务形式，推动数字文旅发展，充分发挥美团在本地生活方面的优势，联合打造上线石景山文旅品牌馆，将文旅资源、旅游地图、打卡攻略、住宿餐饮、休闲游玩等内容进行聚合展示，陆续推出趣玩石景山·地图打卡游、趣玩石景山·话题种草君等主题互动活动，实现线上发现了解石景山—线下漫游趣玩石景山—评价推荐石景山的闭环过程。其中地图打卡游活动，通过设置游山水、逛古街、玩百变三条特色主题路线，吸引市民到达指定地点进行实地打卡，完成打卡任务后即可参与抽奖，活动期间参与打卡人数3000余人次。在大众点评APP设置趣玩石景山话题，围观量为577.7万+次，达人总曝光量超31万+人次。

（杨　洋）

【有YOUNG文旅消费市集】 8月3日至7日，区文旅局响应《北京市促进夜间经济繁荣发展的若干措施》政策要求，整合地区优质文旅资源，聚焦当下流行的社交互动、网红打卡、深度体验、回归自然、微度假等概念，联合区内新兴文旅消费空间首钢瞭仓艺术馆共同举办“秀·石景山”文旅消费季—石景山有YOUNG文旅消费市集活动。活动包含13名非遗传承人现场制作互动、青少年主题画展、沉浸式光影展、乐队现场表演等文旅+商业、文旅+娱乐、文旅+艺术、文旅+非遗多元消费场景，呈现地区城市休闲生活方式和品质文旅业态，满足市民文旅消费新需求，有效促进区域消费恢复提振。

（刘　烨）

行业管理

【概况】 2022年，石景山区文化和旅游行业全面落实新冠疫情防控政策措施，推动文化和旅游行业复工复产，做好冬奥会安全保障、全国“两会”安全保障工作，做好文化和旅游行业安全隐患风险防控，夯实文化和旅游行业安全生产基础，全区文化和旅游行业总体稳定，有力保障石景山区文化和旅游市场安全平稳、健康有序发展。

（张术瑞）

【元旦假日文旅情况】 2022年元旦假日期间，石景山区假日办各成员单位和文旅相关单位在疫情防控措施落实到位的前提下，做好游客接待服务和旅游安全保障等工作，全区文旅市场秩序井然，平稳有序。一是疫情防控常抓不懈。等级旅游景区和文娱场所贯彻落实“限量、预约、错峰”要求，游客接待量不超过最大承载量的75%；旅行社不经营进出京跨省团队旅游及“机票+酒店”业务；宾馆酒店严格落实测温、扫码、科学佩戴口罩、保持安全距离、员工核酸检测与健康监测、环境通风消杀、备足防疫物资等系列措施。二是游客接待量和综合收入创新高。八大处公园、石景山游乐园和北京国际雕塑公园纳入假日旅游统计。三大景区共接待游客11.79万人次，实现综合营业收入653.98万元，与去年同期相比均有大幅增长；纳入统计监测的4家住宿经营单位共接待宾客730人次，综合收入59.67万元，与去年同比分别增长102.78%、73.21%。游客接待量和综合收入均创近三年新高。三是文化活动丰富多彩。全区共开展各类线上公共文化活动65项，点击量4.18万余次；线下活动44项81场，参与人数3593人次。四是假日旅游市场保障有力。区假日办成员单位认真履职，加强值班值守，加大现场巡查检查力度，全力做好假日期间的各项服务保障工作。全区共出动执法人员441人次，检查各类营业场所805家次，处置违规行为15起。无重大旅游投诉，全区旅游市场安全平稳有序。

（张术瑞）

【清明假日平稳有序】 4月3日至5日假日期间，区文旅场所在常态化疫情防控措施落实到位的前提下，做好游客接待服务，安全保障到位，秩序井然，未发生旅游突发事件。监测统计，共接待游客10.67万人次，同比增长20.92%，营业收入284.11万元，同比增长28.5%；石景山游乐园接待游客2.4万人次，同比下降35.14%，综合收入245.0万元，同比增长20.63%；八大处公园接待游客5万人次，同比增长138.1%，综合收入35.1万元，同比增长150.71%；北京国际雕塑公园接待游客3.27万人次，同比增长8.12%，综合收入4.01万元，同比增长0.34%；首钢园区共接待游客超过6万人次；模式口历史文化街区共接待游客约2.75万人；北京冬奥公园共接待游客约5.4万人次；5家纳入监测统计的住宿监测点共接待宾客1093人次，同比下降51.7%；综合收入29.08万元，同比下降55.12%。期间，石景山区共开展各类公共文化活动145项、156场，惠及群众约7.24万人次。区假日办成员单位共出动执法人员305人次，检查商场超市、餐饮经营单位、特种设备使用单位、食品生产经营单位，文化市场、文物景点、旅游景区等单位367家次。

（张术瑞）

【五一假日平稳有序】 五一假日期间，区假日办成员单位压实“四方责任”、落实“四早要求”，全力做到疫情防控措施到位、安全服务保障到位、巡查检查力度到位，确保文化和旅游市场安全有序。对开放的景区、文旅场所，严格落实“限量、预约、错峰”要求，推进预约常态化，严格场所流量管控。纳入假日旅游监测的10家游览场所共接待游客9.28万人，同比下降47.57%；综合收入164.4万元，同比下降72.17%。纳入监测的12家住宿单位共接待宾客1603人次，同比下降57.08%；综合收入234.33万元，同比下降18.49%。不论是利用直播形式开展的小小书虫俱乐部亲子手工会活动，还是线上举办的“经典伴我行”名文名篇诵读、线上魔术专场演出和话说非遗——劳动中的非遗技艺活动，都为广大市民营造了不一样的节日体验。共开展线上文化活动69项、69场，参与市民群众1.15万人次。区假日办成员单位联勤联动，共出动执法人员1268人次，排查涉疫风险人员2173人；解答疫情咨询问题570多个，处理涉疫投诉45件；检查各类单位、市场、旅游景区等878家次，未发现违法违规问题。无重大旅游投诉，全区旅游市场安全平稳有序。

（张术瑞）

【国庆节假日旅游工作】 9月27日，区假日办组织召开石景山区2022年国庆节假日旅游工作部署会。会议全面部署2022年国庆节假日疫情防控、旅游活动、旅游安全、旅游交通、市场秩序、舆情管控、应急值守和信息报送等相关工作。八大处公园、石景山游乐园、首钢园、冬奥公园、模式口文化街区、公园管理中心汇报假日旅游筹备工作情况。各参会单位就疫情防控、交通疏导、停车管理等重点问题进行工作讨论。区委宣传部、网信办、城管委、卫健委、公安分局、应急局、市场监管局、消防救援支队、交通支队等假日办成员单位参加会议。28日上午，市文旅局检查石景山区国庆节假日旅游安全和服务保障工作，对石景山区假日文化和旅游活动安排、安全与应急等筹备工作给予充肯定，同时提出工作要求。检查组听取区假日办关于石景山区2022年国庆节期间假日旅游工作安排和进展情况，现场检查八大处公园、法海寺文物保管所、首钢体育文化有限公司疫情防控和安全管理及服务保障等工作。

（张术瑞）

【联合整治假日旅游市场秩序】 9月29日，区文旅局会同区公安分局、民政局、交通支队、交通执法八队、文化市场执法大队、公园管理中心和属地街道等假日办成员单位对石景山游乐园、八大处公园和国际雕塑公园等重点景区周边旅游环境秩序进行联合整治和执法检查。区纪委监委第四派驻组全程督导工作。检查组重点对景区周边旅游环境、游商小贩、卖艺乞讨、黑车黑导、停车管理和交通秩序等情况进行现场检查治理，处置违规行为2起。区文旅局向各单位传达市、区假日办关于加强国庆节假日旅游工作的会议精神和有关文件要求，对假日期间做好旅游市场秩序保障工作提出工作意见。

（张术瑞）

旅游景点

北京石景山游乐园

【概况】 北京石景山游乐园（简称游乐园）占地面积35万平方米，拥有大型主题游艺项目40余项，国家级AAAA级旅游区（点）。2022年，是游乐园升级改造关键之年、深度转型决胜之年，也是游乐园特色运营新模式的探索之年。游乐园一边做好疫情常态化工作，克服重大活动保障、基础设施改造等客观因素，一边继续狠抓安全生产，积极开拓创新、促进对外合作，使经营收入保持相对稳定。打造文创IP产品，在建园36周年之际，推出6款徽章盲盒文创商品，丰富园区IP文创商品类型。新增共享移动充电宝及智能存包柜，共计20余个点位、40余台设备，提高游客的游园服务体验。同时，游乐园全力推进石景山区全国文明城区创建三年行动计划，助力“创城”，积极弘扬奥林匹克精神，提升北京冬奥会品牌价值，服务保障“冬奥”。全年接待游客114万人次，综合经营收入11320万元。获得由北京市安全生产联合会颁发的“安全生产标准化二级企业（旅游企业）”荣誉称号。

（刘　佳）

【“冰雪小镇”活动】 1月1日至3日，游乐园举办“冬奥冰雪新年季”之冬奥星梦冰雪小镇活动。活动包括火树银花光影秀、童话雪乡景观、欢乐巡游表演、冰雪游乐大狂欢和冬奥文化长廊等。期间，入园人数6.4万人次，经营收入达627万元。

（刘　佳）

【“狂欢之夏”活动】 7月2日至8月31日，游乐园举办“狂欢之夏”活动。本届狂欢之夏推陈出新，既保留以往特色游园项目，如特色主题花车巡游、经典游艺狂欢，又增加水上嘉年华、户外啤酒美食驿站、绝美梦幻粉色沙滩等全新活动项目。期间，夜场游客接待量突破历史记录，61天总接待人数超45.58万余人次，实现创收4171.36万元。

（刘　佳）

【“摩天轮盲盒”活动】 8月4日至8日，游乐园举办为传统节日“七夕”量身打造的“摩天轮盲盒”活动。活动设有6个主题座舱，游客乘坐摩天轮，有机会拆出限量盲盒座舱，座舱内不仅有为情侣专属打造的主题装饰，更是配备免费乘坐摩天轮一次的幸运卡片。本次活动以创新“开盲盒”形式增强互动性，在最甜蜜的日子里为游客带来一次特殊的浪漫之旅。期间，入园人数3.3万人次，实现创收338万元。

（刘　佳）

【“国潮艺术荟”活动】 9月9日至10月7日，游乐园举办为期18天的“国潮艺术荟”活动。“国潮艺术荟”活动围绕新国韵、新国风、新国潮打造，有国潮大秀表演、花车巡游、“穿越式”的国潮定点秀以及国潮集市、国潮系列主题餐品等活动。活动周期跨中秋、游乐园36周年庆、十一黄金周三大重要节点，为游客带来一场有文化、有互动、有内涵的“国趣狂欢”。十一期间首次推出“全场游乐项目半价惠民活动”。活动期间，接待人数30余万人次，实现创收2700万元。

（刘　佳）

【“冬奥冰雪新年季”活动】 12月15日至2月14日，游乐园举办“冬奥冰雪新年季”活动。本次活动由冬奥之光冰雪乐园、冬奥之旅文化展览、冬奥星梦冰雪小镇、团圆冬奥冰雪迎春等系列活动组成。通过开展形式多样、内蕴丰富的冬奥活动，带动全民充分感受奥运氛围，积极参与冰雪活动，身体力行发扬奥运精神、传播冬奥文化。62天活动接待总人数和收入均创历史新高，44万人次、627万元。

（刘　佳）

【提示信息】 全年实行周一闭园。入园开放时间10月1日至3月31日平日9:00—16:30，节假日9:00—17:00；4月1日至6月30日平日9:00—17:00，节假日9:00—18:00；7月1日至9月30日9:00—17:30，节假日9:00—18:00；特殊活动及重大节假日营业时间以门区公示为准。持老干部离休证、65岁（含）以上老年证、军官证、士兵证、残疾证、消防员证；作家、摄影家协会会员、6岁（含）以下凭有效证件和1.2米（含）以下儿童免门票入园；免门票的游客入园后如需乘坐项目，需要支付项目费用。持全日制大学本科及以下学历学生凭本人身份证或《学生证》、60岁至65岁（不含）老年人凭有效证件购买门票享受半价优惠。参观爱国主义教育基地的0—18岁（以身份证日期为准）未成年人可持身份证原件，通过扫描预约二维码进行预约，凭预约码免票入园。

（刘　佳）

八大处公园

【概况】 八大处公园是国家AAAA级景区、北京市一级一类公园，位于西山风景区南麓，是建国后首批北京市重点文物保护单位，是一座历史悠久、风景宜人的山地寺庙园林。由西山余脉翠微山、平坡山、卢师山环抱，三山形似座椅，八座古刹星罗棋布分布在三山之中。二处灵光寺因供奉世间罕存的释迦牟尼灵牙舍利而驰名海内外。八座古刹中最古老的寺庙是八处证果寺，建于隋末唐初，历经宋元明清历代修建而成。最大的

10月1日，石景山游乐园“国潮艺术荟”火龙钢花秀　（游乐园供图）

寺庙是康熙、乾隆的帝王行宫香界寺。2000年,发现明代摩崖石刻以八大处第九处轰动京城。2022年,八大处公园在打好疫情防御战的同时,坚持绿色涵养发展、加强科普教育基地建设,打造可持续发展理念,大力推进生态旅游发展各项指标,着力把握战略定位,打造高端惠民工程,扎扎实实搞建设,园区面貌不断提升。受新冠肺炎疫情及闭园影响,2022年全年接待游客量144万人次,同比下降23.56%;门票收入834万元,同比减少14.46%;综合经营收入2464万元,同比减少15.12%。被北京市爱国卫生运动委员会办公室授予北京市控烟示范单位;被北京市文化和旅游局授予"赓续红色血脉,不忘赶考初心——2022年北京红色故事讲解员大赛"优秀组织单位。

(海　杨)

【八大处冰雪文化周】 2月2日至6日春节期间,八大处公园举办"福满京城·春贺神州"——2022八大处冰雪文化周。文化周分为梦想冬奥、激情冬奥两个部分,具体包括冰墩墩雪容融伴我游、冰雪花坛景观、"醉"美映翠湖、击鼓祈福和索滑道穿"三山"等体验活动 。期间,接待游人31406人次,实现综合营业收入67.85万元。

(海　杨)

【香界寺证果寺石碑保护工程】 八大处公园六处香界寺圆通宝殿前及八处证果寺山门殿前各有两通石碑为清代康熙、道光年间御制石碑,因年代久远,风化严重,急需设置保护性设施对其进行保护。年内,八大处公园获得北京市文物局相关批复及专项资金54.3万元。工程于9月10日开工,12月30日竣工。项目内容包括:改造香界寺圆通宝殿西侧敬佛碑现有保护罩,拆除东侧康乾碑保护罩,新做保护罩并将赑屃(龙头、龟身)碑座覆盖在内。拆除证果寺山门前两座石碑的现有护栏,按香界寺石碑保护罩样式及做法,更新保护罩对石碑进一步保护。

(海　杨)

【第五届北京重阳登高节】 10月3日至4日八大处公园举办主题为"孝满京城·德润人心"第五届北京重阳登高节暨第三十五届北京八大处重阳游山会活动,活动形式采取线上、线下相结合的方式进行。线上活动为3日晚上"孝满京城·德润人心"文艺演出,晚会以四处广场山水为舞台背景,融入重阳主题元素;线下活动为4日重阳送祝福、打卡集章等内容。活动以弘扬"尊老敬长"的传统美德为宗旨,深度挖掘中华民族优秀传统文化内涵,倡导全民健身和健康生活新理念。推出重阳敬老、健身休闲等系列活动,并将群众参与性、传导正确的人生观和高雅的艺术享受紧密结合在一起,成为金秋深受北京市民喜爱的节庆活动之一,提升八大处公园的品牌效应。期间,接待游人29088人次,实现综合营业收入28.91万元。

(海　杨)

【AAAA复核达标】 年内,根据《旅游景区质量等级的划分与评定》和《旅游景区质量等级管理办法》的规定,公园进行新一轮景区等级复核。8月15日,公园召开景区复核工作的专题部署会。9月7日,市级评定专家组到达公园开展评定审核。公园整理、统计各类复核文件800余件、制作备查资料册70余册、收集整理工作照片1000余张,顺利完成AAAA复核工作。11月30日,北京市文化和旅游局下发《关于2022年北京市等级旅游景区评定复核工作结果的通报》,通报八大处公园在2022年北京市等级旅游景区复核工作中,复核达标。

(海　杨)

城市规划与建设

规划与自然资源管理

【概况】 北京市规划和自然资源委员会石景山分局(简称规自分局)于2019年3月23日挂牌成立,内设办公室、法制科(信访与信息公开科)、规划编制与城市设计科、市政交通科、规划实施科、综合审批科(规划土地核验科)、自然资源调查监测科、自然资源所有者权益科(自然资源开发利用科)、国土空间生态修复科(矿产资源管理科)、财务科、机关党委(党建工作科、人事科)、纪检办公室共12个机关科室,下设北京市石景山区规划和自然资源执法队和2个事业单位(北京市石景山区不动产登记中心、北京市石景山区规划和自然资源综合事务中心),代管1个区属事业单位(北京市石景山区土地一级开发管理中心,2022年加挂北京市石景山区规划展览馆牌子)。年内,规自分局认真学习贯彻党的二十大精神,坚持规划引领,深入推进规划编制与专项研究,完成石景山区"三区三线"划定和2021年度城市体检工作。加强土地供应和规划实施,确保城乡建设用地规模控制在53平方公里以内,推动城市更新与区域高质量发展。着力践行为民服务宗旨,提升依法行政水平,信访件及时受理率、按期办结率均为100%。做好卫片执法,全力推进"基本无违法建设区"创建复评。加强自然资源管理,促进"交房即交证""多测合一""验登合一"等多个改革案例的形成。

(常 林)

【城市体检】 年内,规自分局完成石景山区2021年度城市体检工作。多维度倾听各方声音,整合问卷、提案、手机信令等多源数据,引入12345热线工单数据分析,在完成常态化体检内容的同时,结合石景山区空间结构,细化颗粒度,加强专业性,同步开展集体土地高质量发展、后冬奥遗产可持续利用等重点专题和长安街沿线文体旅集聚区等重点地区深度体检,为政府决策提供及时、有效支撑。体检报告通过区领导审查。

(张 悦)

【"三区三线"划定及成果修改】 年内,规自分局完成石景山区"三区三线"划定和落实"三区三线"划定成果分区规划修改工作。石景山区"三区三线"划定成果通过自然资源部审查并正式启用。严格落实"三区三线"划定成果,合理优化生态控制线,调整完善相关规划分区,形成分区规划修改成果,并通过市级部门联审会。

(张 悦)

7月8日,常卫主持召开中共石景山区委城市工作委员会2022年第二次会议 (规自分局供图)

【街区控规编制】 年内,规自分局持续开展街区控规编制,探索存量更新背景下控规编制路径。完成1601-1603(五里坨、广宁)和1609(首钢北区)街区控规编制,并取得市政府批复;完成1610(特钢)街区控规编制工作,通过区委城工委研究审议;推动1606(八大处)、1617(巴威·北锅)街区控规形成阶段成果;启动1618(南山)、1621(衙门口地区)街区控规编制工作。

(魏朴童)

【既有控规街区评估】 年内,规自分局深化既有控规街区的实施研究,持续完善"1+3+n"的全方位评估体系。建立由"街区"到"项目"的全流程规划管理路径。完成1611(杨庄)街区评估工作。

(张 悦)

【责任规划师制度建设】 年内,规自分局持续推进总责任规划师(团队)制度建设,发挥智库平台作用,落实"四个一"工作体系。以推动后冬奥时代高质量发展为核心提出年度工作建议;搭建"果石会"——总责任规划师团队工作交流新平台,统筹把握"一盘棋街道更新引导"。引导责任规划师团队参与社区实践,助力属地街道疫情防控,深耕老旧小区改造、微空间改造等重点工作。探索智慧城市建设,落地建成一套街道数据信息系统,形成责任规划师数字"驾驶舱",以数字化赋能街道系统管理。

(陶 园)

【集体经济发展研究】 年内,规自分局完成石景山区集体经济发展研究,针对集体土地用地布局分散、发展不均、产业单一、违法建设等问题,以"全区均衡发展、空间集聚发展、合力高效发展"作为规划目标,开展集体经济发展研究,破解集体经济发展难题,推动集体土地减量提质。经过调研、座谈、梳理,进一步摸清全区集体经济组织人、地、房、产、账等基础数据,明确各农工商公司发展现状及诉求,提出"一司一策"策略和发展建议。

(陶 园)

【规划展览馆筹建】 年内,规自分局制定石景山区规划展览馆建设工作方案,搭建工作平台,成立石景山区规划展览馆工作专班，明确相关单位工作内容及职责，形成规划展览馆策展方案和展示文案，明确展览展示框架内容和筹建资金，全面落实规划展览馆筹建工作。

（刘　亮）

【京西八大厂整体规划研究】　年内，规自分局以京西八大厂厂区为单位，梳理建设用地、地上物、企业经营状况、人口、改造任务等基础信息，形成一本底账，并结合各厂区实际问题，形成实施指引路径，为不同类型的工业更新模式提供发展决策依据，形成京西八大厂整体更新思路和一厂一策阶段成果。

（魏朴童）

【安全韧性社区专项规划研究】　年内，规自分局在摸清全区风险底数的基础上，确定全区韧性社区建设策略、措施和重点任务。建立全区安全韧性城市空间框架，制定安全韧性社区评价指标体系，提出提升全区韧性社区建设水平的规划策略。完成1619和1610韧性街区详细规划，将韧性社区建设要求和措施在街区层面扎实落地。明确五芳园社区和北辛安第一社区两个典型社区提升韧性能力任务清单，为推进韧性示范社区建设夯实基础。

（张　悦）

【模式口历史文化街区保护规划】　年内，规自分局组织开展模式口历史文化街区保护规划编制，形成保护规划成果。保护规划优化模式口历史文化街区核心保护范围和建设控制地带，对历史院落和历史建筑进行分类价值评估并分别提出保护更新策略，探索出政府主导、多方主体共同参与以及社会组织与原住民共同参与三种有机更新实施方式，明确历史文化价值、保护要素、街区保护更新、实施引导与保护机制建议等内容，形成保护体系完善、规划措施完整的规划成果。保护规划重点强化对历史文化资源的保护，对模式口地区建筑和院落的改造工作具有重要指导意义，有力推动模式口历史文化街区的全面保护复兴。

（张梦云）

【绿化隔离地区减量发展研究】　年内，规自分局完成石景山区第一道绿化隔离地区规划综合实施方案编制，充分对接石景山分区规划和街区指引成果要求，按照“一绿建成，全面实现城市化”的总体思路，梳理历史账、规划账、时间账和效果账“四本账”。深入梳理各项历史遗留问题，统筹研究各类企业分类腾退实施路径，结合用地权属建立一绿指标池，有序安排近远期实施时序，为石景山区一绿地区实现减量提质、疏解增绿提供良好的支撑。完成第二道绿化隔离地区规划减量提质实施任务台账梳理工作，形成“一图一表一清单”。

（张梦云）

【城市副中心线提升工程获批】　年内，规自分局推动市郊铁路城市副中心线整体提升工程立项获批，统筹研究在衙门口东站城市副中心线与M11号线换乘、沿线道路节点微设计、下凹桥区的防洪排涝以及管线迁改方案，提升区域市政交通服务水平。

（王晓燕）

【福寿岭站启动实施】　年内，规自分局完成福寿岭公交中心站及地铁1号线福寿岭站启用改造工程全部规划用地许可手续办理，统筹研究周边道路和防洪设施，形成平面竖向方案合理、交通组织衔接有序、后续建设和运营安全生产有保障的方案。

（王晓燕）

【区首个国有存量土地复合利用】　年内，规自分局完成辖区首个国有存有土地复合利用建设地下停车场项目的选址——调色板花园地下停车库，深度挖潜土地资源，促进土地集约节约复合利用，补齐周边居民生活服务设施短板，提升居民停车服务水平。

（王晓燕）

【优化营商环境】　年内，规自分局通过对建设项目的前期对接，进一步深入、细化审批服务，主动告知企业审批路径及新政程序，提高审批效率，减轻企业负担，激发市场主体活力和社会创造力，推动“放管服”政策落地。高效完成石景山区首个社会投资低风险工程告知承诺制、首个社会投资房屋建筑工程全程网办、首个建设项目“规划许可＋门楼牌号确认结果”同步核发、首个建筑师负责制项目规划许可、首个“验登合一”案例。截至年末，石景山区共37个简易低风险项目，形成9个全流程案例。

（成　卓）

【行政许可和服务事项】　年内，规自分局完成行政许可和服务事项257件，其中核发建设工程规划许可证（城镇建筑工程）23个，建筑面积112.69万平方米；核发临时建设工程规划许可证（城镇建筑工程）26个，建筑面积9.46万平方米；核发低风险建设工程规划许可证（城镇建筑工程）6个；核发建设工程规划许可证（市政类）74个，管线长度5.79万延米，建筑面积2.21万平方米；核发规划核验（验收）58个，验收面积225.56万平方米；核发规划验收（市政）备案1个；核发选址意见书和用地预审合并（市政）17个，用地面积7.09万平方米；核发选址意见书和用地预审合并（房建）6个，用地面积10.55万平方米；核发土地划拨21个；核发地名命名7个；核发建筑物命名9个；核发不予许可5个；门楼牌编号确认4个。

（成　卓）

【土地权属审查】　年内，规自分局完成广宁村棚改、轨道交通11号线西段（冬奥支线）、石景山水厂、首钢园区市政道路工程、北辛安路、苹果园110千伏变电站、石景山区五里坨精神卫生专科医院新建工程、人民渠西延综合治理工程等43个项目的土地权属审查工作。

（刘元元）

【2021年度国土变更调查】　年内，规自分局组织完成区级方案编制、底图制作、内外业调查、区级自查、市级及国家级核查和整改、成果报送、数据领取、数据分析等工作。全区共提取监测图斑576个，其中区级自提图斑443个，国家下发图斑265个，与自提图斑重叠132个。

（刘元元）

【2022年度日常国土变更调查】　年内，规自分局首次启动日常国土变更调查机制，与各部门提前对接，收集变

化线索，形成工作底图。积极稳妥开展内外业工作，完成日常变更调查举证工作，其中国家下发图斑135个，区级自提图斑162个。

(刘元元)

【地理国情监测】 年内，规自分局按照市规自委要求，配合开展2022年度地理国情监测工作，协助解决内外业调查、核查单体建筑及地类图斑变化原因。参加《石景山区2022年度地理国情监测(城市国土空间监测)专题报告》编写工作，报告中监测内容主要包括城市土地利用、建设强度和建筑量、公共服务功能、交通便捷、安全韧性等。结合区情和工作需求提出减量提质情况分析专项研究选题建议。

(刘元元)

【基础数据保障及保密管理】 年内，规自分局函(答)复各委办局、街道、各级人民法院及部队等土地权属来电函、来电、来访40余批次。协助区生态环境局、区园林绿化局、区住建委等单位开展生态文明建设示范区创建预评估和生物多样性本底调查、违规占用耕地相关情况核查、城市更新项目谋划等工作，提供权属、地类等基础数据并严格履行保密手续。

(刘元元)

【汛期地质灾害防治】 年内，规自分局完成汛期地质灾害防治工作，组织巡查排查252人次，更换和补竖地质灾害警示标识牌44块，发放“北京市地质灾害防治明白卡”758张，指导街道完善地质灾害防治“一点一预案”。对17处地质灾害隐患点开展工程治理，对8处地质灾害工程进行维护，截至年底8处工程维护项目全部完成，工程治理项目总体进度80%。

(何振杰)

【地质灾害风险普查】 年内，规自分局组织完成北京市第一次全国自然灾害综合风险普查石景山区地质灾害风险普查工作，共查出地质灾害隐患点位78处，普查成果顺利通过专家组审查，并按要求向区风险普查办公室提交地质灾害隐患点数据库、风险区划图和防治区划图各一套。

(何振杰)

【完成自然资源资产管理报告】 年内，规自分局编制完成石景山区2021年度国有自然资源资产管理情况专项报告，并首次向区人大常委会口头报告全区国有自然资源资产管理情况，专项报告完整、准确、全面地体现石景山区土地、森林、水资源的自然资源总量、管理成效、有效监管、存在问题、措施和建议等内容。

(付　越)

【土地征收及供应计划】 年内，规自分局完成刘娘府综合改造C2地块土地一级开发项目集体土地征收及农转用工作，项目面积14.15公顷。编制完成石景山区2023年度建设用地供应计划。全区计划供应29个项目，供地总量60.77公顷，实际完成供地66.20公顷。

(付　越　孙　聿)

【城乡建设用地减量】 年内，规自分局持续推进年度减量腾退工作。根据2020年国土变更调查结果，石景山区提前完成城乡建设用地规模控制在53平方公里以内的阶段性目标。按照市规划自然资源委的工作部署，石景山区积极开展历年减量地块动态维护，推进年度结转任务动态巡查，持续推进城乡建设用地减量腾退，确保城乡建设用地规模控制在53平方公里以内。

(黄　卉)

【“多规合一”平台初审及供审意见】 年内，规自分局核发五里坨社区卫生服务中心、衙门口养老服务中心、北辛安社区养老及助残服务中心、五里坨便民服务中心、苹果园社区卫生服务中心等项目初审意见，总用地面积3.4公顷，地上建筑规模8.1万平方米。核发苹果园交通枢纽商务区、新首钢核心区、广宁棚改、西黄村棚改、衙门口棚改等项目多规合一供审意见，总用地面积38.07公顷，地上建筑规模83.58万平方米。

(许　多　黄　卉)

【“多规合一”平台综合会商意见】 年内，规自分局办理完成首钢东南区1612－774、775、778、779、783、784、824，刘娘府综合改造1604－654－1、654－2、696，苹果园综合交通枢纽1604－648、649－1、649－2、650－1、650－2，衙门口1616－670地块等项目“多规合一”协同平台综合会商意见，方案审定建筑规模84.5万平方米。

(黄　卉　王佳仪)

【规划综合实施方案】 年内，规自分局按照SS00－1601－1603街区试点单元控规要求，完成广宁村棚户区改造项目规划综合实施方案备案工作，核发一期上市地块供审意见函。结合项目实际，分类细化，精准研究，统筹推进首钢金安科幻广场项目、巴威·北锅、北重西厂等老工业厂区更新改造项目规划综合实施方案。

(孙　聿　陈　冰)

【模式口街区规划实施路径研究】 年内，《石景山区模式口历史文化街区平房(院落)保护性修缮和恢复性修建工作方案(试行)》经区政府审议通过并由模式口工作专班印发，该《工作方案》的出台从根本上解决模式口地区持续更新、活化利用的实际诉求。规自分局为模式口34号院不动产权证和建设工程规划许可证的核发，标志着试点院落手续补办政策路径“最后一公里”被彻底打通，为后续院落手续补办工作提供示范。

(陈　冰)

【优化土地管理】 年内，规自分局加强土地利用动态巡查，辖区土地动态巡查率85.37%，全市排名第三；提升闲置土地处置率，处置闲置土地57.27公顷，处置率达92.31%，全市排名第二。

(吕卫豪)

【自然资源督察整改】 年内，规自分局成立由13个部门组成的工作专班，形成督导核查工作任务“一张表”。在国土调查云上完成警犬基地、批而未供地块、西小府路等项目举证工作；加速往年问题整改，涉及本区的19个问题，整改到位率73.7%，居全市第二；做好2022年耕地保护及矿产资源管理督察迎检工作，制定迎检方案，成立迎检工作领导小组，主管区领导主持召开迎检部署会，梳理汇总迎检材料400余份。针对督察期间反馈的北京建贸物业管理有限公司西郊砂石场问题，完成水泥结构建筑、大棚的拆除，破除铺砖地面，达到裸地状态，顺利通过整改验收。

（陈　莹）

【查处违法用地违法建设】　年内，规自分局着力抓好涉地执法监督工作，全面提升违法用地违法建设治理水平。开展乱占耕地建房和公共公益类违法用地违法建设专项整治，纳入整治共50个点位，完成41个点位的治理。深化巩固违建别墅清查整治专项行动，年内未发现新增违建项目。做好卫片执法工作，2022年新生违法建设全部依法处理，完整、准确、全面贯彻新发展理念，坚持大抓基层的鲜明导向，全力推进“基本无违法建设区”创建复评。制定《石景山区“基本无违法建设区”创建复评工作方案》，凝聚区内56个部门力量共同推进11782处存量图斑点位的分类举证和持续治理工作。

（陈　莹）

【不动产登记业务】　年内，规自分局不动产登记中心共受理各类登记业务39896件，发放不动产权证书（登记证明）31300本。外业查看276次，接待各类档案查询30556人次，收到锦旗6面。报送各类信息28篇，其中12篇被普刊、专刊、北京石景山公众号刊载。同步完成登记工作相关“接诉即办”工单296件，信访答复26件，信息公开6件。通过电话、现场调查登记回访410件。

（隋　佳）

【不动产登记优化营商环境】　年内，规自分局落实优化营商环境5.0版改革政策。逐步实现16类业务“全程网办”，全年线上业务18545件，占业务总量的46.48%。推动“禧悦学府”项目在12个工作日内完成从配套设施移交到转移登记发证的全部工作；实现“长安云尚”、黄庄村棚改安置房两个项目“交房即交证”；首笔新建商品房转移登记“全程网办”业务试点落地；完成1601－053地块酒店用房首次登记与1612－757地块S－1号服务配套楼“验登合一”等改革举措落地。

（湛亚静）

【解决2259套房屋历史遗留问题】　年内，规自分局构建“政府主导、部门联动”的工作机制，由区领导调度规自分局、住建委、税务局，各职能部门落实责任，共组织区级专班联席会议5次、专题协调会19次，提出针对性处理方案和解决路径。全年共推动解决七星园3号楼、七星园6号楼、八角中里8号楼、悦兴街6号院、五芳园29号楼、悦兴街5号院6个历史遗留项目，涉及房屋2259套。超额完成市规自委下达的2000套年度指标，完成率达112.95%。

（湛亚静）

4月12日，区不动产登记中心解决七星园6号楼历史遗留“办证难”问题，向居民发放首批不动产权证　　（规自分局供图）

【启动自然资源统一确权登记】　年内，规自分局按照党中央、国务院关于生态文明建设决策部署，根据市规自委统一要求，起草《北京市石景山区自然资源统一确权登记工作实施方案》和《北京市石景山区自然资源统一确权登记工作石景山区工作专班办公室工作方案》，经区长专题会审议通过，并成立石景山区自然资源确权登记工作专班。启动政府采购程序，确定作业单位，市级拨付资金112.5万元，年内完成55.01万元的支付任务，开展石景山区重点区域（永定河）自然资源统一确权登记工作。

（王辛桐）

【历史数据整合入库】　年内，规自分局按照关于历史数据治理工作要求，完成石景山区不动产历史数据治理入库工作。石景山区“老房新案”102850户，“老房老案”38525户，装载历史数据总计141375户，入库率达到100%。历史数据装载的准确性、完整性，为“全程网办”“跨省通办”打下坚实基础。

（隋　佳）

【档案管理】　年内，规自分局共接收、整理、上架不动产档案33412卷。为落实市政府积分落户政策，协助积分落户人员查询不动产登记信息431人次；为学生入学及升学协助教委核查房产登记信息459人次；协助住建委购房资格核验120人次；为军队、公检法查询登记信息41592人次；自助查询机查询7300次。

（张　华）

【常态化疫情防控】　年内，规自分局根据上级关于疫情防控的决策部署，及时更新调整中心防控预案和措施。按照“外防输入、内防反弹”要求，严格履行门前“三必查”和“一米线”措施；坚持定时通风和专业消杀；灵活采取大厅限流、业务量调整、引导群众网办、控制人员到岗率等措施，多措并举应对特殊情况给窗口部门带来的影响。

（谷忠泉）

【土地储备开发】　年内，规自分局石景山区完成刘娘府、五里坨、老古城、西井、苹果园商务区等8个项目的土地供应工作，累计完成土地供应面积约

36.50公顷,其中商品住宅供应面积约25.88公顷,完成率约108%。通过土地供应,本年度可实现资金回笼166.74亿元,实现政府收益38.09亿元。

(李　林)

【12345市民热线办理】　年内,规自分局共受理群众工单2095件,"接诉即办"工作专班定期组织调度会和会商会,共组织"接诉即办"工作日会商会112次、调度会10次。加强工作统筹协调、指挥调度、政策通报,做好录音等材料上传、剔除、挂账、一事一报、备案等有效提高"接诉即办"的举措。加强与区监督指挥中心沟通协调,建立各个层次的沟通协调机制,及时跟踪了解"接诉即办"办理政策。

(翟晓璇)

【依法办理行政复议、应诉案件】　年内,规自分局坚持"以人为本,复议为民",严格依法办理行政复议、应诉案件,积极推动实质化解行政争议。全年共办理行政复议6件、行政诉讼案件22件,领导出庭14件,年度无败诉案件,实质化解纠纷(撤诉)2件。

(翟晓璇)

【信访工作】　年内,规自分局组织开展"学习贯彻《信访工作条例》做好新时代信访工作"为主题的信访宣传月活动。全年共办理信访件159件,办理来访件41件、纸信件47件、网信件18件、局长信箱53件、接待来访群众12次。信访件及时受理率、按期办结率均为100%,信访形势继续保持良好稳定局面。

(翟晓璇)

【政府信息公开】　年内,规自分局共办理政府信息依申请公开167件,其中,自然人158件、商业企业13件;予以公开132件、部分公开8件,不予公开4件,无法提供23件,全部按期答复。各类咨询电话、现场咨询209件。形成依申请公开台账,日常提醒办理时限,加强对答复文书格式、适用法规及救济途径的指导与审查,坚持常态化实施跟踪问题处理情况。

(翟晓璇)

【推动优化营商环境】　年内,规自分局落实工程建设项目审批改革,确保营商环境5.0版政策落地。坚持"优化营商环境专班"统筹调度,组织8次"领导干部走流程"活动,主动突破政策落地痛点难点,形成一批典型案例;完成改革示范区建筑师负责制工作任务,核发首个建筑师负责制+告知承诺制刘娘府1604-696地块商业办公项目规划许可,促进"交房即交证""门楼牌合并办理""多测合一""验登合一"等多个改革案例的形成。"街区控规+区域评估""多规合一"两个改革案例,被市规自委工程建设领域新一轮改革案例汇编采用。

(翟晓璇)

建设管理

【概况】　石景山区住房与城市建设委员会(简称区住建委)是负责辖区住房与城乡建设行政管理的区政府工作部门。2022年,区住建委共筹集保租房3790套,公租房1328套,竣工政策性住房7863套,圆满完成年度筹集、竣工任务指标;为104户次廉租补贴家庭发放租金9.55万元;为22842户次公租房家庭发放补贴4091.75万元;为22047户次市场租家庭发放补贴4512.10万元;共计44993户次,8613.4万元。

(田梦柳楠)

【重大项目建设】　年内,石景山区有重大建设项目33项,全部完成年度任务目标。其中新建项目15项,前期推进项目5项,续建项目13项。新建项目为:净德寺公园完成文保区范围以外区域绿化建设,天泰山旅游综合开发(半山花海—中交营)冰雪嘉年华投入运营,金安桥雨水泵站具备排水条件,人民渠西延(应急工程)完成施工,土地上市项目6宗土地全年完成入市交易;老旧小区综合整治、首钢北区配套道路、首钢东南区次干路、五里坨便民服务中心、社区养老服务中心(衙门口、北辛安)、五里坨精神卫生专科医院、五里坨社区卫生服务中心、调色板城市公共空间改造提升及地下停车设施、首钢调峰热源及配套管网9项,年内开工。前期推进项目为:M11号线模式口站一体化、市郊铁路城市副中心线(西段)石景山段、向阳110KV变电站、永引渠南路西延、巴威—北锅老旧厂房更新改造5项。续建项目为:首钢医院医技大楼完成工程建设,中关村互联网产业园(034、605地块)、银保园651地块、鲁谷北重供热厂、苹果园交通枢纽、地铁1号线福寿岭车站、福寿岭公交中心站、北重文化产业园一期、十一学校、北大附中、衙门口配套道路、首钢人才社区(南区和北区)、首钢织补工场(中区和西区)13项。

(刘　晶　张潇潇)

【竣工验收备案】　年内,区住建委竣工验收备案69项,建筑面积293万平方米。其中:政策性住房17项,建筑面积83万平方米,共5644套;商品住房22项,建筑面积98万平方米,共5887套;公共建筑24项,建筑面积104万平方米;装修工程6项,建筑面积8万平方米。

(赵　亮　李海轩)

【工程质量缺陷保险投保】　年内,区住建委累计完成投保住宅项目38项,当年投保完成5项,投保完成率100%,涉及主承保单位2家,风险评估机构1家。

(赵　亮　李海轩)

【保障性住房管理】　年内,石景山区公租房按照市级备案统计,新申请734户,终止843户。全年共发起资格复核8019户次,终止资格1315户(其中公租房资格843户)。公租房备案家庭总保障率为56.47%,完成市建委要求保障率(55.8%)目标。开展2批公租房快速配租工作,共计配租房源663套,第一批268套面向2021年底前备案轮候家庭,第二批395套面向低保、低收入、大病、重残、老龄、优抚、退役军人、多孩等重点人群专项配租,首次将80岁以上老人家庭及3孩以上家庭作为选房第一顺序。12月12日,区住保中心与燕景投资公司签订金顶阳光等5个廉租房项目收购协议,并于12月25日完成各项目交接。安居北京系统中动态监管模块案件受理率达到100%,受理三个月以上的案件处理率达到85%,公租房合同录入率达到85.23%，完成市级目标。制定《市场租房补贴家庭检查工作方案》，对市场租房补贴家庭租赁房屋情况进行检查，防范伪造合同、编造虚假租赁、转租牟利、合同终止未申报等骗取租房补贴行为，全年检查200户，无违规情况发生。

（原文斌　潘丹丹）

【棚户区改造】　年内，区住建委统筹推进西黄村、北辛安、衙门口、广宁村、黄庄村棚户区项目改造进度，加快房屋征收、安置房建设、土地入市回笼资金等工作。完成石景山区2户棚户区改造和环境整治市级任务，区实际完成7户，对应广宁村项目3户，衙门口项目4户。完成衙门口住宅、非住宅2处"拔钉子"清零工作，衙门口项目完成全部地上物拆除，实现净地；北辛安项目681、684、694、696、697、698地块27.78万平方米、3735套回迁安置房竣工交付；衙门口项目670地块完成入市交易。

（石　云　郭家麟）

【物业管理】　年内，区住建委按照《石景山区老旧小区综合整治、有机更新和长效管理实施流程》，为老旧小区拨付奖励资金1600余万元，推动老旧小区服务管理水平提升；党建引领物业管理"三率"水平稳步提升，业委会（物管会）覆盖率达到97%，物业管理覆盖率达到96%，党的组织覆盖率达到97%，物业管理融入社区治理进程加快；受理12345物业管理类诉求7322件，较去年同期10283件减少28.80%，受理物业服务不规范诉求1750件，较去年同期2838件减少38.34%，物业管理投诉率显著下降。

（朱宝星　袁　丽）

【专项维修资金审核备案】　年内，区住建委审批商品住宅专项维修资金32件，总计7353425.60元。其中防水工程8件，共计3045857.11元；电梯工程5件，共计1038263.52元；外墙工程11件，共计1425316.78元；给排水工程4件，共计114706.38元；消防工程4件，共计1729281.81元。

（朱宝星　许阳托）

【房改售房】　年内，区住建委对66个单位（次）的房改售（调）房进行审核备案，共售797套，约5.19万平方米（其中：央产房70套，4994.76平方米；市属499套，3.23万平方米；区属165套，1.05万平方米；办理调房63套，4129.73平方米）。办理回购住房5套，380.57平方米。

（张继奎　李　瑾）

【住房补贴和专项维修资金管理】　年内，区住建委累计审核32个单位，185.65万元的差额、级差补贴资金。审核通过3个单位支取售后公有住房专项维修资金70.82万元。

（张继奎　李　瑾）

【房屋征收与登记管理】　年内，区住建委启动黄庄村棚改征收工作，截至12月底，住宅签约率96.8%，非住宅签约率100%。审核房产实测绘备案项目68件，审核通过60件，建筑面积3603305.6平方米。

（武　月　张　涛　陈　洁）

【建筑施工绿色安全管理】　年内，区住建委全力督促各施工项目落实"新冠"疫情防控工作，全面统筹推进建筑工地疫苗接种。对全员接种疫苗的施工项目，授予18家"放心工地"的奖励；对疫情防控措施落实到位的11个项目评定为"无疫工地"。督促建设项目落实绿色施工及扬尘治理管控：严格工作标准，规范工地扬尘管控要求，鼓励争创先进工地，10个项目被市建委评定为"绿牌工地"。施工现场安全生产管理工作坚持完善机制，有效预防重特大生产安全事故。坚持应急值守，确保汛期建筑工地安全平稳。坚持严格执法，形成安全生产高压势态。

（曹　宇　白　石）

【房屋交易与资金监管】　年内，区住建委受理预售许可15件，监管预售资金总额32.01亿元，商品房签约量7283套。二手房购房人资格核验受理9191件；存量房网签5083件，成交总面积37.51万平方米，成交金额105.01亿元。

（果雪梅　冯艳萍）

【工程建设招标投标】　年内，区住建委共办理建设工程施工招标39项，建筑面积170679平方米，中标价29.38亿元；办理建设工程监理招标23项，中标价5718.98万元。

（高相波　张倩倩）

【经纪机构和租赁企业管理】　年内，全区房地产经纪（分支）机构、租赁企业登记备案数量为285家（经纪机构114家、分支机构115家、住房租赁企业56家）。区住建委受理涉及房地产经营活动的12345市民服务热线电话250件，其他信访投诉50件，均办结。组织全区房地产经纪机构、住房租赁企业开展法规政策宣贯活动，集中印发、张贴、悬挂宣传海报3500余份。开展防范养老诈骗宣传工作进小区活动，检查范围涉及116个小区，覆盖居民89000余户。开展互联网房源信息执法检查，检查房源信息1923处，对5家违规发布房源信息的经纪机构、住房租赁企业进行暂停其房源信息发布，对1家违规发布房源信息的经纪机构处以3万元罚款。

（李红印　董　静）

【普通地下室管理】　年内，区住建委排查住宅小区、商务楼宇1165处点位，累计检查560余次。处罚7家企业，罚款4500元；发放责令整改40份。专项检查奥运周边普通地下室233个。推动普通地下室再利用，海特花园13号楼腾退部分用于居民阅览室。完成对全区53处自用性宿舍清理工作，通过专项集中清理整治，将全区点位清理压缩到33处点位，清除治理20个。完成12345便民电话26件，处理信访6件。

（李红印　王绍华）

【违法群租房整治管理】　年内，区住建委整治拆除违法群租房149户（其中：八宝山33户、鲁谷27户、老山8户、古城2户、八角26户、苹果园30户、金顶街21户、五里坨2户），涉及586人，8个街道，81个社区，全部建立工作台账，基本做到动态清零。出动排查人员3191人次，排查出租房屋3707户次，整治群租房143户（其中宿舍类重点群租房19户，重点小区15户）；创建无群租房小区15个。

（李红印　李全增）

【房屋安全及防汛管理】　年内，区住

建委实查城镇房屋2850.35万平方米(不包括军产),查出完好房3306.04万平方米,占实查房屋的85.68%;基本完好房502万平方米,占实查房屋的13.01%;一般破损房49.39万平方米,占实查房屋的1.28%。向16处房屋产权单位、业主发放危房解危通知书,要求进行房屋安全评估。全区房屋总量34637栋,第一次自然灾害综合风险普查房屋建筑调查区级质量核查整体通过率91.72%,区级质检合格率100%。全区自建房存在安全隐患1553处,其中一般安全隐患1354处,严重安全隐患199处。完成全区经营性自建房排查及系统录入工作,对存在安全隐患的经营性自建房的管控率为100%;处理56起私拆改承重结构、拆改烟道、外墙、阳台做飘窗、私占公共空间案件。全年安全检查300人次,接收报送房屋安全自查材料60份,对装修拆改承重结构,现场执法20次,约谈3人,责令整改5处。制定辖区城镇房屋防汛预案和工作要点和水泥厂68号院低洼院落应急预案。整个汛期房管系统累计值班值守8745人次,出动巡查人员3728人次,巡查平房3821间次,楼房7564幢次,抢修疏通排水22处。

(李红印　任晓虎)

【劳务管理】 年内,区住建委落实人员管控,强化现场劳务管理,在疫情防控工作前提下,落实施工现场封闭化管理,人员进场提供核酸检测证明并进行实名制登记,加强日常检查和重大日期的隐患排查,联合区人力社保局定期开展联合检查,及时消除农民工讨薪隐患。截至年底,在监在建项目共计151个,累计使用农民工2.6万余人,开展工地劳务日常检查236次,开展多部门联合检查10次;组织农民工参与石景山区建筑工程安全及新冠肺炎防控知识竞赛,累计参加10000余人;共受理并解决农民工讨薪和工程款纠纷案件26次,涉及人数145人。

(吴　琨　赵　伟)

【建筑节能和建筑材料监管】 年内,区住建委落实新建建筑节能标准,开展市区两级建筑节能及建材专项检查,强化事中事后监管;推进绿色建筑及装配式建筑,履行工作联席会议职责,发挥指导组织协调作用,加强建设环节监管。新建绿色建筑22项,建筑规模121.1万平方米。实施装配式建筑18项,建筑规模80万平方米,占新建建筑面积的66%,完成2022年达到40%以上的目标。开展公共建筑电耗限额管理和公共建筑节能绿色化改造工作,加强宣传贯彻全市公建电耗限额管理和公建节能绿色化改造政策文件,执行本年度限额管理具体工作要求,截至年底全区纳入限额管理的公共建筑321栋,建筑规模364.34万平方米。

(赵　亮　杨慧宇)

【工程质量】 年内,区住建委工程质量监督管理项目共计380项,建筑面积1107万平方米。其中:政策性住宅10项,建筑面积77万平方米;商品住宅40项,建筑面积229万平方米;公共建筑91项,建筑面积410万平方米;装修工程149项,建筑面积386万平方米;轨道交通工程10项,建筑面积5万平方米;市政工程80项。

(赵　亮　李海轩)

【建筑业企业资质管理】 年内,区住建委受理建筑业企业资质审批100件。其中:升级6件,增项6件,首次申请资质14件,变更44件,主动申请注销资质2件,施工劳务备案26件,资质延续0件,建筑企业全资子公司间重组、分立及国有企业改制重组分类申请2件。完成二级建造师业务500人。其中:初始注册42人,注销72人,变更注册91人,延期注册262人,遗失补办0人,重新注册33人。

(吴　琨)

竣工工程

公建工程

【首特绿能港科技中心15号地竣工】 2017年6月9日开工,2022年8月2日竣工。工程位于杨庄大街69号,包括A座、B座及裙房、C座及裙房、D座、1号人防出入口、2号人防出入口、地下室及地面出口。工程规模137285.47平方米。A座地上13层,B座及裙房地上13层,C座及裙房地上13层,D座地上9层,1号人防出入口地上1层,2号人防出入口地上1层,地下室及地面出口地上1层、地下3层。框剪结构,工程总造价59580.67万元。北京首特钢园区开发经营有限公司建设,华通设计顾问工程有限公司设计,北京城建一建设发展有限公司施工,北京中外建工程管理有限公司监理。

(何　为　王　蕊)

【首特绿能港科技中心16号地竣工】 2018年1月2日开工,2022年4月12日竣工。工程位于杨庄大街69号,包括1号建筑云计算中心、2号建筑研发中心、3号建筑能源中心、4号建筑门卫1、5号建筑门卫2、6号建筑电缆分界室。工程规模96953.03平方米。1号建筑云计算中心地上6层、地下1层,2号建筑研发中心地上13层、地下3层,3号建筑能源中心地上3层、地下1层,4号建筑门卫1地上1层,5号建筑门卫2地上1层,6号建筑电缆分界室地上1层。框剪结构,工程总造价44572.24万元。北京首特钢园区开发经营有限公司建设,中国电子工程设计院设计,北京首钢建设集团有限公司施工,北京中建协工程咨询有限公司监理。

(何　为　王　蕊)

【苹果园交通枢纽M、N地块(6号建筑)竣工】 2018年3月19日开工,2022年3月16日竣工。工程位于阜石路,包括6号建筑。工程规模3302.92平方米。6号建筑地上3层。框架结构,工程总造价3185.66万元。北京新润致远房地产开发有限公司建设,中国电子工程设计院有限公司设计,中铁建设集团有限公司施工,北京磐石建设监理有限责任公司监理。

(何　为　王　蕊)

【苹果园交通枢纽M、N地块(5号建筑)竣工】 2018年5月11日开工,2022年4月6日竣工。工程位于阜石路,包括5号建筑。工程规模13967.06

平方米。5号建筑地上14层、地下2层。框剪结构,工程总造价5429.58万元。北京新润致远房地产开发有限公司建设,中国电子工程设计院有限公司设计,中铁建设集团有限公司施工,北京磐石建设监理有限责任公司监理。

(何 为 王 蕊)

【1号建筑等6项竣工】 2018年6月6日开工,2022年6月28日竣工。工程位于阜石路北侧,包括1号至4号建筑、7号建筑、西区地下室。工程规模200439.4平方米。1号建筑地上13层,2号建筑地上9层,3号至4号建筑地上12层,7号建筑地上7层,西区地下室地下4层。框剪结构,工程总造价87483.64万元。北京新润致远房地产开发有限公司建设,中国电子工程设计院有限公司设计,中铁建设集团有限公司施工,北京磐石建设监理有限责任公司监理。

(何 为 王 蕊)

【冬奥广场1607-738、739、749地块竣工】 2019年8月28日开工,2022年1月14日竣工。工程位于石景山路68号首钢厂区内,包括738地块1号至5号楼、地下车库及设备配套、739地块1号至7号楼、地下车库及设备配套、749地块1号至4号楼。工程规模109394.76平方米。738地块1号楼地上5层,2号至3号楼地上6层,4号楼地上4层,5号楼地上1层,地下车库及设备配套地上1层、地下1层,739地块1号楼地上4层,2号至3号楼地上6层,4号至7号楼地上2层,地下车库及设备配套地下1层,749地块1号至2号楼地上6层、地下1层,3号楼地上3层,4号楼地上3层、地下1层。框架结构,工程总造价46257.31万元。北京首奥置业有限公司建设,杭州中联筑境建筑设计有限公司设计,北京首钢建设集团有限公司施工,北京诚信工程监理有限公司监理。

(何 为 王 蕊)

【冬奥广场1607-754、755、758地块竣工】 2019年8月28日开工,2022年3月11日竣工。工程位于石景山路68号首钢厂区内,包括754地块1号至4号楼、地下车库及设备配套,755地块1号至3号楼、地下车库及设备配套,758地块1号楼、地下车库及设备配套。工程规模114358.5平方米。754地块1号地上6层、2号地上4层、3号至4号地上3层,地下车库及设备配套地下1层;755地块1号楼地上4层,2号至3号楼地上3层,地下车库及设备配套地下1层;758地块1号楼地上9层,地下车库及设备配套地上1层、地下2层。框架结构,工程总造价50157.23万元。北京首奥置业有限公司建设,杭州中联筑境建筑设计有限公司设计,北京首钢建设集团有限公司施工,北京诚信工程监理有限公司监理。

(何 为 王 蕊)

【首钢工业遗址公园竣工】 2019年9月6日开工,2022年6月16日竣工。工程位于石景山路68号长安街西延北侧新首钢高端产业综合服务区,包括除尘改造、原料仓改造、备件库改造、原料系统料仓改造、主电室改造、N4-4转运站改造、提升泵站改造、上料系统N4-2转运站与除尘改造、N3-3与N4-3转运站改造。工程规模77293.17平方米。除尘改造地上5层、地下1层,原料仓改造地上1层、地下1层,备件库改造地上2层,原料系统料仓改造地上5层,主电室改造地上4层、地下1层,N4-4转运站改造地上4层,提升泵站改造地上3层、地下1层,上料系统N4-2转运站与除尘改造地上4层,N3-3与N4-3转运站改造地上9层、地下1层。框剪结构,工程总造价53356.88万元。北京首金置业有限公司建设,杭州中联筑境建筑设计有限公司、北京首钢国际工程技术有限公司设计,北京首钢建设集团有限公司施工,北京诚信工程监理有限公司监理。

(何 为 王 蕊)

【五里坨1601-053地块1号酒店等12项竣工】 2020年7月3日开工,2022年6月27日竣工。工程位于五里坨地区,包括1号酒店、2号商业、3号酒店~6号酒店、7号办公~10号办公、1号地下车库、2号地下车库。工程规模172643.15平方米。1号酒店地上6层,2号商业地上6层,3号至6号酒店地上6层,7号办公地上6层、地下1层,8号至10号办公地上6层,1号地下车库地上1层、地下1层,2号地下车库地下1层。剪力墙结构,工程总造价47013.95万元。北京万越辉置业有限公司建设,北京维拓时代建筑设计股份有限公司设计,北京首钢建设集团有限公司施工,北京方恒基业工程咨询有限公司监理。

(何 为 王 蕊)

【北辛安1608-658地块(地下室)竣工】 2021年6月4日开工,2022年12月14日竣工。工程位于石景山区北辛安,包括地下室(含人防口部)。工程规模59816.8平方米。地下室(含人防口部)地上1层、地下3层。框剪结构,工程总造价12789.62万元。北京鑫安兴业房地产开发有限公司建设,中国建筑设计研究院有限公司设计,中建国际建设发展(天津)有限公司施工,建研凯勃建设工程咨询有限公司监理。

(何 为 王 蕊)

【北辛安棚户区改造1608-658地块竣工】 2021年6月9日开工,2022年12月23日竣工。工程位于石景山区北辛安,包括A号至C号办公楼。工程规模152357.51平方米。A号办公楼至C号办公楼地上19层。框剪结构,工程总造价89535.68万元。北京鑫安兴业房地产开发有限公司建设,中国建筑设计研究院有限公司设计,中建国际建设发展(天津)有限公司施工,建研凯勃建设工程咨询有限公司监理。

(何 为 王 蕊)

住宅工程

【古城集体租赁住房项目竣工】 2018年10月25日开工,2022年1月21日竣工。工程位于石景山区古城西街西侧,包括1号至3号住宅楼(集体租赁住房)、4号配套用房、5号地下车库。工程规模56534平方米。1号住宅楼(集体租赁住房)地上10层、地下4层,2号住宅楼(集体租赁住房)地上26层、地下4层,3号住宅楼(集体租赁住房)地上17层、地下4层,4号配套用房地上1层、地下3层,5号地下车库地上1层、地下3层。剪力墙结构,工程总造价22534.69万元。北京古城泰然投资管理公司建设,中国建筑技术集团有限公司设计,中建一局华江建设有限公司施工,北京方圆工程监理有限公司监理。

(何　为　王　蕊)

【五里坨建设组团二1602-078地块竣工】 2019年6月26日开工,2022年12月8日竣工。工程位于黑石头路,包括B-1号至B-18号住宅楼、地下车库B。工程规模162165.66平方米。B-1号至B-4号住宅楼、B-7号住宅楼地下3层、地上5层,B-5号至B-6号住宅楼、B-8号至B-18号住宅楼地下3层、地上6层,地下车库B地下4层、地上1层。框剪结构,工程总造价34087.63万元。北京万越辉置业有限公司建设,北京维拓时代建筑设计股份有限公司设计,中天建设集团有限公司施工,北京方恒基业工程咨询有限公司监理。

(何　为　王　蕊)

【西黄村1606-641地块项目竣工】 2019年10月29日开工,2022年10月21日竣工。工程位于西黄村地区,包括1号至15号住宅楼、16号至17号配套公建、地下车库及其他。工程规模194707.51平方米。1号至3号、6号、8号至12号、15号住宅楼地下3层、地上18层,4号住宅楼地下3层、地上8层,5号住宅楼地下3层、地上15层,7号、13号至14号住宅楼地下3层、地上17层,16号配套公建地下1层、地上3层,17号配套公建地上2层,地下车库及其他地下2层、地上1层。剪力墙结构,工程总造价79179.73万元。北京悦创房地产开发有限公司建设,哈尔滨工业大学建筑设计研究院设计,河北建设集团股份有限公司施工,建研凯勃建设工程咨询有限公司监理。

(何　为　王　蕊)

【1608-681、684地块及地下车库设备配套竣工】 2019年10月29日开工,2022年6月21日竣工。工程位于北辛安,包括1号至6号楼、S-1号至S-4号楼、地下车库及设备配套。工程规模110224.64平方米。1号楼地上28层,2号楼地上25层,3号楼地上23层,4号楼地上20层,5号楼地上20层,6号楼地上23层,S-1号楼地上2层,S-2号至S-4号楼地上1层,地下车库及设备配套地下3层、地上1层。框剪结构,工程总造价49761.41万元。北京安泰兴业置业有限公司建设,北京市住宅建筑设计研究院有限公司设计,中建国际建设有限公司施工,北京东方华太建设监理有限公司监理。

(何　为　王　蕊)

【1612-761地块(761-4号住宅楼等4项)竣工】 2020年2月20日开工,2022年9月15日竣工。工程位于古城南街东侧,包括4号至6号住宅楼、S1居住公共服务设施。工程规模32446.1平方米。4号住宅楼地下2层、地上17层,5号住宅楼地下2层、地上26层,6号住宅楼地下2层、地上17层,S1居住公共服务设施地下2层、地上1层。剪力墙结构,工程总造价22817.42万元。北京泷润置业有限公司建设,北京弘石嘉业建筑设计有限公司设计,中国建筑第五工程局有限公司施工,中国水利水电建设工程咨询北京有限公司监理。

(何　为　王　蕊)

【北辛安棚户区改造1608-694地块竣工】 2020年2月20日开工,2022年7月28日竣工。工程位于北辛安,包括1号楼至6号楼,S-1号楼、S-2号楼、地下车库及设备配套。工程规模96607.67平方米。1号楼地上27层,2号楼地上15层,3号至4号楼地上27层,5号楼地上23层,6号楼地上25层,S-1号楼地上2层,S-2号楼地上1层,地下车库及设备配套地下3层、地上1层。框剪结构,工程总造价44198.47万元。北京安泰兴业置业有限公司建设,北京市住宅建筑设计研究院有限公司设计,中建国际建设有限公司施工,北京建拓工程管理有限公司监理。

(何　为　王　蕊)

【1612-761地块(761-1号住宅楼等4项)竣工】 2020年3月13日开工,2022年9月15日竣工。工程位于石景山区古城南街东侧,包括1号至3号住宅楼、地下车库。工程规模55704.9平方米。1号住宅楼地下2层、地上26层,2号至3号住宅楼地下2层、地上17层,地下车库地下2层、地上1层。剪力墙结构,工程总造价30062.45万元。北京泷润置业有限公司建设,北京弘石嘉业建筑设计有限公司设计,中国建筑第五工程局有限公司施工,中国水利水电建设工程咨询北京有限公司监理。

(何　为　王　蕊)

【1612-764地块(764-1号住宅楼等8项)竣工】 2020年3月13日开工,2022年9月15日竣工。工程位于古城南街东侧,包括1号至6号住宅楼、S1居住公共服务设施、地下车库。工程规模81604.19平方米。1号至3号住宅楼地下2层、地上17层,4号住宅楼地下2层、地上13层,5号住宅楼地下2层、地上14层,6号住宅楼地下2层、地上26层,S1居住公共服务设施地上1层,地下车库地下2层、地上1层。剪力墙结构,工程总造价50449.87万元。北京泷润置业有限公司建设,北京弘石嘉业建筑设计有限公司设计,中国建筑第五工程局有限公司施工,中国水利水电建设工程咨询北京有限公司监理。

(何　为　王　蕊)

【北辛安棚户区改造1608-697地块竣工】 2020年3月24日开工,2022年9月27日竣工。工程位于北辛安,包括1号至2号楼、S-1号至S-2号楼、地下车库及设备配套。工程规模35286.65平方米。1号至2号楼地上24层,S-1号楼地下1层、地上1层,S-2号楼地上2层,地下车库及设备配套地下3层、地上1层。框剪结构,工程总造价16019.20万元。北京安泰兴业置业有限公司建设,北京天地都市建筑设计有限公司设计,中建国际建设有限公司施工,北京东方华太建设监理有限公司监理。

(何　为　王　蕊)

【1612－805 地块(1 号楼等 3 项)竣工】 2020 年 6 月 2 日开工,2022 年 6 月 1 日竣工。工程位于古城南街东侧,包括 1 号楼至 3 号楼。工程规模 15602.4 平方米。1 号楼至 3 号楼地上 8 层。剪力墙结构,工程总造价 7700 万元。北京金安兴业房地产开发有限公司建设,北京中天元工程设计有限责任公司设计,江苏中益建设集团有限公司施工,北京北辰工程建设监理有限公司监理。

(何　为　王　蕊)

【1612－805 地块(4 号楼等 4 项)竣工】 2020 年 6 月 11 日开工,2022 年 6 月 1 日竣工。工程位于古城南街东侧,包括 4 号楼至 7 号楼。工程规模 22227.6 平方米。4 号楼至 7 号楼地上 8 层。剪力墙结构,工程总造价 12000 万元。北京金安兴业房地产开发有限公司建设,北京中天元工程设计有限责任公司设计,江苏中益建设集团有限公司施工,北京北辰工程建设监理有限公司监理。

(何　为　王　蕊)

【1612－805 地块(地下车库及设备配套)竣工】 2020 年 6 月 11 日开工,2022 年 6 月 1 日竣工。工程位于古城南街东侧,包括地下车库及设备配套。工程规模 29443 平方米。地下车库及设备配套地下 2 层、地上 1 层。框剪结构,工程总造价 17000 万元。北京金安兴业房地产开发有限公司建设,北京中天元工程设计有限责任公司设计,江苏中益建设集团有限公司施工,北京北辰工程建设监理有限公司监理。

(何　为　王　蕊)

【1612－823 地块(1 号住宅楼等 6 项)竣工】 2020 年 7 月 9 日开工,2022 年 9 月 22 日竣工。工程位于古城南街东侧,包括 1 号至 6 号住宅楼。工程规模 47624.9 平方米。1 号至 3 号住宅楼地下 1 层、地上 18 层,4 号至 5 号住宅楼地下 1 层、地上 17 层,6 号住宅楼地下 1 层、地上 15 层。剪力墙结构,工程总造价 25000 万元。北京金安兴业房地产开发有限公司建设,北京华咨工程设计公司设计,南通建工集团股份有限公司施工,北京市双利工程建设监理有限责任公司监理。

(何　为　王　蕊)

【1612－823 地块(地下车库及设备配套)竣工】 2020 年 7 月 9 日开工,2022 年 9 月 22 日竣工。工程位于古城南街东侧,包括地下车库及设备配套。工程规模 20757.1 平方米。地下车库及设备配套地下 2 层、地上 1 层。剪力墙结构,工程总造价 16000 万元。北京金安兴业房地产开发有限公司建设,北京华咨工程设计公司设计,南通建工集团股份有限公司施工,北京市双利工程建设监理有限责任公司监理。

(何　为　王　蕊)

【1608－696 地块(1 号楼等 9 项)竣工】 2020 年 7 月 13 日开工,2022 年 9 月 26 日竣工。工程位于北辛安,包括 1 号至 5 号楼、S－1 号至 S－3 号楼、地下车库及设备配套。工程规模 107490.18 平方米。1 号楼地上 27 层,2 号楼地上 28 层,3 号楼至 4 号楼地上 19 层,5 号楼地上 25 层,S－1 号楼地上 2 层,S－2 号楼地上 1 层,S－3 号楼地上 2 层,地下车库及设备配套地下 3 层、地上 1 层。框剪结构,工程总造价 49352.74 万元。北京安泰兴业置业有限公司建设,北京市住宅建筑设计研究院有限公司设计,中建国际建设有限公司施工,北京东方华太建设监理有限公司监理。

(何　为　王　蕊)

【北辛安棚户区改造 1608－698 地块竣工】 2020 年 7 月 13 日开工,2022 年 10 月 26 日竣工。工程位于北辛安,包括 1 号至 6 号楼、S－1 号至 S－4 号楼、地下车库及设备配套。工程规模 114058.82 平方米。1 号楼地上 17 层,2 号至 5 号楼地上 27 层,6 号楼地上 23 层,S－1 号至 S－2 号楼地上 1 层,S－3 号至 S－4 号楼地上 2 层,地下车库及设备配套地下 3 层、地上 1 层。框剪结构,工程总造价 52230.82 万元。北京安泰兴业置业有限公司建设,北京市住宅建筑设计研究院有限公司设计,中建国际建设有限公司施工,北京东方华太建设监理有限公司监理。

(何　为　王　蕊)

【1612－757 地块 1 号住宅楼等 8 项竣工】 2020 年 8 月 20 日开工,2022 年 12 月 27 日竣工。工程位于首钢园区东南区,包括 1 号至 7 号住宅楼、地下车库。工程规模 96645.87 平方米。1 号至 2 号住宅楼、4 号住宅楼地下 2 层、地上 16 层,3 号住宅楼地下 2 层、地上 26 层,5 号住宅楼地下 2 层、地上 18 层,6 号住宅楼地下 2 层、地上 24 层,7 号住宅楼地下 2 层、地上 17 层,地下车库地下 2 层、地上 1 层。框剪结构,工程总造价 23195.01 万元。北京兆丰建融置业有限公司建设,北京市住宅建筑设计研究院有限公司设计,浙江弘安建设有限公司施工,北京五环国际工程管理有限公司监理。

(何　为　王　蕊)

【古城南街东侧 1612－759 地块竣工】 2020 年 10 月 12 日开工,2022 年 12 月 13 日竣工。工程位于古城南街东侧,包括 1 号至 8 号楼。工程规模 77718.28 平方米。1 号至 2 号楼地下 1 层、地上 27 层,3 号、6 号楼地下 1 层、地上 25 层,4 号至 5 号楼、7 号至 8 号楼地下 1 层、地上 20 层。剪力墙结构,工程总造价 45000 万元。北京鑫安兴业房地产开发有限公司建设,上海天华建筑设计有限公司设计,北京京石建业建设工程有限公司施工,建研凯勃建设工程咨询有限公司监理。

(何　为　王　蕊)

【1612－759 地块(地下车库及设备配套)竣工】 2020 年 10 月 12 日开工,2022 年 12 月 13 日竣工。工程位于古城南街东侧,包括地下车库及设备配套。工程规模 38197.59 平方米。地下车库及设备配套地下 2 层、地上 1 层。剪力墙结构,工程总造价 26000 万元。北京鑫安兴业房地产开发有限公司建设,上海天华建筑设计有限公司设计,北京京石建业建设工程有限公司施工,建研凯勃建设工程咨询有限公司监理。

(何　为　王　蕊)

【1612－822 地块(1 号楼等 8 项)竣工】 2020 年 12 月 25 日开工,2022 年 9 月 16 日竣工。工程位于古城南街东侧,包括 1 号至 8 号楼。工程规模

23125.21平方米。1号至8号楼地下1层、地上4层。剪力墙结构,工程总造价7900万元。北京金安兴业房地产开发有限公司建设,北京华咨工程设计公司设计,江苏中益建设集团有限公司施工,北京市双利工程建设监理有限责任公司监理。

(何为 王蕊)

【1612-822地块(9号楼)竣工】 2020年12月25日开工,2022年6月17日竣工。工程位于古城南街东侧,包括9号楼。工程规模13000平方米。9号楼地上6层。剪力墙结构,工程总造价4400万元。北京金安兴业房地产开发有限公司建设,北京华咨工程设计公司设计,江苏中益建设集团有限公司施工,北京市双利工程建设监理有限责任公司监理。

(何为 王蕊)

【1612-822地块(地下车库及设备配套)竣工】 2020年12月25日开工,2022年9月16日竣工。工程位于古城南街东侧,包括地下车库及设备配套。工程规模18128.58平方米。地下汽车库及设备配套地下3层、地上1层。剪力墙结构,工程总造价9000万元。北京金安兴业房地产开发有限公司建设,北京华咨工程设计公司设计,江苏中益建设集团有限公司施工,北京市双利工程建设监理有限责任公司监理。

(何为 王蕊)

【1608-673地块(地下车库及设备配套)竣工】 2021年4月15日开工,2022年12月23日竣工。工程位于石景山区北辛安,包括地下车库及设备配套。工程规模52285.8平方米。地下车库及设备配套地下2层、地上1层。框剪结构,工程总造价36559.95万元。北京鑫安兴业房地产开发有限公司建设,上海天华建筑设计有限公司设计,北京京石建业建设工程有限公司施工,建研凯勃建设工程咨询有限公司监理。

(何为 王蕊)

【北辛安1608-673-A地块(8号楼等3项)竣工】 2021年4月26日开工,2022年12月24日竣工。工程位于石景山区北辛安,包括8号至10号楼。工程规模42202.76平方米。8号楼地下3层、地上27层,9号楼地下3层、地上21层,10号楼地下3层、地上27层。框剪结构,工程总造价35577.17万元。北京鑫安兴业房地产开发有限公司建设,上海天华建筑设计有限公司设计,北京京石建业建设工程有限公司施工,建研凯勃建设工程咨询有限公司监理。

(何为 王蕊)

【北辛安1608-673-B地块1号、5号楼竣工】 2021年7月2日开工,2022年12月24日竣工。工程位于石景山区北辛安,包括1号楼、5号楼。工程规模26062.3平方米。1号楼地下3层、地上11层,5号楼地下3层、地上27层。框剪结构,工程总造价19731.59万元。北京鑫安兴业房地产开发有限公司建设,上海天华建筑设计有限公司设计,北京新兴保信建设工程有限公司施工,建研凯勃建设工程咨询有限公司监理。

(何为 王蕊)

【北辛安1608-673-B地块3号、4号、6号楼竣工】 2021年7月2日开工,2022年12月24日竣工。工程位于北辛安,包括3号至4号楼、6号楼。工程规模56995.09平方米。3号至4号楼、6号楼地下3层、地上27层。框剪结构,工程总造价43150.6万元。北京鑫安兴业房地产开发有限公司建设,上海天华建筑设计有限公司设计,北京京石建业建设工程有限公司施工,建研凯勃建设工程咨询有限公司监理。

(何为 王蕊)

城市管理

综　　述

【概况】　石景山区城市管理委员会(区环境建设办、区水务局、区交通委)是负责辖区城市环境建设、城市管理的综合协调以及市政基础设施、市政公用事业、市容环境卫生、能源日常运行、水务、交通等管理工作的区政府工作部门,设14个内设机构。年内,石景山区城市管理委员会(简称区城市管理委)推进城市管理各项工作任务落地见效,在做好疫情防控工作的前提下完成北京冬奥会城市运行和环境服务保障任务。狠抓创城工作,治理城市管理热点、难点问题,加强城市道路及背街小巷环境治理,探索"互联网+垃圾分类"模式,推进垃圾分类工作,严格建筑垃圾处置管理。完善城市路网和交通线网,推进主干路和次干支路建设,做好轨道交通、架空线项目建设,加强道路管理养护,优化出行环境。加强水环境治理,开展水系生态修复,强化供排水设施建设,打造生态宜居城区。筑牢城市生命线,强化供热、燃气、电力保障,加强安全生产监管,做好电力、供排水、燃气热力、工程建设、道路交通、电动自行车等领域安全生产工作。区城市管理委通过市级验收,创建为北京市节约型机关,被北京市爱国卫生运动委员会办公室授予北京市控烟示范单位荣誉称号。

(王　钰　郝　丽)

【12345"接诉即办"】　年内,区城市管理委共办理12345"接诉即办"工单5627件。其中水务1408件,占比25.02%;市政1264件,占比22.46%;交通1080件,占比19.19%;市容879件,占比15.62%;供热678件,占比12.04%;电力318件,占比5.68%。总体响应率99.19%,解决率91.71%,满意率95.62%。

(石　硕)

【新冠肺炎疫情防控】　年内,区城市管理委制定"1+6+1"大规模疫情城市运行方案体系,完善应急响应措施;建立封(管)控区居民非紧急就医保障车辆台账,运送封(管)控区居民2935人次就医出行,并协调110家备案停车场和3990个路侧停车位向医护人员免费开放。严格常态化防疫措施,建立"1+4+7"工作机制(即工地及行业企业检查1张清单,核酸检测、涉疫人员摸排、进返京人员、风险点位排查4项台账,行业监督检查周调度机制);对4194家物流、快递网点开展疫情防控检查;执行"乙类乙管"政策措施,建立单位内部和行业监管情况日监测制度和工作台账,做好物流、快递网点疫情运力保障工作,解决网点抗原试剂短缺、运力调配困难等问题。响应区委区政府要求,共派出40人支援封(管)控区,5人参与区8小时风险应急处置指挥部转运专班工作,57人全职下沉街道,与18个社区建立防疫支援关系,先后支援社区防疫人员累计4673人次。

(董志倩)

【依法行政】　年内,区城市管理委制定《石景山区城市管理委贯彻法治社会建设指标体系(试行)主要任务分工方案》,贯彻推动法治社会建设各项指标体系。完成世行指标"获得电力"掘路典型案例3例。办结行政许可108件、其他行政权力事项327件,办理小客车业务4807件。

(陈小平)

城市环境建设管理

【概况】　年内,区城市管理委以创城工作为牵引,治理城市管理热点、难点问题,建立健全生活垃圾分类管理标准,完善生活垃圾分类投放、收集、运输体系,探索"互联网+垃圾分类"模式,"石分达人"微信小程序覆盖辖区居民21万人,每日活跃人数达2万人次。加快再生资源回收备案管理,完成全市首家再生资源回收企业经营备案登记。推进可回收物体系建设,建成可回收物交投点344处、分类驿站79处,街道可回收物中转站5处;建成区级大件垃圾暂存场地1处,收集转运大件垃圾21000余立方米。严格建筑垃圾处置管理,统筹组织各部门、街道开展建筑垃圾治理联合执法473次,采取"人防+技防"方式加强源头工地管控,查处违规行为373起、违规车辆175辆。加强城市道路及背街小巷环境治理,深化道路清扫保洁等级管理,加大冬季午间机械清洗作业力度,落实城市道路机械清扫保洁组合工艺作业率97%以上的要求,机扫率达99%。加强尘土残存量检测考评,实现一级道路月覆盖。发挥街巷长、小巷管家作用,全区289名街巷长、2973名小巷管家持续开展巡查巡访,街巷长累计巡查1.6万余人次,上报问题3.9万余处,现场解决率为96.83%;小巷管家累计巡访41.2万余小时,处理各类事件169万余件。紧抓区域环境整治和景观布置,完成古城南街示范片区环境综合整治,完成冬奥会会徽"冬梦"、冬残奥会徽"飞跃"大型雕塑布置,做好春节、冬奥、"创森""创城"等节日和重大活动景观布置工作。

(王　钰)

【服务保障冬奥】　年内,区城市管理委完成北京冬奥会城市运行和环境服务保障任务。统筹赛事需要和赛后利用,抓好重大工程项目建设,建成新首钢大桥、北京冬奥公园等一批精品奥运工程。赛时阶段全程启动一级保障机制,以"五区、四线、三周边"区域为重点,发挥运行保障指挥调度体系作用,做到运行机制、对接服务、环境秩序、闭环管控、应急保障"五个到位",达到赛会期间城市运行安全顺畅、市容环境整洁优美、城市景观精彩纷呈、交通服务便捷高效的目标。

(于思昂)

【创建全国文明城区】　年内,区城市管理委以创建全国文明城区工作为牵引,建立完善创城工作领导小组,制定《2022年创建全国文明城区工作方案》《2022年创建全国文明城区测评服务保障方案》。召开工作推进会、部署会6次,研究、调度主次干道、背街小巷、宣传布设、共享单车、门前三包及网上申报等工作。开展实地巡查拉练4次、全委人员集中巡查2轮次,健全落实主次干道及背街小巷道路巡查养护、公共设施设置维护、共享单车规范管理等常态长效工作机制。维修主次干道沥青路面和人行步道，巡修故障路灯，整治共享单车停放秩序，增加共享单车停放处，清理小广告，安装公厕指示牌，开展垃圾分类检查，完成主次干道、公交车身、地铁站内各类创城公益广告宣传品布设。组织全委干部职工学习《石景山区创建全国文明城区应知应会》，全委干部职工全天在岗，保障主次干道、重点背街小巷环境秩序，清理烟头、小广告，维护宣传布设、果皮箱垃圾分类及共享自行车秩序等。

（靳文静）

【垃圾分类管理新模式】 年内，区生活垃圾指挥部发挥统筹协调作用，聚焦市级重点任务，围绕社区发动、设施建设、执法检查、监督考核、全流程管理等方面发力。全年共开展垃圾分类百姓宣讲116场；开展居住小区日常检查8262次，发现问题7564个，形成问题日报918期；同时对各街道垃圾分类工作进行考核评价，共发布垃圾分类工作周报51期、月度考核通报8期，确保厨余垃圾分出率稳定在18%以上。区城市管理委创建"石分达人"和"桶站巡查"小程序，形成"互联网+垃圾分类"管理体系。

（田　锦）

【可回收物体系建设】 年内，区城市管理委指导街道建成可回收物交投点344处、分类驿站79处、街道可回收物中转站5处，设立小区大件垃圾暂存点288处。实施再生资源回收备案管理制度，会同各街道对辖区内符合条件的可回收物交投点、分类驿站、中转站进行备案管理，完成全市首家再生资源回收经营者备案登记，全年共完成2家再生资源回收经营企业的备案登记。推动再生资源与物业管理同抓同管，指导首华物业发挥物业管理优势，聚焦再生资源领域，通过选取老旧公共服务设施，打开垃圾分类社区自治、可循环、可复制的新模式。

（田　锦）

【非居民厨余垃圾计量收费】 年内，区城市管理委以"健全规范管理模式、健全信息查询申诉渠道、健全标准提高服务质量"为目标开展非居民厨余垃圾管理工作，全区1399家单位实现规范收运全覆盖，共收运非居民厨余垃圾31353.44吨。落实市级关于称重计量、车辆轨迹、定额管理等工作要求，推进交易场景建设工作，实现收运合同、收运联单电子化管理，实现非居民厨余垃圾计量收费精细化管理。

（田　锦）

【大件垃圾管理】 年内，石景山区建立区级大件垃圾暂存场地1处，街道级可回收物中转站7处，为街道发放《石景山区大件垃圾通行证》126张。全年共收集、转运大件垃圾2.1万余立方米。

（赵艳涛）

【环境建设专项检查】 年内，区城市管理委专门成立环境建设工作领导小组，制定《2022年石景山区环境建设月考评工作方案》。以各月市级问题台账为基础，建立月度台账"预检和复检"机制并与区级考评挂钩。全年市级上账1292处，均按时限完成整治工作，整改率100%。全年区环境办针对市级点位及辖区内同类问题共实施"预检、复检"1292处，同时排查处理周边和沿线问题1778处，全部完成整改治理。石景山区在首环办月检查工作中1、5、7、8、12月获得中心城区组第一名，9、11月获得中心城区组第二名，并取得2022年度首都环境建设管理考核中心城区组第一名。

（王文昌）

【古城南路周边环境综合治理】 年内，区城市管理委完成古城南路周边片区环境综合治理，范围包括古城街道办事处及区环保局北侧、八千平社区居委会周边、古城南路30号院南侧、西路北社区广场及北侧绿地和古城小街。治理内容为古城街道办事处停车空间整治提升、围墙更新、绿化及休闲空间优化提升；八千平社区公共活动空间更新、社区建筑立面改造提升；古城南路30号院南侧空间增加停车位、围墙立面粉刷、绿化提升；西路北社区广场铺装、社区休闲亭更新；古城小街相关门区交通指示牌多杆合一、铁艺护栏刷新、增加创城宣传栏等。

（梁　涛）

【景观布置】 年内，区城市管理委完成冬奥赛时景观布置：设置20.22米高的冬奥会会徽"冬梦"、冬残奥会徽"飞跃"大型雕塑，在阜石路沿线区域开展绿化景观提升、建筑立面改造、景观雕塑设置、市政设施提升改造等工程，以北京冬奥组委授权的雕塑、图形、标识、色彩等元素融合区域特色；在八大处路、陆军总部、万达嘉华酒店、首钢医院4处点位设置冬奥主题景观小品；在石景山游乐园、冬奥公园等设置公共艺术作品。完成2022年春节景观布置工作：在国际雕塑公园、首钢东门2处点位设置春节景观小品；在北辛安路、古城大街等21条道路679基灯杆悬挂道旗；在鲁谷东街、实兴大街等30条主次干道，1658基灯杆悬挂发光灯笼；在银河东街、银河大街2条道路53基灯杆悬挂发光中国结；在八大处路、石门路261基灯杆悬挂绒质灯笼。

（张　楠　梁　涛）

【创建全国文明城区宣传布设】 年内，区城市管理委完成144个景观小品的画面更新及设施修缮维护工作，完成15个新建景观小品的制作安装工作，全区共布设景观小品159个；完成长安街沿线340个景观灯杆、1360幅画面的更新工作，在长安街沿线、区政府周边、首钢园区内等重点区域更新小型地插式提示牌123个，新增提示牌100个；征用159个公交候车亭（其中包含50个公益广告位：33个公交集团候车亭公益广告位和17个五里坨街道产权公交候车亭广告位，109个商业广告位）；新增落地宣传展牌310个，在京源中学对面、人民渠护栏等5处宣传密度较小的区域增加固定式宣传展架24个。张贴"垃圾分类"主题画面2450余幅。

（张　楠）

【创建国家森林城市宣传布置】 年内，区城市管理委完成主次干道的公益宣传布置工作，其中公交车站候车亭布置广告牌81块，布置围挡及围墙画面53处，安装创建国家森林城市地插式公益广告设施27块、路灯杆展架69个、公交车身广告103辆、地铁广告20块。

为确保创森公益宣传布置完好,组织相关单位每天出动6名人员、3辆车进行日常巡查,发现问题及时维护。

(张　楠)

市政基础设施建设

【概况】 年内,区城市管理委强化电、气、暖供应保障。完成2021—2022年度采暖季供热运行保障工作,制定辖区占压燃气管线隐患清单和目标任务清单,建立116处点位"一点一策"隐患台账并实时更新。完成全区非居民用户液化石油气替代工作。紧抓北辛安110千伏、苹果园110千伏、向阳110千伏输变电工程。牵头做好电动自行车集中充电设施全链条管理,建设完成电动自行车安全充电设施接口14492个,超额完成年度任务目标;加快实施老旧小区配电网改造,保障居民用电稳定与安全。全区智慧化供热改造项目354.61万平方米,涉及34820户,进行AI投运工作,并对智能化供热改造的试点项目进行技术经济性分析。落实上级安全生产各项部署要求,应对降雪、大风、暴雨等极端天气,处理各类城市运行突发问题,完成"五一""两会""十一"等重大节日、活动期间的城市运行保障任务。

(王　钰　王　萌)

【管网改造】 年内,区城市管理委解决老旧网管问题,共进行消隐及管网大、中、小检修3537项。完成八角北里43#-45#号楼二次线改造、八角北里9#、10#楼及17#、18#楼二次线改造、古城路12—32栋入户管道改造、苹果园一区5、6、7、8号楼入户主管改造、永乐小区49、62、11号楼楼底盘改造、地基公司平房二次线架空改造、金五区12、13号楼入户管改造等93项检修技改项目。消隐工程涉及4个小区,管线全长12762米。

(王　萌)

【燃气安装】 年内,区城市管理委建立"政府—街道—企业"联动推进机制,推动各项燃气安装工作,召开工作调度会,联合街道和市液化气公司开展用气安全及安全型配件更换工作宣讲活动。协调市液化气公司无偿上门为用户更换安全型配件,全区液化石油气居民用户安全型配件更换6663户。完成天然气安全型配件安装26630户,非居民用户燃气泄漏报警装置安装2026户,居民用户燃气泄漏报警装置安装6045户,居民用户智能燃气表安装37708户。

(杨育林)

【非居民液化石油气用户替代】 年内,区城市管理委牵头在全区开展液化石油气非居民用户替代工作,根据各街道上报台账共357家非居民液化石油气用户完成替代工作(改天然气、改电、改业态、关停)。

(杨育林)

【占压隐患治理】 年内,区城市管理委推进违章建筑物占压燃气管线隐患治理工作,要求燃气企业按属地管理区域全面梳理并建立辖区占压燃气管线隐患清单和目标任务清单,对各点位建立"一点一策"隐患台账并实时更新。违章建筑占压燃气管线隐患共116处,消除102处,完成治理率88%,对剩余隐患点位均明确解决方案和整改时限。

(杨育林)

【管网供气用户安全检查】 年内,依据《北京市燃气管理条例》,区城市管理委督促燃气企业对居民用户实施每两年一次安全巡检(对通气超过20年的居民用户实施每年一次安全巡检),对非居民用户每半年安全巡检一次。对发现安全隐患的用户全部下发《巡检告知单》要求限期整改,对部分用户采取停气或限购措施,累计消除隐患数量2.7万余个。

(杨育林)

【燃气管线消隐工程】 年内,区城市管理委通过精密仪器对5万余公里燃气管线运行情况进行检测分析,对中低压管线进行26次燃气抢修作业,处置户内事件199起,改造永乐东区、西区、古城南路6500余户锈蚀管线,改造调压箱9座,对苹果园(三区、四区)小区燃气管线进行技改更换5公里,资金投入2000万元。

(杨育林)

【重要节点电力保障】 年内,区城市管理委在国庆、春节、"两会"等节点,派出专人现场24小时驻守,协调供电公司派驻专业人员、应急车辆等在现场附近持续巡逻。从预警、预案、预控和综合调节上入手,督促电力企业加强对重点电力设备和线路的巡查,协调消除电力隐患。区城市管理委为做好疫情下城市电力运行保障工作,与电网企业加大协调沟通,深入行业企业一线对接工作。落实市、区要求的30项疫情防控举措,按照要求做好疫情监测、排查、预警以及供电保障等各项工作。

(杨　晨)

【变电站投运】 年内,石景山区3个输变电工程取得进展,其中苹果园110千伏、北辛安110千伏输变电工程取得建筑工程规划许可证和施工许可证并已进场施工,各项输变电工程的实施优化地区电网网架结构及变电站电源布点,改变原电源点偏少难以支撑地区经济发展的短板。

(杨　晨)

【老旧小区电力设施改造】 年内,区城市管理委对八大处路甲8号院、苹果园二区20号院林业楼等9个老旧小区进行配电设施改造,改造完成后解决老旧居民小区电力设施线路老化问题。

(杨　晨)

【电动自行车充电设施建设】 年内,区城市管理委做好电动自行车集中充电设施全链条管理牵头工作,协调区住建委、各街道办事处及相关单位,在制度设计、例会调度、协调督促等方面发力,确保全年任务提前完成。共建成电动自行车安全充电设施接口14492个,完成全年12000个的建设任务。

(杨　晨)

【地下管线防破坏】 年内,区城市管理委按照市相关文件规定和区地下管线监管方案,联合相关部门与管线运维单位组成专班,推广北京市地下管线挖掘防护平台的使用,加强石景山区地下管线防外力破坏工作。共出动管线巡查3000余人次,汇总零散工程

台账50期,累计发现并通报施工点位300余处,完成181项工程的施工前管线交底对接。

(沈成勇)

交　通

【概况】 北京市公安局公安交通管理局石景山交通支队(简称区交通支队)是区道路交通的管理机关,主要职能是对道路交通依法进行管理。2022年,区交通支队围绕冬奥会、党的二十大安保和全国文明城区创建,确保交通环境向好,缓解拥堵加剧势头,提升群众满意度。区城市管理委完善城市路网体系,拓展城市发展空间。推进主干路和次干支路建设,实现古城西路、北辛安四街、古城村北街8条道路通车,完成金顶山路大修及周边配套绿化工程、刘娘府东街北段(永引渠南)道路建设,促进衙门口六号路、鲁谷村路等8条道路开工。推进新首钢地区路网建设,实现首钢北区东部5条道路建设开工,全区城市道路总里程300.16公里。做好轨道交通、架空线项目建设,推进地铁11号线西段模式口站、地铁1号线福寿岭站建设,加快市郊铁路城市副中心线整体提升工程(北京西至良乡段)前期手续办理。加强道路管理养护,完成5项道路常规疏堵工程以及古城西路、上庄东街北段等城市道路大修工程,做好巡养一体化工作,加强道路日常巡查管理养护,累计出动车组3453车次、各类车辆1462车次,处理问题3421处。推进静态和绿色交通建设,统筹利用地下空间推进调色板花园和M11号线模式口站一体化地下停车库项目建设。改善公交出行环境,推进刘娘府及福寿岭公交场站建设。加强停车综合治理,新增5000余个停车位。深化道路停车改革,推进区级静态交通智慧平台建设。建立共享单车长效管理机制,严控区域内共享自行车总量1万辆。完成长安街(西延线)电子围栏建设工作,轨道站点出入口达50%。

(石荣军　王　钰)

【交通安保任务】 年内,区交通支队研判辖区重大活动形势,落实勤务交通与社会交通和谐运转要求,制定方案预案,安排警力投入,完成434次交通勤务保障工作,做到“大事不出、小事也不出”,确保冬奥会、清明节、服贸会、党的二十大等各项安保任务万无一失,社会交通持续安全顺畅。

(曹世兴)

【交通秩序整治】 年内,区交通支队结合全区交通安全形势和12345群众反映诉求,依托“七大攻坚战”,围绕石景山路、阜石路、莲石路等重点路段,针对摩托车、货车、非机动车等重点隐患车种,突出科技查缉、精准研判,深化“融合执法、部门联动”,坚持“白+黑”执法、对称性打击,整治交通乱象。

(曹世兴)

【交通设施改善】 年内,区交通支队以全国文明城区创建工作为契机,排查治理重点路口、路段交通设施安全隐患。共检查交通标志破损、标线不清、信号配时不合理等各类问题468件,复划标线83500余平方米,新增反光道钉2246个,更换各类交通标志535套,优化信号配时83处,改善区域交通环境。在古城路口、鲁谷东街北口增设非机动车提示灯,规范交通秩序,路口通行效率提高28%。

(李　明)

【交通宣传】 年内,区交通支队依托“七进”机制,开展各类宣传活动850场,发放资料11万余份,促进群众文明交通安全意识养成。联合区融媒体中心,2次“抖音”直播“创城”示范路口执勤执法工作,单次观看人数均突破40万。发挥“一区一警”作用,针对辖区“两客一危一货”专业运输企业,开展警示约谈、走访检查、限期改正,督促企业落实主体责任。

(曲守全)

【完善城市路网】 年内,区城市管理委推进区属城市道路建设,古城西路(北辛安路—古城西街)、北辛安中路、南岔街(北辛安中路—古城西路)、北岔街(北辛安中路—和平街)、八大处路(永引渠南路—苹果园南路)、嘉安南街6条城市道路实现竣工通车。

(廉泽亮)

【新添慢行交通景观大道】 年内,石景山区“四道合一”试点工程金顶山路大修及周边配套绿化项目建设完成,正式通车。道路全长达2公里,按照城市支路标准进行道路大修并同步建设慢行休闲系统。金顶山路周边配套绿化工程建设面积7万余平方米,与道路及慢行休闲系统有机融合。

(邵　彬)

【道路整治】 年内,区城市管理委实施北方工大北街道路交通整治,重新翻修现状道路,完善道路慢行系统及无障碍设施,重新施划道路交通标线,实现机非分道行驶;施划停车位,规范机动车停放秩序;在地铁口周边及路段人行道上施划非机动车停放区,规范非机动车停放秩序。石景山区与海淀区合作共同出资委托市公联公司代建,完成玉泉西街北段道路整治工程,完善道路工程、交通工程、照明工程、绿化工程、雨水工程,解决玉泉西街北段道路两侧无步道、无交通设施、无照明、无排水管线、道路沿线环境差、杂草多等问题。

(彭　鹏)

【道路大修工程】 年内,区城市管理委对古城西路、古城西街和上庄东街北段3条道路实施大修工程。全线道路进行铣刨处理并加铺沥青面层,局部路面沉陷处进行结构翻建修复、检查井加固,同时改建路侧雨水口并局部调整位置。

(彭　鹏)

【疏堵工程】 年内,区城市管理委完成景阳东街融景城小区出入口改造,杨庄大街与杨庄路交叉口路口改造,杨庄大街与古城北路交叉口无障碍改造,射击馆南街公交站改造,拓宽远洋春秋里周边道路,打通古盛路断头路等6项常规疏堵工程。

(彭　鹏)

【慢行系统示范街道方案编制】 年内,区城市管理委完成鲁谷街道慢行系统示范街道方案编制。主要措施为拓宽非机动车道和人行步道,机非混行路段增设慢行优先提示牌,改移人行步道电杆、电箱、报刊亭等“拦路虎”,学校医院周边增设限速和禁鸣提示牌,乱停车点位加装违章抓拍探头,电动车违章频发点位增设高清电动车违章抓拍探头,增加共享单车电子围栏和立体停车架点位等。

(彭 鹏)

【桥下空间治理】 年内,区城市管理委组织相关部门召开现场工作会,按桥下空间“八有八无”标准部署整治工作。健全管理机制,对使用单位进行核查;整改桥下空间秩序,清理垃圾杂物、清除废旧施工机械。经整改,完成市督查组的核验。

(闫洪迎)

【冬奥交通保障】 年内,区交通委为冬奥石景山交通场站保障8台电脑、3台打印机、94件桌椅家具及日常办公用品。布设1条带宽为100M的互联网专线,安装4部固定电话,配备会议系统一套,做好交通场站信息保障。租赁6间活动板房,协调水、暖、电、食、保洁等生活物资,完成北京2022年冬奥会和冬残奥会石景山交通场站运维保障工作。统筹做好冬奥车场车位保障和冬奥工作人员、观众、志愿者交通运输保障工作,完成2处场馆(首钢滑雪大跳台竞赛场馆、冬奥制服和注册中心非竞赛场馆)、2处闭环服务设施(冬奥石景山交通场站和国际雪联办事处)、8家保障酒店冬奥工作人员交通接驳保障工作,48辆保障车辆共发车3953车次,运送41567人次,车辆消杀实行“一客一消”,共消杀3953车次。交通保障工作实现交通零破环、人员零感染、车辆零延误、运行零事故、服务零投诉。

(韩振杰 黄智森)

【机动车停车设施建设】 年初,区交通委印发《2022年停车设施建设方案》,推进8处停车设施建设项目,衙门口安置房二期项目3678个停车位、古城南街东侧(首钢园区东南区)822地块地下424个停车位、京西大悦城项目地下停车场1289个停车位、北辛安棚户区改造B区1608－658地块1306个停车位、首特绿能港科技中心项目1520个停车位、北京国际雕塑公园地下文化娱乐中心项目地下800个停车位具备停车功能,全年新增机动车停车位5000余个。

(韩振杰)

【道路停车电子收费新模式】 年内,经第18次区政府常务会议审议,区交通委对实行高位视频管理的53条道路3815个停车位和实行矮桩管理的1条道路215个停车位取消人工现场停车管理,采用高位视频技术,实现智能化远程监管服务,道路停车电子收费工作实行新的运营管理模式。

(韩振杰)

【机动车停车设施信息报送】 年内,根据市交通综合治理领导小组办公室关于印发《机动车停车设施信息报送工作方案》的通知(京交综治办发〔2022〕19号),区交通委牵头制定《2022年石景山区机动车停车设施信息报送工作方案》,组织各街道成立区级工作专班,先后完成全区9个街道办事处、155个社区、2073个地块底图编制、核对、信息报送工作。截至年底,石景山区整体信息报送比例为99%,其中居住小区报送比例为100%,公共建筑报送比例为99%。

(黄智森)

【服贸会交通保障】 根据市、区两级部署要求,区交通委牵头制定《2022年中国国际服务贸易交易会石景山区交通保障组工作方案》,完成首钢园区内5处停车场1211个停车位新增备案,增设交通引导标识21处、共享单车停放点位30余处,开设2条摆渡专线。服贸会展期间,两条摆渡专线出动27辆摆渡车,服务人数达1.5万人次;部署停车管理人员50人,累计服务2.2万余车次;出动29名共享单车运维人员,13辆三轮车和2辆箱货车,清理共享单车5000余辆。

(崔玲霞 翟鲁敏 黄智森)

【项目推进建设】 年内,区交通委牵头推进调色板花园地下停车库项目建设及M11号线模式口站一体化地下停车库项目建设工作,取得多规合一意见函、用地预审及选址意见书、项目建议书(代可行性研究报告)批复,其中调色板花园地下停车库项目建设通过交通影响评价审查和水影响评价审查,两项工作均完成PPP项目物有所值评价、财政承受能力论证、实施方案报批,并启动招投标工作。

(黄智森)

【居民封控区就医出行保障】 年内,区交通委研究印发《关于封(管)控区居民非紧急就医出行使用保障车辆有关事项的通知》,建立保障车辆使用机制,畅通封(管)控区居民外出就医通道。截至12月底,根据各街道用车需求,区交通委累计派出20台保障车辆,累计服务20个社区,发车5000余次,运送1.1万余人次。

(史路安 黄智森)

【物流、快递疫情防控检查】 年内,根据市、区两级疫情防控要求,区交通委牵头建立石景山区物流、快递疫情防控专班,建立“以街道为单元”检查机制,联合市交通委石景山运输管理分局、市交通运输综合执法总队第八支队、区城管执法局、西区邮局、区市场监管局等单位,累计检查4999家物流快递网点,发布物流、快递网点疫情防控检查专报167期。落实《关于优化保供人员“白名单”工作的通知》要求,向885名“白名单”登记在册快递从业人员发放抗原检测试剂。落实重点地区进京大货车信息核查工作,累计填报720辆涉疫车辆信息,通过区货车核验微信群累计发布115条涉疫车辆信息。

(史路安 黄智森)

【铁路道口管理】 年内,区交通委落实道口检查制度,加大对春节、国庆等节日及冬奥、“两会”、服贸会重要活动的安全检查力度,对报警器、消防设施及监护员安全制度落实情况进行全面检查。每周一次实地检查,及时讲评工作中存在的问题。全年累计检查道口110人次。

(张 茹)

【苹果园街道停车综合治理】 年内,为落实《2022年机动车停车管理工作要点》,区交通委联合苹果园街道制定区域停车综合治理实施方案,结合停车缺口情况,以居住区为中心,向外扩展300—500米的范围,确定4个治理区域,通过挖潜新建停车设施、推进有偿错时共享、开展道路停车居住认证

工作等措施，解决80%以上居住区域停车缺口问题。

（张 茹）

【交通综合治理行动计划】 年内，区交通委会同区交通工作领导小组成员单位研究制定《石景山区2022年交通综合治理行动计划》，并于7月29日正式印发。计划共70项任务，从提高路网密度、提升轨网服务品质、加快慢行系统建设、开展停车设施信息报送等方面优化供给，从优化预约诊疗制度、推广电话电视会议等方面调控需求，从开展区域交通综合治理、强化交通秩序整治、深化违停执法、加强互联网租赁自行车管理等方面强化治理。

（崔玲霞）

【完善交通综合治理】 年内，区交通委结合学校、医院周边交通综合治理方案，联合区教委、区卫健委、区文化和旅游局、区商务局、交通支队完善市级重点监测的景山学校远洋分校、中国医学科学院整形外科医院、中国中医科学院眼科医院、首都医科大学附属北京康复医院、北京联科中医肾病医院、北京大学首钢医院、八大处公园、喜隆多新国际购物中心和石景山万达广场周边的交通综合治理，完善黄色网格线、人行横道线、限速标志、注意行人标志、违法停车非现场执法设备、前方学校标志等交通设施设备。区交通委对首钢园区及周边开展实地调研，分析不同时期、区域交通运行特征及主要存在问题，制定、推动实施首钢园区交通综合治理方案。

（崔玲霞）

【公共停车场动态数据接入】 年内，区交通委根据市交通委工作要求，将备案公共停车场动态数据汇集接入市停车资源管理系统。截至年底，全区98处大型停车场动静态数据均接入市停车资源管理系统，车位入系统比例达100%。

（崔玲霞）

【推进停车有偿错时共享】 年内，根据2022年交通综合治理行动计划相关任务安排，全区每个街道需新增2处有偿错时共享停车场。截至年底，7个街道共新增14处有偿错时共享停车场，共享104个停车位。

（崔玲霞）

水 务

【概况】 年内，区城市管理委打造“秀水石景山”，提升永定河、永引渠水系环境。推进区域水环境治理，完成雨污管线错接混接点位7处治理工作；完成西郊砂石坑截污工程、苹果汇污水管线改造工程、京原路68号院雨水截流工程。全区河湖环境继续保持良好状态，其他国考、市考断面整体状况良好，有水河道水体达到相应要求等级。健全完善河长制工作体系，制定《石景山区2022年河长制工作方案》，组织各级河长巡河1900余人次，巡河4000余公里，巡河率达100%，依托“周检查、月通报”机制督导整改问题280余个，河湖问题整治率100%。推进智慧水务管理系统（一期）建设。开展水系生态修复，推进人民渠西延、北京冬季奥林匹克公园东北部地区环境整治提升、永引渠水系二期、高井沟、黑石头沟等水环境治理和生态修复工程。强化供排水设施建设，推进老旧小区供水管网改造工程，新建改造老旧管线30公里；完成金安桥雨水泵站主体建设；提前完成海绵城市建设年度任务目标，达标面积为35.71%。

（王 钰）

【冬奥公园景观亮化及周边整治】 7月21日，北京冬奥公园景观亮化及周边区域环境整治提升工程完工。工程包括冬奥公园景观亮化、京原路环境整治、冬奥公园南周边环境提升3部分。冬奥公园景观亮化以“冰丝带——十里缀繁星”为主题，点亮冰雪森林、桥间天地、冬奥之环等网红景观，营造冰雪、萤火虫、流水等夜间景观；同时打造10公里夜跑路线，服务周边市民运动健身。京原路环境整治通过提升道路沿线景观风貌、改善行人出行环境、完善服务设施等方式，解决城市杂乱界面，打造整洁有序的街道景观，通过改造小区围墙、改移架空线、新建停车场等便民措施提升周边居民幸福感。冬奥公园南周边环境提升通过拆除围墙、连通园路、改善边界环境等，实现区域互连互通。

（郝 杰）

【冬奥公园场地保障】 年内，区城市管理委按照区委区政府部署，结合市、区运行保障指挥部火炬接力保障组工作安排，配合选定北京冬奥公园火炬接力线路，配合市活动景观组完成景观小品布设，完成区级7个冬奥雕塑艺术品的制作安装及马拉松大本营春节景观布设。联合永定河休闲森林公园管理处完成95处市级问题整改。完成涉水路段浮桥及车行路搭设。配合区环卫中心完成道路清扫。配合公安分局做好安保工作，2月1日起闭园管理。完成59处临时卫生间摆放、5辆电瓶车改造、雪场清理及部分区域腾退、房屋保障等工作。筹备水、电、气、热、监控、网络、出入口、停车场等应急保障工作。配合区消防支队做好消防工具配备。配合区卫健委做好疫情防控工作。会同永定河休闲森林公园管理处、冬奥公园应急运维单位出动266人参与现场应急保障，区城市管理委专人在岗做好保障工作。截至2月2日，区城市管理委完成冬奥公园场地保障工作。

（郝 杰）

【水利部部长到区调研】 年内，水利部部长李国英先后前往杨庄水厂基岩井和永引渠杏石口枢纽开展现场调研，了解北京市生态补水及水资源战略储备、石景山区水生态建设和供水等情况，要求加强河湖生态修复，巩固提升区域水环境，提升水务管理精细化水平。

（申国栋）

【河长制工作】 年内，常卫、李新调度石景山区河湖工作，各级河长及河长制成员单位推进落实河湖常态化巡查，推进“清河行动”“清四乱”等专项行动。全区各级河长累计巡查1952人次，巡河3972.575公里，累计提报整治河湖问题204个，巡河率100%，问题整改率100%，实现全年河湖在账问题有管护、无反弹，全年0新增的工作目标。为深化执法司法协作，提升检察办案专业化水平，服务保障生态环境治理体系,区河长制工作人员成为首批特邀检察官助理工作人员之一,形成“河长+检长+警长”工作机制。区水务局联合公安分局开展河湖专项执法,累计开展联合检查巡查10余次。

(乔　磊)

【地下水专项排查整治】 年内,区水务局联合市水务局从取水许可、计量设施运行和水务数据汇聚远传等对辖区66眼地下水取水口进行现场排查,推进整改。截至年底,石景山区完成机井的排查整治工作,排查整改进度位居全市前列。

(申国栋)

【考核断面水体水质等级提升】 年内,区水务局增加对4处考核断面(莲石湖国控考核断面,新开渠玉泉路桥、高井沟麻峪村桥和永引渠亚疗桥市控考核断面)的投入,与生态环境局保持沟通对接,依托河长制月度工作例会机制建立生态环境联席会议制度,每月对水质考核情况进行会商。水质断面管护工作实现每日巡查、每周检测、每月达标,突发事件处理及时恰当,实现断面水体水质稳定在Ⅲ类的工作目标。

(申国栋)

【供水管理】 年内,石景山区老旧小区供水管网改造工程进场94个小区,竣工验收61个小区,施工146公里,完成总进度的75%。推动供水管网完善一期工程建设,截至年底,工程累计施工167米。

(任立人)

【计划用水和定额管理】 年内,区水务局制定区管户用水单位计划用水指标,完成901个用水户计划用水指标的生成、下达,建立用水指标考核体系,促进全区用水单位节约用水,全区计划用水覆盖率达99.91%。根据《北京市智慧水务1.0总体设计方案(2021年—2023年)》(京水务规函〔2021〕8号)工作要求,开展非居民用水户户表关系梳理工作。石景山区生产生活计划用水指标7027万立方米,生产生活用水总量为6337.33万立方米,新水用量为5354.93万立方米,生产总值万元地区水耗较2021年下降2%。

(程　刚)

【节水型社会建设】 年内,区水务局开展“全国城市节水宣传周”活动,发放宣传材料和宣传品800余份,包含节水宣传海报400张、《北京市节约用水办法》100本、宣传品300套;组织“文明健康 绿色环保”系列宣传活动——“节水科普知识”大讲堂,发放宣传材料和宣传品共50余份。12月14日,市水务局组织线上评审会,区水务局进行节水型区复验汇报并通过专家组线上问询,专家组经过研讨认为石景山区节水型区复验合格,符合节水型区要求。完成辖区节水器具普及率调查工作。经调查,年内石景山区公共机构节水器具普及率为99.76%,城镇居民用户节水器具总体普及率达99.13%。

(程　刚)

【水环境治理与水生态建设】 年内,区水务局按照北京市第三个城乡水环境治理三年行动方案要求,提升全区水环境质量,完成雨污水管线错接混接治理7处,完成五里坨污水处理厂水质达标任务。

(张　洋)

【防汛工作】 年内,区水务局按照市、区两级防汛工作部署与要求,从汛前准备、宣传动员及培训演练、应对部署、防洪调度、巡查抢险、工程治理6个方面推进石景山区城市防汛和水务防汛相关工作。

(张　洋)

【金安桥雨水泵站建设】 年内,金安桥雨水泵站主体建设全面完工,外电建设完成20%,雨水收集管线建设完成100%,规划退水管线建设完成100%,临时退水管线建设完成100%;安装6台主水泵、2面闸门、1台格栅、2台潜污泵、1座天车。

(张　洋)

【海绵城市建设】 年内,石景山区年径流总量控制率达到海绵城市建设要求的排水分区共19个,总面积达22.45平方公里,共完工“海绵城市”建设项目46项。截至年底,建成达标排水分区面积22.45平方公里,海绵城市建设达标面积比例41.75%。

(程　刚)

【永定河生态补水与度汛】 年内,区城市管理委落实水利部系列会议精神,加快复苏永定河生态环境,保障永定河石景山段生态补水工作安全、顺利。生态补水期间,永定河石景山段过境水量达2.87亿立方米(上游三家店拦河闸数据)。永定河石景山段共启动汛期防洪排涝应急响应6次。预警第一时间利用莲石湖湖区广播系统宣传、疏散人群并做好湖区封闭管理工作,同时加强防守责任段内闸门、堵口、堤防、险工段巡查力度。共进行防汛宣传2次、防汛应急演练2次、防汛知识培训5次。

(邢　超)

【高井沟生态修复工程】 年内,区水务工程管理所完成高井沟生态修复工程。高井沟起点为高井铁路桥,终点汇入永定河,全长3.21公里,主要承担辖区西北部山区排洪任务。高井沟生态修复工程着力于服务冬奥环境保障,促进冬奥社区建设,改善河道水系生态环境,提升周边居民生活品质。该工程内容包括:通过河道清理及调水措施,重点打造高井沟中下游2.12公里的水环境景观;修复河道两岸绿化景观带、修建慢行系统并设置便民基础设施,建设面积15.62公顷的高井沟入永定河口景观节点。工程于2月开工,6月主体完工,总投资2900万元。

(马芳冰)

【河湖水环境执法检查】 年内,区水务综合执法队为保障石景山区河湖水环境,开展河湖专项执法行动。采取定期巡查和联合检查相结合的方式,加强冬奥期间、永定河生态补水期、日常节假日等节点的巡查力度,严厉查处河道范围内偷排污水、非指定区域垂钓等违法行为,引导市民安全游河。组织定期联合执法检查26次,出动执法人员65人次,劝阻不文明行为300余次,收缴地笼3个,查处违法垂钓行为100余人,罚款2500元。

(宁博阳)

【专项执法检查】 年内,区水务综合执法队为加强水土保持监管,避免因建设施工导致的水土流失现象发生,对8处施工工地进行“双随机”执法检查，查出违法问题4处，包括五里坨地区某开发项目未按照水影响评价报告铺装透水砖、万越辉置业有限公司和景西房地产开发有限公司水土保持设施未经验收将生产建设项目投产使用等。依法要求整改，共罚款53万元。开展“清管专项执法行动”，推进“查、清、治”综合治理，保障城市防汛生命线。联合市排水检测总站、市水务综合执法总队开展排水许可监管专项执法行动，重点检查排水户的排水设施运行及污水排放情况，全年共抽取84家单位的污水进行水质检测，不合格单位22个，要求不合格单位进行整改，依法处罚7家，罚款9万元。

（宁博阳）

【水资源与水务工程监管】 年内，区水务综合执法队对辖区内自备井供水单位进行定期检查，严肃查处取水许可、供水水质、取水量违法问题，全年检查自备井供水单位22家，对发现问题及时下达整改意见并复查；每季度对区内水务在建及完工工程进行检查，对重点水务工程单位麻峪污水处理场进行突击检查。

（宁博阳）

【落实“谁执法谁普法”制度】 年内，区水务综合执法队在“世界水日”“中国水周”期间开展普法宣传，促进水法律法规知识“进校园，进企业，进社区”，倡导节约用水，保护水资源。联合市水务综合执法总队及区自来水公司，围绕第三十届中国水日主题“珍惜地下水，珍视隐藏的资源”，开展节水普法进社区宣传活动。联合市农业综合执法总队、区生态环境局在冬奥公园开展野生动植物保护宣传活动，宣传水生态保护知识。联合生态环境局、八角街道在沃尔玛超市开展世界地球日宣传活动，引导市民保护水环境。同时，注重典型宣传，在执法过程中以案释法，报送典型案例。

（宁博阳）

【冬奥期间执法保障】 年内，区水务综合执法队在冬奥期间重点检查供水、排水设施是否正常运行，共执法检查200余人次。开展全面闭环管理前水务安全隐患大排查大整改。冬奥赛事期间，每日开展赛时服务保障执法巡查，对首钢滑雪大跳台、冬奥公园周边区域进行专项执法检查。

（宁博阳）

【推进洗车行业预付费监管】 年内，为规范洗车行业预付式消费经营，实现事前、事中、事后的全程监管，保护消费者合法权益。按上级部门要求，区水务综合执法队开展洗车行业预付费的普法宣传、摸排调查、监督指导工作，督促相关单位尽快进入监管平台。联合八宝山、古城、八角街道等单位组织预付费整治工作会，开展洗车行“预付费”监管培训，帮助其尽快完成注册、开通账户。

（宁博阳）

市容环境

【概况】 石景山区环境卫生服务中心（简称区环卫中心）承担全区环境卫生方面的技术性、服务性和事务性工作，主要职能是：制定环境卫生工作发展规划和年度计划，并组织落实；根据区政府核定下达的环境卫生作业任务、指标和要求，组织专业单位作业并对其实施监督、检查和管理；负责环卫经费的管理和使用；负责全区环卫设施的管理和使用；负责全区环卫产权公厕的保洁、粪便清运与消纳；负责全区环卫产权垃圾楼的垃圾清运、处理与消纳；管理和使用国有资产；按核定标准和社会委托服务项目组织开展有偿服务；负责完成区政府交办的其他工作。2022年，区环卫中心提高道路作业水平，落实环境卫生重点任务，完成冬奥会、冬残奥会、党的二十大、“创城”、服贸会等服务保障，提升“接诉即办”能力，完成全年工作任务。完成专业清扫保洁总面积548万平方米，可机械化作业面积354万平方米。生活垃圾日产日清，完成2500组果皮箱清理、44座清洁站、99个垃圾桶站、32个垃圾箱站及186座环卫产权公厕清运维护及服务保洁。清掏粪便12.4万吨，清运转运其他垃圾14万吨。做好全区厨余分类小区的垃圾密闭清运和6座分类清洁站收集管理，处理及清运厨余垃圾0.97万吨。协调收运系统各环节有序衔接，确保垃圾、粪便100%无害化处理。

（黄　芪）

【专业作业】 年内，区环卫中心完成全区548万平方米道路城市清扫保洁，其中可机械化作业面积354万平方米，超额完成市级机扫率94%的目标，实现可实施机械化作业范围全覆盖。利用小型车辆对102条城市道路和14条街巷道路边线清扫，推进机械化作业进街巷，对大型车辆作业不到的辅路、井窝、停车带间隙进行弥补。责任城市道路机械化作业全部执行一级作业标准，每日全部进行二次保洁，并以机械清洗方式代替机械保洁，降低尘土残存量。完成186座公厕（含代管公厕13座）、44座清洁站、99个垃圾桶站、32个垃圾箱站及2500组果皮箱的清运、保洁及维护工作，确保生活垃圾日产日清，粪便抽运规范处理，垃圾、粪便无害化处理率均为100%。全年共清掏粪便12.4万吨，清运转运其他垃圾14万吨。推进垃圾减量化，做好辖区厨余分类小区的垃圾密闭清运和6座分类清洁站收集管理工作，就地处理及清运厨余垃圾9721.86吨。

（黄　芪）

【服务保障冬奥】 年内，区环卫中心抽调各专业队管理及骨干作业人员180人，调集车辆设备64台，成立专项保障队伍，组建首钢保洁管理站。针对“1+6+1”（即1个竞赛场馆+6个非竞赛场馆+交通场站）场馆清废工作共出动作业车辆515车次、作业人员836人次，清运垃圾500.67吨、粪便362.48吨。赛事期间共完成2场降雪扫雪铲冰工作，场馆及涉奥场所内部区域保障共出动融雪车辆设备74车次、作业人员84人次，使用无氯融雪剂310.9吨。在火炬传递、观众集结等活动保障中，完成20组移动公厕和20个垃圾桶站布设，做好场地、公厕保洁及垃圾、粪便清运工作，共完成27场次6700余人次观众集结保障，出动作业车辆137车次、人员456人次，清理废雪410吨、垃圾2.2吨、粪便13吨，完成冬奥各项环境保障工作。环卫中心一队

2月13日,区环卫中心进行首钢冬奥场馆抽运服务 (区环卫中心供图)

和一队副队长李圣,被中共北京市委、北京市政府、北京冬奥组委分别授予2022年冬奥会、冬残奥会北京市先进集体和先进个人荣誉称号。

(黄 芪)

【重点服务保障】 年内,区环卫中心完成服贸会、"创城"和党的二十大重点保障任务。对首钢园区内外19条道路、7座公厕、147组果皮箱加强作业,共出动作业车辆321车次,保障人员917人次,抽运粪便18.92吨,清运垃圾189.23吨。做好"创城"迎检保障,加强长安街沿线及重点区域周边巡回保洁频次和巡检力度。强化各作业单位工作调度,垃圾、粪便100%无害化处理。强化各项专业作业、监督检查、设施设备维护等工作,确保责任区域环境卫生整洁有序。

(黄 芪)

【热线办理】 年内,在"接诉即办"专班带领下,区环卫中心受理信访投诉48件,其中34件为密闭式清洁站诉求。12345共办理工单1065件,其中日常工单320件,密闭式清洁站建设集中投诉工单745件。

(黄 芪)

【设施设备更新升级】 年内,衙门口综合场站环境整治提升工程全部完工。西黄村临时绿荫停车场和晋元公园建设项目竣工并投入使用,区环卫中心解决70余辆环卫车辆停放及充电问题,晋元公园的建设提升周边群众居住环境。八大处公园长安寺前广场新建二类公厕竣工。

(黄 芪)

【安全生产管理】 年内,区环卫中心开展综合安全检查40次,涉及268处点位,发现用电、消防等安全隐患共28个,全部落实立行立改。针对职工骑行电动车不戴头盔、闯红灯、逆行、横穿马路等交通违法行为及礼让斑马线,开展文明出行专项检查,组织交通安全教育、对职工交通违法检查共50次,检查人员5500余人次,纠治交通违法行为37人次。开展安全生产、驾驶安全和消防知识培训,累计培训近千人次。区环卫中心被评为全国119消防先进集体。

(黄 芪)

【新冠肺炎疫情防控】 年内,区环卫中心完成疫情防控各项任务。落实全员核酸检测、开展疫苗接种、风险点流调摸排工作,做到常态化疫情防控和应急处置有机结合、快速转换。在岗人员疫苗接种率为97.56%,退休职工及60岁以上接种率达到91.38%。选派30人组成战疫突击队,支援十万平封控区、重兴园封控区防疫工作,先后抽调党员干部职工共100余人次下沉社区协助疫情防控工作。

(黄 芪)

园林绿化

【概况】 石景山区园林绿化局(简称区园林绿化局)挂北京市石景山区绿化委员会办公室(简称区绿化办)牌子,是负责辖区园林绿化工作的区政府工作部门。主要承担城市园林绿化、林业行政管理职责和森林防火职责。年内,区园林绿化局打造石龙匝道、阜石路冬奥特色景观大道、"一起向未来"冬奥主题花坛等精品景观。完成"五一""十一"等重要节日花卉布置及党的二十大环境保障工作。推进完成新一轮百万亩造林年度任务指标,净德寺公园绿化建设工程竣工。完成"留白增绿"及3条林荫路建设任务并完成市级平台销账。实施"揭网见绿"150.23公顷,超额完成年度任务。推进小微绿地,实施长安街街旁绿地、金顶社区公园及苹果园南路S1线高架桥下空间绿地全龄友好公园建设。推进衙门口城市森林公园建设工程及永引渠南岸城市森林项目2022年腾退地块续建工作,完成建设任务8.06公顷。辖区完成创建花园式单位1个(中海景山府)、完成创建花园式社区1个(古城街道北辛安铁辛社区)。建立区、街道、社区三级责任体系,落实、落细林长制目标责任,建立"林长制+检察"协同工作机制。推进生态资源精细化管理,规范城市绿地养护预算运行管理,提升公共绿地管护水平,推进群明湖、石景山景观公园、首钢厂东门广场绿地以及五一剧场和制粉车间周边绿地的接收工作,推动绿地社会化管理试点工作。提升林业执法力度,打击野生动物非法贸易,开展"绿剑行动""清风行动"等联合执法行动。加大全区古树管护工作力度,加强巡查,提高全区古树管护单位责任意识。强化森林防火队伍建设,做好森林高火险期、重点节假日、敏感时段和重点地区的森林防灭火工作,重点做好森林防火宣传月活动,集中力量组织风险隐患排查。

(郑文靖)

【普法宣传进校园】 3月1日,在第九个"世界野生动植物日"之日,区园林绿化局、市园林绿化综合执法大队、区教委,在人大附中石景山学校开展主题为"小手拉大手 争做护鸟小先锋"

的普法宣传活动。活动结合保障冬残奥会，聚焦春季候鸟迁徙安全、自发鸟市整治，与“清风”“绿剑”专项行动同步推进。执法人员通过现场互动、现场答疑等形式，为在校师生讲解市、区常见的破坏野生动物资源违法行为，普及“一法一决定一条例”等法律法规。通过“一个孩子带动一个家庭，一个学校带动一片区域”的方式，形成市区联合多部门协作的野生动物保护普法宣传长效机制。活动共展出宣传展板4块，发放野生动物保护、创建国家森林城市宣传材料2000余份。

（王宏彬）

【全民义务植树活动】 3月12日，中国植树节当日，区绿化办在北京国际雕塑公园设宣传主会场，通过设置义务植树宣传展板、开展创森及义务植树有奖问答、儿童园艺绘画涂鸦等活动，预热全年义务植树活动气氛。在区政府院内设置宣传角，向机关干部职工发放义务植树、家庭养花知识、古树保护等宣传材料2000份。春季期间，开展石景山区全民义务植树40周年书画作品巡展，精选装裱80幅作品，在区文化中心、园艺驿站、街道进行展示宣传辖区义务植树和生态文明成果。全区9个街道以“中国植树节”“首都全民义务植树日”“世界地球日”为节点，开展义务植树宣传活动27场次，发放义务植树尽责、古树保护、家庭养花知识等宣传材料2.5万份。4月3日，石景山区以第38个首都全民义务植树日为契机，在净德寺遗址公园组织开展“履行植树义务，打造秀水石景山”主题义务植树活动，首都绿化办领导、区四套班子领导、区绿化委员会成员、驻区企事业单位及部队领导60余人参加活动，共栽植油松、白皮松、国槐、白蜡、山桃等树木200株。同月13日，石景山区在北京冬奥公园与国家体育总局冬运中心联合举办“双奥石景山 冰雪向未来”群众冰雪活动，“中国冰雪冠军林”正式落成。活动中，武大靖、任子威、苏翊鸣等冬奥冠军亲手种植18株国槐、白皮松。

（黄　乐）

【区绿化委员会调整】 3月，区绿化委员会成员调整工作完成，李新任主任，李先侠，陆军政治工作部群工联络局副局长喻龙、中部战区联合参谋部直属工作局副局长李亚东，首钢集团有限公司党委常委、副总经理胡雄光任副主任。区政府各委、办、局、处，各街道办事处，各人民团体，驻区有关单位主要领导为委员，成员共45人。

（郑文靖）

【“北京湿地日”主题宣传】 9月18日，石景山区在永定河休闲森林公园举行第十届“北京湿地日”主题宣传暨“首都市民最喜爱的鸟”评选结果发布活动。李先侠出席活动。活动现场公布“首都市民最喜爱的鸟”活动最终结果，展出首都市民最喜爱的30种鸟摄影作品。通过活动，向社会公众宣传湿地在首都生态环境建设、扩大绿色空间、提升绿色空间质量中的作用，在全社会营造普法氛围，提升市民的野生动物保护意识。

（王宏彬）

4月13日，冬奥健儿在北京冬奥公园种下18棵白皮松（《石景山报》供图）

【森林防火责任落实】 9月29日，区园林绿化局召开森防指全体成员会议，传达全国、北京市秋冬季森林草原防灭火工作会议精神，确定秋冬季森林防火工作目标和任务。会上，14家有林单位签订防火责任书，以全面落实林长制为抓手，压实压紧“一长两员”森林防火巡护网格化管理责任，将防火任务落到山头地块，责任落实到人。森林公园、风景名胜区等自然保护地和有林单位落实森林防火主体责任，加密防火巡护，林场半专业扑火队伍随时待命。全年共印发森林防火相关方案及通知22份。

（唐晓晨）

【国家森林城市创建】 11月，石景山区被正式授予国家森林城市称号，国家森林城市创建工作圆满收官。截至年底，全区共新建和改造大型城市公园25座、社区公园、口袋公园与小微绿地54处，新增和改造提升绿地总面积达400公顷，森林覆盖率达31.49%，“山、河、轴、链、园”的绿色生态体系基本构建完成，形成“山环水绕，绿轴穿城，绿链串园”的森林城市空间格局。

（郑文靖）

【森林防火督查】 2022年防火期以来，石景山区对14家有林单位和冬奥场馆周边红光山、四平山等重点区域进行全覆盖、高频次防火督查。区、局两级领导带队检查累计36次，全年共开展森林防火检查368次，开具防火检查单86次，巡查里程9382公里。开具森林防火检查单15张。组织成员单位、有林单位联合开展森林火灾处置演练5次。

（唐晓晨）

【义务植树尽责活动】 年内，石景山区依托“互联网＋全民义务植树”基地平台,在衙门口城市森林公园分别以“履行植树义务 打造秀水石景山”“一起来植树 一起向未来”“珍爱地球,人与自然和谐共生”为主题,开展义务植树尽责活动16场,中央、市、区等机关、企业、团体以及个人近千人参与植树和抚育劳动。全区9个街道、首钢、教委系统、驻区企业分别结合“春植”“夏认”“秋抚”“冬防”的时间节点,组织社区居民、干部职工、在校师生参与义务植树尽责劳动。首次引入与“互联网+全民义务植树”双秀公园基地的跨区合作模式,为辖区义务植树尽责活动拓展形式、丰富内容、创新思路、积累经验。全年新植树木0.8万株,抚育树木93万株,共32.2万人次参与各类义务植树尽责活动。

(黄 乐)

【园艺驿站活动】 年内,石景山区6家园艺驿站组织开展101场线上线下园艺活动,线下参与2390人次,线上参与2504人次,发布信息阅读量13863人次。10月25日,第七家园艺驿站——“永森园园艺驿站”在永定河森林公园正式挂牌成立。各驿站参与首都绿化办举办的自然笔记学习制作,提交作品90件。组织群众参与市民园艺风采展示大赛,提交摄影及短视频作品近70件。10月,参与“花开四季 园满京城”2022北京市民花园节活动,在永定河森林休闲公园设置分会场,协助筹备开幕式并设计制作4处不同风格的迷你花园进行现场展示和交流互动。

(黄 乐)

【古树保护】 年内,石景山区完成《石景山区古树名木保护规划(2021—2035)》编制工作。与9个街道、39家管护单位签订管护责任书。利用古树名木体检全覆盖成果,按照“一树一策”原则实施142株古树保护性复壮和环境整治,加装围栏、警示牌、避让牌。研究古树及周边环境整体保护新模式,完成首钢园区“灵根古柏”古树保护小区试点建设。建立区级古树巡查队伍,开展日常巡查检查百余次,下达整改通知书20件,移交违法线索4件。联合公安、城管执法部门以“执法+宣传”的模式,多次开展保护专项行动。9月23日,石景山古建群古树保护小区项目开工,项目位于石景山半山腰,保护范围2.42公顷,东、南至首钢园区现状道路,西至石景山古建群外边缘,北至石景山功碑阁。保护小区共有古树10株,其中古侧柏9株,古槐树1株。3株古侧柏树龄在300年以上。项目按照“一树一策”的原则,对古树进行保护复壮,并对古树周边丛生杂树进行清理。增设植物茎秆液流监测设备,监测古树的叶片蒸腾情况,为古侧柏的抗旱、抗逆性研究提供科学数据,同时在保护小区内设立古树科普宣传牌。

(郑文靖)

【林长制工作】 年内,石景山区落实落细林长制目标责任,建立区、街道、社区三级责任体系及“林长制+检察”协同工作机制,推进园林绿化资源重点保护高质量发展。全年共发布区级总林长令3道,各级林长共完成巡林7900余次,累计巡林3万余公里。

(王苗苗)

【森林防火宣传】 年内,区园林绿化局制定《石景山区森林防火宣传方案》,组织各街道和各有林单位在属地内开展森林防火宣传活动。防火班日常巡逻过程中,利用防火宣传资料和宣传品对进山入林人员开展宣传教育。9月28日上午,组织14家有林单位防火负责同志在园林绿化局多功能厅开展以“森林火灾预防与控制”为主题的专项培训工作。全年开展防火宣传活动共21轮次,发放森林防火宣传物品、宣传材料1.1万余份,宣传教育群众7000余人次。在主要路口安装防火宣传牌35块,在林区小道和游客频繁通过的区域悬挂小型防火宣传牌570余块。

(唐晓晨)

【森林火灾隐患排查】 年内,区园林绿化局按照市局印发的森林火灾隐患排查整治“百日行动”工作方案要求,开展森林火灾隐患排查整治工作,牵头组织并编制《石景山区林区输配电设施火灾隐患专项排查治理的行动方案》和《石景山区森林野外火源排查整治和查处违规用火行为专项行动方案》。督促各单位按照实施方案开展专项行动,对照时间节点,建立隐患台账,立行立改,不能立即整改的,限时整改。结合排查工作各有林单位采取“一割、二清、三运”的方法,提前清理林下可燃物。全区共收集隐患7处,治理完成7处,按时完成全部工作。全年清理可燃物103.86公顷,清理车次1374车次,防火隔离带8.5公里。

(唐晓晨)

【森林防火设施建设】 年内,区园林绿化局对101.7公里光纤进行日常巡查维护。通过对监控设备和光纤的维护,降低森林防火监测系统故障发生频率和缩短抢修时效。辖区森林防火形势总体上平稳有序,森林防火灭火体制机制运行良好。全年无森林火情火灾发生。

(唐晓晨)

【野生动物救助】 年内,区园林绿化局开展野生动物救助32次,共34只。其中救助猫头鹰、豹纹陆龟、灰鹦鹉、啄木鸟、乌东鸟、日本松雀鹰等国家二级重点保护野生动物14只,救助戴胜和夜鹭北京市重点保护野生动物2只,救助喜鹊、斑鸠、杜鹃等“三有”野生动物12只,救助其它动物6只。妥善处理野猪闯入融景城居民区危及居民安全的突发事件。

(陈泽林 常 亮)

【野生动物疫源疫病监测】 年内,石景山区设有老山、法海寺、南大荒3处市级野生动物疫源疫病监测站,依托京津冀野生动物资源监管工作平台科学监测重点区域野生动物资源情况。1月1日起各监测站共开展监测活动360天,累计出动监测人员720余人次,监测野生动物65958只,未发现疑似异常情况。

(常 亮)

【野生动物执法检查】 年内,石景山区累计出动行政执法检查人员、森林干警、第三方巡查人员3200余人次,出动车辆705余台次,巡逻检查里程8230余公里,检查野生动物经营场所536次,对福寿岭自发鸟市、双峪自发鸟市和京西玉泉花卉市场等可能存在野生动物非法交易的重点场所进行定点设防。制定北京市石景山区野生动物保护专项执法行动工作方案，会同公安分局、区市场监管局、城管执法局、卫健委、集体资产监管办和属地街道，依据各执法部门职责，对辖区内商铺、药店、饭店、市场等处进行拉网式联合执法，严厉打击野生动物违法交易和破坏野生动物资源违法犯罪行为。

（陈泽林　常　亮）

【森林督查及森林资源管理】　年内，石景山区开展森林督查及森林资源管理"一张图"年度更新。下达森林督查图斑36个。其中6月下旬下达第一期森林督查图斑34个，10月下达第二期森林督查图斑2个。10月20日完成包括图斑核查、现地核查、数据收集整理、更新小班区划调整、完善森林资源信息，标注国土现状地类、修正林地落界错误边界，森林资源调入调出及成果提交工作。全年完成36个疑似图斑合法性审核工作，经合法性审查，其中1处图斑地类改变为公园绿地。

（陈泽林）

【林地资源日常巡查及管理】　年内，区园林绿化局开展林地资源日常巡查，主要采取聘请第三方10名保安协助区园林绿化局做好林业资源、野生动物保护日常巡查、巡护工作。结合森林资源年度动态监测评价工作进行重点巡查，结合比对结果对部分疑似图斑协助进行外业调查，针对易发侵占林地行为的重点地区、点位（浅山区、集体林地和西山林场交接处、区界交汇处等）和农贸市场、自发市场易发生非法交易鸟类等野生动物违法犯罪行为的重点时段进行巡查巡护，协助执法人员开展联合专项执法活动。

（陈泽林　常　亮）

【松材线虫防控普查】　年内，区园林绿化局建立林木有害生物防治工作联席会议制度，编制《石景山区松材线虫病疫情防控五年攻坚行动实施方案（2021—2025）》，明确责任，组织专业培训，成立专业普查队伍。9月6日，区园林绿化局开展松材线虫病普查工作，共出动普查人员275余人次，出动车辆275余车次；普查重点公园12处，主要交通干线绿化带、居民区松林及松木面积203公顷。普查发现全枯死松树168株，半枯死松树61株，取样检测5批次共45株，均未发现松材线虫病。

（张莉非）

【美国白蛾防控】　年内，区园林绿化局开展以美国白蛾为主的林木有害生物防控工作。以林长制为抓手，建立联防机制，成立防治工作组，形成"区主责、街道运行、社区落实"的工作机制。全区9个街道共设置林业有害生物监测测报点75个，监测面积249.7公顷。成立应急抢险队2支，30余人严格履行绿色防控、药品防控、生物防控、物理防控。购置周氏啮小蜂3亿头，按照虫情物候期分2—3次进行投放，同时购置药品9.98吨，下发至各街道和有林单位。全年未出现大规模虫情。

（张莉非）

【杨柳飞絮防治】　年内，区园林绿化局完善杨柳飞絮防治体系。专业应急防治服务队伍与社会化参与防治相结合，推进杨柳飞絮综合防治工作。春季飞絮高发期，采取湿化绿地、树木喷水、道路湿化清扫的方式对杨柳飞絮进行防治。全区各街道、环卫中心、消防支队出动高压喷水车498辆、喷雾车173辆/次、清扫车2597辆/次，处理雌株10500株，面积9.55公顷，湿化绿地449.29公顷，出动清扫人员25586人次，火患巡视人员87人次，巡查面积263公顷。

（张莉非）

【绿化养护管理】　年内，区园林绿化局围绕北京冬奥会、冬残奥会园林绿化环境保障任务，强化绿地景观常态化维护，开展绿化环境综合治理。落实排患消隐、防寒防盐、树木修剪、病虫害防治、绿地保洁、安全作业等各项工作内容。做好应急处置准备，应对大风、大雨、大雪等极端天气，细化预案、人员、物资、器材等各项保障措施。完成各项绿化养护及环境保障任务。全年新增特级绿地2处，共64.46公顷；新增一级绿地4处，共34.3公顷。

（张莉非）

公园管理

【概况】　北京市石景山区公园管理中心（简称区公园管理中心）负责全区区属公园及其他所属机构规划、建设、管理、安保、服务、科技工作，管理北京国际雕塑公园、老山城市休闲公园、古城公园、石景山雕塑公园、法海寺森林公园5所公园。年内，区公园管理中心用好服务保障冬奥会举办和创建全国文明城区两个牵引，实施公园功能与品质再提升战略，统筹疫情防控和公园事业发展，将全面从严治党引向深入，实现生态环境向好，服务质量提升，安全防线坚实稳固，各项工作取得新进展新成效。所属5所公园全年累计接待服务游客360万人次。

（叶　萌　宋　超）

【冬奥保障】　年内，区公园管理中心加强赛区周边、沿线公园生态空间景观提升和维护，完成公园重点保障区域景观节点的设置工作，确保赛时景观效果。开展赛区外围森林火灾防控工作，强化风险点监控管理，排查治理林区火灾隐患，会同有关执法部门打击违规用火行为，维护冬奥期间赛区周边的消防安全稳定。利用各类公园资源，宣传冬奥文化和知识。推动群众性冰雪运动普及，在北京国际雕塑公园东园"水境广场"设置一处面积达300平方米的冰场。

（叶　萌　宋　超）

【助企纾困】　年内，区公园管理中心加大助企纾困力度，累计完成16家国有房屋房租减免工作，为服务业小微企业和个体工商户减免租金共330.88万元。

（叶　萌　宋　超）

【生态环境保护】　年内，区公园管理中心启动实施老山城市休闲公园扬尘治理项目，做好空气污染预警期间的应对保障，公园生态环境质量得到改善。助力国家森林城市创建，完成北京国际雕塑公园专类文化公园申报认定，推进创森社会面宣传。

（叶　萌　宋　超）

【接诉即办】　年内，区公园管理中心加大公园领域管理问题分季节、分类别治理研究，建立三级联动常态化“未诉先办”工作机制，强化部门联动执法，累计办理群众诉求231件，涉及管理服务类的诉求较上年下降6.72%。

(叶　萌　宋　超)

【平安建设】 年内，区公园管理中心完成冬奥会冬残奥会、全国“两会”、市第十三次党代会等活动服务保障任务，未发生重特大安全事故，各公园运行平稳有序。推进安全生产专项整治“三年行动”计划和安全生产整治“百日行动”，加强防火、防汛等重点领域风险管控，助力韧性城市、海绵城市建设。

(叶　萌　宋　超)

【资源保护】 年内，区公园管理中心健全古树名木信息化管理机制，加大巡检、监测与保护力度，启动实施法海寺森林公园古树名木复壮保护及科普宣传工作。加强绿隔地区郊野公园环境整治，开展有害杂草专项治理，老山城市休闲公园在市园林绿化局养护管理工作检查中综合成绩排名全市第7、成绩优秀，“精野结合”管理养护新模式被作为全市典型经验在《北京新闻》报道推广。推进生物多样性保护，以恢复和提高生物多样性为核心，开展老山城市休闲公园自然带建设研究。加强平原生态林管护，启动实施老山城市休闲公园林分结构调整工作，实行差异化管理、分类分级精准养护。落实河长制工作责任，强化北京国际雕塑公园、石景山雕塑公园内小微水体有效治理和长期管护。

(叶　萌　宋　超)

【文化建设】 年内，区公园管理中心突出雕塑文化和特色景观文化宣传，启动制作北京国际雕塑公园建园20周年纪念画册，拍摄录制雕塑文化及公园景观宣传展示片5集。突出“一园一品”和“我们的节日”传统节日活动，举办第十九届玉兰赏花季、第十届非遗文化体验周，推动夜灯、香薰、字帖、扇面等公园自主设计文创产品开发。

(叶　萌　宋　超)

【公园建设】 年内，区公园管理中心打造智慧公园，启动实施5所公园观赏树木数字化信息建设和北京国际雕塑公园雕塑作品数字化信息建设，探索开展5G、AI场景应用试点。加大对无障碍服务设施的优化和维护力度，完成北京国际雕塑公园东园环形塑胶健身健走步道铺设，因地制宜增加部分体育活动设施。

(叶　萌　宋　超)

城市管理指挥

【概况】 石景山区城市管理指挥中心(简称区城管指挥中心)是负责网格化管理和“接诉即办”指导协调工作的区政府直属事业单位。2022年，区城管指挥中心贯彻《北京市接诉即办工作条例》，完善接诉即办工作体系。制定《石景山区推动主动治理未诉先办工作方案》，通过“三上三下”工作流程，推动高频难点问题解决。修订完善《石景山区接诉即办快速处置资金使用办法》，做到快批快拨、快报快审、用好用准。推进石景山区城市管理平台(二期)项目建设，推动“热线+网格”融合，实现“热线”和“网格”两个系统数据协同、标准协同、平台协同、力量协同。全年，共受理群众诉求15.4万件，较上年受理量上升24.19个百分点，市级通报考核平均成绩93.96分，响应率99.52%、解决率92.33%、满意率93.49%，较上年解决率提升6.89个百分点，满意率提升3.42个百分点，在十六区中位列第15名。诉求类别主要为疫情防控、住房、市场管理、城乡建设、教育、物业管理、劳动和社会保障、环境保护、公共安全、交通管理类。

(马　瑛)

年内，区公园管理中心举办第十九届玉兰赏花季　(《石景山报》供图)

【领导调研活动】 2月11日，刘海涛调研区城管指挥中心，召开“接诉即办”工作座谈会。同月16日，刘海涛到区城管指挥中心专题调研“接诉即办”工作。王其志陪同调研。7月8日，李文起赴区城管指挥中心对辖区落实《北京市接诉即办工作条例》情况进行执法检查。宁慧娟、尹圆参加检查。同月29日，市政府副秘书长、市政务服务局局长张强到石景山区就政务服务及“接诉即办”工作开展专题调研。市市民热线中心主任张波、区领导常卫、李新、刘海涛、王其志、王智勇参加调研。9月20日，党校处级班到平台调研，区城管指挥中心介绍接诉即办系统、网格系统与市级系统对接情况和案件处置等流程。

(顾　雪　石　梦)

【“接诉即办”会议】 2月12日，李新专题调研“接诉即办”工作。3月3日，刘海涛主持召开2022年“接诉即办”区级专班第6次工作调度会。区领导张利军、王其志参加会议。同月7日，常卫主持召开2022年石景山区“接诉即办”工作领导小组调度会。8月10日，

3月7日，2022年石景山区“接诉即办”区委区政府主要领导第1次工作调度会召开　　（区城管指挥中心供图）

刘海涛主持召开2022年“接诉即办”区级专班第28次工作调度会。王其志参加会议。9月8日，常卫主持召开全区“接诉即办”工作推进会。区领导刘海涛、王利军、李先佚、迟志禹、王其志、申键、葛强、毛轩参加会议。

（顾　雪）

【“接诉即办”工作报告】　年内，区城管指挥中心修订完善《石景山区“接诉即办”快速处置资金使用办法》。全年共刊发日报365期，疫情专报205期、周高发问题48期及各类专业分析报告45期，全区“接诉即办”工作年度体检报告1期。

（马　瑛）

【未解决诉求督办】　全年，区城管指挥中心督办疫情快报工单452件，二次督办未解决工单83件；督办二十大会议保障期间快报31件，督办批量快报1679件；督办各单位未办结疫情工单2032件、超6天未办结工单1173件、超时未办结企业类工单54件、涉及出入查验类工单49件、封控区疫情工单30件、日报提示疫情工单63件、涉及中高考工单67件、协调就医类工单127件、协调后事类工单54件。共报送《石景山区未解决诉求解决情况清单》《石景山未解决诉求督办情况报告》12期，共2881件。

（马　骉）

【“疏整促”上账问题督办】　年内，区城管指挥中心协助区发展改革委制定辖区2022年“疏解整治促提升”“接诉即办”重点问题综合治理台账，上账问题包括永乐西小区老旧小区改造问题、地铁6号线金安桥站周边环境秩序问题、北辛安回迁地区停车管理问题。每月对上账问题进行督办，根据各单位工作进展填写《“疏解整治促提升”专项行动工作进度表》共9份，上述问题全部销账。

（马　骉）

【12345热线回访】　年内，区城市管理指挥中心开展12345热线回访工作，完成受理案件全回访目标，共对153508件热线工单完成回访，其中有效回访53479件，有效回访中市民表示已解决42324件，解决率为79.14%，表示满意46866件，满意率为87.63%。

（王志遥）

【城市管理问题智能采集】　年内，区城市管理指挥中心做好网格化城市管理工作，网格管理共采集问题334178件，其中立案328014件，结案327496件，结案率99.84%。涉及创城案件立案29094件，结案26107件，结案率99.11%。为发挥网格平台在创城活动中问题发现、派发、处置等支撑作用，创建“网格＋创城”专题问题类别9大类76小类，梳理已有创城相关类别9大类38小类。为监管企业热线工单办理情况，区接诉即办系统通过接口的方式对接企业供热管理系统，实现一个账号可同时查看、办理不同来源供热工单，全年累计流转热线供热工单348件。

（刘秀杰　薛红民）

【年度基础数据普查】　年内，区城市管理指挥中心制订石景山区《2021—2022年度城市基础数据普查更新工作方案》，对城市管理基础数据进行普查更新，年度更新部件总数376958个，核实三级网格154个、四级网格238个，实测道路9条8.8公里。

（薛红民）

【推广社区“一码通”】　年内，区城市管理指挥中心以八宝山街道为试点，将“一码通”诉求与所属199个楼宇信息进行绑定，实现诉求直接定位到三维楼宇，实时呈现诉求办理状态。将“一码通”应用于教育领域，新增4类学校类型和55个校区名称，配置定制流程，交付平台系统，开展试运行。全年受理“一码通”类工单5545件，办结5535件，办结率99.82%。接诉即办平台对5742个热线工单进行“平行多派”，对30544个热线工单进行“双派双考”。

（薛红民）

【筹划城市管理平台二期项目】　年内，区城市管理指挥中心根据《关于建立“热线＋网格”为民服务模式的指导意见》《2022年北京市接诉即办改革工作要点（征求意见稿）》，在项目一期建设的基础上，围绕“高效处置一件事”，以部门和街道需求为导向，以快速响应、全面感知、智能研判、高效协同的治理网络为建设目标，初步确定“2＋3＋9”的建设思路，即完成网格、接诉即办系统2项系统升级，对垃圾分类、接诉即办、综合数据3个模块进行升级，共享数据资源，建立9个街道分平台。截至12月底，项目完成公开招投标工作。

（薛红民）

城管执法

【概况】　石景山区城市管理综合行政执法局（简称区城管执法局）负责统筹

指导和综合协调基层综合行政执法工作,以区城管执法局名义执法。全区城管综合执法系统共履行行政执法职权19个领域672项,其中区局履行职权涉及6个领域147项,街道综合执法队履行职权涉及17个领域438项(城管执法部门下放职权400项,生态环境局、水务局、农业农村局和卫生健康委等4部门下放职权38项)。年内,区城管执法局在落实疫情防控职责的同时,完成冬奥会、冬残奥会、"两会"及元旦、春节、清明等重大活动和节日期间的环境秩序执法保障任务。全区城管执法系统共处罚案件1836起,罚款432.05万元。其中一般程序案卷984起,423万余元;简易程序案卷852起,9.05万元。

(刘　霞　赵明星)

【冬奥保障】 年内,区城管执法局形成区局方案,涉奥点位落点落图,主要领导靠前指挥,分管领导分组负责,班子成员全部参与,保障人员包片包点工作机制,履行业务指导和统筹协调职能,夯实属地管理主体责任,消除问题隐患。将"保障前有准备,保障中有方法,保障后有复盘"的方式融合,确保涉奥区域周边市容环境秩序保持良好。北京冬奥会冬残奥会保障期间,共出动各类执法力量9788人次,车辆2299车次,检查点位3150个,发现并纠正环境秩序类问题1494起。

(赵明星)

【常态化疫情防控执法检查】 年内,区城管执法局聚焦"三类场所"检查执法主责主业,查找疫情防控工作中存在的薄弱环节和主要问题,提升"执法检查量、问题发现率、执法公示量",运用公示、曝光、移送等惩戒形式,保持工作力度。全年,共检查防控场所91806家次,其中商务楼宇6553个次、商场和超市5580家次、餐饮(食堂)48614家次、"其他场所"31059家次。发现问题1252起,张贴问题公示1228起。

(赵明星)

【燃气安全执法处罚】 年内,区城管执法局印发《石景山区城管执法系统燃气安全执法"百日行动"工作方案》,做好燃气安全排查整治工作,推进燃气安全全覆盖执法检查,压紧压实供气企业安全主体责任,遏制重特大事故发生。督促落实安全供气和用气主体责任,查处瓶装液化石油气供应和使用环节违法行为,查处燃气管线保护范围内施工违法行为。共开展燃气安全执法检查27900家次,发现并整改问题146起,处罚31起,罚款10.1万元。

(赵明星)

【查处违法倾倒垃圾行为】 年内,区城管执法局面向城管执法系统印发《石景山区严厉查处违法倾倒垃圾行为工作方案》。聚焦垃圾"产生、运输、消纳"三个环节,开展全链条、全过程整治,实现源头治理、系统治理、综合治理。加强与区城市管理委协调联动,统筹推进辖区专项整治工作,建立区、街道、社区三级联动工作机制,形成闭环管理模式,达到查处一批违法违规行为、取缔一批违规运输企业、关闭一批违规消纳场所、曝光一批突出违法案件的工作目标,遏制垃圾处置过程中的违法违规行为。共查处违法倾倒垃圾行为131起,罚款125.69万元。

(赵明星)

【"疏整促"拆违腾地任务完成】 年内,区城管执法局夯实石景山区"基本无违建区"成果,依托"吹哨报到"快速处置12345市民热线线索,对新生违法建设"零容忍",参与制定《创建复评工作方案》,制发《违法建设管控方案》,有序并提前超额完成年度"疏整促"任务。拆除违建10842.1平方米,腾退土地12448.42平方米,分别完成拆违腾地任务的108.4%和124.5%。

(闫　信)

【查处游商违法占道经营行为】 年内,区城管执法局加强重点时段、重点点位巡查盯守,防新增、防反弹,发现无照游商及时劝离,对于不听劝阻、屡教不改者从严处罚。督促整改与立案处罚两手抓,不断压缩违法空间,遏制违法行为"连片成势"。同时对于广宁街道麻峪社区,城乡结合部无照游商区级挂账点位,区街进一步细化工作措施,强化工作协同,推进街面环境秩序整治工作。共查处占道经营违法行为397起,罚款21.22万元,保持"动态清零"。

(赵明星)

【"城管执法精准进社区"活动】 年内,区城管执法局推进四轮次生活垃圾执法检查,聚焦12345群众诉求高发、舆情曝光问题点位,安排执法力量在早晚投放、收运高峰对辖区内分类基础薄弱的居住小区开展重点攻坚,加大对不正确分类投放、混装混运、装饰装修垃圾不按要求堆放、清运不及时、桶站管护不到位、再生资源未分类贮存等相关违法行为的执法处罚力度。共检查居住小区4073个次,检查社会单位47643个次,批评教育391人,书面警告124人。立案708起,罚款21.57万元。

(赵明星)

【查处违法夜施扰民行为】 年内,区城管执法局核查夜施扰民点位情况,通过错时巡查、突击检查、深夜排查等方式,重点查处未取得夜间施工证明或超过证明期限的夜间施工噪声扰民违法行为。对12345市民诉求量高发的夜间施工工地点位加大夜间巡检频次和现场取证,及时发现问题、收集证据、处理问题。依托"街道吹哨、部门报到"工作机制,组织开展联合执法行动,提高解决夜施扰民问题的效率及质量。共查处未取得夜间施工证明违法行为89起,罚款99万元。

(赵明星)

【整治非法小广告】 年内,区城管执法局借势全国文明城区创建,加强对公共场所、背街小巷和居民小区等小广告问题较突出的部位巡查管控,会同社区和物业及时做好清理工作。以"门前三包"管理为抓手,清理整治街巷卫生死角,对窗贴广告、违规户外广告牌匾等问题要求责任单位及时整改。严查共享单车车身等张贴非法小广告行为,联动交通、公安等部门,督促相关企业落实管理责任。针对辖区6处非法小广告问题突出点位,深化部门协作,合力打击非法小广告违法行为。共处罚非法小广告违法行为95

起，罚款2.5万元。

（赵明星）

【打击整治非法运营】 年内，区城管执法局在轨道交通站点、区域交界等重点地区开展专项打击行动，加强区域、部门协同配合，对问题点位开展联合整治，对屡治屡犯的乱点地区和重点违法人员进行深入整治。石景山区非法运营管控到位，群众诉求量持续保持低位。共开展联合执法9次，查处非法运营7起，宣传劝导70起。

（赵明星）

【专业执法领域突出问题执法】 年内，区城管执法局开展电力运行和园林绿化专项执法行动。围绕专业执法领域突出问题，开展“五个一”活动，即召开一次电力运行安全和园林绿化执法联席会、完成一轮次电力运行安全和园林绿化执法全覆盖、消除一批电力运行安全隐患、开展一波次公园联合执法巡控、开展一批电力运行和园林绿化主题宣传活动。以电力企业、公园管理机构为主导，摸清底数台账，消除各类电力设施安全隐患，逐步形成园林绿化执法联合巡控机制。

（赵明星）

【“并肩行动”联合执法】 年内，区城管执法局统筹指导属地执法队及时与属地派出所进行沟通联络，实践“城管执法+公安执法”联合执法模式。共开展10次联合执法行动中，查处环境秩序类问题103起。同时，为巩固“并肩行动”联合执法行动成果，持续开展每日夜间环境秩序管控，严厉查处店外经营、占道经营、露天烧烤等违法行为。

（赵明星）

气　象

【概况】 石景山区气象局（简称区气象局）主要负责区域内气象防灾减灾、地面气象观测、天气预报、气象灾害预警、公共气象服务、专业气象服务、气象科普宣传、气象探测环境保护、气象行政执法等工作。年内，区气象局面向社会开展气象观测和天气预报、预警服务工作，向区委、区政府和相关部门发送决策气象信息；通过预警平台向区各级防汛部门、各街道气象协理员、各社区气象信息员和社会公众发送天气预报预警信息；通过手机短信、区电视台、电子显示屏、户外预警广播系统、官方微博、微信发布气象信息，提升预报准确率。

（王琳琳）

【气象科普宣传】 “3·23”世界气象日，区气象局开展气象科普进校园系列活动，为首师大附属苹果园中学180余名学生讲解“气象灾害预警及防御”。“5·12”防灾减灾日，区气象局在石景山国家气象观测站为京源学校莲石湖分校260余名师生开展直播气象科普课。9月15日，区气象局邀请退休老干部参观国家气象观测场。11月28日，2022年气象防灾减灾会暨气象信息员培训会召开，向全区气象信息员科普培训夏、冬季节气象灾害预警信号及防御、冬季气候趋势预测等内容。通过电子显示屏、微信公众号、新浪官方微博等新媒体渠道对公众进行气象科普宣传。全年累计开展气象科普宣传活动5次。

（王琳琳）

【依法行政】 年内，区气象局开展气象行政执法115次，开展区部门联合双随机执法17次，部门内双随机执法5次，防雷安全专项整治执法3次，“执法+专家”1次，升放气球执法巡查89次，办理行政许可16件。

（果欣欣）

【气象服务】 年内，区气象局完成汛期及重大活动等气象服务保障。发布气象灾害预警信号136期，联合发布地质灾害气象风险预警6期，联合发布森林火险预警1期；向区政府及公众发送预报预警短信100万余条；制作发布气象信息专报12期，重大活动气象专报159期，节日天气专报30期，雨（雪）情信息专报89期；发布新浪官方微博预报及实况信息1095次，微信天气预报419次。完成北京2022年冬奥会和冬残奥会气象服务保障，为首钢大跳台造雪提供专报44期，冬奥火炬传递专报16期，首钢大跳台气象专报49期，冬残奥火炬传递专报13期。完成2022年石景山区中、高考气象服务保障任务，发布中、高考气象信息专报23期。发布“北京文化论坛和2022北京西山永定河文化节气象专报”10期，“2022年中国国际服务贸易交易会专报”53期。加强全区公共安全形势分析，完成石景山区季度气象灾害形势分析报告4期、月度形势分析报告12期。开展冬奥应急演练，反恐应急演练，国家站主备站、主备机切换应急演练，突发疫情下气象业务应急处置演练。

（李　辉）

【气象科研】 年内，区气象局2人参加北京市气象局科技导师一对一结对工作，加强首席预报员一对一科研业务工作指导。主要对石景山区2012—2021年强对流天气过程进行统计分析，对遴选出的强对流天气个例，根据天气图、云图进行分析，确定强对流天气的高空、地面影响系统，影响区域，移动路径等，建立石景山地区强对流灾害天气个例库。与丰台、门头沟、房山建立西南片区重要天气联合复盘机制，组织西南片区降雨天气过程复盘。

（李　辉）

【气候评价】 2022年，石景山区全年平均气温为13.3℃，接近常年平均值（13.2℃）。年极端最高气温为38.8℃，出现在6月25日，年极端最低气温为-13.0℃，出现在2月14日。年总降水量为492.4毫米，较常年降水量（565.9毫米）偏少1成多。降水主要集中在6—9月，降水量为415.6毫米，主汛期（6—8月）的降水量为381.5毫米，接近常年（391.2毫米）。一日最大降水量为61.3毫米，出现在8月22日。出现大风16次、霾75天、扬沙4天、浮尘1天、大雾8天、轻雾86天。

年度平均气温接近常年，时间分布特点为：1、3、5、7、8月接近常年；4、6、9、11月较常年偏高；2、10月较常年偏低；12月较常年明显偏低。年降水总量较常年偏少1成多，时间分布特点为：2、6、7、8月接近常年，1月较常年偏多；4、5、9、10月较常年偏少；12月较常年明显偏少；3、11月较常年明显偏多。

表 7　石景山区 2022 年月平均气温与常年对比统计表　单位：℃

年度	1月	2月	3月	4月	5月	6月	7月	8月	9月	10月	11月	12月
2022年	-2.3	-1.0	7.6	16.2	21.2	25.7	27.4	26.0	22.2	12.8	6.5	-3.2
常年	-2.7	0.6	7.5	15.3	21.4	25.2	27.0	25.9	20.8	13.4	5.0	-1.1

（李　辉　许　明）

防震减灾

【概况】　石景山区地震局（简称区地震局）主要负责地震监测、防震减灾宣传培训等基础性、技术性工作。年内，区地震局做好地震监测设施检查维护，规范石景山区地震台站管理，组织防震减灾科普宣传活动，完成1所区级防震减灾科普示范学校创建。

（孙殿成）

【防震减灾示范学校建设】　年内，区地震局按照北京市地震局关于防震减灾示范学校创建标准，联合区教委对北京景山学校远洋分校进行现场调研，推选北京景山学校远洋分校为2022年度区级防震减灾示范校建设单位，开展防震减灾物资制作、应急指示牌安装、大型科普知识讲座、评分验收等工作，完成北京景山学校远洋分校区级防震减灾示范校认定。完成市级防震减灾科普示范校银河小学的年度复核工作。

（孙殿成）

【防震减灾宣传“四进”活动】　年内，区地震局以“5·12”全国防灾减灾日、全国科普日为契机，开展防震减灾科普宣传“四进”活动。在鲁谷街道六合园北社区摆放“家庭地震应急三点通”宣传板，宣传地震基础知识和应急防护技巧，向社区赠送防震减灾应急防护包。结合疫情防控要求，在区直机关线上举办“减轻灾害风险，守护美好家园”防震减灾科普有奖答题活动，答题题目涵盖地震应急避险常识、地震基础原理知识等，向参与人员赠送防震减灾应急救护包。在景山学校远洋分校和北京市第九中学新疆班策划开展“地震科普携手同行”主题活动，通过赠送一套书、举办一场讲座、举行一次演练、开展一次主题班会等形式，帮助学生提高防震减灾意识。在邮储银行信用卡中心开展防震减灾科普宣传，提升企业员工高层楼宇防震减灾意识和应急避险、自救互救技能。

（孙殿成）

【监测台站运行保障】　年内，区地震局对区属监测台站及市属强震台站进行全面检查。在重大活动、节假日前夕增加检查次数，由局领导带队开展台站设施专项安全检查工作，排查周边环境异常，做好地震台站观测室防雨措施和用电安全，保障收集数据的连续性和可靠性，确保地震观测和信息网络运转正常。

（孙殿成）

【地震台站标识标准化改造】　年内，为规范石景山区地震台站管理，区地震局在辖区6处强震台、1处前兆台设立和更新各类标牌、制度标识17块（套），包括台站名称类标识、警示标语、台网管理办法等，提升地震台站的外观形象，凸显行业和地震监测环境保护警示标识。

（孙殿成）

【震情跟踪保障】　年内，区地震局研究制定《石景山区地震局关于北京市2022年冬奥会和冬残奥会地震安全保障服务实施方案》《石景山区地震局加强全国“两会”期间公共安全和震情保障工作方案》《石景山区地震局加强党的二十大期间震情安保服务和应急值守的工作方案》，检查监测台站监测环境和安全隐患，执行处级干部和值班员24小时在岗带班、值班制度，落实“宏、微观异常零报告制度”，完成震情保障任务。

（孙殿成）

应急管理

综　述

【概况】 2022年,石景山区应急管理局(简称区应急局)落实安全生产“十五条措施”,防范和压减生产安全事故,安全生产综合考评值居全市前列。共检查生产经营单位5793家,行政处罚案件177起,罚款金额254.74万元,人均执法检查量连续四年居全市同系统第一名。撰写各类信息358篇,通过13个途径分别进行报送,累计报送3400余条次,被各类平台刊登732条次。强化安全生产宣传教育培训,启动工业企业安全管理知识在线教育培训,组建应急志愿队伍,围绕应急救护知识和技能,累计组织5700余人开展心肺复苏、安全用电、火灾处置和安全避险等专项培训。提升汛期灾害应急准备能力,完成2022年防汛工作,汛期全区准备防汛抢险队伍总人数4205人,各类物资17365万件。抓好森林防灭火工作,结合森林防火“百日行动”工作,开展森林防火安全隐患及林区输配电设施隐患大排查工作,消除各类林区安全隐患。全年办理市民热线12345、12350投诉举报等25件,解决率100%,满意率100%。

(李伟伟)

综合管理

【概况】 2022年,区应急局健全由区政府主要领导主持的公共安全形势分析机制,预测分析季度公共安全形势并部署重点工作任务。建立全区应急系统月度例会制度,通报全区值班值守和突发事件情况,提示应急工作重点。创建区级信息刊物,以《应急周报》的形式向区领导报送每周综合情况,以《应急专报》的形式及时报送突发事件信息和重点工作。印发周报46期、专报14期,区领导作出批示20余条,建立领导批示督办台账。

(李伟伟)

【自然灾害综合风险普查核查】 1月13日,北京市普查办对石景山区第一次全国自然灾害综合风险普查应急管理系统调查成果进行核查,召开核查工作启动会,听取石景山区核查准备工作情况汇报,交流普查工作经验。北京市核查组派出7个外业组、1个内业组随机选取学校、社区、医疗卫生机构等47个单位的普查成果和过程性文件进行核查。2月14日,区普查办组织召开第一次全国自然灾害综合风险普查应急管理系统调查数据核查整改工作部署会,安排部署应急系统调查数据市级质检核查问题整改工作。会上,区普查办通报应急系统调查数据市级核查情况,逐个分析错误指标项,对重点问题进行讲解,并对下一步调查数据核查整改工作提出具体要求。

(李伟伟)

【节假日安保和应急部署】 1月14日,李新主持召开第4次区政府常务会,专题听取2021年全区安全生产工作完成情况及2022年重点工作安排的汇报,总结分析全区安全生产工作形势,并对2022年安全生产工作进行安排部署。同月17日,在全国及北京市安全生产电视电话会后,李新围绕贯彻落实全国及北京市安全生产电视电话会议精神,对春节及冬奥会、冬残奥会期间安全生产工作进行部署并提出工作要求。4月29日,李新主持召开第18次区政府常务会,专题研究部署2022年“五一”期间安全保障和应急值守工作。会议分析研究“五一”期间安全保障工作面临的新形势、新特点,并对节日期间重点领域的安全监管和应急保障等工作进行再安排、再部署。9月28日,区应急委召开2022年第四季度公共安全形势分析会。李新主持会议。会上,区应急局局长、应急办主任通报石景山区2022年第三季度公共安全总体情况,对2022年第四季度公共安全形势进行预测分析,并提出工作建议。

(李伟伟)

【安全生产督导督察】 1月27日,国务院安委会第九督导组对石景山区春节、冬奥会期间安全生产工作进行实地督导检查。围绕春节、冬奥会安全保障提出具体要求。区安委会办公室于4月中旬开始,对2021年区委区政府安全生产督察发现问题整改情况进行“回头看”督导检查。区安委会办公室组建2个工作组,利用2周时间,针对被督察单位问题整改情况和年内安全生产工作推进情况等重点内容,通过听取汇报、交流座谈、查阅资料和现场核查等形式对6个重点行业监管部门和9个街道办事处开展督导检查。9月13日至30日,完成市委市政府第五督察组对辖区开展的安全生产驻地督察工作,督察组听取石景山区安全

1月27日,国务院安委会第九督导组对北京市石景山区春节、冬奥会期间安全生产工作进行检查指导　(区应急局供图)

生产工作汇报；与5名区级领导、11个区政府部门和6个街道的主要负责人进行个别谈话；延伸督察6个街道和3个政府部门，随机抽查检查23家企事业单位，组织开展夜查2次，查阅各类资料7000余份。11月9日，应急管理部督导组到石景山区对生产安全事故统计管理工作进行督导核查。市应急局、区应急局分别汇报全市和石景山区生产安全事故统计直报工作开展情况；督导组对生产安全事故统计信息直报系统使用情况和事故统计台账等有关资料进行现场检查。

（李伟伟）

【安全生产责任保险推进会】 4月22日，区安委会办公室组织召开2022年安全生产责任保险工作推进会。会上，区安委会办公室通报上年全区安责险制度推广情况，着重对2022年安责险各项工作进行安排部署。与会人员围绕安责险工作开展情况、存在问题以及下一步工作计划进行讨论交流。年内，石景山区按照“政策引导、政府推动、市场化运营”的模式，推进安全生产责任保险工作。建筑施工、交通运输、危险化学品和餐饮企业基本实现投保全覆盖。推动2362家企业投保安全生产责任保险，完成年度任务（1500家）的157%。

（李伟伟）

【应急管理体系规划专题调研】 7月19日，应急管理部规划财务司发展规划处副处长黄骏一行5人，对石景山区“十四五”时期应急管理体系建设发展规划进行专题调研。黄骏主持会议，并介绍专题调研工作的主要情况，市应急管理局、市地震局、市消防救援总队、区应急局、区消防救援支队分别汇报“十四五”规划编制和执行情况。

（李伟伟）

【重点领域和专项领域整治】 年内，石景山区安委会办公室制定印发《石景山区2022年安全生产大检查实施方案》《石景山区安全生产整治“百日行动”工作方案》《石景山区城镇燃气安全排查整治工作方案》《石景山区2022年电梯安全隐患治理工作方案》《石景山区危险化学品安全风险集中整治实施方案》，统筹推进重点领域综合监管。按照市区统一部署，推进各专项领域安全整治。制定并印发“消防安全隐患大排查大整治”“城乡结合部地区重点村（平房区）安全生产专项整治”“深入开展经营性民宿燃气安全专项检查”“全区餐饮单位安全检查”“有限空间作业‘双防一推进’专项检查”和安全生产专项整治三年行动隐患排查治理“百日攻坚”等工作通知，并组织推进落实。

（李伟伟）

【安全生产整治行动】 年内，石景山区围绕“防风险、保安全、迎二十大”，制定并印发《石景山区安全生产整治“百日行动”工作方案》，在燃气、消防、自建房、建筑施工、交通运输、危险化学品、城乡结合部、电动自行车、有限空间作业等15个重点领域，加大排查检查和隐患整改力度。累计执法检查生产经营单位42602家次，排查隐患12420项，责令限期整改、停止违法行为6306件次，挂账隐患1215项，销账隐患1213项，隐患整改率99.83%，罚款334.2万元。石景山区聚焦3个专题，拓宽整治范围，在商务行业、文化旅游和体育系统等重点领域内同步开展安全生产专项整治行动，紧盯目标任务和问题隐患“两个清单”，做好隐患问题排查整改。检查生产经营单位5959家次。

（李伟伟）

【安全生产标准化建设】 年内，区应急局下发《石景山区2022年安全生产标准化建设工作方案》，推进企业安全生产标准化建设。全区265家企业完成安全生产标准化达标创建工作，完成年度任务（200家）的133%。全区共有6238家企业完成标准化创建工作，其中三级达标226家，小微企业达标6012家。

（李伟伟）

【信息宣传引导】 年内，区应急局撰写各类信息358篇，按照信息的内容、分类、性质和受众群体，通过13个途径分别进行报送，累计报送3400余条次，被各类平台刊登732条次，其中被区委、区政府采用122条次，被市局采用15条次。通过市、区两级媒体平台开展全面宣传，宣传报道登上《中国应急管理报》2次，被《光明日报》转载1篇，登上新华网客户端1次，《北京日报》APP转载2次，相关外宣题材被区电视台《石景山新闻》报道17次，相关工作信息被“北京石景山”新媒体平台报道66次，相关新闻内容被《石景山报》报道8条。同时，运用“石景山应急”微信公众号平台，对外发布各类工作动态信息400余条。

（李伟伟）

【新冠肺炎疫情防控】 年内，区应急局研究部署疫情防控工作，制定防控工作方案，建立应急值守、物资调拨、执法保障、联防联控、信息报送等应急机制。抽调局内党员干部4人，支援共建“双承诺”单位开展疫情联防联控工作。针对常态化疫情防控特点，协调区商务局，调拨23批救灾物资，其中36平方米棉帐篷3顶、12平方米棉帐篷64顶、12平方米单帐篷324顶、折叠床93张。

（李伟伟）

【生产安全事故调查处理】 年内，石景山区发生1起一般生产安全事故，亡1人。在落实好疫情防控相关政策的前提下，区应急局完成事故调查处理工作，调查询问生产经营单位5家，调取证据100余份，制作事故相关人员询问笔录15份，行政处罚金额共125万元。完成3起投诉举报案件和2起突发事件的调查处理工作，调查询问相关责任单位12家，制作调查询问笔录13份，调取相关证据材料90余份，行政处罚金额11.44万元。

（李伟伟）

应急救援

【概况】 2022年，区应急局提升应急指挥调度能力，按照急用先行、分步实施的原则，推进石景山区智慧应急平台系统建设，重点建设应急指挥一张图、应急专项行动、随行指挥、可视化决策支持等功能模块，完善数字化预案、动态资源管理的应急保障及值班值守功能。健全“大应急”体系，完成重大活动和重点节假日服务保障任务。

（李伟伟）

【森林防火工作会召开】 2月11日，区森防办在八大处公园组织应急、公安、园林、重点有林单位召开全区森林防火工作会。会上，组织学习《2022年石景山区春节、冬奥会及全国两会期间森林防灭火预案》，森防办通报全市火灾和亡人情况，就石景山区森林防火工作面临的形势进行分析和研判；区园林局就防火期林区违法违规野外用火查处情况进行通报；公园管理中心、八大处公园管理处、西山林场管理处、北京首钢园区综合服务有限公司分别就冬奥及全国两会期间森林防火工作部署和任务落实情况进行汇报。

（李伟伟）

【应急避难场所管理】 3月3日，区应急局召开2022年应急避难场所管理工作部署会，区财政局、规自分局、住建委、园林绿化局、人防办、地震局等部门有关负责同志参加会议。会议传达北京市应急避难场所管理工作部署视频会议精神，部署2022年石景山区应急避难场所管理工作计划。7月7日，组织召开地震应急避难场所管理工作部署会，介绍实地考察工作安排，详解各项考察评估指标，并就做好迎检工作提出具体要求。区地震局、园林绿化局、体育局、公园管理中心等部门有关负责人以及西山枫林一期南侧绿地、石景山体育场、古城公园、石景山雕塑公园、北京国际雕塑公园等地震应急避难场所场地负责人参加会议。

（李伟伟）

【森林火灾扑救实战演练】 3月9日，区森防办组织区森林消防综合救援支队、应急管理部森林消防局机动支队石景山驻防分队和区消防救援支队共出动100余人、20余台各类车辆在西山实验林场一片石区域开展联合实战演练。演练模拟实战场景，演练中各级队伍以“练协同、增强快速高效应急能力，练配合、增强共同应急处置水平，练技能、增强队伍综合处置能力”为出发点，全体消防救援人员完成各项演习科目任务。11月4日，区森防办组织森林消防支队、消防救援支队、西山林场等单位，在西山试验林场组织森林火灾扑救实战演练，参加竞赛评比活动。此次演练以秋季彩叶观赏突发火情为背景，区森林消防支队、消防救援支队、西山林场扑火队按照森林防火应急预案进行演练。

（李伟伟）

【应急知识宣传走基层活动】 8月5日，市应急局联合区应急局在八宝山街道、八角街道和苹果园街道开展安全应急知识和防灾减灾宣传车走基层专场宣传活动。活动现场，宣传讲师为居民讲解夏季防高温中暑、心肺复苏、AED使用等应急知识，并示范救援绳结打法、灭火器使用等救援技能；在模拟体验环节，现场居民亲身体验灾害情境下的逃生、自救和互救等模拟场景。通过播放防灾减灾、应急救援等宣传片，帮助居民了解知晓应急逃生、避灾自救等应急知识。10月18日，区应急局联合区红十字会、老山街道应急志愿服务大队，先后走进老山东里、老山西里、老山东里南、老山东里北社区，为社区应急志愿者和居民开展应急救护知识培训活动。此次培训邀请石景山区蓝天救援队队长进行授课，采用现身说法、多媒体视频、模拟示范等方式，指导居民系统学习心肺复苏（CPR）及自动体外除颤器（AED）的使用、气道异物梗阻急救方法、创伤救护基本技能等知识。

（李伟伟）

8月5日，石景山区开展安全应急知识和防灾减灾宣传车走基层活动

（区应急局供图）

【街道应急志愿骨干培训】 10月26日至27日，在北京市应急志愿服务总队的支持下，区应急局开办应急志愿服务培训班，对街道应急志愿服务大队50名骨干进行基础能力提升培训。此次培训邀请市红十字会、市应急志愿服务总队及社会救援组织的专家，先后进行志愿服务发展与精神、避险逃生与创伤救护、隐患排查及风险辨识等内容授课，并安排医疗急救培训、绳索救援技能等实地操作科目。培训结束后，颁发应急救护证书和培训结业证书，并组织学员们到八角南路社区集中开展应急志愿服务活动。

（李伟伟）

【社区应急志愿服务活动】 10月27日，区应急局联合市应急志愿服务总队、八角街道办事处，邀请石景山蓝天救援队专业人士，到八角南路社区为居民开展应急志愿服务活动。活动通过场景式体验教学的方式，设置心肺复苏实操、酒驾危害、消防结绳、VR模拟、止血包扎、气道异物梗阻六大体验宣教区域。

（李伟伟）

【大跳台冬奥赛事应急保障】 年内，区应急局对首钢园区核心区域内的建设工程、生产经营单位及景观景区进行安全风险查勘，完成1个综合预案、6个专项预案及2个风险评估报告的编写，并开展专项演练。突出签约酒店、定点医院、交通枢纽、交通线路等涉奥非赛事活动场所周边重点区域，做好涉奥非赛事活动场所周边的风险评估与控制。排查整改特种作业管理档案、基坑临边防护、临电用水用气等问题隐患110余项，行政处罚7家，做好冬奥园区安全生产监管和应急保障工作。首钢集团赠送区应急局“应急保障为冬奥、真诚服务显本色”锦旗一面。

（李伟伟）

【突发事件应对】 年内，区应急指挥中心共接报突出情况279起，共亡36人、伤15人，报市应急办54起。279起突出情况中，社会安全类108起(不慎失足1起，见义勇为1起，群体性事件51起，上访人员1起，刑事案件2起，意外死亡2起，自然死亡8起，自杀19起，走失人员1起，其他22起)；自然灾害类19起(气象灾害19起)；事故灾难类129起(安全生产事故2起，道路交通事故17起，公共设施和设备事故77起，火灾事故23起，其他10起)；公共卫生类23起(传染病疫情11起、食品安全和职业危害1起、一氧化碳中毒6起、其他5起)。

（李伟伟）

【应对汛期降雨】 年内，区应急局完成应对“6·11”“6·26”“7·5”“7·27”和“8·17”强降雨过程。区防汛办在每次降雨前召开应对降雨工作部署会，安排部署降雨应对工作。分管区领导和带班区领导先后10余次检查辖区金安桥、水泥厂社区、梁公庵、南马场水库、麻峪泵站、莲石湖、麻峪村和五里坨浅山区等重点防汛部位，确保汛期安全。主汛期内区防汛指挥部启动Ⅳ级防汛应急响应9次，Ⅲ级防汛应急响应1次。区委、区政府主要领导先后10余次进行防汛现场检查和指挥调度工作。累计发布应对降雨通知等微信及短信提示信息36.1万条；组织预警传播、抢险救援、居民自救互救、群众避险转移等演练23场次；汛期全区准备防汛抢险队伍总人数4205人，各类物资17365万件。

（李伟伟）

防灾减灾救灾

【概况】 2022年，区应急局加强石景山区自然灾害综合风险普查结果运用，织密防灾减灾救灾“保障网”，完成年内防汛工作。开展防灾减灾宣传活动。落实森林防灭火工作职责，实现连续20个防火期未发生重特大森林火灾的工作目标。

（李伟伟）

【“综合减灾示范社区”创建及复评】 3月16日，区应急局组织街道和相关社区召开2022年度“综合减灾示范市区”创建及复评工作会，启动辖区“综合减灾示范社区”创建及复评工作。会上通报2021年度“综合减灾示范市区”创建及复评工作情况。中关村共建军民融合技术创新产业联盟秘书长介绍石景山区2022年“综合减灾示范社区”创建及复评总体工作思路。9月27日，市应急局组织专家评审组，对石景山区综合减灾示范社区申报及复评单位进行评审。专家组对申报北京市综合减灾示范社区的两家单位(苹果园街道边府社区、金顶街街道模式口村社区)和复评的一家单位(老山街道翠谷玉景苑社区)进行现场评审。专家组分别从基础台账材料、消防设备设施、救援物资储备、避难场所建设、救援力量组织、应急演练开展、防灾减灾宣传、创建特色工作等九大方面，对3家社区的申报创建和到期复评工作进行现场评审。专家组成员对检查情况进行点评，并就现场测评情况向社区进行初步意见反馈，各位专家针对评审过程中发现的需要继续完善的问题对社区相关工作负责人进行现场指导。

（李伟伟）

【防汛隐患治理情况调研】 4月14日，李先侠调研水泥厂社区、金安桥防汛隐患治理情况。在水泥厂社区，李先侠现场了解金隅滨河园小区雨水截流工程项目进展，并对新建蓄水池位置进行实地踏勘。在金安桥，李先侠听取金安桥雨水泵站建设情况汇报，实地查看项目建设进展。同月25日，国家防总专家组组长王中根等在市应急局二级巡视员朱戈等领导陪同下，检查石景山区2022年防汛准备工作。专家组就地铁金安桥站在落实防汛应急预案、物资准备、重点部位评估、抢险队伍准备、应急抢险演练和联动对接等工作进行实地检查，并就郑州“7·20”特大暴雨灾害事故应吸取的教训进行交流。

（李伟伟）

【防汛工作】 5月31日，石景山区召开2022年防汛动员部署大会。会上

4月14日，区领导调研水泥厂社区、金安桥防汛隐患治理情况

（区应急局供图）

总结上年汛期应对降雨成功经验,分析梳理查找薄弱环节,开展部署动员。李新发布上汛令,6月1日8时正式上汛。会议由李先侠主持,李新作动员讲话,常卫结合蔡奇、陈吉宁来石景山区金安桥检查防汛工作所做的重要指示,对全区各级就做好年内的防汛工作提出要求。区委、区政府主要领导采取以现场办公实地解决问题的形式,明确责任主体单位,要求各单位要加强汛期期间联防联动,在落实抢险力量、抽水设备和物资配备、重点部位降雨应对措施等方面落实责任,按照“一点一预案、一部位一措施”的要求,抓好年内汛期降雨应对。常卫带队检查金安桥区防汛工作,实地查看金安桥地铁站防汛措施和金安桥雨水泵站建设情况。李新实地检查南马场水库防洪抢险预案落实和金安桥地铁站防汛措施整改情况。李先侠检查金安桥雨水泵站施工建设和金安桥地铁站防汛工程改造情况。王其志检查梁公庵平房区积水治理情况。同月22日,区防汛办委托技术单位在区永定河管理所对辖区各防汛单位储备的燃油泵、发电机进行维护保养,同时对各单位抢险人员使用水泵、发电机情况进行现场培训。累计维护保养、维修防汛设备44台,培训防汛抢险人员110余人。结合防疫形势,在对设备维护和设备使用培训期间,采取分时段、不聚集、提前预约方式进行,减少人员聚集。

(李伟伟)

【城市内涝灾情报送模拟演练】 6月14日,区应急局组织开展全区城市内涝灾情报送模拟演练。演练模拟辖区持续出现降雨,部分街道降特大暴雨,区应急局通知各街道通过自然灾害灾情管理系统上报灾情。各街道灾害信息员根据模拟演练场景,及时与区应急局灾害信息员进行灾情沟通,按规定完成灾情初报、核报的审核及签发。在规定时间内,各街道均按演练要求完成灾情上报任务。

(李伟伟)

【冬奥森林防火巡护巡查】 年内,为加强冬奥和春节期间森林防灭火工作,区森林消防综合救援支队与森林消防局机动支队石景山驻防分队共同开展巡护巡查工作。以红光山为重点巡护巡查区域,两支队伍每日开展巡护巡查工作,每日出动兵力140人次,运兵车、装备运输车16辆次,各类森林火灾扑救装备140余台套。

(李伟伟)

【森林火灾防治】 年内,区森林防火指挥部办公室组织区森防指成员单位、区有林单位召开森林防灭火工作部署会议4次,保持24小时全员到岗在位,坚持部署靠前驻防力量。开展野外火源管控专项宣传活动20余次;各街道设置宣传点80余个,设置检查哨卡20个;各重点日有林单位派出护林员307人累计200余次、巡护历程9000余公里;有林单位对辖区内散坟数量统计共2万余座、对坟主登记282次。防火期内,全区共组成巡管队伍62支,巡管人员400余人,开展巡护1万余次,区森林消防综合救援队伍全年累计出动消防员1.1万余人次、出动各类消防车辆3000余台次、携行装备1.1万余套次。林区覆盖率90%的热成像视频监控系统24小时全方位、无死角巡检。

(李伟伟)

【发布气象灾害预警】 年内,区气象灾害预警中心及时发布预警信号143期,其中发布气象灾害预警信号136期:大风61期(蓝56、黄5)、道路结冰6期(黄)、大雾11期(黄)、沙尘4期(蓝)、暴雪3期(蓝2、黄1)、雷电26期(蓝20、黄6)、高温10期(蓝6、黄3、橙1)、暴雨10期(蓝8、黄2)、持续低温1期(蓝)、寒潮4期(蓝);联合发布地质灾害气象风险预警6期(蓝色);联合发布森林火险预警1期(橙色)。累计发布预警短信100万余条。

(霍东晴)

安全监管

【概况】 2022年,区应急局落实年度安全生产执法监督检查计划,共检查生产经营单位5793家,行政处罚案件177起,罚款金额254.74万元,人均执法检查量连续四年居全市同系统第一名。全区街道专职安全员共检查企业60412家次,人均检查量422.46家次,企业检查覆盖率91.87%,发现并消除隐患42463处,下达责令整改文书15731份,人均责改下达量110.01份,隐患核销率达99.95%。

(李伟伟)

【元旦安全生产和消防检查】 1月2日,李先侠带队对燕广友加油站、麻峪北社区、首钢园区景观公园森林防火站、古城液化石油气换装站和首运物流待拆迁地块的安全生产和消防安全工作进行检查。李先侠要求企业落实主体责任,严格执行各项管理制度,做好疫情防控和精细化管理工作,防范安全事故。

(李伟伟)

【危化企业安全检查】 1月4日,区应急局对辖区内涉及危险化学品经营企业进行全方位安全执法检查。执法人员检查加油站的各类应急预案制定、消防灭火安全设备设施、应急器材物资储备、人员教育培训等方面的安全工作落实等情况。

(李伟伟)

【旅游住宿业安全隐患大检查】 1月10日,区应急局对辖区旅游住宿业开展安全隐患大检查。主要检查企业消防安全责任人、管理人是否明确,责任是否清楚,制度是否健全;消防设施设备运行维护情况,值守人员消防和疫情防护应急处置能力;用电安全、疏散通道管理、配电室安全管理情况;应急救援物资储备情况,应急救援预案制定及演练等情况。

(李伟伟)

【城镇燃气安全排查整治部署会】 1月19日,石景山区召开第5次区政府常务会,对城镇燃气安全排查整治工作进行专题研究和动员部署。会上,区安委会办公室通报部署全区开展城镇燃气安全排查整治工作的整体安排。李新主持会议并讲话。会议明确:按照全国全市统一部署,排查整治工作自1月开始至12月底结束,分3个阶段,共8项重点任务,涉及全区燃气管网和燃气安全的各领域,全区成立领导小组,下设排查整治和统筹督导两个工作专班,聚焦燃气安全运行重点部位和关键环节，开展隐患排查，厘清压实各方责任，建立健全各类台账，分级管理、分类施策、综合治理。

（李伟伟）

【区领导检查安全生产工作】 1月29日，李先侠带队对西引力小区、石京源加油站和老山郊野公园的春节前安全生产工作进行检查，并到森林消防队驻地走访慰问一线指战员。2月7日，李先侠“四不两直”率区应急局、区消防支队相关领导检查餐饮企业冬奥期间安全工作。检查过程中重点对从业人员安全教育培训、应急保障、疏散应急设施、日常检查及巡查等5方面进行检查。6月27日，王其志带队对辖区内燃气管道占压隐患整治情况进行专项检查。区城管委、应急局、城管执法局、规自分局、街道办事处及燃气五分公司相关领导陪同检查。检查组一行先后到老山、八角地区挂账隐患点位，了解燃气管道占压隐患情况，现场研究确定整治方案，协调推动隐患整改。

（李伟伟）

【冬奥周边安全生产大检查】 2月16至17日，区应急局针对辖区重点区域商超、人员密集场所开展安全生产大检查。执法人员结合工作实际，检查冬奥周边区域商超和餐饮企业的消防设施维护、应急处突相关制度文件、从业人员教育培训、安全用电等安全生产相关管理制度落实情况。

（李伟伟）

【保障“两会”安全生产检查】 2月21日，根据石景山区服务保障2022年全国“两会”工作方案的要求，区应急局在抓好常态化疫情防控和结合保障冬奥的同时，加大安全生产执法检查力度。重点对会议住地200米范围内生产经营单位的安全生产责任制制定和落实情况、特种作业人员管理情况、从业人员安全生产教育培训情况、配电室管理运行情况、应急预案及演练情况、消防安全等进行检查，执法人员对检查中发现的隐患责令企业立即整改并要求企业落实好安全生产主体责任，加强自身安全巡查、自查，防范各类生产安全事故。

（李伟伟）

【建筑施工安全生产培训会】 3月25日，区安委会办公室在中铁建设集团有限公司北京公司四十七项目部组织开展安全生产法律法规、隐患排查治理知识讲解专题培训会。执法人员针对《北京市生产经营单位安全生产主体责任规定》，结合企业安全隐患排查治理知识和具体生产安全事故典型案例，就建筑施工领域企业应该如何落实好安全生产主体责任，从安全投入、安全培训、基础管理、隐患排查、应急救援等方面进行讲解。

（李伟伟）

【安全生产大检查工作部署会】 4月29日，李新主持召开第18次区政府常务会，对2022年安全生产大检查工作进行专题动员部署。4月至12月底，在全区所有行业领域开展安全生产大检查活动，打击、整治各类非法违法、违规违章行为，排查治理各类安全生产隐患。

（李伟伟）

【安全生产专题宣教活动】 6月是第21个“全国安全生产月”，区应急局按照区安委会办公室的安排部署，在建筑施工、汽车修理、人密场所等重点行业领域，组织开展进企业“面对面”安全生产专题宣传教育活动。截至7月5日，组织8次培训活动，累计受教育人员320人。

（李伟伟）

【有限空间作业专项“夜查”】 6月23日晚23时至24日凌晨2时，区应急局组织开展有限空间作业专项夜查行动。夜查主要针对辖区街面有限空间作业单位现场安全管理、施工交底、作业审批、持证上岗以及应急救援设备配置等方面。对检查中发现的安全隐患问题，执法人员按照即时发现、立即纠正、现场整改、从严处置的原则。此次夜查行动出动执法人员6人，下达责令改正通知书2份，发现并整改隐患7处，对存在安全生产违法行为的2家作业单位进行约谈。

（李伟伟）

【安全社区创建启动交流会】 8月1日，北京市应急管理科学技术研究院副院长刘友强带领专家团队莅临石景山区指导2022年安全社区创建工作。区应急局主管领导和苹果园街道、古城街道相关负责人参加启动交流会。会上，刘友强介绍第三方机构指导服务工作内容，第三方机构负责人汇报具体的服务工作方案，并与区应急局和两个街道负责同志围绕安全社区创建工作进行交流讨论，建立沟通协调机制，明确工作标准和工作时间表。

（李伟伟）

【事故整改落实情况评估】 10月31日，市“1·22”事故评估工作组就石景山区“1·22”事故整改和防范措施落实情况开展实地核查工作。市评估工作组采取核查报告、座谈询问、查阅文件等方式，对涉事企业从安全生产相关制度落实、从业人员培训教育、经营现场安全隐患等方面开展检查评估。会后，区相关职能部门陪同市评估工作组的专家对相关企业进行走访核查。评估工作发挥事故调查处理对加强和改进安全生产工作的促进作用，督促生产安全事故防范和整改措施落实。

（李伟伟）

【“双随机一公开”联合检查】 10月31日至11月1日，区应急局联合区体育局、区卫健委对辖区内涉及高危游泳的17家生产经营单位开展“双随机、一公开”执法检查。检查组重点对经营性游泳场所安全管理制度落实情况、配套设施及消防安全情况、疫情防控措施落实情况、消毒剂存放和消毒设备安全管理情况等相关工作进行检查，对检查中发现的问题和隐患要求立即整改。

（李伟伟）

【重大活动安全保障】 年内，区应急局以全国“两会”、服贸会等为重点，建立健全服贸会会场周边200米生产经营单位台账，进行两轮全覆盖检查。抽调专人组成3个检查组，在常态化执法检查基础上，会同市局执法总队、区治安支队、消防支队以及属地街道，对服贸会临建设施搭建、使用、拆除等环节进行4次联合执法、5次夜查行动。为确保服贸会期间安全稳定，采取专项抽查和夜查的形式，对长安街延长线、阜石路、五环路等周边生产经营单位安全生产情况进行全面检查。全国“两会”保障期间,建立代表驻地周边200米以及沿线生产经营单位台账,每天开展一次全覆盖执法检查。

(李伟伟)

【行政许可】 年内,区应急局根据《北京市危险化学品企业安全生产行政许可现场核查工作指引》,按要求聘请专家,规范许可现场核查流程,细化现场核查内容,强化专业核查力度,增加现场核查时间。强化对安全评价机构监管,加强对安全评价报告的审查抽查。采取政府购买服务等方式,委托第三方对企业开展安全评价。整理权责清单和公共服务事项清单事项,将所有行政许可和其他许可事项办理时限压缩50%。完成6家危险化学品经营企业变更、11家延期以及8家危化企业的应急预案备案工作。

(李伟伟)

消防救援

【概况】 石景山区消防救援支队(简称区消防救援支队)是负责辖区防、灭火和综合救援主责主业的部门。下设6个消防救援站、8个小型站,分别为古城、八大处、银河、高能所、石电、五里坨消防救援站,首钢冬奥、苹果园、广宁、水屯、北辛安、五芳园、陈家沟、老山小型消防站。年内,区消防救援支队以保障全区经济社会高质量发展为主题,以做好冬奥会冬残奥会和党的二十大等重大消防安保任务为主线,统筹推进疫情防控、火灾防范及综合应急救援等主责主业,压实消防安全责任、开展火灾隐患治理、提升应急救援能力、夯实消防基础建设,完成冬奥会冬残奥会、服贸会、党的二十大等重大安保任务21场次,以及元旦、春节、清明、端午、中秋、国庆等节假日消防安保任务,实现全区社会面火灾形势和队伍安全管理双稳定。在重大安保和专项工作中,区消防救援支队取得历年来荣誉上的新突破,支队获得集体一等功,两个科室分别获得集体三等功和北京市冬奥会先进集体,1人获得北京市冬奥会先进个人,1人立一等功、3人立二等功、13人立三等功。全国、市级、区级、总队级、支队级荣誉共43项。记功等次、数量均创历史之最。

(尹成云)

【北广集团应急消防科教基地挂牌】 1月13日上午,北京广播集团有限公司在区消防救援支队市民消防安全教育体验馆举行北京广播集团有限公司应急消防科普教育基地挂牌仪式。北京广播集团有限公司董事长李建、总经理金鹏,区委宣传部副部长白晓,区消防救援支队长杨欣出席挂牌仪式,仪式由支队副政委刘朝军主持。李建、金鹏、白晓、杨欣共同为北京广播集团有限公司成立应急消防科普教育基地挂牌。

(雷新胜)

【“保冬奥 护两会”宣誓仪式】 1月30日,区消防救援支队举行“保冬奥、护两会”安保决战宣誓仪式。支队党委班子成员,支队机关和古城消防救援站全体人员参加仪式。杨欣号召支队全体人员坚持“防风险、主动干、高标准、抓落实”的工作标准,发扬石景山支队“爱岗敬业的劳模精神,精益求精的工匠精神,迎难而上的斗争精神,持之以恒的钉钉子精神”,为举办一届简约、安全、精彩的奥运盛会贡献消防救援力量。

(王学博)

【地震救援拉动演练】 4月8日下午,区消防救援支队以“实兵、实装”的方式开展地震救援拉动。此次拉动针对装备数量、战备意识、应急反应能力、拉动程序和方法步骤等方面进行全面检查,以加强队伍战备工作水平,锤炼队伍快速反应能力。

(吴成龙)

【水域救援综合实战演练】 6月24日,区消防救援支队联合丰台支队、大兴支队、房山支队开展战区水域救援综合实战演练,总队灭火救援指挥部副部长韩文东莅临现场观摩指导。演练共设置“城市排涝、静态水域救援、舟艇编队、翻船自救、水面T型救援”等多项水域救援课目,共参演50余人,出动橡皮艇8艘,手抬泵、浮艇泵12台。演练检验指战员面对突发险情时快速反应和综合应急保障能力。

(吴成龙)

【校园消防安全培训活动】 9月18日,石景山区黄庄职业高中邀请区消防救援支队到校开展开学第一课暨校园“一警六员”消防安全培训活动周。校内各单位消防安全员、义务消防员、食堂负责人及各年级学生干部等450余人参加活动。支队监督员结合实际案例,围绕如何预防火灾发生,扑救初期火灾,如何报火警和逃生自救等知识进行讲解。

(雷新胜)

6月24日,区消防救援支队开展战区水域救援综合实战演练

(区消防救援支队供图)

【"119"消防宣传月线上启动仪式】 11月2日，区消防救援支队举办"云游千年古道，共话消防安全——119消防宣传月"启动仪式暨线上活动。期间，"蓝朋友"化身消防主播，带网友们一起穿越千年古道、感受非遗魅力、传播消防知识，开展线上、线下消防主题宣传活动。

（雷新胜）

11月2日，区消防救援支队举办119消防宣传月启动仪式暨线上活动

（区消防救援支队供图）

【电动自行车治理专项行动】 年内，区消防救援支队深化消防安全三年行动、消防安全大检查等大排查大整治工作专项成果，固化电动自行车全链条整治，推动区城市管理委加快充电设施建设进度，提高覆盖率。加强充电设施的维护管理，及时清理长期占用的"僵尸车"，配齐灭火器材、视频监控等设施，加强日常巡查检查，提升充电桩使用率。加大电动自行车（电池）入户充电的劝阻力度，推进电动自行车阻止系统的安装。加大对销售门店的检查力度，打击销售不合格以及经营性拼改装电动自行车违法行为。

（董　洋）

【全区消防安全形势持续稳定】 年内，区消防救援支队共接报警情1607起、上升9.17%，其中火警435起、上升9.30%，抢险救援357起、上升2.59%，社会救助815起、上升12.26%，累计抢救和疏散群众156人。全区共发生火灾124起，同比上年减少43起，较年度火灾控制目标数下降26%，降幅程度排在全市16区首位。全年未发生亡人和有影响火灾事故，在"12·30"全市元旦春节安全防范工作部署会上受到市领导通报表扬。

（尹成云）

【消防安全宣传与教育】 年内，区消防救援支队利用各级媒体平台和户外大屏等载体阵地开展宣传，建立微博、微信、抖音、快手、头条号等融媒体矩阵，在央级、市级媒体以及区级平台刊播消防公益宣传片、提示字幕、警示案例5万余次，制发各类海报20万余张，发布消防原创作品1500余期。依托北辛安市民消防安全教育体验馆，全区14个消防队站开展大培训，累计培训4万人，"进楼入户"培训1.5万家次，受教育消防弱势群体1.5万人，"一警六员"实操实训2.2万人。在全市居民消防安全常识知晓率调查中，辖区"知晓率"达76.41%、居全市第三，连续四年高于全市平均水平。

（雷新胜）

【重大消防安保任务】 年内，区消防救援支队完成党的二十大、冬奥会冬残奥会、全国"两会"、服贸会、"12·5"专项工作等活动及春节、中秋等节日消防安保300余场次，累计部署消防执勤车辆1000余车次、指战员5400余人次。在重大安保期间，支队全员停休，启动"一办五组""一总四分"指挥机制，班子成员分兵把口、一线指挥，设置18个车组前置备勤，发动2万余名网格力量群防群治，联动487个微型消防站、70辆洒水车等社会应急力量快速响应，推进"点、线、面"一体防控。

（尹成云）

【攻坚打赢能力提升】 年内，区消防救援支队聚焦实战练兵，深化"初战四联"经验做法，改进"防灭一体化"调研。支队升级改造指挥中心，实现指挥调度硬件建设提档升级。将全区可24小时调度微型站、社会应急救援队伍、洒水车、钩机铲车等应急常备力量全部纳入支队调度指挥体系，配备电台430部，完善"消防＋环卫""交消联勤"等联勤联动模式，制定联训机制，落实"四有"联训标准，探索建立"初战四联"石景山模式。申请专项经费对积极参战的多种形式消防力量予以表彰。建立健全岗位练兵奖惩机制，推动全员普训、分岗专训、轮岗驻训、以赛促训、实战检训等"五训"工作。推动以防带灭真调研，以灭促防真演练。深化全员岗位大练兵，在总队年度比武中，八大处消防站连续两年取得团体操第一名，高能所消防站、银河消防站取得2022年春季团体操项目比赛第一名，初战展开、初战控火、火灾调查等成绩排在总队前列。各队站消防车到场用时缩短40%，作战行动平均用时缩短70%，实现"初战控火"用时不超30分钟。

（董高超）

【服务保障疫情防控】 年内，区消防救援支队强化疫情常态化条件下消防监管工作，成立消防服务保障专班，依托10组监督执法力量为定点医院、隔离酒店、封控场所等涉疫单位及复工复产场所提供"线上线下"消防技术服务，开展调研熟悉、设施检查、隐患排查、宣传提示800余次，指导落实针对性防范措施350余项。组建"火焰蓝疫苗护送队"，连续三年出动1100余车次、1700余人次，配送、回收疫苗524万余支，累计护航5.6万公里。在疫情防控最吃紧时期，选派8名

年内,区消防救援支队组建"火焰蓝疫苗护送队"(区消防救援支队供图)

精干力量参加区疫情防控工作专班。

(王学博)

【重大安保工作机制】 年内,区消防救援支队建立一套重大安保长效工作机制,组建安保工作专班,制定工作方案,建立每天会商调度、战时督导、编发战报工作机制,统筹指挥调度消防安保各项工作。落实 24 小时双指挥长坐班值守制度,强化熟悉演练,加强前置备勤,联动联通社会实名制力量、社会应急救援专业力量以及社区、单位微型消防站加强值守。发动机关力量,组建社会巡控工作组,依托全区大、中、小网格和群防群治力量,针对高层建筑、村民自建房、餐饮场所、施工工地等不放心场所、区域,开展排查检查,加大宣传力度。

(尹成云)

【队站建设】 年内,区消防救援支队建成鲁谷五芳园、老山、五里坨陈家沟等 4 座小型消防站并投入备防,值勤备防力量由 10 座消防站增加至 14 座,作战半径大幅缩短。新招录专职消防员 50 人,队伍建设得到促进推动。

(姚 佳)

【清明节消防安全检查】 年内,区消防救援支队结合前期"真调研、真熟悉"工作和火灾形势,制定印发《关于做好清明祭扫期间灭火救援工作的通知》,深化"强四联、提五速"的要求。针对全区 4 处祭扫点,支队成立双主官任组长的领导小组,组建工作专班,制定安保方案和工作手册,要求所有前置执勤车组严格落实调研熟悉和强四联要求,指导祭扫点和联战中网格制定消防安保方案和应急处置预案。安保期间,支队摸排全区 3.5 万亩山林、8000 余座散坟,全部建立底数台账、纳入管控视线。与区应急局、园林绿化局建立山林火灾联勤联动机制,制定方案预案,明确各方职责任务,开展联合实战演练 2 次。

(尹成云)

【服贸会消防安保任务】 年内,区消防救援支队完成服贸会消防安保工作。支队消防安保团队提前进驻现场值守。安保工作启动后支队先后召开党委会、办公会、专题调度会 5 次,班子成员带队深入一线实地检查指导 20 余次,前沿指挥部启动每日"早会商,午对接,晚复盘"工作机制。采取"消防训骨干、骨干训全员"的方式,培训服贸会施工现场工作人员、一线工人、服务人员 6500 余人。针对服贸会会场,共检查展位 800 余家次,发现整改隐患 1700 余处,约谈展台搭建商 23 家,罚款 4.5 万元。针对社会面,开展"三个波次""大兵团"消防隐患清查攻坚行动,共检查单位 285 家,发现整改隐患 553 处,"三停"15 家,查封 8 处,罚款 18 万元。同时支队机关人员最大化下沉街道,深入社区,与辖区群防群治力量做好巡查巡控工作,共劝导挪移占用消防车通道车辆 120 余辆,清理楼道堆物堆料 60 余吨,阻止飞线充电等行为 40 余处。对场馆重点部位、消防设施、道路水源开展调研 41 次,修改完善方案预案 10 余次。

(尹成云)

【强化社会面火灾防控】 年内,区消防救援支队以"三管三必须"、安全生产和火灾隐患大排查大整治工作为抓手,发挥区防火安全委员会议事协调机构作用,利用"平安石景山""创城""接诉即办"等平台,聚集老旧小区、平房院落、自建出租房、"三合一""多合一"场所、旅游民宿等消防安全薄弱区域,紧盯用火、用电、用油、用气等方面存在的火灾风险隐患,推进各类专项整治工作措施落实,夯实火灾防控基础。截至年底,支队共检查单位 6380 家,发现隐患 18887 处,下发责令改正通知书 4967 份,临时查封 331 处,三停 202 家,罚款 410 万元,行政拘留 19 人。

(董 洋)

生态环境

石景山区2022年“文明健康 绿色环保”系列宣传活动
——“绿色低碳生活”讲座
区生态环境局 2022.8.17
平安石景山
志愿服务

综　　述

石景山区生态环境局(简称区生态环境局),是负责全区生态环境保护工作的区政府工作部门。内设办公室、生态监管科、政策与法规科、大气环境科、水生态环境科、土壤生态环境科。下属生态环境综合执法大队、监测站2个单位,在职员工83人。年内,区生态环境局深入贯彻落实习近平生态文明思想和习近平总书记对北京重要讲话精神,全面落实区委区政府、市生态环境局各项决策部署,完整、准确、全面贯彻新发展理念,坚持首善标准,立足“三区定位”,统筹抓好疫情防控、稳定经济增长和生态环境保护工作,污染防治攻坚战进展良好,生态环境质量持续改善,生态环境治理体系和治理能力现代化水平逐步提升,为高水平建设好首都城市西大门奠定坚实基础。一是大气环境质量持续改善。石景山区 $PM_{2.5}$ 年均浓度为30微克/立方米,同比下降9.1%。优良天数294天,优良天数比率80.5%;重污染及以上天数3天,占比0.8%。1月至12月,平均降尘量为3.6吨/平方公里·月,同比下降20%。二是水环境质量保持稳定。国控永定河南大荒桥断面平均水质为Ⅱ类,市控新开渠玉泉路断面平均水质为Ⅲ类,市控高井沟麻峪村桥断面平均水质为Ⅲ类,市控永引上段亚疗桥断面平均水质为Ⅲ类。集中式饮用水水源地水质保持稳定达标;地下水水质总体稳定。三是土壤环境质量总体良好。土壤环境监管工作有序开展,土壤环境安全得到基本保障,土壤环境风险得到有效管控。

(宋晶晶)

环境质量

【概况】 年内,区生态环境局按照《石景山区2022年生态环境监测工作方案》需求,顺利完成水质、大气、噪声及土壤环境等各项监测工作和任务。全年进行地下水及地下饮用水水源地水质监测4次,共计16个点位;地表水水质监测11次,共计46个断面;10个街道跨界断面水质监测11次,共计110个断面;降尘监测11次,共计110个点位;土壤质量监测1次,共计2个点位;噪声环境质量监测1次,共计完成117个区域环境噪声及35条道路交通噪声监测。年初进行冬奥会水质(地下水饮用水源地)专项监测,共计11次。全年共出具经审核数据6000余个。

(魏　铮)

【空气环境质量】 年内,石景山区空气质量指数类别为优、良的天数为294天,比上年增加10天;空气质量指数类别为重度污染、严重污染的天数为4天,与上年相比减少4天。石景山区二氧化硫、二氧化氮、可吸入颗粒物、细颗粒物、一氧化碳、臭氧年均浓度值分别为3微克/立方米、27微克/立方米、56微克/立方米、30微克/立方米、1.0毫克/立方米、173微克/立方米,比上年分别持平、下降10.0个百分点、下降8.2个百分点、下降9.1个百分点、下降9.1个百分点、上升15.3个百分点。自动监测项目中,所有项目均达到国家大气环境质量二级标准,石景山区各街道降尘点位年均降尘量为6.6吨/平方公里·月,各街道降尘点位年均降尘量与上年相比下降25.8个百分点。

(魏　铮)

【地表水环境质量】 年内,石景山区地表水质量总体有所改善。其中高井沟麻峪村桥断面水质类别由Ⅳ类提升为Ⅲ类、永定河平原段南大荒桥断面水质类别由Ⅲ类提升为Ⅱ类、新开渠玉泉路断面水质类别由Ⅲ类提升为Ⅱ类、永定河引水渠上段亚疗桥断面水质类别由Ⅲ类提升为Ⅱ类,南马场水库水质类别保持为Ⅳ类。

(魏　铮)

【地下水环境质量】 年内,石景山区只有杨庄水厂11号井4月份总硬度含量为526毫克/升,超过Ⅲ类标准,其它水井监测频次及所有监测项目均符合Ⅲ类标准。比上年,石景山区地下水环境质量保持稳定。

(魏　铮)

【声环境质量】 年内,石景山区建城区区域环境噪声昼间的平均值为52.3分贝(A),比上年下降0.1分贝(A),区域环境噪声总体水平二级,评价为较好,主要声源为社会生活噪声。石景山区城市主干线(石景山路)噪声年平均值为71.0分贝(A),昼间年均值为67.3分贝(A),达到标准,夜间年均值均为64.5分贝(A),超过标准9.5分贝(A),数据同比有所下降;石景山区城市次干线(鲁谷路)噪声年平均值为66.7分贝(A),昼间年均值为65.2分贝(A),达到标准,夜间年均值为59.5分贝(A),超过标准4.5分贝(A),数据同比有所下降。道路交通噪声夜间超标情况仍然严重,主要因为石景山区大部分监测路段处于五环或者五环以外,夜间大型车辆数量增多,同时车速高于昼间。石景山区道路交通噪声(手工监测)昼间平均值为70.6分贝(A),同比上升0.1分贝(A);平均车流量为1836辆/小时,比上年增加66辆/小时。道路交通噪声总体水平为三级,评价为一般。

(魏　铮)

【生态环境质量】 年内,石景山区生态环境状况指数(EI)为61.8,生态环境状况分级为“良”,即植被覆盖度较高,生物多样性较丰富,适合人类生活。石景山区集中建设区生态环境状况指数(EI)为65.5,集中建设区生态环境状况良好。比上年,石景山区生态环境状况指数(EI)变化值(ΔEI)为+0.8,生态环境质量变化幅度分为第一级,即生态环境质量状态稳定,生态环境状况分级无变化,为“良”。

(魏　铮)

【辐射环境质量】 年内,石景山区γ辐射剂量率(电离辐射)年均值为126.8纳戈瑞/小时。监测结果在标准范围内,处于环境正常水平。与上年相比,石景山区γ辐射剂量率年均值比上年增加0.2纳戈瑞/小时,电离辐射无明显变化。

(魏　铮)

【土壤环境质量】 年内,石景山区土壤监测点位永定河管理处(休闲森林公园)所有监测项目污染物含量均低于污染风险筛选值,对人体健康的风险可以忽略。

（魏　铮）

环境监管

【环境准入】　年内，区生态环境局审批各类建设项目5件，否决不符合区域发展定位和环保要求项目9件，企业自主备案369件。审批时限压缩50%以上，报告表、报告书分别为14和9个工作日；申请材料分别缩减为4项至5项。

（李君鹏）

【排污许可证核发】　年内，石景山区生态环境局对2022年度执行报告提交情况核查，办理排污许可证核发、变更、延续、注销等手续。全年辖区共有排污许可持证单位77家、登记单位132家。年内排污许可证执行报告应提交76家，提交76家，全区平均提交率100%。

（李君鹏）

【危险废物监管】　年内，区生态环境局加强对危险废物产生单位基本信息审核，规范系统填报；结合新《固废法》《北京市危险废物污染环境防治条例》《国家危险废物名录》，对辖区重点产废单位开展政策法规培训。顺利通过北京市生态环境局关于危险废物规范化管理督察考核工作。会同区卫生和健康委员会不断完善辖区小微医疗机构医废收运体系，推行“小箱进大箱”模式。在疫情期间，按照新冠肺炎疫情医疗废物和重点管控类生活垃圾的收集贮存要求，协调医疗废物收集单位进行安全处置。完成保障2022年北京冬季奥运会首钢滑雪大跳台重点管控生活垃圾的清运及处置任务。结合疫情期间复工复产的要求，有序开展汽修、医疗机构、科研院所、公共交通等行业危险废物专项检查力度。

（彭　萌）

【辐射环境安全监管】　年内，区生态环境局受理行政许可36件，核发许可证27件、放射源备案5件；新增放射工作单位17家，注销放射工作单位3家。完成辖区17家新发证单位和10家许可证延续和重新申领辐射安全许可证单位“辐射安全规范单位”创建工作。对北京电信、北京移动、北京联通三家运营商共165个基站电磁辐射环境监测工作进行初审，并对其中16个基站进行抽查复测。

（李君鹏）

【空气重污染应急】　年内，区生态环境局根据国家和北京市要求，按照差异化绩效分级管理思路，重新修订石景山区空气重污染应急减排清单，将全区41家重点企业、65个施工工地纳入空气重污染应急减排清单分级管理，并上报国家生态环境部和北京市生态环境局，同时指导重点工业企业完善“一厂一策”应急预案。开展污染过程应对内部防控措施5次。全区各单位、各街道按照污染应对措施及应急减排清单，“抓早、抓小、抓细”采取应对措施，强化执法检查，最大程度“削峰降速”，减缓大气污染积累程度。

（张勤勤）

【固定源行政执法】　年内，区生态环境局依照工作职责，结合重点区域、重点行业、重点时期，落实全时执法、双随机和“点穴式”执法工作要求，全面完成年度生态环境保护执法计划。全年以大气为重点，以土壤为突破，组织完成VOCs专项、餐饮专项、汽修专项、扬尘专项、医疗专项、噪声专项、固废专项、验收专项、水和生态专项、锅炉专项、在线监测专项、信息公开专项、“散乱污”动态清零专项等30余个执法活动，通过高频次检查发现违法问题。全年累计出动执法人员9000余人次，检查各类固定污染源单位5484家次，立案105起，查封7起，处罚金额16.7万元。

（杨　峰）

【移动源行政执法】　年内，区生态环境局以持续改善辖区空气质量为总体目标，围绕在用车排放监管、非道路移动机械排放监管及加油站油气回收系统监管等移动源重点工作，完善工作机制，提高工作效能。全年石景山区共检查重型柴油车25983辆次，完成全年任务的115.48%。采用“公安处罚、环保检测”执法模式，路检、夜查重型柴油车19021辆次，完成全年任务的108.69%，环保检测超标858辆次，交警使用“6063”代码处罚排放超标车856辆次。环保入户检查重型柴油车6962辆次，完成全年任务的139.24%，处罚170辆次。检查非道路移动机械673台次，处罚23台次，完成全年任务的103.8%；发放非道路移动机械登记编码511台。进行加油站常规监督检查176家次，抽测48家次，处罚1家。厂界浓度监测2家次，完成全年任务的100%；排放浓度抽测8家次，完成全年任务的100%。巡查检测场257次，检查车辆13069辆次。

（杨　峰）

【环境信访】　年内，区生态环境局按照12345市民服务热线和12369环境投诉举报办理工作要求，处理办结环境信访267件，案件办结率100%。其中12345市民服务热线207件，12369举报系统43件，其他途径诉求17件，按照环境类型主要分5类，包括大气环境类146件（其中餐饮油烟类102件）、声环境类36件、水环境类1件、辐射类4件、固体废物6件、其他74件。其中12345市民热线占信访件总数的76.9%。

（杨　峰）

节能减排

【污染物减排】　年内，区生态环境局通过推动重点领域车辆结构优化、居民油烟治理示范项目、企业转型退出等措施的实施，石景山区氮氧化物减排225吨、挥发性有机物减排80吨，完成市级下达的减排任务目标。

（詹发燕）

【1723户煤改清洁能源】　年内，区生态环境局组织开展全区过质保期“煤改电”居民电取暖设备及户内线更换工作，完成1723户居民的改造任务，保障居民安全温暖过冬。

（常　超）

【应对气候变化】　年内，石景山区能源消费总量124.9万吨标准煤，万元GDP能耗下降率为4.26%。持续提升生态系统碳汇能力，加强城市气候适应性建设。加强碳排放单位管理，统筹全区2家发电企业参与国家碳市场交易工作,统筹25家重点碳排放单位、13家一般碳排放单位参与北京市碳市场相关工作。强化应对气候变化能力建设,加强宣传教育,引导全民参与,将减污降碳相关课程纳入干部培训体系,提升石景山区党政机关干部推动低碳发展的本领。

(詹发燕)

生态保护

【蓝天保卫战行动】 年内,区政府印发《石景山区深入打好污染防治攻坚战2022年行动计划》,其中大气污染防治行动计划主要包括空气质量目标,实施氮氧化物减排专项行动、实施挥发性有机物专项治理行动、提升城市环境精细化管控水平、推进区域大气污染联防联控和推进大气环境治理体系治理能力现代化6部分,共22项重点任务,43项工作措施,涉及主责单位31家。区生态环境局各项重点任务措施顺利完成,主要包括:全年检查重型柴油车25983辆,处罚1028辆;检查非道路移动机械673台,处罚23台;开展加油站常规监督检查176家次,对油气回收在线监测进行监督性抽测48家次,排放浓度抽测7家次,油品清净性检测9家次;参加各类建筑垃圾运输治理联合执法400次,查处尾气排放超标建筑垃圾运输车辆109辆。以化工、工业涂装行业、汽修企业为重点,开展挥发性有机物专项执法行动,检查工业、餐饮、汽修等涉挥发性有机物企业及其他固定源单位5484家次,发现问题290余起。开展区级道路积尘负荷走航监测,自测道路积尘负荷值为0.43克/平方米,同比下降24.6%。在老山、八角街道居民楼顶安装油烟净化设备65台,通过对油烟统一收集、净化处理,减少居民餐饮油烟排放对空气质量的影响。发挥大气污染综合管控平台,及时分析全区和各街道$PM_{2.5}$、TSP浓度变化,编写《石景山区空气质量周报》《石景山区空气质量月报》,对道路扬尘负荷、街道粗颗粒物浓度进行排名通报。降尘量年均值3.6吨/月·平方公里(扣除沙尘影响),达到北京市考核要求。

(张勤勤)

【水污染防治】 年内,区政府印发《石景山区深入打好污染防治攻坚战2022年行动计划》,其中水污染防治行动计划主要包括水环境质量目标、水资源保护、水环境治理、水生态修复4个部分、13项重点任务、22项工作措施,涉及主责单位3家。区生态环境局组织召开石景山区水污染综合治理工作小组会商会,统筹全区水污染防治工作;深化工业污染防治,强化证后监管,定期对五里坨污水处理厂、京西燃气热电有限公司进行依法排污检查,确保工业废水达标排放;每季度开展全区入河排污口水质检测工作,联合区水务局加强河道巡查力度,直排入河污染源动态"清零";组织开展2022年石景山区集中式饮用水水源地环境保护状况评估工作,每季度发布石景山区集中式生活饮用水水质状况,每季度开展地下水水质监测工作。根据《石景山区水环境街道跨界断面考核办法》,开展街道间跨界监测断面水质采样和监测。未出现黑臭水体,全年未发生突发水环境应急事件。全年辖区地下水持续保持稳定。组织编制《石景山区地下水重点区水质保持方案》及《石景山区"南阳实践"环境应急响应方案》。

(田　涛)

【土壤污染防治】 年内,区政府印发《石景山区深入打好污染防治攻坚战2022年行动计划》,重点任务包括土壤污染防治目标、持续强化建设用地风险防控、持续开展生态修复和未利用地保护和巩固完善防治保障体系,4部分11项任务,涉及牵头单位7家,协办单位15家。推进北重西厂等利用老旧厂房等改造为住宅、公共管理与公共服务用途的地块,试点开展土壤污染状况调查;会同区集监办推进北京市东方管道防腐工程有限公司地块土壤污染状况调查工作。会同规自分局召开土壤污染状况调查报告专家评审会10次,完成15个报告的评审。开展从业评价,公示关于2022年度建设用地土壤污染状况调查报告评审通过率。会同区经信局开展关停企业原址用地筛查,建立关停企业地块台账并与规自分局共享。全区建设用地污染地块安全利用率达到考核要求。

(彭　萌)

【区委生态文明委工作】 年内,石景山区组织召开区委生态文明建设委员会年度第一次全体会议,会议传达市委生态文明建设委员会年度全体会议精神,通报第一届首都生态文明建设先进集体和先进个人石景山区获奖名单,审议通过关于调整区委生态文明建设委员会人员名单的情况、区级生态环境保护督查情况以及《中共北京市石景山区委生态文明建设委员会2021年工作总结和2022年工作要点》。区委生态文明办按季度调度各专项小组工作进展,推进任务落实。向市委生态文明办报送《石景山区关于构建现代环境治理体系2022年任务措施清单》和《石景山区2022年生态环境保护工作计划和措施》。

(韩　坤)

【第二轮中央生态环境保护督察】 年内,区生态环境局持续推进第二轮中央生态环境保护督察任务整改和销号工作,石景山区承办中央生态环境保护督察整改任务共18项,17项任务整改完毕,1项任务序时推进。64件群众信访件销号完毕。

(夏显东)

【生态环境保护宣传】 年内,区生态环境局开展生物多样性日、环境日、低碳日主题线上宣传活动9场次,开展环保志愿服务活动8场次,举办"遇见·美丽石景山"环保主题摄影比赛,联合区教委开展中小学生"低碳行动向未来"生态环保主题演讲比赛。全年市级以上媒体播发新闻5条,区电视台播发新闻18条,"今日视点"节目专题报道3期,《石景山报》刊登报道4篇,"北京石景山"微信公众号发布环保类推文20篇,"绿色石景山"微信、微博发文1773篇,阅读量121.2万余次。

(韩　坤)

科　技

综　述

【概况】 2022年,石景山区科学技术委员会(简称区科委)推进市政府折子11项任务、区政府折子4项任务、区政府专项工作2项任务、区人大政协建议提案5项任务。北京市与石景山区联合出台《北京市促进石景山区科幻产业发展2022—2023年工作方案》,方案聚焦丰富原创内容创作、建设以元宇宙为中心的科幻产业集聚区、增强科幻产业创新能力等七方面共30项任务。协同推动北京国际科技创新中心建设2022年重点任务,发布《石景山区促进应用场景建设加快创新发展的支持办法》,以产业发展为目标,以应用场景为举措,优化机制、营造氛围,采取"承接外溢落地"和"挖掘内生动力"相结合的方式推进国际科技创新中心建设。石景山区科幻产业集聚区建设初见成效,一批科幻龙头企业、大师工作室、科幻特色活动和展览落地,中国科幻研究中心落户石景山区,完成北京科技周科幻分会场活动。大力推动高精尖产业发展,加大科技创新企业培育和政策服务力度,助推科技领域产学研合作。落实"科创28条",支持虚拟现实、人工智能等产业项目,在社区治理、智慧医疗、城市管理等领域促进应用场景示范应用。石景山区全年申报国家高新技术企业认定的企业有369家次,国高新保有量突破800家,科技政策对高新技术企业覆盖率达到100%。石景山区输出技术合同1773项,成交额207.7亿元,同比增长67.5%。石景山区科技馆获"北京市科普工作先进集体"称号。

(张　涵)

9月30日,石景山区科学技术馆开馆仪式　(区科委供图)

【科幻产业联合体座谈会】 4月19日,"科幻产业联合体座谈会暨2022中国科幻大会研讨会"在首钢园召开。区科委、科幻产业联合体企业,以及科幻产业集聚区入园企业线上线下共同参会。座谈会围绕办好科幻大会促进科幻产业集聚区发展的原则展开相关议程。会议向科幻产业联合体全体成员介绍2022年科幻大会筹办策划方案,区科委重点介绍石景山区科幻产业政策体系,首钢集团作为科幻产业联合体发起单位,向各参会企业介绍了以科幻产业集聚区为主的整体互联网3.0策划方案。科幻产业联合体是由全国范围内科幻产业相关的科技企业、社团组织、高校院所、投融资机构、双创机构、产业园区等自愿结成的跨行业、开放性、非营利性的联合体。科幻产业联合体致力于在科幻及相关行业、上下游产业之间建立有效运行的产学研用合作新机制,推动中国科幻产业技术进步和产业健康可持续发展。

(崔　欣)

7月8日,位于首钢园区内的中关村科幻产业创新中心　(园区供图)

【举办"惠企培训班"】 5月20日,区科委成功举办"同心战疫,共克时艰,惠企培训班"。会上,全区近300名科技企业人员参加培训。培训课程内容涉及高新技术企业认定、"报备即批准"政策试点、高新认定规范化管理、技术合同登记、科技型中小企业认定等重点内容。6月8日,区科委、区金融办联合举办"助企纾困 惠企培训"线上培训会。培训会通过腾讯会议、微信视频号同步开展,服务参会科技企业550余人。会上,为企业详细讲解金融服务政策，科技创新再贷款政策，介绍支持科技企业融资相关金融产品等，围绕国家高新技术企业认定申报新趋势及新变化，开展细致的国高新企业申报和事中事后监管详细的解读，技术合同登记培训等。

（崔　欣　赵楚然）

【发布“石科26条”】　6月10日，石景山区正式发布《石景山区推进国际科技创新中心建设加快创新发展支持办法》（简称“石科26条”），该政策是石景山区更好发挥科技创新引领作用，支撑区域实现高质量发展的重要举措。“石科26条”与原有政策相比，主要体现了四大特点，覆盖十个方面：“一降、二升、三拓展、四优化”。“一降”：降低对中小微企业的支持门槛。聚焦区域特色产业，支持科幻、虚拟现实、动漫游戏等相关科技型中小企业，支持科技中小企业加大研发投入。“二升”：加大国家高新技术企业的支持力度。提升认定高新技术企业资质的奖励，首次认定国家高新技术企业大多为初创企业或小微企业，大幅提升对其支持力度，体现“扶小”；提升对高新技术企业成为规模企业的奖励，支持“小升规”，体现“促强”。“三拓展”：拓展对科技成果转化的支持覆盖面。从科技成果转化全链条出发，从成果转化引进落地、科技服务转化平台、形成聚集效应三方面给予支持。“四优化”：优化对科技创新主体的支持。在鼓励研发机构建设、支持科技创业孵化、支持科技创新活动、补贴科技创新券四个方面进行政策优化，不断优化科技创新环境，培育创新主体，营造创业创新氛围。

（崔　欣）

【“科技惠企”千人线上培训】　7月6日，区科委联合区税务局、中关村石景山园管委会共同举办“科技惠企”线上培训会，培训通过腾讯会议设置主会场，并同步在北京石景山微信公众号直播间进行直播，腾讯会议与网上直播相结合，吸引近千家企业1500余人参加线上培训。培训会落实《石景山区统筹疫情防控和稳定经济增长的实施方案》和《北京市关于实施“三大工程”进一步支持和服务高新技术企业发展的若干措施》，围绕科技企业申报研发费用补贴、国家高新技术企业和中关村高新技术企业认定需求，区科委对接区税务局、园区管委会，确定培训内容，为企业讲解政策、答疑解惑。培训会在研发费用加计扣除、国家高新技术企业申报细节和中关村高新技术企业申报流程等方面，加强专业讲解辅导。

（高嘉璐）

【科技型小微企业支持项目政策宣讲】　7月28日，区科委联合北京创业孵育协会共同举办2022年科技型小微企业关键技术创新支持项目政策宣讲会（创孵沙龙第8期）。会上，详细讲解2022年中关村示范区科技型小微企业关键技术创新支持政策，对申报条件、支持方式、金额、申报材料要求、申报流程等环节进行解读。培训会通过线上方式进行，石景山区科技企业120余人参加培训。

（赵楚然）

【“石科26条”政策宣讲】　8月4日，区科委举办“石科26条”政策宣讲及兑现申报培训会。培训会以在线会议形式举行，“北京石景山”微信公众号同步直播，近千余名科技创新主体人员线上参加，包括科技企业、科研机构、高校院所、创业机构等。会上，区科委对《石景山区推进国际科技创新中心建设加快创新发展支持办法》“石科26条”进行系统宣讲，并对本批次政策兑现申报辅导培训，帮助区内创新主体学好、悟透、用足政策。本批次政策兑现涵盖“石科26条”及区内纾困政策的重点条款，包括对国家高新技术企业奖励、科技成果转化落地、科技型中小企业研发补贴、市级配套项目等多个方面进行征集兑现。

（崔　欣）

【中关村科幻产业创新中心揭牌】　8月21日，2022年石景山区科技周启动仪式暨中关村科幻产业创新中心签约揭牌仪式在石景山区举行。启动仪式上，区政府、首钢集团、北京中关村通力科技服务有限公司三方共同签署中关村科幻产业创新中心项目合作框架协议。中关村科幻产业创新中心是市科委、中关村管委会在中国科协、市政府的指导下，于2021年科幻大会现场宣告成立。创新中心以科幻产业为主导，面向北京市建设国际科技创新中心、全球数字经济标杆城市、国际消费中心城市重大战略，围绕“以场景应用为牵引、以技术突破为关键，按照龙头企业带动、协同创新支撑、重点项目示范、集群化发展”，发挥技术与市场对接，学术界与产业界对接，科幻产业关键技术、原创人才、场景建设三大关键要素对接的桥梁作用，全面提升科幻领域的自主创新能力，促进石景山区科幻产业技术开发、成果转化及人才培养，支撑首钢园科幻产业集群式发展。截至年底，中心已成功引入43家科幻相关企业入驻创新中心，搭建了全球科幻开发者平台。

（胡　妍）

【国家高新技术企业申报】　年内，石景山区前三批累计申报国家高新技术企业数量为212家，较去年增加7家，同比增长3%，实现申报数量稳中有升。其中2019年认定国高新资质到期后重新申请认定136家，重新申请认定比例达到49%，位列全市第三。

（高嘉璐）

【中国科幻大会筹备工作】　年内，区科委为推进2022中国科幻大会筹备工作，聚焦前沿科技热点优势，在论坛专业性、开放性、国际性方面加强统筹谋划和资源联动，为石景山区特色产业招优引强和人才引入、项目落地搭建平台。其中，石景山区牵头负责虚拟现实专题论坛和元宇宙巅峰论坛。突出元宇宙特点，重点聚焦“新场景”，采用“纯数字场景＋数字人主持”方式，通过动作捕捉、三维建模、语音合成等突出展示数字人技术，实现开幕式真人、数字人和数字主持人实时互动。引入北京河图（华为）全息融合技术和数据，实现科幻大会全场景、高真实导航。将10号馆“北京元宇宙前沿科技展示体验中心”纳入北京科幻嘉年华—潮幻奇遇季活动板块。提升科技获得感，积极展示“新成果”。引入科技部冬奥会相关项目成果，设计沉浸式光影体验场景。“科幻·新生”主题展重点展示生活在元宇宙空间的“新人类”诞生过程。举办科幻科技新技术新产品发布会，打造首发平台，面向公众免费开放，提升群众获得感。拓展新市场空间，创新搭建“新平台”。推进市场化办会模式，深化中国科幻大会IP落地，打造北京科幻嘉年华品牌活动，尝试在潮幻奇遇季推动数字藏品和科幻衍生品消费体验。吸引社会投资，成立民非组织运营北京科幻国际大奖。培育新生代群体，努力凝聚“新人气”。面向全社会广泛征集大会创意、北京科幻国际大奖名称500余个，北京科幻嘉年华标识及吉祥物55个，激发全社会参与热情。面向青少年开展科幻画创作征集和科幻征文，扩大科幻受众群体。

（胡　妍）

【科技创新资金拨付】　年内，区科委依据《石景山区促进应用场景建设加快创新发展支持办法》（简称“科创28条”）、《石景山区推进国际科技创新中心建设加快创新发展支持办法》（简称“石科26条”）及《石景山区继续加大中小微企业帮扶力度加快困难企业恢复发展若干措施》（简称“中小微企业帮扶”），区科委开展政策兑现工作。在区财政局的大力支持下，近四千万元支持资金全部拨付到位。资金支持包括研发机构奖励、新技术新产品研发、国高新企业奖励、科技中小企业研发补贴、科技成果转化项目落地、科技成果转化房租补贴、科技服务机构奖励、技术合同登记奖励、首都实验室服务补贴、科技项目市级配套资金支持等，基本涵盖了创新全链条多环节。支持主体数量多类型全。经过形式审核、专家评审和信用查询，共支持268个企事业单位，包括各类研发机构、高校院所、科技企业、创业机构等多类型创新主体，80%以上是中小微企业。

（崔　欣）

科技活动

【中译语通助力北京冬奥会语言服务】1月21日，石景山区科技企业中译语通科技股份有限公司出席北京2022年冬奥会和冬残奥会赛时语言服务工作动员会。北京冬奥会期间，中译语通助力2022北京冬奥会语言服务。作为中国对外翻译有限公司所属企业，中译语通秉承依托卓越的语言服务经验，先后参与过多项国家级重大活动的语言服务保障工作。

（胡　妍）

【“科技冬奥，一起向未来”冬令营】　1月至3月，区科委举办线上“科技冬奥，一起向未来”冬令营活动。冬令营由“科普课堂”“科学实验”“创意手作”和“亲子家庭锻炼”4部分主题活动构成，课程时长达200分钟。其中，科普课堂通过项目讲述科学原理，感受冬奥装备中科学元素，了解冬奥场馆里的“黑科技”；科学实验辅以液氮、固态干冰、气态干冰进行实验，深刻理解制冰背后的化学原理；创意手作通过动手制作空气动力飞机科学模型和太阳能电动小车，普及跳台滑雪运动用到的伯努利原理等；亲子家庭锻炼号召参与者动起来，学习冬奥健身操《一起向未来》，强化锻炼自身体质。

（蔡真婷）

【科幻X元宇宙沙龙举办】　4月22日，以“万物皆可元宇宙，为科幻产业造梦”为主题的科幻X元宇宙沙龙在石景山区举办。本期科幻漫谈沙龙系列活动由区科委、首都会展集团、中关村会展联盟联合主办。现场集结了30余位科幻大咖和专家学者，以“元宇宙造梦者”的身份，分享和探讨在“元宇宙”风口下对未来的思考和行动。会上，零碳元宇宙智库MetaZ、中国传媒大学、幻浸时空、虚视界科技、新浪VR等业界大咖，从数字人、MR技术、元宇宙平台、场景搭建等领域展开讨论，全景式分享了在元宇宙领域的创新与猜想。区科委工作人员与现场嘉宾就2022年中国科幻大会相关事宜进行深入讨论，共同探索石景山区科幻产业发展路径。

（崔　欣）

【北京科幻国际大奖评审规则研讨会】6月25日，北京科幻国际大奖·技术大奖评审规则专家研讨会在区科委召开。会议由石景山区未来科幻产业发展中心（筹）主办，北京科幻国际大奖·技术大奖工作委员会承办，来自中国科普作协、大河资本、中国信通院、北京大学、北京科技大学、中关村产融合作与转型促进会、中关村会展与服务联盟等相关专家参加研讨，区科委、首建投公司、腾讯公司分别代表区政府和奖金出资方参会。会议听取技术大奖工作委员会关于评审规则制定情况的介绍，与会专家和代表围绕技术大奖领域设置、赛制安排、评审要点等方面进行研讨，达成一致意见：在语言表述方面，从科幻精神激励、未来技术属性等方面加强技术大奖评审要点精确表述，传达具备科学探索性、科普传播性和未来科幻感的科幻技术价值观。在面向国际化方面，加强重点人群目标界定，明确官方申报语言，确保评审专家的国际化和权威性。在关注项目价值方面，合理分配项目创新性和商业性评审分值比重，细化评审指标层级，拓展参加对象范围，适度鼓励早期项目创新，注重个人信息及隐私保护。

（岳继华）

【科技成果转化项目申报宣讲会】　7月26日，北京科技成果转化服务中心举办推动高质量科技成果转化项目申报石景山区专题宣讲会。本次活动由市科委、中关村管委会指导，市成果转化中心和区科委共同主办，石景山区共计130余名科技企业人员参加。在本次线上会中，市成果转化中心候敬超部长对政策内容及申报指南进行宣讲和答疑，引导区内创新主体学好、悟透、用足各类科技成果转化相关政策。本次宣讲会是“北京市科技成果转化统筹协调与服务平台系列路演活动”内容之一，此前区科委已组织区内企业参加多期该平台系列路演活动“中关村火花活动”线上科技成果推介会，旨在发挥中小微企业科技成果转化主体的作用，推动中小微企业积极转化高等学校、科研机构、医疗卫生机构的科技成果并在石景山区开展产业化落地。

（崔　欣）

【科技周启动仪式】　8月21日，2022年石景山区科技周启动仪式暨中关村

8月21日，石景山区科技周活动启动仪式　　（区科委供图）

科幻产业创新中心签约揭牌仪式在首钢园金安桥二号楼举行。本次活动以“走进科技 你我同行”为主题，由北京市科委、中关村管委会、区政府，首钢集团主办，区科委、中关村科幻产业创新中心、首建投公司承办。市科委、中关村管委会党组书记张继红，区委副书记、区长李新，首钢集团党委副书记、董事、总经理赵民革，市科委、中关村管委会二级巡视员王建新，副区长王智勇，首钢集团党委常委、副总经理、总法律顾问、首席合规官梁捷，市委宣传部版权管理处处长冷文波出席启动仪式。北京科技周石景山分会场已连续举办十余年，受到社会各界特别是科技界和广大科技工作者的普遍欢迎和广泛关注。

（蔡真婷）

【高新技术企业认定辅导】 10月20日，区科委通过线上举办2022年高新技术企业认定辅导及政策宣讲，来自e+创客孵化中心的10余家企业40余名企业代表参加此次活动。活动中为企业申报国高新认定进行线上辅导，就国家、北京市、石景山区支持国高新企业、科技中小企业的优惠政策进行宣贯，并介绍村高新及专精特新相关内容。

（高嘉璐）

【科技型中小企业评价工作】 年内，区科委动员参评企业589家，通过市级审核567家，通过率96.3%，是上一年度的2.95倍，其中，高新技术企业373家。申报企业主要是分布在科学研究和技术服务业、信息传输、软件和信息技术服务业、制造业/仪器仪表制造业、文化、体育和娱乐业等行业。发布《石景山区推进国际科技创新中心建设加快创新发展支持办法》，支持科幻、虚拟现实、动漫游戏等相关科技型中小企业加大研发投入力度，发挥政府支持资金带动作用，参评企业上一年度研发费用总额超过1000万元的企业53家，11家企业参与国家、行业标准起草16项。加大研发费用税前加计扣除政策培训。联合税务等相关部门面向科技企业开展研发费用税前加计扣除、国家高新技术企业认定等政策宣传，覆盖企业千余家3000余人。针对高新技术企业、“小升规”企业、孵化器在孵企业等近千家潜在科技企业，点对点电话、微信推送政策和申报信息，扩大政策受众面，鼓励科技企业加大科技研发投入。

（石桂莲）

科技成果

【首钢朗泽获“绿色技术优胜奖”】 1月，北京首钢朗泽新能源科技有限公司“工业尾气生物固碳利用新技术”在由科技部主办的首届“全国颠覆性技术创新大赛领域赛”近3000个项目中脱颖而出，荣获“绿色技术优胜奖”。此次大赛重点聚焦集成电路、人工智能、未来网络与通信、生物技术、新材料、绿色技术、高端装备制造以及交叉学科等可能产生重大颠覆性突破的技术领域。首钢朗泽历时十年自主研发气体生物固碳集成技术，可将含CO、CO_2工业尾气直接转化为生物乙醇、新型饲料蛋白等高价值产品，实现工业尾气资源的高效清洁利用，为工业流程的绿色再造提供国之利器。此项技术突破了

8月10日，石景山区召开科学研究和技术服务业重点企业座谈会

（区科委供图）

天然蛋白质植物合成的时空限制,解决了 CO、CO_2 常温常压高效转化的技术难题,可广泛应用于钢铁冶金、电石、石化炼油和煤化工等领域。

(胡 妍)

【区域科技创新能力提升专项结题】 3月25日,区科委对2021年立项的9个区域科技创新能力提升专项项目组织专家评审结题验收。项目涵盖AR、VR技术、云平台、物联网等多项前沿技术,涉及科幻电影、智能教育、生态环保、科技冬奥等多个领域。经过专家们听取项目汇报、现场提问、综合打分等环节,9个项目均通过结题验收。

(蔡真婷)

【首批应用场景项目评审】 3月,区科委召开2022年石景山区首批应用场景项目专家评审会,来自中国科学院、清华大学、北京航空航天大学、中华医学会等单位的多个领域的20名专家,对申报的54个项目开展专业评审。参评的产业经济类项目主要集中在"1+3+1"高精尖产业方向,涵盖人工智能、虚拟现实、科幻等重点产业技术领域,促进区域产业转型发展。社会发展类项目紧扣后冬奥时代、节能环保、健康医疗等多个方向,抓住服务保障冬奥筹办和打造新时代首都复兴新地标机遇,深入实施城市更新,提升群众幸福感获得感。评审重点关注新技术新产品推广应用和产品转化情况,推动科技成果转化为现实生产力。54个项目申报主体均为企业,企业参评率达100%。

(杨晶晶)

【获2021年度北京市科学技术奖】 6月,市科委、中关村管委会公布"2021年度北京市科学技术奖项目奖初审结果公示通知",石景山区共有六个项目获得北京市科学技术二等奖,获奖单位包括中科院高能物理研究所、北方工业大学、盈嘉互联公司、首钢股份、首钢环境公司、航天云网公司等。

(盛丽霞)

【"北京科幻技术奖"决赛评审】 9月6日,由北京市石景山区未来科幻产业发展中心组织的"北京科幻国际大奖·科幻技术奖"决赛评审会在中关村科幻产业创新中心举行。决赛现场,由中国工程院院士、北京航空航天大学教授,虚拟现实产业联盟理事长赵沁平,中国工程院院士、原中央电视台总工程师丁文华,中国科学院院士、北京大学计算机学院教授梅宏等10位专家组成的专业评审团,对晋级决赛的15个项目进行评审,包括国外项目2个,外省市项目3个,北京项目10个。将诞生3个冠军,9个优胜项目。本次决赛采用北京石景山视频号同步直播,现场观看人次达52.1万。

(赵楚然)

3月25日,2021年石景山区域科技创新能力提升专项项目专家验收会

(区科委供图)

【创业孵化机构】 年内,中关村科幻产业创新中心打造的通力科幻元宇宙孵化器获得市科委、中关村管委会引领类标杆孵化器项目支持。搭建光场与计算光学、3D渲染、XR虚拟采集等专业技术服务平台,开展元宇宙企业孵化和加速,促进产业链上下游企业集聚;创业公社获得市科委、中关村管委会"创业服务机构补助项目"支持;侨创空间获评国家级众创空间,石景山区国家级创孵机构达到7家;创业公社北京市知识产权公共服务创业公社工作站获评"优秀工作站";易华录e+创客孵化中心工信部"中小企业志愿服务工作站"称号。启迪国际技术转移有限公司与青岛蓝贝创新园科技发展有限公司共同成立的蓝贝创新园(北京)科创中心落址启迪之星石景山加速器。蓝贝创新园是国家级孵化器,双方通过建立区域协作的渠道和桥梁,挖掘高校优质科创项目。石谷轻文化创业基地搭建游戏产品联运平台和数据管理平台为创业团队提供新产品运营、市场推广、海外市场拓展、数据分析等全产业链服务。启迪之星石景山加速器孵化投资企业华卫恒源(北京)生物医药科技有限公司是解决再生医学领域的免疫排斥的干细胞生物医药企业,累计获得三轮融资数千万元。创业公社孵化的触幻科技公司专注于医疗影像全息手术规划及导航领域,将VR(虚拟现实)、AR(增强现实)等3D技术和互联网组成,获得市科委、中关村管委等部门认证的"新技术、新产品"。已应用在解放军301、306医院、中山大学第三附属医院等30余家三甲医院。

(崔 欣)

中关村科技园区石景山园

【概况】 2022年,中关村科技园区石景山园(简称园区)以深化体制机制改革提升为牵引,统筹全区商务楼宇疫情防控和楼宇经济建设,加快推进虚拟现实、工业互联网等重点产业发展和主导功能区建设,率先布局元宇宙等前沿新兴产业,加快创新创业生态营造,精准做好企业和人才服务，加强非公企业和楼宇党建工作，全力推进“1+3+1”高精尖产业融合发展，聚力打造高品质特色园区。年内，园区按照“一区十六园”特色化、差异化发展要求，着力打造特色园区，目前已集聚上市企业19家、“独角兽”企业4家、市“专精特新”企业171家、“国高新”企业794家。园区经济总量持续攀升，年收入由2006年40亿元增长至2022年3960亿元，年复合增长率31%，经济总量位列全市第7；实现全口径税收128亿元，其中地方级税收占比42%，区级税收占比40%，成为全区产业转型和发展的主战场，连续两年获国家发改委“真抓实干成效明显通报表扬产业转型升级示范园区”。园区中关村高新技术企业总数1070家，从业人员10.6万人，总收入3960亿元，实缴税费总额110.4亿元，利润总额373.3亿元，科技活动经费支出总额223亿元，专利授权2858件。

（王淑慧　裴菊芳）

【获“专精特新”企业称号】　1月10日，由市经信局审批认定的《北京市2022年度第一批拟认定“专精特新”中小企业名单》对外发布，园区企业北京热云科技有限公司、北京鑫创数字科技股份有限公司、北京当红齐天国际文化科技发展集团有限公司、北京航天智造科技发展有限公司、国电康能科技股份有限公司、北京中科智易科技有限公司、天河智造（北京）科技股份有限公司、北京凌华峰通信技术有限公司、北京爱依养老科技发展股份有限公司9家企业入选“专精特新”中小企业。

（杜　静）

【推进元宇宙发展工作】　1月17日，在区政府北楼601召开“元宇宙”推进发展区长专题会，李新主持，王智勇、李文化及各单位、首钢集团相关领导参会。园区管委会汇报关于推进元宇宙发展工作，分析区域优势、产业基础，并重点根据资源禀赋、结合地区产业发展需求，提出下一步具有可行性的工作计划，各单位针对专题汇报开展座谈交流。

（杨　莉）

【创新发展考评工作专题调度】　1月20日，李文化组织召开石景山园创新发展考核评价工作专题调度会。会议听取园区关于石景山园创新发展考核评价指标工作情况的汇报，相关部门结合工作实际对指标责任分工展开讨论，并提出合理建议。园区管委会将有效发挥各部门信息畅通、数据共享、互通联动工作机制，聚焦创新驱动，加强诊断监测，着力补齐短板，推动园区高质量创新发展。园区管委会、区科委、区统计局、区规自分局、区市场监管局（区知识产权局）、区税务局、区商务局、区金融办和区西建办参会。

（裴菊芳）

【园区助力冬奥】　2月9日，园区非公企业积极参与冬奥服务保障，承担冬奥公园和首钢园冬奥火炬传递技术员、点位员、辅助车长、后勤保障等任务，出动2000余人次开展冬奥赛场周边志愿服务，园区企业研发的“场馆仿真服务”、即时图像渲染引擎与技术等应用于冬奥场馆和签约酒店。园区挖掘斯威克斯等园区企业勇于创新、甘于奉献的典型事迹，协助市级媒体开展“逐梦冬奥会 一起向未来”主题宣传。依托“创新石景山”新媒体平台宣传资源，定期刊发冬奥宣传内容，开展唱响冬奥主题口号推广歌曲活动，扩大《一起向未来》MV的宣传覆盖面。

（杜　静）

【虚拟现实企业走进华为活动】　2月24日，中关村石景山园联合华为公司在华为北京会展中心举办“园区交流日·虚拟现实企业走进华为”活动，一批虚拟现实企业赴中心参观交流，共话产业发展，石景山区副区长李文化出席活动。活动中，企业嘉宾现场参观体验华为公司在数字政务、城市管理、河图、华为云、智能汽车、机器视觉等领域应用案例，及5G技术、智能数据储存、虚拟现实、AI智能等先进技术成果，对ICT领域尖端技术成果有了新的认识和启发。

（杨　莉）

【招商引资工作】　2月，园区管委会引进并完成招商引资认定高精尖企业75家，注册资本合计超过10亿美元，提前完成2022年度全年引进高精尖企业数量工作任务，指标完成率为125%；引进企业累计实现区级税收贡献约1200万元，完成全年任务指标的67%。年内，北京思明启创科技有限公司迁入石景山区，并在石景山区新设北京启明星空科技有限公司，完成实际利用外资3796万美元，同比增长89.3%。引进燧光科技（北京）有限公司（广东虚拟现实科技有限公司北京总部）、中科院自动化所科学艺术中心、北京博睿创维体育发展有限公司等入驻大正创想广场、中海科技金融城等重点功能区。联合区商务局引进玄吉（上海）信息技术有限公司入驻石景山区。

（景新超）

【新首钢园区高端绿色发展】　3月30日，市政府新闻办举行《深入打造新时代首都城市复兴新地标 加快推动京西地区转型发展行动计划（2022—2025年）》新闻发布会。邀请市发改委党组成员、副主任来现余，石景山区副区长李文化，门头沟区常务副区长庆兆珅，首钢集团副总经理梁捷，京能集团副总经理李育海介绍有关情况，并回答记者提问。会议上强调石景山区与首钢公司合作，共同推进新首钢园区高端绿色发展。李文化表示：石景山区将持续发挥属地优势，始终强化区企联动，不断优化城市功能，加快实现市政公用设施向园区延伸，探索完善城市精细化管理体制机制，有序推动“厂区”“园区”向“社区”“街区”转变，全方位力促城园融合发展。持续擦亮“双奥之区”金名片，科学谋划好工业遗存和冬奥遗产可持续利用，进一步巩固“体育+”产业优势，打造以冰雪为特色的城市时尚新兴体育基地，持续保持新首钢园区活力，加速新首钢北区转型升级。推动“科技+”产业集聚，以中国科幻大会、服贸会等重大活动为牵引，以中关村通力为平台，培育产业链上下游关键环节，按照1+N发展思路，不断扩大产业资源聚集强度和社会关注热度，推动各方优势资源转化为协同发展的强大动能，以新首钢为核心高标准建设科幻产业集聚区，全力打造“一起向未来”的城市复兴新地标。

(马海涛)

【推出北交所首单可转债】 3月30日,中关村石景山园企业流金岁月公司发布可转债发行方案,拟募集资金不超过人民币4亿元,计划用于5G超高清摄传编播智慧平台研发项目、总部基地项目并补充营运资金。本次可转债存续期限为6年,按面值每张100元发行,发行数量不超过400万张。此为北交所开市以来推出的首单可转债,有望为丰富北交所融资渠道提供良好示范。中关村石景山园文创企业北京流金岁月传媒科技股份有限公司,作为石景山区首家正式获得北京首批股转系统精选层挂牌企业,是北京证券交易所首批81家开市交易公司之一。

(马海涛)

【首钢园互联网3.0场景应用建设】 4月22日,市科委、中关村管委会领导一行调研石景山区首钢园互联网3.0场景应用建设基础与项目建设情况。市科委中关村管委会二级巡视员刘航、区领导李文化出席会议。活动中先后实地调研“金安桥1号楼—中关村科幻创新中心”“1号高炉Soreal超体空间”“首钢滑雪大跳台”“国家冬训中心”“腾讯演播厅”等重点项目,随后在陶楼会议室召开工作座谈会,会上对《北京市推动首钢园互联网3.0应用场景建设工作方案》进行研讨。

(杨 莉)

【2021年度政策兑现】 4月,园区管委会根据《中关村科技园区石景山园加快创新发展的支持办法》(石科园发〔2020〕3号),完成2021年度政策兑现工作,2021年度政策兑现包括区级综合经济贡献奖励、快速发展区级综合经济贡献奖励、租赁办公场所补贴、购置自用办公场所补贴、贷款贴息及中介费补贴、科技型中小微企业研发费用补贴、硬科技双创载体建设补贴7项政策,共兑现329家次企业,兑现资金2.8亿余元。

(彭 玲)

【培育财源建设新载体】 4月,石景山区精准服务激发市场活,培育财源建设新载体。推进虚拟现实产业园大正创想广场特色园区发展,调研、协调各单位做好广场及周边整体提升工作;组织元宇宙沙龙、科幻产业联合体座谈会暨2022中国科幻大会研讨会,构建科幻产业集聚区的产业生态体系,探索科幻产业发展路径。走访科技教育企业好未来集团,解决企业在“双减”政策下的转型问题,提供市场管理、企业登记、企业监督、知识产权政策导入等全流程服务,指导企业合法合规经营。全面梳理石景山区无产权房屋登记注册情况,建立景区、公园注册会商机制,提升完善景区服务功能,满足景区商业运营需求。

(刘子强)

【国家重点实验室空间资源交流】 5月24日,石景山区与清华大学召开国家重点实验室空间资源交流会。清华大学副校长曾嵘、区领导李文化出席会议。清华大学科研院、区投促中心、区科委、园区管委会等部门负责人参加座谈。会上,清华大学科研院甄树宁副院长介绍清华国家重点实验室基本情况及重组落地方案,双方围绕空间资源、经费支持及相关配套等方面进行交流。

(陈 京)

【中小微企业纾困政策解读】 6月9日,园区管委会联合区国资委、金融办、税务局、人保局、文旅局、司法局、财政局等7部门共同举办石景山区中小微企业纾困线上座谈会,及时了解企业在未来发展、人才招聘、贷款融资等方面的困难和需求,解读宣讲服务业小微企业和个体工商户租金减免、企业融资支持、组合式减税降费政策讲解、就业创业、阶段性缓缴三项社会保险费、扶持实体书店发展、行政执法“三项制度”、统筹财政资源助企纾困度等惠企政策和措施,并就企业代表的提问进行解答。在线观看企业人数1.6万人。

(雪 冰)

【国内首个5G云化工业基站】 6月15日,园区企业东土科技携手中国移动研究院、中国移动、京信网络公司共同发布国内工业互联网业界内的首个5G云化工业基站,并完成端到端验证,将5G专网的极致和确定性网络能力引入到工业控制系统中,对于深化5G与工业融合,实现5G一网到底,承载IT和OT域的全部工业应用,促进工业互联网的云化、无线化、国产化发展具有重要意义。5G云化工业基站的应用,将为工业企业提供一套5G工业专网解决方案,将IT、CT技术与OT技术融合,实现5G、人工智能、边缘计算、工业互联网技术赋能工业控制,打造创新的云边协同的智能化控制系统,让控制技术能更好服务于智能制造、柔性制造,增添5G在工业场景中的落地与应用。

(马海涛)

【航天云网入选独角兽百强】 6月22日,赛迪科创正式发布《赛迪科创独角兽百强(2022)》,中关村石景山园企业航天云网科技发展有限责任公司入选该榜单,位列独角兽企业榜第22位。航天云网是中国工业互联网行业的龙头企业,INDICS工业互联网平台已连续四次入选工信部双跨平台并名列前茅,业务拓展至企业数字化转型升级和政府数字化治理等领域。2021年融资募集资金26.32亿元,创国内工业互联网领域单笔融资额最高纪录。继去年的炫一下科技、乐元素、小猪短租,在石景山区布局发展的独角兽企业之后,航天云网公司成为成为石景山驻区的第4家独角兽企业。

(马海涛)

【助企纾困】 6月,园区90余家企业获得中关村2021年度科技小微企业研发服务费用补贴400余万元,区域预计配套补贴资金120万元。园区管委会落实《中关村科技园区石景山园加快创新发展的支持办法》,通过开通“区级综合经济大脑平台”支持企业线上申报、延长政策申报窗口期,审核申报资料329家次,同比增加24%。推动《石景山区统筹疫情防控和稳定经济增长的实施方案》落实,组建园区统筹疫情防控和稳定经济增长专班,任务分解22项,压实落实责任,开展周调度工作。园区成立“中关村石景山园产业创新促进中心”“京西产学研创服务平台”，增强双创能力建设。构建科技服务池，为科技创新企业提供10大领域内的150余项服务内容。针对企业在疫情防控常态化生产经营方面的问题和困难，协调相关部门予以支持和解决“服务包”企业和重点企业涵盖政策兑现、协调工作居住证，各重点企业审批绿色通道，人才公寓配租，共有产权房人才审定，通勤班车，协调子女入学，代理注册服务，企业考察选址服务等9大项，涉及服务企业600余家次。

（刘子强）

【虚拟现实与元宇宙赛道复赛】 8月23日，2022中关村国际前沿科技创新大赛“中关村银行杯”虚拟现实与元宇宙领域决赛暨2022“北京·景贤杯”创新创业大赛虚拟现实与元宇宙赛道复赛在新首钢园成功举办。北京至格科技有限公司等10家硬科技企业成功入围该领域前10榜单，其中石景山区北京悠米互动娱乐科技有限公司、北京傲雪睿视科技有限公司、凌宇科技（北京）有限公司等3家企业入围。此次大赛由市科委、中关村管委会，区委、区政府联合主办，中关村前沿科技与产业服务联盟联合启迪之星承办。区委组织部、园区管委会分别围绕“景贤大赛景贤人才情况”“园区虚拟现实和元宇宙产业发展情况”进行详细介绍。首钢基金介绍与石景山区共建虚拟现实和元宇宙基金筹备情况。清华大学、商汤科技、北京邮电大学、耐德佳等高校、企业进行元宇宙相关领域主题分享。本次大赛有效呈现石景山区作为虚拟现实组团承载区的产业集聚效应。

（李　丹）

【召开“互联网3.0座谈会”】 8月25日，石景山区召开“互联网3.0座谈会”，邀请行业机构、高校与企业专家，共同研讨石景山区互联网3.0发展重点方向和应用布局。区领导李新、李文化出席会议，园区管委会、区科委、区经信局参加。会上，北京新型研发机构微芯研究院、国际科技头部企业腾讯集团、人工智能计算机视觉重点企业格灵深瞳、清华大学智能产业研究院与GPU领域独角兽企业摩尔线程等专家代表，分别围绕互联网3.0生态下，建设基于“长安链”区块链底层技术数字资产交易与数字沙箱监管平台、互联网3.0交互端软硬件协同等方面进行介绍。区领导与业内“大咖”重点就石景山区紧抓新一轮技术创新和产业变革机遇，结合石景山区文化旅游资源优势，探索利用首钢园场景资源、利用游戏和虚拟现实等产业基础，系统推进互联网3.0产业发展路径等内容进行沟通与探讨。

（杨　莉）

【打造互联网3.0产业生态】 8月29日，区领导李文化会同华为公司产业发展副总裁燕兴座谈研究运用华为国产3D图像引擎推动石景山区互联网3.0产业生态建设。李文化强调，聚焦石景山区元宇宙产业特色发展和新首钢应用场景示范建设，推进华为与石景山区深度合作，运用华为国产3D图像引擎，夯实底层核心技术，带动搭建各产业环节，共同推动互联网3.0产业生态打造。

（杜　静）

【产业前沿沙龙】 9月20日，园区管委会举办创新汇系列活动之“西山论道·数字人”产业前沿沙龙。活动邀请清华大学专家代表，百度智能云、商汤科技、腾讯云计算、虚拟动点等二十余家数字人领域区内外龙头企业及邮储银行金融机构代表，园区管委会、区经信局、区科委相关负责同志参加活动。本次沙龙旨在推动以数字人为牵引，夯实底层技术支撑能力，促进石景山区互联网3.0创新发展。会上，园区管委会介绍石景山区在虚拟现实、互联网3.0等领域的先发优势和产业积淀。在主题分享环节，清华大学教授（国家杰青）刘烨斌就《数字人技术革命——动捕、重建、生成与智能》进行主题分享。英伟达、聚力维度、百度智能云、商汤科技、腾讯云等5家企业就数字人技术融合、应用场景等方面进行分享。在座谈交流环节，参会企业就数字人的技术融合及应用场景等话题展开讨论交流；清华大学、虚拟动点、道火自然提出数字人企业落地、空间拓展、市场合作等明确需求。

（彭　玲）

【易华录获大数据企业服务能力评价证书】 10月20日，中关村石景山园企业易华录获得全国首张“大数据企业服务能力评价一级证书”。易华录通过中国质量认证中心（CQC）全方位的评估，服务能力水平符合T/CA 009－2022《大数据企业服务能力评价体系》要求，服务等级认定为一级。易华录公司作为石景山的本土企业，以“数据湖＋”发展战略致力于建设城市数字经济基础设施，不但向全国各地推广

9月20日，石景山区举办“西山论道·数字人”产业前沿沙龙　（园区供图）

数据湖模式覆盖20个省(自治区/直辖市),提供海量数据存储、计算、城市大脑等大数据增值应用、园区运营等服务,更是在推动公共大数据融合开放在石景山区的智慧城市创新应用上,推动区域城市数字经济高质量发展。易华录是石景山园新一代信息技术等"1+3+1"高精尖产业龙头企业的代表。

(马海涛)

【与华为公司召开座谈会】 10月25日,区政府与华为公司召开深化战略合作座谈会,区领导李先侠、李文化、黄莺参加。会议要求:尽快推动双方签署深化战略合作协议;积极引入互联网3.0产业重点企业和产业联盟落地,双方进一步深化对接发展支持政策,探索多种合作模式,共同优化产业发展生态;双方要加强对接沟通,建立联合工作机制,加快推进各项工作高效开展。

(付　航)

【入选世界VR产业大会50强】 11月12日,由工信部主办的2022世界VR产业大会召开。大会上,工信部等五部门权威解读日前联合发布的《虚拟现实与行业应用融合发展行动计划(2022—2026年)》,并公布2022中国VR50强企业名单,中关村石景山园10家企业入选本届榜单。

(杨　莉)

【"虚拟现实与元宇宙产业联盟(XRMA)"成立】 12月30日,"虚拟现实与元宇宙产业联盟(XRMA)"成立大会在虚拟会议空间成功举办。大会由虚拟现实与元宇宙产业联盟主办,石景山区人民政府、中国互联网协会、中国信息通信研究院承办,支持VR头显、PC、手机等多种智能终端接入,实现多人异地协同互动。北京市经济和信息化局副局长王磊,石景山区副区长李文化,中国信息通信研究院总工程师、XRMA理事长敖立出席成立大会并致辞。李文化副区长对区情区貌、城市更新、产业转型发展等情况进行了重点推介,并就关键技术攻关、产业平台打造、应用场景建设等虚拟现实与元宇宙产业发展工作举措进行详细介绍。联盟将以石景山区为基地,推进虚拟现实及元宇宙上下游创新要素融通整合,促进市区两级互联网3.0产业相关工作方案落地实施,加快成果转化与行业标准体系建设,完善产业生态,助推虚拟现实与元宇宙产业创新发展。

(杨　莉)

【支援协作】 12月,园区企业北京京西燃气热电有限公司、北京国新商业投资发展有限公司等120余家企业参与社会帮扶资金筹措,共筹措资金403.3861万元,超额完成400万元年度任务。精准对接宁城县、竹山县,帮扶宁城县大城子镇开展宁城县智慧农业示范园区智能分选车间项目,建成300平方米的果蔬智能分选车间1处;帮扶竹山县潘口乡开展茶叶产业园博览园建设一期项目,占地面积25708平方米,实现茶叶年销售收入6000万元,带动500名农民就业;促成园区独角兽企业小猪民宿与宁城县合作签约,共建宁城县黑里河镇民宿集群建设项目,一期总投资1800万元,规划面积5000多平方米,预计2023年9月开业,可为当地农文旅行业提供直接和间接就业岗位超过100个。

(林茂盛)

【园区工会建设】 年内,园区总工会按照《北京市总工会2022年基层组织建设工作安排》的要求,全面推进工会基层建设,新建企业工会8家,其中,百人以上工会1家,百人以下工会3家,新增联合工会覆盖企业4家。2022年全年缴纳工会经费共计2343.1万元,其中缴费百万元以上企业3家,缴费十万元以上企业20家,缴费万元以上企业35家,万元以下缴费企业14家,总工会经费收缴占全区40%。

(胡梓博)

教　育

综　述

2022年,石景山区有各级各类幼儿园共计46所60址,包括教育部门办10所13址、部队办2所、集体办1所、地方企业办5所9址、民办28所35址(普惠园17所22址)。班数共计627个。在园16523人,入园5018人,离园4660人。教职工2856人。全区有小学共计24所,全部为教育部门办学。另有一贯制学校小学部11处(不计校数)。小学阶段教学班班数共计791个。在校25839人,招生4556人,毕业3270人。教职工1326人。中学21所,包括教育部门办18所、地方企业办1所、民办2所。按办学类型分为初级中学5所(全部为教育部门办学),九年一贯制学校6所(教育部门办5所、民办1所),高级中学2所(全部为教育部门办学),完全中学3所(全部为教育部门办学),十二年一贯制学校5所(教育部门办3所、地方企业办1所、民办1所)。另有附设普通高中班1处(不计校数)。初中班数共计290个,高中班数共计149个。初中在校8932人,高中在校4590人;初中招生2921人,高中招生1708人;初中毕业2543人,高中毕业1216人。教职工3107人。职业高中共计2所,全部为教育部门办学。在校367人。教职工150人。特殊教育教育部门办1所。在校生87人。另有小学随班就读学生37人,初中随班就读学生30人。教职工35人。辖区有北方工业大学、中国科学院大学、北京工业职业技术学院、首钢工学院、国家检察官学院等高等院校。

北京市石景山区教育委员会(简称区教委)是区政府主管教育事业的职能部门,负责管理、推动发展全区学前教育、基础教育、职业教育、成人与社区教育等工作。下设科室23个,有公务员63名,下属现代教育技术中心、青少年活动中心、业余大学等单位12家。年内,区教委持续优化教育资源结构布局,2所配套中学、1所配套小学建设项目顺利推进,引进优质教育资源开展合作办学。投入近1980万元,完成49个校址、1220间教室照明改造项目;投入8000万元,完成9所学校操场和46所学校校舍改造和综合维修;新开办2所普惠性幼儿园,扩增学位510个,普惠率达到87%。推进4所幼儿园开办托班试点。开展幼小衔接研究,制定《石景山区幼儿入学准备评价指标》;创建国家义务教育优质均衡发展区,全面监测主要指标达标情况。制定《石景山区义务教育课程落实办法》,推动新课标、新课程方案落地落实。持续实施“互联网+教育”项目,“双师课堂”二期、三期顺利推进,北京九中“双师课堂建设”案例被推荐参加教育部第四届全国基础教育信息化应用展示交流活动。制定《石景山区普通高中多样化特色发展创建工作方案》,“一校一案”分类支持普通高中多样化特色发展。落实特殊教育提升计划,将幼儿教师纳入特殊教育培训和激励体系,开展多动症评估与干预实践系列培训;推进职业教育、民办教育特色健康发展。推进职高专业升级转型,深度开展校企合作,成立“马炳霞工作室”“厨师长工作室”,建设“影音文献数字化修复产学研实践基地”。充分发挥职业教育服务学生劳动实践职能,推进职普有效融通。加强民办学校规范管理,严格开展年检工作及行政许可、备案、变更等行政事项,完成2所民办学校决策机构成员备案和党建内容进章程工作;选派援藏援疆教师7人,对口地区支教教师19人,安排119名教师来京研修跟岗,完成网络培训4298人次。27所学校参与两地手拉手活动,组织52名学生来京研学,为260名贫困学生捐赠学习用品1578套,组织学生捐赠图书48000余册。

(彭　悦)

10月27日,石景山区“十四五”教师培训重点工作推进会　(区教委供图)

学前教育

【概况】 年内,石景山区有各类型幼儿园47所61址,其中教育部门办园10所13址,地方企业办园5所9址,集体办园1所,部队办园2所,民办园29所36址,其中普惠性幼儿园36所48址。教职工3131人,其中专任教师1403人。教学班628个,幼儿园占地面积2.82万平方米,校舍面积2.0万平方米。全区在园幼儿16583名,其中普惠性幼儿园在园幼儿14391名,普惠率达到86.8%。

(祁　矛)

【“萌芽杯”动员培训】 4月15日,召开石景山区学前系统第十八届“萌芽杯”教育系列研究活动总结暨第十九届“萌芽杯”教育系列研究活动动员培训会。会议对在第十八届萌芽杯教育活动展评中获奖的各位教师进行表彰,并对第十九届“萌芽杯”活动进行动员部署。

（祁　矛）

【语言领域活动分析】　4月15日，区教委组织全区各类型幼儿园参加以“支持入学准备的语言领域活动分析”为主题的专题讲座。全区各类型幼儿园通过线上形式组织学习。

（祁　矛）

【招生工作部署会】　5月31日，区教委组织召开2022年石景山区幼儿园招生工作部署会，会议通过线上形式进行。全区各类型幼儿园园长及招生工作负责人参加此次会议。

（祁　矛）

【绘本等读物排查整改】　6月21日至28日，区教委组织全区各类型幼儿园对园所内绘本等读物进行全面排查，对存在问题的读物、图片、环境予以清理和整治。

（祁　矛）

【班级管理思考与实践】　8月8日至9月7日，区教委组织参加“幼儿园精细化、全方位的班级管理思考与实践”专题培训，全区各类型幼儿园管理者、专任教师通过线上形式参加培训。

（祁　矛）

【学前教育督查】　年内，区教委共开展6轮针对全区各类型幼儿园的督查活动，2名专职督查员通过实地走访、线上督查、查阅档案、参与保育教育活动等形式督促幼儿园进行规范管理，督查检查与常态防疫相结合，提升幼儿在园一日生活质量。

（祁　矛）

基础教育

【概况】　2022年，石景山区小学共计24所，全部为教育部门办学。另有一贯制学校小学部11处（不计校数）。小学阶段教学班791个。小学阶段招生4556人（本市户籍3293人、非本市户籍1263人），在校25839人（本市户籍18660人、非本市户籍7179人），毕业3270人（本市户籍2426人、非本市户籍844人）；小学入学率100%，巩固率100%，毕业及格率100%。中学21所，包括初级中学5所（全部为教育部门办学），九年一贯制学校6所（教育部门办5所、民办1所），高级中学2所（全部为教育部门办学），完全中学3所（全部为教育部门办学），十二年一贯制学校5所（教育部门办3所、地方企业办1所、民办1所）。初中阶段教学班290个，高中阶段教学班149个。初中阶段招生2921人（本市户籍2384人、非本市户籍537人），在校8932人（本市户籍7319人、非本市户籍1613人），毕业2543人（本市户籍2103人、非本市户籍440人）。高中阶段招生1708人（本市户籍1432人、非本市户籍276人），在校4590人（本市户籍3738人、非本市户籍852人），毕业1216人（本市户籍867人、非本市户籍349人）。初中入学率100%，普通高中录取率69.6%，高考录取率86%，应届高考录取率97%。中小学教职工4433人，其中专任教师3579人。特殊教育学校数1所，10个教学班，招生9人，在校87人，结业12人，教职工34人，其中专任教师31人。小学随班就读学生37人，初中随班就读学生30人。残疾儿童入学率100%，巩固率100%，结业率100%。校外教育单位1个，教职工60人，其中专任教师44人。小学教师学历合格率100%，初中教师学历合格率100%，高中教师学历合格率100%。中小学专任教师具有高级技术职务753人，具有中级技术职务1398人。中小学图书馆藏书1654859册，固定资产总值326925.07888万元。

（王贤鑫）

【项目工作推进会】　3月10日，石景山区基础教育科组织各项目校进行了项目工作推进会。会上各项目校围绕项目背景、实施计划、资金规划及预期成效进行了汇报交流。统筹做好劳动教育、阅读工程和特色课程项目经费使用工作，助力学校项目工作有效开展。

（王贤鑫）

【建立劳动教育基地校】　3月，石景山区建立古城小学、景山远洋等8个劳动项目基地校，开发“日常生活劳动”“生产劳动”“服务性劳动”三大类的劳动课程，共34门。劳动项目基地校每周活动1—2次，时长一节课，约5000名学生参与，基地校的建立，使学生习得劳动知识与技能，感悟和体会劳动价值，提升劳动技能。

（武艳平）

【高三教学工作交流会】　4月15日，区教委召开全区高三年级教学工作交流会。北京教育学院石景山分院（简称分院）主管领导结合一模测试做整体质量分析，7所高中学校领导就2022年上半年高三教学工作现状、问题与困惑、下一步工作思路进行详细地汇报交流。会议从教学角度，系统谋划与思考了高三教学的下一步工

1月5日，石景山区2021年初高三教学工作总结暨表彰会（区教委供图）

作,促进了相互学习和借鉴,为2022年全区高考工作再创佳绩奠定坚实的基础。

(施　爽)

【课程论坛】 6月17日,由石景山区教育委员会和北京教育学院石景山分院主办,古城教育集团承办的主题为“课内课后一体化,五育融通促发展”的2022年石景山区课程论坛在云端举行,全区各中小学共计196人云端相聚。本次论坛由古城教育集团的五所学校围绕论坛主题依次进行发言,北京师范大学宋萑教授首先肯定本次论坛的主题意义,然后从“双减”政策背后关于教育生态重构的理念阐释出发,探讨素养引领的教育生态重构理念与实践,并就五育融合的价值与内涵,五育融合的系统构建的理念与要素,如何探索高质量的课后服务,课内课后一体化与学习力的培养,指向五育融合的课程体系建设等内容进行深刻解读,并结合国内外的案例及古城教育集团呈现的各种案例进行进一步的讲解,使跟中小学教学干部及骨干教师深受启发。

(王贤鑫)

【课程实施和教材检查】 6月17日至22日,区教委对全区中小学选用使用的地方课程教材、境外教材、辅助教学材料、课外读物、幼儿园绘本和职业高中教材教辅进行了全面核查。成立石景山区中小学地方教材、境外教材、教辅材料、校园课外读物、幼儿园绘本和职业高中教材教辅排查工作领导小组。制定区级排查整改工作方案,召开主任办公会专题研究,明确职责分工,统筹推进地方教材、境外教材、教辅材料、校园课外读物和绘本的排查整改工作。及时汇总排查情况特别是对教辅材料和课外读物排查中存在的问题立即进行整改,6月22日向市教委提交排查整改报告和目录清单。

(王贤鑫)

【首届教研大会】 7月12日至13日,北京市石景山区教研员研究成果展示论坛暨北京教育学院石景山分院首届教研大会召开,大会以“全域精进教研,支撑‘双减’落地”为主题。本次大会区教育两委主要领导参加,区教育分院、以及全区中小学教学干部参加会议,并特邀北京教科院基教研主任李卫东进行专家讲座,本次论坛通过讲座、教研员分享、专家点评的方式,线上与线下共同交流,共设置2场专家讲座、4个分论坛、20位教研员分享阶段研究成果、6场线上直播、8位专家点评。

(王贤鑫)

【暑期托管】 7月18日至8月5日,8月8日至8月26日,区教委确定14所学校作为小学生暑期托管承办校,分两期,每天上午8:30至下午17:30,开展暑期小学生托管。全区参加暑期托管的小学生403名,参与服务保障的教师612人,托管承办学校开设的托管课程包括体育、艺术、阅读、益智、手工、劳动,以及作业辅导等众多门类。

(荆　林)

【教师作业设计评选】 7月,区教委基础教育科和教育分院共同举办2022年石景山区教师作业设计评选活动。活动主要面向小学教育专业委员会会员单位,征集包括文本材料、多媒体资料和作业设计说课视频等共19个参评作品。本次评选聚焦实践性作业,从作业设计的内容、布置形式、拓展实践、以及层次梯度等方面进行专家评审。分学科遴选出3个作品,作为典型经验向全区推广。

(施　爽)

【义务教育课程实施办法】 9月10日,区教委根据《教育部关于印发义务教育课程方案和课程标准(2022年版)》(教材〔2022〕2号)文件精神和《北京市义务教育课程实施办法》具体要求,制定《2022年石景山区义务教育课程实施办法》报送北京市教委。《实施办法》重点从课程设置、教学安排、课程落实与教材使用、以及课程实施等方面对新课程的实施做详细阐述和说明。

(王贤鑫)

【适龄残疾儿童义教】 9月,区教委将9名残疾儿童办理延期入学手续,在康复机构继续康复,2名按照入学政策入读普通小学,5名入读石景山区培智中心学校。按照教育部关于“适龄残疾儿童少年义务教育入学安置情况核查”工作要求,石景山区适龄残疾儿童义务教育入学率达到100%。

(荆　林)

【“基础教育精品课”遴选】 9月底至10月中上旬,区教委基础教育科联合石景山教育分院教育技术中心联合组织开展石景山区“基础教育精品课”遴选活动。共收到课例127节,通过筛选获得有效课例86节,经石景山分院基教研中心组织学科组评选,遴选出20节区级精品课,录制工作由石景山分院教育技术研修中心视频组统一录制,10月28日完成区级精品课的上传工作。

(王贤鑫)

【“守正杯”活动】 9月至10月,区教委开展以“坚持立德树人,贯彻五育并举”为主题的第二十届中小学教育教学培训与展示活动暨第三届“守正杯”思想政治学科教学和优秀课例评比活动,为教师专业发展搭建交流和展示平台。

(施　爽)

【学校课后调研】 10月底,由区教委基教科设计线上调研问卷,组织开展《石景山区学校课后服务工作情况调研》,面向学生家长开展调研,重点聚焦学校课后服务开展的内容、时段时长、教师和学生参与度、以及课后服务满意度进行线上的问卷调研。依据学校课后服务工作情况调研情况和满意度的调查数据,为课后服务激励发放提供数据支撑。

(荆　林)

【“墨香书法”活动】 10至12月,石景山区开展以“喜迎二十大 翰墨颂中华”为主题的中小学师生第八届“墨香书法”展示活动,共收到参展作品1250件,最终评选出优秀作品423件,通过线上形式向全区师生展示,引领广大师生学书法、练书法、赏书法、爱书法。

(荆　林)

【课程实施方案制定培训会】 11月14日,区教委召开课程实施方案制定培训会,区教委基础教育科联合教育分院基教研中心课程室研制的《石景山区学校课程实施方案模板》在会上就方案的制定以及模板的使用进行详细解读,推进新课程方案的具体落实。

（段秀娜）

【应用智慧教育平台工作】　11月7日,区教委按照北京市教委下发关于国家(或北京)智慧教育平台案例征集的工作通知,择优向北京市教委推荐1篇区级案例、1篇北方工业大学附属学校的案例,推动智慧教育平台在教育教学中广泛应用。

（王贤鑫）

【普通高中宏志奖学金】　11月,石景山区完成普通高中宏志奖学金的申报、评选、审核等工作,普通高中宏志奖学金下拨到学校,石景山区共31名学生得到此项教育资助。

（施　爽）

【返校复课调研】　12月10日至11日,区教委在全区中小学分学段开展关于返校复课工作的家长调研,广泛了解家长的需求想法和意见建议。班主任及教师通过微信群、手机电话等形式加强与家长联系,及时与家长沟通学生学习状态,保障学生线上学习效果。

（王贤鑫）

【第一期校长信息化领导力培训】　年内,区教委现代教育技术中心开展石景山区第一期校长信息化领导力系列培训,培训的内容有:北京市数字教育中心副主任何智主讲的《中小学智慧校园建设标准调研与建设》,北师大李玉顺教授主讲的《数字化转型背景下的智慧校园建设与应用》,陈经纶中学姚维红主任主讲的《集团化办学视域下智慧校园创新治理实践》。

（王贤鑫）

【义务教育“双减”专报】　年内,区教委每周撰写石景山区义务教育“双减”工作专报(45期—76期),共31期。每日报送北京市石景山区义务教育“双减”工作日报共68期。通过石景山区“双减”信息报送机制,每周及时收集全区教育系统各单位的“双减”工作内容,遴选亮点工作和典型经验,每期专报重点围绕每周北京市调度会精神、区教委校内和校外“双减”工作、分院“双减”信息、各校“双减”工作经验及特色。同时,专报信息多次被市区媒体报道,扩大石景山区“双减”工作的宣传力度。

（张　熠）

高等教育

【概况】　石景山辖区内有北方工业大学、中国科学院大学、北京工业职业技术学院、首钢工学院、国家检察官学院等高等院校。北方工业大学(简称北方工大)由北京市教委举办,为理工类院校,设有1个校区,设置13个院(系、部)。开设51个本科专业,覆盖7个学科门类;具有一级学科17个;一级学科硕士点17个、硕士专业学位授权类别10个。博士生导师44人,硕士生导师520人,博士、硕士导师44人。国家级一流本科专业建设点13个,北京市级一流本科专业建设点20个,北京高校重点建设一流专业2个,北京高校高精尖学科1个。北京工业职业技术学院(简称北工职院)由北京市教委举办,为理工院校;设置7个院(系、部),开设27个专科专业;有“双师型”教师191人。聘请校外教师38人、行业导师5人;毕业生中取得职业类证书475人;在校生中参与现代学徒制培养学生212人。

（钱丹红　胡军伟）

【北工职院入选产教融合项目】　3月9日,国家教育部中国教育国际交流协会与施耐德电气(中国)有限公司共同实施的“法国施耐德电气绿色低碳产教融合项目”启动会在北京召开,最终认定38所院校为“法国施耐德电气绿色低碳产教融合项目”建设单位,北工职院成功入选15家首批建设单位。

（胡军伟　陈晓翔）

【北工职院参加全国技能比赛】　4月至10月,北工职院参加第八届中国国际“互联网+”大学生创新创业大赛,获得一等奖3个、二等奖5个、三等奖7个。6月,参加第二届“丝路工匠”国际技能大赛中国赛区编程技术赛项,获得特等奖1项、一等奖5项、二等奖2项、三等奖4项。7月,北工职院参加第十七届“振兴杯”全国青年职业技能大赛(学生组)创新创效专项赛决赛获银奖。7月,北工职院参加第2届中国大学生电子竞技联赛(CUEA)总决赛获第四名。9月至11月,北工职院参加森途杯大赛(北京地区)活动,25名学生获奖,其中一等奖3名、二等奖4名、三等奖7名、优秀奖11名。年底,北工职院参加全国职业院校技能大赛累计获得一等奖2项、二等奖1项、三等奖4项,总成绩在全国高职院校靠前。

（胡军伟　陈晓翔）

11月8日,北工职院举行服务保障北京2022年冬奥会冬残奥会总结表彰大会　（北工职院供图）

【北工职院成立科研成果研发与转化中心】 5月17日,北工职院中青旅遨游科技发展有限公司签订协议,成立科研成果研发与转化中心,以智慧实验室为载体,整合优势资源,建立智慧文旅专业群,开发建设特色课程,组建智慧文旅产教学研团队,促进科技成果转化,实现产业振兴,形成智慧文旅发展智库。

(胡军伟 陈晓翔)

【北方工大入选市重点建设马院】 6月,北方工大马克思主义学院入选第三批北京市重点建设马克思主义学院名单。近年来,北方工大推进思政课改革创新,成立由党委书记、校长担任组长的思政课建设领导小组,明确"专题教学+案例教学+实践教学"相统一的思政课建设思路;马克思主义理论学科作为引领学科重点建设,思想政治教育二级学科被评为"北京市重点建设学科";打造以中青年骨干教师为主体的思政课专兼职教师队伍,修订思政课教师职称评聘标准;在研究生招生规模、指导教师配备以及学生社团建设方面给予大力支持,近年来毕业率就业率均实现百分之百;全面拓展社会服务能力,与京西地区党政机关及企事业单位共同开展党建等相关领域项目调研,持续深化与北京联东集团当代中国马克思主义读书会共建活动。

(钱丹红)

【北工职院校企合作培养基地揭牌】 9月29日,北工职院和北京西门子西伯乐斯电子有限公司校企合作联合培养基地揭牌仪式成功举行,双方签署校企合作"订单式(学徒班)"人才培养协议,并为校企合作联合培养基地揭牌。

(胡军伟 陈晓翔)

【北工职院获"工匠学院"试点】 10月,北京市教委启动专业院校教职工职业发展助推试点工作,其中高职院校开展"工匠学院"建设方案,探索"工匠学院"与企业联合开展应用型高技能人才培养的机制。经过申报、研究和筛选,北工职院成为北京市高职院校第一批"工匠学院"试点单位,为培养技能型人才搭建优秀平台。

(胡军伟 陈晓翔)

【承办职业教育国际研讨会】 12月7日,北京—科隆职业教育国际研讨会由北京市教委主办、北工职院承办,中德携手谱新篇,产教协同育人才,中外20余家单位以"线上+线下"方式参会。时值中德建交50周年和北京科隆缔结友好城市关系35周年,是见证北京与科隆两个城市友谊的重要庆祝活动之一。

(胡军伟 陈晓翔)

【承办"中文+职业技能"教育发展论坛】 12月9日,2022"中文+职业技能"教育发展论坛,由教育部中外语言交流合作中心主办,北工职院与中文联盟/五洲汉风网络科技(北京)有限公司联合承办,在国家会议中心成功举办。论坛聚焦推动"中文+职业技能"教育更好服务共建"一带一路"高质量发展、"中文+职业技能"教育支撑体系建设、职业院校及企业协同助力"中文+职业技能"教育海外推广等三个议题展开。

(胡军伟 陈晓翔)

【北方工大"三全育人"工作】 年内,举办"敦品讲堂""励学茶座"系列活动,深化办"对学生最好的大学"的内涵。全面提升学生管理与服务水平,完善公寓网格化运行机制,创设"学工楼长+公寓楼长"双楼长工作模式,建立"楼长—师生层长—宿舍长"三级工作队伍,深入学生公寓做好思想引领、疫情防控、学业辅导及文明宿舍创建等工作。北方工大获评北京市征兵工作先进单位。

(钱丹红)

【北方工大思政课程】 年内,北方工大党委常委会多次专题研究人才培养、思政课程与课程思政等工作。开发学生行为大数据分析平台,实施精准思政,获现代教育报、北京日报等媒体报道。获批北京高校重点建设马克思主义学院,1名思政课教师获评"北京市优秀教师",2门课程获评北京市课程思政示范课程。3名教师获北京高校思政课青年教师教学基本功比赛决赛特等奖1项、三等奖2项。3名教师获北京市委教育工委主办的大中小学思政课优秀教学课例征集展示活动一等奖1项、二等奖2项。2项课题获批2022年度北京高校思想政治工作研究课题。

(钱丹红)

【北方工大人才培养】 年内,北方工大理工提档线超过一本线50分以上的省份16个。普通本科就业率94.22%,用人单位对毕业生满意率100%。制定学校"研究生培养质量提升行动计划",构建研究生分类发展分类培养模式。实施研究生"交叉人才"培养专项计划,依托重点项目开展交叉学科人才培养工作。新增15个北京市"双万计划"一流本科专业建设

4月19日,北方工业大学冬奥志愿服务团队获2022年冬奥会、冬残奥会北京市先进集体称号 (北方工大供图)

点。2个专业通过工程教育认证，4个专业通过ACBSP国际商科专业认证。获北京市高等教育教学成果奖15项，其中，一等奖7项，二等奖8项。获国家级教师教学创新大赛三等奖、市级二等奖、三等奖各1项。5门课程获评北京高校“优质本科课程”；4部教材、课件获评北京高校“优质本科教材课件”。新增北京市教学名师、青年名师、本科实验教学指导教师、优秀研究生指导教师、优秀教学管理人员各1名。新增北京市优秀本科育人团队1个。数字产业学院建设成效初显。获得“互联网+”产业比赛北京市奖3项。

（钱丹红）

【北方工大学科建设】　年内，北方工大成立学科建设办公室，强化统筹规划学科布局。学校第五轮学科评估成绩总体稳中有进，2个学科进入B层。制定学校《硕士学位授权点动态调整实施细则》，增设1个目录内、4个目录外二级学科，撤销2个目录外二级学科。完成市属高校2021年度高精尖学科建设项目绩效评价及北京高校高精尖学科建设成效年度评估工作。

（钱丹红）

【北方工大科技创新】　年内，北方工大科研经费9513.50万元，大学科技园企业营收1286.28万元。获批国家级、省部级及其他纵向重点项目立项35项。获省部级科技奖励35项。获批北京市未来电化学储能系统集成技术创新中心、人工智能（面向数字政府）创新联合体。获准设立园区类博士后科研工作站。加强北京城市治理基地建设，3项建议获得省部级以上采纳批示，基地学者受聘中央全面依法治国委员会办公室“全国法治政府建设”督查活动。完成学校年度北京市技术市场协会会员单位认证工作，完成成果转化42项，累计金额1819万元。

（钱丹红）

【北方工大师资队伍】　年内，北方工大实施优秀人才引育计划，出台学校《“北方学者”引进与支持计划（试行）》，设立人才引进“伯乐奖”。万人领军人才1人，“北方学者”青年学者和未来学者5人，“海聚工程”人才2人，其他高层次人才6人。实施学校《高水平应用型师资引进与支持计划（试行）》，新增高水平应用型教师23人。修订学校《师资队伍补充与支持计划》，引进师资补充人员31人。培育1名青年北京学者，北京市高层次人才留学资助计划资助1人，2人获北京市科技新星学科交叉项目支持，10人入选北京市优秀青年人才培育计划，2个团队分别入选北京市高水平教学团队和科研团队。

（钱丹红）

【北方工大国际化办学】　年内，北方工大组织线上对外交流活动57场，112名学生参加境外交流学习项目。接收来自54个国家长期外国留学生337人，其中151人来自13个“一带一路”沿线国家。1名留学生入围“中国故事听我说”中外学生讲述新时代中国故事活动。获“回首百年奋斗路 迈向复兴新征程”港澳台学生主题征文活动全国二等奖1项。

（钱丹红）

9月9日，北方工业大学召开第38个教师节表彰会　（北方工大供图）

【北方工大实践育人】　年内，北方工大本科生科技竞赛获全国奖160项、省部级奖972项，获奖学生2071人次，学校在全国高校大学生竞赛榜单位居市属高校第2位。获“青创北京”2022年“挑战杯”首都大学生创业计划竞赛金奖1项、银奖3项、铜奖16项。723名研究生获得355项省部级A类及以上奖励。学生在多项体育赛事中取得优异成绩，获首都高校田径运动会团体总分第1名。选拔300余支实践团队2600余人赴全国各地开展社会实践活动，学习强国、《光明日报》、中青网等主流媒体报道。荣获建团100周年“北京市五四红旗团委”称号。获批创建2022年度首都大学、中职院校“先锋杯”优秀基层团支部15个、优秀基层学生会组织1个、优秀学生社团1个。获评2022年全国“三下乡”社会实践优秀单位称号。获2022年北京市“青年服务国家”、“三下乡”暑期社会实践先进工作者7人、优秀团队7个、先进个人7人。1名学生获“首都最美志愿者”称号。

（钱丹红）

【北方工大校园文化建设】　年内，“北方工业大学”人民号获评人民网2022年度“优秀高校创作者”。开展学校2021年度“玉兰新闻奖”评选表彰，评选出“玉兰”新闻人物奖等94个奖项。持续开展“北方匠人”等优秀育人典型宣传展示活动。开展北京市第25届全国推广普通话宣传周活动。举办第七届全国学生学宪法讲宪法活动。

（钱丹红）

成人教育

【概况】　北京市石景山区业余大学暨石景山社区学院（简称区业余大学）有

八角和八大处2个校区。设有3个教学系,开设24个专业,覆盖9个学科。教职工89人,其中专任教师25人,行政人员47人,教辅人员15人,工勤人员2人,无科研机构人员,无校办企业职工、无附设机构人员。学历研究生42人、本科43人。正高级1人,副高级18人。毕业654人,其中,专科生300人、本科生345人。招生767人,其中,专科生370人、本科生397人。在校生2148人,其中,专科生1025人、本科生1123人。全年非学历继续教育培训项目119个,包括会计初级职称、养老服务人才、茶艺师、等职业技能培训;时政党建、职业素养与领导力、法治与安全等职工继续教育;舞蹈、美术、器乐等青少年教育以及老年普惠教育等,培训人次17222人次。全年教育经费投入3087.88万元,其中,国家拨款2642.38万元、自筹经费445.5万元。年内,学校执行教育部成人高等学校专业教学大纲。学校编辑教材、出版教育教学专著3部,校刊《三石录》总期数316、当年期数10期,编著《北京市石景山区成人教育学会学报》1期。获第十八届"新道数智人才杯"北京市大学生能数智化企业经营沙盘大赛高职赛道一等奖;第十八届"新道数智人才杯"全国大学生能数智化企业经营沙盘大赛全国总决赛高职组二等奖;石景山社区学院3个实践创新项目入选教育部社区教育"能者为师"实践创新项目首批启动名单。石景山社区学院统筹申报的"燕京八绝宫廷艺术展"和"京氏旗袍传统制作技艺"入选京韵特色社区教育示范项目候选名单。

(张　沫)

【广告学专业学生获奖】 1月,国家开放大学终身学习电子卡设计大赛获奖名单公布。北京开放大学石景山分校2020秋广告本牛文洁同学的作品《不忘初心 砥砺前行》获一等奖。王金勇同学的作品《终身学习 逐梦远行》获三等奖。艺术系教师易琳获优秀指导教师奖。

(易　琳)

【"能者为师"首批名单】 4月18日,教育部公示社区教育"能者为师"实践项目首批启动名单,石景山社区学院申报的3个实践创新项目全部入选首批启动名单,其中《信息技术应用背景下的智慧生活社群项目》被认定为示范类项目,《加强道德与法治建设,促进区域社会治理》《北京市中医药文化素养教育试点基地建设》被认定为特色类项目。

(徐迎军)

【"阅时光"读书嘉年华】 4月11日至23日,石景山区第十七届"阅时光"读书嘉年华活动开启。活动以"书香石景山 沁润文明城"为主题,活动由区委宣传部、区教委、区民政局、区妇女联、区社区学院和各街道市民学校中心校共同组织开展,优秀作品在4月23日以线上展播形式呈现。

(胡宏伟)

【公益英语大讲堂】 5月18日,第二十四期市民公益英语大讲堂暨第一期"英语看世界"线上培训班在石景山社区学院"三石学堂"公益直播课堂开课。本期培训采用线上直播的形式进行,来自全区9个街道的30余名英语学习骨干参与学习。

(张　雪)

【"新道数智人才杯"】 6月18日,区业余大学王群建老师带领的会计专业学生许刚、肖永华、王利英、王烨、杨屹、吴雪梅六位同学组建的代表队获得第十八届"新道数智人才杯"北京市大学生数智化企业经营沙盘大赛北京总决赛高职院校组一等奖后,拿到全国总决赛入场券。11月12日,该代表队荣获第十八届"新道数智人才杯"全国大学生数智化企业经营沙盘大赛全国总决赛(高职组)二等奖。

(张智鹏　赵秀艳　苗卿敏)

【教学改革项目】 9月6日,由石景山社区学 承担的北京市职业教育教学改革项目《北京市老年教育模式的创新与实践》结题评审会召开。经过评审专家评审,本项目通过验收。

(张　雪)

【专职教师聘任】 9月16日,石景山区业余大学进行专职教师岗位聘任。经聘任小组审查,25名教师被聘上岗,其中文史系10人,理工系7人,艺术系8人。特级教师1人,一级教师2人,二级教师4人,三级教师10人,四级教师7人,保留一级教师1人。

(张春红)

【新时代文明实践文艺宣讲】 9月21至23日,石景山区新时代文明实践中心文艺宣讲志愿服务队的部分成员,以"共创文明城 喜迎二十大"为主题,对苹果园街道文明实践所、琅山文明实践站、西黄新村文明实践站开展理论宣讲。

(王慧珺)

【社区教育数字化课程建设】 9月22日,区社区学院开展《非遗传统文化盘扣》数字化课程录制工作。市级非物质文化遗产——京式旗袍传统制作技艺第五代传承人张凤兰老师讲授。年内,完成"水仙花的雕刻与造型"、"古琴文化"、"非遗传统文化盘扣"共三个系列、27讲数字课程录制工作。

(张　雪)

【摄影研习游学活动】 9月23日,石景山区第十届市民摄影大赛——"遇见最美石景山"主题摄影研习游学活动在石景山区首钢园举办。共有来自石景山区各街道、委办局、摄影家协会、摄影学习社团共计20余名摄影爱好者参加活动,石景山区业余大学摄影专业责任教师、副教授李冰担任主讲。

(徐迎军)

【开放教育首次线上考试】 9月24日至9月30日,北京开放大学石景山分校首次线上居家人脸识别考试完成。共计5625考次,329个考场,75位老师参与监考。

(苗卿敏)

【英语大讲堂】 11月1日,石景山区第二十五期市民公益英语大讲堂暨第二期"英语看世界"培训班开班。区业余大学文史系教师苟旭辉主讲,全区各街道的20余名英语学习骨干参加学习。

(张　雪)

【设计与分析大赛获奖】 11月14日,国家开放大学公布2022年经济管理类案例设计与分析大赛获奖情况,北京开放大学石景山分校教师郝晓燕、王群建、海占芳、赵秀艳指导的学生案例，分别获得二等奖、三等奖和优秀奖，郝晓燕老师被评选为优秀指导教师。

（李雪瑶）

【“中青年学术新秀”】 11月22日，中国成人教育协会公布第三届“中青年学术新秀”推展名单，石景山区业余大学吴琳、李毅两位教师入选榜单。这是区业余大学首次获得此项荣誉。

（马 兰）

【成人教育科研成果】 11月，在北京市成人教育学会组织的2021—2022年度优秀成人教育科研成果评比活动中，石景山区业余大学文史系教师郭爱霞的论文《基于职业核心素养导向的沟通课程体系的构建研究》获一等奖。

（苟旭辉）

【“宪法进万家”】 12月4日，石景山区新时代文明实践中心开展“学习宣传贯彻党的二十大精神 推动全面贯彻实施宪法‘宪法进万家’”线上普法宣讲活动。新时代文明实践法治志愿服务队负责人、石景山区“八五”普法讲师团成员、石景山社区学院法律工作室负责人冷荣芝教授主讲。线上300余人参加。

（王亚飞）

【京韵特色社区教育】 12月22日，北京市教育委员会发布京韵特色社区教育示范项目候选名单，石景山社区学院统筹申报的“燕京八绝宫廷艺术展”和“京氏旗袍传统制作技艺”入选。

（徐迎军）

【百姓故事汇】 12月，石景山区新时代文明实践中心与北京开放大学石景山分校联合开展“‘强国有我 请党放心’百姓故事汇”微视频演讲比赛活动。经过《演讲与口才》杂志社、北京演讲与口才学会的专家评比，共选出一等奖2名、二等奖3名、三等奖5名及优秀奖11名。

（魏 祯）

【“志愿者送教进社区”】 年内，区社区学院通过征集和更新优化课程资源库，形成《2022年石景山区“志愿者送教进社区”大课表》，其中共涵盖12大类、186门课程。全年开展“志愿者送教进社区”活动29次，受益市民756人次。

（胡宏伟）

【课题立项】 年内，区业余大学组织完成2022年区成人教育学会课题立项评审、在研校级课题中期检查和市成人教育学会课题推荐申报工作。共有6个课题完成中期检查，3个课题通过立项申请。其中北京市成人教育学会立项2项，北京开放大学立项1项。

（马 兰）

【构建职业培训课程模块】 年内，区业余大学全面梳理职业培训课程，形成职业素养与领导力、法制与安全、时政党建、文化艺术生活、运动与健康5大课程模块30个课程体系，为区集体资产监督管理办公室、区组织部、区团委等56家单位开展继续教育服务，培训3965人次。

（向左霞）

【职业资格培训与考试】 年内，区业余大学开展养老护理员职业技能培训，培养养老护理员及老年社会工作者241人，其中养老护理员职业技能5级144人，四级82人，老年社会工作者15人。完成会计专业技术初、中、高级资格考试、普通话测试、清华强基计划招生考试、国家统一法律职业资格考试等14个类别的社会考试。

（向左霞）

职业教育

【概况】 北京市黄庄职业高中（简称黄庄职高），创建于1974年，其前身为北京市黄庄中学，1981年，创办第一个服装职业高中班，1984年正式更名为北京市黄庄职业高中，为公办三年制。年内，黄庄职高毕业生59人，招生289人（职高209人，综高80人）。在校生561人，拉萨北京实验中学学生96人；走读生450人，寄宿生207人。学校有5个专业群，开设幼儿保育、计算机网络技术和计算机动漫与游戏制作等共10个专业，30个教学班。教职工136人，其中教辅人员44人，工人3人。专任教师89人，其中本科学历71人，硕士以上学历18人，本科及以上学历占教师总数98.53%；助理讲师31人，讲师45人，副高级讲师50人，正高级讲师1人；“双师型”教师89人。聘请校外教师16人。市级骨干教师1人，区级骨干教师8人。学校设有鲁谷、八角、玉泉路、十万坪和新古城等5个校区，总计占地面积6.93万平方米，建筑面积66093.49平方米。全年教育经费投入7816.84万元，其中，国家拨款7742.19万元、自筹经费74.65万元。黄庄职高4名专业教师参与1+X人物化妆造型职业技能等级证书题库建设和教材编写，修订《发式修剪》《烫发》两本国家规划教材。学校获得2022年度北京市青年安全生产示范岗、北京市石景山区教育系统“红旗团委”等荣誉称号。

（杨 洋）

【“盛装剪雪花”活动】 1月5日，黄庄职高京式旗袍工作室受邀参加石景山区非遗中心开展的冬奥倒计时30天“盛装剪雪花 激情迎冬奥”系列活动，广泛宣传冬奥精神，助力冬奥。

（吴 懋）

【“好书伴成长”】 1月12日，黄庄职高举行“好书伴成长”国语图书进校园图书捐赠仪式，共捐赠图书496本，学生人均捐赠图书1.33本，让新疆和田、西藏拉萨、青海玉树的同学从更多的书籍中汲取知识营养，共享读书的快乐。

（李晓铮）

【产教融合】 3月21日，黄庄职高特邀石景山区特级园长马炳霞，市级骨干教师、副园长宫亚男走进幼儿保育专业，成立“马炳霞特级园长工作室”，双方在人才培养方案修订、专业课程建设、教师实践、实训基地建设等方面全方位合作，旨在推动幼儿保育专业特色化发展，提升专任教师实现“双师型”教师培养、拓展专业实习实训条件、引领专业内涵发展。4月14日，烹饪专业成立“厨师长工作室”，旨在充分发挥技能大师在菜品创新和技艺传承中的重要作用，推动专业与产业的对接，推进烹饪专业特色化发展。

（孙慧鸣 童 婷 李 洋）

【教师队伍建设】 4月11日至15日，

黄庄职高开展科研活动周系列活动。活动形式包括“校本课题开题论证”“区规划课题中期汇报”“带题授课活动”“教学案例分享”等,活动覆盖11个专业学科,线上线下参与教师达到80余人次。

(尤凤娇)

【民族团结教育】 5月23日,黄庄职高开展“民族团结一家亲 同心共筑中国梦”民族团结进步教育活动,6月1日,学校拉萨班学生通过线上方式,参加“石榴花开石景山·非遗大讲堂”活动。9月,拉萨班学生参加第25届全国推广普通话宣传周活动,以普通话学习为纽带,通过“读”“教”“思”“写”等形式,铸牢中华民族共同体意识。

(杨洋祁娜)

【服务冬奥】 7月19日,在北京冬奥组委N1楼5层会议室,召开黄庄职高冬奥志愿服务总结会,会议由冬奥组委秘书行政部副部长蔡兵主持,秘书行政部部长郭怀刚等领导参加。冬奥组委感谢学校为冬奥会筹办所付出的努力,对学校四年来志愿服务的质量和品质给予高度评价。9月26日,学校举行红十字与冬奥同行——“冬奥遗产”红十字冬奥AED向黄庄职高捐赠交付仪式。北京冬奥组委医疗防疫组副经理、红十字冬奥项目秘书处秘书长张绪东等参加捐赠仪式。

(古春燕 李晓铮)

民办教育

【概况】 年内,石景山区各级各类民办教育学校、培训机构共100所。其中民办普通中学2所,民办幼儿园28所,培训机构70所(学科类校外培训机构18所)。各类培训机构全年培训人数达9876人,民办幼儿园在校生8977人,民办中小学在校生1344人。各级各类学校(中、小、幼)教职工合计2036人,其中专任教师858人。从2022年1月至12月共办理行政许可事项33项,办理民办学校变更校长、决策机构成员等备案事项12项。

(白璐)

【培训收费政府指导价】 1月17日,石景山区召开学科类校外培训机构寒假工作部署会,会上教委民教中心有关负责同志对机构参会人员就收费管理办法进行集中宣传辅导,解读政策要点,对收费时长,单价标准及退费条件进一步明确,要求机构在新学期收费时严格执行限价政策。

(李志远)

【校外培训机构收费检查】 3月,区发改委联合区教委、区市场监管局对全区18家培训机构进行全覆盖检查,重点检查机构收费公示情况及指导价执行情况,检查中大部分机构都能严格执行有关政策,制定符合规定的收费标准,公示信息清楚完整,但发现有极个机构在签订合同时未写明收费标准及课时时长等信息,消费者权益在受到侵害时无法得到保障,检查人员现场指出问题要求机构及时整改,目前相关问题已整改完毕。

(李志远)

【校外培训机构压减】 年内,石景山区通过转型、停业等方式,将全区学科类校外培训机构总量由88址减少至18址,压减率80%,其中31址无证机构动态清零,有证机构减少39址,切实减轻学生校外培训负担。治理过程中未发生重大社会舆情和安全稳定事件。

(李志远)

【培训机构资金监管】 年内,石景山区现存18址有办学许可证的学科类培训机构全部纳入区预付费信用监管服务平台进行资金监管,平台存管资金达到1300余万元,为防范资金风险提供保障。

(李志远)

【重点时间段加强检查】 年内,石景山区对重点区域、重点机构、重点点位进行全覆盖检查,对35址重点点位进行“四不两直”突击检查,共出动检查人员234人次,对1址违规组织线下学科类培训的场所依法进行查处。联动文旅对艺考类机构开展“回头看”检查,确保检查不间断,现存机构持续合规,已压减机构、无证机构及地下“一对一”等违规培训行为不反弹。

(李志远)

教育管理

【概况】 年内,区教委举办北京市首届一体化德育学术论坛石景山区分论坛,开展优秀成果征集评选活动,北京市大中小幼一体化德育研究重大课题《一体化德育体系建设背景下学校(幼儿园)德育实践研究》正式开题;实施完成“当代好课堂”第三期项目,持续推进“石景山区拔尖创新人才培养育苗工程”和高三学习力提升工程。召开首届全区教研大会,教研员联系学校开展活动512次。开展学生阅读工

9月29日,石景山区举办“争做新时代好少年”活动 (区教委供图)

3月4日，石景山区举办"爱满京城"学雷锋志愿服务主体宣传实践活动

（区教委供图）

程、武术进校园项目、第35届中小幼师生四联展和第7届墨香书法展示活动。促进学生全面健康发展。扎实推进义务教育体育与健康改革评价工作，持续开展学生体质健康测试工作。以"共享冬奥成果，共助冰雪发展"为主题持续开展奥林匹克教育。深入推进"点石启智"项目，举办科技节系列活动，在第41届北京青少年科技创新大赛活动中获得各类奖项42项。加强区中小学生爱乐交响乐团建设，举办艺术节、合唱戏剧展演、大师课等系列活动，在北京市第24届学生艺术节中取得3金4银1铜的好成绩。充分发挥中小学劳动教育基地职能，开发劳动教育课50余门。持续开展做新时代"四有"好老师和"四个引路人"学习实践和宣传评选活动，216名教师荣登周榜，90名教师荣登月榜，30名教师荣登季榜，评选出"四有好老师"年度人物5名；引进优秀人才6名，2人入选年度"景贤人才"计划。加强13个特级教师工作室建设，充分发挥北京市特级校长的示范引领作用，设立12个"书记、校长工作室"，创新实施"双导师""双助教"制，建立校长培训实践基地；夯实"高端引领、中端覆盖、专题提升"干部培训体系，全年开展18个培训项目，培训5834人次。举办第5期名师班，开展思政、法治、统战与师德培训，参训教师4500余人。举办5次区级活动，持续推动北京市中学教师开放型在线辅导和骨干教师在线研修活动。

（彭　悦）

【德育研究总结表彰会】　1月13日，区教委组织召开2021年石景山区建设北京一体化德育示范区总结表彰会，区人大常委会副主任、区委教育工委书记石显富出席会议。会议总结2021年石景山区建设北京市一体化德育示范区工作，表彰2021年度优秀成果42项，古城教育集团、水泥厂小学作为获奖代表交流发言。

（郭珂珂）

【融合教育】　1月，石景山教委结合市区"特殊教育二期提升计划"具体目标，推进特殊教育向学前阶段延伸。9月，组织全区各级各类幼儿园召开学前阶段融合教育工作部署会暨2022年学前融合教育系列活动启动会，全面将融合教育培训纳入学前阶段教师继续学习和专业进修内容，加强全体幼儿教师融合教育施教能力。

（荆　林）

【执法检查】　1月至12月，区教委基础教育科按照《北京市行政执法公示办法》等相关文件精神，对全区中小学开展"义务教育学校教育教学情况"、"中小学校开展五项管理工作情况"两方面的执法检查，执法检查过程中，未发现重大问题，合格率达到100%，2022年共填写执法检查单99份，上交区教委政策法规科备案。

（武艳平）

【中小学管理服务平台】　1月，区教委完成监测平台上面向各义务教育学校的2021年秋季学期末家长调查问卷任务。3月，区教委完成监测平台上课后服务经费保障落实情况自查、以及课后服务经费保障文件填报；申报石景山区学校变化情况、及停用账号更新。4月，教育部在监测平台上设立问题线索核查办理模块，并根据北京市发布的《关于做好基础教育领域群众反映问题核查办理工作的通知》及时登录平台查看，按要求办理。7月至9月，区教委完成中小管理服务平台课后服务模块的使用，包括：区级监管和指导，学校建立课程、设立班级、排课、发布课程、指导家长安装APP等一系列工作。8月，区教委根据平台上全国中小学集团化办学情况信息填报工作要求，完成填报，并收集和报送石景山区集团化办学的做法和经验。10月，区教委完成平台《课后服务管理系统使用情况调查问卷》填报。11月完成平台乡村教师工作生活情况调查情况报送。

（张　熠）

【教育执法目标责任考核】　1月，区政府教育督导委员会办公室依据《〈区政府履行教育职责督导评价指标体系〉责任分解》和《石景山区教育督导委员会成员单位教育职责》，开展政府有关部门履行教育职责情况自查考核工作，对本区政府有关部门2021年履行教育职责情况进行考核。审核35个相关责任单位落实教育职责自查报告、77位党政正职和主管教育副职履行教育职责自查鉴定，并将领导干部个人自查表报区委组织部审核备案，切实强化政府相关部门履行教育职责的意识。

（刘国峰）

【校规校纪修订】　3月4日、5月19日，石景山区完成两轮校规校纪修订工作。4月，区教委制发《中小学校学生管理"校规校纪"制定内容参考纲要》和《中小学校实施教育部〈中小学教育惩戒规则（试行）〉"第十条"程序指南》。9月,完成落实中小学“校规校纪”备案工作。

(郭珂珂)

【项目工作推进会】 3月10日,区教委基础教育科组织全区各项目校进行项目工作推进会。会上各项目校围绕项目背景、实施计划、资金规划及预期成效进行汇报交流。统筹做好劳动教育、阅读工程和特色课程项目经费使用工作,助力学校项目工作有效开展。

(王贤鑫)

【摄影作品展】 3月25日,老教协、教育关工委甄选摄影作品12幅,报送参加由北京市老教中心举办的“我看十九大以来变化”摄影作品云展览活动。

(王小兵)

【参加青少年科技创新赛】 3月26日,以“发现·创新·责任”为主题的第41届北京市青少年科技创新大赛落下帷幕。本次科技创新大赛的获奖结果也已正式公布。由京源学校、北京九中、北大附小石景山学校等9所学校和青少年活动中心组成的石景山代表队成绩突出,共获得各类奖项42项,其中学生创新项目获奖38个,包括一等奖3个,二等奖9个,三等奖26个;教师板块获得科教方案类一二三等奖各1个;石景山区青少年活动中心“红外遥控编程实验与应用创新”科教方案项目获得“北京市十佳优秀科技辅导”殊荣。

(周晓敏)

【建立劳动教育基地校】 3月,石景山区建立古城小学、景山远洋等8个劳动项目基地校,开发“日常生活劳动”“生产劳动”“服务性劳动”三大类的劳动课程,共34门。劳动项目基地校每周活动1—2次,时长一节课,约5000名学生参与,基地校的建立,使学生习得劳动知识与技能,感悟和体会劳动价值,提升了劳动技能。

(武艳平)

【师生“四联展”】 3至5月,区教委举办主题为“聚焦五育并举,助推‘双减’落实”的石景山区第36届中小幼师生绘画、工艺、劳技、科技作品“四联展”活动。展示自“双减”工作开展以来,全区中小学校和幼儿园开展素质教育教学取得的丰硕成果,进一步推动“双减”在石景山区落地落实。本届展示以线上为主,校内布展及社区橱窗布展为辅,参展中小学、幼儿园82所,布展社区橱窗121个,共展出中小幼师生作品5203件,其中学生和幼儿作品4329件,教师作品874件。

(荆　林)

【老教协春季课程班】 4月6日,区老教协春季课程班正式开学,共开设艺术类、信息技术类、生活与健身类等16门课程,学习以网课或面授教学的形式进行。

(王小兵)

【双师课堂建设项目】 4月22日,区教委举办双师课堂建设项目专家论证会,邀请5名市区级专家组成专家组,对“双师”三期的建设目标、技术指标、施工要求、投资金额、整体性、必要性等方面逐一进行了深入论证和评价,优化项目建设方案。9月1日,启动双师课堂三期建设项目,新增双师教室43间。9月9日,开展项目校进场施工。持续开展交流“融合课堂”下希沃白板使用、开发其教学功能。以学科组为单位进行区域信息技术推进课堂变革的教学探索活动,探索学校”融合课堂“教学可实施策略,加强冰雪运动与学科教学环节模式打造,形成学科教学应用策略手册。

(王贤鑫)

【三好等评选办法制发】 4月,区教委制发《石景山区中小学区级三好学生、优秀学生干部和先进班集体评选办法》(石教发〔2022〕5号),进一步规范区级学生常规评优管理制度。

(郭珂珂)

【绩效管理任务清单】 4月,按照区政府绩效管理办公室要求,依据《〈区政府履行教育职责督导评价指标体系〉责任分解》,牵头组织梳理涉及13个委办局和9个街道办事处,共计94项履行教育职责的重点工作,形成《〈区政府履行教育职责督导指标体系〉任务分解清单及年度任务目标》,纳入区政府绩效管理平台,切实推进各部门教育职责的落实。

(刘国峰)

【老少共筑中国梦书画展】 5月至6月,区教育关工委与区关工委协作,在老干部、老教育工作者和广大青少年中开展“庆七一颂党恩 喜迎二十大”老少共筑中国梦主题书画展活动,活动共征集作品200余幅,7月“庆七一颂党恩 喜迎二十大”老少共筑中国梦主题书画展在区老干部局活动中心展,出此次书画展共展出书画作品310余幅,青少年作品近110余幅。

(王小兵)

【印发会刊】 6月、12月,石景山区老教育工作者协会(简称区老教协)印发会刊《夕阳红》。9月26日,区老教协《夕阳红》发行“祖国,我为你喝彩”——庆祝中华人民共和国成立70周年专刊。刊登石景山老教师写的征文及反应石景山发展变化的摄影作品。同时将市老教总会《京华烛心》四期,共约18000册发放到区所有中小学幼儿园及直属单位,无偿发给全体会员进行学习,为会员提供优质的学习平台。发至各基层分会及教委领导、市老教总会领导。

(王小兵)

【“一校一案”项目建设】 6月至12月,区教委实施落实《中小学德育工作指南》建设“一校一案”项目,评选10个典型案例,举办“一校一案”落实《中小学德育工作指南》典型案例交流会,指导中小学做好德育工作方案。

(郭珂珂)

【一体化德育论坛】 7月15日,区教委会同北京市学校德育研究会举办北京市大中小幼一体化德育研究重大课题《一体化德育体系建设背景下学校(幼儿园)德育实践研究》开题暨首届一体化德育学术论坛石景山区分论坛。北京教育科学研究院德育研究中心主任兼德育研究会副会长秘书长谢春风宣读立项通知,颁发立项课题证书。

(郭珂珂)

【国防教育】 7月至10月,区教委指导9所高中校自主开展学生军训工作,参训学生包括5所高中校的2020级、2021级学生和8所高中的2022级学生,共计2241名。新增2所学校北京市第九中学、北大附中石景山学校获批全国国防教育示范学校，总数达到4所。

（郭珂珂）

【暑期教师研修】 8月，石景山区教育系统有序组织全区教育行政部门管理人员、教研部门教研人员，中小学学校校长、管理人员、教师等相关人员参加了国家级示范培训。培训方式以自主与共同体研修相结合；学习、反思与实践相结合；评价与论坛交流相结合。8月30日举办全区暑期教师研修学习总结大会，对于评选出的学校推进优秀经验、教师学习优秀感悟和反思进行表彰。

（段秀娜）

【“献礼二十大、同唱欢乐歌”】 10月24日，区老教协合唱团参加国家开放大学“献礼二十大、同唱欢乐歌”合唱云展活动。合唱团20名老教师经过两周的紧张排练，11月7日在区青山中心的鲲鹏剧场录制小合唱《我和我的祖国》的演出视频。

（王小兵）

【教育工作满意度调查】 10月28日至29日，区教委委托北京菲尔麦德咨询有限公司开展对全区中小学、公办幼儿园2022年区教育工作满意度调查工作。本调查以无记名电子问卷方式，对辖区内幼儿园、中小学、特教学校及中职学校的学生、家长、干部教师进行抽样调查。《调查问卷》由甲乙双方根据《北京市普通中小学全面实施素质教育评价指标体系》共同研讨制定。北京菲尔麦德咨询有限公司采集数据后，负责对调查数据进行整理、分析，完成《石景山区学校教育工作满意度调查研究报告》撰写。11月，北京菲尔麦德咨询有限公司通过对学校教育满意度调查所获数据进行整理与综合分析，完成调查结果并反馈至区教育督导与评估监测中心。参加本次调查的有幼儿园13所、小学32所、普通初高中25所、职业高中1所及特殊教育学校1所，共计55515人次，其中有效问卷55515份，回收有效率为100%。调查结果显示，各学段2022年教育工作整体满意度得分如下：幼儿园98.8%，小学95.39%，中学94.17%，特殊教育学校87.83%，职业高中86.62%。

（张树升　王桂洋）

【模式口文化资源开发】 11月中旬，区教委组织教育分院课程室、九中集团联合进行石景山区京西古道模式口文化资源开发工作，并于在线上“京西古道—模式口文化”课程资源开发成果交流会，聚焦“京西古道—模式口”文化地方特色资源内容和通过课程实践所呈现的多样化特征，融入到课后服务工作中，开发相关的活动，丰富课后服务资源及活动类型，体现地方及学校特色，持续推进地方课程资源的实践应用。

（王贤鑫）

【中小学科技教育示范校】 11月25日，区教委体美科组织召开石景山区中小学科技示范学校评审工作会。邀请北京市金鹏科技团评委会的两位专家和石景山区教育分院、京源学校和青少年活动中心负责人作为评委，集中听取7所申报学校关于科技教育工作汇报，并进行点评和打分。

（周晓敏）

【中学生时事辩论赛】 12月，区教委组织举办“明理励志 强国有我”2022年石景山区中学生时事辩论赛。本届辩论赛选用具有时代特征的时事辩题，共有8所高中学校和4所初中学校参赛，人大附中石景山学校斩获初中组冠军，首师大附属苹果园中学荣获高中组冠军。

（郭珂珂）

【“双减”专报及日报】 年内，区教委每周组织撰写北京市石景山区义务教育“双减”工作专报（45期—76期），共31期。每日报送北京市石景山区义务教育“双减”工作日报共68期。通过“双减”信息报送机制，每周及时收集全区教育系统各单位的“双减”工作内容，遴选亮点工作和典型经验，每期专报重点围绕每周北京市调度会精神、区教委校内和校外“双减”工作、分院“双减”信息、各校“双减”工作经验及特色。

（张　熠）

教育督导

【概况】 年内，石景山区人民政府教育督导室（简称区教育督导室）依据《〈区政府履行教育职责督导评价指标体系〉责任分解》，梳理相关单位履行教育职责的重点工作，形成《〈区政府履行教育职责督导指标体系〉任务分解清单及年度任务目标》，纳入区政府绩效管理平台；依据《〈区政府履行教育职责督导评价指标体系〉责任分解》《石景山区教育督导委员会成员单位教育职责》，组织完成区委区政府有关部门履行教育职责工作自查自评和各部门党政领导干部考评工作。组织完成北京市对本区政府履行教育职责回访督导问题的整改工作，形成整改方案。有效开展园、校督导评估，依据督导工作程序要求，完成24所幼儿园办园质量督评回访。依据《石景山区教育集团办学绩效评估指标（试行）》，完成对苹果园教育集团办学绩效督导。依据北京市新发布的《北京市普通中小学校发展素质教育督导评估方案（试行）》和体育、劳动教育、美育等“1+N”系列文件和相关评估指标，研讨制定区级工作实施方案和指标细则初稿。开展各类专项督导和每月一主题的责任督学经常性督导检查，完成本区义务教育优质均衡发展督导评估监测，组织开展区第二届“督实杯”督学论文案例征集活动，评选区级督学之星；本区责任督学1人被评为北京市市级“督学之星”。区政府教育督导室专职督学20人，兼职督学97人（其中含责任督学34人、特约督学30人）。

（王桂洋）

【检查问题整改】 1月，区教育督导室分析研究《北京市人民政府教育督导委员会办公室2021年对石景山区人民政府履行教育职责回访督导检查反馈意见》，细化问题责任单位；组织相关委办局处及教委相关科室针对市督导检查反馈意见中提出的问题和工作建议进行分析，制定整改措施；汇总形成本区落实市综合回访督导检查反馈意见的整改方案。

(刘国峰)

【教育执法目标责任考核】 1月,区教育督导室依据《〈区政府履行教育职责督导评价指标体系〉责任分解》和《石景山区教育督导委员会成员单位教育职责》,开展政府有关部门履行教育职责情况自查考核工作,对本区政府有关部门2021年履行教育职责情况进行考核。审核35个相关责任单位落实教育职责自查报告、77位党政正职和主管教育副职履行教育职责自查鉴定,并将领导干部个人自查表报区委组织部审核备案,切实强化政府相关部门履行教育职责的意识。

(刘国峰)

【幼儿园督导回访】 4月7日至14日,区教育督导室落实《北京市关于做好2019—2021年幼儿园办园质量督导评估问题整改工作的通知》精神,协调学前科制定工作计划;组织专家对存在问题的24所幼儿园整改情况开展回访;形成整改报告并上报市教委。

(张树升)

【集团办学绩效督导】 4月22日,区教育督导室依据《石景山区关于进一步深化集团化办学改革的实施意见》要求,成立督导评估组,对苹果园教育集团开展集团办学绩效督导。通过听取汇报、座谈、查阅资料等方式,实地了解集团办学绩效的进展和取得的成果,形成督导报告。

(张树升)

【绩效管理任务清单】 4月,区教育督导室按照区政府绩效管理办公室要求,依据《〈区政府履行教育职责督导评价指标体系〉责任分解》,牵头组织梳理涉及13个委办局和9个街道办事处,共计94项履行教育职责的重点工作,形成《〈区政府履行教育职责督导指标体系〉任务分解清单及年度任务目标》,纳入区政府绩效管理平台,切实推进各部门教育职责的落实。

(刘国峰)

【督导评估监测系统数据】 6月,区教育督导室根据北京市教育督导评估监测系统数据填报工作要求,召开工作部署及培训会;组织义务教育阶段学校完成学校端基本信息、办学条件、师资条件、学生及班级信息等四个模块的数据项填报;收集相关部门数据,完成区级端基本信息、政府保障程度评估指标、教育质量评估指标、经费指标等四个模块的数据填报工作。并在此基础上开展区域义务教育优质均衡发展情况自查。

(刘国峰)

【教育工作满意度调查】 10月28日至29日,区教育督导室委托北京菲尔麦德咨询有限公司开展对全区中小学、公办幼儿园2022年区教育工作满意度调查工作。调查以无记名电子问卷方式,对辖区内幼儿园、中小学、特教学校及中职学校的学生、家长、干部教师进行抽样调查。《调查问卷》由甲乙双方根据《北京市普通中小学全面实施素质教育评价指标体系》共同研讨制定。北京菲尔麦德咨询有限公司采集数据后,负责对调查数据进行整理、分析,完成《石景山区学校教育工作满意度调查研究报告》撰写。11月,北京菲尔麦德咨询有限公司通过对学校教育满意度调查所获数据进行整理与综合分析,完成调查结果并反馈至区教育督导与评估监测中心。参加本次调查的有幼儿园13所、小学32所、普通初高中25所、职业高中1所及特殊教育学校1所,共计55515人次,其中有效问卷55515份,回收有效率为100%。调查结果显示,各学段2022年教育工作整体满意度得分如下:幼儿园98.8%,小学95.39%,中学94.17%,特殊教育学校87.83%,职业高中86.62%。

(张树升 王桂洋)

【挂牌督导和专项督导】 年内,区教育督导室组织责任督学分别开展对46所中小学59所幼儿园春季开学工作、对46所中小学59所幼儿园疫情防控校园安全和中小学“双减”等工作、对42所义务教育学校61所幼儿园“双减”安全和保育等工作、对45所中小学61所幼儿园疫情防控工作、对7所中考考点学校的中考准备和疫情防控工作、对61所幼儿园返园疫情防控工作、对43所中小学53所幼儿园秋季开学工作、对43所中小学57所幼儿园疫情防控校园安全规范办学(园)和“双减”等工作、对43所中小学57所幼儿园疫情防控校园安全和体育(保育)等工作、对42所中小学57所幼儿园线上教学及疫情防控等工作的专项督导,以及对校外培训机构(学科类)的经常性督导检查和专项督导检查。责任督学对在督导中对发现的问题及时督促学校进行整改,并在完成实地检查后登录北京市教育督导信息管理平台填写提交督导报告单。同时强化问题追踪整改、跟踪回访。

(张树升 王桂洋)

文　化

综　述

【概况】 2022年,石景山区文化和旅游局(简称区文旅局)深入推进示范区创新发展。进一步梳理示范区创新发展指标,促进公共文化设施提质增效。依托24小时智能书店建设,推进全民阅读与社交场景的有效融合,提高公共文化设施的知晓率、参与率和满意率。持续开展"古城之春"艺术节,打造区域群众文化活动品牌。积极促进文旅消费提质扩容。持续开展社交媒体策略化传播,依托美团和大众点评等平台,让市民便捷快速地一站式获取地区文旅消费产品、线路等信息,加强内容运营,提升"石景山文旅"公众号影响力。开展石景山文旅消费季,发放文旅消费券促进文旅消费。参加服贸会等专业展会,组织开展石景山文旅推介会,搭建宣传展示平台,扩大石景山文旅品牌知名度。扶持实体书店发展。强化文化遗产保护传承利用,加强文物本体安全保护工作,强力推进"博物馆之城"建设。通过举办博物馆日、文化与自然遗产日、文化论坛、古香道宣传周等活动,协助举办西山永定河文化节,助力西山永定河文化带建设。加大非遗保护力度,多种形式、跨地域开展非遗活态传承活动。

(萧　媛)

【区文化馆获评"一级文化馆"】 1月,文化和旅游部在文旅公共发〔2021〕133号文件中,公布第五次全国文化馆评估定级结果,全国参评文化馆3318个,共2734家单位被命名为上等级文化馆,石景山区文化馆被评为"一级文化馆"。第五次全国文化馆评估定级主要对文化馆馆舍面积、设施设备、经费保障、队伍建设、惠民服务、数字水平等必备条件及业务建设、服务效能、改革创新、表彰奖励等评估指标提出评定细则。

(王春梅)

【示范区创建工作】 3月18日、25日,区领导尹圆两次专题调度国家公共文化服务体系示范区创新发展相关工作。经推动,2021年度部分街道文化设施租金、2022年度社会化运营经费已拨付,并纳入以后年度部门预算,有效保障国家公共文化服务体系示范区创新发展各项任务的落实。

(齐家卉)

【石景山古建群正式移交】 4月20日,在石景山古建群举行交接仪式,首钢集团向石景山区正式移交古建群各院落房屋钥匙、古建群建筑工程和市政管廊等图纸资料,同时举行北京市石景山区石景山古建群文物保管所揭牌,石景山区正式接收石景山古建群。2021年12月31日,石景山区与首钢集团签订移交协议。自2022年3月20日起,办理交接手续,利用一个月过渡期,区企加强对接,梳理古建群建筑工程、市政管廊等图纸资料,并根据前期对古建群安全等方面踏勘情况,对应急围栏搭建、临时安防系统建设、安保人员看护等工作进行前期方案设计。

(李振平)

【"守护根脉·文化力量"文化论坛】 9月5日,由市政府侨办、市侨联,市文物局、区政府共同举办的"2022侨梦苑北京论坛"文化论坛在石景山区举行。本次"文化论坛",以"守护根脉·文化力量"为主题,组织博物馆领域著名专家学者及业内代表人物,围绕着数字时代的"新赛道、新业态、新场景"——博物馆之城建设的机遇与挑战开展圆桌讨论。在文化论坛上,与会专家学者和业内代表对博物馆之城建设的源起,博物馆之城建设的实践,科技赋能博物馆之城,以及数字技术在博物馆建设中的应用等分享自己的观点,发表真知灼见。尹圆代表区政府向社会各界发出邀约,期盼在石景山区建设博物馆之城集聚区的事业上共襄盛举,擘画未来。在论坛上,举行合作签约仪式,宣读《侨资民企服务博物馆之城建设的京西宣言》。市侨联书记严卫群、市文物局副局长白杰、区领导陈婷婷、李金克、张玉国、尹圆,国情咨询班、北京市及石景山区相关部门领导,来自北京地区的博物馆代表,部分文化和旅游企业代表等100余人参加活动。

(李振平)

西山永定河文化带建设

【概况】 石景山区西部建设办公室(西山永定河文化带建设管理委员会,简称西建办)是负责石景山西部地区和西山永定河文化带的规划、建设、管理等组织协调工作的区政府派出机构,下设事业单位西部地区和西山永定河文化带建设促进中心。行政编制17名,领导职数4名,内设综合办公室、规划发展科、项目推进科、运营管理科(西山永定河文化带协调服务科)。年内,西建办组织召开石景山区和首钢集团区企高层对接会、专题调度会5次,协调推进首钢东南区道路管理等57项重难点问题。参与承办以"山河永定 共向未来"为主题的2022年西山永定河文化节开幕式。冬奥公园运营管理水平显著提升,公共卫生间、停车场、商品服务等配套设施逐渐完善,成功举办"首届冰雪嘉年华——缦野乐园"。法海寺壁画艺术馆开馆试运行。参与"飞天奖""星光奖"颁奖典礼相关保障工作。

(郑　瑶)

【编印永定河文化带系列丛书】 1月30日,区文旅局完成《石景山下永定河》《文化街区模式口》《红色圣地八宝山》《新首钢的中国梦》《西山揽胜八大处》等西山永定河文化带系列丛书的编辑印刷,通过深挖石景山区文化内涵,厘清文化脉络,全方位传承好西山永定河文化带的文物资源。

(李振平)

【北京西山永定河文化节】 7月25日,西建办参与承办的"山河永定,共向未来"2022北京西山永定河文化节在石景山区首钢园开幕。本次开幕式作为首届北京文化论坛文艺演出环节,参加北京文化论坛的各界嘉宾现场观摩演出。演出分为"山·河""根·魂""火·梦"三个篇章,濮存昕等表演艺术家用原创情景讲述诗的方式,歌咏西山永定河文化带对北京城市文明

7月25日,北京西山永定河文化节在首钢园三高炉开幕　（西建办供图）

的孕育,赞颂京华大地红色根脉铸就民族之魂,呈现山、水、人、城生生不息的时代光芒。开幕式当晚直播平台总观看量1200万次,同比去年增长100%,开幕式专题片在北京卫视和文艺频道热播,平均市场份额11.03%,传播度再创新高。2022北京西山永定河文化节除举办开幕式外,石景山区同各承办方一道,共同推出高端论坛、特色观摩线路、名家美术展、历史文化展、冬奥巡回展等一系列精彩活动,集中推出一批特色文旅产品,举办一系列文化消费活动。

（郑　瑶）

【法海寺壁画艺术馆试营业】　12月30日,位于石景山区模式口历史文化街区的法海寺壁画艺术馆试营业。法海寺壁画艺术馆由原西山翠林茶社改建而成,建筑面积约1800平方米,内部设置序厅、壁画厅、球幕厅、复原厅、尾厅等展示空间。负一层展厅为核心展区,4块巨型屏幕介绍法海寺"五绝",整体呈现壁画空间布局。通过4K高清显示屏详细展示,人物、画面尺寸均1:1还原法海寺壁画真迹,可动态放大、拉近展示局部细节。引入国内外近百个文物、石窟资料,与法海寺壁画进行横向对比。法海寺壁画艺术馆通过应用新型的数字技术,突破原有壁画展示在空间、时间维度上的限制,扩大法海寺壁画数字内容展示的内涵和外延。

（李振平）

【新首钢高端产业综合服务区规划建设】　年内,西建办组织召开石景山区和首钢集团区企高层对接会、专题调度会5次,协调推进首钢东南区道路管理等57项重难点问题。编制形成《首钢冬奥遗产、工业遗存再利用模式研究》,为首钢园区产业发展找准方向。推动新首钢园区市政公共设施移交和开放管理。完成13条道路、9处文物、4项公园绿地等29项市政基础设施管理权移交,完善开放管理方案,实现厂区、园区向社区、街区转变。推动重点项目建设。新首钢国际人才社区核心区北区035地块进行"土护降"施工监理招标、036地块进行地下结构施工,核心区南区032地块主体结构封顶。

（郑　瑶）

【模式口历史文化街区建设】　年内,西建办发挥模式口专班办公室作用,围绕年度重点任务安排,统筹推进各项工作,在2021年开街"5景7院30铺"全部呈现基础上,年底累计实现"12景23院91铺"对外亮相。项目先后入选2021年十大"北京最美街巷",荣获北京城市更新"最佳实践"项目,成为后冬奥时期展现石景山历史文化和首都文化的重要窗口和平台。

（郑　瑶）

【广宁、五里坨等西部地区城市转型升级】　年内,西建办会同区规自分局编制《石景山区西部地区土地资源整理实施方案》,引领区域城市更新。推进天泰山旅游综合开发项目研究,半山花海冰雪嘉年华项目年底对外开放运营,建成敬德寺公园。五里坨便民服务中心、西山绿道等项目开工建设,03A、04C地块成功上市。秀府公交场站推动建设并开通石广路等公交线路。永引渠南路西延、石门路改扩建、地铁1号线高井站等重点项目加快前期工作。金海洋商业购物中心开业运营,五里坨055商业用房项目完成签约并加快产业招商,打造数字科技、娱乐文化、产学合作相结合的智慧园区。五里坨民俗陈列馆全面升级改造,举办系列民俗文化活动。推动中交景通置业有限公司、京西动力大本营(北京)体育文化有限公司等重点企业在石景山区落户。

（郑　瑶）

【推动京西八大厂转型升级】　年内,西建办完成对巴威·北锅、北重、高井电厂、石景山热电厂等老旧厂区地毯式调研走访,编制完成《"京西八大厂"转型升级研究》,明确各厂区产业定位,深化探索更新改造实施路径。北重东厂积极探索老旧厂房城市更新审批路径,参照中关村·科学城金隅智造工厂模式,打造北重科技文化产业园。统筹推进巴威·北锅、北重西厂城市更新项目;加快北重东厂项目一期综合管网和景观改造工程建设。

（郑　瑶）

群众文化

【概况】　年内,区文旅局统筹区文化馆、区图书馆、区非遗中心、区文化中心稳步开展各项工作。石景山区调整2022年石景山区基层公共文化设施社会化运营绩效评价指标,优化街道综合文化中心社会化运营监测体系。石景山区2021年再次在北京市333个街道(乡镇)文化中心效能排名中,综合成绩均排名第一,实现三连冠。石景山区与中国舞蹈家协会合作开展"环境舞蹈展演”活动，开展喜迎二十大群众性主题文艺展演，全年开展文化活动8000余场，惠及群众200万人次。

（齐家卉）

【光影创客团旅拍会】 1月5日，区文化中心在2022年冬奥会开幕倒计时30天之际，举办冬奥倒计时30天光影创客团旅拍活动，由专业老师带领喜爱短视频创作和摄影摄像的爱好者参与活动拍摄，了解石景山区文旅资源与文化冬奥的意义，共同完成“燃情冬奥一起向未来”文化冬奥视频拍摄作品。

（刘婧超）

【慰问消防支队“送福到家”】 1月21日，一起向未来，挥毫贺新春——2022年石景山区文化志愿者“送福到家”志愿服务活动暨石景山消防支队迎新春联欢晚会在石景山区消防支队举办。晚会开始前，官兵的文化志愿者挥毫泼墨书写红红的福字和喜庆的春联，赠送给到场观众。联欢会在消防支队消防救援人员代表演唱的合唱歌曲《逆行者》中拉开序幕。其间消防官兵上演格斗表演，文化志愿者表演古彩戏法、口技、相场、戏曲、器乐演奏等节目。

（王春梅）

【冬奥会服务保障】 2月2日，区文旅局完成第24届北京冬奥会火炬传递服务保障工作；2月4日至3月13日，完成“石景山区冬奥城市文化广场”群众活动的组织举办和“一起向未来”石景山区冬奥城市文化广场文艺演出，惠及市民群众3万余人次。年内，区文旅局统筹文化馆业务骨干、群众业余艺术团、文化志愿者等3000余人次，通过与各参演人员的沟通协调，圆满完成2022年冬奥会、冬残奥会服务保障任务。

（王春梅）

【“家书情长 添彩冬奥”活动】 3月3日，石景山区图书馆与天津、河北、内蒙四地七家图书馆协同开展2022年“家书情长 添彩冬奥”原创书信诵读展演活动。馆长吴私推荐优秀绘画作品。活动通过现场展演+视频展示的方式，展现活动征集的书信、绘画、音视频和文创设计作品，表达京津冀蒙四地的孩子们用自己的独特方式支持冬奥的巨大热情。

（张冰冰）

【清明咏怀文艺演出】 4月5日，由区委宣传部、区文旅局及区融媒体中心共同主办，区文化馆承办的“忆满京城情思华夏”——石景山区2022年清明咏怀文艺演出在北京数字文化馆、石景山文E、区文化馆网站等数字平台播出，时长约50分钟。演出通过歌曲、舞蹈、合唱、诗朗诵配以音诗画的艺术形式呈现，由“追忆清明”“缅怀先烈”“憧憬未来”三个主题篇章共9个节目构成，一位老人和一个少年的深情对话贯穿各篇章始终。

（王春梅）

2月4日，区文化馆举办“一起向未来”石景山区冬奥城市文化广场文艺演出活动 （区文旅局供图）

【“翰墨冬奥 冰雪情怀”展览】 4月12日至5月22日，石景山区《翰墨冬奥冰雪情怀》主题书法美术展于在石景山区文化中心美术馆开展。此次展览由区文旅局主办，区文化馆承办，展期约为1个月。本次展览也是文化馆承办的2022年石景山区美术书法摄影系列主题展之一，展览受到区文联、区美协、区书协、区老年书画协会等众多单位的支持，共收集作品一百余幅，遴选展出作品92幅，含书法篆刻27件，国画25件，装饰画40件。展现石景山区居民群众参与冬奥、服务冬奥、奉献冬奥的精神。同时，展现近年来石景山区在创建全国文明城区、推动国家公共文化服务体系示范区创新发展工作中取得的成绩。

（王春梅）

【“古城之春”艺术节】 5月30日至7月3日，石景山区举办第39届“古城之春”艺术节，本届艺术节以“喜迎二十大 共建文明城”为主题，通过线上参与的形式开展歌唱、书法、美术、戏曲、朗诵比赛，还有丰富的线上文艺云课堂和慕课资源免费观看。在新冠疫情的特殊时期“宅家不宅心”，用文艺的形式讴歌全民抗击疫情的团结奉献精神，抒发对党的热爱，对祖国的祝福对家乡的赞美。弘扬中华优秀传统文化，培育践行社会主义核心价值观，喜迎党的二十大胜利召开。参赛选手通过网上报送参赛节目的形式参加比赛。区文化馆聘请相关专业人员对参赛作品进行评选，并对优秀获奖作品颁发证书。

（王春梅）

【三部委调研图书馆总分馆制】 6月20日，中宣部印刷发行局、财政部科教和文化司、文旅部公共服务司，市财政局、市文旅局相关领导到石景山区专题调研图书馆总分馆制建设情况。调研组走访区图书馆华夏银行分馆、瞭仓分馆和区图书馆总馆，调研区图书馆总分馆制建设的现状、运营模式、资金保障等情况，对石景山区充分利用社会化运营力量拓展特色阅读空间和夯实图书馆总分馆制建设的做法表示充分肯定。

（张冰冰）

【中秋节马头琴曲思乡情活动】 9月11日，区文化中心在中秋节当晚举办马头琴曲思乡情的演出活动，以悠扬的马头琴为大家带来“最美思乡曲”、以长调民歌为大家带来“我的乡愁”、以国风 RAP 为大家来一曲“敖包相会”、以中国式摇滚神秘的呼麦演唱为大家带来“赞歌与鸿雁”，在月夜下一同品味对家的深情描述。

（刘婧超）

【“强国复兴有我”文艺展演】 9月29日，由区委宣传部、区文旅局、区融媒体中心联合主办，区文化馆承办的“强国复兴有我”石景山区喜迎二十大群众性主题文艺展演在区文化中心剧场举办。区相关领导和市文化馆领导以及区属各委办、街道、企事业单位、驻区高校代表以及石景山老街坊代表欢聚一堂观看演出。展演作品均为石景山区原创文艺作品，既有围绕石景山区城市更新及经济社会发展创作的歌舞《一半山水一半城》、京歌《石景山·春风》、戏剧《吃了吗，您呐》；又有围绕“喜迎二十大 奋进新征程”等主题创作的诗朗诵《新时代的底色》、舞蹈《升旗》、歌曲《山河永定》；还有围绕冬奥创作的歌曲《冰雪之约》等。其中小品《春天网约车》代表北京市参加全国群星奖戏剧类总决赛。

（王春梅）

【推出2022原创作品集】 12月30日，《石景山区文化馆文学艺术创作作品集（2022）》与广大读者见面。作品集精选区文化馆的业务干部和区域内部分文艺骨干创作的舞蹈、音乐、戏剧、曲艺、美术、摄影等原创文艺作品69篇（件），作品集的亮点在于只要您用手机扫描二维码就能欣赏舞蹈、歌曲、戏剧等视频。

（王春梅）

【参与第十九届“群星奖”】 年内，区文化馆以服务保障2022年冬奥会、冬残奥会筹办为契机，牢牢抓住备战第十九届“群星奖”赛事机遇，激发文艺创作的活力动力，致力出精品、努力攀“高峰”。歌曲《冰雪之约》、舞蹈《升旗》《冰雪情怀》小品《吃了吗，您呐》《春天网约车》、相声《5G时代》等20余部作品参加“舞动北京”群众舞蹈大赛和第十九届“群星奖”北京地区选拔赛，其中歌曲《冰雪之约》小品《春天网约车》进入第十九届“群星奖”北京市地区入围作品名单，小品《春天网约车》入围第十九届群星奖戏剧类决赛，创编并参演的舞蹈《一起向未来》获得第十九届群星奖广场舞类大奖。

（王春梅）

9月11日，区文化中心举办中秋节“马头琴曲思乡情”活动　（区文旅局供图）

文化遗产保护

【概况】 年内，区文旅局争取国家和北京市文物保护资金2800万元，完成慈善寺部分屋面及护坡抢修工程、北惠济庙雍正御制碑亭修缮工程，古建群元君庙修缮工程（一期）、龙泉寺修缮、承恩寺主体修缮等10项文物修缮项目，开展显应寺安防、慈善寺安防、雍正御制碑及碑亭古建筑直击雷等安技防工程。争取区财政资金500万元，完成慈善寺（吕祖殿）抢险、人大附中古墓勘探发掘、净德寺及相关遗址临时性保护、石刻文物病害调查等文物保护工作。利用区财政资金120万元，完成区文保单位内120颗古树健康体检与部分衰弱古树复壮维护；加快推进博物馆之城建设，成功举办“2022北京侨梦苑论坛‘守护根脉·文化力量’文化论坛”，瞭仓数字藏品博物馆被市文物局认定为北京市“类博物馆”开放培育试点单位。石景山古建群正式移交石景山区管理：加大文脉挖掘与传承力度，完成《京西论“道”》编撰、出版；编辑《永定河生态文化》《首钢工业文化》《模式口历史文化》《八大处传统文化》等六张文化名片书籍。年内，石景山区非物质文化遗产保护中心（简称区非遗中心）制作《和香制作技艺》《传拓》《剪纸》《京派内画鼻烟壶制作技艺》非遗短视频宣传片，通过文化“E”平台和其他媒体推广宣传，扩大了非遗项目的知名度，经统计石景山区非遗中心共开展线上活动80场，参与群众达到2万人次；开展线下活动20场，参与群众300人次；线上浏览、观看的人次比上年提高数十倍。

（李振平　李　杭）

【香文化书籍研讨会】 1月19日，慈善寺组织召开香文化书籍研讨会，邀请赵志欣、赵玉琦、姚淑琴、朱龙斌、汪润、胡全新、孙亮等专家共同研讨慈善寺香会、香客书稿内容，为慈善寺古香道文化传承发展献计献策。

（李振平）

【博物馆里过大年主题活动】 2月8日,石景山区博物馆举办"福满京城春 贺神州,迎冬奥 贺新春"——博物馆里过大年活动,用沉浸式展览的方式丰富节日期间市民文化生活,普及冬奥知识、宣传石景山历史文化,烘托喜庆祥和的节日氛围。

(李振平)

【法海寺藏龙钮铜钟铭文研究成果汇报会】 2月18日,北京市法海寺文物保管所举办法海寺藏龙钮铜钟铭文研究成果汇报会。中国文化遗产研究院、北京大学、故宫博物院、北京科技大学、市文物建筑设计所的多位专家,区领导尹圆出席会议,听取研究成果,对成果应用提出建议。

(李振平)

【折子工程文旅专题会召开】 3月9日,尹圆主持召开区政府折子工程文旅工作专题会。各相关部门汇报关于石景山古建群保护修缮及开放、首钢工业遗产保护利用及名录制定、模式口历史文化街区和法海寺文旅宣传策划等工作。尹圆对各项工作的开展情况给予肯定并提出要求。区文旅局、区财政局、区西建办、首建投公司、石泰公司、泰福恒公司、阿里云公司等单位负责人参会。

(李振平)

【《是真的吗》节目组到冰川馆拍摄】 3月22日,中央电视台财经频道《是真的吗》节目组编导康伯南等三人来馆拍摄博物馆主题视频,冰川馆邀请韩同林教授、范占路老师共同完成拍摄任务。

(李振平)

【龙泉寺对外试运营开放】 4月上旬,石景山龙泉寺修缮完毕试运营开放。龙泉寺位于法海寺西侧,中轴对称格局,由主院正殿、正殿东、西配殿及东、西配殿耳殿、敞厅等组成。全新修缮后的殿堂古朴厚重,每个大殿都配有二维码,市民可通过扫描二维码全面了解展室及展品内涵。正殿内古编钟搭配古装饰,电子屏播放中阮大师冯满天的创作,这里可举行即兴式小型演出,为游览者带来奇妙新颖的沉浸式艺术体验。西配殿为国粹展厅,展示梅、尚、程、荀等派系的京剧服装和行头,可举行雅集等活动。东配殿展出由画家王犁犁先生创作的一幅10米长、2.2米高的巨型油画《中国京剧》,画作中120多位对中国京剧有影响的历史人物。龙泉寺山门殿是文创产品区域,通过瓷器、陶艺等文创产品对国粹、国乐、国学等传统文化进行集中展示,西跨院为龙泉茶苑,市民可以在这里品茶、闻香、赏乐。

(李振平)

【国家文物局局长调研】 5月4日,文化和旅游部副部长、国家文物局局长李群到石景山区调研文物工作。在国保单位承恩寺、法海寺,听取相关负责人的工作汇报,调研文物保护、文物利用、壁画监测研究工作情况,察看古建筑安全隐患。李群强调,要支持民营博物馆建设,推动博物馆事业高质量发展。要成立相关研究机构,组织开展壁画专家论证会,深入研究壁画及文物文化内涵,为弘扬中华优秀传统文化、增强文化自信提供强有力的支撑。要做好文物保护和壁画有害监测,全面排查隐患,使文物得到全方位保护。市文物局局长陈名杰陪同调研。

(李振平)

【法海寺四角亭修缮保护工程】 5月10日,法海寺四角亭修缮及碑刻保护工程竣工验收。项目预算总额933328.66元,为市专项资金跨年度工程项目,设计单位北京北建大建筑设计研究院有限公司,监理单位北京方亭工程监理有限公司,施工单位北京大龙建设集团有限公司。工程于2021年11月19日开工,工期180天,工程主要对法海寺一进院的东西四角亭的木构件、屋面瓦件等进行修缮,并新建两个碑亭,对一进院东、西四角亭和两通石碑进行有效保护。

(李振平)

【"博文释知·润物有声"活动】 5月18日,石景山区博物馆举办"博文释知·润物有声"线上主题活动。在"5.18"国际博物馆日暨首届"北京博物馆节"来临之际,区博利用网络资源采取信息化技术举办《"博文释知·润物有声"》《西山文化讲坛》《区博物馆馆藏文物讲解——辽金元时期的陶器与瓷器》等线上活动,通过专家为大家讲述石景山历史以及讲解员介绍馆藏文物,让市民了解被誉为"京西门户""燕都仙境"的石景山历史,让百姓与学生群体走进博物馆,了解家乡历史,讲述石景山故事,感受特有的文化魅力。

(李振平)

【博物馆日活动】 5月18日,区文旅局"三聚"开展博物馆日活动。凝聚各馆合力,共创共享博物馆之城。结合疫情防控实际,策划线上主题文化活动。聚焦博物馆的藏品、展览、品牌活动,策划"游、赏、论、学"四大板块,以云游博物馆、云赏精品展览、专家云论坛、文博云科普等形式,多方位诠释博物馆力量,助力博物馆之城。汇聚文博力量,共创共建全国文明城区。以石景山区博物馆为主会场,石景山文旅为主要宣传阵地,汇聚区域文化资源,联合全域博物馆推出线上精品活动。以冰川科普微课堂、西山文化讲坛、在线知识答题等互动性文化活动,提升公众参与,深化社会主义核心价值观教育,赋能全国文明城区建设。集聚国粹精品,守艺守心助力非遗传承。策划推出北京燕京八绝线上非遗精品展,收集、展览燕京八绝国粹工艺精品,传承展示非遗技艺。邀请一批工美大师及非遗传承人"云游博物馆",在线讲述器物故事,感悟匠心传承。

(李振平)

【第三次全国文物普查复核项目】 5月23日,第三次全国文物普查复核项目开始实施,该项目为市级转移支付资金项目,区财政拨款1095950元,实施复核单位为北京云居阁文化科技有限公司,主要内容是对全区114处文物资源进行现场调研,根据现场勘查情况进行资料整理;根据现场调查结果,绘制文物构成示意图;根据实际情况对相关文物的保护范围建控地带图以及普测图进行文物建筑信息的增减与地名或路名的核对、修改与编辑,形成三普文物复核成果报告。实施三普复核资料汇编印刷服务单位为北京焱杰图文设计有限公司。复核项目12

月 31 日完成。

（李振平）

【瞭仓入选“类博物馆”名录】 6 月 10 日，经区文旅局推荐，市文物局组织专家评审，首钢园区瞭仓艺术馆入选市文物局尚未备案的民办博物馆培育开放试点单位，拟通过业务指导、地方政府扶持等方式，推进其尽快向社会开放。

（李振平）

【文化和自然遗产日活动】 6 月 11 日，石景山区非遗中心组织“展现非遗魅力，共创美好生活”线上非遗系列展示主题活动。展示数十位非遗传承人故事纪录片；开展京式旗袍传统制作技艺、京绣、和香制作技艺、传拓等非遗作品线上展览；邀请张凤兰等非遗代表性传承人、非遗志愿讲解员走进直播间，向群众宣传非遗项目的文化内涵；发布空小竹表情包、有声茶包文创产品，拉近年轻人与非遗的距离。

（李 杭）

【净德寺保护设计方案完成】 6 月 13 日，石景山净德寺及相关遗址临时性保护设施项目设计方案编制工作启动，项目预算总价 19 万元，设计单位为北京市文物建筑保护设计所。项目内容：清理遗址范围内的杂草等植被，保证遗址边界清晰，设置保护标识牌；在裸露的墓葬 M1、墓葬 M6－M8 上部建设钢架保护棚，并对部分墓葬有坍塌危险的墓道进行支顶，局部设置临时排水沟，防止雨水侵蚀、倒灌；对已填埋遗址进行原址标识。8 月 20 日，设计方案及施工图编制完成。

（李振平）

【北惠济庙雍正御制碑亭修缮】 7 月 1 日，北惠济庙雍正御制碑亭修缮工程开工。该项目为市级历史名城与古迹保护资金项目，预算总价 57.13 万元，实施单位为北京文物古建工程公司。工程内容为对建筑屋面、墙体、台帮、踏跺、周边地面进行铺装，共 41.08 平方米。通过工程技术手段，消除文物安全损伤及隐患。8 月 29 日，项目竣工，工程经设计单位、施工单位、监理单位、建设单位验收合格。

（李振平）

【元君庙修缮工程（一期）】 7 月 13 日，石景山古建群元君庙修缮工程（一期）开工，该工程为历史名城与古迹保护资金项目，预算总价 89.82 万元，实施单位为北京首华建设经营有限公司。工程内容是对元君庙部分屋面杂草丛生，头停椽望局部糟朽，部分墙体出现后改作法、局部风化、酥碱损伤，外檐门窗装修局部损伤及上下架油饰开裂、起翘、脱落等处损伤的修缮。10 月 28 日，工程经设计单位、施工单位、监理单位、建设单位验收合格。

（李振平）

【庞献辉获评全国先进工作者】 7 月 22 日，全国文物工作会议在京召开，会议表彰全国文物系统先进集体、先进工作者和劳动模范。由区文旅局推荐的法海寺文保所所长庞献辉获评全国文物系统先进工作者。这次全国文物系统先进工作者名额共 78 名，其中北京 3 名。庞献辉从事文物保护和博物馆工作十七年来，始终坚持保护第一、加强管理、挖掘价值、有效利用、让文物活起来的工作方针，在文物安全、科技创新、博物馆提升、人才培养、中外文化交流等方面做出贡献。

（李振平）

【古建群文保与利用专家会】 8 月 3 日，区文旅局邀请国家文物局原副局长、中华文物交流协会负责人胡冰，国家博物馆原党委书记、三山五园研究中心核心专家单威等专家学者来到石景山古建群进行实地调研，开展座谈交流。专家们通过实地走访调研，详细了解石景山古建群文物现存情况和保护利用工作进展，参观位于 Re 睿·国际创忆馆的“重返·奥林匹亚”数字沉浸体验展。座谈会上，与会专家围绕石景山古建群文物活化利用进行深入交流，为石景山古建群文物保护与利用出谋献策。

（李振平）

【石景山古建群现状勘察项目】 8 月 10 日，石景山古建群现状勘察项目开工，为市级历史名城与古迹类资金项目，市财政拨款 76.49 万元。经招标公司招标，第一包石景山古建群现状勘察项目“文物建筑现状勘察、测绘”由北京市文物建筑保护设计所为实施单位。第二包石景山古建群现状勘察项目“文物建筑基岩及岩土勘察”确定中核大地勘察设计有限公司为实施单位。第三包石景山古建群现状勘察项目“文物建筑现场安全检测、鉴定”确定北京三维宇恒科技有限公司为实施单位。项目内容为对古建群文保区范围内文物遗址进行勘察。对文物建筑现状进行测绘及损伤勘察，修复材料及工艺筛选。对文物建筑基岩及地质勘察，形成勘察报告，为下一步修缮设计提供重要依据。10 月 30 日，项目经设计单位、施工单

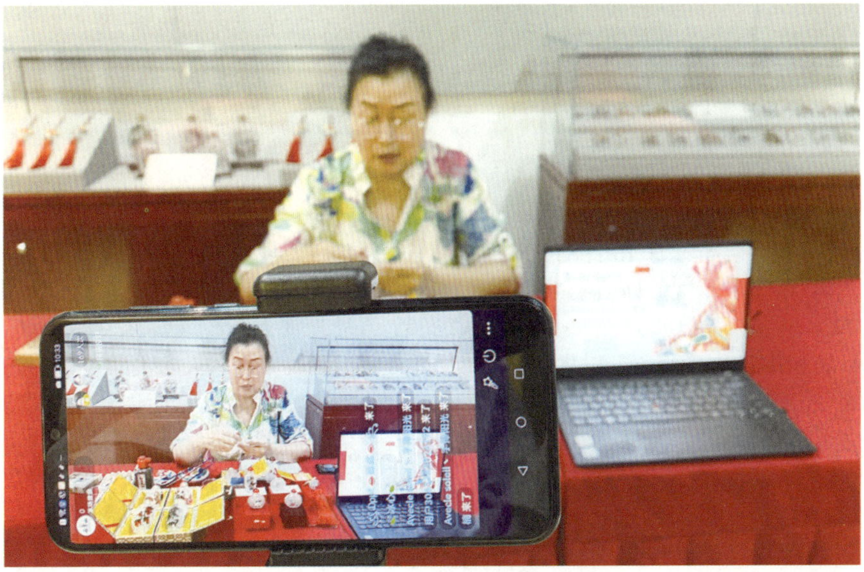

6 月 11 日，石景山区举办文化和自然遗产日线上活动 （区文旅局供图）

位、建设单位验收合格。

(李振平)

【香文化专委会八周年庆典】 8月27日,“山河永定 香飘四海”第三届京西古香道文化国际交流会暨中国民俗学会香文化专业委员会成立八周年庆典在慈善寺举行。活动中,与会嘉宾为新的文创产品进行揭幕。此次活动旨在深入挖掘和广泛传播西山永定河文化带京西古香道文化,通过交流和展示香文化学术成果和产品,促进中国传统非物质文化遗产的传承发展。

(李振平)

【龙泉寺修缮工程】 9月1日,石景山区龙泉寺修缮工程竣工验收。预算总价4668250.38元,为市专项资金跨年度工程项目,其中本年二期拨款2483100元。项目设计方北京市文物建筑保护设计所,监理单位北京方亭工程监理有限公司,经竞争性磋商确定施工单位为北京大龙建设集团有限公司,项目主要进行屋面揭瓦,大木结构加固,墙体拆砌,局部整修加固,重做地仗油饰等工作,基本恢复龙泉寺的建筑格局。

(李振平)

【中秋奇妙夜非遗活动】 9月10日至12日,区非遗中心开展中秋“奇妙夜”非遗活动,在中秋夜开展多项非遗技艺体验项目;邀请传承人现场授课,让群众感受非遗项目和中秋佳节的文化魅力。

(李 杭)

【慈善寺古树保护工程】 9月24日,慈善寺2022年度古树保护服务项目完成验收,项目利用区森林资源培育资金43.71万元,由北京华林森茂园林绿化工程有限公司按照“一树一方案”的方式组织实施,于6月27日动工。主要内容:根据上年度的体检结果,对慈善寺院内所有古树进行土壤改良、施肥、打透气孔等日常养护和部分复壮处理。

(李振平)

【慈善寺(吕祖殿)修缮】 9月28日,慈善寺东路四进院正殿(吕祖殿)修缮工程开工。该工程为区级资金支持项目,预算总价27万元,施工单位为中兴文建工程集团有限公司。原定11月11日竣工,由于天气以及疫情防控等因素导致工程延期至2023年4月底。项目内容主要对慈善寺东路四进院正殿(吕祖殿)瓦面、椽等进行修缮和补配。

(李振平)

【非遗市集首秀】 10月1日至2日,区非遗中心首次在石景山文化中心二层彩虹阶梯平台开展非遗市集活动,汇聚4种门类11个非遗项目的文创展品参与展示、售卖,深受群众欢迎。

(李 杭)

【协助拍摄720°全景资料】 10月12日,冰川馆协助模式口项目部聘请的专业服务团队,以手绘地图为视角展现形式,以VR实景技术为依托,运用IT技术,对冰川馆进行720°全景拍摄,在为冰川馆提供一个数字全景宣传平台的同时,也为模式口数字街区提供资源支持。

(李振平)

【冰川馆科普大篷车】 10月15日,“科普大篷车——流动的博物馆”线下活动在冰川馆举办,该活动采用“科普+实地考察+动手实践”的科普形式,由老师带领孩子们学习岩石的形成、岩石的种类及矿石等基础知识,通过实地考察及动手实践等亲身体验,加深孩子们对大自然的认识,培养青少年热爱自然、保护自然的环保意识。本次参加活动学生、老师及家长30人。

(李振平)

【法海寺古树保护项目】 11月7日,法海寺2022年度古树保护服务项目完成验收,项目利用区森林资源培育资金66万,由北京华林森茂园林绿化工程有限公司按照“一树一方案”的方式组织实施,于8月16日动工。主要内容:根据上年度的体检结果,对法海寺、承恩寺、石刻园及龙泉寺等地50株古树中长势稍差的古树进行土壤改良、施肥、打透气孔等日常养护和部分复壮处理。

(李振平)

【慈善寺部分屋面抢修】 11月7日,慈善寺部分屋面及护坡抢修工程竣工。该工程为市级转移支付资金项目,项目金额40万元,施工单位为北京大龙建设集团有限公司,于6月27日开工。工程内容主要对部分屋面及观音阁后、药王庙旧址进行修缮。工程经慈善寺文保所、北京市文物建筑保护设计所、北京方亭工程监理有限公司、北京大龙建设集团有限公司四方验收合格。

(李振平)

【田义墓石质文物数字化保护】 11月29日,田义墓石质文物数字化保护工程开始实施,该项目为2022年市对区转移支付资金跨年度项目,区财政拨款193.00万元,预计2023年3月1日前验收完成。项目主要内容为结合石景山区石刻文物园实际情况,针对石景山区石刻文物园石刻文物采用精细数据获取技术、三维重建技术、互联网技术等开展具有针对性的数字化保护与利用,全面推进文物信息化建设,推进文物保护、利用、管理、研究信息化整合共享工作,建设文物大数据。实施单位北京嘉元文博科技有限公司。

(李振平)

【区文物日历编印项目】 12月31日,石景山区文物日历编印项目完成。区文物日历项目预算资金19.72万元,设计和制印单位为北京焱杰图文设计有限公司,项目内容为将全区文物资源梳理整理后,分365景,每日一景,编成文物年度日历。该文物日历旨在宣传推广石景山区文物资源,提高全区文物资源知名度和影响力。

(李振平)

【承恩寺修缮】 年内,石景山承恩寺修缮工程(一期)拨款800万元,该工程预算总价1510万元,为国家文物局专项资金跨年度工程项目,项目设计方北京市文物建筑保护设计所,监理单位北京方亭工程监理有限公司,施工单位北京大龙建设集团有限公司,合同计划工期540天。本年度主要进行一、二、三进院及东西碉楼室内、外上下架木构件及装修下架地仗油饰重做;殿座屋面的挑顶、瓦面查补和青灰背修补;部分柱子的墩接、屋顶木顶板和木椤更换;部分墙体表面的填充修补和粘接;殿座台帮的填充修补;殿座前檐的门芯板更换等。

（李振平）

文化产业

【概况】 年内，石景山区以数字创意为主的文化及相关产业实现收入1042亿元，同比增长10.1%，全市排名第四，首次迈入千亿级产业集群，收入规模约为5年前的2.4倍，文化产业收入占全市比重达到5.8%，约占全区第三产业收入的21%。文化产业人均年收入产出达400万元/人，高于全市平均水平107万元/人。其中以数字媒体、创意设计、游戏动漫等为代表的数字文化产业收入占比近9成，数字化助力文化产业成效凸显。

（周佩姮）

【产业发展规划】 年内，石景山区厘清产业发展脉络，把握"后冬奥"时代文化产业发展机遇，科学谋划文化产业发展路径，强化产业政策支持引领作用，开展文化产业发展课题研究工作，提出实施"六大工程"，分类制定"归巢计划"等三项产业促进计划，形成《石景山区文化产业发展研究报告》，为文化产业发展举旗定向，研究成果在《瞭望》周刊和新华社客户端刊登发表，电子版阅读量达90.5万人次。

（周佩姮）

【政策支持】 年内，石景山区加大"助企纾困"政策宣传力度，开展各项惠企政策培训10期，对"投贷奖""房租通"和"专精特新"等政策进行专项解读，组织申报培训10期，实地踏勘企业67家次，提升企业申报效率和成功率，93家企业获得政策支持1027万元，有效降低文化企业的融资成本，减轻文化企业的房租压力，坚定文化企业的发展信心。

（周佩姮）

【培育文化精品】 年内，石景山区以"京西福地双奥区 城市复兴新地标"为主题高水平组织服贸会文旅服务专题展，5G + VR电竞比赛成为最大亮点；追光动画《新神榜：杨戬》获得大量媒体关注，并成功登陆北美院线；盛世顺景依托8K超高清技术将传统水墨动画进行创新性表达，《秋实》入围柏林国际电影节，让中国动画时隔35年再登世界舞台。强化石景山文创微信公众号建设，全年累计发布文章468篇，阅读量达47813人次。推出"聚焦二十大 奋进新征程"系列宣传报道，营造良好的文化产业宣传氛围。

（周佩姮）

文化市场

【概况】 年内，石景山区文化市场综合执法大队（简称执法大队）出动检查人员2200余人次，检查文物保护和文化经营单位4700余家次，校园及景区周边60余次，组织联合执法行动30余次，立案查处各类违规行为113起，罚没款共计25.75万元。上报各类工作信息25篇，其中市文化执法总队采用12篇；落实"12345"便民热线诉求1800件，其中网络游戏类投诉占53%，疫情防控类投诉占16%，艺术培训类投诉占12%，均按时办结。

（余　梅）

【文化执法工作】 年内，执法大队在日常检查工作中，加强对文化和旅游市场的疫情防控工作，特别是电影院、互联网上网服务营业场所、校外艺术培训机构、酒店、旅行社等重点文化旅游经营场所，严格做好经营场所消毒、佩戴口罩、进入人员登记测量体温等疫情防控工作。

（余　梅）

【宣传活动】 年内，执法大队组织实施宪法宣传、民法典宣传、防范养老诈骗宣传、"防网络沉迷 护青少年成长"2022年石景山区预防未成年人网络沉迷主体宣传等活动。

（余　梅）

媒体传播

【概况】 年内，石景山区融媒体中心（简称区融媒体中心），按照市委宣传部工作要求和区委宣传部工作部署，区融媒体中心进一步完善融媒体制机制建设、创新搭建技术平台、提高原创内容生产力，推进区域各平台有效融合。按照《县级融媒体中心建设规范》，结合自身实际，开发建设融媒体指挥运行信息系统。该项目被国家科学技术奖励工作办公室和中国广播电视设备工业协会评为科技创新优秀奖。区融媒体中心稳步推进媒体深度融合改革，成立改革专班，明确改革任务，注重走访调研，推动建立全媒体新闻采访中心，实现内容生产集约高效。升级"融媒云平台3.0"，实现新闻素材同步加工、集中管理。推动建设全媒体编辑发布中心，拓展渠道运营。

（谷　雨　王洁琼）

【新媒体】 年内，区融媒体中心通过"两微一端"（微信 + 微博 + APP客户端）、抖音、快手、北京号、百度百家号、腾讯企鹅号、网易新闻号以及网站等新媒体开展宣传，开创高密度、多渠道、多层次、全方位的新媒体新闻宣传工作新格局。全媒体平台开设"喜迎党的二十大""贯彻落实在行动"系列专题专栏近20个，累计发布100余期、超1000条新闻。以每日一选题的形式，各平台推出"双奥之区 五年蝶变"系列专栏，累计完成60余期专题报道，全网阅读量破50万，做好区党代会报道。组织"小石跑两会"系列报道，以vlog形式记录政协委员参政议政、建言献策的精彩瞬间；开设"一把手"访谈栏目，相关新闻微博阅读量近50万。开设"我家门口办冬奥"等网红品牌栏目近30个，全平台发布相关新闻5000余条，组织多场冬奥活动微博、微信线上直播，单场播放量破50万；采取专题、访谈、记者打卡、vlog探店、360全景直播和石小融AI主播线上即时播报等多种形式，多渠道、多角度、多媒介报道石景山区举办和参与的2022年服贸会各项活动。"北京石景山"视频号全程转播市疫情发布会，"北京石景山"微信公众号同步播发全市每天疫情工作进展，全平台第一时间发布涉区疫情信息，回应群众关切，制作和推送新闻2000余条。开设了"融媒聚焦"专栏，每日发布中央、市级媒体对石景山区的报道情况，累计推出200余期，统计分析涉区新闻数据1万多篇。北京石景山公众号粉丝由年初5万余人增至14万人,总阅读量近2000万次,单日阅读量突破6万次。“北京市石景山”微博粉丝47.1万,抖音粉丝6.5万,快手1.7万。“北京石景山官方发布”人民号粉丝10.6万。“北京石景山”APP设立了“12345”和“发个身边”等问政监督栏目,接入新时代文明实践中心“点单派单”系统、区政务服务中心网上办事平台和各级各类便民服务网上平台,对接42个政务部门1120余项政务咨询查询服务和650项政务服务。建立网上数据库和办事入口,提供清晰的服务办事指南。石景山APP总安装数超10万人,注册50467人,日活430,月活1.46万。

(谷　雨　王洁琼)

【电视媒体】 年内,区融媒体中心发挥中心电视摄像编导的专业特点,打通传统广播电视新赛道,全体系联动,打造形象生动轻量化的视频宣传阵地。推出《喜看身边变化》系列短视频,在电视、公众号、APP等平台全渠道推送,自播出之日起受到广大受众赞誉,成为融媒爆款产品。抓好冬奥深度报道,突出“家门口办冬奥”,拓宽石景山区对外宣传渠道,累计制作播发专题电视新闻1000余条,赛会期间组织人物专访10余期,从普通人的视角宣传冬奥精神和石景山区建设成效。冬奥会期间,采编电视新闻被省市级新闻媒体采用10余条、新闻联播播放4条;“学习强国”平台推送视频、图文信息180余条。《“双奥”民警冯涛:离大跳台最近 却从没认真看过比赛》获2022年度北京广播电视收听收看优秀作品。聚焦群众急难愁盼,开设“接诉即办”民生类全媒体栏目《在身边》,将“我为群众办实事”“创城为民 创城惠民”和“接诉即办”工作实际结合起来,累计播出近20期,增进城市治理共识,该节目受到市局通报表扬。电视栏目《今日视点》制作50余期。创作《携手共进“蓄能”乡村振兴》等近20部专题片,受到高度关注。电视专题片《他乡亦故乡》获北京市党员教育电视片二等奖,《传承红色基因 讲好红色故事》等系列短视频获得北京市广播电视优秀短视频二等奖,《光荣在党五十年 我还是那个少年》获年度优秀广播电视节目。《法治聚焦》荣获2022年第二季度北京市广播电视创新创优节目。

(谷　雨　王洁琼)

【纸媒体】 年内,《石景山报》根据重要时间节点,整体统筹版面设置,配发“石评时论”,全景式、立体化开展宣传报道。开设“掀起学习宣传贯彻党的二十大精神热潮”专栏,呈现全区社会各界学习宣传贯彻党的二十大精神的生动实践。《石景山工作》以“积蓄‘新征程’的理论储备,凝集‘再出发’的精神力量”为主题,出版“新征程 再出发”学习贯彻党的二十大精神专刊。并印制党的二十大精神学习笔记本和工作年历,通过“一刊一本一历”,创新党的二十大理论宣传方式。深度挖掘京西文化资源,承借全区承办2022北京西山永定河文化节之机,持续做好永定河古河道文化展览等活动的延伸报道。开设京西文化专版专栏,围绕重现“驼铃古道”古街风韵,持续做好模式口历史文化街区修缮改造等艺术专题展览相关报道。建设首钢园文化宣传新地标,配合区文化创意产业园区建设,全力投入“中国科幻大会”“电竞北京”特色品牌报道,为吸引电子竞技、科幻等数字创意企业落地,打造科幻产业集聚区,建设北京市电子竞技产业品牌中心,推动文旅与商业、体育、科技等多业态融合发展贡献力量。学习宣传贯彻党的二十大精神“学习汇”“学与思”专栏、《创城:贵在坚持 重在常态》等评论员文章、《一组海报,带你感受石景山这十年的蝶变之美(4)》《守望相助共克时艰 志愿车队护航居民就医之路》等新闻报道被选入市委宣传部新闻阅评,受到市领导关注。

(谷　雨　王洁琼)

档　案

【概况】 石景山区档案馆(简称区档案馆)馆藏档案126个全宗,共103476卷162857件,各类资料8538册,排架长度2422米。照片档案62621张,光盘34张,实物档案2100件。馆藏档案起止年代为清同治十三年(1874年)—2010年。档案内容涵盖区政治、经济、社会生活的各方面。珍贵特色档案包括清同治十三年(1874年)刊印的反映孔子生平事迹的《圣迹图》、反映100年前老北京建筑、民俗和市井风情的影像资料,1949年石景山钢铁厂职工参加开国大典的照片,2003年温家宝看望石景山区玉泉路小学师生时亲笔题词,国民党荣誉主席连战出席石景山区台湾街开街仪式照片,北京市非物质文化遗产项目——具有600年历史的石景山区古城村秉心圣会实物等。年内,区档案馆接收文书档案219卷5854件,照片档案2099张。共接待利用者1341人次,利用档案1789卷/件次,开具证明1787份,复印档案资料6206页。

(靳晓蕾)

【“国际档案日”宣传活动】 6月9日,区档案馆在“国际档案日”期间开展线上宣传活动,以“网上展览”“网上征集”和“网上宣传”为主要内容。在公众号平台上围绕“喜迎二十大,档案颂辉煌”主题,制作“精彩冬奥石景山”图片展,让石景山人民重温冬奥记忆,发扬冬奥精神。并开展“网上档案征集”,增强人民的档案意识,弘扬档案文化。

(杨　菲)

【档案馆新馆和数字档案馆建设】 6月,区数字档案馆项目正式通过了第26次政府常务会,石景山区数字档案馆建设项目正式立项。年内,区档案馆协助区机关事务管理服务中心共同推进新馆建设,全力保证施工进度,新馆建设开展地上钢结构施工阶段,同步开展地下室二次结构砌筑及水电、消防、通风空调等安装工作。

(周琳琳)

【服务保障重点工作】 年内,区档案馆共接收北京冬奥会、冬残奥会文书档案165件,照片档案11册(258张),实物档案133件。不断强化疫情防控档案进馆工作,截至2022年底共接收相关文书档案1506件,照片档案114张,光盘2张。

(杨　菲)

【档案接收】 年内,区档案馆根据《石景山区档案接收试行办法》,规范档案接收工作,制定年度档案接收计划,对新一轮(2011—2013)年档案进行接收进馆,加强对各单位到期档案进馆工作的业务指导,确保档案资料应收尽收、齐全完整。截至2022年底共接收进馆文书档案3096件,会计档案28卷,照片13册624张。接收机构改革撤销单位档案,文书28卷2019件,照片档案12册470张,实物档案65件。

(杨　菲)

【档案开放鉴定】 年内,区档案馆共鉴定1988年至1992年档案109055件,其中开放档案44102件,延期开放档案59398件。在区人民政府网站公布开放起止年度为1918年至1987年的23734条档案目录。并根据新修订《国家档案馆档案开放办法》第19号令及北京市档案局要求,向北京市档案馆整理上传本年度开放鉴定结果。

(杨　菲)

【档案数字化】 年内,区档案馆完成2022年进馆档案的数字化工作,数字化总量为:图像扫描145876页、录入目录9800条。优化验收流程,严格实施三层质检措施,确保年度数字化工作的高质量完成。

(杨　菲)

【档案征集】 年内,区档案馆围绕冬奥、新时代首都城市复兴新地标、西山永定河文化带、绿色生态城区建设、经济发展、民生、重点工程和重大项目等各方面进行照片征集和跟踪记录,继续丰富馆藏照片档案资料库。截至2022年末,征集反映石景山区区情区貌、冬奥保障等各类活动的照片8267张,包括居民书画作品、旧式皮箱、08奥运(残奥)火炬模型等各类实物档案17件。

(钟　平)

【冬奥记录工程】 年内,区档案馆开展"冬奥记录工程",积累珍贵照片档案4万余张,并精选2000余张图片,编撰形成大型画册《精彩冬奥石景山》,多角度、全过程留存展示筹办冬奥历史记忆,画册向全区各单位发放200余册。通过提炼画册内容和文字,形成由53张展板、300余张图片组成的《精彩冬奥石景山》展览,展览分别在区政府组织的北京冬奥会冬残奥会石景山区总结大会、石景山区文化馆、"北京石景山""石景山教育"公众号和"北京石景山"APP等多渠道展出,受众超过3000人。

(靳晓蕾)

地方志

【概况】 区委党史研究室、区地方志办公室(简称区史志办)负责地方志书编纂和地方志资源的保护开发利用工作。年内,区史志办完成《北京石景山年鉴(2022)》《北京市石景山区地名志》编纂、出版、发行等工作。完成《中国地方志年鉴》《北京年鉴》供稿任务以及全国年鉴重点交换单位的年鉴交流等相关工作。为区直机关工委、西山永定河文化带管委会、规自分局等部门提供历史资料以及相关资料的审核等工作。

(杨　旭)

【《北京石景山年鉴(2022)》出版】 12月,由区政府主办、区地方志办公室承编,李新主编的《北京石景山年鉴(2022)》由中华书局出版发行。该卷年鉴设:区情概览、特载、专文、大事记、中共石景山区委员会、石景山区人民代表大会、石景山区人民政府、政治协商会议石景山区委员会、纪检监察、民主党派、人民团体、法治、军事、应急管理、新首钢高端产业综合服务区与首钢集团、经济管理、商务、旅游、城市规划与建设、城市管理、生态环境、科学技术、教育、文化、卫生、体育、社会事业、社会生活、街道、人物荣誉、统计资料、附录等32个类目,下设179个分目、1826个条目,收录151幅图片、11张表格。卷首专题图片设8个板块、通过50张照片展示,卷末附索引。为进一步突出区域生态环境的不断改善,该卷将原分目涉及的生态环境相关内容汇总后归属到新设置的类目"生态环境"中;为进一步规范年鉴内容归属问题,该卷将原"综合经济管理"中涉及的应急管理的相关内容汇总后归属到新设置的类目"应急管理"中;为进一步突出年度特色,该卷在卷首彩插中增设两个年度专题"庆祝建党百年与党史学习教育""冬奥服务保障"。调整后的年鉴在年度重点、特色、个性化上更加突显,在业态归属上更加合理,在年鉴规范编排上更加到位。全书共106万字。

(杨　旭)

【《北京市石景山区地名志》出版】 年内,由区委党史研究室、区地方志办公室承编的《北京市石景山区地名志》由北京出版集团、北京出版社出版发行。全书设概述、大事记、自然地理实体、政区 聚落、交通设施、古迹名胜、生产建筑 公共建筑、地名管理、附录等9篇、43节;附录部分主要包括地名诗词、地名故事、地名石刻、消失的自然村名录、历史地名一览表5项内容。收录68张照片、3张地图以及44幅地名石刻图,同时收录地名历史诗词118首。本志是关于石景山区地名的专志,主要记述辖区内具有代表性的地名,同时收录地名管理的规章;记述上限起于地名发端,下限止于2014年12月31日。全书共56.1万字。

(杨　旭)

文联活动

【概况】 年内,石景山区文学艺术界联合会(简称区文联)现有文艺家协会15家,登记在册会员2100余人。区文联自觉承担起举旗帜、聚民心、育新人、兴文化、展形象的使命任务,团结引领全区广大文艺工作者围绕中心、服务大局,推动文艺事业和文联工作迈上新台阶,为高水平建设好首都西大门贡献文艺力量,以强化意识形态工作责任制为抓手,开展"送福进万家"活动、靓丽石景山地域文化书画展、山河永定名家书画作品展等丰富多彩的文艺活动。

(张婷婷)

【"送福进万家"活动】 1月,由区文联、区融媒体中心和区图书馆联合举办的"送福进万家"活动在区图书馆进行。1月5日,由来自石景山区美术家协会、书法家协会、老年书画研究会、祥隶书法艺术研究会和政协书画院的20余名老师共同参加一场“特殊”笔会，为北京2022年冬奥会、冬残奥会组委会和市民朋友们创作千余幅春联福字和剪纸套装。广大市民纷纷通过线上评论的方式参与互动，并于1月24日至25日在区图书馆领取春联福字和剪纸套装。区文联组织各文艺家协会进行线上拜年，区政协主席田利跃率队前往首钢滑雪大跳台场馆为国内外运动员送去文联艺术家们书写的一千余张福字。

（张婷婷）

【“我家的‘人世间’故事”征文】 4月至6月，区文联组织艺术家们参加学习强国平台“我家的‘人世间’故事”主题征文活动，区书法家协会、区作家协会、区集邮协会的文艺家踊跃投稿，共有25篇作品入选并刊登在学习强国总平台和《石景山工作》书刊中。

（张婷婷）

【地域文化书画展】 7月22日，由区委老干部局、区文联联合主办，区老年书画研究会承办的“靓丽石景山地域文化书画展”在区文化中心美术馆开幕。此次展览时间为7月22日至28日，共展出书画作品171幅，其中绘画作品89幅、书法作品78幅、书法绘画长卷4卷。

（张婷婷）

【山河永定名家书画作品展】 7月25日，由区委宣传部、区文联举办的山河永定名家书画作品展在北京首钢三高炉开幕。该活动作为2022北京西山永定河文化节开幕式系列活动之一，以书画形式展现西山永定河深厚的地域文化内涵、靓丽风姿和在百年历史长河中的巨大变化。书画展邀请中国国家画院、中国艺术研究院、中国画学会、中国美协、中国书协、北京市书协、北京市美协及石景山区的68位书画家，共83幅作品参展，以西山永定河沿岸文物古迹、人文景观、石刻碑铭及石景山区近年来城市发展为创作题材，用书画形式展现西山永定河深厚的地域文化内涵、靓丽风姿和在百年历史长河中的巨大变化。共有29家新闻媒体报道60余篇文章。

（张婷婷）

【区影视家协会第一次会员大会】 8月27日，石景山区影视家协会第一次会员大会在石景山万商花园酒店多功能厅召开。大会表决通过《北京市石景山区影视家协会章程》《石景山区影视家协会第一次会员大会选举办法》，选举产生石景山区影视家协会第一届理事会成员和主席团成员，著名演员吴刚当选为主席。吴刚主席代表协会第一届领导机构表态并作未来五年工作展望。区影视家协会聘请丁荫楠、黄健中作为名誉主席，聘请陶玉玲、江平、孙立军、刘劲、文馨作为艺术顾问。

（张婷婷）

【翰墨赞歌书法作品展】 9月14日，由区文旅局、区文联联合主办，区文化中心、区文化馆、区书法家协会承办的“翰墨赞歌——石景山区喜迎党的二十大书法作品展”在区文化中心美术馆开幕。展览展出时间为9月14日至18日，参展作品紧扣时代脉搏，以喜迎党的二十大胜利召开，讴歌伟大的党、讴歌伟大的祖国，讴歌伟大的人民为创作导向，区书协共选出118幅书法作品参展。

（张婷婷）

【“聚焦生态文明 展现大美北京”摄影展】 9月22日，由北京市文联组联部主办、北京生态摄影协会承办，北京摄影爱好者协会、北京摄影收藏协会、石景山区摄影家协会协办的“聚焦生态文明 展现大美北京”主题摄影作品展在区文化中心拉开帷幕。此次摄影展是北京市文联以“喜迎二十大 奋进新征程”为主题开展的文化惠民助民公益活动之一。展出的166幅作品，分别从“丹心向党”“生态文明”“乡村振兴”“抗击疫情”和“首善之区”等内容，用镜头记录精彩瞬间、定格时代记忆，全方位、多角度呈现“生态北京、美丽北京、幸福北京”。

（张婷婷）

【“京西福地，五年蝶变”成就展】 10月5日，由区委宣传部主办，区文联、区融媒体中心承办的“京西福地，五年蝶变”石景山区喜迎党的二十大成就展在国际雕塑园开幕。区委宣传部长李金克等领导出席开幕式，区文联主席董聪慧主持开幕式，约300余人参加开幕式。展览分《京西福地，双奥之城迎蝶变》《众志成城，打造复兴新地标》《山水融城，扮靓首都西大门》《牢记宗旨，宜居宜业惠民生》《使命在肩，胸怀初心向未来》五大篇章，通过200余张照片，一段段生动的视频、高科技手段呈现的AI主播，全景展现党的十八大以来，石景山区所取得的伟大成就。

（张婷婷）

【“江山如画”书画展】 10月25日，由区文旅局、区文联联合主办的江山如画——践行党的二十大精神精品书画作品展在石景山区文化中心美术馆开幕，展览时间持续至10月31日。本次书画展既包含区文联所属美术家协会、书法家协会、老年书画研究会等“本土”书画家的优秀作品，同时活动还邀请国内书画名家30余人参与创作。其中何大齐长卷《京西古道模式口风情图》、于净波国画系列《石景山风情图》等作品为本次书画展的精品之作。

（张婷婷）

卫生健康

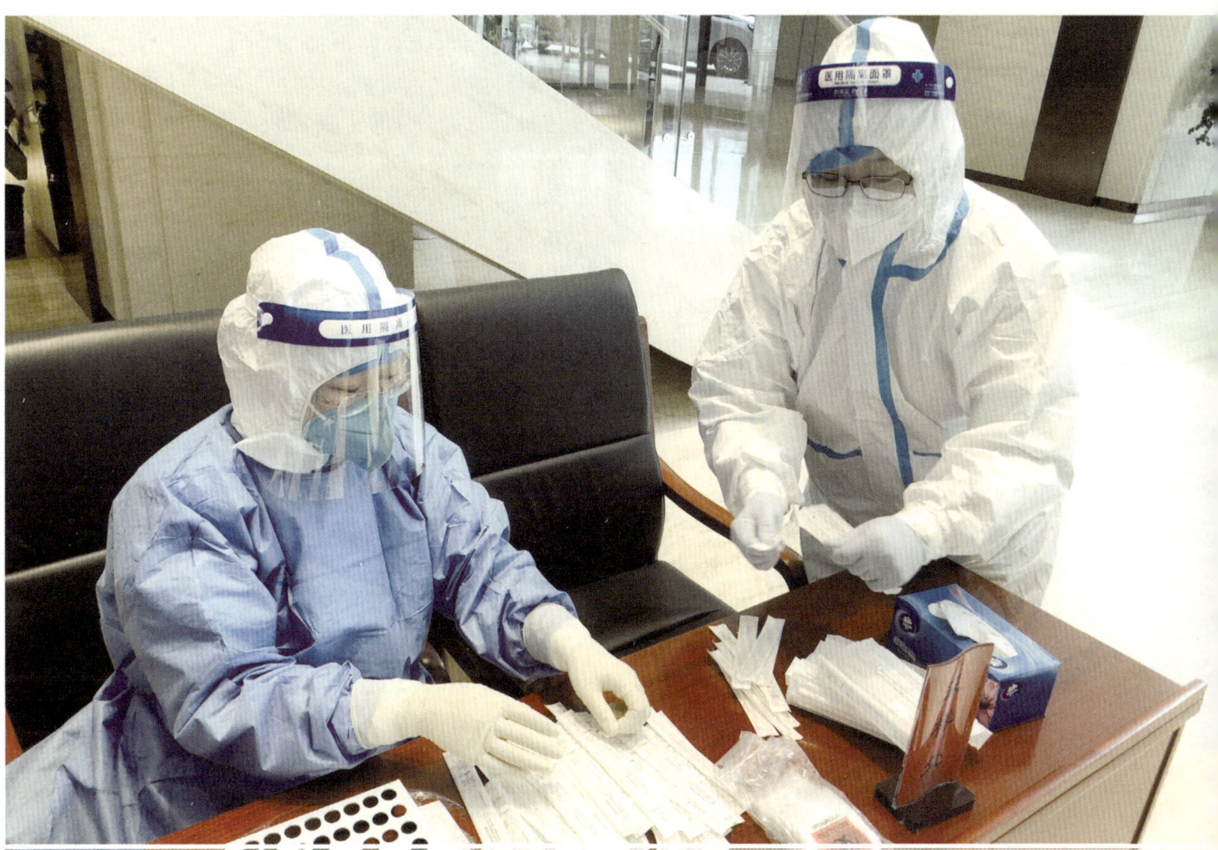

综　述

【概况】 2022年,石景山区共有医疗卫生机构227家,其中医疗机构223家(一级以上医院25家,社区卫生服务机构50家,其它医疗机构148家),其他卫生机构4家。每千常住人口实有病床数、执业(助理)医师和注册护士分别为9.81张、6.46人、7.62人,分别同比增长0.44张、0.17人和减少0.01人。全区医疗机构总诊疗731.00万人次(不含核酸人次),同比减少2.39%;门急诊730.74万人次,同比减少2.39%,其中门诊697.50万人次,同比减少2.82%,急诊33.24万人次,同比增长7.46%;社区卫生服务机构总诊疗258.19万人次,同比增加3.64%;社区卫生服务机构总诊疗人次占全区总诊疗人次35.32%,同比增长2.06个百分点。全区医疗机构出院人数11.33万,同比减少5.63%;住院患者手术5.05万例,同比减少9.88%;二级以上综合医院出院患者平均住院日8.07天,同比减少0.84天;实有病床周转次数30.03次,同比减少0.69次;实有病床平均使用率67.02%,同比减少7.58个百分点。全区公立医院医疗费用减少7.50%;药占比(不含中药饮片)由去年同期的27.53%下降到25.83%;百元医疗收入(不含药品收入)中消耗的卫生材料费为27.81元,减少6.05元。石景山区人均期望寿命、疾病死因前三位以市级公布数据为准;甲、乙类传染病报告发病率357.90/10万,孕产妇死亡率为0,婴儿死亡率1.49‰,5岁以下儿童死亡率2.49‰。全区户籍人口出生上报2320人,国家免疫规划疫苗接种率保持在99%以上,严重精神障碍患者在册规范管理率94.99%,患者报告发病率4.778‰。

(王　磊　刘　喆)

【妇幼名中医传承工作室】 5月9日,北京市中医妇幼名医传承工作室在石景山区正式启动,并举办拜师仪式。年内,市中医管理局在区妇幼保健院建设2个北京市中医妇幼名医传承工作室,按照市中医局文件要求,区卫健委在社区卫生服务机构遴选4名中医师作为工作室继承人。

(朱学群　边凌云)

【机构管理】 年内,根据区委机构编制委员会《关于为北京市石景山区疾病预防控制中心增加事业编制并核增科级领导职数的批复》的通知,为区疾控中心增加事业编制14名,同意核增副主任1名(正科级)。调整后,区疾控中心事业编制由100名增至114名,设主任1名(副处级)、副主任由3名增至4名(正科级)。根据区委编委《关于北京市石景山区卫生健康委员会调整内设机构的批复》通知,将石景山区卫生健康委(简称区卫健委)内设机构党建工作科(主体责任办公室)名称变更为党委办公室(主体责任办公室),并核减机关党委专职副书记1名(正科级),核增主体责任办专职副主任1名(副科级)。重新核定党委办公室(主体责任办公室)的主要职责为:负责机关及所属单位党组织建设的日常工作。承担落实全面从严治党主体责任、党风廉政建设主体责任的具体工作。负责机关及所属单位的教育培训、保密、统战和共青团、妇联等群团工作。负责本系统人才工作。在干部管理权限内,负责机关及所属单位干部管理工作。拟定卫生健康新闻宣传的目标、计划并组织实施。承担卫生健康新闻宣传和信息发布工作。负责机关离休人员的管理与服务工作。负责督促检查党委工作贯彻执行情况。完成区卫生健康委交办的其他任务。调整后,区卫健委机关行政编制45名。设主任1名,副主任4名。科级领导职数总数由15正1副调整为14正2副。其中:党委办公室(主体责任办公室)科级领导职数1正1副(含主体责任办专职副主任1名)。

(徐　璐)

【队伍建设】 年内,区卫健委机关公务员新录用3人(其中,包括非京应届毕业生3人)。区卫生健康全年举办3次事业单位公开招聘,实际招聘录用29人(其中包括非京应届毕业生5人)。

(徐　璐)

【名中医传承工作室建设】 年内,区卫健委开展第二期名中医传承工作室建设项目,31个名中医传承工作室均设置名中医临床经验示诊室、示教室,举办学习交流活动235次,对口支援社区卫生服务机构312次;继承人跟师笔记5234篇、整理总结名中医专家医案823篇、中医经典学习体会104篇。

(朱学群　边凌云)

【中医文化进校园】 年内,区卫健委利用中国中医科学院眼科医院优质中医专家资源,为全区中小学生制作简单易懂的中医药科普视频宣教片及中医近视防控宣教片,内容涵盖中医药人物故事、采药种植、自我保健、近视防控举措等多个方面,提高石景山区中小学生中医药健康文化知识普及率、近视防控意识和健康素养。

(朱学群　边凌云)

【基层中医药服务】 年内,区卫健委制定《2022年石景山区社区卫生服务机构中医药健康管理服务实施方案》,社区卫生服务机构规范开展中医药健康管理服务工作,提升65岁及以上老年人、0—36个月儿童中医药健康管理水平。培养社区中医药人才,组织14名社区卫生服务中心中医师参加北京市2022年中医馆骨干人才培训;10名社区卫生服务机构中医师参与北京市中医儿科内病外治“321”工程培训,开展名中医身边工程、高层次人才扎根基层五联动工程。

(朱学群　边凌云)

【老龄健康】 年内,石景山区常住人口中60岁及以上人口约14.2万人,约占全区常住人口的25%,百岁以上老年人30人;户籍人口中,60岁及以上老年人口为136375人,占全区户籍人口的34%,80周岁及以上老年人口为24487人,占户籍人口的6.1%。截止到2022年底,石景山区拥有养老服务机构7家,养老照料中心10家、社区养老服务驿站44家。2022年老山社区卫生服务中心等3家医疗机构被评为“北京市老年友善医疗机构”;八角社区卫生服务中心、老山社区卫生服务中心等2家社区机构被评为

"北京市2022年社区老年健康服务规范化建设达标单位"。2022年发放高龄津贴25.4余万人次,共计3925.88万元;发放失能补贴11.21余万人次,发放失能护理补贴共计5531.49万元。石景山区八角街道八角中里社区、八角南路社区成功创建"全国示范性老年友好型社区"。开展2022年度石景山区"孝顺之星"命名活动60名及北京市"孝顺榜样"推荐活动。开展"为群众办实事,智慧助老进社区"活动14场,线上、线下活动共惠及1200余人。

(乔艳云 邓 峰 孙 霄)

【落实《控制吸烟条例》】 年内,石景山区将爱国卫生与冬奥保障相结合,开展无烟奥运主题宣传,借助冬奥社区全新平台结合周末卫生日开展无烟奥运宣传活动,加强涉奥场所及周边环境治理。开展第35个世界无烟日主题活动,以辖区内中小餐饮美食街、商业楼宇、医疗机构等控烟投诉高发场所为重点,开展"控烟集中专项执法月"活动,充分利用"吹哨报到"工作机制,协调卫生健康、市场监管、住建、商务、文旅、烟草专卖等部门开展控烟联合执法检查。开展控烟示范单位和示范街区建设,新创建的28家无烟党政机关,达到北京市控烟示范单位标准,全区无烟党政机关建成率100%,确定老山街道郎园Park商业街进行第一批控烟示范街区试点建设。针对全区控烟重点难点问题,委托第三方公司,对全区控烟工作进行暗访评估。

(焦彩红)

【病媒生物控制工作】 年内,石景山区发挥区、街、社区三级爱国卫生组织网络力量,组织开展冬春季灭鼠、夏季灭蚊蝇、四季除蟑螂等活动。结合周末卫生日活动,清理居民小区、办公场所病媒孳生地。制作宣传海报2500张、《致居民的一封信》4万张,开展灭鼠、灭蚊蝇病媒防制知识宣传。做好服贸会首钢园区场地病媒生物防制工作保障。落实《2022年冬奥会和冬残奥会病媒生物控制工作方案(第一版)》,开展涉奥场所督导检查、病媒防制和投药,对滑雪大跳台、冬奥交通场站、冬奥组委、制服中心、涉奥酒店等涉奥场所进行消杀保障。北京2022年冬奥会期间石景山区涉奥场所未发生涉奥鼠疫等媒介生物性传染病,未发生涉奥病媒生物危害事件。

(焦彩红)

【卫生街道创建工作】 年内,石景山区坚持将群众性爱国卫生运动与卫生创建工作有机结合,继续组织开展申创和巩固加强卫生街道工作,督促相关单位落实主体责任,对照北京市卫生街道验收标准开展自查整改,指导街道加强日常卫生管理和卫生基础设施建设。2022年,全区9个街道全部获评为北京市卫生街道。推进社区公共卫生委员会建设,落实社区公共卫生委员会组成人员的培训工作,结合各类示范创建活动,加快推进社区公共卫生委员会工作人员能力建设,提升基层公共卫生治理效能。

(焦彩红)

【国家卫生区复审评估】 年内,石景山区巩固国家卫生区建设成果,做好国家卫生区复审的各项准备工作,对辖区相关单位进行新版国家卫生城市评审办法和标准培训学习,组织动员成员单位落实责任,发动全区各单位、居民群众参与群众性爱国卫生运动。以区政府名义制定巩固国家卫生区成果长效管理工作方案,细化分解任务指标,建立成员单位沟通联系机制,全面落实各项复审工作任务。

(焦彩红)

【爱国卫生运动】 年内,石景山区将爱国卫生运动与常态化疫情防控紧密结合,以基层党组织和在职党员"双报到"机制为抓手,联合区委组织部、区委宣传部持续开展"周末卫生日"活动。全年共开展周末卫生日活动15次,出动车辆523辆,清理堆物堆料、小广告、卫生死角38766处,清理垃圾491.35吨,发放宣传品95281余份,参加活动人数6万余人。区爱卫办、文明办和创城办联合组织开展第34个爱国卫生月活动,下发《关于开展第34个爱国卫生月活动的通知》(石爱卫办发〔2022〕5号),以"文明健康 绿色环保"为重点、组织开展爱国卫生月系列活动,倡导居民养成文明健康、绿色环保的生活方式。开展纪念爱国卫生运动70周年系列活动,在八大处公园进行70周年图片展。宣传推广《首都市民卫生健康公约》,开展传染病防治、心理健康科普知识宣传,倡导垃圾分类,践行光盘行动。

(焦彩红)

【健康石景山建设】 年内,石景山区印发《石景山区2022年爱国卫生和健康促进工作要点》《健康石景山行动2022年重点任务》,开展全民健康促进活动等方面,统筹协调各部门持续推动实施健康北京、健康石景山行动。组织开展2021年健康北京行动监测评估,以《健康北京行动区级监测评估指标体系(试行)》完成情况和十八项健康北京专项行动的推动实施情况为主要内容进行全面深入评估,经评估全区各项健康北京行动推动平稳,55项指标中,50项指标均好于或符合2022年预期。组织开展首都防疫健康促进行动,面向全区高风险地区居民提供健康知识普及21408人和心理援助服务11486人次;向各集中医学观察点被隔离人员提供健康知识普及21408人次和心理援助服务16730人次。开展健康北京周主题宣传活动,启动区级健康科普专家遴选、建立区级健康科普专家库,组织全区机关、企事业单位、街道社区参与北京市健康提素—健康知识竞答活动,注册学习41043人,参与竞答39145人。

(焦彩红)

卫生应急

【概况】 年内,石景山区推进辖区急救工作站建设,全区急救站点11个,达到市级要求"每个街道至少设1个标准化急救工作站"的目标;依托区属医疗机构建设急救站点,全部通过市级验收,提前完成年度目标。全区院前急救车共20辆,完成市级要求"院前医疗急救救护车达到每3万人口配置1辆"的规划目标,其中全区负压救护车9辆,石景山医院急救中心站配备危重新生儿负压转运车和设备。

通过持续增组建站、精细管理、优化排班,全年共计完成院前急救有效出车20304次,年底院前急救呼叫满足率达到98.77%。加强人员队伍建设,完善绩效考核评价制度和指标体系,建立院前院内医疗急救机构医师的双向流动机制,利用三级急救网络各专业资源,组建40人综合类紧急医学救援队伍。

(吴海平 高 晖 刘 漫)

【出台文件】 年内,区卫健委应急办为加快推进石景山区院前急救建设,根据市级文件研究制定《石景山区院前医疗急救设施建设督导方案》《石景山区院前医疗急救设施建设验收工作方案》。修订《石景山区突发公共卫生事件应急预案(2022年修订)》石应急委发〔2022〕4号。并制订《石景山区空气重污染卫生应急分预案》《石景山区卫生健康委反恐怖应急预案》。

(吴海平 高 晖 刘 漫)

【血液管理】 年内,石景山辖区内自愿无偿献血8852单位,比上年下降23.9%。其中街头献血5077单位,比上年下降34.5%;团体献血3775单位,比上年下降2.5%。采血点2个。全年医疗用血11953.5单位,比上年下降8.0%,成分输血率100%。

(吴海平 高 晖 刘 漫)

医疗服务管理

【概况】 年内,石景山区医疗机构总诊疗731.00万人次(不含核酸人次),门急诊730.74万人次,其中门诊697.50万人次、急诊33.24万人次;社区卫生服务机构总诊疗258.19万人次;社区卫生服务机构总诊疗人次占全区总诊疗人次35.32%。全区医疗机构出院人数11.33万;住院患者手术5.05万例。辖区医护比1:1.18,平均住院日11.02天。

(李小方 魏天铸)

【医联体建设】 年内,石景山区持续推进医联体建设,巩固基层首诊、双向转诊、急慢分治、上下联动的分级诊疗模式。辖区共有三个医联体,核心医院分别为:北京大学首钢医院、首都医科大学附属北京朝阳医院(石景山院区)以及北京市石景山医院,医联体成员单位涵盖辖区全部二三级医院、社区卫生服务机构及部分一级医院。其中北京大学首钢医院医联体成员单位有22家,首都医科大学附属北京朝阳医院(石景山院区)医联体成员单位有12家,北京市石景山医院及医联体成员单位有30家。医联体内累计上转患者11656人次,下转患者61325人次,医联体内二级以上医疗机构向基层医疗卫生机构共派出专业技术/管理人才8269人次。

(李小方 魏天铸)

【对口支援】 年内,区卫健委统筹辖区优质医疗资源,上到驻区三级医院,下到社区卫生机构共11家医疗卫生机构都参与对口帮扶工作中,搭建起卫生健康委、二三级医院和社区卫生服务机构三级扶贫保障网络。积极为称多、宁城和莫旗3个支援协作地区输出医疗技术力量,拓展帮扶形式,依托信息化假设,开展远程教学、培训、会诊等,并多次为当地开创技术先例。全年共派出医疗卫生技术人员33人,接收来京进修人员65人;组织各种培训93余次,培训人员2736余人,为贫困地区打造出“带不走的医疗队”;投入扶贫资金共428万元,为三地基层卫生院购置医学影像设备和业务用房盖章,健全当地基层卫生院医疗条件和诊疗功能。

(李小方 李 卓)

社区卫生服务

【概况】 年内,石景山区实际运行10家社区卫生服务中心、40家社区卫生服务站(新增南宫嘉园社区卫生服务站)。石景山区统筹基层常态化疫情防控和社区卫生重点工作,出动医务人员27225人次,入户采样707901人761882份,环境采样18915户19535份、采集追阳人员口咽拭子72人72份;出院病人管理工作,8家社区卫生服务中心共完成122人(531人次)。发挥家医团队“主动服务”作用,开展对辖区居民异常健康状况和解除集中隔离人员健康监测,对发现11类症状人员120闭环转运至就近发热门诊。截止12月31日累计报送健康监测246人,120转运98人。保障基本医疗、计划免疫和流感疫苗接种工作的同时,社区卫生服务机构配合疾控科完成重点人群在社区卫生服务中心和接种点的新冠疫苗接种及社区卫生服务中心(站)医务人员分批次新冠疫苗接种工作。社区卫生服务中心与街道、居委会建立网格化管理,摸清社区居家阳性人员底数,建立台账,通过开通健康通热线及时解答患者提出的问题,开展有针对性的心理疏导和康复指导。10家社区卫生服务中心设立发热门诊、社区卫生服务站设立发热诊室,为发热等11类症状患者提供诊疗服务;成立药品保障小组,及时与药品配送企业沟通供货量和配送情况,建立社区药品储备库,有效缓解居民用药需求;成立医疗救治小组,结合电子健康档案梳理摸清辖区内65岁以上老年人、患有基础性疾病人员作为重点人群,按照红黄绿分级分类进行管理,做好重点人群健康监测和重症早期干预服务,为在管理的重点人群(红码)及养老机构提供上门巡诊、血氧饱和度监测、送药、氧疗、健康指导、转诊等服务。

(田爱红 郝伶敏 薛 坤)

【家庭医生签约】 年内,区卫健委制定《2022年石景山区社区卫生家庭医生签约服务实施方案》,提升家庭医生签约服务规范化、精细化水平。印发《石景山区2022年“5·19世界家庭医生日”宣传活动的通知》,提升签约知晓性。发挥家庭医生团队“探头”作用,主动掌握重点人员健康状况;公示家医团队信息及联系方式,接受居民健康咨询,并通过身边医生APP等多种途径向居民推送健康教育、疫情防控知识;对辖区签约居民、入境(外地)来京人员、确诊和疑似密接人员、出院患者等重点人群开展居家医学观察、健康监测,对出现异常症状者按照流程开展评估、转运、排查。建立“对接双联”机制,家医团队对接居委会、经信,联残联、老干部局,形成签约和接种双促进。落实签约老年人“1+1”医保优惠政策，开辟就诊渠道；精准对接养老机构，开展巡诊服务；为符合条件的签约慢性病患者优先提供长期处方等服务。搭建信息化系统，选定鲁谷、八角社区卫生服务中心开展“智慧家医—智能外呼平台”建设。印发《2022年石景山区家庭医生签约服务绩效考核评价实施方案》，通过月度监测、日常督导、绩效考核工作，落实激励机制。截至12月底，全人群签约人数228348人，签约率40.34%（其中重点人群签约人数130192人，重点人群签约率97.55%）。

（李 宁）

【基本公共卫生服务项目】 年内，区卫健委开展基本公共卫生服务项目相关工作，修定印发《北京市石景山区2022年度基本公共卫生服务项目实施方案》；组织各项目责任单位落实完成《国家基本公共卫生服务项目管理信息系统》区级数据的填报工作；完成石景山区2021年度落实国家基本公共卫生服务项目自评工作；按月收集汇总广宁中心和鲁谷中心电话综合戒烟服务转介情况，督促机构完成月度转介任务；通过“健康石景山”APP和社管中心公众号推送宣传视频、“百问百答”宣传册、宣传海报、线上有奖答题等多种形式，多渠道广泛开展基本公共卫生服务宣传活动。

（马 欣）

【健康档案管理和慢性病患者管理】 年内，区卫健委制定印发《关于做好2022年石景山区社区卫生服务机构居民健康档案管理和慢性病患者健康管理工作的通知》《关于调整2022年石景山区社区卫生服务机构高血压和2型糖尿病患者管理任务的通知》。推行“身边医生”APP软件，优化开放服务渠道，辖区居民利用软件居民端可实现建立居民健康档案、家医签约、预约就诊、健康知识推送、健康档案调阅等功能，推动全区电子健康档案的普及应用。推进基本医疗和社区慢性病管理相互融合，合理优化服务流程，为就诊患者提供预约、随访评估、健康教育等健康管理服务。截至12月底，全区累计建立居民个人电子健康档案453062份，电子建档率80.05%，居民规范化电子健康档案覆盖人数364187人，居民规范化电子健康档案覆盖率64.34%。高血压患者健康管理42967人，规范管理33850人，高血压患者规范管理率78.78%；Ⅱ型糖尿病患者健康管理22133人，规范管理17310人，糖尿病患者规范管理率78.21%。

（马 欣）

【老年人健康管理】 年内，石景山区辖区内65岁及以上常住居民96000人，截至12月，65岁及以上老年人社区规范健康管理服务60152人，65岁及以上老年人城乡社区规范健康管理服务率为62.66%。

（曾玉香 郭星华）

【专科特色科室建设】 年内，区卫健委组织社区卫生服务中心开展专病特色科室建设，6家中心与医联体核心医院或三级专科医院共申报8个专病特色科室建设，参加北京市统一专题培训和考核。

（曾玉香 郭 旭）

【国家医共体试点建设】 年内，区卫健委完成国家紧密型县域医共体绩效评价监测系统相关数据评估上报；建立多部门协同配合机制，与医政科、首钢医院共同推进国家医共体试点；通过管理医疗一体化，医联体上下联动，贯通人才流动机制，通过信息化建设推动双向转诊，推进医联体内医疗资源共享、信息互通。

（曾玉香 郭 旭）

【中医药服务】 年内，区卫健委完成2021年社区中医医疗服务数据年报审核。开展中药饮片处方点评工作，抽取中药饮片处方1350张进行集中点评，点评结果纳入绩效考核；聘请市级专家进行中医临床病案评选评选，推荐上报中医临床病案20份；开展中医药健康管理工作，召开线上工作布置会并下发实施方案，明确工作任务和要求；印制下发中医健康宣传品1.5万份。辖区内65岁及以上常住居民96000人，截至12月，老年人中医药健康管理服务69203人，老年人中医药健康管理率为72.09%，辖区内0—36个月常住儿童10789人，0—36个月儿童中医健康管理8760人，0—36个月儿童中医药健康管理服务率为81.19%。

（曾玉香 汪 磊）

【人员培训】 年内，区卫健委对社区卫生服务机构医护人员进行上门核酸采样、个人防护的实操培训；对家医团队开展应急处置岗位练兵活动；对卫技和非卫技人员开展疫情、院感防控等相关知识线上答题六轮，共计6989人次参加；开展社区卫生继续医学教育必修课包括疫情防控、院感防控、国家基本公共卫生服务项目、家庭医生签约服务等内容线上培训，共9场2400余人参加；组织家医团队成员600余人参加市级岗位练兵线上答题并推荐一支家医团队参加北京市技能竞赛。全区卫技人员继续医学教育和社区必修课合格率均为100%。

（曾玉香 汪 磊）

【优质服务基层行】 年内，区卫健委推进“优质服务基层行”对照标准开展自查自评，针对薄弱环节持续整改，深化服务内涵，提升基层卫生服务能力，全区达到基本标准社区卫生服务中心比例为100%，其中达到推荐标准的比例为50%，苹果园、古城社区卫生服务2家中心本年度自评达到推荐标准并通过北京市专家线上审核。

（曾玉香 郭 旭）

【规范管理返聘专家】 年内，全区共有返聘退休医务人员72名，其中高级职称24名，中级职称48名，共拨付经费3274892元。返聘退休医务人员共计出诊17114.5天，门诊366931人次、咨询121069人次、带教1615人次、宣教25797人次、会诊459人次、查房5848人次、培训372人次。

（郝伶敏 薛 坤）

【家庭保健员】 年内，区卫健委制定《2022年石景山区家庭保健员培养工作方案》，落实常态化防控措施，丰富授课内涵，普及健康素养，所有家庭保健员均已考核合格并颁发证书，并纳入家庭保健员信息库，完成200名家保员的强化培养任务。

（李 宁）

疾病预防与控制

【概况】 石景山区疾病预防控制中心(简称区疾控中心)现有编制114人，在编职工88人，中心下辖结核病防治所、性病防治所、健康教育所及慢病防治所，流行病科(免疫预防、地方病防治、消毒科)、环境与职业食品卫生科、放射卫生科、理化检验科、微生物检验科、质控科、美沙酮门诊等10个专业科所，中心办公室、财务科、物资科、总务科4个职能科室。承担着疾病预防与控制、应急事件预警与处置、疫情收集与报告、监测检验与评价、健康教育与促进、应用研究与指导、技术管理与服务等重要公共卫生职责。具有国家计量认证合格证书以及职业健康检查和职业病危害因素检测与评价的资质。年内，区疾控中心加强传染病疫情防控，做好重点地区、重点人群的监测和防控，强化疫情监测和报告，及时对疫情进行分析及趋势研判；加大卫生防病知识宣教，提高群众的防病意识。

(苑　昊)

【美沙酮门诊】 6月26日国际禁毒日、12月1日世界艾滋病日，区疾控中心美沙酮门诊举办以"远离毒品，珍爱生命"为主题的宣传活动。门诊每月开展尿吗啡监测工作，为服药人员发放宣传品来提高尿检率，制定奖励政策，定期开展同伴教育小组干预活动，通过小组活动，提高门诊在治病人的依从性，营造积极向上的正面氛围。年内，区疾控中心美沙酮门诊在治86人，日均服药人数59人，治疗保持率96.92%，HIV检测率99.1%，阳性率为0；梅毒检测率98.8%，阳性率为0；HCV检测率98.8%，阳性率为76.3%；近一年随访吗啡尿检阳性率为1%。全年共计开展健康教育及心理干预活动15次，发放安全套及健康宣传材料4000份，累计发放奖励款20600元。

(姜　影)

【生命统计】 2022年，石景山区出生2008人，出生率5.13‰；死亡4523人，死亡率11.55‰。死因前十位依次为心脏病、恶性肿瘤、脑血管病、呼吸系统疾病、内分泌及营养和代谢疾病、消化系统疾病、损伤和中毒、神经系统疾病、精神和行为障碍、泌尿生殖系统疾病。人均期望寿命81.29岁，其中男性78.75岁，女性84.08岁。

(史倩楠)

【传染病防治】 年内，石景山区以发病日期统计报告法定传染病16种3351例，报告发病率为591.10/10万；死亡5例(艾滋病3例，乙肝、丙肝各1例)，死亡率为0.88/10万，病死率为0.15%。甲类报告1种2例(霍乱)，报告发病率0.35/10万。乙类报告11种2027例，报告发病率为357.55/10万，其中，新型冠状病毒感染1622例、肺结核123例、梅毒101例、痢疾69例、病毒性肝炎68例、淋病18例、艾滋病14例、猩红热9例、麻疹1例、布病1例、出血热1例。丙类报告4种1322例，报告发病率为233.19/10万，其中，流行性感冒931例、其他感染性腹泻病304例、流行性腮腺炎47例、手足口病40例。流感样病例监测累计监测门急诊就诊病例1862372人次，其中流感样病例为19254人，流感样病例数占就诊总数的比例为1.03%。全年接报146例水痘病例，无脊灰野病毒病例、AFP、百日咳、狂犬病、白喉、新生儿破伤风、流脑、乙脑病例发生。

(任丽君)

【计划免疫】 年内，石景山区20家免疫预防门诊均达到A级以上标准，全年召开专业会议和专业培训27期，参加人次数1600余人次。全年常规免疫接种率保持在99%以上；入托入学接种证查验工作完成115家学校/托幼园所共13442名儿童，查验率100%。需要补种人数903人，实际补种人数903人。补接种证儿童26人。补种免疫规划疫苗10种(水痘除外)，应补种728剂次，实际补种728剂次，补种率为100%。水痘应补种266剂次，实际补种266剂次，补种率为100%。疑似预防接种异常反应监测覆盖率、调查及时率及个案调查完整率等均达到100%。外来务工人员接种工作共完成35家用人单位的摸底和接种工作，接种麻疹疫苗15人，接种率25.42%；接种流脑A+C疫苗8人，接种率15.38%。完成学龄前流动儿童强化查漏补种工作，全区9个街道共调查流动儿童12324人，其中来京2月以下548人，来京2个月以上11776人。补卡41人、补证1人，补卡率100%。累计接/补种疫苗325剂次。全区累计接种流感疫苗48330支，其中免费疫苗40834支(学生接种19949支，60岁以上老人接种19401支，保障人群1484支)；自费疫苗7496支。未发生严重疑似预防接种异常反应。儿童免疫接种率抽样调查共调查本市儿童159名，外省市儿童51名，儿

12月15日，石景山体育馆发热门诊启用　　(区卫健委供图)

童免疫接种建卡率、建证率、卡证符合率均为100%，儿童基础免疫合格接种率均达到99.0%以上，加强免疫合格接种率均达到97.5%以上，儿童各种疫苗及时接种率均达到90%以上，五苗及时接种率为86.16%，均达到北京市免疫预防工作要求。按照国务院联防联控机制综合组《关于抓紧做好重点人群新型冠状病毒疫苗接种工作的通知》要求，全年共接种新冠疫苗194574剂，其中接种第一针37629剂，第二针41975剂，第三针105086剂，第四针9884剂。

（李艳辉）

【艾滋病防控】 年内，石景山区新报告HIV感染者/AIDS病人43例，其中AIDS病人5例。全区现存活HIV感染者/AIDS病人734例。筛查检测HIV抗体183835人份，检出HIV抗体阳性者58人，HIV抗体阳性率0.03%；艾滋病哨点监测调查各类人群638人，检出HIV抗体阳性者4人，HIV抗体阳性率0.6%。艾滋病高危人群干预32545人次，HIV抗体检测14428人份，检出HIV抗体阳性者33人，HIV抗体阳性率0.2%，HIV感染者/AIDS病人抗病毒治疗率为95.4%。3个艾滋病自愿咨询检测门诊共接待艾滋病咨询检测者932人，检出HIV抗体阳性者16人，HIV抗体阳性率1.7%。社区药物维持治疗门诊累计治疗人数588人，在治人数86人，治疗保持率98.7%，日均服药人数61人。开展社区组织参与艾滋病防治基金项目以及国家艾滋病综合防治示范区等工作，继续开展艾滋病尿液匿名传递检测工作，健全性病艾滋病防治网络，落实全区“三位一体”艾滋病防治工作模式，加强艾滋病实验室网络建设及质量控制，开展艾滋病确证检测以及CD4淋巴细胞检测，完成辖区社区卫生服务中心及监管场所HIV和梅毒快速筛查点的督导培训及质控考核等工作。对辖区医疗机构性病艾滋病防治工作进行督导检查以及业务培训。开展性病艾滋病防治宣传活动，采取线上线下多种形式，面向各类人群开展防艾宣传活动。全年发放性病艾滋病宣传资料共计10余种7.3万份，免费发放安全套7.8万只、润滑油4千支。

（张国磊）

【结核病防治】 年内，区疾控中心结核门诊共接诊738人次，化验室共做检查2510人次，其中痰涂片378份，涂阳19份；培养218份，培阳15份。X-pert检查80份，其中阳性19份。截止至12月31日，全区登记管理肺结核病人112例（初治103人，复治9人），其中，外地患者14例，本市19例。发放免费药品11520人次。根据《北京市学校结核病防控工作规范（2018版）》等工作规范要求，对辖区大学新生结核病筛查6925人，发现1名活动性肺结核病人。2022年度内处理学校预警应急事件35起，已对5名学校密切接触者进行筛查，停课/停工17人。未发生学校聚集性疫情。2022年度内共筛查幼小中高新生11785人次，其中在定点筛查机构进行结核菌素皮试2011人，PPD中度阳性以上76人，胸片筛查217人，目前未发现结核病疑似或确诊病例。在国家基本公共卫生服务项目肺结核患者健康管理工作中，通知管理的肺结核患者109人，已管理肺结核患者107人，管理率98.2%，已完成治疗肺结核患者113人，规则服药肺结核患者112人，规则服药率99.1%。全区开展糖尿病患者及65岁以上老年人群结核病筛查工作，结核病可疑症状筛查91698人次，未发现结核病病人。2022年度内围绕“世界防治结核病日”等宣传日，通过网络线上媒体开展结核病防治宣传，引导公众做好新冠肺炎防护的同时做好结核病的防控工作。石景山区百千万结防病防治志愿者们走进公园、街道社区、学校、流动人口聚集地开展现场宣传活动共计35场次，发放相关宣传材料6500余份。

（姜　影）

【公共卫生监测与评价】 年内，区疾控中心登陆国家职业病报告网，共审核17份用人单位信息和3750份有毒有害作业工人健康监护个案体检信息，审核并访视尘肺病病例10例、7例无职业病病例、3例疑似职业病病例和1例农药中毒病例。对部分医院开展职业病网络直报绩效考核。开展156例职业性尘肺病的随访与回顾性调查工作。开展食品安全风险监测工作，化学污染物检测134件，2件（20%）鸡蛋样品检测结果异常（1件鲜鸡蛋中检出禁用药物甲硝唑和强力霉素，1件检出强力霉素），区疾控中心基于此结果撰写1份隐患报告。食品微生物监测205件，在2件轻食简餐样品检出沙门氏菌，撰写1份隐患报告。开展食源性疾病监测工作，共采集326件患者粪便标本，检测出阳性样本数为55株，致病菌阳性率为16.87%。检测病毒样本166份，检出阳性样本数7株，病毒阳性率4.22%。配合区市场监督管理局调查处理1起肠炎沙门氏菌感染引起的食源性疾病暴发事件。组织辖区18个医疗机构通过义诊咨询、科普讲座、发放宣传材料、悬挂横幅标语、张贴海报、利用医院电子显示屏滚动播放宣传口号、科普视频等营养知识开展营养周宣传，区疾控中心和各医疗机构利用官网、微博及微信公众号等发布营养科普知识，向前来就诊的患者和家属以及关注健康的百姓宣传营养知识，传递健康理念。开展生活饮用水日常监测工作，共检测水样181件，合格181件，合格率为100%。开展冬奥公共场所和生活饮用水公卫保障监测工作，共采集59件样品。

（孟庆晨　王明良）

【感染防治】 年内，石景山区现有纳入消毒卫生监测工作范围的医疗机构为162家，其中二级及以上的12家，二级以下的53家，个体医62家，26家学校医务室，9家其他医务室。纳入监测的托幼机构为50家。全年消毒效果监测采样共计1317件，合格1317件，合格率为100%。医疗机构消毒效果监测：监测113户次，采样1083件，其中物表及工作人员手涂抹采样834件，空气采样117件，高压锅监测采样17件，其他115件。托幼机构消毒效果监测：监测19户次，采样234件，其中物表及手采样156件，空气采样39件，其他39件。消毒工作检查：医疗机构113家次，托幼机构19次。传染病消毒管理:参加本年度新冠肺炎疫情大流行期间的各项疫情处置工作,其中病家或疫点消毒98次,进行物表消毒面积达68200平方米,消毒效果评价2家。传染病疫情病家及密切接触者居家消毒技术指导210家次,检查社区服务站(中心)12家次。传染病防控督导检查,新冠疫情密接人员集中隔离点传染病防控检查46家次。消毒技术培训,进行托幼机构、医疗机构预防保健人员消毒技术分散培训和个别指导人数240人。病媒生物监测工作,参与并指导第三方pco公司进行石景山区病媒生物密度监测工作。全程参与北京2022年冬奥会及冬残奥会的赛前准备、赛会保障和赛后病媒生物危害评价,并在全国两会、国际服贸会等重要活动中完成本辖区各项病媒生物防控及安全保障工作。日常病媒生物密度监测:蝇监测共21次,共6类环境每次设点7个场所,共累计布放蝇笼119个;蚊监测共18次,成蚊共监测3类环境每次5个点,共累计布放诱蚊灯180套;白纹伊蚊专项监测6次,2个点,布放诱蚊诱卵器600个;幼蚊监测共4类环境每次6个点,共累计检查容器50个,取水样270勺。蟑螂密度监测12次,每次设点8个场所,累计布放粘蟑板4080张。鼠密度监测12次,每次设点4个,布粉块600块,鼠夹1300把。开展辖区蜱虫及臭虫等非常见病媒生物的调查监测及技术咨询工作。

(佟明新)

【慢性非传染性疾病防治与管理】 年内,石景山区开展心血管病高危人群早期筛查和综合干预项目,完成初筛调查人数5432人,初筛调查完成率90%;高危检出人数1418人,累计高危检出率26%;高危干预人数353人,高危干预率24%;短期随访人数37人,短期随访完成率2%。开展特定健康问题哨点监测项目工作,完成婴幼儿、学龄前儿童、儿童青少年、成人、老年人等不同年龄段人群共计1680人的现场调查,10月份完成数据质控。开展中国老年人健康素养调查工作,完成4个社区常驻居民共计200人的现场调查,并完成数据质控。开展第六次全国慢性病预防控制能力调查工作,完成疾控中心、北方工业大学社区卫生服务中心调查问卷网络填报工作。开展"万步有约"健走激励大赛,参赛队员250人,赛期50天。新成立高血压自我管理5组、组员50人;糖尿病弹力带操自我管理小组5组,组员50名;培训师资共计20名。新招募健康生活方式指导员102名,推选10名北京市优秀指导员,30名活跃指导员。开展三减三健主题宣传活动2场,专项行动4个。开展爱牙日等主题日宣传活动2场。全年累计发放折页8000余份、健康手册8000余册、支持性工具400余个。利用石景山区健康教育官方微博及微信、石景山报等多种媒体宣传,发表科普文章100余篇。

(安欣华)

【学校卫生】 年内,区疾控中心开展对全区中小学校校医及相关人员的疫情防控及学校卫生工作专项培训4场次,培训人员400多人次。培训的内容主要涉及学校传染病防控工作部署、学生常见病的预防、视力保护、学生健康饮食、青少年肥胖的预防及青少年控烟知识等学校卫生相关专业知识。利用健康月、爱牙日、爱眼日、无烟日、高血压日、健康月及系列宣教活动的机会开展学校卫生和疫情防控主题宣传,面向全区中小学生发放常见病防控宣传折页、家庭视力自测图、健康膳食折页、健康刷牙宣传折页、疫情防控宣传海报、控烟宣传海报等宣传品,开展各类宣传活动40余场。开展辖区中小学常见病及健康危险因素监测工作,选取银河小学、石景山区石景山学校(小学部)、北京大学附属中学石景山学校、古城中学、首都师范大学附属苹果园中学、北京市第九中学、黄庄职业高中、北京工业职业技术学院、北师大石景山附属幼儿园和军区机关幼儿园等12所学校及幼儿园的3100余名学生开展体检工作,同时开展《2022年学生常见病和健康危险因素监测与干预》工作,包括环境监测、学生体质监测、学校卫生基本情况监测和学生常见病监测等工作。

(刘力勇)

【健康教育与健康促进】 年内,区疾控中心每月按时完成辖区常态化疫情防控健康教育社区(村)工作月报表、戒烟服务月报表、基层健康教育报表、健康大课堂报表、健康教育工作情况年报表的上报。对社区卫生服务机构开展基本公共卫生督导考核1次,开展医院公共卫生服务考核1次。发送微信127条;发送微博186条;向北京健康教育网站投稿6篇工作信息。围绕《首都市民卫生健康公约》开展系列主题宣传活动,并发动全区所有医疗机构和其他二级网络开展参与宣传活动,联合二级网络在辖区内开展"送烟=送危害"世界无烟日主题宣传活动,通过微信、微博、抖音等平台推送图文、视频等宣传资料;区疾控中心健康教育科及其他科室联合景阳东街第三社区在燕保家园开展世界肝炎日宣传活动,世界肝炎日的宣传主题是"防治肝炎 健康你我";与区妇幼保健院联合举办2022年石景山区全国爱牙日主题宣传活动,科普口腔健康知识。开展北京市居民健康素养"健康提素"线上竞赛行动,通过线上推广和线下动员,累计注册人数41043人,注册人数占常住人口7.23%,累计答题人数39145人,答题人数占常住人口数6.89%。开展北京市居民健康素养监测调查工作,涉及八宝山、八角、古城等6家居委会,要求完成率不得低于390户,剔除不合格问卷,合格问卷400份,完成目标要求,期间开展培训及动员1次,督导9次。开展北京市健康教育绩效考核机制研究调查,本调查抽中鲁谷社区卫生服务中心,共计调查59人,完成目标要求(50人)。根据北京市疾控中心统一安排,在辖区开展北京市医疗机构优秀健康教育处方征集评选活动,最终征集15个健康处方并上报。征集无烟党政机关建设优秀案例2篇,配合北京市疾控中心完成案例的修改及校对出版。开展健康促进幼儿园干预项目,依托北京市疾控中心健康教育所举办的北京少儿健康歌传唱大赛,在3所健康促进幼儿园中开展北京少儿健康歌曲大赛,约有400个家庭参与活动,并向市疾控健康教育所官方抖音账号上报作品37个,北京市卡尔贝贝实验幼儿园获得“最佳组织奖”荣誉称号。

(安欣华)

【实验室建设】 年内,按照《北京市市、区两级疾控中心仪器装备配备标准(试行)》,A类设备配备标准为132种259台,区疾控中心现已具备119种334台。根据北京市《2021年度区政府绩效管理日常履职考核事项评分标准》中疾控机构标准化建设指标计算,中心仪器设备种类和数量综合达标率达到95%以上。

(吴 劲)

【卫生应急】 年内,石景山区突发公共卫生事件报告2起,均为霍乱疫情。本区累计调查处置2349例新冠感染者,管理密接14799人,次密9081人。累计调查处置阳性环境、涉疫快递等事件16起。组织开展人员培训50场次,应急演练4次。根据疫情防控形势,深入集中隔离医学观察点、企业楼宇、学校、托幼机构、文化中心、寺庙等场所开展防控工作指导,300余户次。完成冬奥会和冬残奥会、全国两会和区两会、服贸会、党的二十大、高考、中考及各类社会考试等大型活动和会议保障任务,撰写各类传染病与突发公共卫生事件监测月报12期,年报2期,公共卫生安全形势分析4期。开展医防融合培训,全年培训带教学员21人。对重点防控传染病、重点地区和重点部门传染病发病情况和趋势进行分析研判,撰写风险评估报告20篇。按时向市疾控中心上报《卫生应急工作动态》相关信息资料,共上报信息11篇。

(吴 劲 任丽君)

卫生监督

【概况】 年内,石景山区辖区内公共场所数量856户,量化分级709户,量化占比82.83%。经常性监督检查数量2204户次,覆盖率100%,合格率98.27%,处罚数量37起,罚款金额12000(元)。

(崔瑞莲)

【医疗卫生监督】 年内,区卫健委医疗卫生监督检查数量6546户次,覆盖率100%,合格率99.7%,作出行政处罚22件,罚款金额100000元。打击非法行医情况:作出行政处罚1件,罚没款金额1840元。办理医师多点执业数量398人次。

(崔瑞莲)

生育服务管理

【概况】 年内,全区户籍人口出生2330人,出生率5.90‰;户籍人口死亡4523人,死亡率11.49‰。区卫健委深化“关爱女孩”行动,加强生育全程管理,多部门联合开展打击“两非”专项行动。发挥计生协会作用,广泛开展家庭健康科普宣传,在国家级媒体刊载15篇,市级媒体450篇,区级媒体80篇,报送“北京市人口发展十年”典型案例4件。举办健康大讲堂50场,受益人群3000余人次。

(田孟云)

【奖励扶助】 7月1日,根据市卫健委、市财政局通知精神,做好特别扶助金调整工作,将独生子女伤残、死亡特别扶助金,分别由每人每月590元、720元提高到每人每月740元、900元,全年发放特别扶助金1885人1645.344万元,发放独生子女父母奖励费4847人27.66万元、独生子女父母一次性奖励1857人185.7万元。年内,石景山区完成特别扶助对象资格确认工作,确认死亡对象811人、伤残对象1074人。精准帮扶计生特殊家庭,将特殊家庭帮扶纳入“济困工程”,深入开展“暖心行动”,帮助17名行动不便失独老人购置日用品,125个家医团队通过多种方式提供签约服务,在石景山医院开通就医绿色通道。为811名失独家庭发放生日慰问金,大病帮扶34户,免费体检314人,安排入住养老机构5人,为60周岁以上的失独老人发放帮扶补助,召开失独代表座谈会,全年投入帮扶资金204万元。

(田孟云)

【妇幼健康】 年内,石景山辖区孕产妇建档2578人、死亡人数0、死亡率0(0/10万),初产剖宫产率25.68%,活产2476人(常住人口)。新生儿死亡2人、死亡率1‰,婴儿死亡3人、死亡率1.49‰,5岁以下儿童死亡5人、死亡率2.49‰(户籍人口)。围产儿出生缺陷率为25.44‰;出生缺陷顺位前5位为:外耳其它畸形、多指(趾)并指(趾)、先心病、隐睾、唇腭裂。

(乔艳云 孙 霄)

【婴幼儿照护服务】 年内,区卫健委推进3岁以下婴幼儿照护服务,健全完善托育服务体系,将托育服务纳入

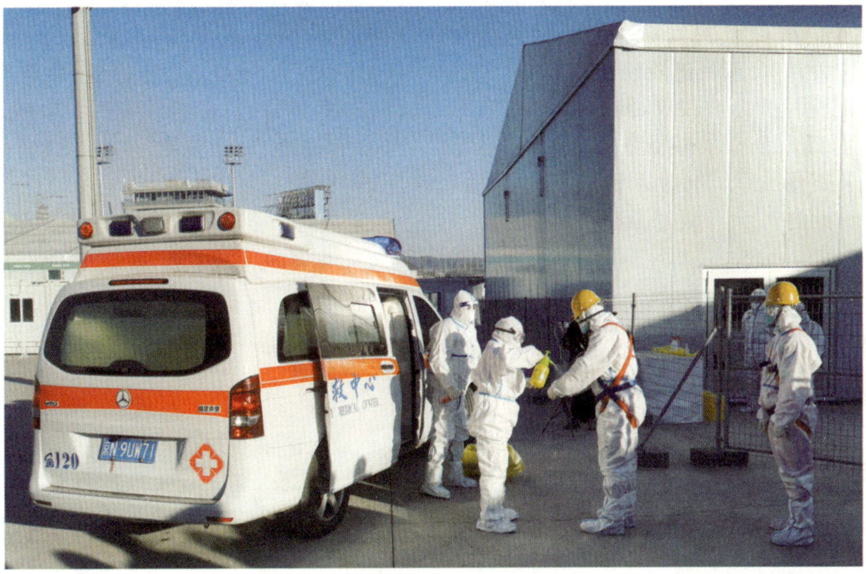

1月5日,区卫健委组织涉冬奥医疗保障和疫情防控应急处置桌面推演演练 (区卫健委供图)

区“十四五”规划纲要和“十四五”卫生健康发展规划，将“0—3岁婴幼儿普惠托育服务资源不足”问题纳入接诉即办“每月一题”清单加以推进。持续提升托育服务能力，开展卫生评价和备案工作，4家机构完成备案。组织托育技能培训160人次，为婴幼儿家庭发放托育券61张，提供早期服务2184人次。开展示范性托育机构创建活动，北京瑞丁启蒙托育服务有限公司被评为市托育服务示范单位(2022—2024年)。落实托育纾困政策，水电气热执行居民价格，减免租金75万元。全方位加强托育安全监管，落实疫情防控主体责任，指导托育机构精准防控。开展安全生产大检查暨“百日行动”。开展预付式消费专项整治，协调处理2起预付式消费纠纷。开展托育服务摸底调查，参加国家统计局托育服务调研、市人大托育服务体系建设座谈会。全区运营托育机构10家，幼儿园托班4家，可提供托位1000个，千人口托位数1.7个，实现市下达的千人口托位数1.3个的年度目标。

(田孟云)

药品安全监督

【概况】 年内，石景山区药品使用主体共222家，区市场监管局对辖区医院、社区卫生服务中心等医疗机构开展监督检查，加强药品使用环节监管，特别是加强检查中药饮片验收养护工作，指导全区使用中药饮片的医疗机构开展中药饮片专项整治自查工作。对疫苗接种单位和新冠疫苗接种点位进行监督检查，重点检查疫苗购进、储存运输和冷链管理情况。对医疗美容机构的药品使用管理情况开展专项监督检查。完成区级药品抽检任务，对药品使用环节抽检164批次，合格率100%。

(游道毅)

【服务保障冬奥会、冬残奥会】 北京冬奥会、冬残奥会期间，区市场监管局对北京冬奥组委首钢办公区总部、制服注册中心、首钢滑雪大跳台三个点位的医疗保障工作和冬奥园区120急救以及转运保障工作分别制定专门的检查保障方案，对涉及药品的进购渠道、运输储存等方面进行重点关注，与相关医护人员协力共同保障冬奥会药品质量安全。

(游道毅)

【新冠肺炎疫情防控】 年内，区市场监管局统筹“京药通”系统使用，严格要求药品零售企业落实销售“四类药品”疫情防控政策，100%通过“京药通”系统扫码登记上传购买“四类药品”人员信息。全年与区委组织部、区卫健委协作，牵头督导各街道完成27万人次的购药回访工作。将药店全体从业人员纳入“北京冷链平台”，确保全面实时掌握从业人员健康状况，重点场所绝不成为疫情传染源和放大器。

(邵　敏)

【药械流通环节质量监管】 年内，区市场监管局结合奥运社会面保障和日常监督检查，加大对零售药店的检查力度；结合疫情防控检查，加大对药店销售医用防护口罩、防护服的抽检力度，确保防疫器械质量安全；加大对经营新冠抗原试剂药店和经营核酸检测试剂的医疗器械经营企业检查力度，确保试剂采购渠道合法，储存运输条件符合要求；结合兴奋剂药品监管和各专项检查，加大药品安全专项整治力度，以药械购进来源为重点，以核查票、证、帐、货、款是否相符为重点内容。石景山区共有药品零售企业94家，2022年已检查主体113家，监督检查覆盖率100%；有医疗器械经营企业1306家，已检查1038户次，监督检查覆盖率63.86%；医疗器械网络销售主体123家，监督检查覆盖率100%。

(邵　敏)

【医疗器械生产监管】 年内，区市场监管局对产品变更医疗器械备案企业三个月内进行全覆盖、全项目检查，对一家变更企业进行GMP检查一家次。完成第一类医疗器械产品备案变更24件，一类产品注销3件，一类产品新备案4件，一类器械生产企业备案1家次，一类器械生产企业取消1家次，办理医疗器械出口备案14件。

(常向平)

【特殊药品使用安全】 年内，区市场监管局加强特殊药品日常监管，对使用麻醉药品和精神药品的医疗机构开展现场检查，确保麻醉药品和精神药品使用安全。定期对区戒毒药物维持治疗门诊进行现场检查，并接受市级美沙酮药物维持治疗工作组督导。

(游道毅)

【严格药械行政许可准入】 年内，区市场监管局共完成医疗器械许可171件，其中核发49件，变更82件，延续9件，注销31件；共完成药品审批78件，其中核发11件，变更41件，换证8件，注销18件。

(邵　敏)

体　育

综　述

【概况】 2022年,石景山区体育局(简称区体育局)全力做好冬奥服务保障、疫情防控、市运会参赛等重点工作,进一步扩大全国"带动三亿人参与冰雪运动"示范区创建成果,以实际行动迎接党的二十大胜利召开。区体育局与全区各职能部门协调配合,全力做好2022年北京冬奥会场馆运行、火炬传递、国际交流等各项服务保障工作。冬奥会期间,首钢滑雪大跳台产生两枚对中国具有历史意义的金牌。冬奥会结束后,区体育局被市委、市政府表彰为"2022年冬奥会、冬残奥会北京市先进集体"。区体育局打造特色品牌活动,疫情常态化下,发展线上线下相结合的方式,组织举办"阳春社区体育节""全民健身日""金秋体育盛会""快乐冰雪季"等系列赛事活动。围绕冰雪运动推广举办冬奥倒计时100天、50天活动,开展"我为中国冰雪加油"群众冰雪运动,北京轮滑公开赛、冰雪体验、一起向未来全民迎冬奥、石景山"魅力冬奥"系列活动、冰雪嘉年华等冰雪体育赛事活动。全年开展区级及街道全民健身赛事活动607场,活动人数30多万人。

(郭　琳)

【"双奥石景山 冰雪向未来"活动】 4月13日,冰雪项目国家队公益服务计划系列活动——"双奥石景山 冰雪向未来"群众冰雪活动在石景山区首钢滑雪大跳台、北京冬奥公园举办。国家体育总局群体司、冬运中心、中国滑雪协会领导,区委书记常卫,区政协主席田利跃,中铁建发展集团有限公司党委书记、董事长贾洪出席活动。此次活动由体育总局冬运中心与石景山区共同举办,是"冰雪向未来"全国群众性冰雪主题活动的第一站,也是北京冬奥会后冰雪项目国家队公益服务计划的首场活动。活动邀请武大靖、任子威、曲春雨、范可新、高亭宇、苏翊鸣、齐广璞、隋文静、韩聪、李文龙、闫文港等众多北京冬奥会冠军及奖牌运动员,与石景山区冰雪运动爱好者和青少年们互动交流,分享冬奥故事,讲述北京冬奥精神,激励大家参与冰雪运动,助力石景山"带动三亿人参与冰雪运动"示范区建设。

(郭　琳)

【冬奥遗产保护利用座谈会】 4月21日,区领导尹圆主持召开冬奥遗产保护利用专家座谈会,来自欧米茄、长城战略咨询等企业的专家先后从引进国际品牌赛事、打造高端冰雪运动训练基地、发展电子竞技运动、地区联动等角度切入,就冬奥遗产保护利用工作献计献策。会后,首园运动公司组织各专家赴首钢实地察看冬奥遗产相关情况。

(郭　琳)

【国家体育总局调研】 11月10日,国家体育总局青少年体育司副司长王雷、市体育局副局长石风华联合带队到石景山区实地调研体育工作。调研组先后来到首钢滑雪大跳台、国家冬训中心调研冬奥场馆赛后利用情况,赴六工汇调研体育培训机构运营情况,到石景山体育中心实地查看石景山体校的训练场地设施,了解青少年后备人才培养情况。

(郭　琳)

【体育社团】 年内,区体育总会统筹指导全区11个单项体育协会和5个民非体育组织,整合资源和优势,围绕营造冬奥氛围,宣传冬奥成果,充分利用冬奥遗产,组织全民健身赛事和活动20余项次,媒体报道40余次,带动机关单位、企业、街道社区群众2万余人次积极参与,还吸引天津、河北、山西、内蒙等周边省市的爱好者参与活动。指导和帮助各项目协会开展裁判员、教练员、社体指导员三员培训工作,不断壮大全区群众体育骨干队伍,提倡和鼓励各协会深入街道社区宣传科学健身知识,共组织各种培训50余次,下沉社区开展健身大舞台活动40余次。

(郭　琳)

体育产业

【概况】 年内,石景山区体育行业备案企业500余家,其中规模以上体育企业10家,根据区统计局数据统计,2022年实现收入约4亿元。2022年,区体育局紧抓后冬奥机遇,聘请北大国家体育产业研究基地专家协助研究制定具有石景山特色的体育产业政策体系。围绕石景山区"两区"建设和国际消费中心城市建设培育,积极推进国际赛事引入、体育消费新增长等任务的实施。成功举办"8·8体育消费节"、发挥斯威克斯冰雪体育企业的头部作用,汇集区内80余家体育企业参展服贸会。结合重点企业"服务包"工作,到北京卡宾滑雪体育发展集团股份有限公司、艾斯特制冷与太阳能技术(北京)有限公司、国际雪联北京代表处等冰雪龙头企业、国际组织进行走访调研,通过常态化政企沟通,为企业提供精准服务,全力推进服务包企业需求落实,加大对经济盈收影响力。

(郭　琳)

【8·8北京体育消费节】 8月至9月,北京市体育局举办第三届"8·8北京体育消费节",活动以"悦运动 悦精彩"为主题,重振北京市体育消费市场。消费节期间,区体育局邀请驻区优质体育企业参与品牌视频推介、现场展示和打折促消费活动,线上线下互动效果明显。

(郭　琳)

【服贸会参展】 9月,石景山区委托斯威克斯科技有限公司代表石景山区参展2022年北京服贸会体育服务线下专题展。服贸会期间,石景山区双奥之区展厅共计接待参观团队与媒体团队30余家,大众参观体验人数达到6000余人。同时辖区6家体育重点企业线下参展、11家体育企业线上参展,多角度立体展示石景山区冰雪运动、冰雪产业发展成果。区重点体育企业参加冰雪论坛及招商推介等配套活动。

(郭　琳)

【深入服务企业】 年内,石景山区建立企业台账并动态调整更新,全面掌握区域体育企业整体情况。通过微信群、电话、走访、座谈等形式加强与企业的日常联系交流。重点做好规上企业每季度经济数据汇总，针对收集整理的问题需求，邀请区领导定期走访，高位协调推动困难问题解决。完成2022年度北京市体育产业机构名录库核查、北京市2022年体育示范单位、示范项目、国家体育产业基地及体育旅游项目申报工作等。

（郭　琳）

【体育市场管理】　年内，区体育局根据全区统一部署，在体育行业开展预付式消费专项整治活动，召开专题部署推进会议，加强宣传、解读政策，并联合区市场监管局、属地街道等单位部门，共同推广“石景山区预付式消费监管服务平台”。根据市体育局、市市场监管局通知，加大宣传力度，推广使用示范合同文本。结合“双减”政策和市体育局有关要求，建立完善并及时更新体育类培训机构台账，并针对青少年体育俱乐部教材、教员等开展排查整治工作，不断规范体育市场秩序。

（郭　琳）

【安全监管工作】　年内，区体育局按照市体育局、区应急局和区疾控中心统一部署，制定《石景山区体育行业安全生产整治“百日行动”工作方案》，督促生产经营单位全面落实安全生产主体责任和疫情防控责任，完善石景山区体育行业安全生产和疫情防控状况。聚焦春节、冬奥会、十一、特别是党的二十大等重点时段，开展不间断检查，每周开展检查五次以上，逐渐形成“局领导带队检查，兄弟单位联合检查，聘请三方机构专业检查”三级防疫、安全检查的机制，确保隐患及时有效排除。全年共派出行政检查人员700余人次，实施行政检查360余起，以“检”促“改”，指导全区各体育健身场所绷紧疫情防控意识。

（郭　琳）

竞技体育

【概况】　年内，石景山区全力以赴做好第十六届市运会备战参赛工作，共派出56名教练员和466名运动员，参加市运会青少年竞技组17个项目的比赛，通过前期积极筹备和训练，最终取得31金、24银、38铜的好成绩，为下周期项目布局奠定基础。根据北京市赛事赛程要求，首次组队参加第十六届北京市运动会群众组比赛，从全区各个行业、各类人群选拔教练员、运动员295名，参加2个组别，12项目比赛获得4金、5银、6铜的佳绩。

（郭　琳）

【第十六届运动会射箭比赛】　8月10日至13日，北京市第十六届运动会射箭比赛在朝阳区第二少儿业余体校射箭场举行，石景山区共获得23金10银6铜的成绩。

（郭　琳）

【第十六届运动会射击比赛】　8月20日至23日，北京市第十六届运动会射击比赛在北京市射击运动技术学校举行，石景山区共获得1金3银9铜的成绩。

（郭　琳）

【第十六届运动会跆拳道比赛】　8月16日至18日，北京市第十六届运动会跆拳道比赛在房山区燕山体育馆拉开战幕。石景山区共获2金4银3铜的好成绩。

（郭　琳）

【第十六届运动会击剑比赛】　8月27日至28日，北京市第十六届运动会击剑在比赛平谷体育中心举行，石景山区共获得2金2银3铜。

（郭　琳）

【第十六届运动会群众组比赛】　8月13日，北京市第十六届运动会群众组比赛于正式开赛，石景山区代表队参加12项目比赛。获得4金、5银、6铜的成绩。

（郭　琳）

群众体育

【概况】　年内，石景山区发布《石景山区全民健身实施计划（2021—2025年）》，以政策引领促进全民健身高质量发展。12月，老山街道通过北京市体育局创建验收，截至年底已完成6个街道“北京市全民健身示范街道”创建任务，创建完成率67%；区体育局充分利用区域资源，打造特色品牌活动，疫情常态化下，发展线上线下相结合的方式，周密组织举办“阳春社区体育节”“全民健身日”“金秋体育盛会”“快乐冰雪季”等系列赛事活动；连线冬奥城市“向山礼”自行车赛、和谐杯乒乓球、社区三对三篮球联赛、社区杯八人制足球联赛、老年优秀健身项目展示、百城健身气功大赛等连续举办的特色精品竞赛活动，已成为石景山区群众每年必参加体育活动，并吸引北京其他区县及津冀地区的众多体育爱好者报名参赛；围绕冰雪运动推广举办冬奥倒计时100天、50天活动，举办“我为中国冰雪加油”群众冰雪运动，北京

8月8日，石景山区举办全民健身日活动　（区体育局供图）

11月15日，石景山区第三十七届金秋体育盛会开幕式　（区体育局图）

轮滑公开赛、冰雪体验、一起向未来全民迎冬奥、石景山“魅力冬奥”系列活动、冰雪嘉年华等冰雪体育赛事活动。全年开展区级及街道全民健身赛事活动607场，活动人数30多万人。

（郭　琳）

【第二届冰雪嘉年华】　1月8日至2月16日，石景山第二届冰雪嘉年华活动在石景山体育场举办，本次活动以“助力冬奥、借势冬奥、服务冬奥”为主题，打造雪人王国冰雪狂欢季，吸引众多市民参与其中，为喜迎冬奥营造浓厚的氛围。1月8日，腾讯视频的《大伙之家》剧组到雪人王国进行拍摄，世界冠军王濛、滑雪冠军李妮娜等到场。本次冰雪嘉年华活动开展嬉冰、戏雪、家庭亲子类项目。

（郭　琳）

【耐力骑行活动】　7月30日，石景山区第五届“连线冬奥会·再创新骑迹”耐力骑行活动在冬奥公园冠军林拉开序幕。100余名骑行爱好者身着包含冰雪元素的骑行服，从北京骑行到崇礼，从“雪飞天”到“雪如意”。

（郭　琳）

【全民健身日】　8月8日，石景山区全民健身日——冬奥精神体育行活动在首钢滑雪大跳台举行，近万名群众通过线上、线下参与其中。本次活动由区体育局主办，区社会体育管理中心承办。活动现场设置全民健身项目展示、冰蹴球和冰球射门体验等环节。

（郭　琳）

【社区三人篮球联赛】　9月18日，第五届石景山区社区三人篮球联赛在首钢篮球中心闭幕。作为第三十七届金秋体育盛会系列活动之一，本次赛事由区体育局主办，区社体中心、篮球运动协会承办，吸引来自全区九个街道共计81支队伍、310余名篮球爱好者参加。

（郭　琳）

【健身气功大赛】　9月20日，2022年全国“百城”健身气功活动暨石景山区健身气功大赛在国家冬季运动训练中心（首钢园内）前的广场上成功举办，来自全区46个健身气功辅导站的198名健身气功习练者参加比赛。

（郭　琳）

【中老年健身表演赛】　9月26日，石景山区第十八届中老年人优秀健身项目表演赛在新首钢园举办，为全区广大中老年健身爱好者提供相互交流，展示健身成果的平台。第十八届中老年人优秀健身项目表演赛是区第三十七届金秋体育盛会系列活动之一，参赛项目包括目前适合中老年人开展的太极拳、健身气功、广场舞、健身操四大类，来自全区9个街道18支队伍以及门头沟区的2支队伍参加比赛。

（郭　琳）

【第37届金秋体育盛会开幕】　11月5日，由区体育局主办、区社会体育管理中心承办的第三十七届石景山区金秋体育盛会在北京冬奥公园拉开帷幕。金秋体育盛会是北京市“一区一品”传统群众体育品牌活动，是石景山区一年一度的体育盛事。来自区直机关工委、各街道、高科技园区、区残联以及驻区企业等单位的近600名干部职工参与本次体育盛会开幕仪式。

（郭　琳）

社会事业

综　述

【概况】 年内,中共北京市石景山区委社会工作委员会、北京市石景山区民政局(简称区委社会工委、区民政局)持续推进社会治理中心下移,印发《关于加强基层治理体系和治理能力现代化建设的实施方案》。加强新时代街道工作,持续推进落实市级任务28项、区级自选任务1项。推进新首钢地区行政区划优化研究,牵头做好石景山区与海淀区、石景山区与丰台区联检工作。完成中高风险地区人员进返京接转任务。全区共动态保障在册低保对象3905户7146人、低收入对象123户259人,全年共计发放低保金11773.38万元。全区老年人养老服务补贴津贴累计发放补贴9492.775万元,涉及378615人次。区民政局办理行政许可事项89项,全区有社会组织333家,其中社会团体88家、民办非企业单位245家,社区备案社会组织2149家。280家社会组织完成年检审批和网上发布,其中社会团体77家,民办非企业单位203家。

(杨　洋)

【未成年人保护委员会工作会】 6月22日,石景山区召开未成年人保护委员会第一次工作会议,审议通过《石景山区未成年人保护委员会工作规则》《石景山区未成年人保护委员会办公室工作规则》《石景山区未成年人保护委员会成员单位职责任务分工》《石景山区未成年人保护委员会2022年工作要点》等未保委相关文件,明确区未保委各单位职责分工。年内,按照新修订的《未成年人保护法》将区未保委办公室调整至区社会工委民政局,未保委委员单位由原先的31个增加到33个,依法加强对本区未成年人保护工作的统筹协调。

(李　韦)

【第四届社区邻里节】 9月17日,石景山区在石景山游乐园摩天轮广场与市级主会场同步开展第四届“老街坊”社区邻里节启动仪式及现场嘉年华活动。9月17日至25日,9个街道154个社区集中一周内开展“共建和谐美好家园 喜迎党的二十大召开”主题活动300余场,通过为广大居民提供施展才艺、分享快乐、加强协作的互动平台,吸引更多“老街坊”走出小家庭,融入社区大家庭。开展社区大讲堂活动,结合市区各类“为老、为小服务”“防电信诈骗”“数字赋能 全面共享”等宣传任务,邀请专家、教师走进社区开展各类宣讲活动290余场。

(潘晶晶)

【推进社会治理中心下移】 年内,石景山区全面贯彻市委市政府《关于加强基层治理体系和治理能力现代化建设的实施意见》,严格对标对表、紧密结合区情、广泛征求意见,起草《关于加强基层治理体系和治理能力现代化建设的实施方案》,经区政府常务会及区委常委会审议后以区委区政府名义印发,明确71项具体任务,通过细化责任分工、明确牵头部门及责任单位,确保各项工作推进。

(金　超)

社区建设与管理

【概况】 年内,区委社会工委、区民政局持续深化“品质社区”建设,认定15个五星、30个四星2021年度“品质社区”并为之授牌。完成8个社区服务空间开放式建设示范点、1家“社区之家”示范点、打造3个“老旧小区”服务管理试点、2个生活垃圾分类社区动员示范点、5个“老街坊”社区议事厅、15个楼门治理示范点、1个街道级协商试点等市级重点项目建设任务。举办第四届“老街坊”社区邻里节活动。

(潘晶晶)

【推进新时代街道工作】 年内,区委社会工委、区民政局落实区街道工作专班秘书组职责,制定2022年街道工作重点任务清单,按季度收集汇总各项任务推进情况,通过抓统筹、抓协调、抓督导,持续推进29项年度重点任务,其中落实市级任务28项、区级任务1项,确保各项工作快速顺利推进。持续贯彻新时代街道工作意见和街道办事处条例,完成《北京市街道办事处条例》实施三周年自评报告。

(曹　宇)

【首批认定星级“品质社区”】 年内,区委社会工委、区民政局持续推进“品质社区“建设,首批认定八宝山街道沁山水南社区等15个五星级“品质社区”和苹果园街道下庄社区等30个四星级“品质社区”并为之授牌。全面落实“5143”工作布局,通过问卷调查、实地考察、资料查阅三种方式,对全区各社区开展四轮全覆盖走访评估,共对22880位社区居民进行随机抽样调查,对8类加减分项目、1255条加减分情况进行申报认定,形成区—街—社区三级季度评估报告及年度评估报告。统筹街道社区以及有关部门全面对照报告抓实问题整改,协同多方力量解决社区群众“急难愁盼”问题,全区年度“品质社区”建设综合评分为86.41分,较上年度提高4.31分,并涌现出新一批“品质社区”建设先进典型。

(金　超)

【垃圾分类社区动员】 年内,区委社会工委、区民政局在全区9个街道154个社区开展新一轮生活垃圾分类社区宣传动员。在苹果园街道下庄社区、鲁谷街道五芳园社区建成生活垃圾分类社区动员示范点2个,通过更新升级垃圾分类硬件设施,动员社区居民、辖区单位、社会组织等广泛参与,社区建立积分兑换机制,落实提醒处罚措施,组织开展评比表扬。

(金　超)

【社区民主协商】 年内,区委社会工委、区民政局推进154个社区“老街坊”议事会、议事厅建设,并向楼门院延伸,通过协商解决社区停车管理、环境改造提升、社区疫情防控等热点、难点问题。持续开展示范创建,打造5个“老街坊”社区议事厅及15个楼门治理示范点及1个街道级协商试点。发挥示范引领作用,通过推介、培训、观摩等形式加强对社区楼门院治理示范点及“老街坊”议事厅示范点的推广,2022年楼门院、议事厅推广率达到25%。

(潘晶晶)

【深化社区服务改革】 年内,区委社会工委、区民政局严格落实社区准入制度、社区工作首问责任制、社区全响应服务制及社区工作者包片入户制度，推进“走动式”工作，推广“综合窗口”“全能社工”模式，通过服务站硬件改造推动社区服务水平提升，开展8个社区服务空间开放式建设示范点创建，打造“有颜值、有文化、有温度、有认同”的社区服务空间。

（金　超）

【推进社区“共建共治”】 年内，区委社会工委、区民政局按照“清理一批、规范一批、有出有进”的标准，继续开展全区已建成51家老街坊“社区之家”的规范化建设，对正常运营的社会单位进行服务规范提升，结合常态化疫情防控要求，按照约定为居民提供相应服务。按照市级标准完成首都医科大学北京康复医院规范化建设示范点项目。

（金　超）

【社会心理服务体系建设】 年内，石景山区新建1家社会心理服务中心，实现街道层面心理中心全覆盖。全区15个社会心理服务站点全年累计开展宣教活动400场，其中进行个案辅导44个，开展心理服务讲座80场、心理团体活动161场，结合线上直播、读书会、疫情服务保障等多种形式开展其他活动115场，活动累计受益11万余人次。发挥社会心理服务机构专业优势，搭建“景心”社区防疫心理关爱平台，招募80余名心理咨询师，在各街道开通“热线电话+线上服务”，累计为14个封控小区居民和一线社工、志愿者开展心理减压和疏导服务，拨付资金9万元。

（刘　青）

【中高风险地区人员进返京接转】 年内，区委社会工委、区民政局落实首都机制办要求完成各项闭环接转任务。完善铁路进京闭环转运工作方案，动态调整接转工作专班成员，捋顺闭环转运工作流程，协调各相关部门及街道社区，共开展铁路及飞机进京人员接转工作150余天，接转近500人，实现全流程闭环运行和无缝衔接。

（潘晶晶）

【行政区划优化调整】 年内，区委社会工委、区民政局对首钢地区的现状及规划、周边街道的现状及未来发展趋势等进行广泛调研，全面学习北京市行政区划管理相关法律法规，组建区行政区划调整设计工作专班，推进首钢地区行政区划研究。

（程　云）

【区界联合检查】 年内，石景山区牵头制定与海淀区、丰台区联检工作实施方案，并按照实施方案完成联检任务。协调解决跨界建设项目“国风长安”小区的实际管理问题，明确小区各项行政管理职责归属。配合街道及相关委办局做好确界工作。协助区公安分局等委办局及各街道办事处实地确界6次。

（程　云）

社会领域党建

【概况】 年内，区委社会工委、区民政局运用监督执纪“四种形态”，结合谈心谈话制度，每月层层开展廉政谈话，抓早抓小、咬耳扯袖、红脸出汗。针对区监委关于进一步加强困难群众救助工作强化履职尽责的监察建议，坚持问题导向，坚持真抓实改，坚持标本兼治，坚持系统提升，举一反三查问题抓整改、查隐患抓治理、查疏漏抓规范，达到问题整改见底见效、制度机制健全完善、工作质量全面提升的整改目标。

（范虎虎）

【“厚植为民情怀、提升职业素养”教育】 4月至6月底，区委社会工委、区民政局组织开展“厚植为民情怀、提升职业素养”主题教育。不划阶段、不分环节，以委局各主管领导所在党支部为单位，以科、处级领导干部为重点，延伸至每一名干部职工，把理论学习、问题检视、整改落实贯穿教育全过程。通过主题教育系统疏理分管领域业务工作中的薄弱点、风险点，全力推进整改落实，提升委局全体干部职工的职业素养。

（范虎虎）

【“领头雁”素质培训】 9月14日至21日，区委社会工委、区民政局组织开展“社区领头雁素质提升主题培训”，根据疫情防控常态化和社区工作实际，培训班通过“线上+线下”相结合的方式举办。培训以全区各社区书记、居委会主任为重点，同步延伸至全体社区干部。培训中，中央党校向春玲教授围绕“习近平总书记关于社会治理的重要论述”作辅导，中央党校教授姜平围绕“做好新时代群众工作的方法与艺术”作辅导，中国人民大学副教授胡邓围绕“压力管理与阳光心态”作辅导，中国人民大学赵淑梅围绕“基层党建品牌建设”作辅导，北京市委党校（北京行政学院）李明伟教授围绕“学习北京市十三届党代会报告精神”作辅导，北京市委党校董晓宇教授围绕“党建引领基层治理”作辅导。

（范虎虎）

社会工作队伍建设

【概况】 年内，区委社会工委、区民政局印发《关于印发〈石景山区关于进一步规范社区工作者工资待遇的实施细(2022年修订)〉的通知》，对全区在岗的2600余名社工的整体工资待遇水平进行全面调整，制订合理工作方案，加大奖励激励，突出优绩优酬。截至12月31日，全区2600余名社区工作者2022年补发工资全部落实到位，人均工资待遇应发项增加1898.4元/月。区委社会工委、区民政局指导协调街道发动志愿者参与常态化疫情防控、核酸检测、疫苗接种、全国文明城区创建、冬奥和冬残奥服务保障、社区治理领域、垃圾分类宣传值守等重大任务。高标准落实“创建全国文明城区”指标中有关志愿服务的目标任务。引导志愿服务团队和志愿者积极参与垃圾分类工作，年内累计发动志愿者1012468人次，完成914053组次垃圾桶站的值守任务。

（董妍君　张　运）

【招录社区工作者】 5月，石景山区发布公告启动2022年公开招聘社区工作者工作，公开招聘262名社区工作者，吸引近3000人报考，共计2324人通过网上报名初审。本次招聘落实疫情防控要求进行线上笔试，并经面试、资格复审、政审联审、体检等环节，最终新招录的231名社区工作者于9月份正式上岗。

（李 坤）

【关爱社区工作者】 年内，石景山区落实社区工作者疫情摸排电话费补贴发放，全年共发放补贴559万元。按照每个社区3万元标准为在社区一线进行疫苗接种工作的社区工作者拨付慰问激励经费453万元。实施“景燃计划”，开展户外拓展、亲子观影、趣味运动等系列活动，全年共展活动48场，1200余名社区工作者及其亲属参加活动。组织全区2281名社区工作者进行健康体检，将体检标准由每人550元提高到850元，区政府共投入专项经费193.88万元。

（周玉坤）

【社区工作者培训】 年内，石景山区开展社区工作者骨干培训，154名社区骨干社工参加培训。根据区委组织部统一安排，完成从优秀社区书记中定向选拔公务员工作，经过笔试、面试、综合评价，8名优秀社区书记脱颖而出。鼓励社区工作者通过国家社会工作者职业资格考试，社区“两委一站”中持证人员达831人，持证率43.26%，其中取得高级社会工作师3人。

（周玉坤）

【志愿服务管理】 年内，区委社会工委、区民政局贯彻落实《北京市志愿服务促进条例》《北京市志愿者服务管理办法》，加强对街道社区志愿服务活动记录及志愿服务站点的规范指引，及时审批并指导志愿服务团队开展志愿服务项目。加强对泄露志愿者信息、不依法记录志愿服务信息、变相收取志愿服务报酬等禁止性规范的行政执法检查，年内完成对志愿服务领域行政执法检查100件次。完成对在区民政局登记的23家社会组织标识为志愿服务组织工作并向社会公告。

（李 坤）

【志愿服务人才培训和品牌建设】 年内，区委社会工委、区民政局组织街道社区志愿专干和志愿团队负责人进行区级志愿骨干培训，推动志愿服务制度化、常态化。石景山区实名认证志愿者总数159508名，志愿服务项目总数19396个，志愿团队总数1942个。培育“红纽扣”“红五星”等影响广泛的志愿服务品牌。区民政局系统推荐的277人获得五星志愿者称号，位列全市第二。

（张 运）

【志愿服务宣传】 年内，区委社会工委、区民政局以“3.5”学雷锋纪念日、“12.5”国际志愿者日为契机，动员各街道社区开展主题志愿服务宣传实践活动，加强志愿服务宣传力度，发动“老街坊”志愿者积极参与各类志愿服务活动。

（张 运）

【社会工作服务体系建设】 年内，石景山区建成1个区级社会工作指导中心，5个街道社会工作服务中心，28个社区社会工作服务站点，实施一批满足群众需求的特色社会工作服务项目，组建培养一支专业化、职业化的社工队伍，建立相关管理制度、服务标准和督导体系，初步构建起“社区—街道—区”三级社会工作服务体系。举办“五社联动聚合力 社工服务暖基层”社会工作主题宣传活动，展示全区社会工作专业优势与发展成果。

（罗 兰）

【人才队伍建设】 年内，石景山区完成第二批北京市优秀社区社会工作专业人才培养试点（“优才计划”）终期评估汇报答辩，获评优秀单位、优秀实训项目、优秀服务案例等市级荣誉。在鲁谷街道、老山街道开展第三批北京市优秀社区社会工作专业人才培养试点工作，选拔8名优秀社工纳入“优才计划”，推进社区工作与社会工作的融合发展。配合做好持证社会工作者及社区工作者的继续教育、证书登记等工作，结合疫情防控需要，普及线上登记、培训模式，实现年度内社会工作者职业水平证书持有率不低于三分之一的目标。开展高级社会工作师评审的宣传工作，推动符合条件的社会工作者、社区工作者参加评审，两名社区工作者获评高级社会工作师。

（罗 兰）

【协管员队伍管理】 年内，区委社会工委、区民政局落实区联席会议办公室职责，召开年度联席会议，审议修订《石景山区协管员队伍规范管理工作联席会议制度》，完善重点工作报备、会商议事、定期通报等工作机制。完成对《石景山区进一步规范城市协管员队伍管理的实施方案》实施情况的评估工作以及全区协管员管理文件清理工作。指导街道制定完善街道级协管员管理办法等配套政策。加强队伍管理，全区协管员实行编号管理、统一工作标识、戴牌上岗。使用城市协管员信息管理系统开展协管员信息数据管理。

（罗 兰）

民政工作

【概况】 年内，石景山区共动态保障在册低保对象3905户7146人、低收入对象123户259人。全年共计发放低保金11773.38万元，出动工作人员和外展救助巡视人员1000余人次、救助车辆100余台次，街面救助劝导88人次，有效维护“二十大”“冬奥”“两会”“创城”及其他重要时期社会秩序稳定。全区老年人养老服务补贴津贴累计发放补贴9492.775万元，涉及378615人次。区委社会工委区民政局确认见义勇为行为7人，发放一次性奖励金570626元。

（杨 洋）

【走访慰问】 1月19日，区委社会工委、区民政局联合市、区两级社工委民政局、退役军人事务局和残联等单位，在市残联副理事长董连民和副区长王其志等领导的带领下，深入全区各街道社区广泛组织开展节前走访慰问送温暖和“解忧暖心传党恩”“我为群众办实事”活动，先后对区社会福利院儿童部、石景山孝和居养老照料中心和12户低保、特困供养人员进行了重点走访慰问，为他们送去慰问金和米面油蛋奶等慰问品。同时，在严密组织重点走访慰问的基础上，组织各街道对全区4003户低保家庭和98名特困供养人员进行普遍走访慰问，共计发放慰问金310.25万元。协助区民宗侨办为81户111人次少数民族低保对象统计发放牛羊肉价格补贴4.55万元。

（李文辉　艾钰清）

【慈善工作】 3月至5月，区委社会工委、区民政局以“慈善北京”为主题，动员辖区内社会组织、相关企业，参与第九届“慈善北京”成果（图片）展活动，围绕“党建、扶贫、战疫、助残、助老、助医、助学”七大方面，选报作品30个，全面展示石景山区慈善事业在党建引领下的发展成果。4月上旬至5月初，按照宣传动员、挖掘先进典型、层层上报、审核把关的程序，开展“中华慈善奖”的推荐工作，推荐2家捐赠企业和2个慈善个人参与评选。9月，以第7个“中华慈善日”为契机，以“携手做慈善，传播真善美”为主题，以“助困、助学、助残、助老、战疫”等为内容，开展慈善宣传进机关、进企业、进公园、进社区、进学校、进商场、进社区“邻里节”的“七进”活动，5000余人现场参与。年内，动员辖区内社会力量参与慈善救助，9个街道设置慈善救助专项基金90万元；开展“共产党员献爱心”捐赠活动，全区138家单位、29923名党员和2266名入党积极分子、共青团员、民主人士、社会群众参与，捐款2437278.1元。联合慈善协会坚持两个“围绕”和“五助”开展慈善救助，实施慈善进军营、真情救助贫困母亲、救助困难党员、关爱福利院孤残儿童、关爱福利院孤寡老人、救助太阳花听障儿童、救助小飞象自闭症儿童、资助培智学校、慈善医疗卡、大病应急临时救助、爱心成就未来救助低保高中生等项目，支出善款272.9万元，救助1349人。

（孙俊国　翟　静）

【社会救助专项治理】 4月，区委社会工委、区民政局制定出台《石景山区社会救助领域专项治理实施方案》，专门成立由主管副局长带领相关科室人员组成的社会救助领域专项治理检查督导组，围绕政策执行、资金使用、日常管理、经办能力和工作作风等情况，深入到全区9个街道开展专项督查治理工作，通过查找问题、分析原因、督促整改等方式逐项深入开展实地督查，并对督查中发现的问题及时进行梳理，列出清单并限期整改，杜绝“人情保”“错保”以及套取、截留、克扣救助资金等问题发生，确保专项整治取得预期实效。

（张建涛）

【社会救助专项排查】 4月，石景山区开展社会救助专项排查工作。根据北京市民政局《关于开展社会救助专项排查工作的通知》精神，制定出台了《关于开展社会救助专项排查工作的通知》，从政策规定执行到位相关情况、资金使用合规相关情况、日常管理规范相关情况、经办能力工作作风相关情况等4个方面22项具体内容开展排查治理工作。针对专项督查中发现的问题，督促指导相关街道查漏补缺、逐一整改。

（李　韦）

【家庭经济状况核查】 7月，区委社会工委、区民政局制定下发《关于开展社会救助家庭经济状况集中复核处理工作的通知》，对全区4017户低保及124户低收入家庭开展了家庭经济状况集中复核工作。采取集中复核与日常核对交替的原则，全年共开展核查7293户次，生成报告7164户次，累计核查超标家庭243户次，清退165户次。

（张建涛）

【低保调标】 7月，区委社会工委、区民政局依据北京市民政局、北京市财政局《关于调整本市社会救助相关标准的通知》（京民社救发〔2022〕202号）等文件要求，完成低保低收入调标工作任务，自2022年7月起，最低生活保障标准由家庭月人均1245元调整为1320元。

（冯　冻　李春玲）

【政策培训宣传】 8月30日，区委社会工委、区民政局在石景山业余大学礼堂组织举办2022年全区社会救助政策和业务培训，全区各街道民生保障办、市民服务中心负责社会救助工作的领导和工作人员及困难群众救助服务所和辖区社区居委会负责社会救助工作的专干共210余人参加培训。年内，广泛组织开展社会救助政策宣传活动，自行编印、发放社会救助政策汇编及宣传折页80700余册（页），通过充分利用街道社区电子屏、板报展板、宣传折页、社区活动、公众号短视频等多渠道、多方式拓展社会救助政策宣传覆盖面，提升救助政策社会知晓率。

（李文辉　张建涛）

【社会救助】 年内，石景山区共计发放低保金11773.38万元，为652人次低收入家庭16周岁以下在校生及16周岁以上本科以下学历在校生和低收入家庭大病人员发放生活补助金22.16万元；审批临时救助182户348人次，支出资金94.88万元，其中，因疫情实施的临时救助4户8人，救助资金1.25万，主动跟进为见义勇为营救落水儿童而英勇牺牲的英雄周宏勃家庭发放困难临时救助金1.5万元；审批教育救助28人次，支出资金12.19万元；为36399人次低保、低收入对象发放5—9月份价格临时补贴125.13万元；为15987户次低保、分散供养特困家庭发放电价补贴35.11万元；为53名享受大病医疗保险补贴的一次性结清退养人员核准缴纳大病医疗保险金1.8万余元；为3355户社会救助家庭发放各类采暖补贴459.52万元。

（冯　栋　李春玲）

【精准救助】 年内，区委社会工委、区民政局制定下发《2022年街道社会救助重点工作任务书》《石景山区民政局关于进一步做好2022年度困难群众精准救助帮扶工作的通知》等文件，对各街道本年度主动发现困难群众、定期开展跟踪回访、组织实施个案帮扶、提供资源链接等精准救助帮扶工作任务指标进行具体明确，并实行工作月报告制度。指导督促各街道按计划推进本年度精准救助各项工作深入开展和做好个案帮扶工作。全年共建立新申请救助对象基础信息台账275户，定期回访16030户次，开展个案帮扶服务144户1069次。

（李文辉　艾钰清）

【实施济困工程】 年内，石景山区济困工程各成员单位利用市、区政府和社会捐赠资金，开展救助项目67项，救助对象66.48万人（户）次，投入资金3.74亿元。

（李　韦）

【特困人员供养】 年内,石景山区共有特困人员106人,其中集中供养38人,参照集中供养14人,分散供养54人。全年累计支出特困人员供养资金376.22万元,发放特困人员电价补5643.72元。调整特困人员供养生活费标准,由原先的1867.5元调整为1980元。

(李 韦)

【制作社会救助领域电子印章】 年内,区委社会工委、区民政局根据北京市民政局《关于推进社会救助领域电子印章应用工作的通知》要求,为适应社会救助审核确认权限下放工作开展,实现社会救助领域"电子证照"应用和管理,完成10个街道办事处制作社会救助审核专用章、社会救助确认专用章电子印章和实体章。

(李 韦)

【儿童福利政策】 年内,石景山共有困境儿童52人,其中散居儿童40人,福利院集中养育儿童6人。累计发放散居困境儿童生活费82万元,物价补贴0.28万元,为5名散居困境儿童进行医疗报销1.14万元,实施"福彩圆梦·助学工程"项目,向3名正在接受高等教育的孤儿和事实无人抚养儿童发放助学金共1.95万元。按时、准确完成低保调标后低保家庭困境儿童生活费调整工作。

(李 韦)

【成年孤儿安置工作】 年内,区委社会工委、区民政局安置成年孤儿2名,崔某某川,男,24岁,户籍落在老山街道;李某,女,25岁,户籍落在八角街道。为1名安置期满2年的成年孤儿发放一次性安置补贴15万元。

(李 韦)

【超转人员服务管理】 年内,石景山区共有超转人员896人,其中市管一般人员705人,市管病残人员41人,区管人员148人,送养2人。年内累计发放生活费3709.15万元;落实征地超转人员医疗待遇和管理工作,宣传和指导做好自助变更定点医疗机构事宜及操作流程,方便征地超转人员就医管理。

(李 韦)

【地退人员服务管理】 年内,石景山区共有地退人员73人。年内累计发放退休金680.03万元;为12位去世地退人员发放丧葬费和抚恤金185.35万元;协助地退人员、家属及公证处等相关部门办理查档工作;为地退人员订阅报纸等相关工作。

(李 韦)

【收养工作】 年内,石景山区办理完结收养业务5宗,其中收养登记2宗、解除收养登记2宗、为私自收留儿童家庭出具《不予办理收养登记通知书》1份。审核新增收养意向家庭2户进入待匹配阶段。

(李 韦)

【流浪乞讨人员救助】 年内,区委社会工委、区民政局出动工作人员和外展救助巡视人员1000余人次、救助车辆100余台次,街面救助劝导88人次,有效地维护流浪乞讨人员的生存权益,维护"二十大""冬奥""两会""创城"及其他重要时期社会秩序稳定。站内救助流浪乞讨人员76人次,其中,救助老年人9人次、未成年人3人次,残疾受助对象19人次。

(赵 君)

【慈善公益救助】 年内,石景山区募集慈善公益善款327万余元,救助支出296.9万余元。其中新冠肺炎疫情期间接收防疫物资折合人民币25.6965万元,并根据全区防疫物资的需求情况及时发放到位。扶贫协作结对帮扶内蒙宁城县、莫旗、青海省称多县,支出2.85万元,资助306名困难群众及贫困学生;"资助低保高中生""关爱困难大学生"等助学项目支出30.6万元,资助102人;资助本区培智学校、小飞象孤独儿童、太阳花听障儿童、福利院孤残儿童、特困儿童等助困助残项目支出116.8万元,资助217人;关心关爱福利院孤寡老人、特困老人、慈善医疗卡和日常大病及突发事件等助医、助老、应急救助支出71.77万元,救助435余人(次);"慈善进军(警)营""救助困难母亲""救助困难党员"等项目,支出49万元,救助270人。

(贺迎潮)

【残疾人两项补贴发放】 年内,石景山区残疾人两项补贴累计发放62474人次、1741.35万元,其中困难残疾人生活补贴累计发放24957人次、1215.78万元,重度残疾人护理补贴累计发放37517人次、525.57万元。截至年底全区有5114人享受残疾人两项补贴,其中享受生活补贴2075人,护理补贴3039人。

(肖艳丽)

【见义勇为权益保护】 年内,区委社会工委区民政局确认见义勇为行为7人,发放一次性奖励金570626元。为见义勇为牺牲人员周宏勃发放褒扬金652144元、遗属特别补助金214400元,为伤残抚恤见义勇为人员李忠义发放伤残抚恤金9228元,为邢广伟、周思维办理转出至海淀区关系。周宏勃被评为第十四届"全国见义勇为英雄",受到中央政法委表彰;社会事务管理科被评为"首都见义勇为权益保护先进工作单位",张连兴被评为"首都见义勇为荣誉市民",李北冰、王广伟被评为"首都见义勇为模范群体"。

(孙俊国 王 刚)

【养老服务补贴津贴】 年内,石景山区老年人养老服务补贴津贴累计发放补贴9492.775万元,涉及378615人次。其中,发放困难老年人养老服务补贴298.73万元,涉及19922人次;发放护理补贴5419.345万元,涉及107594人次;发放高龄津贴3768.24万元,涉及249807人次;发放特殊老年人补贴6.46万元,涉及1292人次。通过春节、重阳节慰问活动为区内户籍百岁及高龄困难老年人发放慰问金77400元,涉及129人次。

(罗 巍)

【老年人综合能力评估】 年内,区委社会工委区民政局落实《北京市老年人能力评估实施办法(试行)》(京民养老发〔2022〕214号),组织首钢医院有限公司、北京首特泰康医院、北京市石景山区八宝山社区卫生服务中心、北京首颐矿山医院有限公司4家医疗机构的执业医师、专业护士建立本区老年人能力评估人员库。区民政局通过现场检查、复查抽评等方式对区内老年人能力评估结论的准确性进行监管管理,全年共对498名在石景山区内居住的老年人评估结果进行抽查复评。

（罗　巍）

【养老服务机构服务管理】　年内，石景山区执行《北京市困境家庭服务对象入住养老机构补助实施办法》（京民养老发〔2020〕132号），发放2021年第4季度—2022年第3季度补助资金338.05万元，涉及1654人次。审核发放2021年下半年—2022年上半年养老机构运营补贴1475.885万元。落实《北京市社区养老服务驿站运营扶持办法》（京民养老发〔2021〕154号），组织辖区内社区养老服务驿站开展政策培训会，推进基本养老服务对象签约，截至年底，共为2658名基本养老服务对象提供基本养老服务109986人次。审核发放石景山区2022年上半年度社区养老服务驿站运营补贴408.7635万元。

（孙　敏　奚博晨　田　颖）

【养老服务机构疫情防控】　年内，区委社会工委区民政局先后按照《关于实行养老服务机构疫情等级防控工作的通知》（京民养老发〔2021〕25号）、《养老服务机构疫情防控工作指引》防控要求，指导养老服务机构落实各项措施；按照市区疫情防控部署要求，定期开展核酸检测、疫苗接种、开展人员摸排等工作。疫情流行期，做好养老服务机构点位驻守、分区管理、物资保障、一院一策等工作，贯彻落实“三握手”机制，确保疫情防控各项工作落实到位。受疫情影响，养老服务机构持续封闭管理，落实《关于应对疫情影响促进养老服务机构持续健康发展的通知》（京民养老发〔2022〕169号）要求，为35家养老服务机构发放提高社会办养老机构床位运营补贴325.89万元。

（马丽丽　毛丽敏　孙　敏　奚博晨）

【养老服务人才培养】　年内，区委社会工委区民政局组织辖区养老服务机构开展职业技能与能力提升两项培训工作，通过线上方式，共培训493人次，其中社工30人、护理员463人，均通过结业考核。落实《北京市养老服务人才培养培训实施办法》（京民养老发〔2020〕140号），为区内15家养老机构一线护理人员按月发放岗位津贴，共计发放192.34万元，涉及4936人次。受疫情影响，组织全区养老服务机构结合自身特点，院（站）内部组织开展职业技能竞赛，以赛促学提升养老照护水平。

（朱　桐）

【老年餐桌建设与管理】　年内，区委社会工委区民政局开展落实发展老年餐桌任务，严格以《北京市养老助餐点管理规范》为标准开展督查检查，全年共发展备案养老助餐服务单位5家，截至年底，共备案养老助餐点44家，其中养老机构1家、街道养老照料中心6家、社区养老服务驿站37家。通过石景山区养老服务部门联席会议审议通过《北京市石景山区养老助餐服务实施细则》，并推动实施。

（奚博晨　尹　珺）

【养老服务机构安全管理】　年内，区委社会工委区民政局加强对区内养老服务机构消防等安全排查督导，市区联合对区社会福利院、寿山福海等养老服务机构现场检查，联合五里坨、八角和苹果园街道各监管部门，重点对辖区内养老服务机构疫情防控、消防安全、食品安全等开展专项检查工作；根据重大节假日、活动等，完成冬奥会、冬残奥会全覆盖式安全检查，完成“百日行动”部署检查，全年共检查养老服务机构200余次，排查安全隐患65处，均完成隐患整改。市级第三方排查上一年度的安全隐患进行“回头看”查漏补缺，进一步摸清安全隐患台账，此次梳理中未启动整改12项，以列入整改计划19项，已整改206项。根据市区工作部署，组织辖区内16家养老机构和40家社区养老服务驿站完成综合责任险投保工作，启用“北京市应急管理执法监管移动系统”废除纸质版检查记录，并组织养老服务机构加强对《北京市生产经营单位安全生产主题责任规定》《北京市安全生产条例》学习及宣传演练。

（郝洪玉　李　杰）

【养老综合信息平台运维】　年内，石景山区依托“养老综合信息平台”整合养老服务资源，开展养老服务运营监管，2022年度汇集养老券交易数据28.12万条，涉及2万余人，累计交易金额2710.50万元，其中2022年度共为1.1万老年人实现折扣优惠12.27万元。2022年度汇集13.35万条服务过程数据，22.57万条养老补贴充值数据，28.12万条养老服务消费数据。

（张　军）

【居家养老精准化服务】　年内，石景山区依托“养老综合信息平台”开展居家养老精准化服务，在为区内1.4万户75岁以上“三失一独”及80岁以上老年人家庭配备“居家养老服务信息机”的基础上，通过政府购买服务形式引入第三方单位承接，进行专业化、社会化运营，完善专属服务体系。整合120急救中心、居委会、卫生站、养老驿站、养老照料中心、物业、居家护理等养老服务资源。全年提供665人次的120紧急救助服务；累计为老人推送养老广播信息10.6万余次，累计收听9.4万余次，收听率88.68%；累计为老年人提供呼叫、咨询等各类服务38.4万余次。

（张　军）

【养老服务机构视频监控信息融合】　年内，石景山区延续开展养老服务机构视频监控信息融合项目，持续整合50家养老服务机构、327个是视频监控点位视频资源并进行统一管理，对养老服务机构进行有效的风险监管，保护老年人的权益。在疫情封闭管理期间和防汛期间，通过视频融合监控平台开展线上巡检13895次，对养老服务机构存在的防疫防汛安全隐患进行检查督导。

（张　军）

【养老服务设施建设】　年内，石景山区召开养老服务部门联席会第一次会议，会上审议通过《石景山区关于推进街道养老服务联合体建设方案》和《北京市石景山区养老助餐服务实施细则》。接收老古城综合改造C、F地块养老配套设施并投入运营；依托养老家庭照护床位建设项目，完成300户失能老年人家庭的适老化改造工作；依据北京市残联和石景山区残联通知要求，完成20家养老服务机构无障碍环境排查工作;完成养老家庭照护床位建设300张;新建并备案社区养老服务驿站4家,累计建成社区养老服务驿站44家。

(李　黎　吴飞飞)

【"养防救"智慧养老】 年内,石景山区开展"养防救"智慧养老安全应急服务试点项目,为超过4000户基本养老服务对象安装智能安全监测设备,提供电话咨询及各类上门救助服务400余次。

(吴飞飞)

【养老机构服务管理】 年内,石景山区根据《北京市养老机构服务质量星级评定管理办法(试行)》(京民养老发〔2022〕248号)、《北京市社区养老服务驿站服务质量星级评定管理办法(试行)》(京民养老发〔2022〕249号)、《北京市养老机构服务质量星级评定委员会工作规则》等文件精神,评定出一星级养老服务机构9家,二星级养老服务机构32家,三星级养老服务机构3家;四星级养老服务机构2家;五星级养老服务机构1家;实现开业运营一年以上的养老机构服务质量星级评定参与率达100%。

(石文婷)

【康复辅助器具产业园区建设】 年内,北京市康复辅助器具产业园区基本完成招商引资工作,目前入驻企业36家。通过四个中心:公益服务平台、评估配置服务中心、专业康复辅助器具应用示范中心、先进康复辅助器具产品展示体验服务中心,引先进设备59种、71件。

(李　黎)

【康复辅助器具租赁试点建设】 年内,石景山区完成康复辅助器具租赁试点工作,建设1个服务平台、2家旗舰店、90家店中店,初步形成租赁服务网络体系。累计举办活动270场,累计线下服务约36000人次,其中康复理疗服务约4200人次,康复辅助使用培训与指导人群约3600人次。印制宣传册、宣传单2000份,在有条件的店中使用大屏循环播放宣传动画《雯雯说辅具》,政策宣传触达人群约30000人。租赁累计申请2519人次,享受补贴1351人次。

(李　黎)

【婚姻登记】 年内,石景山区完成办理结婚登记3595件、离婚登记1500件、离婚申请2019件、补发婚姻证件839件,出具证明9件,为行动不便的当事人上门办理补领婚姻登记证15件,出具婚姻档案1500余件。小客车家庭摇号核验、离婚析产和夫妻更名3519人次。

(谢　曼)

社会组织

【概况】 年内,石景山区有社会组织333家,其中社会团体88家、民办非企业单位245家,社区备案社会组织2149家。280家社会组织完成年检审批和网上发布,其中社会团体77家,民办非企业单位203家。区民政局办理有关社会组织的行政许可事项89项,

(刘　青)

【社会组织监督管理】 年内,区委社会工委、区民政局制定下发《石景山区民政局关于开展2022年社会组织评估工作的通知》《石景山区民政局2022年社会组织规范化建设评估工作方案》,对34家社会组织进行等级评估,其中等级评定为5A级的6家、4A级的24家、3A级的4家。推进社会组织诚信建设,在北京市社会组织信用信息系统网站公开社会组织登记、年检、评估等基础信息,接受各界监督;全年对21家行业协会商会开展涉企收费清查工作,聘请第三方会计师事务所对5家收取会费的组织进行审计,签订行业协会商会诚信承诺书21封。1家行业协会商会主动减免和降低收费1.4万元,1家行业协会商会推出暂缓收费措施,减轻企业负担16.3万元。加强对社会组织监督管理,开展行政检查120件,撤销登记社会组织7家,开展非法社会组织、非法宗教场所、涉及养老诈骗、涉黄涉恶等排查行动5次,摸排组织330家次,处理举报2起,约谈社会组织或相关责任人15人次。开展社会组织整治"六大专项行动",完成社会团体自查78家、抽查22家;社会服务机构非营利性监管自查226家、医疗及养老机构专项抽查审计12家。

(刘　青)

【社会组织疫情防控】 年内,区委社会工委、区民政局引导社会组织发挥自身专业优势,凝聚公益服务力量。20余家社会组织配合街道、社区和相关单位参与社区疫情防控,包括参与值勤、消杀、隔离、测温亮码、人员流调、疫苗促接、物资配送、核酸检测保障、身份信息录入等相关工作,开展社会工作和志愿服务4600余人次,服务时长达19万余小时,捐赠医用口罩、消杀用品、防疫风扇、矿泉水、方便食品等价值约10万元的防控物资,发放宣传材料2000余份。

(刘　青)

【社会组织参与扶贫】 年内,区委社会工委、区民政局动员16家社会组织与内蒙古莫旗、宁城县和青海省称多县的18个贫困村开展结对帮扶,捐助扶贫物资约70400元;发挥文化类社会组织专业优势,与宁城县大明镇五官营子村等4个贫困村开展文化帮扶项目,为当地铢铢镲队购置锣鼓乐器,一对一实施文化辅导与交流,助力非物质文化遗产传承发展。

(刘　青)

【社区社会组织培育孵化】 年内,区委社会工委、区民政局推动9个街道实现社区社会组织联合会全覆盖,指导街道完善社区社会组织培育发展体系。截至目前,已备案社区社会组织2149家,正在备案的189家,达到平均每个社区拥有15.3家,涉及教育、医疗、养老、文体、科技、社会工作、志愿服务等多个服务领域。

(刘　青)

社会生活

京颐迎盛世　喜迎二十大
★★★石景山区社会化管理退休人员喜迎二十大文艺演出★★★
主办单位：石景山区人力资源和社会保障局

居民生活

【概况】 年内,石景山区坚持稳中求进工作总基调,持续高效统筹疫情防控和经济社会发展,稳增长保民生政策措施落地显效,有效保障居民收入继续保持稳步增长态势,保障居民基本生活类、升级类以及医疗保健类消费的增长。2022年全区居民人均可支配收入86994元,同比增长2.7%;人均消费支出44837元,同比增长0.1%。

(王 娟)

【居民收入】 全年居民人均可支配收入86994元,同比增长2.7%。四项收入呈现"三升一降"特点。其中:工资性收入比重最大,财产净收入增速最高。

表8 2022年石景山区居民人均可支配收入情况表

收入项目	金额(元)	同比(%)	构成(%)
可支配收入	86994	2.7	100
工资性收入	54383	1.9	62.5
经营净收入	0	-100.0	0
财产净收入	9400	8.9	10.8
转移净收入	23211	2.5	26.7

(王 娟)

【消费支出】 全年居民人均消费支出44837元,同比增长0.1%,其中八大类消费支出呈现"三升五降"态势。

表9 2022年石景山区居民消费支出增长及构成

消费项目	金额(元)	同比(%)	构成(%)
消费支出	44837	0.1	100.0
食品烟酒	10447	1.7	23.3
衣着	2583	-2.0	5.8
居住	16650	-1.8	37.1
生活用品及服务	2270	-7.1	5.1
交通和通信	4146	-4.7	9.2
教育、文化和娱乐	2971	-10.5	6.6
医疗保健	4434	16.9	9.9
其他用品及服务	1336	30.2	3.0

(王 娟)

【百户耐用消费品拥有量】 年内,全区居民家庭每百户耐用消费品拥有量最高为移动电话,拥有量为221.1部;最低为摩托车,拥有量为2.3辆。

表10 2022年每百户耐用消费品拥有量

项 目	单位	数量
家用汽车	辆	56.1
其中:新能源汽车	辆	2.4
摩托车	辆	2.3
助力车	台	6.5
洗衣机	台	100.6
电冰箱(柜)	台	102.1
微波炉	台	84.8
彩色电视机	台	115.4
空调	台	196.0
热水器	台	101.0
烤箱	台	11.9
洗碗机	台	3.0
排油烟机	台	100.2
固定电话	线	26.2
移动电话	部	221.1
计算机	台	92.0
照相机	台	30.9
乐器	架	12.7
健身器材	台	6.2
空气净化器(含新风系统)	台	39.5
地面清洁电器	台	34.2

(王 娟)

人力资源

【概况】 北京市石景山区人力资源和社会保障局(简称区人力资源社会保障局)是负责全区人力资源和社会保障工作的区政府职能部门。内设13个行政科室和9个事业单位。年内,区人力资源社会保障局加大就业政策保障力度,投入区级就业专项资金2000万元以上稳保就业,城镇登记失业率3.37%,帮扶7520名登记失业人员实现就业,登记失业人员就业率为66.16%,超额完成全年目标任务。落实疫情期间阶段性社会保险费缓缴政策,助力企业纾困解难,全年各项社会保险基金运行平稳,养老保险、失业保险、工伤保险三项社会保险基金累计收支188.33亿元;落实社会保险各项待遇调整政策,确保按时足额发放。做好人才服务工作,全年共为4625名驻区企事业单位人才办理北京市工作居住证;深化事业单位改革,加强规范管理。全年共对辖区内1800家用人单位进行劳动保障监察,立案查处各类劳动违法案件1775件,结案率97%;提升劳动人事争议仲裁工作效能,优化仲裁办案程序;完善街道劳动争议调解功能,推进街道、科技园区、商务区等基层调解组织建设,推动源头处理,保障区劳动关系和谐稳定。

(李艾娟)

【就业指标完成】 1月1日,石景山区《2022至2024年度促进就业优惠政策》正式实施。本年度城镇登记失业人员就业率指标纳入区委主要工作任务清单,进行专项督查,区就业工作领导小组办公室(设在区人力资源社会保障局)定期向区委区政府汇报促就业工作进展。年内,区人力资源社会保障局联合区财政局印发《石景山区2022至2024年度促进就业优惠政策实施细则》,并针对企业纾困制定《关于开展阶段性助企纾困稳定就业岗位补贴工作的通知》,汇集人力社保领域稳企惠企政策,投入区级就业专项资金2000万元以上稳保就业。区就业工作领导小组办公室将任务措施逐条分解至部门,按周梳理工作推进情况。截至年底,城镇登记失业率3.37%,控制在3.8%的目标内。帮扶7520名登记失业人员实现就业,登记失业人员就业率为66.16%,超额完成全年目标任务;促进1741名应届高校毕业生实现就业,就业率为96.3%,有就业意愿的21名困难家庭毕业生100%实现就业;采集空岗信息12240个,完成年度指标的102%;办理求职登记6803人次,完成年度指标的113.4%。新增参保创业主体1458家,带动就业岗位5434个,分别完成年度指标任务162%和102.5%。全区认定区级充分就业社区151个,充分就业社区创建率100%;区级充分就业街道9个,充分就业街道创建率100%。本年度区广宁街道东山社区获评第五批国家级充分就业社区,为石景山区首个成功创建的国家级充分就业社区。

（李艾娟）

【职业技能培训】 2月，石景山区职业能力建设中心(简称区职建中心)组织区职业技能大赛中式烹饪获奖选手以南瓜、冬瓜、西瓜、芋头、面点、生姜为原料，通过手工雕刻和手工制作，制作“冰墩墩”“雪容融”“首钢冰雪大跳台”“首钢园高炉”“石景山”等冬奥主题作品，展现一组“冬奥盛宴”，活动共有区20余名烹饪技能人才参与，有序向民众开放参观。6月13日至7月20日，开展6家民办职业技能培训机构分级评估工作，成立分级评估工作领导小组，研究制定《石景山区民办职业技能机构分级评估工作方案》，召开全区民办职业技能培训机构分级评估工作动员部署会，本着公开、公平、公正的原则，按照机构自评、现场查验、专家评审、综合评定程序进行评估，并对评估结果进行公示。开展民办职业培训机构专项整治工作，联合区市场监督管理局、区公安分局制订《北京市石景山区开展民办职业培训机构专项整治工作方案》，成立整治工作专班，召集区内24家涉及职业技能类培训的企业召开区民办职业培训机构专项整治工作及《北京市职业技能培训服务合同示范文本》推行部署动员会，对部分违规企业进行检查督导，规范区民办培训机构办学行为。

（李艾娟）

【人才服务】 3月，区人力资源社会保障局对区博士后工作站进行摸底清查，对于未开展博士后培养工作的科研工作站进行帮扶和指导，本年度中译语通科技股份有限公司、北京联智汇能科技有限公司申报博士后科研站园区分站成功。截至年底，全区14家博士后工作站及园区分站累计进站53人，在站博士19人。年内，区人力资源社会保障局就人才工作主动服务企业，实地走访企业，响应企业诉求，为驻区重点企业开展“一对一”“点对点”精准服务，围绕企业关心的工作居住证办理、非北京生源毕业生引进等开展政策宣讲和业务指导。8月11日，与区投促中心、区委组织部和中关村石景山园管委会联合走进中国电科(北京)智能科技园，举办“走进智能科技园，上门讲政策，主动做服务”政策交流会，解读工作居住证办理、毕业生引进等政策，加强区企交流互动，助力智能科技园内企业用足用好惠企政策。截至年底，共为4625名驻区企事业单位人才办理北京市工作居住证，切实为企业人才解决购房、购车申请资格以及子女入学、入托等实际问题。做好引进优秀毕业生审核申报工作，指导和协助用人单位申报引进，审核相关材料并上报市人力社保局审批，本年度共引进毕业生404人。

（李艾娟）

【第三届创业创新大赛】 5月30日，第五届“中国创翼”创业创新大赛北京市选拔赛、第五届“创业北京”创业创新大赛、石景山区第三届创业创新大赛决赛成功举办。大赛以“创响新时代、共圆中国梦”为主题，在全市范围内征集报名项目117个，经过初步筛选共有106个项目晋级初赛，其中区外参赛项目达到30%，项目涵盖新一代信息技术、智能制造、医疗健康、人工智能、文化创意、现代服务业等经济、社会领域，参赛人群以高校毕业生或在校学生、退役军人、留学归国人员、企事业单位科研或管理人员为主。大赛尝试以全程线上方式举办，最终产生一等奖3名、二等奖7名、三等奖8名、优秀奖6名，其中AI驱动药物递送开发、村民说事“e说通”和压电纳Rescort俘能器等12个项目代表石景山区参加北京市第五届“创业北京”创业创新大赛，其中1个项目获市级优秀奖，区人力资源社会保障局获首届北京大学生创新创业大赛优秀组织奖，获第五届“创业北京”创业创新大赛优秀组织奖。

（李艾娟）

【创业带动就业】 8月24日，区人力资源社会保障局组织召开创业孵化基地座谈会暨创业孵化示范基地授牌仪式，辖区14家创业孵化基地负责人参加。年内，区人力资源社会保障局打造区级创业孵化示范基地，发挥资源集聚效应，鼓励孵化基地提供高质量培训(实训)指导、场地设施、经营管理、融资引才、市场拓展等服务，持续发挥创业带动就业倍增效应，本年度认定区级孵化基地3处，北京侨创空间科技有限责任公司获评第六批市级创业孵化示范基地。开展“喜迎二十大‘创业北京’服务行”主题月活动，推出系列创业讲座，针对有创业意愿的高校大学生、创业尝试者及初创企业开展专场讲座3场，并联合创业公社为北京外国语大学国际金融学院开展大学生创业政策培训。发挥创业担保贷款助企纾困作用，全年54家企业共获贷款7845万元。

（李艾娟）

【劳动关系风险防控】 9月22日，召开的全国和谐劳动关系创建示范经验交流会上，石景山区的北京中融汇智人力资源有限公司获评全国和谐劳动关系创建示范企业。年内，区人力资源社会保障局年累计监控企业547户次，累计涉及职工9.44万余人次，劳动合同年平均签订率99.53%、年平均续订率91.63%。指导企业结合自身特点有针对性开展集体协商和集体合同签订，规范街道联合工会集体合同签订备案程序，督促到期企业及时备案。截至年底，审查集体合同备案并录入信息317家企业，覆盖职工52908人。工资集体协商303家，覆盖职工49784人；综合集体合同执行期内企业508家，覆盖职工11.25万余人。加强劳动关系形势的分析与研判，部门联动开展综合服务与动态监控，对全区劳动用工风险进行监测，及时对提示风险企业进行核实反馈，核实反馈率100%，全年预警平台提示区风险企业共计231家(含二次预警企业)。加强协调劳动关系三方机制建设，构建和谐稳定劳动关系，年内为6家培育助推企业建立工作档案。

（李艾娟）

【职业技能鉴定】 11月，“石景山区职业技能竞赛基地”在首钢技师学院正式挂牌成立，推进区职业技能竞赛规范化和常态化。年内，区公服中心职业技能鉴定部门做好疫情期间职业技能鉴定机构防控工作，推行网上办理各类职业技能鉴定考试和职业技能竞赛报名、资格审核及组织实施工作,提供邮寄证书服务。对辖区各备案职业技能等级认定机构发放证书情况进行梳理和检查,并进行现场检查和督导,促使全区所有备案评价机构做到评价考核规范严格、证书发放标准无误,杜绝"山寨证书"隐患。全年新增技能评价考点12个,开展职业技能等级认定工作的4家企业(院校)全部初审合格。督导各类机构在辖区内的考试8场,参考人员1525人次,确保各场次安全无事故。

(李艾娟)

【就业服务】 年内,区人力资源社会保障局开展送政策、送岗位、送服务进企业、进园区、进校园、进社区的"三送四进"政策宣讲活动;在疫情期间通过市区平台、抖音、公众号等多渠道举办线上招聘会,全年共举办春风行动、百日千万专项行动、毕业生就业服务季等就业专项活动123场,累计参会单位1119户,提供岗位5万余个,达成就业意向1855人次。通过抖音、视频号以及微信自媒体平台举办"所长在线、科长在线、仲裁员在线、监察员在线"等政策宣讲活动,针对企业和求职人员就业重点难点问题,进行线上答疑。加强就业资金保障,全年累计申请市区促进就业资金2.1亿元,用于灵活就业、公益性岗位、岗位补贴、社会保险补贴等,惠及12881人。强化职业技能培训,构建"政校联动"、"政企合作"机制,为企业"量身定制"技能人才。统筹各街道摸查7225名登记失业人员就业意愿,组织全区范围和街道层级就业服务专项培训,以基层就业服务为侧重点,提升就业服务专员政策水平,全区开展就业服务专员培训10场,涉及1671人(次)。发挥就业服务专员、企业联络员作用,收集企业诉求,采集招聘岗位12240个,招聘信息准确率达100%。联合金顶街、苹果园、八角、鲁谷、五里坨、广宁等街道挂牌务工人员之家分站,为在京务工人员提供来访接待、求职招聘等公共服务。2022年乡村振兴指标全部完成,全年为受援协作地宁城县、莫旗输送就业岗位信息1000余条,助力受援地累计新增到东部就业904人;省内就近就业5081人;到其他省份就业724人;全年组织开展培训班16期,培训农村劳动力585人。

(李艾娟)

【促进重点群体就业】 年内,区人力资源社会保障局持续抓好高校毕业生、就业困难人员等重点群体就业工作,开展全区登记失业人员摸查,摸清就业意愿和帮扶需求,通过"专家门诊"、"一对一"服务累计促进7520名登记失业人员就业。针对高校毕业生未就业难题,建立区、处级领导承包责任制,"一对一"认领定点帮扶对象,通过结对帮扶帮助10名困难家庭毕业生走上区劳动人事争议仲裁院书记员、区政务服务管理局窗口职员、非国有企业职员及灵活就业等岗位,截至年底,有就业意愿的21名困难家庭毕业生全部实现就业。发挥企业吸纳就业主力作用,开发就业岗位,依托区国资委、园区管委会等单位提供适合高校毕业生的知识型、技术性岗位400个;对接区卫生健康委、服贸会设立临时性、灵活性强的疫情防控相关岗位195个;开发低门槛、有保障的公益性岗位托底安置就业困难人员985人;促进灵活就业人员实现就业,累计20426人以灵活就业方式缴纳社会保险。创新就业服务方式,建立就业服务微信群,开展就业困难人员"一对一"精准服务,通过就业服务微信群收到求职简历2000余份,实现就业600余人。针对重点群体举办特色活动,联合区退役军人事务局、区融媒体中心举办以"退伍不褪色圆您职场梦"为主题的"退役军人及随军家属"线上专场招聘会,实现退役军人更高质量就业;联合区残联举办"就业优先平等共享"线上政策讲解助残活动。

(李艾娟)

【退休人员社会化管理】 年内,区劳动服务管理中心(简称区劳服中心)制定《国有企业退休人员社会化管理工作实施方案》和《社会化管理服务专员管理办法》,指导街道组建社会化专员队伍,通过日常培训、考评,提升人员素质,提供更高质量专业服务。组织退休人员系列特色活动,有序推进退休人员社会化管理服务,开展文艺汇演、宣讲表演、书法绘画摄影比赛等6大项活动,参与人员两千余人;创作反映退休人员参与抗疫、创建和谐美好家园等主体文艺作品;通过党建共建、区街联合方式举办多项文体活动,丰富退休人员晚年生活。截至年底,区劳服中心共接收社会化退休人员114401人,集中管理档案53553份,本年度受理申请893人,其中国企2家(涉及2人),非国企456份(涉及891人),全年完成档案接转32981份。

(李艾娟)

【人事档案管理】 年内,区人力资源公共服务中心(简称区公服中心)在年内疫情期间倡导非接触式办理模式,推进档案管理服务一网通办。开通档案、退休、公共就业等17项互联网"无接触"服务,引导个人业务掌上办、自助办,推进街道业务专门办、网上办,企业业务上门办、特殊办,截至年底服务网办率达到3.35%,超过市公服中心下达任务目标1.35个百分点。6月底失业保险跨省转移业务正式上线,全年共处理失业保险跨省转移业务92件,办理率为100%。截至年底,区公服中心保存人事档案77207份,档案托管单位2857家,管理集体户口卡983张。全年共接转人事档案20799份,出具各种档案材料证明3690件。累计办理保险增减员13467人次,代理缴纳社会保险8324人。代办退休983人。

(李艾娟)

【事业单位人事管理】 年内,区人力资源社会保障局完善区事业单位选人用人机制,畅通人才流动渠道,全年办理事业单位人员调动424人次(含公开招聘)。布置全区上年度事业单位和机关工勤人员考核奖励工作,区参加事业单位考核奖励单位共218家,参加事业单位考核人数共8020人。提高面向应届毕业生招聘的岗位比例,本年度区事业单位计划招聘454人,其中面向应届大学生招聘362人,约占整体招聘人数的80%。根据疫情防控要求，避免疫情传播风险，区下半年事业单位公开招聘笔试工作采取线上闭卷考试方式进行。开展人事干部业务培训工作，组织全区51家事业单位近100名人事干部业务培训。完成辖区43家主管部门200名事业单位工作人员岗前培训工作。面向区9个街道征集退役大学生士兵岗位16个，共有11名退役大学生士兵进入街道所属事业单位。做好随军家属专项招聘工作，征集9个事业单位岗位面向驻京部队随军家属进行专项招聘，拟招聘10名随军家属。

（李艾娟）

【专业技术人员管理】 年内，区人力资源社会保障局完成区教育系统正高级教师推荐工作，12名教师作为区申报人选，经区中小学教师专业技术职务评审委员会推荐至北京市中小学教师系列高级（正高级）专业技术职务评审委员会。完成区教育系统高级、一级教师推荐工作，至年底职评工作完成评审，其中一级教师共参评145人，通过137人；高级教师共参评123人，通过115人。完成专业技术人员知识更新工程高级研修班申报工作，向14家博士后工作站及园区分站征集选题，最终确定《中西医结合传承发展尖端人才高级研修班》，上报市人力资源社会保障局，市人力社保局批复区选题计划，并支持资金3万元。

（李艾娟）

【工资福利】 年内，区人力资源社会保障局完成区政府绩效管理教育职责督导年度任务，落实国家和北京市教职工工资福利政策，指导区教委进一步完善义务教育学校绩效工资分配制度，确保中小学教师平均工资收入水平高于区公务员平均工资收入水平。清理规范公务员津贴补贴，严格落实北京市规范实施方案，优化工资收入结构，规范设立绩效奖金并突出实绩导向。深化事业单位改革，加强规范管理，在进一步完善区事业单位绩效工资政策及财政拨付经费管理工作基础上，加强与各事业单位充分沟通，推动区属各全额事业单位纳入区工资统发，规范绩效工资发放项目、标准和发放流程；对其他未纳入统发的事业单位，加强政策指导和纪律要求，构建全区科学合理的事业单位工资分配体系。联合区委组织部和区财政局出台《石景山区机关福利费管理使用办法》，提高区福利费提取标准，规范福利费使用，并组织开展相关慰问活动。完成区济困工程项目要求，慰问区属机关事业单位中本人及配偶、未成年子女因病等导致生活困难的在编在册工作人员24人，发放慰问金12万元。

（李艾娟）

【人事考试】 年内，区人事考试中心把疫情防控工作作为组织考务工作首要任务，保证防疫物资储备，精细化防控操作措施，细化落实突发疫情的现场处置工作，全年共承接各种考试13场次，设置考点32个、考场278个、接待考生20116人次，圆满完成全年考试任务。

（李艾娟）

【人力资源管理】 年内，区人力资源社会保障局组织开展人力资源服务机构仓储库房消防专项整治、流动人员人事档案管理、疫情防控等专项整治工作，保障冬奥会、全国“两会”和党的二十大等重要活动顺利举行。加强人力资源服务机构应急处置能力，组织机构建立完善消防安全和疫情防控突发事件应急预案，开展培训演练工作，落实市、区、机构三级“应急联络员”机制，确保突发事件第一时间处置完成。组织辖区人力资源服务机构积极参与“2022年人力资源服务京津冀区域协同地方标准与行业发展知识竞赛”，经区人力资源社会保障局力推的首实新业公司荣获竞赛三等奖。进一步贯彻落实“京津冀三地协同标准”，深入辖区人力资源服务机构开展“送服务、送政策”活动，讲解人力资源服务规范、京津冀区域协同发展标准、“5A”等级划分等相关政策，帮助辖区人力资源服务机构规范服务标准，提高参与等级评定积极性，发挥市场机制作用，扩容经营性人力资源服务机构16家，促进区人力资源快速流动，推进经营性人力资源服务机构提质升级，本年度经市人力资源服务机构等级评定委员会评审，区中融汇智等16家机构获评“A等级人力资源服务机构”，取得《北京人力资源服务机构等级证书》，实现经营性机构等级评定“零的突破”。截至年底，区共有人力资源服务机构86家，其中经营性机构74家，公共机构12家。

（李艾娟）

【劳动监察】 年内，区人力资源社会保障局综合执法队全年开展春节前冬季欠薪专项行动、保安行业用工检查、新业态企业用工情况、根治欠薪夏季行动等专项执法行动。采用线上宣传和实地走访相结合的方式，对全区42处在建工程项目进行全面普法宣传，严格落实农民工工资专用账户、实名制管理、总包代发、工资保证金等制度，发放各种宣传材料2000余份。本年度实施评分定级分类监管，通过“农民工工资支付风险+守法诚信”两大评价体系，对建设单位、总包单位、分包单位进行评分，确定监管等级，实施差异化管理，对风险高、信用差的企业加大监督检查力度和频次，及时约谈企业负责人，督促其提升企业诚信经营意识。联合区住建委、区公安分局、区城管委、区园林局、区文旅局等行业主管部门对在建施工项目开展联合检查，重点检查在建工程项目工程款、人工费、农民工工资支付流程，排查各种欠薪纠纷隐患，确保实现“党的二十大”期间100%不发生极端或群体性讨薪事件。全年共对辖区内1800家用人单位进行劳动保障监察，涉及职工45221人。通过各途径接收违法线索4127件，立案查处各类劳动违法案件1775件，办结案件1721件，结案率97%，无超期案件。通过劳动监察执法，为375名劳动者追回工资332.12万元；通过快速协调方式为1195名农民工解决诉求，涉及金额1002.56万元；做出行政处罚10件，处罚金额27.52万元，其中对建筑施工企业做出处罚4件，处罚金额20.2万元。

（李艾娟）

【“根治欠薪”专项行动】 年内，区人力资源社会保障局全面排查保障农民工工资支付制度落实情况、农民工工资及时足额支付情况,对排查中发现的风险隐患和欠薪线索建立台账,严格落实分级分类差异化精准监管,对高风险等级的项目和企业坚决纳入欠薪隐患清单,实时掌握欠薪企业、欠薪人数、欠薪金额,按照“一项目一册”的原则,做到欠薪问题不解决不销账。协调有关部门进行拉网式不间断联合检查,按照《北京市工程建设领域农民工工资支付综合监管实施方案》要求,联合区住建委、区公安分局、区市场监管局等部门联合执法6次,对工程建设项目进行循环式检查,并对讨薪案件多发的工程项目进行重点盯防。

(李艾娟)

【劳动争议仲裁】 年内,区劳动人事争议仲裁院提升仲裁工作效能,优化仲裁办案程序,妥善化解涉及北京冬奥组委、朴实核酸检测机构、国美集团等重大劳动人事争议案件(其中累计受理国美集团旗下13家公司劳动仲裁案件696件,涉案金额8000余万元,年内审结案件489件)。疫情期间,通过短信、电话等方式积极开展争议线上调解,避免当事人集聚风险,发放调解建议书900余份,线上调解成功235件。推进档案电子化建设,完善智慧仲裁“电子档案馆”,年底前完成2019、2020、2021年度电子化工作。完善农民工案件绿色通道,协调工会、法律援助等部门,快立快调快审快结案件,保障农民工合法权益,截至年底,受理农民工案件815件,审结773件,涉及金额1223.18万元,结案率94.85%。发挥首钢唐山地区巡回仲裁庭作用,就地化解京冀跨域劳动争议案件,全年共受理河北迁安矿业公司案件14件,审结12件,结案率85.71%。全年共受理案件4314件,其中:案外调解873件,立案3441件,立案数比上年同期增加657件,同比上升23.6%。立案中三人以上集体劳动争议175起,涉及案件855件,占立案总案件的24.85%,比上年同期增加152起,同比增长21.62%。三十人以上重大集体劳动争议4起,涉及案件181件,占集体案件的18.64%。一百人以上重大集体劳动争议1起(国美集团旗下13家公司),涉及案件696件,占集体案件的40.18%。年内审结3231件,结案率93.9%,终结率72.11%,调解率66.89%,其中:裁决1364件,占已结案件的42.22%;调解1693件,占已结案件的52.4%;个人未到庭按撤诉处理174件,占已结案件的5.38%。

(李艾娟)

【劳动争议调解】 年内,区劳动人事争议仲裁院推动源头处理,完善街道争议调解功能,推进街道、科技园区、商务区等基层调解组织建设。本年度分别在天安人寿保险股份有限公司、北京易点淘网络技术有限公司成立劳动争议调解组织,提前预防,就地化解矛盾争议。推广街道“互联网+调解”服务平台模式,全年共处理“互联网+调解”案件151件,受理96件,调解成功49件,调解率51.04%。与区财政局联合发布《石景山区劳动人事争议调解补贴发放办法(试行)》,将调解补贴10万元纳入区财政预算,带动基层调解组织建设有序推进。发挥区工会调解组织功能,引导当事人调解争议案件,全年调解组织调解案件541件,置换调解书541件,涉及金额1600余万元。

(李艾娟)

社会保障

【概况】 年内,石景山区社会保险事业管理中心(简称区社保中心)落实疫情期间阶段性社保费缓缴政策,助力企业纾困解难,通过社保网申平台和前台业务窗口线上线下两条线受理企业缓缴和基数申报相关业务,本年度累计896家单位成功申请缓缴养老、失业、工伤三项社会保险费,缓缴社会保险费3.59亿元,涉及职工2.65万人。年度内社会保险关系转移接续工作顺利推进,受理养老保险转入申请1550人次(网申受理量占业务总量的75%),转出申请3409人;办理医疗保险转入申请499人,转出申请1102人。加大社保稽核工作力度,梳理更新与规范稽核工作程序,全年共受理投诉举报类稽核案件212件,结案183件,完成社会保险基金补缴650.81万元。截至2022年12月,全区企业职工参保(养老保险、失业保险、工伤保险)缴费单位2.01万户,同比增长7.48%;参保人数49.49万人(其中:缴费人员27.20万人、享受待遇人员13.80万人),同比增加2.10%;截至12月,机关事业养老保险参保缴费单位372户,在编缴费人员1.71万人,退休人员1.18万人。城乡居民养老保险参保1477人,按月领取养老待遇人员4972人。全年各项社会保险基金运行平稳,三项社会保险(养老保险、失业保险、工伤保险)基金累计收支188.33亿元,同比增加13.75%。其中:三项社会保险基金累计收缴86.75亿元,同比增加13.37%;累计支出101.58亿元,同比增加14.07%。

(李艾娟)

【劳动能力鉴定】 7月,区人力资源社会保障局开展以“京冀联动聚合力,工伤鉴定暖民心”为主题的送服务上门活动,到河北矿山地区现场对首钢矿业公司等46名工伤职工进行劳动能力鉴定,并对当地5名鉴定专家进行业务指导培训,同时对工伤定点医疗机构“首钢矿山医院”进行实地检查。年内,保障平台灵活就业人员权益,推进新就业形态职业伤害保障试点工作,制定《石景山区开展新就业形态就业人员职业伤害保障试点工作方案》,成立领导小组,在社保经办大厅设立职业伤害专门业务受理窗口,制作虚拟案例,开展全流程、全系统场景模拟实操,梳理“北京人社一体化经办平台”职业伤害保障业务经办流程,截至年底,职业伤害申报42例,确认34例。全年劳动能力鉴定中心共组织鉴定24场,完成鉴定694人次,其中:职工工伤、职业病鉴定618人次,包含工伤等级评残类鉴定383人次、延长停工留薪期226人次、配置辅助器具9人次;因病丧失劳动能力鉴定76人次,其中:未达到完全丧失劳动能力6人次,达到完全丧失劳动能力70人。根据市人力资源社会保障局下达“劳动能力再次鉴定结论改变率控制在鉴定总数1%以内”指标,石景山区再次鉴定申报5例,结论改变为零,完成任务指标。

（李艾娟）

【工伤认定】 7月,北京市工伤保险新业态职业伤害保险启动上线,截至年底职业伤害保障业务予以认定27件,不予认定1件。本年度区人力资源社会保障局首次通过“在线远程视频”方式完成位于河北迁安的矿业首钢职工工伤认定,切实维护申请人权益。年内,提高在建项目参加工伤保险参保率,按照市人力资源社会保障局统一要求,深入建设项目施工现场,开展建筑业主题活动,维护工伤职工权益,截至年底区建筑业项目工伤保险趸缴率100%。全年共受理工伤认定案卷763件,不予受理2件。认定工伤案卷723件,不予认定工伤案卷40件。工伤认定总数与上年同期相比增长5件,不予认定工伤案件比上年同期增加21件,增幅111%。同时,本年度个人申报案件数量大幅增长,达107件,工伤认定业务呈现逐年增长趋势。

（李艾娟）

【社保待遇支付】 年内,石景山区遗属待遇申领进入日常经办常规办理阶段,共有历史存量数据26093人,其中退休死亡人员23652人,在职死亡人员2441人,截至年底网申遗属待遇完成审核15375人,现场受理遗属待遇9720人,累计完成遗属待遇申领2.71万人,累计支付金额15.60亿元。区社保中心落实社保各项待遇调整政策,确保按时足额发放。调整离休人员基本离休金,涉及187人,调整金额9.61万元;调整离休人员生活补贴,涉及市、区属离休人员179人,调整生活补贴金额共计20.13万元。调整企业退休人员基本养老金,调整共涉及134193人,调整养老金共计2744.46万元,人均增资204.52元。调整工伤人员和工亡职工供养亲属工伤保险定期待遇,涉及373人,调整金额共计8.22万元。调整机关事业单位退休人员退休金,涉及11402人,平均上涨208.35元。完成2022年企业退休人员重新核算养老金接收及补支工作,涉及2780人。

（李艾娟）

【基金安全】 年内,区社保中心动态调整《石景山区社保中心经办业务内部控制监督办法(4.0版)》,对119项经办业务的政策依据、操作流程和规范材料等方面进行更新完善,共梳理风险点299项,调整风险等级18项。成立基金风险防控工作小组,及时动态完善内控监督检查工作方案,严格按照岗位职责进行权限划分,实现全流程防控。开展社保基金管理提升年行动,研究制定《石景山区社会保险事业管理中心落实社保基金管理提升年行动工作方案》,明确责任主体和工作重点,对各险种违规参保、重复领取待遇、死亡冒领、“假人”骗领、服刑人员违规领取养老金等常规疑点数据进行逐一筛查,细化任务分工,建立问题台帐,制定整改措施,加大追缴力度,动态调整工作重点和内控监督管理机制,截至年底,追回41人、136.96万元,其中违规领待74.93万元,退费8.78万元。做好2022年服刑人员违规领取社保待遇人员疑点数据核查工作,研究制定区《关于参保人员被判刑期间缴纳三项社会保险费退费工作方案》,建立服刑人员退费台账,发布协查函,进行约谈等,截至年底13人退费101.15万元、6人签订还款协议。年内,通过加强内控监督严守基金安全,全年共检查各类社保经办业务约47.5万笔,对个人账户补填、基金补缴、在职人员信息变更、单位退费、养老月报外支付、退休人员信息变更等重点检查项目和自行监督项目进行监督检查,处置基金监督系统中各类预警问题461笔、风控系统预警业务235个。

（李艾娟）

【退休核准】 年内,区人力资源社会保障局共核准企业退休人员4675人,同比上升6.37%。其中正常退休3826人,占比81.84%,同比上升17.04个百分点,特殊工种提前退休人员736人,占比15.74%,同比下降25.58个百分点,因病退休(职)113人,占比2.42%,同比下降17.52个百分点。进行企业年金备案5家。确认补缴2011年7月前养老保险439人次。

（李艾娟）

【接诉即办】 年内,区人力资源社会保障局研究制定接诉即办工作《实施办法(试行)》和《工作措施》,对接区指挥中心,统筹协调做好各项基础工作。建立日报告、周汇总、月分析工作机制,对诉求热点、办理及考核等情况进行研判分析。做好2022年度新考评办法的落实,组织业务部门开展考评要求及系统申报培训,形成区人力资源社会保障局诉求事项申报清单指南,并统一制作《申报模板》。针对拖欠工资等重点难点问题,规范答复意见及考核材料申报,梳理工单百余件,整理回复模板10余类。区人力资源社会保障局全年累计接收12345市民热线转办单9257件,同比增长46.63%,月平均办理量771件。

（李艾娟）

医疗保障

【概况】 年内,北京市石景山区医疗保障局(简称区医保局)统筹疫情防控和医保发展,深化医疗保障制度改革,扎实推进长护险制度试点,统筹推动待遇保障、筹资运行、医保支付、基金监管等重要机制和医药服务供给、医保管理服务等关键领域改革,全面推动医保个人账户改革、异地门诊直接结算等改革任务,构建多层次医疗保障制度体系。打造北京市唯一一家聚焦医保主题的宣传广场。2022年,石景山区基本医疗保险参保缴费单位1.9万家,参保人数45.9万人。城乡居民保险参保缴费人数7.8万人。医疗保险基金总收入43.6亿元,总支出37.17亿元,收支相抵结余6.53亿元。共有医保定点医药机构113家(其中定点医疗机构80家,定点零售药店33家),长护险经办机构2家,失能评估机构6家,护理服务机构78家。

（王 燕 鲁 斌 张新果）

【推进长护险制度试点】 年内,石景山区推进国家级政策性长护险制度试点工作,创新探索“邻里互助”服务新模式、新机制。强化商保经办机构协议管理,全流程督导检查已签约的6家失能评估机构和78家护理服务机构(区内36家,区外42家)。持续加强市区部门联动,与北京市及各区医保局联动推进跨区服务。配合市台办、区委统战部做好京台社区发展论坛,《人民日报》海外版等多家主流媒体进行报导。中央、市区级主要媒体进行数十次专题宣传,收到群众赠送的锦旗70余面。2022年,全区长护险参保人数46.19万人,基金收入8314.49万元,实时享受待遇2531人,累计待遇享受3724人,基金支出5675.58万元。

(李　强)

【医疗保障制度改革】 年内,石景山区持续加强深化医疗保障制度改革力度,制定并以区委区政府名义印发《石景山区关于深化医疗保障制度改革的任务分工方案》(京石发〔2022〕18号)。推进定点医药机构新增工作,新增3家定点医疗机构、18家定点零售药店。开展2021年度药品集采专项检查,落实国家第七批药品集中带量采购。持续深化医保支付方式改革,2家定点医疗机构纳入DRG实际付费,7家定点医疗机构纳入DRG模拟付费。积极推广普惠型商业补充医疗保险,推进使用区财政资金为基本医保相关困难群体7千余人购买北京普惠健康保。全面落实基本医疗保险门诊共济保障机制改革,全方位开展宣传。

(王　平　田雨晴　胡艳霞)

【基金监管】 年内,区医保局制定并以区政府办名义印发《石景山区推进医疗保障基金监管制度体系改革的实施方案》(石政办发〔2022〕8号),加快推进医保基金监管制度体系建设。组织召开2022年石景山区医保基金监管工作会,多部门共同探讨医保基金使用监管问题。围绕重点领域,联合区公安分局、区卫生健康委印发《石景山区2022年打击诈骗医保基金专项整治工作方案》。通过专项检查、自查自纠和抽查复查对辖区定点医疗机构进行全覆盖检查,集中曝光石景山区医保违规典型案例34例,拦截、拒付及追回违规费用504.71万元。邀请北京市人民检察院工作人员开展医保系统预防职务犯罪专题讲座,辖区定点医疗机构百余人参加,增强医保工作人员规范使用医保基金的法治意识、廉洁意识。用好10名医保基金特约监督员,开展"十个一"工作,形成医保基金监管的必要社会力量。

(王　平　胡艳霞)

【优化营商环境】 年内,区医保局顺利承接全区基本医疗(生育)保险登记征缴等经办业务,通过引入三方专业机构创新开展经办业务,采取医保和社保一方叫号双方"联动服务"的"4+1窗口"协同服务模式,实现无感移交。精准落实医保缓缴政策,强化线上线下宣传力度,推动企业"应申尽申,应享尽享",助力企业纾困解难促发展。

(张新果)

9月28日,石景山区医保主题广场竣工　(区医保局供图)

【行政给付】 年内,区医保局审批医疗救助12000余人次、救助资金1765.52余万元,审批住院押金减免和出院即时结算20人次、救助资金14.88万元,审批灾难性救助313户、救助资金97.32万元,审批因病致贫救助13户、救助资金23.87万元。按时拨付2021年度中央在京单位公费医疗费用及区属医照人员费用。

(胡艳霞)

【基金费用审核】 年内,区医保局完成医疗保险费用审核及基金支付(含市区两级)工作。其中,实时审核结算城镇职工1052.60万笔、支付金额28.63亿元,城乡居民73.99万笔、支付金额1.16亿元,其他类别12.65万笔,支付金额8117.67万元。手工审核结算城镇职工6764笔、支付金额2441.55万元,城乡居民2152笔、支付金额564.22万元,其他类别31笔,支付金额7.42万元。生育保险费用实时审核结算1428笔、支付金额885.14万元,手工审核结算3464笔、支付金额1097.16万元。生育津贴审核3464人次、支付金额1.28亿元。城乡居民大病医疗保险方面,完成2021年度审核支付438人、支付金额552.21万元。城镇职工大病医疗保险方面,2021年度全区涉及1011人、223家单位,截至年底累计完成审核支付737人、支付金额764.00万元。

(张迎春　徐世堂)

【异地就医】 年内,区医保局推进异地门诊慢特病试点工作,北京市石景山医院、北京联科中医肾病医院、首钢集团有限公司矿山医院、首都医科大学附属北京康复医院等4家试点医院已正式开通对外服务。持续推进京津冀异地就医费用跨省直接结算,审核跨省异地就医人员结算费用9.22万笔,医保基金支付共计3.44亿元。

(张迎春)

【信访与接诉即办】 年内,区医保局召开信访及市民服务热线"接诉即办"专题会,分析现状问题,总结经验做法,持续提升应急处置和服务能力,源头治理未诉先办,持续提升应急处置和服务能力,邀请党的二十大代表讲解群众沟通技巧，提升“为民解忧”水平。全年接到区指挥中心派单445件，回退49件，接办397件，全部及时办结；受理群众信访案件8件，办理纪检派驻组督办单5件，均已完成办结，有效化解矛盾风险。

（王　燕）

【宣传培训】 年内，区医保局发布“每天一分钟 医保真轻松”医保政策小问答250条，发布工作动态信息208条。开展线上医保政策有奖知识竞答8次，参与人数三万余人。宣传片《阳光医保 守护一生》《长护险来了》在市医保局短视频大赛中分别荣获一等奖和纪念奖，并在电视台、定点医药机构和街道社保所播放；对定点医疗机构医保骨干进行“以干代培”，增强业务学习交流；开展“织密基金监管网、共筑医保防护线”集中宣传月活动，组织学习观看《打击欺诈骗保警示教育专题片》，面向经办机构、定点医疗机构、定点零售药店等单位下发宣传材料近2万份。

（田雨晴　王　燕　王　平）

退役军人事务

【概况】 北京市石景山区退役军人事务局（简称区退役军人局）是负责石景山区退役军人事务和双拥工作的区政府工作部门。年内，石景山区召开退役军人事务工作领导小组和双拥工作领导小组会，全面统筹和谋划石景山区退役军人和双拥工作，退役军人移交安置、就业创业、双拥共建、帮扶解困、权益保障等工作成效明显。石景山区成功举办首届北京市社会化拥军服务成果展交会。围绕落实军地“双清单”，坚持常委议军、军政座谈、互办实事、常态对接、拥军支前、抢险救援、结对共建、联席共商“八项机制”，推进军地协同配合，营造“凝聚合力、军民一心”的氛围。区退役军人局为35名立功受奖军人家庭送喜报，石景山区“敲锣打鼓送喜报、弘扬尊崇氛围”活动被中央电视台新闻栏目报道。“首都老兵”志愿服务队由181支发展为192支，志愿活动凝聚3000余名退役军人退役不褪色、弘扬正能量。解决部队“三后”问题官兵满意度创新高，陆军政治工作部领导为区委区政府送来“拥军爱民赓续鱼水情，心系国防携手向未来”的锦旗。军休五所和军休七所被北京市评为“五星级服务管理机构”，填补石景山区无“五星级服务管理机构”的空白。军休干部李德海入选第一季度“中国好人榜”。八角街道八角中里社区退役军人服务站站长李美红同志被评为2022年度全国退役军人服务中心（站）“百名优秀主任（站长）”。

（李亚楠　孙振宇）

【走访慰问和困难帮扶】 春节和“八一”建军节期间，石景山区对152名困难退役军人及家庭进行走访慰问，包括退役军人事务部“全国困难退役军人帮扶援助系统”内困难人员、医疗费用连续三年超过两万的低保和低收入困难退役军人、优抚对象、自主择业干部困难人员、信访困难人员（部级重点人、市级重点人）、常态化联系对象等，其中特别困难人员66人，一般困难人员86人，发放慰问金21.8万元。统筹各街道退役军人服务站，对系统内95名困难退役军人开展帮扶工作，实现系统内人员帮扶“全覆盖”。全年累计慰问退役军人689人，区级党政领导走访15人，街道级党政领导走访35人，各级退役军人事务系统领导走访42人，工作人员入户走访255人，慰问功勋人员21人。累计帮扶援助困难退役军人713人，其中发放资金或物资帮扶676人，提供就业帮扶4人，提供教育帮扶1人，提供养老帮扶31人，其他帮扶1人。政府累计投入资金37.68万元。

（李　东）

【军政座谈会】 2月、8月，在春节和“八一”建军节期间，石景山区召开两次军政座谈会，区四套班子领导与驻区部队领导共叙军民鱼水情深，共商区域发展大计。组织“丹青翰墨雨水情 军地喜迎二十大”石景山区庆祝建军95周年书法绘画摄影作品展，军地共庆建军95周年，喜迎党的二十大召开。

（孙振宇）

【双拥宣传】 4月、9月，石景山区举办清明红色祭扫和930烈士纪念日活动，组织“讲述英雄故事 建设现代国防”全民国防教育日主题活动。发挥“台、报、网、微、端”融媒体报道优势，结合八一、国庆等重要时间节点，通过电视台、网络、报刊、微信公众号等融媒体，全方位宣传国防教育和双拥工作，强化国防教育进机关、进企业、进校园、进社区、进家庭工作。挖掘在“就业创业、爱岗敬业、热心公益、抗击疫情”等领域有广泛影响力、有社会正能量、群众公认度高的典型代表，在互联网平台广泛宣传退役军人先进典型事迹。

（孙振宇）

【北京市社会化拥军服务成果展交会】 7月8日，首届北京市社会化拥军服务成果展交会在石景山区首钢园召开，退役军人事务部、中央军委政治工作部、北京市、北京卫戍区以及16个区和经开区相关领导出席开幕式。本次展交会是落实全国双拥办相关会议精神，在首都双拥领域的一次积极探索，是双拥内容的再丰富、形式的再拓展和载体的再创新，也是打造新时代首都社会化拥军服务品牌，为争创全国双拥模范城增加新的亮点和特色。共吸引30多个行业、140余家社会组织和企业参加，集中展示交流近年来北京市社会化拥军服务成果。

（孙振宇）

【退役军人就业创业】 8月11日，区退役军人局、区人力社保局、区融媒体中心举办以“退伍不褪色、圆您职场梦、情暖军属、助力就业”为主题的直播带岗+就业指导退役军人及部队随军家属专场招聘会。活动邀请7家企业，15个岗位，招用335人，6000余人关注，互动400余条，重点推出10个适合退役军人就业的重要岗位，达成就业意向15人。

（李　东）

【军休干部服务管理】 8月19日，北京市军休安置事务中心召开军休干部服务管理机构星级评定工作总结暨授牌大会，石景山区军休五所和军休七所获评“五星级军休服务管理机构”。年内，区退役军人局组织建军95周年暨喜迎二十大慰问演出活动,举办“庆祝八一建军节·老兵永远跟党走”书画、摄影、诗词作品展,通过多项活动庆祝建军95周年。9月,区退役军人局与第三方合作创办军休大学,并启动试运营。全年各军休所和军休活动站组织各类文体培训50余场。

(任诗楠)

【服务保障体系建设】 年内,石景山区制定2022年退役军人服务中心(站)工作要点,对2022年重点工作计划进行部署。围绕按要求落实、按职责推进、按功能提升的整体工作思路,全力推进全区服务保障体系规范化、标准化建设,全面开展退役军人精细化、精准化服务。根据《北京市关于开展2022年全国示范型退役军人服务中心(站)创建工作的通知》《北京市2022年全国示范型退役军人服务中心(站)创建工作计划》,部署石景山区2022年示范创建工作任务,分阶段、分批次开展示范创建验收工作,推进80家服务对象100人以上的社区退役军人服务站示范创建工作。根据北京市退役军人事务局要求,石景山区已完成区、街道两级退役军人服务站录入工作。完成全区三级退役军人服务站百度地图、高德地图信息录入。

(李 东)

【优抚工作】 年内,石景山区发放各类定期抚恤补助金2623万余元。为部分优抚对象报销医药费51万余元。为70户在乡和非在乡优抚对象发放集中供热采暖补助12万余元。为46名病故军人遗属发放一次性抚恤金2068万余元。春节、“八一”期间走访慰问优抚对象、军烈属等480余户,发放慰问金53余万元。为享受定期抚恤补助的优抚对象发放价格临时补贴13.9万元。为289名义务兵发放义务兵家庭优待金1500余万。

(赵松涛)

【褒扬纪念】 年内,区退役军人局为立功受奖现役军人家庭送喜报35人次。全区入伍的63名义务兵发放“四有”优秀士兵奖励金6.6万元。完成坐落于八宝山革命公墓的烈士纪念设施的核查审定。清明期间开展“2022.奋进.网上祭英烈”活动。组织退役军人、优抚对象等在八宝山革命公墓参加清明红色祭扫活动。全年为86名三属办理优待证。

(赵松涛)

【转业军官安置】 年内,按照北京市退役军人事务局下达石景山区的安置计划,全年接收安置转业军官10人,其中行政团职2人,营连职及专业技术军官8人。行政团职军官由区委组织部根据军官级别、任职经历等情况确定安置岗位。行政营连职和专业技术军官由区退役军人局按照考试成绩与档案赋分相加的综合成绩排名,组织召开转业军官和接收单位双向选择会,通过面对面沟通交流,根据转业军官经历特长,按照岗位匹配度确定接收单位。10名转业军官安排到行政单位6人,安排到事业单位3人,自愿自行就业1人,100%完成安置工作任务。

(郑东民)

【退役士兵安置】 年内,石景山区接收退役士兵143人,其中自主就业退役士兵135人,政府安排工作退役士兵8人。为自主就业退役士兵发放自主就业经济补助金1365.50万元,并完成全员适应性培训。8名符合政府安排工作条件的退役士兵采取量化打分、考试考核、座谈征求意见、参加中央企业、市属单位网上选签会等方式,5人安置到区属事业单位;3人安置到中央企业。事业单位安置率达到62.5%,100%完成安置工作任务。

(王 颖)

【自主择业军转干部服务管理】 年内,石景山区完成2022年度自主择业及逐月领取退役金军转干部退役金发放、年度增资签字和基本医疗保险等各项政策服务保障性工作。为符合条件的1117名自主择业军转干部发放2021—2022年度冬季取暖费287.99万元;发放2022年度住房补贴3955.06万元。全年办理自主择业军转干部法定退休30人,基本医疗保险转接61人次;协助完成部队、公安、市纪检、企业29人次的档案复核工作,出具各类介绍信和相关证明材料335人次,刑满释放人员取消自主择业身份,移交档案1份。完成6名市局分配逐月领取退役金军转干部的档案审核、人员接收、退役金发放、基本医疗保险等工作。积极推进符合条件的自主择业军转干部参加个性化培训,促进就业创业,收到良好的效果;动员广大自主择业军转干部参加所在社区疫情防控工作。

(张书俊)

【退役军人建档立卡】 年内,石景山区制定《石景山区退役军人及其他优抚对象建档立卡和优待证制发工作实施方案》,区退役军人局会同有关部门5次召开石景山区退役军人及其他优抚对象建档立卡和优待证制发工作动员部署会和工作推进会,确保建档立卡和制发优待证工作规范有序开展。组织街道服务站相关工作人员参加“石景山区优待证发放和建档立卡系统使用培训会”,详细解读《北京市退役军人和其他优抚对象建档立卡工作实施细则》,并就“优待证管理信息系统”和“建档立卡”系统进行操作演示。指导各街道退役军人服务站广泛开展宣传,优化申领流程,及时调配工作人员,增加采集设备,增设办理专窗,加强业务指导和业务培训,对政府机关、区消防队、区公安分局、驻区相关企业,以及安置退役军人多的委办局,联合部分街道主动上门服务。全区优待证申请18996人次,制证成功16432人次。建档立卡总登记15762人次,市局审核通过8122人次。

(刘雨鑫)

【“首都老兵”志愿服务队】 年内,石景山区推动“首都老兵”志愿服务队开展服务冬奥活动,引领首都老兵志愿者们努力参与策划冬奥、宣传冬奥、服务冬奥、践行冬奥精神。北京冬奥会期间,区“首都老兵”志愿服务队持续开展辖区冬奥赛事场馆服务、冬奥文化宣传、治安巡逻、疫情防控、辖区矛盾纠纷隐患排查等活动。撰写形成北京市石景山区“首都老兵”志愿者参与服务保障冬奥工作纪实。区退役军人局以视频会议的方式,组织区退役军人服务站工作人员及石景山区“首都老兵”志愿服务队骨干代表参与2022

年退役军人志愿服务培训。

（刘雨鑫）

【社会保险接续】 年内，石景山区共受理部分退役士兵补缴养老保险申请5人，做到严格审核申请材料、认真核对断保情况，准确确定补缴月份，及时完成费用缴纳。共为5人缴纳保费119201.28元，其中单位缴费部分79467.52元由区财政支付。

（王 颖）

【接诉即办】 年内，区退役军人局累计受理办理12345市民服务热线"接诉即办"转办单67件，均在规定时间内办结，响应率100%，解决率85%，满意率100%。退役军人事务局成立12345市民服务热线"接诉即办"工作领导小组和工作专班，负责12345市民服务热线"接诉即办"全面工作。实行"集中受理、分类处置、统一协调、限时办理"的工作机制，及时解决咨询类问题。共接待来信来访人员187件次，接听来电咨询2564次，办理12397电话信访67件次，办理网上信访3件次。全国退役军人信访信息系统登记涉及全区退役军人到市级及以上部门来访10批13人次，相关信访事项均按期办结，实现"四个不发生"的工作目标。

（徐念之）

【军休干部接收安置】 年内，石景山区接收安置军休干部454人，完成三年集中移交安置任务。历年累计接收军休干部3628人，现有2757人，其中离休干部66人，退休干部2691人。

（任诗楠）

【无军籍职工管理】 年内，石景山区累计接收无军籍职工1917人，现有1518人，其中离休职工7人，退休职工1511人，由8个街道负责管理。组织40名无军籍职工参加市军休安置事务中心组织的怀柔疗养。

（任诗楠）

【军休党委建设】 年内，军休党委现有党员2761人，其中军休干部党员2686人，在职党员75人。结合三年移交任务，增设三个党支部。深入学习贯彻党的二十大精神，组织开展党日活动19次，集中学习34次，党课35场，送学上门3407人次，慰问军休党员2200余人次，组织1446名党员捐款236690元。为91名老党员颁发"光荣在党五十年"纪念章。

（任诗楠）

【服务部队办实事】 年内，石景山区组织开展第40次"区长进军营"现场办公活动，共投入837.38万元帮助部队解决战备训练设施完善配套、基础设施升级改造、遂行多样化军事任务服务保障中的实际问题10项，切实为驻区部队解决操心事、烦心事、揪心事。

（孙振宇）

【解决"三后"问题】 年内，石景山区为符合条件的自主就业退役士兵，在2022年公开招聘社区工作者提供10个岗位。新接收逐月领取退役金人员档案6份。采取随军家属专场招聘、专业咨询服务、持续就业指导等举措做好随军家属接收安置工作，组织驻京部队随军家属进入北京市事业企业单位专场招聘活动，2022年石景山区社会工作者招聘提供10个随军家属专项岗位，为55名随军家属发放随军家属自谋职业补助金165万元。按照从优加合理、划片加协调、就近加实际原则，协调解决170名军人子女优待入学入园。

（孙振宇）

【基层双拥活动】 年内，石景山区依托地区优质教育资源，免费为驻区部队官兵培训部队急需、急用、急缺的专业知识，北京工业职业技术学院为部队开展日常运动训练与损伤养护课程6次，共培训7200人次；开展无人机驾驶理论知识等专业技能培训；黄庄职业高中开展食堂厨师、理发师、视频拍摄与剪辑等培训，培训72人次。围绕党的建设、社会治理、平安联创联建、美好家园建设等方面，利用重大节日、重点时段，广泛开展"军(警)民共建"和走访慰问活动，军地领导联合走访优抚对象代表，区领导慰问22支(次)驻区部队，赠送价值240万元慰问品，街道社区层面开展走访慰问、文明共建、军地联欢等活动。

（孙振宇）

【创建双拥品牌】 年内，石景山区实施拥军爱兵暖心工程，对驻区部队14名家庭困难官兵开展慈善救助，发放救助金19万元；实施参军报国安心工程，分别对春秋季入伍新兵进行走访慰问，共计164人，发放慰问金16.4万元；开展"情系边海防官兵"走访慰问活动，对全区的边海防现役官兵家庭进行走访慰问。

（孙振宇）

【新冠疫情联防联控】 年内，石景山区成立军地疫情联防联控专项工作领导小组，制定《关于加强驻区部队大院疫情防控工作实施方案》，规范疫情处置流程，根据驻区部队大院性质和社区设置情况，区分部队主责、部队主责属地协助、属地主责部队协助三类不同区域，实施军地分级分类联防联控，细化涉军大院点位台账。建立联络员制度，及时进行情况通报。建立每日信息通报制度，及时准确转发市区有关会议精神、疫情动态信息、防控科学指南、防控规定措施，实时准确掌握疫情动态，精准开展预警预防。区领导带领有关部门多次到军营社区指导军地疫情联防联控工作，进行要情会商，工作对接和政策衔接，协调处理军地疫情防控相关问题。

（孙振宇）

【助推重点工程】 年内，石景山区驻区部队积极支援城市建设发展，主动参与全国文明城(区)创建，持续组织开展学雷锋树新风、无偿献血、慈善捐献、普法宣传等共建共创活动。积极协助做好营区绿化美化、生态修复和环境治理。在永引渠南路西延、衙门口地区地块上市、八大处微循环路开通、金顶山路大修、八大处路拓宽和石府沟综合治理等区重点工程和重大项目建设上，积极配合，促进地区经济社会高质量发展。

（孙振宇）

民族宗教事务

【概况】 2022年，石景山区常住人口由51个民族组成，常住少数民族人口2.29万人，占全区总人口的4%，人数较多的少数民族分别是满族、回族、蒙古族。民族幼儿园1所、民族团结教育示范校2所、民族团结教育基地1处、民族团结进步创建示范单位2处、民族养老院1所。有天主教、基督教、佛教、伊斯兰教4种宗教,信教公民约2.02万余人,其中天主教信徒1500余人,基督教信徒2200余人,伊斯兰教信徒5500余人,佛教信徒11000余人。辖区内有宗教活动场所6处,即北京灵光寺、北京大悲寺、北京双泉寺、石景山清真寺、天主教北京教区老山弥撒点和基督教古城聚会点。年内,石景山区制定并印发《石景山区民族团结进步创建三年行动计划(2022—2024)》《石景山区铸牢中华民族共同体意识宣传教育实施方案》,指导全区各单位深入开展民族团结进步创建活动和铸牢中华民族共同体意识宣传教育工作。

(路 卿)

【民族共同体意识系列活动】 3月22日,区委统战部(区民宗侨办)在北京市第九中学开展"石榴花开石景山"民族团结进步创建"共绘石榴花"主题剪纸活动,邀请北京九中新疆内高班30余名师生体验剪纸这一非物质文化遗产。5月6日,联合北京九中、北京市黄庄职业高中共同组织"石榴花开石景山·共绘民族团结林"线上活动。6月1日,端午节期间,联合北京九中、北京市黄庄职业高中在石景山区文化中心非遗中心共同组织"石榴花开石景山·非遗大讲堂"线上讲座,向新疆班和拉萨班的140余名师生们介绍了中国传统香文化的内容。8月3日,联合市级民族团结进步创建示范单位——石景山区金顶街街道模式口中里社区开展"石榴花开石景山"民族团结进步创建进社区活动,邀请专业教师讲授插花技艺。10月12日,在北京灵光寺开展民族团结进步创建进宗教活动场所活动。现场解读党和国家民族政策法规、发放《中央民族工作会议精神学习辅导读本》,宗教界人士和信教群众30余人参加活动。10月19日,组织开展民族团结进步创建进机关活动,对习近平总书记关于加强和改进民族工作的重要思想以及中央民族工作会议精神进行宣讲,各民主党派联络员、区工商联和区侨联20余名干部参加活动。10月20日,在石景山区职工服务中心开展民族团结进步创建进窗口单位活动,现场宣讲中央和市委民族工作会议精神,职工服务中心30余名工作人员参加活动。

(路 卿)

【宗教人才培养】 3月28日,举办石景山区宗教界2022年第一次时事政治与政策法规大讲堂,以"深入学习贯彻党的十九届六中全会精神,为实现第二个百年目标不懈奋斗"为题,对十九届六中全会丰富内涵进行系统分析和解读,全区80余名宗教界人士参加学习。8月5日,举办石景山区宗教界2022年第二次时事政治与政策法规大讲堂,对中央统战工作会议精神进行了分析和解读,区级宗教团体班子成员、各宗教活动场所负责人、教职人员、骨干信徒共计80余人参加学习。11月3日,石景山区2022年统战领域系列讲座——民族宗教工作专题培训在石景山区委党校举办。区委统战工作领导小组、区民族宗教工作联席会共计52家成员单位主管领导通过"线上+线下"方式参加培训。12月9日,举办宗教界代表人士培训班暨2022年第三次时事政治与政策法规大讲堂,以"学习宣传贯彻党的二十大精神,推动全面贯彻实施宪法"为主题进行宪法宣传辅导,区级宗教团体班子成员、各宗教活动场所负责人、教职人员、骨干信徒60余人参加培训。

(路 卿)

【"三爱四史五进"主题活动】 6月27日,中国共产党北京市第十三次代表大会隆重开幕,区委统战部(区民宗侨办)组织全区宗教活动场所负责人、教职人员积极收看开幕会直播。9月23日,在石景山清真寺开展社会主义核心价值观主题宣讲活动,全区伊斯兰教教职人员和信教群众30余人参加活动。9月27日,石景山区基督教三自爱国运动委员会开展"铭记历史 砥砺前行"主题爱国主义教育活动,组织常务委员、委员及基督教古城聚会点骨干信徒20余人参观北京市爱国主义教育基地——平谷区鱼子山抗日战争纪念馆。10月1日,石景山区各宗教活动场所隆重举行"喜迎二十大 欢度国庆节"主题升国旗仪式,庆祝中华人民共和国成立73周年。10月16日,组织全区宗教界集中收看中国共产党第二十次全国代表大会开幕会盛况。

(路 卿)

【公益慈善活动】 9月8日,区佛教协会在金顶街街道办事处举办2022年中秋慈善活动,为金顶街街道捐赠善款10万元,用于对辖区50户困难家庭开展慰问帮扶活动,善款在街道统筹协调下,按要求发放到每户困难家庭手中。

(路 卿)

【崇俭戒奢教育活动】 年内,区委统战部(区民宗侨办)以开展宗教界崇俭戒奢教育活动为契机,指导区属宗教团体深入挖掘各宗教教义教规中崇俭戒奢的思想理念,持续开展全区宗教界"从严治教·传承美德"主题教育活动,弘扬中华民族艰苦奋斗、勤俭节约的优良传统,自觉抵制不良思想和奢靡之风等侵蚀,主动排查、自觉革除不符合时代进步要求的陈规陋习。

(路 卿)

【宗教领域疫情防控】 年内,区委统战部(区民宗侨办)指导区内各宗教活动场所适时采取实施和解除"双暂停"(暂停开放、暂停集体宗教活动)措施,从严抓好宗教活动场所常态化疫情防控工作,严控活动规模和人员流量,避免人员过度聚集。佛教佛诞节、伊斯兰教斋月、开斋节、古尔邦节、圣纪、天主教和基督教复活节、平安夜、圣诞节等重大宗教节日,结合疫情防控实际,采取"双暂停"措施,并加强宗教活动场所巡查检查和现场值守,维护宗教领域和谐稳定。

(路 卿)

红十字事业

【概况】 年内,石景山区红十字会(简称区红十字会)开展应急救护培训,普及应急救护、防灾避险和卫生健康知识。参与、推动无偿献血、遗体和人体器官捐献工作。参与开展造血干细胞捐献的宣传、发动、组织工作。组织开展红十字志愿服务、红十字青少年工作等。区红十字会编制9名,其中常务副会长1名(正处级),副会长1名,正科级领导职数2名,内设办公室(加挂主体责任办牌子)、业务科(加挂造血干细胞工作站牌子)。现有在职干部8人,枢纽型社工2人。红十字基层组织12个,包括区直机关工委、教委、中关村科技园区在内的3个红十字工作委员会和9个街道办事处红十字工作委员会。

(柴　阳)

【人道募捐】 年内,区红十字会开展"线上+线下"募捐。开展"博爱石景山"线下募捐,共接收捐款1440793元。开展"5·8人道公益日""9·9公益"线上募捐,募集资金171015.33元。接收新冠肺炎疫情防控捐赠款物价值共计1067884元。接收"石景山区扶贫协作和支援合作社会帮扶资金"22313261.32元。

(柴　阳)

【多种项目救助】 年内,区红十字会持续开展七大救助项目。市、区两级红十字会开展元旦、春节"两节送温暖"活动,为58户生活困难家庭发放救助款物11.8万元。开展对遭遇突发事件、意外伤害、重大疾病或其他特殊原因导致基本生活出现严重困难的家庭或个人的救助工作,救助10人(户),发放救助款8万元。开展"七一"慰问困难党员活动,慰问困难党员30人,发放救助款6万元。开展"扶残助残"项目,资助10名困难残疾家庭学生,发放救助款30000元。创新开展"石景山区太阳花听力言语康复中心残障儿童帮扶""太阳花言语听力言语康复中心加餐计划""北方工业大学附属学校科技提升"项目,发放救助款31.5万元。

(柴　阳)

【支援协作】 年内,区红十字会开展与河北称多县、内蒙古宁城县、内蒙古莫旗三地的对口帮扶,投入12.8万元,为生活困难群众、学生购买生活、学习用品,累计救助2807人(户)。

(柴　阳)

【助力保障疫情防控】 年内,区红十字会结合全区疫情防控形势,按照一线所需,先后为各街道社区、中关村石景山园区、快递服务企业、学校及商务楼宇发放帐篷、遮阳伞、防护服、口罩等防疫物资。动员区属爱心企业捐赠款物21万余元,发放防控物资10万余件,价值55万余元。争取市红十字会支持,启动"博爱送万家"活动,分三批次先向全区九个街道孤寡老人及特困群体、困难学生、快递小哥、环卫中心一线职工及"七小门店"等发放防疫爱心包31000余份,价值1377888元。

(柴　阳)

【应急救护培训】 年内,区红十字会以"红十字与冬奥同行"为主题,开展"进冬奥组委、进冬奥社区、进冬奥保障团队"系列活动11场,惠及1000余名冬奥城市志愿者及相关人员。结合服贸会、"学雷锋日""世界急救日"等重要节点,进学校、进楼宇、进机关、进消防开展应急救护培训和知识普及系列宣传活动,技能取证培训35期2131人,应急救护知识普及28期3710人次。中国红十字报、北京市红十字会官网、石景山报等多家媒体给予宣传报道。

(柴　阳)

【造血干细胞知识普及】 年内,区红十字会开展无偿献血、人体器官和遗体、造血干细胞捐献知识宣传普及,全年采集造血干细胞血样55人份,3名志愿者配型成功实现捐献。

(柴　阳)

【培育红十字会青少年】 年内,区红十字组织全区20余所学校13000余名师生以"爱满京城"学雷锋志愿服务为主题,开展"红十字知识我宣讲""红领巾寻访冬奥年"及校园周边环境清理等形式多样的志愿服务活动。走进北方工业大学附属学校,以红十字蓝天救援队志愿服务故事分享会、应急救护知识普及及培训和红十字雷锋少年志愿服务体验的形式开展活动。

(柴　阳)

残疾人事业

【概况】 2022年,石景山区共有持证残疾人数22786,其中视力残疾人2614人、听力残疾人1694人、言语残疾人118、肢体残疾人14571、智力残疾人1071、精神残疾人1712、多重残疾人1006人。石景山区残疾人联合会(简称区残联)下属残疾人劳动就业服务中心、活动中心两个事业单位,在9个街道设街道残联,148个社区成立残疾人协会,形成了区、街道、社区三级工作网络。年内,区残联围绕"七有""五性",强化残联党的建设,坚持稳中求进工作总基调,以促进残疾人全面发展和共同富裕为主线,全力做好冬奥会和冬残奥会服务保障工作,推动残疾人事业高质量发展。石景山区残联被中残联授予"北京2022年冬残奥会中国残联先进集体"荣誉称号。

(张　晨　白　静)

【助残日活动】 5月,区残联在助残日期间结合防疫要求,以"促进残疾人就业 保障残疾人权益"为主题举办第三十二次全国助残日"线上"活动。在融媒体中心开设残疾人事业新闻专栏、《石景山报》开设残疾人工作专版,通过电视、微信公众号和报刊等多种新闻媒介,宣传残疾人事业发展,动员社会各界加入扶残助残行列。

(张　晨)

【体育工作】 6月16日,区残联开展"坚守百年初心 共筑冬奥梦想"系列活动,组织9个街道80余名残疾人走进启迪冰雪中心冰壶馆,在专业的场馆里进行冰壶运动体验,感受冰雪运动的魅力。组织残疾人参加市第十一届残疾人运动会,通过严格选拔,筛选出符合参赛条件的35名优秀运动员参赛,经过赛前集训提高个人成绩,最终收获14枚奖牌,其中金牌8枚、银牌5枚、铜牌1枚,石景山区残疾人运动员取得总金牌榜第四名的好成绩。

(曹　笛)

【残疾人职业康复中心建成运行】 10月26日,区残疾人职业康复中心一期工程建设完成,并正式投入运行。该中心位于五里坨潭峪路,占地面积2600平方米,建筑面积约8911平方米,为全区残疾人提供职业劳动、康复训练、辅助器具供应、文化体育活动等综合性服务平台。

(袁东升)

【疫情防控工作】 年内,区残联对9个街道温馨家园、11家职康站、9家社会组织、19家盲按机构的监管,严格落实市、区防疫工作要求及防护措施,坚持零报告制度,定期开展督导检查,宣传疫情防控知识和相关政策要求,确保残联系统内部“零”感染。

(张 晨)

【无障碍环境建设】 年内,石景山区聚焦冬奥会服务保障要求,成立无障碍运行保障团队,制定专项工作方案,明确28个涉奥点位无障碍工作专员,做好无障碍设施日常巡查,及时掌握无障碍设施运行保障情况。配合做好冬残奥会火炬传递点位保障,成立保障小组,为残疾人火炬手提供手语翻译和轮椅保障等志愿服务。制定下发《石景山区2022年无障碍环境建设主要工作任务》,明确全年开展监督体验无障碍设施点位1083个、在每个街道创建一个“一刻钟无障碍便民服务圈”等主要工作任务,共拨付245万元专项资金用于无障碍环境建设与整改。

(张 晨)

【帮扶工作】 年内,区残联审核符合享受助残券的残疾人579名,发放资金57.88万元;为831名发放自主创业就业保险补贴1025.65万元;为全区800余户困难残疾人提供保洁、洗衣和送餐等居家服务;在“元旦、春节”“助残日”“中秋”“国庆”期间,走访慰问残疾人家庭4817户,发放慰问金337.7万元;向15名因病导致生活困难的残疾人发放一次性救助金2.9万元。

(车 驰)

【残疾人就业工作】 年内,区残联坚持就业优先战略,贯彻落实市残联促进残疾人就业三年行动计划,创新就业模式,拓宽就业渠道,举办就业援助系列活动,为应届高校残疾人毕业生建立“一生一策”动态服务管理,实现100%就业。按照扶持政策,为3名残疾人发放扶持创业款11万元,帮助残疾人成功实现自主创业。

(车 驰)

【技能培训工作】 年内,区残联组织中医保健按摩、陶艺制作、蜡烛制作和中国结制作等培训,130余人参加培训,拓宽就业意愿及渠道。通过购买社会服务为残疾人提供免费职业技能培训,筹备组织和参加北京市第十届残疾人职业技能竞赛,分别对茶艺、面点、摄影等项目进行赛前培训,共26名残疾人报名参加13项比赛。

(车 驰)

【安排就业审核】 年内,区残联安排残疾人就业审核工作入驻区政务服务大厅办理,继续与地税部门保持联络机制,采取短信提醒、快递宣传册、政务网发布公告通知、建立企业微信群,解答用人单位疑问,方便用人单位下载须知、表格等审核文件,推动网上审核。严格操作规范,开展业务培训,签订廉政和保密承诺书,按政策规定对全区用人单位开展审核。通过审核,向376家用人单位发放补贴2230.45万元,奖励用人单位安排本市残疾人就业,涉及本市残疾人1876名,同比上年增长了19%。

(车 驰)

【康复服务】 年内,区残联开展残疾人辅具适配评估与网上申购辅具进社区入家庭宣传活动,实行辅助器具网上申购制度,使残疾人足不出户,便可享受辅具补贴申请购买所需辅具,真正做到“保基本、全覆盖”,对有需求的残疾人辅助器具适配率100%,审批申请辅具3338件,发放辅具补贴金额502万元;为参加康复训练的111名残疾儿童发放康复训练补贴259万元;为295名参加成人康复服务的残疾人发放康复补贴92万元。

(吴文敏)

【民办社会组织工作】 年内,区残联加强助残社会组织党建工作,督促9家社会组织深入学习领会市残联文件精神。通过政府购买服务方式的购买3个服务项目,共投入经费41.3万余元,为全区残疾人提供精神慰藉、生活服务、社会融合、心理疏导等服务。

(白 静)

【信访与维权】 年内,区残联坚持“属地管理、分级负责、谁主管、谁负责”的原则,引导残疾人逐级上访,建立精准服务档案,对残疾人反应的问题及时进行答复和转办。区残联接待来访、来电、来信残疾人154人次,其中:来电60人次、来访35人次、网信3人次、法律咨询34人次、12345接诉即办工单22件。

(毕征玲)

【文化工作】 年内,区残联组织残疾人参加北京社区(村)残疾人艺术汇演,通过视频方式线上进行节目收集上报,最终上报声乐《冬奥有我》、器乐《我和我的祖国》和舞蹈《最初的心 最美的梦》三个节目,登上艺术汇演舞台;以喜迎党的二十大,展现冬奥会和冬残奥会精神为主题,通过征稿的形式面向残疾人征集书法、绘画、摄影及文创作品,19名残疾人踊跃报名参与,上报书法作品5件、绘画作品9件、摄影作品13件、文创作品8件,经市组委会专家评审,最终10件优秀作品入围,作品在炎黄艺术馆展出。

(曹 笛)

【残疾人动态更新工作】 年内,区残联开展残疾人需求采集和服务状况常态化工作,对1097名新办证残疾人开展信息采集和需求登记,完成对21768名持证残疾人入户访视工作,创新服务模式,健全“零距离”联系服务残疾人工作体系。

(袁东升)

人物　信誉

全国先进集体

全国工人先锋号

首都医科大学附属北京康复医院骨科

北京冬奥会、冬残奥会国家级突出贡献集体

冬奥北京市石景山区运行保障指挥部

首钢滑雪大跳台场馆运行团队

石景山区卫生健康委员会

全国五四红旗团支部

北京枭龙防务科技有限公司团支部

全国巾帼文明岗

石景山区人民法院刑事审判庭

北京市第九中学新疆部

北京市京源学校幼儿部

国家税务总局北京市石景山区税务局纳税服务科

集体一等功

北京市公安局石景山分局内部单位保卫大队

北京市公安局石景山分局治安支队

全国先进个人

全国五一劳动奖章

史晓刚　北京枭龙防务科技有限公司

北京冬奥会、冬残奥会国家级突出贡献

薛　东　北京市石景山区电厂路小学

潘晓智　首钢滑雪大跳台场馆运行团队

全国巾帼建功标兵

吴　劲　石景山区疾病预防控制中心

全国优秀人民警察

刘炳旺　北京市公安局石景山分局

全国公安机关爱民模范

安胜军　北京市公安局石景山分局

北京先进集体

北京市工人先锋号

北京市石景山区政府金顶街街道办事处

城市管理办公室北京流金岁月传媒科技股份有限公司技术部

北京冬奥会、冬残奥会北京市先进集体

北京市公安局石景山分局首钢滑雪大跳台闭环安保团队

石景山区委政法委员会

石景山区疾病预防控制中心

北京大学首钢医院

石景山区纪委区监委

石景山区委统一战线工作部

石景山区教育委员会办公室

北京市公安局石景山分局治安支队

北京市公安局公安交通管理局石景山交通支队

石景山区城市管理委员会

石景山区文化和旅游局办公室

石景山区市场监督管理局

石景山区体育局

共青团北京市石景山区委员会权益部

北京市消防救援总队石景山区支队指挥中心

石景山区广宁街道办事处

石景山区融媒体中心采编中心

石景山区环境卫生服务中心一队

国网北京石景山供电公司营销部(客户服务中心)

北京 2022 年冬奥会和冬残奥会石景山交通场站

石景山青春美景冬奥城市志愿服务队

北京市青年突击队

首钢滑雪大跳台场馆运行团队青年突击队

国网北京石景山供电公司青年突击队

首都劳动奖状

石景山区电厂路小学

北京市妇女儿童先进集体

石景山区司法局

第十六届北京市思想政治工作优秀单位

石景山区文化馆

北京公安先进集体

北京市公安局石景山分局治安支队

北京市公安局石景山分局首钢滑雪大跳台闭环安保团队

北京先进个人

首都劳动奖章

贺琼瑶　石景山区体育局

孙爱琴　石景山区古城街道南路东社区

刘　宇　石景山区融媒体中心

卢　琪　达瓦未来(北京)影像科技有限公司

陈国清　北京银建实业股份有限公司

欧阳胜璋　首都医科大学附属北京康复医院

北京冬奥会、冬残奥会北京市先进个人

于思昂　石景山区城市管理委员会

马　惠　石景山区城市管理委员会

王艺臻　首钢滑雪大跳台场馆运行团队

王石海　北京万达嘉华酒店管理有限公司银河嘉华酒店

王平平　首钢滑雪大跳台场馆运行团队(北京市公安局石景山分局)

王　宁　北京市公安局石景山分局广宁派出所

王兆堃　北京市消防救援总队石景山区支队

王国强　石景山区政协机关

王振彪　石景山区文化和旅游局

王晓伟　石景山区人大常委会

王　靖　石景山区政府办公室

王　蕊　石景山区住房和城市建设委员会

申立涛　石景山区古城街道办事处

付志莲　首钢滑雪大跳台场馆运行团队志愿者

吕吉成　北京市公安局公安交通管理局石景山交通支队

吕　军　石景山区卫生局卫生监督所

刘玉川　首钢滑雪大跳台场馆运行团队

刘金铜　中国第四纪冰川遗迹陈列馆

刘　珊　石景山区商务局

刘　婧　石景山区财政局

刘　颖　石景山区商务局

刘　磊　石景山区应急管理局

闫金鹏　石景山区政协机关

祁　月　石景山区委宣传部

孙　涛　石景山区委统一战线工作部

杜思立　石景山区金顶街街道办事处

李　圣　石景山区环境卫生服务中心

李　亚　石景山区体育局

李　伟　北京市公安局石景山分局

李国众　石景山区委办公室

李佳阳　石景山区交通运行服务中心

李　琰　石景山区文化和旅游局

李　敬　石景山区总工会

杨兴宇　石景山区人大常委会

杨青萌　首钢滑雪大跳台场馆运行团队志愿者

杨喜峰　石景山区人民武装部

吴一凡　首钢滑雪大跳台场馆运行团队志愿者

吴佳洁　北京市公安局石景山分局

宋华平　北京宏润商业管理有限公司

张轩豪　石景山区市场监督管理局

张学伟　石景山区委政法委员会

张昱乾　北京市公安局石景山分局鲁谷派出所

张海东　首钢滑雪大跳台场馆运行团队(国网北京石景山供电公司)

张　新　石景山区融媒体中心

陈反修　石景山区体育局

罗一飞　石景山区青少年服务指导中心

周　琳　首钢滑雪大跳台场馆运行团队(石景山区疾病预防控制中心)

孟全会　石景山区委政法委员会

孟祥宇　北京市公安局公安交通管理局石景山交通支队

赵怀庆　石景山区永定河管理所

赵　炜　首钢滑雪大跳台场馆运行团队

赵桂憨　石景山区委政法委员会

赵　晓　石景山区疾病预防控制中心

赵　霞　北京市第九中学教师

胡卓群　北京2022年冬奥会和冬残奥会石景山区运行保障指挥部

柏宗凯　石景山区广宁街道办事处

洪　杰　石景山区纪委区监委

袁东升　石景山区残疾人联合会

徐宁岳　共青团北京市石景山区委员会

徐　杰　北京万商如一快捷酒店管理

高　翔　石景山区委统一战线工作部

席　萧　石景山区纪委区监委

黄　健　石景山区市场监督管理局

常莉莉　石景山区委政法委员会

崔　乐　石景山区委组织部

崔明明　中关村科技园区石景山园管理委员会

崔　超　石景山区卫生健康委员会

梁　峥　北京2022年冬奥会和冬残奥会石景山区运行保障指挥部

董　雷　首钢滑雪大跳台场馆运行团队(石景山区社会体育管理中心)

韩　博　首钢滑雪大跳台场馆运行团队

韩　璐　石景山区文化和旅游局(石景山区文物研究所)

程默涵　石景山区委宣传部

北京市青年榜样

潘晓智　北京首钢建设投资有限公司

王徐建　中国科学院高能物理研究所

翟晓川　北京首钢篮球俱乐部

首都最美巾帼奋斗者

徐　杰　北京万商如一酒店管理有限公司

田爱红　石景山区社区卫生服务管理中心

北京市接诉即办工作先进个人

宁　欣　石景山区人力资源和社会保障局

北京市优秀共青团员

李星瑶　石景山区人民检察院

建团100周年北京市优秀共青团员

李佳阳　石景山区城市管理委员会

首都绿化美化先进个人

马　惠　石景山区城市管理委员会

李　丽　石景山区城市管理委员会

街　道

八宝山街道

【概况】 八宝山街道位于石景山区东南部。东至玉泉路,西至鲁谷大街,南至吴家庄路,北至石景山路。区划面积4.32平方千米,管辖面积5.24平方千米。辖区常住居民5万余人。辖区内有中央广播电视总台(鲁谷办公区)、中国瑞达系统装备总公司等中央企事业单位,北京市第一中级人民法院、市人民检察院第一分院等单位。街道所辖15个社区居委会,有社工240人。八宝山街道党工委下设17个基层党组织,其中15个社区党组织、1个机关党委、1个非公企业和社会组织党总支。街道直管党员3741名。年内,八宝山街道全力服务保障冬奥和党的二十大胜利召开;扎实推进疫情防控工作,完成3个无疫社区创建,获评北京市卫生街道;常态化开展扫黑除恶专项斗争,获评北京市司法行政系统先进集体;基层治理体系不断完善,精细化管理水平明显提升,"品质社区"建设取得明显成效。街道团工委获评"建团100周年北京市五四红旗团委",街道获评北京市司法行政系统先进集体。

(邱增珠)

【服务保障冬奥和党的二十大】 年内,八宝山街道严格落实"精精益求精、万万无一失"要求,全面完成"百日会战"攻坚行动,所辖16个社区全部成立冬奥先锋党支部,高质量完成开闭幕式及赛时观众组织工作,以"大众冰雪季"为主线开展群众性冰雪运动,全面营造祥和热烈的浓厚氛围。做好党的二十大维稳安保工作,切实防范化解各类矛盾风险,动员党员干部、"老街坊"志愿者等各方力量,扎实做好城市运行、安全维稳、规范秩序等服务保障任务,确保辖区总体平稳。

(邱增珠)

【新冠肺炎疫情防控】 年内,八宝山街道深挖细排所有风险点位和人员,核查摸排6.99万人,落位管控1.99万人,集中转运457人次,封管控单元55次,有效阻断传播风险。从严织密社会面防控网络,顺利完成33轮区域核酸筛查任务,17个点位常态化核酸检测工作平稳有序;坚持精准管控与温情服务并重,居家隔离人员生活支持到位;抓实6栋楼宇疫情防控,全年开展专项检查138次,覆盖137家企业。全力推进疫苗接种,重点加强60岁及以上人群促接引导,加强针接种率92.63%,60岁以上老年人第一针接种率90.05%。完成3个无疫社区创建,地区防疫有序,获评北京市卫生街道。

(邱增珠)

【"疏整促"工作】 年内,八宝山街道发挥规划引领,落实2022年疏解整治促提升专项行动工作方案,做好已拆除违建复建防控工作;全年处理37处群租房举报线索,自排查7户;拆除隔断25处,涉及3297平方米,疏解清理107人;全年检查地下空间23次,开具限期整改通知书5份,封闭地下室1处。

(邱增珠)

【老旧小区综合改造】 年内,八宝山街道有序推进"永乐小区36号楼危旧房改建试点"前期工作,召开工作推进会等30余次,修改完善设计方案23稿,设计方案同意率达90%,实施方案同意率达93%,在全区首个完成北京卫视《向前一步》栏目录制并播出,率先完成年度任务。

(邱增珠)

【生态环保】 年内,八宝山街道高标准打好蓝天、碧水、净土保卫战,增设走航式空气质量检测设备、检测杆,并加强巡查执法和绿植补种,$PM_{2.5}$平均浓度26微克/立方米,大气污染防治取得明显成效;累计巡河584人次、里程1155公里,全面落实"河长制"推动治水常态长效;全力创建国家森林城市,完善"林长制"体系建设,在沁山水小区、瑞达集团分别开展森林社区和单位景观提升,植被绿化面积6215平方米,区域环境进一步提升。

(邱增珠)

【基层治理】 年内,八宝山街道加快完善基层治理体系,精细化管理水平不断提升,"品质社区"建设取得明显成效,所辖15个社区全部获评星级品质社区,其中,7个社区获评五星级,8个社区获评四星级;第一、二季度综合评分位列街道系统首位;3个单元成为楼门院治理示范点。深化"接诉即办"长效机制,推进八宝山街道"智慧平台"建设,"一码通"试点工作实现全覆盖,促进源头减量降诉;坚持每日会商调度、重难点专题研判,健全解决诉求与主动服务相结合模式,全年办理群众诉求4572件,响应率、解决率、满意率稳步提升,增设公交站点解决居民出行难被《北京您早》专题报道。

(邱增珠)

【平安建设】 年内,八宝山街道常态化开展扫黑除恶专项斗争,获评北京市司法行政系统先进集体;全年妥善处理群众来访16人次、来信来访115件次;完成永乐东区单元门禁安装任务;完成5处铁路沿线市级挂账综合整治区域。落实安全生产责任制,建成永乐东区24小时消防安保巡逻站,1258个电动车集中充电桩投入使用,全年开展安全检查5413家次、消除隐患1392处。

(邱增珠)

【民生保障】 年内,八宝山街道坚持以人为本,完成云川台球厅疏解整治工作,所辖社区全部建成集中晾晒区,14个社区通过"达标社区"验收;改造提升沁山水北综合性活动中心,文化服务功能进一步强化,新时代文明实践所(站)更好服务地区群众,全年开展线上线下活动百余场。落实落细各项社会救助政策,全年救助各类困难群众和特殊群体2.2万人(户)次,支出资金928万余元;进一步完善养老服务体系建设,3个社区养老服务驿站提供各类为老服务;16个退役军人服务站累计办理发放优待证604张;持续推进"综窗"一站式受理,改造升级服务大厅环境设施,营商环境不断优化。

(邱增珠)

鲁谷街道

【概况】 鲁谷街道位于石景山区东部,长安街西延长线南侧。东起鲁谷大街,西至京原路,北起石景山路,南至丰沙铁路—卢沟桥北路一线与丰台区交界。辖区面积5.57平方千米，常驻人口6.67万人。下辖22个社区居委会，社区工作者469人。鲁谷街道党工委下设63个一级基层党组织，共有党员5455人。辖区有新华社第二办公区、中铁建设有限公司、万商投资有限公司等中央、市属、区属单位40家；农工商公司2个；老街坊治安志愿者2089人；老街坊文明劝导队22支220人；文体队伍102支1843人。学雷锋志愿服务站22个，注册实名认证志愿者2508人，占常住人口的33%；有志愿服务时长的志愿者1753人，占志愿者总数的70%；志愿团队13个，志愿服务项目79个，累计服务时长1633848小时。年内，圆满完成2022北京冬奥会、冬残奥会、党的二十大等服务保障任务；全力做好疫情防控工作，守住生命安全底线；五芳园小型消防站投入使用，消防应急响应能力进一步提升；深入开展群租房整治，全年累计拆除3526平方米。获评北京市安全社区称号，鲁谷街道团工委获评团建100周年北京市先进组织五四红旗团委。

（王颖军）

【冬奥会冬残奥会服务保障】　年内，鲁谷街道成立服务保障北京2022年冬奥会和冬残奥会领导小组，以“平安冬奥”为总目标，落实“六个坚决防止”和“三个坚决确保”工作要求。实时启动等级巡防机制，组织辖区居委会、楼宇工作站，严格按照属地工作范畴，动员130位专业保安人员、15名民兵、2530名平安建设志愿者参与重点点位值守及社会面巡逻。赛事期间累计出动1648人次开展安全生产检查，出动840余人次开展街面环境秩序巡查。组织观众433人次参加开幕式彩排、开幕式、冬奥会和冬残奥会等5次活动，组织16次核酸检测，检测观众1921人次。

（王颖军）

【新冠肺炎疫情防控】　年内，鲁谷街道建立健全警居联动、医居联动的联防联控机制，合力完成落地查人、高风险人群居家管控。坚持采用市派和自排相结合、电话和敲门相结合、科室社区公安相结合的形式，确保高风险人群第一时间落地落实。完成连夜排查任务150余次，市派99351人次，落地管控46521万余人。依托街道社区两级党委组织领导体系，完成依翠园北、重兴园、新华社、紫御国际、六合园南等小区的封管控任务。完成六合园南、七星园南、永乐西南、碣石坪、重聚园、京汉旭城、衙门口南、万达等52个单元门、楼层封控任务，服务保障居民2000余名。完成万达广场、眉州东坡、首航超市等9个单位457名员工临时封控核酸检测采样任务。组织300余名市、区两级下沉干部，新联会9名理事、鲁谷商会352名志愿者参与一线疫情防控。

（王颖军）

2月14日，鲁谷街道五芳园社区开展“共筑消防防火墙、织密生命安全网”消防安全主题宣教活动　（鲁谷街道供图）

【新就业群体党建试点】　年内，鲁谷街道依托“1·26·N＋”聚蜂服务体系（“1”是将鲁谷党群服务中心“鲁谷理想＋”作为石景山区首批挂牌成立的“暖蜂驿站”，着力打造聚蜂、暖蜂、育蜂的核心站点，广聚“小蜜蜂”，打造暖心服务“加油站”。将辖区企业台账、暖蜂站点地图、服务资源清单、公共休息区域、互动休闲场所“五个一”综合起来，一体化打造暖心服务“加油站”、“示范站”。“26”是谋划地区整体布局，7个楼宇和19个社区的党群服务站全部设立“温馨花园”，在动线上为工作中的“小蜜蜂”提供帮助和补给。“N”是个性化设置服务内容，充分发挥党建引领作用，在快递企业、党群服务中心、楼宇、社区和公共区域打造多维度立体服务网。“＋”是为快递、外卖站点配套党建指导员和党群联络员进行党群服务工作，结合新就业群体流动性大的特点，主动将党的工作覆盖上去，落实党对新兴领域的全面领导）开展“暖蜂行动”，用好“暖蜂驿站”，将快递员、外卖送餐员、网约车司机等200名新就业群体纳入基层治理体系，参与辖区共建共治共享。结合春节、元宵节等重要时间节点，开展活动10余次。美团买菜骑手12名化身“战疫有我 鲁谷青年”，在六场宿舍封控初期身穿“大白”深入封控区参与抗原分发和应急物资配送，在疫情防控等社会治理中发挥积极作用，带动广大新就业群体争当“政策宣传员”“核酸检测服务员”和“流动网格员”。

（王颖军）

【“品质先锋”工程】　年内，鲁谷街道制定并实施鲁谷街道“品质先锋工程”行动计划，带动各级党组织和广大党员在提升区域发展品质、城市建设品质、服务群众品质上争当先锋。向社区派驻“第一书记”，引导“第一书记”协助提升社区党建质量、增强社区治理效能。按照“一街道一品牌、一社区一特色”的要求，夯实“鲁谷理想+”党建阵地，持续擦亮“七星茶座”“侨馨苑”等特色项目，擦亮“云后厨”、百姓书场等金字招牌，培育各社区、楼宇特色党建品牌，形成鲁谷党建品牌矩阵。

（王颖军）

【物业管理】 年内，鲁谷街道持续攻坚物业覆盖率、业委会(物管会)组建率、党组织覆盖率“老三率”，稳步推进物业服务企业履约率、业委会(物管会)履职率、物管会向业委会转化率“新三率”建设，结合六北物业和业委会纠纷问题强化解题破题能力。

（王颖军）

【大规模核酸检测】 年内，鲁谷街道按照一院一策的标准在辖区44个自然院落建设临时核酸检测点，制定7点位、8点位、21点位、36点位核酸检测方案，应对不同规模、不同类别的核酸检测。完成区域性大规模核酸检测、以楼为单位核酸检测以及“三天两检”任务。协调完成辖区40余次区域性核酸检测任务，服务保障200万余人次居民核酸采样。完成33个社区点位有序向常态化核酸检测点位过渡，保障居民愿检尽检。

（王颖军）

【疫苗接种】 年内，鲁谷街道开展“关爱60+”服务计划，为辖区老年人入户接种百余人。开展宣传动员活动20余场次，开展轻骑兵疫苗接种进社区100余场，为老年人发放健康包，提供专车接送服务，打通疫苗接种“最后一公里”。辖区60+老年人接种14906人，接种率87.22%。

（王颖军）

【“北京视听小站”试点】 年内，鲁谷街道为贯彻《北京市推进全国文化中心建设中长期规划(2019年—2035年)》，结合北京市广播电视局《北京市超高清视频产业发展行动计划(2019—2022)》，整合5G、互联网、光电、媒体等行业的试听优势资源，探索将“新视听”纳入公共服务范畴，打造具有首都特点的公共服务示范项目“北京视听小站”，在街道服务中心三层和四层约1100平方米的空间内构建完成“北京视听小站”(鲁谷站)试点项目。“北京视听小站”(鲁谷站)作为全市唯一一家街道级“新视听”示范应用试点，以“新视听、更生活”为主题，从8K电视终端、云端智能等硬核科技入手，打造专业录音区、5G体验区、直播室、多功能厅等多个功能区，着力打通宣传群众、教育群众、关心群众、服务群众的“最后一公里”。

（王颖军）

【“城市主理人”系列活动】 年内，鲁谷街道坚持以文化人，提供覆盖全龄人群的公共文化服务，以“城市主理人”为核心，开展“社区文化节”等系列文化活动，激发居民主人翁意识，提升区域公共文化服务水平，探索打造居民参与文化建设的新格局。全年开展活动22次，参与人数累计5460人。先后被《北京日报》头版头条、BTV、学习强国等多家媒体平台采播。

（王颖军）

【三大专项整治行动】 年内，鲁谷街道开展城市环境秩序、堆物堆料、校园周边专项清理整治行动，结合长安街沿线、双万周边等重点点位、重点线路、重点区域开展“地毯式”巡查和梳理，加强执法检查力度，细化工作台账，营造健康、安全、文明的辖区环境。对校园周边的文化市场、娱乐场所开展4次专项整治行动，清理楼道堆物堆料7603处，清理非法小广告11682处，疏散消防通道717处，劝导不文明养犬1380次，清理不分类投放垃圾2889处，清理窗户护栏网内堆物1040处。

（王颖军）

【接诉即办】 年内，鲁谷街道成立“接诉即办”专班，落实“首办责任制”，主要领导每日调度、每日签批、每日督办的调度机制和日通报、周调度、月点评的会商机制。通过吹哨报到制度加强与产权单位、企业、物业、居民等多层面沟通，打通问题解决渠道，推进解决老旧小区改造导致的停车位不足、紫御国际供暖问题等阶段性高发诉求，西厂等周边小区水压低、五芳园邮局分拣快递包裹扰民等历史遗留频发诉求，推进“安净行动”试点解决商住一体楼宇商户扰民等矛盾复杂突出问题。接诉即办日常类诉求受理较上年同比下降45.97%，漏雨工单同比下降72.8%。

（王颖军）

【城市精细化治理水平】 年内，鲁谷街道多频次滚动式开展环境卫生检查，累计检查工地892家次，检查餐饮企业232家次。加大对17条背街小巷道路的清扫保洁力度，日均出动洒水车辆5辆，加强子站周边精细化管理，运用走航设备，出动高压水枪清洗车、洗地机等设备进行保洁作业。$PM_{2.5}$累计平均浓度为26微克/立方米，并列全市倒排第247名。TSP(总悬浮颗粒物)累计平均浓度为87微克/立方米，并列全市倒排第51名。

（王颖军）

【6处小微空间提升完工】 年内，鲁谷街道以“童年的记忆”“林荫下的时光”“童年的时光”“邻里读书角”“商业休闲广场”“七彩花瓣”等主题推动6处小微空间项目落地落实。围绕幼儿园学校周边、茶城周边、社区出入口等等候车辆、休闲散步的重要场所，结合周边环境特点，突出“点石成金”的效果，有效推动街区更新。年末，6处小微空间项目全部完工。

（王颖军）

【便民工程】 年内，鲁谷街道久筑社区9至10号楼环境改造提升工程完工。工程包括区域硬化铺装、绿化补建、自行车棚、雨污水管线等。五芳园健身苑改造提升项目年底完工。工程包括新建足球场、篮球场、乒乓球活动场地，增加老年人活动区、儿童活动场地，利旧翻新健身器材，充分满足不同年龄段人群的使用需求，打造全龄友好型城市公共空间。

（王颖军）

【垃圾分类】 年内，鲁谷街道完成2批次4个小区(六合园南西院、重兴嘉园、新华社第二办公区小区、六合园1—5号楼)的市级垃圾分类“示范小区”创建工作，建成久筑小区、新华社第二办公区2处垃圾分类驿站，自2021年起辖区累计建成11处垃圾分类驿站。结合疫苗促接完成3轮次垃圾分类入户宣传，宣传覆盖率达

100%。区级垃圾分类月综合考评成绩排名靠前。

（王颖军）

【民生保障】　年内，鲁谷街道累计发放低保金5082715.34元，受理医疗救助215人次、发放医疗救助金298623.22元。为困难家庭发放“两节”慰问金224户、163500元。提供急难型临时救助5户、9人次、28635元，切实解决困难家庭因病导致的临时性基本生活困难。建立失业人员动态管理台账，累计登记发布1116个就业岗位，与166家就业单位签订协议，协议单位跟踪服务率100%。471人通过灵活就业方式实现就业，326人享受灵活就业保险补贴。

（王颖军）

【养老基础服务】　年内，鲁谷街道加强社会化服务平台建设，管理社会化退休人员档案10764人，接转退休人员养老关系109人次。签订北京市社会福利综合管理平台基本养老服务对象475人，免费上门服务13940人次。提前规划衙门口养老照料中心，提供日间照料、老年餐桌、文化娱乐等服务，提升老龄人群生活便利度。

（王颖军）

【矛盾纠纷多元化调解】　年内，鲁谷街道构建矛盾纠纷多元化调解机制，采取电话沟通、现场调解、远程调解等手段，高效化解纠纷。全年受理案件158件，成功调解154件（含访调结合1件）。书面调解协议68份，口头协议90份。组织社区法治活动14场，500余人参加，发放宣传材料200余份，增强居民法律意识，提升社区法治服务水平。

（王颖军）

【群租房整治】　年内，鲁谷街道组织协调辖区各职能部门联勤联动，清理整治违法群租房27处，拆除隔断房30间，涉及房屋面积约432平方米，清退租住人员106人。

（王颖军）

【未成年人教育】　年内，鲁谷街道面向未成年人开展社会主义核心价值观教育活动累计153场次，3953人次参与；面向未成年人开展喜迎二十大相关活动6场次，168人次参与。完成77名非本市户籍适龄儿童幼升小现场审核材料收集工作，服务好非京籍新生入学。

（王颖军）

老山街道

【概况】　老山街道辖区面积6.1平方千米，下辖12个社区，常住人口40450人，其中户籍人口27165人、流动人口13285人。辖区有中央，市属、区属企事业单位218家。年内，老山街道开展全国文明城区、北京市卫生街道、北京市全民健身示范街道、石景山区“品质社区”等创建工作；三个社区同时推进老旧小区综合改造工作；圆满完成全国“两会”、“冬奥”、“冬残奥”、中国服贸会、党的二十大等安保任务；街道荣获安全宣传“五进”暨“安全生产月”活动优秀组织单位；中国科学院大学社区、东里社区荣获市级无疫社区称号；东里南社区荣获北京市民主法治示范社区称号。

（许　雪）

【新冠肺炎疫情防控】　年内，老山街道建立完善22个核酸检测点位，为3.5万余名居家隔离居民完成上门核酸对接服务，完成372.51万人次核酸检测工作，开展24小时大数据摸排、闭环转运，保证封管控区秩序；成立街道8小时应急处置指挥部，完成1529人上门核酸服务，发放抗原试剂近7万支。为1296位不具备居家隔离条件密接及次密接人员申请集中隔离管理；为205名阳性人员申请转运方舱或医院治疗。累计完成阳性人员管理410人，密接管理879人，次密接管理247人。中国科学院大学社区、老山东里社区获评首批“无疫社区”。

（许　雪）

【疫苗接种】　年内，老山街道以应接尽接为原则，探索疫苗接种激励和服务保障措施，根据各社区实际特点，持续提供“轻骑兵”进社区接种、上门接种服务；充分利用公众号、社区微信群等渠道，加强宣传督导，努力实现应接尽接。全年组织60岁以上老年人接种9906人，接种率91.45%，全区排名第二。

（许　雪）

【创建文明城区】　年内，老山街道坚持常态化创城，着力解决辖区内各类城市管理容易反复反弹的痼疾顽症，努力实现全面创建、全域创建、全民创建的工作目标。探索社区管理的新路径，发动党员、志愿者每日开展自查，发现问题及时向街道“吹哨”，协调统筹问题解决。充分利用周末大扫除以及月末“党员双报到”活动，全年组织开展周末大扫除13次，参与人数5800人次。为12个实践站和街道文明实践所统一配备物资，更换宣传布设232

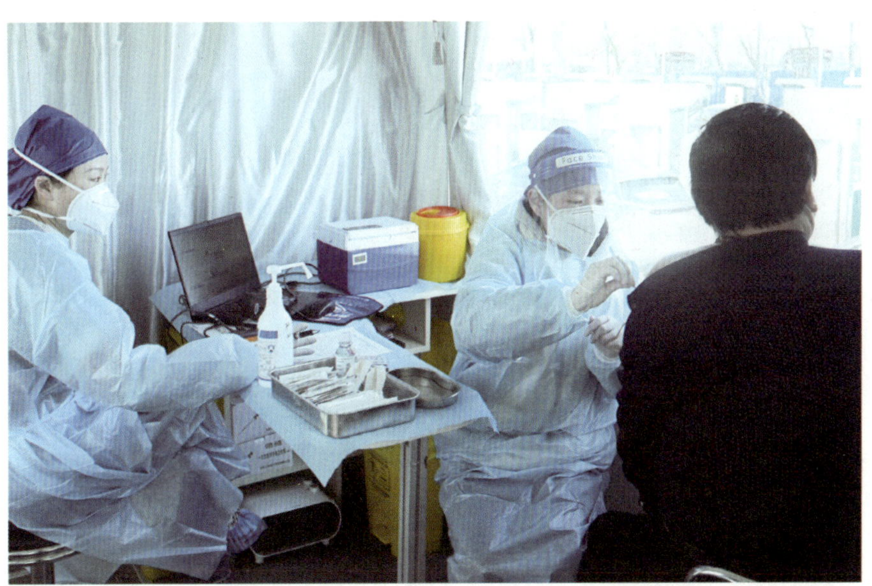

3月27日，流动疫苗接种车在老山南路为居民接种疫苗（老山街道供图）

处;规范18个景观小品;统一新时代文明实践站服务规程;7个社区安装文明元素宣传带文化墙。

(许 雪)

【服务保障冬奥冬残奥会】 年内,老山街道树立"一盘棋"思想,以高度的政治责任感和使命感,超前谋划部署、精心组织实施,以"细致、精致、极致"的工作作风高质量完成冬奥冬残奥火炬接力、观赛及闭幕式等观众组织工作;成立冬奥平安先锋党支部12个、冬奥文化先锋党支部1个、冬奥志愿先锋党支部1个,开展"我是党员我承诺 服务冬奥当先锋"活动,组织党员签订承诺书,切实把组织优势转化为服务保障冬奥的强大动力,助力北京冬奥会冬残奥会成功举办。

(许 雪)

【人大代表和党代会代表推荐】 年内,老山街道将推荐提名党的二十大代表和市十三次党代会代表作为重要政治任务,全面加强党的领导,扎实做好学习宣传、组织动员、推荐提名工作。在各级党组织和全体党员中开展先进事迹宣传,开展理想信念教育和党性党风教育,营造"学先进、争先进"的良好氛围;严格按照推荐程序,广泛进行推荐提名,做到推荐党组织100%,党员知晓率100%,党员参与率100%。

(许 雪)

【推进"品质"先锋工程】 年内,老山街道贯彻落实《关于实施"品质先锋"工程提升基层党组织建设质量的意见》,发挥赵红书记工作室辐射带动作用,大力实施"头雁培育"工程,强化干部培养和党组织能力建设,1名社区党组织书记招录为公务员,1个社区支部工作法入选北京市优秀党支部工作法100案例。用好社区党校,深化开展党建引领全响应行动,组建30个"战疫先锋党支部",持续开展"双报到"活动,全年参与报到在职党员和"老街坊"志愿者4216人次,在疫情防控、核酸检测、封管控服务保障、垃圾分类、创建全国文明城区等各项工作中发挥重要作用。充分发挥党建协调委员会作用,选聘辖区单位优秀干部担任社区"第一书记";12名优秀人才作为社区"第一书记"为社区基层社会治理注入活力。

(许 雪)

【意识形态工作】 年内,老山街道严格执行意识形态工作责任制,定期研究意识形态领域工作。深入开展政治理论学习,开展群众性主题教育,打造新时代文明实践所、站,开展文明实践活动,弘扬社会正能量。全年共播出新闻102条(其中市、国级广播电视台13条,区级电视台89条),和美老山公众号刊发内容564篇;加强舆情处置,做到问题处置100%,处置结果反馈100%;东里北社区新时代文明实践站入选提名"2021年度北京市新时代文明实践创新案例"名单。

(许 雪)

【"两新"组织党建】 年内,老山街道加强非公企业和社会组织党委建设,发挥党建引领作用,开展"双强六好"企业、"5A"企业评比表彰,实现非公企业党建与经济发展双促进、双提升。新建非公企业党组织1个,表彰企业单位12家。发挥工青妇等各类群团组织作用,通过建阵地、创服务、赋动能,构建"1+14"服务网络,开展赠送夏季"清凉包"、冬季"暖心包"、上门体检、上门核酸检测等一系列"暖蜂行动",为辖区150余名快递小哥提供暖心服务;组织快递小哥发放创城倡议书、粘贴文明标识、参与环境治理等,引导新业态、新就业群体增强城市"主人翁"意识,合力共建和美老山。

(许 雪)

【共青团工作】 年内,老山街道团工委获"学习型团组织"荣誉称号,老山东里北社区团支部获"建团100周年北京市五四红旗团支部",1人获"石景山区青年榜样"荣誉称号。

(许 雪)

【妇联工作】 年内,老山街道深化妇联组织建设,加强妇女权益保护,注重家庭家教家风教育,成立老山街道"汇知堂"家长学校,提升家长素质,重塑教育理念,引导科学教育孩子,参与学习千余人次。推进"最美家庭"建设,8个家庭被评为2022年度石景山区"最美家庭"。1人被评为全国妇女系统劳动模范。做实妇女议事会,430余人次参与议事,解决社区治理问题30余项。组织巾帼志愿服务活动,先后开展96场,参与1860人次。

(许 雪)

【综治维稳】 年内,老山街道健全完善街道、社区"一把手"平安建设责任制及工作体系,开展矛盾纠纷定期排查、动态排查和专项排查18次;在重要节点,组织摸排会商,严格落实重点人"1+x"管控措施;完成浅山区禁种铲毒任务4次,禁毒"两打两控"专项行动8次,组织开展禁毒宣传活动23次;全面做好防范电信网络诈骗、养老诈骗专项以及金融风险防范3项工作任务;深入推进扫黑除恶斗争常态化;全面推进市域社会治理试点"十大工程"建设;深化构建"反恐怖工作十大体系",做好涉恐群体基础摸排管控,落实"六住"措施。制定《老山街道2022年全国"两会"安保维稳工作方案》等专项工作方案14个,完成元旦、春节、全国"两会"、冬奥冬残奥、中国服贸会、党的二十大等重要节点维稳安保工作。

(许 雪)

【安全生产】 年内,老山街道做好辖区企事业单位"四方责任"的督促落实,建立疫情防控企业台账,组织开展每日排查返岗人员核酸检测、疫苗接种、健康监测等健康防护措施及生产经营场所消杀、通风、到岗率等情况,累计检查企事业单位3431家次,共发现各类隐患1398项,整改完成1398项。组织开展安全生产专项整治"三年行动"等各类专项整治,出动检查人员9650人次、检查企业7227家次,人均检查量311家次、发现隐患5185处,责令停产停业92家,查处安全隐患1708处,责令改正、限期整改、停止违法行为1176家次,处罚金额368000元。全年未发生安全生产事故、安全生产责任事故、无重大人员伤亡,被市消防救援支队被评为石景山区消防安全"五星"街道。

(许 雪)

【接诉即办】 年内,老山街道以"问题

解决、群众满意”为核心，在优化流程、明确职责、推进诉求落地上发力，通过探索社区“一码通”、吹哨相关职能部门和相关科室定期开展接诉即办工作调度会、主要领导会商重点难点工单等举措，聚焦群众关心的难点问题，对疑难诉求做到特事特办、遇事必办，办好“千头万绪的事、千家万户的事”，全年办理12345市民热线转办单4734件。

（许　雪）

【老旧小区综合改造】　年内，老山街道老旧小区综合改造项目涉及老山东里、西里、东里南3个社区，共74栋楼5024户，建筑面积29.67万平方米。项目实施主体为首开集团首华物业公司。完成室内上下水改造任务量80.57%；室外雨污水管线改造任务量100%；公共区域消防管道1600米。撰写老旧综改周报材料共计41期、召开综改工作推进会50次，其中39次吹哨相关部门共同推进综改工作。

（许　雪）

【社会保障】　年内，老山街道管理退休人员10032人，全年接收退休人员872人，为退休人员办理银行账户变更、养老金补支、档案转移、死亡减员、个人账户清算、退休审批、在职转退休医疗增加、医疗补缴、异地就医备案、申请自采暖补贴以及出具各类证明累计3880人次。变更定点医院522次，补换医保卡1945次。药费报销370人次，报销金额183.4万元。城乡居民养老保险系统管理371人，领取待遇229人；管理无保障人员235人；无档案人员参保23人；城乡居民医疗保险参保2900人，其中新参保68人，续保转入79人。失业金领取期间缴纳养老保险97人。全年领取失业金175人，维护失业金领取期间个人信息及停发工作。加强住房保障工作力度，新增保障性住房申请家庭92户，资格变更家庭112户，终止84户，累计审核3016户。享受市场租房补贴政策家庭128户，享受公租房租金补贴政策家庭144户。全年新办理资格复核418户。

（许　雪）

【稳就业保就业】　年内，老山街道新增登记失业人员437人次，其中新增登记困难失业人员328人。实有登记失业人员申领失业金169人。其中申领失业保险金期间以灵活就业方式缴纳养老保险98人。实现就业人员372人，其中灵活就业登记318人，单位就业登记54人；北京市城镇登记失业人员就业困难人员完成就业294人次，完成当年城乡劳动力就业指标。登记失业人员就业率65.42%。失业人员档案信息558份，对比同期增加52份，大龄人员档案191份，死亡人员档案75份，无信息人员档案96份。对辖区失业人员和就业困难人员摸查跟踪服务应摸查284人，摸查跟踪284人，摸查率100%；求职人员登记指标任务400人，实际求职人员登记433人，完成率108.25%；签订日常服务协议单位指标户数88户，完成签订日常服务协议单位量88户，完成率100.00%；签订日常服务协议单位跟踪服务率完成100.00%。公共就业服务机构登记招聘单位指标户数41户，完成量41户，完成率100%；招聘单位跟踪服务率100%；采集空岗信息指标数950个，完成量953个，完成率100.32%。为就业困难人员提供匹配推荐岗位信息，任务完成率位列全区第一。

（许　雪）

【品质社区创建】　年内，老山街道梳理汇总社区问题“总台账”，拆解细分社区明细问题“分台账”，主动下沉社区，一对一清点关键指标台账，实时整理问题清单，动态跟踪整改落实，以一项整改带动一片治理、以一域之力为全局添彩。“品质社区”建设工作得分85.26分，全区排名第5名；1个社区被认定为五星“品质社区”、5个社区被认定为四星“品质社区”，星级品质社区占比为50%，位列全区第5名；1个社区认定为“进步较大社区”。

（许　雪）

【养老助残】　年内，老山街道持续加强养老驿站运营管理，做好养老驿站疫情防控、食品安全及消防安全工作；组织志愿者走进养老机构和老年人家庭，为老年人提供家政、照料、护理、信息咨询、心理疏导等服务；走访慰问辖区高龄老人、孤寡老年共计100人次；开展“孝顺之星”和“孝顺榜样”宣传展示和评选命名活动，共选出行业助老类、家庭孝老类“孝顺之星”各2名；加大养老补贴力度，办理高龄老年人津贴共计2489人次35.94万元。新增办理失能评估申请共120人次，发放失能老年人护理补贴728人次36.27万元。发放养老服务补贴156人次22.7万元。办理老年人意外保险工作159人次。为16名残疾人提供职业康复、小饭桌等服务。梳理在册严重精神障碍患者201人，其中149人办理补贴，共发放补贴金额33.27万元。

（许　雪）

【办理退役军人优待证】　年内，老山街道广泛利用微信群、LED屏、宣传栏等方式，宣传优待证申领办理流程。采用集中培训和电话指导的方式，组织专干开展退役军人优待证信息采集培训。做到认真研读相关政策、请示汇报上级部门、及时对接技术人员、有针对性开展技术指导，确保退役军人优待证办理及时，无一遗漏。截至年底共申办1993人次，申请率98.96%，全区排名第一。

（许　雪）

【法律服务】　年内，老山街道开展各类法治宣传活动、讲座7次，提供法律咨询195人次，成功化解各类矛盾纠纷37件。不断推进社区矫正安置帮教工作，促使和帮助社区矫正对象回归社会，成为守法公民。老山街道司法所被北京市司法局、北京市人力资源和社会保障局授予2018—2022年度北京市司法行政系统先进集体称号。

（许　雪）

【行政执法】　年内，老山街道开展疫情防控常态化检查3709家次；生活垃圾分类执法检查3563家次；燃气安全执法检查1219家次，门前三包规范检查5820家次。共制作执法卷宗110件，张贴复工复产疫情防控监督检查公示单137起，罚款336240元。开展查违控违工作，全年共拆除违法建设9处，拆除总面积756平方米，疏解人口46人。

（许　雪）

【物业管理】　年内，老山街道抓住物

业管理“关键小事”，通过聘请第三方专业机构加强辖区内物业、物管会履职能力建设，依法依规开展物业管理及物管会工作，通过物管会推动解决治理难题。2022年老山街道指导物管会共召开业主大会6次。其中，老山东里、东里南、东里北、西里的业主大会成功选聘首华物业作为服务企业；在高能所小区召开业主大会1次，成功引进物业服务企业1家，并表决通过《高能所小区管理规约》《高能所小区议事规则》；在园林小区召开业主大会1次。

（许　雪）

【文体工作】　年内，老山街道加大文体工作力度，做好公共文化设施空间便捷化工作。郎园Park与街道文化活动中心一东一西，与12个社区的文化室组成街道两级文化设施网络，成功打造“十五分钟便民文化服务圈”，服务人口40000余人。街道图书分馆获“阅读北京·十佳优读空间”称号。全面贯彻落实《北京市全民健身实施计划(2021—2025年)》，通过开展喜闻乐见的赛事活动、打造完善的公共体育服务体系、加强辖区全民健身组织网络建设“三步走”，构建“一刻钟公共服务体系”，成功创建“北京市全民健身示范街道”，提升街道辖区群众的获得感、幸福感。

（许　雪）

八角街道

【概况】　八角街道位于石景山区中部。东至老山街道、鲁谷街道，西至古城街道，南至京原路，北至苹果园街道。辖区面积5.48平方千米。常住人口11万余人，其中本市户籍人口约8万人、流动人口约3万人。辖区有23个社区、10座商务楼宇、8个工作站、设25个党委、176个党支部(其中175个二级党支部)，共有党员9242名。年内，八角街道完成冬奥会、冬残奥会、党的二十大服务保障工作；坚持应接尽接原则全力开展新冠疫苗接种，共开展23轮次区域性核酸检测，37个点位有序保障街道11.9万余人核酸检测需求；完成“养防救”智慧养老安全应急服务项目，发挥属地优势做好地区企业服务保障；深入打造品质社区，23个社区顺利通过创城达标社区验收。八角街道被评为“北京市接诉即办工作先进集体”“2017—2020年度平安北京建设先进集体”“2018—2022年度北京市司法行政系统先进集体”“石景山区充分就业街道”；八角街道团工委被评为“服务型团组织”；八角中里、八角南路被评为全国示范性老年友好型社区。

（朱　丽）

【安全生产整治百日行动】　7月至10月，八角街道开展安全生产整治“百日行动”，进一步强化安全生产“红线”意识，严厉打击、整治违法行为。从安全生产专项整治“三年行动”、平房区安全隐患综合整治、燃气等十二方面进行拉网式督导检查，督导辖区重点生产经营单位严格落实主体责任。定期分析研判安全形势，对照台账倒排时间表，逐一落实整改，做到动态闭环管理。规范挂账隐患销账程序，定期对整改情况“回头看”，同步做好安全生产规范科普和指导。

（朱　丽）

【学习贯彻落实党的二十大】　自10月底开始，八角街道组织处级领导、科级干部和社区书记进行传达学习，邀请二十大代表李美红进行巡回宣讲党的二十大精神，向机关干部、社区工作者、两新组织人员分享感想体会，将党的“好声音”面对面传递给基层党员干部。举办专题学习研讨班，组织各级党组织书记、党员集中轮训，构建立体化理论传播矩阵，营造学习浓厚氛围。把二十大精神贯彻到街道各项重点工作，不断推动疫情防控科学化精准化，在高效能基层治理、高品质生活环境、高质量发展成果、高标准安全稳定局面上下功夫、求实效。

（朱　丽）

【重大活动服务保障】　年内，成立八角街道党的二十大、冬奥、冬残奥服务保障工作领导小组，制定专项方案，启动每日会商、定期通报、责任督导等7项工作机制，发动治安志愿者1.3万余人次，对23个重点部位、重点区域加强值守，每日出动50人次，对辖区1140家生产经营单位、652家七小门店、辖区施工工地进行滚动检查。举办冬奥知识展览、冰雪项目体验等活动。在街道“爱八角”微信公众号开设“喜迎二十大”专栏，通过各类载体做好二十大精神宣传展示。

（朱　丽）

【新冠肺炎疫情防控】　年内，八角街道坚持常态化疫情防控不放松，严格卡口值守“四件套”(即扫码、登记、测温、出示核酸阴性证明)“六到位”(即盘查核验要到位、值守安排要到位、培

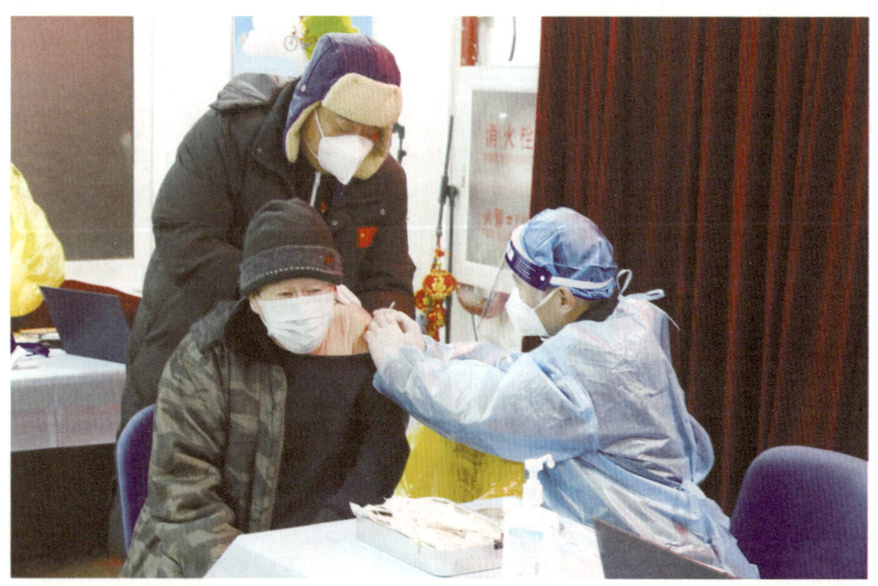

12月，八角街道继续开展免费新冠疫苗接种服务　（八角街道供图）

训保障要到位、消杀防护要到位、责任落实要到位、巡查监督要到位)措施，24个社区110个卡口,90余名区下派干部、80余名机关干部、300余名社区干部以及“老街坊”志愿者、保安24小时实名制排班值守,做到逢人必查、逢车必检。开展23轮次区域性核酸检测,37个点位有序保障街道11.9万余人核酸检测需求。强化风险人员落位管控,接收辖区派单56294人,自摸排1421人,落地管控34851人,第一时间落实各项管控措施,同时加强各项生活保障服务。坚持“应接尽接”原则,持续深入推进疫苗接种工作,60岁以上人群接种22591人,接种率为88.34%;加强针接种59062人,接种率为88.04%。

(朱　丽)

【养老服务联合体】　年内,八角街道围绕《全国示范性老年友好型社区评分细则2021版(城镇社区)》中居住环境安全整洁、出行设施完善便捷、社区服务便利等8个维度,排除安全隐患、消防和紧急救援设施设备、老年人住宅实施适老化改造等40条评分指标推进老年友好社区创建。杨庄北区、景阳东街第二、八角北路、八角中里、八角南路5个社区被评为全国示范性老年友好型社区。建立“智慧养老服务平台”,打通“市—区—街—社区”四级养老数据信息,探索建设家庭养老床位,将机构的专业照护服务延伸至老年人家中,安装居家安防设备580个,配发手环459个。做好长期护理保险工作,累计为符合护理条件的592名重度失能人员提供服务。以3个社区“一刻钟便民生活圈”的建设推动构建居家养老服务圈,整合社区服务商、为老服务志愿者、驿站等分散的服务资源,实现103个末端配送网点提供服务,实施“一圈一方案一台账”,打造特色便民养老服务业态。

(朱　丽)

【稳企助企】　年内,八角街道通过电话联系、上门走访等方式,对辖区企业逐一核实梳理,明确以29家“服务包”企业、69家地方级规模企业为重点服务对象,每月进行走访联络。向61家企业发出诉求征集清单,收集意见建议101条。主要领导开展7次企业座谈会,了解困难诉求,面对面宣讲政策、精准对接需求,成功协调解决5家企业在人员招聘、宣传推广和环境秩序等方面的问题。

(朱　丽)

【文明城区创建】　年内,八角街道23个社区顺利通过创城达标社区验收,打造杨庄南区社区、建钢南里社区、景阳东街第三社区3个创城“示范社区”样板间。完成常态化实地检查问题整改2500余件,实施打通“生命通道”、清理非法小广告等八大专项行动,出动11870余人次参与社区整治违法行为和不文明行为活动。将创城和双报到工作相融合,开展7次新时代文明实践日活动,6295名在职党员、老街坊等参与报到,新时代文明实践所、23个社区新时代文明实践站开展文明实践活动747场次,进一步提升城市文明指数。

(朱　丽)

【八角中里品质社区建设示范点】　年内,八角街道打造品质社区,指导社区完善工作台账,及时整改问题。打造八角中里品质社区建设示范点,充分发挥党组织向心力,组建“红色党建联盟”,构建“1+N”长效机制。强化党组织对物业公司的领导,提高工作效率和质量。建立“代言人+发言人”社区共治机制,实现小区843个车位无地锁错时停车管理,解决问题100余件。

(朱　丽)

【物业管理】　年内,八角街道完成八角北路、公园北、古城南路社区与北京石房物业有限公司签订物业服务合同,引进北京盛景嘉和物业管理有限公司为八角中里25号楼提供应急物业服务。全面实施杨北二停车管理工作,解决停车难题,并作为典型案例录制《向前一步》节目。成功组建景阳东街第一社区业委会,指导推动地铁家园、体育场西街2个社区组建业委会。有序发放2021年度老旧小区“四个一点”(即政府补贴一点儿、产权单位承担一点儿、业主出一点儿,物业收一点儿)补贴资金,加强对物业企业的资金支持,破解老旧小区物业服务脱管失管等管理难题,提升老旧小区物业服务水平。

(朱　丽)

【提升基层党建治理效力】　年内,八角街道构建商务楼宇“1+8+N”(即1个两新党委,8个楼宇工作站,N是党组织、群团组织等)组织新架构,打造“一刻钟楼宇党群服务圈”,进一步规范党建引领商务楼宇治理。建立“两新”党组织常态化摸底排查和覆盖攻坚机制,每季度开展“夯基”行动,重点摸清非公企业、社会组织、新就业群体底数。坚持大事引领,牢固树立大局意识,加强对党的二十大和冬奥会冬残奥会等重大活动高位统筹,扎实推进疫情防控、维稳安保、城市安全运行、大气污染防治等服务保障工作。深化《机关干部联系社区制度》《八角街道社区专员实施方案》,社区专员下沉到社区,进一步巩固社区建设中的薄弱环节。完善“吹哨报到”“接诉即办”工作机制,制定吹哨报道流程,按月收集汇总各办公室吹哨报道情况。

(朱　丽)

【综合施策解决停车难题】　年内,八角街道挖潜内部停车资源,通过便民工程改造重新施划停车位、对院内主要道路重新铺设,拓宽楼宇间道路、区域静态交通建设等措施,增加杨中社区停车位100余个、杨北社区180个;建立与周边共建单位停车场错峰共享停车模式,推动首钢篮球馆、当代商城提供车位132个,有效缓解黄南苑、杨庄北区第二社区车位紧张问题;引入社会资本,确定地面停车区升级为立体停车楼改造方案,为八角南里社区居民提供停车位273个。

(朱　丽)

【接诉即办“四动”措施】　年内,八角街道通过“案例”推动、“栏目”带动、“平台”联动、“机制”促动四措施切实提升接诉即办效能。录制《向前一步》,从诉求人与专家对话中学会与当事人沟通、调解和推进的方式方法;各社区借鉴“接诉即办专栏”一线解决问题做法,针对疑难诉求召开物业和居民代表协商会听取民意,运用好“吹哨报到”机制,组织相关部门深入现场核实,对照问题逐一制定解决方案,推动诉求精准处置;对高频诉求问题及长期未办结事项诉求,街道主要领导、包片处级领导、社区专员现场专项调研,推动合理诉求解决到位、无理诉求解释到位。健全民生大数据应用机制,加大汇聚、挖掘、分析力度,有针对性加强对诉求的协调和督办,确保群众诉求件件有结果、事事有回应。

(朱 丽)

古城街道

【概况】 古城街道位于石景山区中部地区,地跨长安街西延长线,毗邻永定河。东至古城东街与八角街道相邻,南部和西部到达永定河分别与丰台区、门头沟区交界,北至阜石路沿线以北分别与苹果园、金顶街和广宁街道相邻,总面积15.41平方千米,占全区总面积的17.97%。“长安金轴”贯穿古城,新首钢高端产业综合服务区、首钢大跳台、冬奥组委、大悦城均在辖区内。辖区常住人口6.8万余人,社区居委会21个。辖区有中央、市属、部队单位58家,生产经营单位、小微企业、楼宇企业2258家,7所幼儿园和5所中小学,1个社区卫生服务中心、5个社区卫生服务站、1家民营综合性医院和1家公立综合性医院。街道有基层党组织164个,党员4778名。机关设“六室一队三中心”,机关行政编制77人、政法专项编制4人,事业编制46人,工勤编制3人。年内,古城街道牢牢把握服务保障冬奥和打造新时代首都城市复兴新地标重大机遇,紧紧围绕城市更新和产业转型两大战略,以首都发展为统领,以迎接和服务保障党的二十大胜利召开为主线,突出规范提升年的工作主题和党建引领基层治理的工作重点,全面实施“古城焕新”行动,精心打造“古城新貌”。发动“老街坊”志愿者、楼门组长、党员等群防群治力量4.6万人次,圆满完成服务保障党的二十大、北京冬奥会、中国国际服务贸易交易会等重大任务。不断完善“接诉即办”各项工作机制和制度,《探索基层治理新实践,实现社区服务新模式》获评北京市接诉即办工作优秀案例。

(田宵函)

【服务保障党的二十大】 年内,古城街道制定服务保障党的二十大工作方案,建立定期调度和每日信息报送机制,编发工作简报24期。健全主要领导、处级领导、科级干部三级应急值守机制,确保24小时在岗值守。围绕首钢园区、仓储库房、液化气站、平房区、在建工地等重点风险点位,对水电气暖、运营管线、安全生产等开展隐患排查,共出动396人次,检查生产经营单位261家,排查并整改安全隐患31处。全面启动社会面一级加强防控,设立44个志愿服务岗,做好分时段巡逻值守,加强地铁站、桥梁等重点点位的巡逻防控,累计投入1440余人次力量,全力营造辖区良好的政治社会环境。第一时间抓好党的二十大精神学习传达,召开街道干部大会,发挥处级理论学习中心组学习带动作用,依托“古城大讲堂”、基层社区书记论坛等,开展多种形式、分层分类的学习研讨,营造学习宣传党的二十大精神浓厚氛围。

(田宵函)

【服务保障冬奥筹办】 年内,古城街道落实冬奥举办属地责任,开展“四大专项行动”。对秀池酒店及首钢园区周边企业、大悦城等在建工地、南坑水屯平房区和滨和园地区高层住宅,累计开展安全大检查、城乡结合部安全生产专项治理、非居民住户燃气安全排查、地下空间夜查等行动305次。开展“三类场所”疫情防控检查1239次,强化社区卡口防疫值守,与赛时防疫无缝衔接。开展社区清理整治专项行动,为消防弱势群体家庭2629人配备“七个一”安全保障措施,全力确保首钢滑雪大跳台周边安全稳定。抓好道路街巷节日及赛时景观提升,增加辖区一级管控区域保洁力量,开展污染物和积尘深度清洁,调动街巷长、小巷管家、网格员深入边角地、绿化带进行清洁维护。组织发动辖区“老街坊”、社区工作者参与录制古城版《一起向未来》MV,以“冰雪+春节”为主题深化“冬奥文化进社区”系列活动,先后开展42场主题活动。辖区4支文艺团队参与2场冬奥城市文化广场专题文艺演出。累计开展各类文化活动441场,服务1万余人。有序组织175人参与火炬传递、开闭幕式及赛事观看,服务保障冬奥火炬传递16个点位安保维稳,44个重点巡逻岗每日投入人员力量440人,信访重点人员实行24小时全天管控模式,确保社会面稳定。1人获得“北京2022年冬奥会、冬残奥会北京市先进个人”荣誉称号。

(田宵函)

【新冠肺炎疫情防控】 年内,古城街道落实疫情防控“四方责任”,强化疫

2月18日,“一起向未来”冬奥城市文化广场古城街道专场演出

(古城街道供图)

情防控“一办八组”运行，常态化疫情防控和突发疫情应急处置及时切换、迅速到位，3个社区被评为“无疫社区”，1栋楼宇被评为“无疫楼宇”。结合滨和园燕堤中街6号院和十万平小区封管控区有效做法，总结形成“一轴四期”（即以时间为轴，分为前4个小时的“稳心工作期”、前3天的“安心工作期”、第4天至解封前1天的“暖心工作期”、解封当天的“聚心工作期”）封管控区工作机制。有序组织区域性全员核酸检测41轮次，全面管理87个小区卡口，成立24个“战疫先锋党支部”，开设的街道、社区“24小时疫情热线”吸附诉求2700余人次，发放《致居民的一封信》《致居民的感谢信》《封管控相关工作问答》等1.6万余份，累计为中高风险区内居民提供快递外卖转送、买药就医、关怀慰问等1200余次，做实做细居民服务保障。从严社会面管控，累计检查“三类场所”、“七小门店”、重要点位1.3万家次，整改问题1000余处。坚持“应接尽接”，开展四轮疫苗接种“攻坚行动”，制订“轻骑兵”和疫苗接种车计划表，通过“敲门行动”“一帮一”促接等方式，60岁以上老年人第一剂接种3410人。

（田宵函）

【基层党建】 年内，古城街道建成京西商务中心工作站，新建“两新”党支部和功能型党支部11个，“两新”组织“两个覆盖”率达100%。开展新就业群体“双向服务”，整合辖区多种阵地资源，建立14处“暖蜂驿站”，协调辖区饭店开设“小哥暖心餐厅”，被市区多家媒体报道。成立“两新”“企航”志愿服务队，引导“两新”组织职工参与社会治理和公益行动，累计500人次参与，服务时长超过160小时。开展“牢记党员身份，过好政治生日”主题党日活动和“五个一”系列活动，颁发“光荣在党50年”纪念章，凝聚奋进力量。依托“双报到”机制，112个基层党组织、1883名在职党员、924名“石景山老街坊”志愿者参与小区卡口值守等活动。发挥群团组织作用，开展防疫慰问、暖心伴考等工会服务活动，普惠职工4000余人。1人获评首都劳动奖章，街道妇联获评北京市妇女儿童工作先进集体，十万平社区获评北京市民主法治示范社区。

（田宵函）

【民生实事】 年内，古城街道以接诉即办为抓手，聚焦“七有”“五性”，利用“吹哨报到”机制，针对居民关心的物业管理、社区公共基础设施建设等进行集中吹哨155次，有效解决问题134件。集中攻坚克难，完成现代嘉园屋面防水维修工程和下水管道疏通工程；开挖水泥厂社区上游滨和园蓄水池，阶段性解决水泥厂防汛问题；进行供水系统提压改造，有效解决社区300余户居民“用水难”问题。

（田宵函）

【社会福利保障】 年内，古城街道全面落实福利保障各项政策，深化精准帮扶，入户走访300余次，为26户困难家庭提供精准救助个案帮扶。坚持应保尽保，形成“区—街道—社区”三级服务体系，累计办理6223笔业务。开展就业困难人员精细化帮扶406人次，实现就业909人次，“零就业家庭”保持动态清零。建设1家街道级养老照料中心和5家社区养老服务驿站，为辖区内745名老年人提供电话服务、助餐服务、短期托管等服务1.33万人次。

（田宵函）

【环境提升工程】 年内，古城街道完成滨和园地区环境提升工程，总投资约770万元，改造绿地约2.93万平方米，其中新增104.95平方米，补充苗木2.95万株；修缮4处院落路面和停车场，翻新廊架3处、新建1处，增设更新休闲座椅4个；启动水屯村裸地综合整治提升、水屯村休闲广场建设和南坑微型消防站建设项目，整体提升滨和园地区环境品质。完成杨庄大街北侧、古城工商所北侧绿地、天骄美地3个小微城市空间改造提升项目。古城街道办事处获得首都全民义务植树先进单位称号，古城街道铁新社区成功创建首都绿化美化花园式社区，中海景山府成功创建首都绿化美化花园式单位。

（田宵函）

【两个“关键小事”】 年内，古城街道深化党建引领物业“三率”，完成曦景长安业委会党组织建设，辖区50个小区的党组织组建率和物业管理覆盖率均为100%。全年受理完成辖区物业服务企业物业项目落点落图及备案工作61项。推进解决多产权小区物业管理问题，实现物资局小区统一物业管理服务。建成分类驿站7座，达标改造固定桶站228个，涂装小型垃圾压缩车15辆。做好发动群众桶前值守，10个生活垃圾分类示范小区挂牌亮相。古城宾馆楼宇获得2021年首批北京市垃圾分类示范楼宇称号。

（田宵函）

【消除安全隐患】 年内，古城街道全面落实属地监管责任，与辖区小微企业签订安全生产责任书1012份，与重点单位、各社区签订消防安全责任书59份，检查小微企业6382次1056家，下达隐患责令改正通知书1646份。建立弱势群体家庭消防设施配备保障机制，实施“七个一”措施到位，发放灭火器、烟感器、阻燃床单等7210个。及时配发微型消防站150套，补充高层住宅小区消防力量。检查消防重点单位346家，强化“一警六员”消防安全培训，上传考核视频3768条；组织“双比”消防安全活动，加强模拟演练，辖区1家重点消防单位在北京市自防自救力量消防大比武决赛中获得第四名。

（田宵函）

【创建全国文明城区】 年内，古城街道坚持主要领导挂帅、“一办八组”常态化运行，街道全部社区通过“达标社区”验收。开展“古城新貌我参与，文明创建我先行”主题宣传活动，两轮全覆盖入户宣传走访辖区居民7.2万余户，发放宣传品15余万件。为3个社区安装LED电子显示屏，及时补充制做社会主义核心价值观、首都市民公约、“文明健康绿色环保”和“关爱未成年人”公益广告等宣传制品490余块，美化公益广告景观小品13处。加强道路环境作业管理水平，累计清理大件垃圾、无主垃圾1600余车。组织在职党员、“老街坊”志愿者开展周末卫生大扫除，清理卫生死角累计600余处，清理垃圾 80 余吨，发放、张贴爱国卫生运动宣传材料 5000 余份。从严街面环境秩序执法检查，累计查处“门前三包”、未经批准夜间施工、店外经营、公共场所不文明行为等 236 起，罚款 50.64 万元。

（田宵函）

【实施“民情工作法”】 年内，古城街道实施“民情工作法”，明确“四个一”工作内容（即记好“一本民情日志”、绘制“一张民情图”、组建“一支网格工作队”、建立“一个微信群”），绘制 21 幅“五彩民情图”，建立 441 个楼门栋微信群，强化社区专员职责，记好一本“民情日志”，组建 135 个“网格工作队”，推动组织、资源、力量向社区延伸，有效解决新建小区“买菜难”、老旧小区改造后停车秩序管理等千余件群众急难愁盼问题，使基层导向更加鲜明，群众诉求渠道更加畅通，党群干群关系更加融洽，社区治理格局进一步优化。

（田宵函）

【社工综合性评价】 年内，古城街道制定《关于开展社区社工队伍综合性评价的实施方案》，通过街道部门评、社区书记评、社工自评互评、居民问卷调查和个别谈话等方式对 21 个社区社工进行综合测评，共组织街道 20 名正科实职为本工作领域的社区专干评分、216 名社工自评互评、2150 名居民开展问卷调查，101 位社工进行谈话，形成最终评价结果。将综合排名前 10%的社工列为重点培养对象，给予通报表扬和物质奖励，加强跟踪培养，优先提拔。同时对综合排名后 10%的社工进行一对一约谈，加强补充培训，并将综合评价结果作为年度考核重要依据。

（田宵函）

【“品质社区”建设】 年内，古城街道制定“品质社区”建设方案，加强工作统筹，指导社区对标对表抓好提升，南路东社区成为首批石景山区认定的五星级“品质社区”、3 个社区被评为四星级品质社区。持续推进老旧小区综合整治，完成十万平社区老旧小区综合整治，成功打造十万平冬奥社区。基本完成南路西社区 18 号楼、19 号楼，南路东社区 35 号楼、36 号楼 4 栋楼的改造工程。

（田宵函）

【残疾人事业】 年内，古城街道不断巩固全国无障碍环境示范街道创建成果，梳理 77 个无障碍点位和 11 个无障碍元素，做好古城路及周边无障碍设施提升改造，打造一刻钟无障碍便民圈。街道冬奥示范温馨家园正式挂牌，并在第五届全国残疾人排舞公开赛中获得“残疾人排舞先进单位”、“体育道德风尚奖”，街道追梦艺术团获得“智力混合组自选曲目一等奖”。

（田宵函）

苹果园街道

【概况】 苹果园街道地处石景山区北部，东经新四平台与海淀区搭界，南抵京门铁路，西起首钢福寿岭疗养院、礼王坟、金顶山一线与金顶街街道连接，北依京西翠微、青龙诸峰与五里坨街道隔界，永引渠从中部贯穿而过。辖区面积 13.13 平方千米。街道下辖 21 个社区，常住人口 9.75 万人。辖区内有中部战区机关、北京军区善后办、全国宣传干部学院、北京射击场、中国医学科学院整形医院、首都医科大学附属康复医院等单位；有灵光寺、八大处佛牙舍利塔等名胜古迹；地区共有注册企业 2.5 万余家。年内，苹果园街道坚持党建引领，以服务保障冬奥筹办和党的二十大为主线，统筹抓好疫情防控和经济社会发展，推进活力、美丽、和谐、幸福“四个苹果园”建设，完成全力迎接、服务、学习宣传贯彻党的二十大、服务保障冬奥筹办、科学精准有效抓好疫情防控三件大事，实现地区各项事业稳步发展。

（张雪晴）

【宣传贯彻党的二十大】 年内，苹果园街道开展“强国复兴有我”“党员承诺当表率 迎接党的二十大”“匠心逐梦 邂逅苹果园最美基层群像”“擦亮城市西大门·迎接党的二十大”等系列主题宣传，持续掀起迎接热潮。围绕学习宣传贯彻党的二十大精神，组织开展理论中心组学习 37 次、培训宣讲等系列活动 50 场，建立学习阵地 26 个，配发理论书籍 1.2 万册。坚持学思用贯通、知信行合一，以建设“四个苹果园”生动实践推动党的二十大精神在苹果园落地生根。

（张雪晴）

【服务保障冬奥筹办】 年内，苹果园街道将冬奥筹办服务保障作为提升地区环境、改善民生的重要契机，统筹开展群防群治联控、安全检查消隐、环境质量提升、冬奥氛围营造等专项工作，4500 余人参与社会面防控巡逻值守，安全检查督导单位 8800 家次，累计排查隐患 2853 处，消除安全隐患 2840 处。妥善办理各类信访案件 221 件 290 余人次，信访案件化解率 95%。举办冬奥文化活动 264 场，营造良好冬奥氛围。

（张雪晴）

【新冠肺炎疫情防控】 年内，苹果园街道执行第九版防控方案，落实二十条优化措施，抓好社区、楼宇、七小门店疫情防控工作。成立 21 个抗疫先锋党支部，发动万余人次参与社区防控；合理铺设点位 23 个，建立 15 分钟核酸“采样圈”。全力推进疫苗接种，60 岁以上第一针接种率 89.66%。

（张雪晴）

【接诉即办】 年内，苹果园街道坚持“日调度”“周例会”“月复盘”机制，定期总结分析、研判预警、化解难题，梳理停车难、房屋滴漏、充电桩等重难点共性问题，持续推进 20 项重点专项行动，有效解决苹果汇环境秩序、北工大后门道路乱停车等问题。率先实现社区“一码通”全覆盖，全年办理“一码通”案件 339 件，吸附率 2.65%。全年累计受理接诉即办案件 12807 件，响应率 99.75%，解决率 96.47%，满意率 96.84%，月平均成绩 97.13 分。3 次市级考核排名位于前 100 名内。

（张雪晴）

【创建全国文明城区】 年内，苹果园街道坚持周调度、周拉练、周培训、周检查的工作机制，将创城工作与接诉即办、品质社区建设、老旧小区改造、背街小巷整治、物业管理提升等工作同调度、同研究。完善通报机制，清单化、项目化管理创城工作任务，18个社区通过区级创城达标社区验收，达标率100%。全年收集、上报网申照片1372张，更新单元门公告栏1641个，维修破损背街小巷30条。

（张雪晴）

【垃圾分类】 年内，苹果园街道推动生活垃圾分类工作常态化，新建垃圾分类驿站7个，14个小区（楼宇）获评市级垃圾分类示范小区（楼宇）。惩教结合精准做好生活垃圾专项执法工作，整治＋随机巡查辖区楼宇、餐饮、社区、工地等点位，全年累计检查个人生活垃圾分类3858家，三类场所生活垃圾分类投放14172家次。

（张雪晴）

【物业管理】 年内，苹果园街道坚持党建引领物业管理，辖区共49个小区，有15个小区成立业委会，34个小区成立物管会，8个小区物管会向业委会转化，均成立党组织，实现"三率"100%。利用智能手段探索物业管理新方式，通过"北京业主"APP为业主和物业提供平等对话平台，提高物业服务质量和业委会工作效率。

（张雪晴）

【老旧小区综合整治】 年内，苹果园街道深入实施老旧小区改造五年规划，有序推进老旧小区综合整治项目。加快推进老旧小区改造任务立项，科学谋划、统筹推进楼体改造、环境整治、老楼加装电梯、各类管线改造等项目，合理安排施工时序，全过程监管质量安全。全年，施工10个老旧小区更新改造工程，老楼加梯开工8部。

（张雪晴）

【保就业工作】 年内，苹果园街道开展百日千万网络招聘专项行动，采集单位信息171家，开发就业岗位1505个，完成年度目标任务100.3%，辖区就业形势平稳向好。街道被评为充分就业街道，21个社区均为充分就业社区。

（张雪晴）

【公共文化服务】 年内，苹果园街道通过直播、公众号、短视频等媒介，打造"六聚"文化品牌，举办各类文艺演出、防疫宣传、培训讲座、科普教育、电影放映、读书沙龙、未成年人活动等公共文化活动线上200余场，观看人数及浏览量3.1万人次；线下67场，参与群众2千余人次。推出线上冬奥健身课堂，举办各类冰雪活动共40场。

（张雪晴）

【社会保障服务】 年内，苹果园街道发放低保金、失业保险金、医药费、救助金等各类社会保障金3509.7万元。发放养老服务补贴3069人次、失能护理补贴发放17803人次、80岁以上高龄津贴30609人次。做好各类保障房受理和资格初审工作，保障居民利益。

（张雪晴）

年内，苹果园街道一站式垃圾分类驿站投入使用　　（苹果园街道供图）

【环境提升】 年内，苹果园街道打好蓝天、碧水、净土保卫战。深化"一微克"行动，TSP（粗颗粒物）平均浓度87微克/立方米，同比降低11.22%。狠抓扬尘执法，累计整改施工裸地苫盖不全、道路积尘、道路遗撒等问题418个，处罚违规行为31起。街道"双河长"巡河159次，整改巡查问题22个。兜底苫盖各类裸地、边角地约4.5万平方米，实施1.2万平方米斑秃绿地裸地绿化补种工程。

（张雪晴）

【消除安全隐患】 年内，苹果园街道持续提升安全生产监督检查水平。安全检查督导单位8800家次，累计排查隐患2853处，消除安全隐患2840处。全年计划建成电动自行车充电接口2718个，建成设施接口2807个，完成全年任务103.3%。

（张雪晴）

【矛盾纠纷排查】 年内，苹果园街道妥善办理各类信访案件221件290余人次，集体访6件50余人次，国家局及市区交办件107件，信访案件化解完成率为95%，地区信访形势总体平稳可控。

（张雪晴）

金顶街街道

【概况】 金顶街街道位于石景山区西北部，辖区面积6.9平方千米。东以金顶山为界与苹果园街道毗邻，南以京门铁路为界与古城街道相接，西以黑头山为界与广宁街道接壤，北至蟠龙山与五里坨街道相连。有市级历史文化保护地区模式口村，有法海寺、承恩寺、田义墓、第四纪冰川馆等，另有1处伊斯兰教活动场所清真寺，非物质文化遗产太平鼓文化在此传承。地区有9所学校，其中高中1所、初中2所、小学3所、幼儿园4所。有17个社区，居民31492户87588人。年内，金顶街街道坚持党建工作和重点工作同安排、同考核。精准对标《全国文明城区测评体系》指标要求，全面巩固、重点突破，推进落实文明创建各项工作。成立疫情处置"8小时"指挥部，每日一调度、一巡查、一研判，形成职责明确、运转有效的指挥体系。开展街区环境综合整治专项行动，推动街区历史文化风貌更加彰显。以落实《北京市接诉即办工作条例》为契机，创新“三千工作法”、达标社区创建等活动，有效实现降量提质。确立垃圾分类迎检工作机制，确保居住小区四类垃圾合同签订、台账清晰。聚焦社区运行、服务、文化、环境和安全“五大品质”核心要素，制定“品质社区”评价指标体系及任务分解清单，金铸阳光苑小区3个单元被列入石景山区楼门治理示范点。

（梅　楠）

【基层党建】 年内，金顶街街道坚持党建工作和重点工作同安排、同考核，以“我为群众办实事”为抓手，“吹哨”154次，解决问题129件。借助廉政微信平台、警示教育大会、干部任职谈话等方式，加强干部教育监督管理。成立宣传思想工作领导小组，强化意识形态工作管控。创新“G+S+17”党组织书记工作室体系，工委书记与社区书记工作室联建，打造基层党组织头雁队伍。做好社区“第一书记”派驻工作，搭建平台实现双赢，提升社区党建工作质量。落实区、街党建重点任务清单，加强党支部标准化规范化建设，指导各级党组织严格落实“三会一课”等党内政治生活制度。以“品牌创建”为抓手，以深入实施“品质先锋”工程为契机，精心打磨党建品牌，发挥“党员分类管理路线图”“党员设岗定责”“一居一品+一居一队”等成熟项目示范带动作用，培育孵化“红家底，别样红”等党建新品牌。发挥党建协调委员会和楼宇工作站平台作用，切实提升“两新”组织党建工作质效。依托“金钥匙·连心坊”睦邻中心、“暖蜂驿站”党建阵地，开展“冬奥倒计时20天”“元宵节冬奥特色浓”“光盘行动”等活动，推动新就业群体融入基层治理新格局。

（梅　楠）

【创建全国文明城区】 年内，金顶街街道精准对标《全国文明城区测评体系》指标要求，全面巩固、重点突破，推进落实文明创建各项工作。发挥创城分指统筹协调作用，对发现的各项问题逐项列出清单进行督办，确保问题及时整改到位，年内累计整改实地考察方面问题3000余个。优化街道新时代文明实践所、站宣传布设，向各社区发放《北京市文明行为促进条例》、诚信宣传册等宣传材料，组织开展公益广告大检查，累计检查点位1310个，发现并整改问题191个。组织社区开展常态化多种形式问卷调查，共发动29042户参与问卷调查，提升居民对创城工作的知晓率、参与率和满意度。组织社区开展三轮创城工作实地检查互评活动，发现并整改问题192个。累计11个社区通过创城达标评审验收，实现创城达标全覆盖。

（梅　楠）

【疫情防控】 年内，金顶街街道成立疫情处置“8小时”指挥部，每日一调度、一巡查、一研判，形成职责明确、运转有效的指挥体系。落实疫情防控分级分类管控措施，按照“四个当日”要求，排查、落位、管控，环环紧扣、一体落实，累计核查处理北京相关风险、本市电子围栏、各地其他地区进京等大数据派单5756批次，涉及62065人次，累计落实管控23897人次，完成高风险地区封管控百余处。完成追阳任务4400余人次，协调120转运就医200余人次。统筹重点区域、重点人群核酸筛查和常态化核酸检测，服务群众约725万余人次。压紧压实“四方责任”，切实做好社区卡口、楼宇企业、七小门店、冷链商超、平房区等重点点位、场所防疫工作，累计检查“三类场所”“七小门店”8000余次，现场责令整改口罩佩戴不规范、登记要素不全等违规行为360起，开具《复工复产疫情防控监督检查公示单》165份。落实“新十条”“京十条”，优化调整防控策略，做好居民健康管理和服务，建立地区老弱病残孕特殊群体台账，为老年人免费发放抗原20000余支，为独居老人发放血氧仪，做好居家隔离人员、特殊人群的生活、就医等服务保障。

（梅　楠）

【模式口历史文化街区综合整治】 年内，金顶街街道开展街区环境综合整治专项行动，围绕市容环境、道路交通、营商秩序、拆违治乱和西口修缮改造五个方面，全面推进落实30个点位的整治修缮工作，推动街区历史文化风貌更加彰显。探索适合模式口历史文化街区持续发展的服务保障机制，成立街区现场工作专班，由街道副主任担任“点长”，街道干部常驻街区办公，同步组建6个现场工作组，公安、交通、消防等部门力量一线值守保障，现场处置相关问题。稳步推进街区步行管理，导行路、停车场、电子屏、标识标牌等硬件设施逐步完善，动静态交通管理运行机制更加科学安全，游客

1月25日，金顶街街道核酸检测工作推进会召开　（金顶街街道供图）

体验明显提升。做好街区疫情防控工作，持续投入力量承担疫情防控服务保障任务，加大对门店的执法检查力度。支持街区复工复产，广泛开展复工复产政策解读，推动开展街区景观提升和节日环境布设、"我眼中的模式口"摄影大赛、古装巡游等特色活动。国庆期间累计接待游客4.63万人次，创年内新高。组建模式口历史文化街区志愿服务讲解团，模式口市级重点孵化党员教育培训现场教学点建设取得阶段性成效。7月12日，"模式口街区保护更新"于首届北京城市更新论坛开幕式上获北京城市更新最佳实践项目。

（梅　楠）

【接诉即办】 年内，金顶街街道以落实《北京市接诉即办工作条例》为契机，创新"三千工作法"（"千方百计"解决群众诉求、"千言万语"做好群众工作、"千锤百炼"锻炼人才队伍），在深化接诉即办考核、双派、预警机制外，探索开展"一帮一 一对红""双无"（无诉求工单、无重复来电人）达标社区创建等活动，有效实现降量提质。全年考核期中，共受理"接诉即办"工单11509起，响应率100%、解决率98%、满意率98%，全年综合成绩在全区9个街道中排名第一。获"北京市接诉即办先进集体"称号。

（梅　楠）

【品质社区】 年内，金顶街街道聚焦社区运行、服务、文化、环境和安全"五大品质"核心要素，制定"品质社区"评价指标体系及任务分解清单，街道品质社区建设领导小组办公室常态化开展实地调研指导，规范设置台账模板31份，根据季度评估结果分析报告指导社区完成问题整改。结合疫情防控、安全维稳，落实包楼包片、民情日记等工作机制，建立社区民警、物业保安、志愿者等共同组成的社区群防群治队伍，充分发挥地区社会组织资源链接、专业服务优势，凝聚各方共建合力，提升社区服务管理水平。街道社会心理服务中心疫情期间面向居民开展公益直播93场，受益人群达15329人次。发挥社区党委核心领导作用，号召楼门组长、社区党员、"老街坊"志愿者共同参与家园建设，开展金二区"同心圆"、金三区"金管家"等17个社区特色项目建设，结合群众需求丰富活动内容，基本形成"一居一品"社区特色文化风貌。金铸阳光苑小区3个单元被列入石景山区楼门治理示范点。

（梅　楠）

【垃圾分类】 年内，金顶街街道确立垃圾分类迎检工作机制，确保居住小区四类垃圾合同签订、台账清晰，确保地区餐饮企业签订餐厨垃圾收运合同，签订率100%。街道级大件垃圾中转站1处、再生资源分拣中转站1处、民生实事分类驿站9座，在34个居住小区全部设置大件垃圾、装修垃圾暂存点、可回收物交投点。继续推进撤桶并站，现有分类收集桶站390组，桶站设置合格率达到100%。规范物业大件垃圾暂存点设置，对大件垃圾暂存点按照物品类别进行分区管理，督促物业及时清运大件垃圾及装修垃圾。梧桐园、模北小区获得2022年第一批垃圾分类示范小区称号。全年"桶前值守"累计参与10.5万余人次，发放垃圾分类手册、指南等各类宣传材料1万余份。

（梅　楠）

【老旧小区整治】 年内，金顶街街道坚持"规划引领、以民为本、因地制宜"的工作理念，完成辖区老旧小区综合改造意见征询，符合政策要求的18个小区全部完成审批。金四区教工楼历时1年完成各项准备工作，成为历年改造项目中开工最快的小区，并探索创新"以党建引领为根本点、以改善民生为出发点、以系统实施为支撑点、以高效统筹为聚力点"的"四点工作法"在全区通报推广。结合老旧小区改造批量推进老楼加梯，年度完成立项22个，完工项目1个，在全区9个街道中排名第一。金顶街五区环境改造提升工程和小微城市公共空间改造提升项目完工验收。

（梅　楠）

【生态环境保护】 年内，金顶街街道落实环境保护"党政同责、一岗双责"，坚持环保工作月调度，制定《金顶街街道空气质量保障工作方案》，持续推进大气、水、土壤等污染防治工作取得实效。强化施工扬尘精细化管控，对辖区内各类施工工地、拆迁拆违、线性工程、"小微工程"等建立扬尘管控台账，按月开展全覆盖检查，累计出动执法力量675人次、开展各类检查1948次，地区$PM_{2.5}$平均浓度为27微克/立方米，全区排名第二。落实河湖管理保护属地责任，排查春季围垦现象，开展河湖岸线专项整治、"五一"假日安全文明游河等专项行动，河长、巡河员累计巡河321人次，巡河里程总计691公里。强化街道绿化管理职责，建立健全林长制"一长两员"组织架构与监督管理办法，完成设置绿地宣传牌19套、湿地宣传牌17套、古树名木宣传牌65套，推动林木绿地管护责任全面落实。

（梅　楠）

【推进成立业委会】 年内，金顶街街道贯彻落实《北京市物业管理条例》，推进物管会、业委会成立。金三区、西福村科研院、模中里、模南里、金四区教工楼6个小区成功组建业委会，业委会（物管会）组建率达96.88%，其中业委会占比19.35%。组建过程中邀请专业机构及律师参加，对社区在推进业委会和物管会成立工作中的难点问题及时研讨解决。邀请物业专家为业委会履职培训和答疑解惑。

（梅　楠）

【民生保障】 年内，金顶街街道完成地区低保、残疾等困难群体摸排，建档立册，实施动态管理。为884户享受低保待遇家庭发放低保金220余万元，实施医疗救助2634人次，发放医疗救助金280余万元。规范有序开展社会保障经办业务，完成公租房、市场租补贴新申请家庭审核上报454户，配合区住建委完成287户家庭的公租房选房配租工作。开展失业人员精准帮扶，挖掘辖区就业岗位188个，累积为428名求职人员提供职业指导。加大辖区困难退役军人摸排力度，建立帮扶台账，稳妥有序推进退役军人优待证申领，全年完成申请2100余人。

（梅　楠）

【养老服务】 年内,金顶街街道为60以上重度失能老人发放重度失能护理补贴共计758.55万元;80以上老人发放高龄津贴共计541.4万元。依托首华物业公司服务资源,打造金顶街街道"物业+养老服务"的试点养老驿站项目,12月完成备案并投入运营。做好区"养防救"智慧养老安全应急服务试点项目宣传与推广,有效保障基本养老服务对象的出行安全和居家安全。

(梅 楠)

【社区政务服务规范化建设】 年内,金顶街街道完成辖区17个社区政务服务规范化建设全覆盖工作。社区服务站实行"综合窗口"服务模式,统一事项标准,实施全能社工制度,提供咨询、协助办理业务等综合服务。服务实行承诺、首问负责、一次性告知、帮办代办、监督评价等基本工作制度,让群众就近享受优质高效的政务服务,全面提升群众办事便捷度和满意度。

(梅 楠)

【疫苗接种】 年内,金顶街街道以80岁以上老年人为接种重点,以微信、短信、电话等方式点对点促接,提供车辆接送、入户、社区卫生中心接种等多种接种服务,累计组织接种22732人次。其中,第一针接种5603人(其中60岁以上4288人,80岁以上1144人);第二针接种5100人(其中60岁以上3659人,80岁以上1037人);第三针接种12029人(其中60岁以上4437人,80岁以上474人)。

(梅 楠)

【无障碍环境建设】 年内,金顶街街道完成金一区、金二区、金五区无障碍坡道改造,完成枫景园地库电梯,模式口南里23栋台阶无障碍,金二区3号楼地下通道无障碍改造,打造一刻钟无障碍便民服务圈,共计投入经费84万余元。

(梅 楠)

【社会治安综合治理】 年内,金顶街街道开展校园周边环境整治、商办类楼宇专项整治暨"安净"行动、扫黄打非等专项行动,全方位开展禁毒铲毒工作,落实吸毒人员管控、禁种铲毒线索收集。围绕防范化解金融风险,创新举办"金融防诈平安行 同心抗疫守家园"主题宣传活动,成功创建1个"无非法集资社区";深化"预付式消费信用监管和服务平台"推广应用,督促地区64家预付费企业上线,推动辖区商户和消费者金融权益得到有效保障。强化智慧平安小区建设,推动视频监控系统等智能化设备在社会治安领域的深度应用。抓好社区防灾减灾示范社区创建和复评工作,重点对辖区地下空间开展多轮次联合检查,发现问题责令整改,督促推进地下空间的巡逻管控和人员腾退工作,共清退58人。开展区域安全风险评估,对辨识出的29类66种安全风险、531处点位风险进行综合分析,建立风险动态管控机制,优化和完善安全风险管控和隐患排查治理双重预防机制,使地区安全工作从"事后应急"向"事前预警、事中防控"转变,531处风险点位均整改到位。

(梅 楠)

【安全生产】 年内,金顶街街道开展安全生产专项整治三年行动,对辖区内建筑工地、沿街商户等重点区域开展全面检查,累计出动9102人次,检查单位4551家次,下达责改文书1309份,发现隐患1372项,整改率100%。推进辖区213家企业参与安责险投保,完成率106.5%(年初任务200家,当年完成213家)。统筹开展"两道"(消防通道+疏散通道)治理和平房区消隐,共打通消防车道14条,新建电动车棚9处,新增充电桩104个,为居民更换、检修灭火器2600余个,完成"两节"禁放、森林防火工作。持续做好自建房安全专项整治系统台账动态管理,筑牢自建房领域安全防线,保障人民群众生命财产安全。

(梅 楠)

广宁街道

【概况】 广宁街道位于石景山区西部,永定河畔,境内东部是四平山、红光山连麓形成的山地,与金顶街街道接壤;西部是永定河及麻峪工贸公司企业用地,与门头沟区相邻;北部是大唐国际北京高井热电厂的工业区及住宅区,与五里坨街道相接;南部为永定河大堤,与古城街道为邻。辖区面积6.11平方千米,常住人口6756户14684人,其中外来人口7026人。广宁村、麻峪村、柳林庄、电务三段及高井路两侧是境内5个主要居民住宅区域,并以此为主形成麻峪、麻峪北、高井路、新立街、东山5个社区。辖区有1所中学、1所小学,社区卫生服务中心1个。广宁地区是北京市电力和供热主要生产基地之一,西北热电中心是北京市最大的燃气热电中心。寿山福海养老服务中心是由恒坤投资集团有限公司与麻峪工贸中心合资兴建的北京市五星级养老服务机构。年内,广宁街道作为冬奥服务保障的重点区域,落实习近平总书记推进"三亿人上冰雪"的要求,以冬奥特色环境设施改造聚焦冬奥主题,以冰雪特色文体活动打造特色品牌,以发动共治共享推进治理创新,建成全国唯一被北京冬奥组委授牌的"冬奥社区"。街道被评为北京冬奥会、冬残奥会突出贡献先进集体。冬奥社区、电厂路小学入选《北京2022年冬奥会和冬残奥会遗产案例报告集(2022)》。

(王 虹)

【冬奥社区提升工程】 2月1日,冬奥社区街区提升工程完工。工程包括冬奥社区文化健身广场、冬奥社区综合文化中心、冬奥社区健身步道等29项工程,投资约1.6亿元。2019年开工建设。

(王 虹)

【冬奥会和冬残奥会期间服务保障】 2月4日至3月14日期间,广宁街道在冬奥社区文化健身广场全程转播开、闭幕式及赛事情况,并于转播间隙开展群众性文艺表演81场,央视开幕式连线观众直播活动和4场赛事转播,参与观众1万余人;"手绘灯笼、助力冬奥""非遗剪纸秀冬奥""冰雪嘉年华"等活动在冬奥社区开展,1070余名"老街坊"参与到志愿服务。广宁街道被评为北京冬奥会、冬残奥会突出贡献先进集体。

(王 虹)

2月25日，广宁商会慰问广宁街道社区冬奥服务保障一线工作人员
（广宁街道供图）

【入选冬奥社会遗产案例】 2月11日，《北京2022年冬奥会和冬残奥会遗产案例报告集（2022）》发布，广宁街道高井路冬奥社区、电厂路小学入选北京冬奥会社会遗产案例。自北京携手张家口获得举办2022冬奥会主办权以来，电厂路小学将冰雪运动纳入学校日常教育教学工作，探索“冰雪运动旱地化”方式，打破场地限制，达到全部学生参与冰雪运动的目标，先后获得奥林匹克教育示范学校、全国青少年冰雪运动特色学校称号。高井路冬奥社区，通过建设“冬奥社区文化健身广场”、搭建“冬奥社区冰雪运动基地”不断扩大社区公共活动空间，开展社区冰雪文化活动，增添居民欢乐冰雪体验，修复高井沟生态、提升河道景观，提高居民生活品质。

（王　虹）

【消防安全】 年内，广宁街道对麻峪平房区出租屋开展消防安全隐患检查，检查出租院739户，出租房间1406间，清除液化气罐70个，清理违规停放电动车219辆，清理可燃物59吨，更换配置灭火器58具。召开出租房主消防安全培训大会，完成626个电动自行车端口安装和改造。开展“燃气安全专项检查”，完成辖区29户非居民液化气瓶销账工作，完成居民液化石油气更换安全设备前期工作，整改燃气隐患3处。

（王　虹）

【环境整治】 年内，广宁街道完成约30万平方米的公共空间环境提升与老旧小区有机更新，完善居民休闲健身设施。联合区供电公司对高井新村超负荷电力进行增容，解决高井新村居民“用电难”问题。完成首环办销账问题案件114个整改任务。投资700余万元，修补破损路面200余处，施划停车位500个，改造无障碍设施50余处。4月26日，高井路冬奥社区入选北京市城市更新优秀案例。

（王　虹）

【新冠肺炎疫情防控】 年内，广宁街道排查23933人次、落位管控5943人，自行摸排落地3785人。全年开展区域性核酸17轮，每轮核酸量168000余人次，多频次区域核酸检测率及送检率均在当日12时前达到100%。自核酸常态化以来，开放4个核酸点10条采样通道，每月平均采集20.5万人次。截至12月底，广宁街道60岁以上老年人底数为3276人，区内接种人数为3299人，接种率达到100.7%。

（王　虹）

【落实河长制】 年内，广宁街道河长累计巡河385人次，巡河里程994公里，处理河湖长制综合信息管理系统案件40件，开展春季清河行动，解决排污口跑冒滴漏问题8处。全年执法检查、巡查共计2000人次。开展环境卫生大扫除，出动保洁员2000人次，洒水降湿120万平方米。完成嘉事京西子站周边56000余平方米铲除杂草、清运垃圾渣土等工作，对养犬基地、石材市场加油站北侧、红电支渠等辖区部分裸地20000余平方米进行绿化、硬化。

（王　虹）

【民生保障】 年内，广宁街道发放失业金、低保各类救助、丧葬费、养老账户一次性清算、交通补贴、区灵活就业保险收缴等共计约1.6万余人次，累计500余万元。疫情期间服务中心开展独居老人基础养老服务工作，建档140人并开展服务，上门巡视探访454人次。“两节”“全国助残日”期间走访慰问地区残疾人1114人次。

（王　虹）

【安全生产】 年内，广宁街道召开地区安全生产大会、各项工作部署会10余次，对辖区内人员密集场所、加油站、施工工地等单位重点加强检查，共检查、复查单位1162家次，覆盖率100%，发现隐患684处，下发限期责改单288份，消除隐患669处，开展各类安全宣传活动100余次。

（王　虹）

【汛期安全】 年内，广宁街道汛前投入资金约20万元，开展2次防汛设备培训，发放膨胀麻袋3000余个，清掏雨箅子100多处，清理淤泥等垃圾70余车。参与防汛抢险工作600余人次，出动抽水车20台次。7至8月处理“12345”雨情类案件25起，解决排污口跑冒滴漏问题10余处。

（王　虹）

【林长制工作】 年内，广宁街道组建11人的护林员队伍，发放宣传折页10000份，开展植树节、森林日、环境保护日等主题活动，创建森林城市宣传工作知晓率达到92%，支持率达到98%，满意率达到98%。完成森林社区（六千四小区）及森林单位（寿山福海养老院）景观提升工程。

（王　虹）

【接诉即办】 年内，广宁街道接诉即办实际受理工单2015件,其中市派工单1084件,区派工单931件,全年综合成绩全区排名第二,其中10月份满分,市排名第一。

(王　虹)

五里坨街道

【概况】　五里坨街道位于石景山区西北部,与海淀、门头沟接壤,因境内小青山距模式口、麻峪、三家店均为五里路程而得名五里坨。面积21.5平方千米(山区、浅山区、平原各占1/3)。常住人口约6万人,其中户籍人口约3万人。驻军团级以上部队16个,驻辖区企事业单位431家,其中级别较高、规模较大的驻军和单位有陆军总部机关、北京工业职业技术学院等。街道下辖17个社区,社区干部210人。党工委下辖20个基层党组织,党员3148名。其中社区党委10个、党总支4个、党支部3个。年内,五里坨街道坚持以习近平新时代中国特色社会主义思想为指导,深入学习贯彻党的二十大精神,坚决贯彻中央、市委区委决策部署,深入实施城市更新和产业转型发展战略,全力保障重大节日和重要活动,统筹抓好疫情防控和经济发展,不断将全面从严治党引向深入,服务保障冬奥举办圆满成功,疫情防控有效遏制,民生保障持续改善,社会环境安定有序,各项社会事业取得新进展新成效。

(韩艳玲)

【意识形态】　年内,五里坨街道强化新时代文明实践站(所)红色阵地属性,开展"宣传宣讲党的政策""学习实践科学理论""培育践行主流价值""丰富活跃文化生活""持续深入移风易俗"5类活动,充分发挥思想引领、道德教化、文明洗礼、文化熏陶的作用。发挥门户、网站、政务微信等宣传阵地作用,宣传报道各类新闻288次,微信公众号推送信息1110条,处置网络舆情25条。

(韩艳玲)

【基层党建】　年内,五里坨街道制定街道基层党建任务清单和基层党建述职工作方案,召开党建工作会和党建述职会。吸纳11名积极分子确定为党员发展对象。开展困难党员帮扶慰问,走访慰问地区420名困难党员。深入开展主题团日、志愿服务活动,做好建团100周年北京市先进组织和先进个人评选表彰、奖学金申请、青联委员推选等工作,不断激发基层群团组织活力。

(韩艳玲)

【基层治理】　年内,五里坨街道凝聚"两新"力量,助力各项重点任务,做好非公企业摸排、更新流动党员台账等工作。组织"暖心暖情 助力创城——快递小哥在行动"主题活动,引导快递企业用实际行动关注地区发展,带动新就业群体融入基层治理格局。落实"吹哨报到"机制,全年围绕重大任务、综合执法、应急处置吹哨64次,有效解决问题58件次。组织7次"社区吹哨我报到、文明创建我先行"集中活动,约3200人次参加活动。

(韩艳玲)

【文明城区创建】　年内,五里坨街道采取"自行清、集中清、回头看"三步走,开展32次清理整治社区(小区)违法行为和不文明行为专项行动,出动车辆60余台,清理大件垃圾900余立方米,清理小广告10073处、堆物堆料5177处。严格落实区委生态环境保护督查整改、卫生街道创建等重点任务,完成市级创城测评台账整改50余个,区级创城测评台账整改3500余个,其他各类创城测评台账整改200余个,开展多次辖区实地拉练行动,以点带面完成整改工作。

(韩艳玲)

【统筹疫情与经济发展】　年内,五里坨街道坚决落实中央、市区疫情防控指示精神,因时因势调整优化疫情防控措施,持续抓好疫情防控工作不松懈。全年开展区域性全员核酸检测39轮,封控生活小区3个、楼门单元70余个,完成追阳风险核酸排查1542人。广泛动员地区高校、集体经济组织等社会单位参与疫苗促接工作,利用接种固定点、社区轻骑兵、上门送服务等多种方式,全力提升地区疫苗接种率,60岁及以上老年人第一针接种率达91.59%,位列全区第三;80岁及以上老年人第一针及全程接种两项均位全区第一。同时开展招商引资,不断优化营商环境,完成宏天广场升级改造,金海洋商业圈顺利开业,引进麦当劳、肯德基、家乐福等商业品牌,激发西部消费圈经济活力。加大助企纾困力度,结对联系重点企业6家,深入一线走访调研,建立企业用工台账,摸排空岗信息502个,开展企业用工缺口精细填补和劳动力

9月9日,五里坨街道举行"迎中秋京剧演唱会"　(五里坨街道供图)

资源储备,成功推荐137人上岗,协助4家企业解决用工难题,助力地区经济发展。

(韩艳玲)

【便民服务】 年内,五里坨街道结合地区公服配套设施相对缺乏,面临吃菜难、出行难等问题,协调区商务局等区属部门引进物美便利超市1家、便民直通车6辆。强化就业服务,社区配备就业服务专员,建立就业服务专业队伍,做好失业人员摸查统计,办理失业登记589人,就业登记589人,15个社区均达到充分就业社区创建标准,创建率100%。设立服务中央单位和驻京部队窗口,明确政务保障、环境整治、安全维稳、生活协助等28项服务事项进大厅,为辖区部队办理基础设施建设、核酸检测点设置、开展部队网络安全、舆情管理专题培训等需求事项7项,需求解决率达成100%,收到部队感谢信1封。

(韩艳玲)

【城市容貌综合治理】 年内,五里坨街道深入落实北京城市总体规划、分区规划和五里坨—广宁地区控规,打造高品质城市空间。开展"疏整促"专项行动,完成黑石头沟三角地综合治理项目和京西景园社区、天翠阳光第二社区2项便民工程;实地勘验图斑点位5000余处,通过基本无违法建设区复评。紧抓城市更新机遇,推进老旧小区更新改造,黑石头现代生活厂外小区项目完工,加装老楼电梯5部,惠及342户855人。推进城市精细治理,抓好两个"关键小事",开展绿色社区和物业管理考评工作,新建垃圾分类驿站4座,完成2个小区垃圾分类示范区创建。结合创城指标任务体系,推进环境综合整治提升行动和"品质社区"创建,清理各类垃圾10.4吨,处理孳生地325处,治理裸地地块1127处,做好84条背街小巷清洁管理。

(韩艳玲)

【生态环境建设】 年内,五里坨街道实施森林单位景观提升工程,组织创森主题宣传活动,做好危死树摸底排查、巡林护林工作。深化大气污染防治,针对道路积尘、空中扬尘、裸露土地等,通过洒水冲洗、喷雾降尘、执法检查、裸地苫盖作业,打好蓝天保卫战。落实"两长制"责任,常态化开展巡河护河,全年累计上报各类问题50余起,开展非法排污问题联合执法检查4次,处理整治翡翠山晓污水溢流、西山机械厂非法排污等问题3个,清退违法占用河道总面积100平方米;主要领导带队开展巡林护林24次,各社区林长保持每周1次常态化巡林,发现整改问题37件。

(韩艳玲)

【保障重要节日重大活动】 年内,五里坨街道紧盯"两节"、冬奥会、全国"两会"、服贸会、疫情防控、党的二十大等重要敏感时期,加强重点人、重点事、重点区域的摸排管控,加大老旧小区和平房区出租房消防安全整治力度,开展联合检查30次,发动地区"老街坊"志愿者、楼门长等群防群治力量,15个社区成立冬奥先锋党支部,发挥党员模范带头作用,积极参与到社会面防控和服务保障工作中。

(韩艳玲)

【安全生产】 年内,五里坨街道结合党的二十大、市委市政府安全生产督查等任务,实施平房区出租房、仓储库房场所、社会面火灾防控、电动自行车"飞线充电"、住宅小区消防通道等安全隐患排查专项行动,开展消防安全大检查集中攻坚专项行动,检查5673家次,发现、整改隐患1264项,检查覆盖率、隐患整改率均为100%。

(韩艳玲)

【化解矛盾纠纷】 年内,五里坨街道坚持排查、稳控、化解联动推进,持续推动信访积案化解,共受理信访案件48批65人次。深化法治建设,制定"五里坨街道社区矫正委员会工作方案",成立街道社区矫正委员会,加强13名在册社区矫正人员管理,落实"双列管"制度,定期对辖区内27名安置帮教在册人员进行走访教育。人民调解成功案例171例,成功率95%。注重抓早、抓小、抓苗头,加强普法宣传,开展未成年人保护、农民工权益保障、妇女权益保障、民法典等专题法治宣传活动,提高群众法治意识。

(韩艳玲)

【接诉即办】 年内,五里坨街道热线专班牵头,由区、街道、社区三级业务骨干组建办单专班,每周召开1至2次工作例会分析研判热线办理情况,实时掌握工作近况,建立重复致电人、高频诉求台账,按照"一般工单立即响应、快速解决,重点问题集中研讨、统筹办理,疑难问题专题研判、吹哨办理思路",落实"三见面"工作机制,及时跟进督办领导批示、舆情反馈类等工单问题,全年接诉即办接5794件,响应率99.72%、解决率96.90%、满意率96.66%。解决东街居民吃水难、排水难,浅山区居民出行难、部分居民用气难等长期困扰的"急难愁盼"问题130余件,收到各类锦旗、感谢信等10面(封),取得区派、绩效考核两个全区第一的好成绩。其中解决东街居民吃水难问题在北京电视台接诉即办栏目播放。

(韩艳玲)

【社区治理】 年内,五里坨街道招录社工39名,组织新入职社工岗前培训,开展"争做最美社工 强国复兴有我"第二届社工演讲比赛,加强社工队伍建设,同时做好疫情期间一线工作人员关心慰问。建立党委领导、政府负责、公众参与、社会协同的工作格局,逐渐扩大"红纽扣"军嫂志愿服务队品牌效应,组织社区开展智慧助老、环境保护、法律援助等100余次学雷锋志愿服务活动,带动地区志愿者参与社区治理。强化社会组织服务,开展心理咨询、公共文化等服务项目,组织公共文化活动680余场,受益群众约12.3万人次。

(韩艳玲)

石景山区街道工委、办事处负责人

八宝山街道
工委书记　宁慧娟(女,3月免)
　　　　　冯雅男(3月任)
办事处主任　赵　阳

鲁谷街道
工委书记　苏文颖
办事处主任　靳　晶(女)

老山街道
工委书记　郝显军(蒙古族)
办事处主任　杨育忠

古城街道
工委书记　刘吉新
办事处主任　李　晨

八角街道
工委书记　高春玲(女,6月免)
　　　　　崔　乐(6月任)
办事处主任　岳　赞

苹果园街道
工委书记　梁学刚
办事处主任　王　懿

金顶街街道
工委书记　马　斌
办事处主任　李　宁(女)

广宁街道
工委书记　张洪江(3月免)
　　　　　王亚迅(3月任)
办事处主任　杨纪锋

五里坨街道
工委书记　王国利
办事处主任　齐　升

统计资料

表 11

石景山区主要经济指标完成情况

（2017 年—2022 年）

项 目	单 位	2017 年	2018 年	2019 年	2020 年	2021 年	2022 年
一、地区生产总值							
地区生产总值	亿元	667.3	748.8	808.0	862.6	980.4	1000.2
第二产业	亿元	114.4	124.0	133.1	140.1	153.8	132.5
第三产业	亿元	552.9	624.8	674.8	722.4	826.6	867.7
第三产业增加值占地区生产总值比重	%	82.9	83.4	83.5	83.8	84.3	86.7
二、土地与人口							
土地面积	平方公里	85.7	85.7	85.7	85.7	85.7	85.7
常住人口	万人	61.2	59.0	57.0	56.8	56.6	56.3
户籍人口	万人	38.2	38.6	39.0	38.9	39.0	39.3
人口密度（常住人口/土地面积）	人/平方公里	7137.0	6881.0	6648.0	6625.0	6601.0	6566.4
三、全社会固定资产投资							
全社会固定资产投资增速	%	20.1	1.1	6.1	20.8	17.0	7.3
#房地产开发投资增速	%	32.2	-30.2	57.2	36.6	6.7	3.0
房屋建筑施工面积	万平方米	383.1	346.5	382.3	46.7	540.5	532.6
房屋建筑竣工面积	万平方米	61.1	19.2	24.3	229.2	66.1	55.3
#住宅面积	万平方米	13.1				23.6	27.7
四、社会消费品零售总额							
社会消费品零售总额	亿元	400.1	416.3	435.7	399.5	439.9	393.0
五、财政							
财政收入总计	亿元	106.5	112.3	113.0	185.8	187.4	207.2
财政支出总计	亿元	182.3	177.7	206.7	267.6	253.8	282.4
六、劳动工资							
非私营法人单位从业人员期末人数	人	199133	204078	207861	206404	202696	193824
非私营法人单位在岗职工平均工资	元	127794	148532	182472	196796	210095	222967
七、文化、卫生、体育							

续表

项　　目	单　位	2017 年	2018 年	2019 年	2020 年	2021 年	2022 年
图书馆藏书	万册	113.0	104.0	107.5	109.4	117.9	122.5
文物保护单位	个	36	36	36	36	36	36
卫生技术人员	人	8774	9036	9371	9466	9564	9653
医疗病床	张	5250	5276	5363	5373	5320	5554
每千常住人口拥有医生	人	5.4	5.8	6.0	6.0	6.3	6.5
每千常住人口拥有床位	张	8.6	8.9	9.4	9.5	9.4	9.9
中小学在校学生	人	34100	33942	35038	36398	38022	39361
八、居民生活							
居民人均可支配收入	元	66112	71244	76990	78656	84666	86994
居民人均消费支出	元	40767	43286	45904	40096	44789	44837

注：根据北京市统计局反馈结果，依据石景山区 2018 年第四次全国经济普查结果，对本区 2005—2018 年地区生产总值进行历史数据调整。

注：医疗病床为实有床位。

附　录

中共北京市石景山区委主要文件目录

中共北京市石景山区委文件

京石发〔2022〕6号	4月6日中共北京市石景山区委印发《关于贯彻落实〈中国共产党统一战线工作条例〉的工作措施》的通知
京石发〔2022〕7号	4月14日中共北京市石景山区委关于印发《中共北京市石景山区委常委会及常委班子成员职责清单》的通知
京石发〔2022〕8号	4月24日中共北京市石景山区委 北京市石景山区人民政府关于向北京冬奥会、冬残奥会先进集体和先进个人学习的通知
京石发〔2022〕9号	5月19日中共北京市石景山区委 北京市石景山区人民政府中共首钢集团有限公司委员会 首钢集团有限公司 关于印发《贯彻落实〈深入打造新时代首都城市复兴新地标 加快推动京西地区 转型发展行动计划(2022—2025年)〉2022年工作方案》的通知
京石发〔2022〕10号	7月23日中共北京市石景山区委印发《中共北京市石景山区委常委会关于落实“三重一大”决策制度的实施办法》的通知
京石发〔2022〕11号	7月29日中共北京市石景山区委关于印发《中国共产党北京市石景山区委员会 工作规则》的通知
京石发〔2022〕16号	9月29日中共北京市石景山区委 北京市石景山区人民政府 印发《关于加强基层治理体系和治理能力现代化建设的实施方案》的通知
京石发〔2022〕17号	10月13日中共北京市石景山区委 印发《石景山区关于加强对“一把手”和领导班子监督的实施方案》的通知
京石发〔2022〕18号	11月3日中共北京市石景山区委 北京市石景山区人民政府 印发《石景山区关于深化医疗保障制度改革的任务分工方案》的通知
京石发〔2022〕19号	11月10日中共北京市石景山区委印发《关于认真学习宣传贯彻党的二十大精神的实施方案》的通知

中共北京市石景山区委办公室文件

京石办发〔2022〕1号	1月6日中共北京市石景山区委办公室关于印发《中国共产党北京市石景山区第十三次代表大会工作报告 主要任务分解》的通知
京石办发〔2022〕2号	2月11日中共北京市石景山区委办公室关于 印发《区委常委会2022年议题计划》的通知
京石办发〔2022〕3号	2月14日中共北京市石景山区委办公室关于 印发《石景山区落实〈北京市党史和地方志工作规划(2021—2025年)〉工作方案》的通知
京石办发〔2022〕4号	2月14日中共北京市石景山区委办公室 北京市石景山区人民政府办公室 关于转发区委区政府研究室《石景山区2022年调研工作计划》和《石景山区2022年重点协作调研课题安排》的通知
京石办发〔2022〕7号	7月29日中共北京市石景山区委办公室 北京市石景山区人民政府办公室 转发区双拥办《关于认真做好2022年“八一”期间拥军优属拥政爱民工作的通知》的通知
京石办发〔2022〕8号	7月29日中共北京市石景山区委办公室印发《关于实施“品质先锋”工程提升基层党组织建设质量的意见》的通知

京石办发〔2022〕9号 8月8日中共北京市石景山区委办公室印发《关于推动党史学习教育常态化长效化的实施方案》的通知

京石办发〔2022〕10号 9月13日中共北京市石景山区委办公室 北京市石景山区人民政府办公室 关于印发《石景山区议事协调机构管理办法(试行)》的通知

京石办发〔2022〕11号 9月19日中共北京市石景山区委办公室 印发《关于加强和改进新时代区政协工作的实施方案》的通知

北京市石景山区人民政府主要文件目录

北京市石景山区人民政府文件

石政发〔2022〕1号 北京市石景山区人民政府关于印发2022年折子工程的通知

石政发〔2022〕2号 北京市石景山区人民政府关于公布行政规范性文件清理结果的通知

石政发〔2022〕3号 北京市石景山区人民政府关于印发《石景山区统筹疫情防控和稳定经济增长的实施方案》的通知

石政发〔2022〕4号 北京市石景山区人民政府关于印发《石景山区突发事件总体应急预案(2022年修订)》的通知

石政发〔2022〕5号 北京市石景山区人民政府关于印发《北京市石景山区政府领导干部安全生产职责清单》的通知

石政发〔2022〕6号 北京市石景山区人民政府关于印发《石景山区便民工程管理办法》的通知

石政发〔2022〕7号 石景山区人民政府、市科委、中关村管委会、市经济和信息化局印发《关于推进石景山区互联网3.0产业发展工作方案(2023—2025年)》的通知

北京市石景山区人民政府办公室文件

石政办发〔2022〕1号 北京市石景山区人民政府办公室关于印发《石景山区2022年重要民生实事分工方案》的通知

石政办发〔2022〕2号 北京市石景山区人民政府办公室关于印发《石景山区深入打好污染防治攻坚战2022年行动计划》的通知

石政办发〔2022〕3号 北京市石景山区人民政府办公室关于印发《石景山区推进知识产权示范区建设实施方案(2022—2024年)》的通知

石政办发〔2022〕4号 北京市石景山区人民政府办公室关于印发《石景山区继续加大中小微企业帮扶力度加快困难企业恢复发展若干措施》的通知

石政办发〔2022〕5号 北京市石景山区人民政府办公室关于印发《石景山区落实〈北京市全民科学素质行动规划纲要〉实施方案(2021—2025年)》的通知

石政办发〔2022〕6号 北京市石景山区人民政府办公室关于印发《石景山区推进国际科技创新中心建设加快创新发展支持办法》的通知

石政办发〔2022〕7号 北京市石景山区人民政府办公室关于做好住户调查大样本轮换工作的通知

石政办发〔2022〕8号 北京市石景山区人民政府办公室关于印发《北京市石景山区推进医疗保障基金监管制度体系改革的实施方案》的通知

石政办发〔2022〕9号 北京市石景山区人民政府办公室关于印发《石景山区自建房安全专项整治工作方案》的通知

石政办发〔2022〕10号 北京市石景山区人民政府办公室关于印发《石景山区推进国家知识产权强市建设试点城市工作方案》的通知

石政办发〔2022〕11号 北京市石景山区人民政府办公室关于印发《石景山区进一步落实〈北京市中小学幼儿园安全管理规定(试行)〉的实施方案》的通知

石政办发〔2022〕12号 北京市石景山区人民政府办公室关于印发《石景山区关于全面实行行政许可事项清单管理的实施方案》的通知

石政办发〔2022〕13号 北京市石景山区人民政府办公室关于印发《石景山区街道系统稳企招商服务工作方案(暂行)》的通知

石政办发〔2022〕14号 北京市石景山区人民政府办公室关于印发《石景山区统筹推进“十四五”时期国际科技创新中心建设工作方案》的通知

区域文化设施名录

全国重点文物保护单位名录

单位名称	地址	电话
法海寺	模式口大街48号	88749278－809
承恩寺	模式口大街20号	88724148
八宝山革命公墓	石景山路9号	88259709

北京市文物保护单位名录

单位名称	地址	电话
长安寺	八大处路3号	88964661
灵光寺	八大处路3号	88964661
三山庵	八大处路3号	88964661
大悲寺	八大处路3号	88964661
龙泉庵	八大处路3号	88964661
香界寺	八大处路3号平坡山	88964661
宝珠洞	八大处路3号平坡山山顶	88964661
证果寺	八大处路3号卢师山	88964661
慈善寺	五里坨街道潭峪路天泰山	88905988
冰川馆	模式口大街28号	88722585
田义墓	模式口大街80号	88724148
老山汉墓	老山驾校教练场东南侧	64033516－8038
显应寺	西黄村	88701190
北惠济庙雍正御制碑及碑亭	石景山路68号首钢园区内	88297552－206

石景山区文物保护单位名录

单位名称	地址	电话
崇兴庵	鲁谷路南远洋小区内	88724148
龙泉寺	模式口大街北法海寺西100米	88749279－809
双泉寺	双泉寺村	88960590
礼王府	金顶山路33号	51028600
万善桥	黑陈路南	88701190
隆恩寺第四纪冰川擦痕	五里坨街道隆恩寺路工程兵部队	88902466
福田公墓	田村路福田寺113号	88962197
贤良寺塔院	八大处长安寺南500米	88701190
石景山古井	石景山南侧	88297552－206
石景山古建群元君庙	石景山南侧	88297552－206
八大处冰川漂砾	八大处公园五处龙泉庵	88964661
四柏一孔桥	模式口大街中路北300米	88749279－809
瑞王坟碑亭	西山枫林14号楼东南200米	68872844
兴隆寺	五里坨街道石门路小青山	88902166
翠云庵	高井村100号	88902166
崇国寺塔	老山街道上庄大街18号	88701190
龙王庙	五里坨街道黑石头路上石府村	88701190
模式口76号院	金顶街街道模式口大街76号	88711860
五里坨民居	五里坨街道五里坨后街3－7号	88795053

公证服务机构

公证处名录

单位名称	地址	电话
北京市燕京公证处	杨庄东路66号	88915322　68834410　68875084

法律服务所名录

单位名称	地址	电话
北京市石景山区八宝山街道法律服务所	八角西街61号院222室	13911506990
北京市石景山区八角街道法律服务所	中关村科技园5号楼6层	13501293959
北京市石景山区古城街道法律服务所	杨庄大街69号1212号	13321191098

公安分局派出所

单位名称	地址	电话
八宝山派出所	永乐小区甲66号	68668751
鲁谷派出所	依翠园甲16号	88682186
老山派出所	老山西里甲35号	88971590
八角派出所	八角北路甲38号	68875652
古城派出所	老古城北后道甲1号	68872373
苹果园派出所	实兴大街甲1号	68836781　68872303
金顶街派出所	金顶街五区3栋	88732328
模式口派出所	模式口南里甲1号	68875574
广宁派出所	广宁路3号	88992177
五里坨派出所	五里坨黑石头路1号	88952410
石景山路派出所	古城东街12号	68875350
八大处派出所	八大处公园内	88964250
高井派出所	高井甲32号	66384471
四平台派出所	八大处甲1号	88963060

街道社区居委会

八宝山街道

街道名称	地址	电话
三山园社区	永乐东区84楼东侧平房	68657086
四季园社区	永乐东区57楼前白楼	68681076
永东南社区	永乐东区32楼南平房	68684695
永东北社区	永乐东小区7号楼前平房院	68658546
鲁谷住宅社区	鲁谷村7号楼1层东侧	68636654
瑞达社区	瑞达社区院北11号楼北侧一层	68689014
情报所社区	鲁谷74号院北院26号楼北侧二层	88686047
玉泉路西社区	玉泉路甲65号院平房	88682712

中铁建社区	八宝山南路 29 号院食堂一层 二通厂东门外青年楼 2 号楼东侧	51885679
玉泉西里西社区	玉泉西里二区 7-3-106	88685338
玉泉西里中社区	玉泉西里二区 29 号楼一层	88609638
玉泉西里北社区	玉泉西里二区 1 号楼一层	88680676
玉泉西里南社区	玉泉西里二区 30 号楼 3 单元	88608457
沁山水南社区	玉泉西里一区 26 号楼三层 302	68645680
沁山水北社区	玉泉西里一区 2 号楼一层 106	88687020

鲁谷街道

街道名称	地址	电话
依翠园南社区	鲁谷依翠园 13 号楼底商	68624224
依翠园北社区	鲁谷路市运八场 3 号楼南平房	68663737
双锦园社区	鲁谷永乐西区 3 楼东侧	68636674
五芳园社区	鲁谷南路 5 号	68620956
六合园南社区	鲁谷六合园 20 号楼南平房	68625271
六合园北社区	鲁谷六合园 12 号楼北侧平房	68626880
七星园南社区	鲁谷七星园 10 号楼 13 门 101 号	68627417
七星园北社区	鲁谷七星园 7 号楼对面平房	68627418
久筑社区	鲁谷双锦园 16 号楼底商 1-9	68658542
永乐西南社区	鲁谷永乐西区 20 号楼北侧平房院	88681799
永乐西北社区	鲁谷永乐西区 20 号楼北侧平房院	68686532
新岚大厦社区	鲁谷依翠园乙 16 号一层	68641236
新华社社区	京原路 8 号新华社第二工作区西配楼 101 号	63077172
碣石坪社区	碣石坪 12 号 1 层;碣石坪小区 3 号楼西侧	88690992
重聚园社区	重聚园 18 号楼西侧综合办公楼 4 层	68686316
聚兴园社区	重聚路 40 号院 1-10-101;聚兴园 7 号楼	53666011
西厂社区	北京重型机电厂西厂宿舍 5 号楼西侧平房	68683321
重兴园社区	鲁谷重兴嘉园 1 号楼(燕都医院)6 层	68655994
京汉旭城社区	京汉旭城 18 号楼 1 单元 101	68659780
衙门口东社区	西富港写字楼南楼 206 室	88681730
衙门口南社区	西富港写字楼南楼 201 室	52885175
衙门口西社区	西富港写字楼南楼 307 室	68636683

老山街道

街道名称	地址	电话
老山西里社区	老山西里 4 栋南侧平房老山西里社区居委会	88970474
老山东里社区	老山东里临甲 5 号健身园内老山东里社区居委会	88975996
老山东里南社区	老山东里临甲 28-1 东侧平房老山东里南社区居委会	88973339
老山东里北社区	老山东里 49 栋北侧老山东里北社区居委会	88973470
何家坟社区	梁公庵临 35 号何家坟社区居委会	57411001
玉泉西路社区	玉泉西街 1 号院 5 号楼下玉泉西路社区居委会	88255501
中国科学院大学社区	玉泉路 19 号丙 12 号楼 101 号	88256456
高能所社区	玉泉路 19 号乙高能所社区居委会	88233098
翠谷玉景苑社区	翠谷玉景苑 1 栋 6 门 103 号	58974113
十一号院社区	玉泉路十一号院社区居委会	68289034
京源路社区	石景山路 23 号院内西侧京源路社区居委会	68810401

玉泉北里二区第一社区	田村山南路玉泉北里二区 21 号楼 2 单元 102	88620097

八角街道

街道名称	地址	电话
八角北里社区	八角北里 45 号楼前	68883787
八角中里社区	八角中里 21 栋东侧	68879231
八角南里社区	八角南里 17 栋东侧	88910810
八角北路社区	八角北路 44 栋对面	88717540
八角路社区	八角路社区 10 栋东侧	68875732
八角南路社区	八角南路 12 号楼东侧	68879213
杨庄南区社区	杨庄小区 35 栋西侧	68873013
杨庄中区社区	杨庄中区 1 号楼西侧	68872903
杨庄北区社区	杨庄北区奈伦熙府 49 号楼西侧平房	52651532
杨庄北区第二社区	杨庄北区 12 号楼北侧和 13 号楼南侧之间	88996645
公园北社区	古城路甲 61 号	68879259
古城南路社区	古城南路 50 栋院内	68873023
古城南里社区	古城南里 5 号楼西南侧	88917921
建钢南里社区	八角南里 1 号楼南侧平房	58419189
北路特钢社区	八角北路 9 栋北侧平房	88915047
地铁家园社区	八角北路 59 号地铁家园社区 5 号楼南侧	68879223
黄南苑社区	黄南苑小区 2 号楼北侧平房	88995817
时代花园社区	时代花园南路 23 号院 15 号楼 1 层	88937453
景阳东街第一社区	景阳东街 69 号院 1 号楼 1 层	68648819
景阳东街第二社区	景阳东街 65 号院 3 号楼 2 单元 1 层	88605660
景阳东街第三社区	景阳东街 58 号院燕保京原家园底商	88602430
体育场南路社区	体育场南街 7 号院 5 号楼	68803012
体育场西街社区	体育场西街 20 号院 10 号楼 1 层 88930782	
景颂街社区	衔府居园 2 号楼	68813274

古城街道

街道名称	地址	电话
八千平社区	古城北路 3 栋平房处	68849291
古城路社区	古城路 16 栋西侧	68836120
南路东社区	古城南路 28 栋前	68835582
南路西社区	古城南路 16 栋北侧	68827934
十万平社区	古城大楼市场街西侧	88783942
北小区社区	古城北路 14 栋前平房	88929746
环铁社区	杨庄大街地铁车辆一公司门口	68835233
特钢社区	特钢东门大楼一栋平房	68810165
西路南社区	西路南社区 8 栋对面	68882076
西路北社区	古城西路 11 栋北侧	68829434
天翔社区	古城北路 21 栋后院	68882488
老古城东社区	古城现代嘉园 66 号院 1 号楼 1 单元 102 室	68819071
老古城西社区	古城现代嘉园 68 号院 1 号楼 2 单元 102 室	68819073
老古城南社区	古城村中街 33 号院 1 号楼底商	88908168
北辛安大街社区	古城西路 66 号院 1 号楼 1 单元 101 号	68826703
北辛安铁新社区	古城西路 66 号院 1 号楼 1 单元 101 号	68826137
北辛安南北岔社区	古城西路 66 号院 1 号楼 1 单元 101 号	68836117

水泥厂社区	京原路68号	88957201
燕堤西街社区	燕堤西街7号院1号楼二层	53023228
燕堤中街社区	燕堤中街6号院3号楼二层	53023963
燕堤南路社区	燕堤南路1号院8号楼三层	53023516

苹果园街道

街道名称	地址	电话
苹一区社区	苹果园一区社区服务站8栋北侧	68877460
苹二区社区	石景山区苹果园二区居委会(苹二社区服务站)	68861882
苹三区社区	苹果园三区19栋西侧平房	88719085
苹四区社区	石景山区苹果园中路15号院2号楼二层苹四社区居委会	56454125
海特花园第一社区	海特花园小区15号楼后平房	88790239
海特花园第二社区	石景山区海特花园小区41号楼北侧平房海二社区服务站	88790874
海特花园第三社区	苹果园街道,西井四区1号楼前,海三社区服务站	88791077
西黄村社区	西黄村叠翠庭苑二区二号楼底商(西黄村社区居委会)	88705057
西黄新村社区	石景山区西黄新村北里大门东侧(平房)居委会	68834311
西井社区	苹果园街道西井二区甲1号西井社区居委会	88931244
琅山村社区	石景山区苹果园街道西山奥园D区8号院9号楼底商(琅山社区居委会)	88728914
边府社区	刘娘府路西山奥园9号院8号楼底商	68814302
军区装备部大院社区	石景山区绍家坡1号居委会	66397061
八大处社区	石景山八大处路6号	88962791
西山枫林第一社区	石景山区香山南路168号院8号楼9单元101室	88782445
西山枫林第二社区	香山南路166号院8－6－102室居委会	88774971
军区大院第一社区	八大处甲一号58－1－101	66398257
西黄新村东里社区	西黄新村南里5号楼南侧黄楼1层居委会	88701800
西黄新村西里社区	西黄新村西里12号楼居委会	88701646
下庄社区	西山枫林四区2号楼北侧下庄居委会	88960745
东下庄社区	石景山区东下庄路西山芳苑3号楼一层	88728158

金顶街街道

街道名称	地址	电话
金顶街一区	金顶北路20号院18号楼底商	88775047
金顶街二区	金顶北路18号院13号楼底商	88778664
金顶街三区	金顶街临甲6号6栋南侧居委会	88758200
金顶街四区	金顶北街68号	88748026
金顶街五区	金五区甲9号	88749971
模东社区	模东1号楼北侧	88807010
模南社区	模南9栋北侧	88722187
模中社区	模南里临甲26号	88739668
模北社区	模北里44栋南侧	88730004
模西北社区	模式口西里39栋东侧	88755746
模西中社区	模西20栋北侧居委会	88722602
模西南社区	模西33栋北侧居委会	88720481
西福村社区	金顶北路168号院9栋旁	88710004
赵山社区	赵山社区9号楼前居委会	68883912
铸造村社区	铸造村14栋南侧	88748033
模式口村社区	模式口村76号	88741910

铸造村二区社区	铸造村中路2号院1号楼	88751375

广宁街道

街道名称	地址	电话
东山社区	广宁复兴街75号	88991398
麻峪北社区	麻峪新街8号往北10米	88991272
麻峪社区	麻峪南沟14号南侧	88991640
新立街社区	广宁新立街3号楼对面	88991868
高井路社区	广宁街道高井路21号	88991292

五里坨街道

街道名称	地址	电话
天翠阳光第一社区	石门南路一号院9号楼	88755221
天翠阳光第二社区	五里坨西街9号院11号楼一层	88796850
天翠阳光第三社区	北京市石景山五里坨西街12号院五号楼一层	88920530
东街社区	西小街7号院4号楼	50842445
高井社区	五里坨南街与石门路交叉口东150米,五里坨派出所对面	88902446
南宫社区	石景山区石门路368号	51511273
西山机械厂社区	北京市石景山区炮厂路西50米,西山机械厂社区居委会	88906201
黑石头社区	黑石头南街49号	88952941
隆恩寺社区	隆恩寺村礼堂	88902905
红卫路社区	隆恩寺路99号院	51512279
陆军机关军营社区	高井甲32号院	66384479
隆恩寺新区社区	秀府南路19号金谷香郡小区1号楼4单元	68845300
隆恩颐园社区	隆恩寺路汇众仁和综合楼2层	61818616
南宫嘉园社区	五里坨隆恩寺路18号院10号楼一层	88900611
京西景园社区	五里坨中街40号院2号楼北侧	88938610
石府路第一社区	石景山区石府路3号院15号楼	82750190　67667050
石府路第二社区	石景山区青石西街10号院34号楼	68816813　68815227

索　引

使用说明

一、本索引采用内容分析索引法编制，除大事记外，年鉴中有实质检索意义的内容均予以标引，以便检索使用。

二、本索引基本上按汉语拼音音序排列，具体排列方法如下：以数字开头的，排在最前面；以英文字母开头的，列于其次；汉字索引词则按首字的音序、音调依次排列，首字相同时则以第二个字排序，依此类推。

三、索引词后的数字，表示检索内容所在的正文页码；数字后面的英文字母a、b、c，表示正文栏别，合在一起即指该页码及内容所在的版面区域。年鉴中用表格、图形反映的内容，则在索引词后面用括号注明(表)(图)字，以示区别。

四、为反映索引词的隶属关系，对于二级索引词，采取在上一级索引词下缩二格的形式编排，之下再按汉语拼音音序、音调排列。

0～9(数字)

A

B

D

E～F

G

H

J

K

M

N

P

R

S

T

W

X

Y

Z